Das große Gesundheitsbuch für Männer

Das große Gesundheitsbuch für

Männer

Wichtiger Hinweis

Redaktionsleitung	Penelope Cream
Redaktion	Emma Boys, Samantha Ward-Dutton, Rachael Stock, John Mapps, Casey Horton
Gesamtgestaltung	Lovelock & Co
Bildredaktion	Jenny Faithfull
Illustrationen	Jim Robbins, Halli Verrinder
Fotograf	Steve Gorton
Medizinische Beratung	Dr. Abi Berger
Beratung Sport und Fitness:	Mark Williams
Autoren:	Jack Forem, Kelly Garrett, Christopher Hall, Doug Hill, Diane Kozak, Richard Laliberte, Susan Paterno

Inhalt

Gesünder leben

Fit & young forever

Gesunde Ernährung

Effektive Workouts

Liebe und Partnerschaft

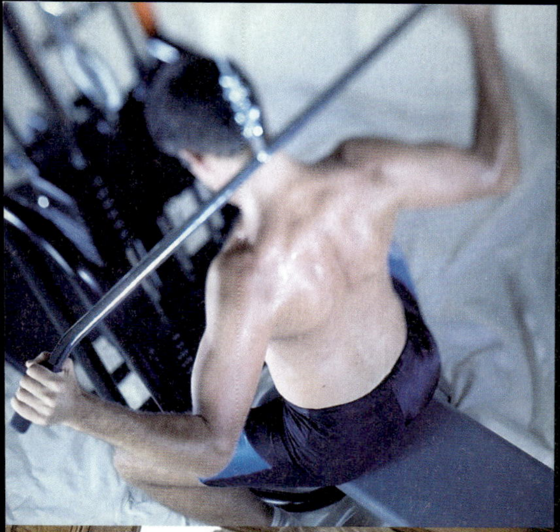

Gesünder leben

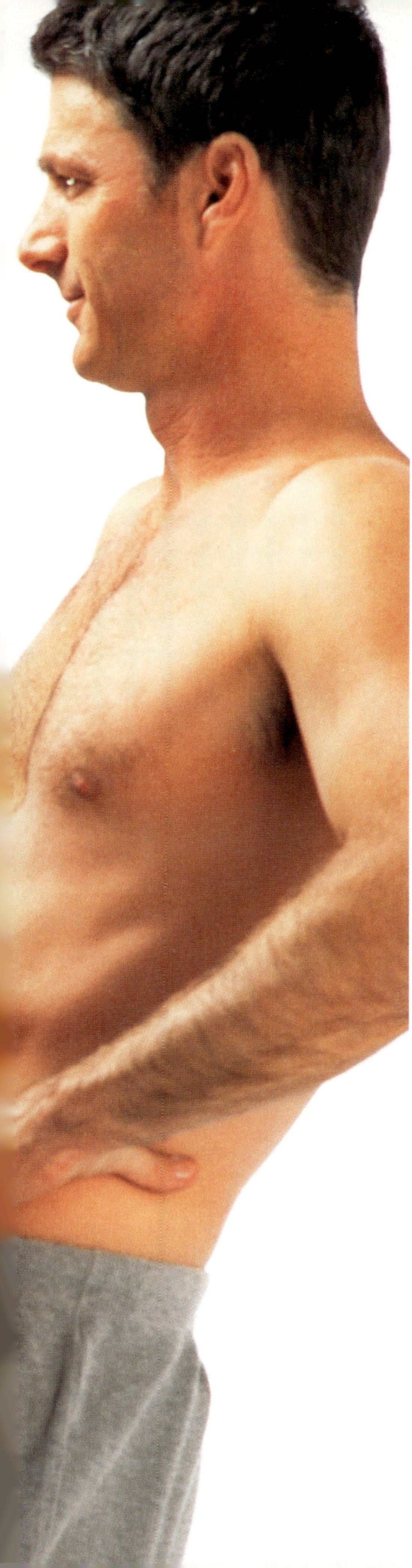

Fit & young forever

Wissen, was wirklich wichtig ist

Heiraten, Kinder, Karriere, das Haus abzahlen, die monatlichen Rechnungen – manchmal nimmt uns der Alltag so in Anspruch, dass für das eigentliche Leben keine Zeit mehr übrig bleibt. Doch die zunehmende Verantwortung kann auch eine Chance sein.

▲ *Ein emotional ausgeglichener Mann bringt Familie und Beruf unter einen Hut.*

Prioritäten setzen

Um die eigenen Lebensumstände neutral beurteilen zu können, sollten Sie sich zunächst einmal über die Gründe klar werden, warum Ihnen manchmal alles über den Kopf zu wachsen scheint.

Haben der Terminkalender, das Handy oder der Piebser Ihr Leben so fest im Griff, dass ein kurzer Stopp bei der Reinigung oder im Supermarkt Ihren Tagesablauf schon völlig durcheinander bringt? Wenn Sie bereits kleine Gefälligkeiten, um die Sie Ihre Familie oder Freunde bitten, als unangenehme Belastung empfinden, sollten Sie sich einige ernste Fragen stellen. Wenn schon das Entleeren des Mülleimers oder gelegentliches Kochen zu viel von Ihrer Zeit beansprucht, sollten Sie sich vor Augen führen, was geschehen würde, wenn Sie eine ernste Krise zu bewältigen hätten, wie etwa eine schwere Erkrankung, den Verlust des Arbeitsplatzes oder das Auseinanderbrechen einer Beziehung.

Lebenskrisen veranlassen uns, die Prioritäten in unserem Leben zu überdenken. Um unser Leben wieder in den Griff zu bekommen, sollten wir uns an diesen Maßstäben orientieren.

Test: Sind Sie Workaholic?

Viele Workaholics geben zu, das Leben nur durch Arbeit meistern zu können, so wie Alkoholiker versuchen, ihre Probleme mit Alkohol zu lösen. Sollten Sie folgendes Verhalten an sich beobachten, laufen Sie Gefahr, die Arbeit zu wichtig zu nehmen:

- Sie arbeiten bis spät in die Nacht und an Wochenenden, häufig nehmen Sie auch Arbeit mit nach Hause.
- Sie haben Schuldgefühle, wenn Sie untätig sind.
- Sie verzichten auf Ihren Urlaub.
- Familie und Freunde spielen für Sie eine untergeordnete Rolle.
- Sie haben wenige Freunde und wenig soziale Kontakte außerhalb der Arbeit.
- Sie essen fast nur Fertiggerichte oder Fast Food.
- Auf Probleme im Beruf reagieren Sie mit Kopf und Rückenschmerzen oder Magenbeschwerden.
- Mobiltelefon, Notebook und Piepser gehören zu Ihren ständigen Begleitern.
- Sie bitten Ihre Kollegen ungern um Hilfe, selbst wenn Sie die Aufgaben kaum allein meistern können.
- Sie sind überzeugt, dass nur Sie allein bestimmte Arbeiten richtig erledigen können.
- Bei persönlichen Problemen oder Schwierigkeiten in der Familie stürzen Sie sich in Ihre Arbeit.
- Sie stehen stets unter Erfolgsdruck.
- Selbst wenn Sie völlig mit Arbeit eingedeckt sind, können Sie nicht Nein sagen, wenn man Ihnen eine neue Aufgabe überträgt.

Inventur machen

Der erste Schritt, sich der eigenen Wertmaßstäbe bewusst zu werden, besteht darin, klar zu analysieren, was im eigenen Leben am wichtigsten ist. Die meisten werden sicherlich voller Überzeugung sagen, dass Familie und Freunde an erster Stelle stehen. Die Realität sieht allerdings häufig anders aus.

Schauen Sie einmal Ihre Kontoauszüge und Ihren Terminkalender an. Beansprucht das Arbeitsleben so viel von Ihrer Zeit, dass Sie sich der Familie und Freunden kaum mehr widmen können? Wenn Ihr Leben nur aus Arbeit besteht, werden Sie niemals glücklich und zufrieden sein.

Paradoxerweise haben viele Männer ausgerechnet am Arbeitsplatz das Gefühl, nicht „Herr der Lage“ zu sein, selbst wenn sie dort die meiste Zeit des Tages verbringen. Ein Grund hierfür ist, dass sie im Beruf ihre Gefühle beherrschen müssen, während sie nach Macht, Karriere und Geld streben.

Andere wichtige Dinge, wie ein gutes Verhältnis zu den Kollegen, bleiben hingegen oft auf der Strecke, da man seine Fähigkeiten vor allem dafür einsetzt, Prestige und Einkommen zu vergrößern.

Ein solch einseitiges Leben kann jedoch eine ganze Reihe von Problemen auslösen. Ausgerechnet Ihre sozialen Fähigkeiten bleiben auf der Strecke. Vergessen Sie auch nicht, das Leben außerhalb der Arbeit zu genießen.

TOLERANZ ENTSPANNT

Männer neigen oft dazu, der Familie ihre Vorstellungen aufzuzwingen. Dieser Anspruch auf Autorität gibt anderen manchmal das ungute Gefühl, sie müssten ihre Ansichten rechtfertigen.

Seien Sie also etwas toleranter, wenn nicht immer alles nach Ihren Vorstellungen läuft. Lassen Sie Ihrer Frau und Ihren Kindern genügend Freiraum.

Öfter mal ausspannen

Achten Sie mehr auf Ihre eigenen Bedürfnisse. Genießen Sie Freizeit und Entspannung, und sei es nur, um hinterher eine bessere Arbeitsleistung zu erbringen. Auch regelmäßiger Urlaub trägt dazu bei, Ihre Energie wieder aufzuladen. Vielleicht finden Sie ein Hobby, bei dem Sie abschalten können, wenigstens für einige Stunden in der Woche.

Wissenschaftliche Untersuchungen haben ergeben, dass die Arbeitsleistung kontinuierlich abnimmt, wenn man den Arbeitstag ohne Pause durcharbeitet. Unterbrechen Sie also Ihre Tätigkeit zwischendurch für eine viertel oder halbe Stunde. Gehen Sie spazieren oder entspannen Sie ein wenig. Die Früchte eines solchen Lebensstils sind größere Zufriedenheit und eine höhere Lebenserwartung.

So ergab eine Untersuchung, dass die Lebenserwartung von Männern in den letzten 80 Jahren von 52 auf 74 Jahre angestiegen ist. Dies liegt vor allem daran, dass inzwischen immer mehr Männer auf ihren Körper und ihre psychische Ausgeglichenheit achten.

Hätten Sie das gewusst?

Die Ehe ist gesundheitsfördernd. Untersuchungen in 16 westlichen Ländern zufolge liegt die Sterblichkeitsrate bei unverheirateten Männern doppelt so hoch wie bei verheirateten im gleichen Alter. Auch um die körperliche und psychische Gesundheit steht es bei Ehemännern viel besser als bei den ledigen Geschlechtsgenossen.

Warum Frauen länger leben

1919 lag die Lebenserwartung von Männern bei 52 und die von Frauen bei 55 Jahren. Seitdem hat sich viel geändert. Fortschritte in der medizinischen Versorgung und den hygienischen Verhältnissen haben dazu geführt, dass die Lebenserwartung von Männern heute bei 72 und die von Frauen bei 79 Jahren liegt. In Entwicklungsländern sieht das wesentlich schlechter aus, insbesondere in Afrika, wo Männer und Frauen auch heute noch kaum über 40 Jahre alt werden.

Abgesehen von wenigen Ausnahmen leben Frauen auf der ganzen Welt länger als Männer. Männer rauchen und trinken mehr als Frauen und leben ganz allgemein ungesünder. Außerdem gehen Frauen bei gesundheitlichen Problemen schneller zum Arzt. Eine häufige Todesursache bei Männern ist der Herzinfarkt, der zumeist dauerhafte Überbelastung als Ursache hat. Viele Männer trinken Alkohol, um sich zu entspannen, was wiederum zu einer ganzen Reihe von gesundheitlichen Problemen führt.

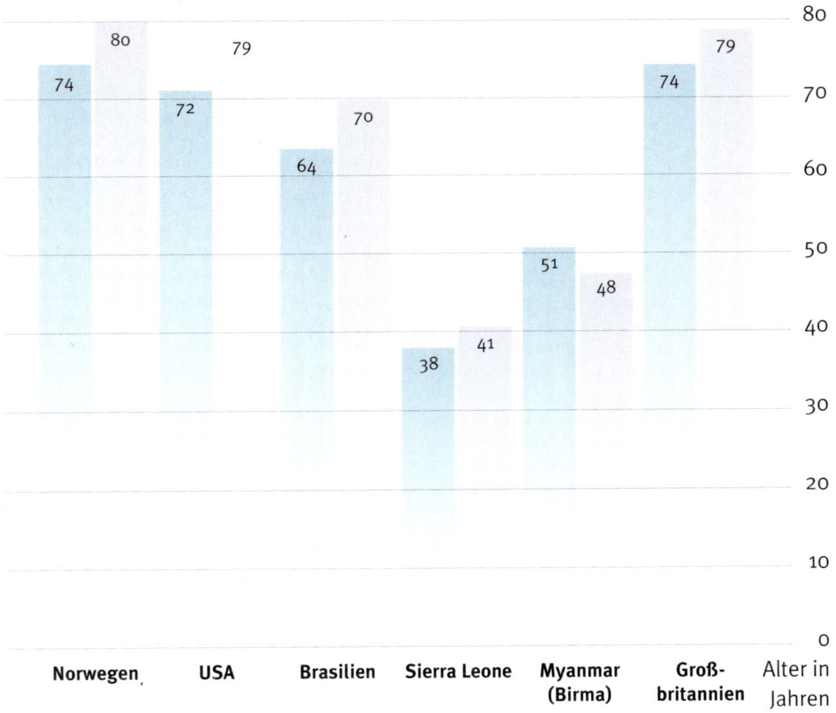

▲ *Sowohl in den reichen als auch in den armen Ländern leben Frauen länger als Männer. Eine Ausnahme bildet Myanmar, wegen der hohen Sterblichkeitsrate bei Geburten.*

Männer **Frauen**

Gesund Leben

Gesund leben heißt, sowohl auf seine körperlichen als auch auf seine psychischen Bedürfnisse zu achten, ohne eine Seite dabei zu vernachlässigen. Natürlich ist dies leichter gesagt als getan, aber die Mühe, sich von schlechten Angewohnheiten zu lösen, lohnt sich auf jeden Fall.

Schluss mit schlechten Gewohnheiten

Jeder von uns hat wohl irgendeine schlechte Angewohnheit, die ihm scheinbar hilft, Stresssituationen im Alltag zu bewältigen. Selbst wenn wir immer wieder versuchen, uns diese abzugewöhnen, greifen wir in Zeiten besonderer Anspannung stets wieder auf die alten Verhaltensmuster zurück.

Doch um gesünder zu leben muss man sich davon befreien. Das braucht natürlich seine Zeit. Gestehen Sie sich also mindestens zwei bis drei Wochen zu, bis die neuen Gewohnheiten erste Erfolge zeigen.

Besser noch ist es, zwei bis drei Monate zu üben. Wenn Sie konsequent durchhalten, werden Sie bald erste Erfolge erzielen.

Rauchen aufhören

Wenn Sie rauchen, sollten Sie sofort damit aufhören. Schneller und einfacher können Sie Ihre Gesundheit nicht verbessern. Die Argumente gegen das Rauchen dürften Ihnen zur Genüge bekannt sein. Sämtliche wissenschaftliche Studien haben bewiesen: Je schneller Sie mit dem Rauchen aufhören, desto höher ist Ihre Lebenserwartung.

Mann ist, was Mann isst

Todesursache Nummer eins bei Männern sind Herzerkrankungen, die vor allem durch falsche Ernährung verursacht werden. Besonders bedenklich sind gesättigte Fettsäuren, die hauptsächlich in Milchprodukten, rotem Fleisch und Fast Food vorkommen. So führt der Verzehr großer Mengen gesättigter Fettsäuren zu einem erhöhten Cholesteringehalt im Blut. Das Cholesterin lagert sich in den Arterien ab und kann diese ganz verstopfen.

Außerdem führt übermäßiger Konsum fettreicher Nahrung dazu, dass Sie sich eines Tages matt und kraftlos fühlen und Ihr allgemeiner Gesundheitszustand sich zusehends verschlechtert. Überprüfen Sie daher einmal Ihre Essgewohnheiten.

- Enthält Ihre Nahrung zu viel Fett?
- Essen Sie häufig FastFood?
- Stehen Früchte und Gemüse eher selten auf Ihrem Speiseplan?

Eine nährstoffreiche Kost sollte vor allem ballaststoffreich sein, kohlenhydratreiche Nahrungsmittel wie Nudeln, Brot und Reis sowie viel frisches Obst und Gemüse enthalten. Um die Proteinversorgung zu gewährleisten, sollten Sie mageres Fleisch, Fisch und Hülsenfrüchte (etwa Bohnen, Erbsen oder Linsen) sowie fettarme Milchprodukte bevorzugen. Meiden Sie außerdem Butter und verwenden Sie stattdessen Margarine mit ungehärteten Fetten.

Bevorzugen Sie Pflanzenöle mit einem hohen Anteil an ungesättigten Fettsäuren, z. B. Olivenöl oder Sonnenblumenöl.

Ein etwas anderer Speiseplan

Jede Kultur hat ihre eigenen Lieblingsspeisen und ebenso gewisse Nahrungsmittel, die man gar nicht isst. Für das Überleben ist es wichtig, giftige, unverdauliche oder auch schlecht schmeckende Dinge zu meiden.

Es gibt allerdings auch Essgewohnheiten, die gesundheitsschädlich sind. So führt der Verzehr von gesalzenem Lehm in den Ländern des Mittleren Ostens zu Anämie und Unterentwicklung bei Kindern, während die in einigen Ländern Afrikas und in Mexiko gängige Gewohnheit, keinen Fisch zu essen, Eiweißmangel verursacht.

Die Bevölkerung der westlichen Welt hat eine wahrhaft ungeheure Fülle von Nahrungsmitteln zur Auswahl, um die uns die übrige Welt beneidet, aber leider treffen wir oft die falsche Wahl: Wir essen zu viel rotes Fleisch, zu viel Salz und Zucker und zu wenig Ballaststoffe.

Diese Beispiele sollen zeigen, dass unsere Ernährungsgewohnheiten nicht immer gesund sind. Essen Sie also nicht gedankenlos alles, was Ihnen aufgetischt wird, sondern wählen Sie bewusst aus und entscheiden Sie sich bewusst für Nahrungsmittel, die Ihre Gesundheit fördern.

Hätten Sie's gewusst?

Frage: Was stellt eine größere Gefahr für einen Herzinfarkt-Patienten dar, einen weiteren Anfall zu erleiden: Sex oder morgens früh aufzustehen?

Antwort: Die Gefahr eines Infarktes ist in beiden Fällen gleich groß. Die Chance liegt bei 1 zu 50 000.

Frage: Welches Erfrischungsgetränk wurde früher als Medikament gegen Kopfschmerzen verabreicht?

Anwort: Coca-Cola.

Besonders wichtig bei der Ernährung ist auch ausreichendes Trinken von Wasser – schließlich besteht der menschliche Körper zu zwei Dritteln aus Wasser. Da durch Schwitzen, Urin und Atmung ständig Wasser ausgeschieden wird, muss man immer wieder für Nachschub sorgen, um nicht auszutrocknen.

Achten Sie darauf, sofort zu trinken, wenn Sie durstig sind. Durst ist ein Warnsignal des Körpers, dass er Flüssigkeit benötigt. Ärzte empfehlen, täglich etwa zwei Liter Flüssigkeit zu sich zu nehmen. Sie sollten also stets ein Glas oder eine Flasche Mineralwasser neben sich stehen haben. Sie werden erstaunt sein, wie viel Sie trinken.

Die Top Ten der Gesundheitstipps

Die folgenden Ratschläge verbessern Ihre Gesundheit.

1 Geben Sie das Rauchen auf. Rauchen gefährdet Lunge und Herz und schadet auch Ihren Mitmenschen.

2 Achten Sie auf Ihren Kalorienverbrauch, essen Sie weniger Fett, Zucker und Salz und nehmen Sie mehr Ballaststoffe und Kohlenhydrate auf.

3 Mäßigen Sie Ihre gesamte Lebensweise, schränken Sie insbesondere den Alkoholkonsum ein.

4 Bewegen Sie sich regelmäßig.

5 Achten Sie auf Ihr Gewicht: Übergewicht führt zu Bluthochdruck und Herzerkrankungen.

6 Bleiben Sie geistig aktiv: Lesen Sie, führen Sie Gespräche mit Freunden, lernen Sie ständig etwas Neues.

7 Denken Sie positiv. Lachen Sie über die kleinen Probleme des Alltags.

8 Achten Sie auf Ihren Gesundheitszustand: Suchen Sie bei beunruhigenden Symptomen einen Arzt auf und lassen Sie Ihren Körper einmal im Jahr durchchecken.

9 Gehen Sie regelmäßig zum Zahnarzt. Putzen Sie Zähne, Zunge und Gaumen, benutzen Sie Zahnseide.

10 Schlafen Sie ausreichend. Experten empfehlen je nach Veranlagung etwa sieben bis zehn Stunden Schlaf.

Aktiv sein

Körperliche Bewegung verhilft zu einem längeren Leben, baut Stress ab, härtet den Organismus ab, z. B. gegen Erkältungen und Grippe – und wirkt positiv auf Ihr Sexualleben. Nehmen Sie sich dreimal die Woche eine halbe Stunde Zeit, in der Sie schnell gehen, joggen, schwimmen oder auch Rad fahren.

Bevor Sie jedoch ein intensives Fitnessprogramm beginnen, sollten Sie Ihren Hausarzt aufsuchen, vor allem wenn Sie die letzten Jahre kaum Sport getrieben haben.

Freud und Leid des Sonnenbadens

Sonnenlicht enthält ultraviolette Strahlung, die Augen und Haut schwer schädigen, Grauen Star und Krebs verursachen kann, sowie zu vorzeitiger Hautalterung führt. Vor allem Menschen mit heller Haut sollten die Sonne zwischen 10 Uhr und 16 Uhr meiden, da sie zu dieser Zeit am intensivsten ist. Wer sich der Gefahr dennoch aussetzen will oder muss, sollte einen Hut aufsetzen und sich mit einer Sonnenbrille und Sonnencreme schützen.

Sonnenschutzprodukte gibt es als Lotion, Creme und Gel. Sie enthalten chemische Stoffe, die die gefährliche UV-Strahlung filtern, so dass ein längerer Aufenthalt in der Sonne ohne Hautverbrennungen möglich wird. Verwenden Sie ein Produkt, das mindestens Lichtschutzfaktor 30 hat. Je höher der Lichtschutzfaktor, desto länger können Sie sich ungefährdet in der Sonne aufhalten. Cremen Sie sämtliche Körperteile, die der Sonne ausgesetzt sind, mit dem Sonnenschutz ein – einschließlich der unbehaarten Kopfhaut. Tragen Sie die Creme 30 Minuten vor dem Sonnenbad auf. Der Sonnenschutz muss alle zwei Stunden erneuert werden.

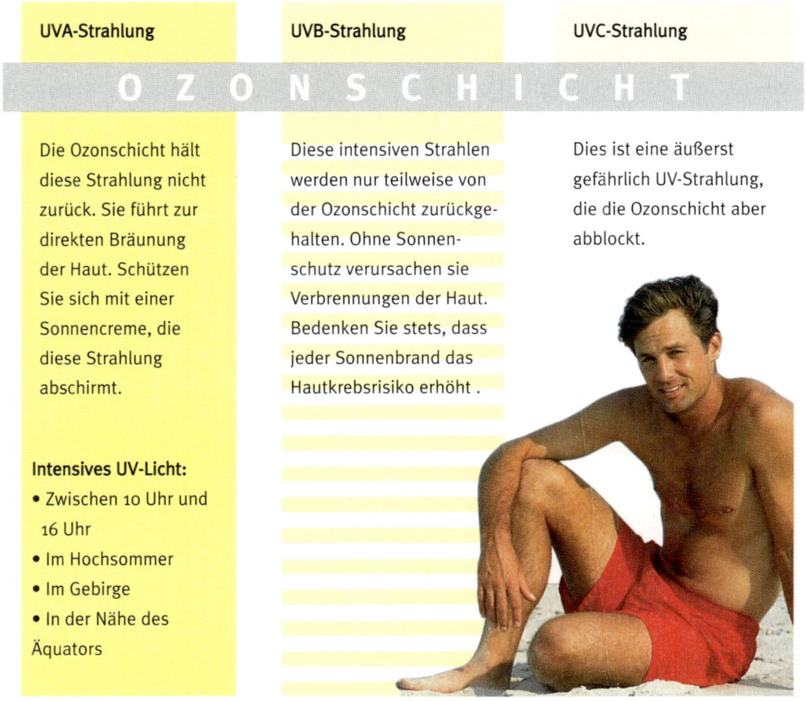

▲ *Sonnenlicht umfasst drei verschiedene Arten der UV-Strahlung (UVA, UVB und UVC), von denen die Ozonschicht zwei teilweise zurückhält. Die übrige Strahlung kann aber immer noch Sonnenbrand, Falten und Hautkrebs verursachen.*

Vorsicht Sonne!

Wenn Sie Sonnencreme verwenden und einige Grundregeln beherzigen, können Sie sich vor Hautkrebs schützen. So sollten Sie sich nicht zwischen 10 und 16 Uhr in der Sonne aufhalten, da dann die krebserregende ultraviolette Strahlung am intensivsten ist.

Ist ein Aufenthalt im Freien nicht zu vermeiden, reiben Sie sich mit Sonnencreme ein und setzen Sie einen Hut auf. Auf den Besuch von Solarien sollten Sie ganz verzichten.

Ein Gläschen in Ehren ...

Gegen ein Gläschen Wein hin und wieder ist nichts einzuwenden, denn kleine Mengen Alkohol schützen sogar vor Herzerkrankungen. Mehr als zwei Gläser Bier oder Wein pro Tag haben jedoch genau den gegenteiligen Effekt.

Übermäßiger Alkoholgenuss über eine längere Zeit führt jedoch zu schweren körperlichen und psychischen Schäden und wirkt sich nachteilig auf das Berufs und Privatleben aus. Trinken Sie Alkohol also nur in Maßen.

Vorbeugen ist besser als heilen

An erster Stelle der Todesursachen bei Männern stehen Herzinfarkt und Krebs. Diesen Krankheiten kann man durch rechtzeitige medizinische Vorsorge vorbeugen. Für viele Männer ist der Besuch beim Arzt genauso reizvoll wie die Vorstellung, sich einen Zahn ziehen zu lassen. Wer denkt nicht mit einem unangenehmen Gefühl an eine Untersuchung des Darmausganges oder der Hoden? Aus diesem Grund ist es wichtig, dass Sie Ihrem Arzt vertrauen. Ihre Freunde haben sicherlich eine Empfehlung parat. Ein guter Arzt nimmt sich immer genügend Zeit, um Ihnen die Ursachen einer Erkrankung zu erklären und die nötige Behandlung zu besprechen. Wenn Arzt oder Ärztin bereits ungeduldig nach dem nächsten Patienten rufen, während Sie noch in Behandlung

Abwehrkräfte stärken

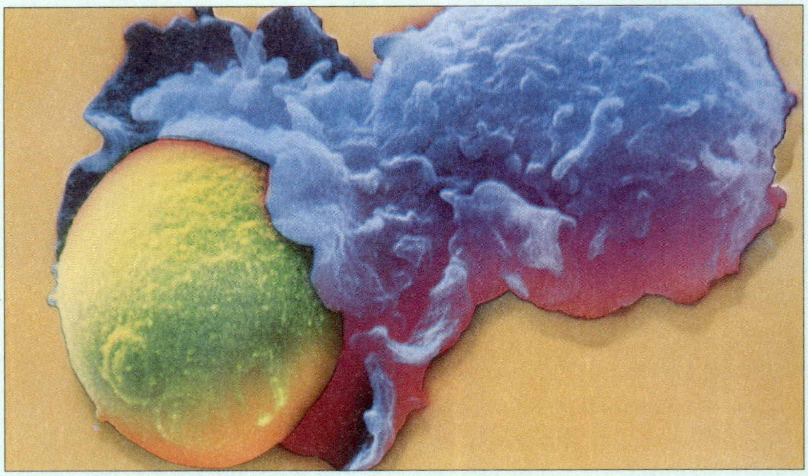

▲ *Weiße Blutkörperchen (in der Abbildung blau eingefärbt) attackieren ihre Feinde, hier einen Hefepilz, und machen sie unschädlich.*

Stärken Sie Ihr Immunsystem, dann wird es leichter mit Krankheitserregern oder Krebszellen fertig.

Das Immunsystem besteht aus speziellen Abwehrzellen (dazu gehören auch die weißen Blutkörperchen) und Eiweißen (so genannten Antikörpern), die sämtliche körperfremde Stoffe angreifen, seien es nun Bakterien, Pilze, Viren oder Giftstoffe. Außerdem spielt das Immunsystem eine entscheidende Rolle bei der Erkennung und Bekämpfung von wuchernden Krebszellen.

Um unser Immunsystem zu stärken, ist eine fettarme Ernährung wichtig. Essen Sie deshalb vor allem Getreideprodukte, Obst und Gemüse und ergänzen Sie Ihre Ernährung eventuell mit Zusatzpräparaten, die alle B-Vitamine, Vitamin A, C, und E sowie Eisen und Zink enthalten.

Ebenfalls wichtig für eine starke Immunabwehr ist eine gesunde Lebensführung. Dazu gehören ausreichend Entspannung nach Stress, regelmäßige Bewegung sowie genügend Schlaf.

Ärztinnen tun gut ...

Viele Männer schenken ihrem Körper nur wenig Aufmerksamkeit. So werden Warnsignale häufig übersehen und in vielen Fällen wird erst dann ärztliche Hilfe aufgesucht, wenn die Schmerzen fast unerträglich werden.

Frauen lassen sich ohne zu zögern von männlichen Ärzten behandeln, wenn es um gynäkologische Routineuntersuchungen geht. Im Gegensatz dazu wollen viele Männer nicht einmal eine leichte Erkältung von einer Ärztin behandeln lassen. Ob nun Berührungsängste oder Vorurteile Grund für dieses Verhalten sind, ist ohne Belang, fest steht, dass sich solche Männer durch ihr Verhalten selbst schaden. Ärztinnen widmen sich ihren Patienten im Allgemeinen viel intensiver als ihre männlichen Kollegen.

Sie nehmen sich nicht nur mehr Zeit für ihre Patienten, sondern kümmern sich auch um nichtmedizinische Belange, fragen nach dem sozialen Umfeld eines Patienten, nach Problemen am Arbeitsplatz oder in der Partnerschaft. Eine wissenschaftliche Studie zu diesem Thema hat nachgewiesen, dass Männer gegenüber Ärztinnen sehr viel auskunftsfreudiger sind als gegenüber deren männlichen Kollegen.

Auch die Vorsorgeuntersuchungen nehmen Ärztinnen oft sehr viel genauer. So ergab eine Umfrage unter 2000 Patienten, dass die Wahrscheinlichkeit einer Bestimmung des Cholesterinspiegels bei Patienten von Ärztinnen um 56 Prozent höher lag als bei denen, die von einem Arzt behandelt wurden.

sind, sollten Sie lieber eine andere Praxis aufsuchen.

Warnsignale

Wenn Sie über einen längeren Zeitraum Schmerzen haben, Knoten oder schlecht heilende Wunden bemerken, sollten Sie unbedingt einen Arzt aufsuchen.

Selbst wenn Sie ansonsten kerngesund sind, empfiehlt es sich, den eigenen Körper einmal monatlich genau zu untersuchen. Dazu gehört unter anderem das Abtasten der Hoden. Beobachten Sie auch, ob sich Muttermale eventuell in Farbe oder Größe verändern.

Bemerken Sie etwas Auffälliges, ziehen Sie einen Arzt zu Rate, der dann entscheidet, ob eine Gewebeprobe entnommen werden muss oder ob andere Untersuchungen, eventuell von einem Facharzt, notwendig sind.

Informieren Sie Ihren Hausarzt auch genau über alle Krankheiten, die in Ihrer Familie aufgetreten sind. Er kann dann nämlich schneller entscheiden, ob gewisse Symptome auf eine bestimmte Erkrankung hinweisen.

Fit mit Sex, Medikamenten und Alkohol?

Sex wirkt in vielerlei Hinsicht positiv auf den Körper: Er wirkt entspannend, sorgt für einen tiefen Schlaf, stimuliert das Nervensystem und schafft ein ausgeglichenes Gefühlsleben. Seien Sie allerdings vorsichtig bei der Wahl Ihrer Partner. In einer Zeit von Geschlechtskrankheiten und AIDS kann schon eine leidenschaftliche Nacht Ihr Leben zerstören. Benutzen Sie daher immer Kondome.
Medizinische Versuche haben ergeben, dass die gelegentliche Einnahme von Aspirin die Gefahr eines Herzinfarktes verringert. Aspirin wirkt nämlich der Bildung von Blutgerinnseln entgegen. Außerdem vermindert es das Darmkrebsrisiko sowie verschiedene schädliche Wirkungen des Rauchens. Bevor Sie zur Tablette greifen, sollten Sie jedoch das Für und Wider mit Ihrem Arzt besprechen. Folgen Sie bei der Dosierung ganz genau seinen Anweisungen.

Auch Alkohol schützt vor Herzerkrankungen, das haben zahlreiche wissenschaftliche Studien bewiesen. Entscheidend ist dabei, Alkohol nur in geringen Mengen zu trinken. Trinken Sie nicht mehr als einen halben Liter Bier, zwei Gläser Wein oder zwei Gläschen stärkerer alkoholischer Getränke pro Tag.

Schlafen erfrischt

Studien haben ergeben, dass etwa die Hälfte aller Männer weniger als die erforderlichen acht Stunden schlafen. Sollten Sie tagsüber müde werden oder kurz einnicken, ist es höchste Zeit, sich etwas mehr Schlaf zu gönnen. Wenn Sie nachts nicht ausreichend schlafen, sollten Sie tagsüber ein Nickerchen machen. Selbst kurze Schlafpausen von 30 Minuten wirken erfrischend.

Entspannung ist angesagt

Vernachlässigen Sie niemals Ihr psychisches Wohlbefinden. Entspannen Sie sich. Nehmen Sie sich täglich einige Minuten der Ruhe, um über die Ereignisse des Tages nachzudenken. Suchen Sie sich ein Hobby.

Nehmen Sie nicht alles so ernst und lachen Sie dem Leben ins Gesicht. Ein gesunder Optimismus erleichtert es ungemein, den alltäglichen Druck zu bewältigen.

Koffein: Der tägliche Muntermacher

Viele Menschen werden ohne Kaffee gar nicht richtig wach. Der Muntermacher ist das Koffein, das auch in Tee, Schokolade, Erfrischungsgetränken, Schmerzmitteln und Diät-Pillen zu finden ist. Es verbessert die geistige Leistung, das Reaktionsvermögen, die Konzentrationsfähigkeit und das Gedächtnis. Außerdem lindert es bestimmte Arten von Kopfschmerzen, da es die Blutgefäße im Gehirn verengt.

Allerdings hat Koffein auch Nachteile. Es kann Angstgefühle erzeugen, zu Schlafstörungen führen, reizbar machen sowie Zittern, Sodbrennen, Konzentrationsschwäche und Durchfall verursachen. Einige starke Kaffeetrinker berichten von regelrechten Entzugserscheinungen wie Kopfschmerzen, Erbrechen und großer Müdigkeit. Zum Schluss sei noch darauf hingewiesen, dass Koffein dem Körper in Verbindung mit bestimmten Medikamenten schaden kann.

Sollten Sie weniger Kaffee trinken? Man kann kaum genaue Angaben über den „erlaubten" täglichen Kaffeegenuss machen, da jeder Mensch unterschiedliche Mengen verträgt. Manche Menschen vertragen nur eine Tasse Kaffee, andere trinken die fünf oder sechsfache Menge. Einschränken sollten Sie Ihren Kaffeekonsum auf jeden Fall, wenn Sie nervös sind und unter Schlafstörungen leiden.

► *Kaffee ist ein idealer Muntermacher, der Ihrer Gesundheit nicht schadet – solange Sie ihn in Maßen genießen.*

Lebensgewohnheiten ändern

Die meisten von uns würden von einer Umstellung ihrer Lebensweise profitieren, und sei es nur, indem man sich fettärmer ernähren würde. Lieb gewordene Gewohnheiten zu ändern, ist zwar am Anfang schwierig, doch auf Dauer überwiegen die Vorteile deutlich.

> **„Das Leben besteht aus mehr als der Selbsterhaltung; man muss Neues entdecken. Sonst hieße Leben nur, nicht tot zu sein."**
> **Simone de Beauvoir**

Zeit für Veränderungen?

Wenn Sie mit dem Rauchen aufhören, sich bewusster ernähren, mehr Sport treiben oder regelmäßig den Arzt aufsuchen wollen, wird der Lohn der Mühe nicht lange auf sich warten lassen. Ihr Schaffenspotential wird größer und Ihre Lebenserwartung steigt. Gleichzeitig können Sie die Probleme des Alltags immer besser bewältigen, so dass Sie sich rundherum zufriedener fühlen.

In manchen Fällen sind kleine Änderungen der Gewohnheiten nicht ausreichend. Männer sind häufig frustriert, weil ihr Handeln nicht mit ihren Wertvorstellungen übereinstimmt. Wenn Sie jedoch die Prioritäten in Ihrem Leben kennen und Ihr Handeln daran orientieren, haben Sie bereits den ersten Schritt zu einer gesunden Lebensführung gemacht.

Besteht Ihr Leben hingegen aus einem 12-Stunden-Arbeitstag, nach dem Sie sich nur noch mit einigen Bierchen und einer Pizza vor den Fernseher setzen, ist es kein Wunder, wenn Sie unzufrieden sind. Vergessen Sie nie: Sie allein sind für Ihr Leben verantwortlich und Sie persönlich entscheiden, was Sie aus Ihrem Leben machen wollen.

Zeit für Gefühle

Wenn man seine Lebensweise ändern möchte, hilft es manchmal sehr, sein Leben aus einer völlig anderen Perspektive zu betrachten.

Befassen Sie sich zunächst mit Ihrem Gefühlsleben. Einige Psychologen meinen, dass heute viele Männer ihre emotionalen Bedürfnisse gar nicht mehr kennen. Die wachsende Zahl von Problemen in der Partnerschaft und die grassierende Unzufriedenheit im Berufsleben bestätigen diese These. Der Grund dafür liegt auf der Hand: Männer definieren sich oft über ihre Arbeit.

Test: Sollte ich meine Lebensweise ändern?

Die Art, wie jemand seine Zeit verbringt, spiegelt seine persönlichen Wertvorstellungen wieder. Wenn Sie mehr als fünf der folgenden Fragen mit Ja beantworten, sollten Sie überlegen, ob es nicht an der Zeit ist, Ihre Lebensweise umzustellen.

- Langweilen Sie sich des öfteren?
- Haben Sie den Eindruck, andere Menschen empfinden Sie als langweilig?
- Schlafen Sie mehr als 10 Stunden am Tag?
- Schauen Sie mehr als eine Stunde Fernsehen pro Tag?
- Haben Sie den Titel des letzten Buches, das Sie mit Freude gelesen haben, vergessen?
- Arbeiten Sie in Ihrem Urlaub liegen gebliebene Aufgaben ab?
- Essen Sie häufig beim Telefonieren, Schreiben oder Autofahren?
- Ist Ihr Leben vor allem vom Terminkalender bestimmt?
- Vergessen Sie manchmal Namen und Alter Ihrer Kinder?
- Vergessen Sie den Geburtstag Ihrer Mutter, Ihrer Frau, Ihrer Kinder oder gar Ihren eigenen Geburtstag?
- Fällt es Ihnen schwer zu sagen, wann Sie Ihrem Nachbarn das letzte Mal begegnet sind?
- Konsumieren Sie viel Alkohol, Zigaretten und Fast Food?
- Sind Sie schnell bereit Überstunden zu leisten, anstatt nach Hause zu gehen?
- Nehmen Sie regelmäßig Medikamente, z. B. Aspirin, Magentabletten oder Schmerzmittel?
- Gelingt es Ihnen nicht, den schönen Ausblick aus Ihrem Büro zu genießen?
- Können Sie zwischen Hungergefühl und Frustessen unterscheiden?
- Bereitet es Ihnen ein unangenehmes Gefühl, wenn Kollegen Ihre Aufgaben erledigen?
- Ignorieren Sie körperliche Beschwerden und Schmerzen, die eigentlich von einem Arzt behandelt werden sollten? Lassen Sie Termine für Vorsorgeuntersuchungen verstreichen, obwohl Sie so riskieren, ernsthaft zu erkranken?
- Haben Sie manchmal das unbestimmte Gefühl, dass etwas in Ihrem Leben fehlt?
- Haben Sie vergessen, wann Sie das letzte Mal im Kino, im Theater oder bei einer Sportveranstaltung waren?

Goldene Regeln gegen Stress

- Halten Sie sich nicht mit Nebensächlichkeiten auf. Delegieren Sie weniger wichtige Arbeiten und vertrauen Sie darauf, dass man diese Arbeiten auch ohne Sie ordentlich erledigt.
- Lernen Sie Nein zu sagen, wenn man unzumutbare Forderungen an Sie stellt. Setzen Sie sich Grenzen und halten Sie diese auch ein.
- Trennen Sie Anforderungen, die der Job mit sich bringt von Anforderungen, die Sie selbst an sich stellen. Seien Sie nachsichtiger mit sich selbst.
- Nehmen Sie keine Arbeit aus dem Büro mit nach Hause. Grübeln Sie daheim nicht über die Arbeit nach.
- Lassen Sie sich nicht mehr Arbeit aufbürden, als Sie tatsächlich erledigen können. Sprechen Sie mit Ihrem Vorgesetzten, wenn man Sie wieder einmal überfordert.
- Setzen Sie sich selbst Ziele, die Sie tatsächlich erreichen können und verfolgen Sie diese dann auch.
- Leben Sie Ihr Leben. Verbringen Sie mehr Zeit mit Familie und Freunden.
- Machen Sie Spaziergänge, spielen Sie mit Ihren Kindern, joggen Sie, fahren Sie Rad oder waschen Sie Ihr Auto – sinnvoll ist alles, was Ihnen beim Abschalten hilft, Ihnen Freude bereitet und Ihre Stimmung hebt.
- Hören Sie mit dem Rauchen auf, reduzieren Sie Ihren Alkoholkonsum, ernähren Sie sich abwechslungsreicher und lachen Sie viel.
- Suchen Sie sich einen Job, der Ihnen Spaß macht. So vermeiden Sie Stress.
- Seien Sie freundlich zu Kollegen, umarmen Sie Ihre Kinder, küssen Sie Ihre Frau, rufen Sie Ihre Eltern an. Soziale Kontakte sind unverzichtbar.

Der Job

Unsere heutige Arbeitswelt hat meist herzlich wenig mit den Werten zu tun, die wir innerhalb unserer Familie und im Freundeskreis schätzen.

Viele Männer werden durch die Belastungen des Arbeitslebens härter und strenger, was wiederum negative Folgen auf ihre privaten Kontakte hat. Manchen Männern fällt es sogar schwer, geselligen Umgang mit anderen Menschen zu pflegen.

Wenn die Gewinnmaximierung Ihrer Firma Ihr wichtigstes Lebensziel ist, werden Sie dieses sicher erreichen. Wenn Ihnen Werte wie Lebensfreude und das Zusammensein mit Freunden, ein Sonnenuntergang oder eine herzliche Umarmung ebenso wichtig sind wie der Beruf, sollten Sie Ihrem Gefühlsleben endlich mehr Beachtung schenken.

Ist es Ihnen also wichtig, viel wertvolle Zeit mit der Familie oder Freunden zu verbringen, steht es Ihnen frei, Mehrarbeit oder sogar auch eine Beförderung abzulehnen. Viele Männer wollen Karriere machen und viel Geld verdienen – eine Garantie für ein erfülltes Leben ist dies allerdings nicht.

Ausgleich

Männer glauben häufig, ihre Familie sei in erster Linie am monatlichen Gehaltsscheck interessiert. Darum tun sie alles, um möglichst viel Geld zu verdienen. In Wirklichkeit wünschen sich Frauen und Kinder meist, dass der Ehemann und Vater mehr Zeit für sie hat.

Dagegen spukt in den Köpfen der meisten Männer ein Idealbild herum, das durch Karrierestreben und männliche Härte geprägt ist. Doch im Grunde sind die Männer am stärksten, die sich ihre Ideale bewusst aussuchen, ihr eigenes Wertesystem schaffen und ihr Handeln daran ausrichten. Trauen Sie sich also ruhig, auch einmal „gegegen den Strom zu schwimmen", Erfolg im Beruf ist nicht alles!

Hobbys befriedigen das Bedürfnis, etwas Kreatives zu schaffen. Wenn sich in Ihrem Arbeitsalltag alles um die „graue Theorie" dreht, sollten Sie in der Freizeit andere Seiten Ihrer Persönlichkeit ausleben.

Ob Sie mit Holz arbeiten, alte Autos reparieren oder Modellflugzeuge bauen ist dabei gleichgültig, entscheidend ist, dass Sie auf diese Weise auf andere Gedanken kommen.

Allerdings sollten Sie wirklich Freude an Ihrem neuen Hobby haben. Wenn es Ihnen nur als Vorwand dient, sich weiter von Ihrer Familie zurückzuziehen, gibt es neue Probleme.

Top-Tipps für ein besseres Leben

1 Setzten Sie sich selbst Grenzen und halten Sie diese ein. Wenn Sie sich entschlossen haben, mehr Zeit mit Ihrer Familie zu verbringen, halten Sie sich das immer vor Augen. Stellen Sie sich die große Freude vor, wenn Sie pünktlich nach Hause kommen. Wie groß wäre die Enttäuschung, wenn Sie anrufen, weil es heute wieder etwas später wird.

2 Entscheiden Sie im Voraus, wieviel Stunden Sie wöchentlich arbeiten wollen und halten Sie sich an dieses Limit. Stellen Sie fest, dass 40 Stunden für Ihr Arbeitspensum nicht ausreichen, sollten Sie Ihre Arbeitseinteilung überprüfen. Ist diese eigentlich korrekt, sollten Sie mit Ihrem Vorgesetzten sprechen.

3 Machen Sie sich klar, dass Sie über Ihr Leben bestimmen und nicht Ihr Vorgesetzter. Verlangt er von Ihnen, 60 bis 70 Stunden pro Woche zu arbeiten, sollten Sie einen Stellenwechsel in Betracht ziehen.

4 Halten Sie sich vor Augen, dass eine bewusste Veränderung Ihrer Gewohnheiten Sie stark macht. Dies ist eine anregende Erfahrung, kein Stress.

5 Den meisten Männern fällt es sehr schwer, auf eine Beförderung zu verzichten. Denken Sie trotzdem darüber nach, vor allem, wenn dieses Mehr an Verantwortung zahlreiche Überstunden und Geschäftsreisen nach sich zieht.

Mittel gegen das Altern

Haben Sie das Gefühl, dass die Zeit nicht spurlos an Ihnen vorüber gegangen ist? Das geht uns wohl allen so. Wenn wir ehrlich sind, dann gefällt es uns nicht. Wir können den Lauf der Jahre nicht anhalten, aber wir können ihren Einfluss auf unseren Körper vermindern.

„Sehr wichtig ist die Ernährung. Ich esse Mais, Reis und Gemüse, jedoch wenig Fleisch. Außerdem stehe ich morgens früh auf und gehe abends vor neun Uhr zu Bett. Im Gegensatz zu anderen älteren Leuten trinke und rauche ich nicht."

Huang Bohan aus Bama in China, auf die Frage, wie man 105 Jahre alt wird.

Warum wir altern

Am Anfang ignorieren die meisten von uns die Spuren des Alters: die ersten grauen Haare, kleine Fältchen und ein Bauchansatz. Doch mit Ende 30, Anfang 40 sind die Anzeichen kaum mehr zu übersehen.

Die Haare werden grau, das Treppensteigen bereitet mehr Mühe als früher und auch die jungen Frauen im Büro nehmen kaum noch Notiz von uns. In diesen Momenten wird vielen Männern ihr Alter schmerzhaft bewusst. Doch was geschieht tatsächlich, wenn wir älter werden?

Viele Aspekte des Alterns sind auch heute noch ungeklärt. Fest steht, dass der Körper allmählich abbaut, dass sich die Körperzellen nur noch langsam oder gar nicht mehr erneuern.

Die Haut ist ein gutes Beispiel für diesen Prozess. In der Jugend erneuern sich abgestorbene Hautzellen fortwährend. Im Alter von etwa 30 Jahren verlangsamt sich diese Regeneration, so dass die Hautzellen immer älter werden. Je nach genetischer Veranlagung und der Häufigkeit früherer Sonnenbäder zeigen sich im Gesicht und am Körper immer mehr Falten.

Auch die Haare verlieren ihre Farbe meist im mittleren Lebensalter, da der Körper nicht mehr genügend Pigmente produziert. Kommt noch eine genetische Veranlagung hinzu, wird aus den ersten grauen Strähnen recht schnell ein silberner Schopf.

Ab Ende 20 verlangsamt sich der Stoffwechsel des Menschen und Kalorien werden langsamer verbrannt. Das hat zur Folge, dass man trotz unveränderter Ernährungsgewohn-

Der Traum von der ewigen Jugend

Im 16. Jahrhundert segelte Ponce de León nach Nordamerika, in der Hoffnung, auf der Insel Bimini den sagenumwobenen Jungbrunnen zu finden. Stattdessen entdeckte er Florida. Seitdem versuchen geschäftstüchtige Händler, Mittel zu verkaufen, die uns angeblich zu ewiger Jugend und Unsterblichkeit verhelfen.

Die Mittel gegen das Altern reichen von geheimnisvollen Mixturen indianischer Medizinmänner bis hin zu Honig, Rizinusöl, Essig, Joghurt, Melasse, Knoblauch, Weizenkeime, Gelée Royal, Milch und Bierhefe. Vitamine, makrobiotische Ernährung, Tee aus Sarsaparillenwurzeln und Ginseng gelten seit neuestem als Quelle jugendlicher Kraft.

Heute kann man seinen Körper sogar zunächst einfrieren und wieder auftauen lassen, wenn die Forschung ein Mittel gegen die Krankheit gefunden hat, an der man gestorben ist.
Hüten Sie sich vor derartigen Versprechungen. Außer einer gesunden Lebensführung gibt es in Wahrheit kein Mittel, das den Alterungsprozess verlangsamt.

▲ *In der Vergangenheit versuchten Abenteurer immer wieder, den sagenumwobenen Jungbrunnen zu finden. Die obige Abbildung aus dem 16. Jahrhundert zeigt, wie die Menschen durch ein Wasser der Verjüngung schreiten.*

Wie alt wird der Mensch?

Viele Menschen glauben, die moderne Medizin habe unsere Lebenserwartung verlängert. Leider stimmt das nicht, denn es ist unmöglich, dass der Mensch älter als 120 Jahre wird. Krankheiten und Unfälle verhindern zumeist, dass wir dieses Alter erreichen.

Die moderne Medizin hat – in Verbindung mit einer Verbesserung der hygienischen Verhältnisse – erreicht, dass die durchschnittliche Lebenserwartung gestiegen ist. Die Chancen, älter zu werden als die eigenen Großeltern, sind sehr groß. Wir haben kein ewiges Leben, aber die Medizin ermöglicht es uns heute, einen Großteil der theoretisch möglichen Zeit zu erleben.

► *Immer mehr Menschen werden heute immer älter.*

heiten möglicherweise einige Pfunde zulegt.

Der langsame Zellabbau der inneren Organe ist uns weniger bewusst, doch auch das Gewebe der Nieren, des Gehirns, des Herzens und der Augen erneuert sich nicht ewig.

Eine wichtige Rolle im Alterungsprozess spielt die Umstellung des körpereigenen Hormonhaushalts, die sich etwa gegen Ende des 40. Lebensjahres vollzieht. Von nun an produziert der Körper weniger Testosterone, eine Entwicklung, die mit zunehmendem Alter weiter fortschreitet.

Testosterone regen den Knochenaufbau an, stimulieren das Wachstum der Muskeln und der Gehirnzellen. In dem Maße, wie der Testosterongehalt im Körper abnimmt, werden auch Knochen und Muskulatur schwächer.

Nicht zu vernachlässigen ist auch der Einfluss von Stress. Schließlich ist der menschliche Körper eigentlich nicht für die täglichen Belastungen unseres modernen Lebens geschaffen, er verträgt nur kurze Phasen der Anspannung und braucht anschließend viel Ruhe.

Der alltägliche Stress in Büro und Familie, den viele Männer heute erleben, tut sein Übriges. Erkrankungen des Herzens sind beispielsweise die Folge. Denken Sie an die bösen Folgen des Stress, wenn Sie das nächste Mal atemlos von einem Termin zum nächsten hetzen!

Genießen Sie das Leben

Grundsätzlich ist der Alterungsprozess nicht aufzuhalten. Es ist nur möglich, das Fortschreiten bestimmter Alterserscheinungen etwas zu verlangsamen. Machen Sie also in jeder Phase Ihres Lebens das Beste aus Ihrem Aussehen.

Das Rezept ist ganz einfach: Ernähren Sie sich vernünftig, bewegen Sie sich viel, schützen Sie sich vor intensivem Sonnenlicht, entspannen Sie sich häufig, bleiben Sie geistig aktiv und – genießen Sie das Leben.

Fettarme Ernährung

Der Stoffwechsel verlangsamt sich, je näher Ihr dreißigster Geburtstag rückt. Sie nehmen also zwangsläufig zu, wenn Sie nicht darauf achten, Kalorien zu reduzieren.

Ernähren Sie sich fettarm. Das bedeutet nicht, dass Sie künftig auf leckere Speisen wie Wiener Schnitzel, Hamburger und Steaks verzichten müssen. In Maßen sind auch diese Gerichte weiterhin erlaubt. Entscheidend ist, dass auf Ihrem Speiseplan vornehmlich Getreideprodukte, Früchte und Gemüse stehen sollten.

Wer bekommt Falten?

Die genetische Veranlagung und Ihr Lebensstil sind hauptsächlich dafür verantwortlich, ob Sie leicht Falten bekommen.

Nehmen Sie häufig ein Sonnenbad? Trinken Sie Alkohol? Leben Sie in einer Stadt mit starker Luftverschmutzung? Haben Sie helle Haut? Mit jedem Ja wächst die Wahrscheinlichkeit, dass Sie gegen Falten in Ihrem Gesicht kaum etwas tun können.

Am gefährlichsten von den genannten Faktoren ist die Sonne, gleichgültig zu welcher Jahreszeit Sie sich ihr aussetzen. Nur wenn Sie sich das ganze Jahr über mit einem Sonnenschutz (Lichtschutzfaktor 30) eincremen, verlangsamt sich die Faltenbildung etwas.

▲ *Ein herbes Gesicht: Veranlagung und Sonnenstrahlen fördern Faltenbildung.*

Bewegung

Es ist erstaunlich, wie wenig Training ausreicht, die Kondition zu verbessern. Ideal ist es, die Pulsfrequenz etwa fünf Mal wöchentlich für eine halbe Stunde um 20 Prozent zu steigern.

So ist es gesünder, täglich in der Mittagspause einige Übungen an einem Fitnessgerät zu machen oder 45 Minuten spazieren zu gehen, als in der Kantine fettreiche Gerichte zu essen. Dies wirkt sich nicht nur positiv auf Ihre körperliche Verfassung und Ihre Stimmung aus, Sie schlafen nachts auch besser.

Sonnenbaden macht Falten

Die UV-Strahlung der Sonne verstärkt den Alterungsprozess der Haut. Schützen Sie sich mit einer Kopfbedeckung und mit langer Kleidung vor allzu intensiver Sonnenstrahlung. Auch Sonnencreme, die den Lichtschutzfaktor 30 haben sollte, bietet einen guten Schutz.

Vermeiden Sie Stress

Legen Sie im Büro mehrmals täglich eine 15minütige Pause ein. Machen Sie einfach einen kurzen Spaziergang. Denken Sie darüber nach, was Ihnen wirklich wichtig ist. Brauchen Sie das teure Auto unbedingt? Oder den hochmodernen Fernseher, die riesige Wohnung? Müssen Sie immer in den teuersten Restaurants essen? Wenn Sie sich auf die wirklich wichtigen Dinge im Leben konzentrieren, haben Sie viel mehr Spaß am Leben.

Geistig aktiv sein

Wir alle kennen Menschen, die sehr viel älter wirken als sie tatsächlich sind. Das Altern spielt sich vor allem im Kopf ab: Das Denken dieser Menschen, ihre Meinungen, ihre Interessen, all das hinterlässt den Eindruck, sie wären schon eine Generation älter und nicht offen für neue Erfahrungen.

Tun Sie also etwas für Ihre geistige Fitness. Lesen Sie viel, informieren Sie sich über die tagesaktuellen Ereignisse, diskutieren Sie mit Freunden über politische und religiöse Themen, suchen Sie sich ein anregendes Hobby. All diese Aktivitäten halten Sie geistig flexibel und verbessern Ihre Lernfähigkeit.

Bauch weg

Wenn es Sie stört, dass Sie um den Bauch zugelegt haben, sollten Sie folgende Ratschläge beherzigen:

- Ändern Sie Ihre Ernährung: Essen Sie künftig mehr Kohlenhydrate, Obst und Gemüse.
- Stellen Sie sich aufrecht hin und ziehen Sie den Bauch ein. Eine gespannte Bauchmuskulatur verbessert Ihre Haltung, das gleiche gilt auch umgekehrt.
- Suchen Sie sich eine Sportart, die Ihnen hilft, mehr Kalorien zu verbrennen: beispielsweise Tennis, Schwimmen oder Rudern.
- Trainieren Sie Ihre Bauchmuskulatur intensiv, aber machen Sie sich keine Illusionen: Ein paar Übungseinheiten machen noch keinen Waschbrettbauch. Genaue Übungshinweise finden Sie auf Seite 110.

Nieder mit den freien Radikalen!

Freie Radikale sind wie aggressive Guerilla-Krieger, die in Ihrem Körper Zellen und Gewebe zerstören. Es handelt sich dabei um sauerstoffhaltige Molekularverbindungen, denen ein Elektron fehlt. Dieses Elektron wird den Zellwänden entrissen, was eine Schädigung des Gewebes und der Zellkerne bewirken kann. Die Folge sind frühzeitiges Altern und Erkrankungen wie Arteriosklerose, Grauer Star oder Krebs.

Die gute Nachricht: Antioxidanzien helfen

Bestimmte Vitamine, Antioxidanzien genannt, machen die freien Radikale unschädlich. Forscher haben dabei herausgefunden, dass sie die oxidativen Reaktionen der freien Radikale im Körpergewebe hemmen.

Zu den wichtigsten Antioxidanzien gehören die Vitamine C und E, außerdem Betacarotin, das der Körper in Vitamin A umwandelt und das Spurenelement Selen, das mit Vitamin E zusammenarbeitet. Weitere Antioxidanzien sind Vitamin B_6, Thiamin, Lecithin und Zink.

Einige Ernährungswissenschaftler glauben, dass diese Stoffe den Alterungsprozess verlangsamen und gleichzeitig die damit verbundenen Krankheiten bekämpfen, wenn man sie in etwas höheren als den empfohlenen Tagesdosen einnimmt.

Antioxidanzien in Nahrungsmitteln

Antioxidanzien finden sich vor allem in Obst, Gemüse, Vollkornprodukten und in geringem Maße auch in gewissen tierischen Produkten. Besonders wertvoll sind rote, gelbe und dunkelgrüne Gemüsearten, Hafer, Weizen, Reis und Mais; Knoblauch und Zwiebeln, Leber, Nieren, Fisch, Muscheln, rotes Fleisch, Geflügel, Zitrus- und Beerenfrüchte.

◄ Antioxidanzien sind in den verschiedensten Nahrungsmitteln enthalten, so auch in Hühnchen (Vitamin B6), Blattsalat (Betacarotin), Tomaten (Betacarotin und Vitamin C), Vollkornbrot (Vitamine B6 und E) und frischem Obst (Vitamin C). Trinken Sie dazu ein Glas fettarme Milch, diese ist reich an Selen.

Geistig fit bis ins hohe Alter

Ab dem 45. Lebensjahr sterben im Großhirn täglich etwa 50 000 Zellen ab, dort, wo die „Intelligenz" angesiedelt ist. Auch das Ammonshorn im Gehirn, das Gewebe, in dem das Gedächtnis seinen Sitz hat, wird abgebaut. So ist es zu erklären, dass Sie plötzlich wichtige Termine vergessen oder sich nicht mehr erinnern können, wie Sie zu einem bestimmten Ort gelangen, den Sie doch erst letzten Monat besucht haben.

Intellektuelle Fähigkeiten kann man trainieren. Kreuzworträtsel, Puzzlespiele, Zeitung lesen, Bastelarbeiten oder eine Fremdsprache lernen halten uns geistig fit. Beschäftigen Sie Ihren grauen Zellen: Reisen Sie, belegen Sie einen Kurs an der Volkshochschule, engagieren Sie sich in einem Verein und unterhalten Sie sich mit intelligenten Menschen. Stress, Sorgen und Depressionen mindern Ihre geistigen Fähigkeiten, darum sollten Sie trübe Gedanken gar nicht erst aufkommen lassen. Bringen Sie sich auf andere Gedanken, schauen Sie sich einen lustigen Film an, denken Sie an freudige Erlebnisse oder singen Sie ein munteres Lied. Das gibt Ihnen wieder neuen Mut und Zuversicht.

Eine ausgewogene Ernährung und regelmäßige Bewegung sind ebenfalls wichtig für eine optimale Gehirnfunktion. Sollte Ihre Geisteskraft dennoch ein wenig nachlassen, ist das kein Grund zur Panik. Denken Sie daran, dass Ihre Lebenserfahrung vieles wettmacht.

► *Auch das ist eine Möglichkeit, sich geistig fit zu halten: Tägliches Zeitung lesen.*

Kleine Korrekturen

Nicht jeder Mann erträgt die ersten Anzeichen des Alters gelassen. Oft möchte man etwas dagegen tun. Hier einige Vorschläge.

Falten als Schicksal?

Viele Kosmetika versprechen, Falten zu glätten oder zu verhindern. Das ist jedoch nur dann möglich, wenn sie Sonnenschutz enthalten. Die meisten Anti-Faltencremes frischen die Haut nur auf, ohne sie tatsächlich zu glätten. Es gibt nur ein Mittel, das die Haut sichtbar glättet: Retin-A-haltige Hautcreme, die verschreibungspflichtig ist. Bei täglicher Anwendung mindert diese Creme kleine Fältchen. Man sollte jedoch bedenken, dass die Creme die Haut sonnenempfindlich macht, was die Hautkrebsgefahr erhöht.

Graue Haare

Wenn Ihre grauen Haare Sie stören, hilft nur das Färben. Am besten kann das Ihr Frisör. Wollen Sie es selbst machen, färben Sie die Haare nicht zu dunkel. Wählen Sie den Farbton erst etwas heller, dann können Sie später nachfärben.

Lichtes Haar

Ein Glatzenansatz lässt uns älter erscheinen. Legen Sie sich eine Kurzhaarfrisur zu, die zu Ihrem Typ passt. Ansonsten bleibt nur eine teure Haartransplantation oder bestimmte Medikamente. Fragen Sie am besten Ihren Arzt nach solchen Mitteln.

Was Sie gegen graues Haar tun können

Die einzige Möglichkeit, das Wachstum grauer Haare zu verhindern, ist die Zeit anzuhalten. Es gibt jedoch wissenschaftliche Studien, die einen Zusammenhang zwischen dem Rauchen und der Bildung grauer Haare nachweisen wollen, bewiesen ist diese Theorie bislang allerdings nicht. Dennoch ist das ein Grund mehr, mit dem Rauchen aufzuhören. Sicher ist allerdings, dass das Pigment Melanin dem Haar seine Farbe gibt. Mit zunehmendem Alter produziert der Körper weniger Melanin, so wird das Haar weiß und glanzlos.

Sie haben die Möglichkeit, Ihre Haare zu färben. Bedenken Sie, dass Sie möglicherweise auch Ihren Bart färben müssen. Besonders wagemutige Zeitgenossen scheren sich den Kopf einfach kahl. Doch die beste Lösung ist sicher ein gepflegter grauer Schopf.

▲ *Richard Gere zeigt, wie attraktiv gepflegte graue Haare wirken.*

Gesunder Schlaf

Der Mensch verschläft ein Drittel seines Lebens, doch das Phänomen Schlaf ist wissenschaftlich noch nicht völlig geklärt. Sicher ist, dass sich ein Mangel an Schlaf negativ auf die Kreativität, das Gedächtnis, das kritische Denken und die körperliche Leistungsfähigkeit des Menschen auswirkt.

Anzeichen für Schlafprobleme

- Nervosität
- Gedächtnislücken
- Stimmungsschwankungen
- Erschöpfung und Müdigkeit
- Schnarchen

Warum schlafen?

„Schlafen kann ich auch, wenn ich tot bin," denkt so mancher, der zu später Stunde noch arbeitet und plötzlich feststellt, dass es schon 1:00 Uhr ist. Doch inzwischen dürfte Ihre Konzentration soweit nachgelassen haben, dass das Zifferblatt der Uhr vor Ihren Augen verschwimmt.

Doch warum ist Schlaf so wichtig? Nach Ansicht von Experten mindert Schlafmangel die körperliche und geistige Leistungsfähigkeit erheblich, die physiologischen Ursachen sind jedoch noch ungeklärt. Die Symptome kennt man allerdings inzwischen: Erst werden wir müde, dann verschlechtert sich unsere Stimmung und schließlich nehmen Leistungsfähigkeit und Kreativität ab. Schlimmstenfalls können wir uns nicht mehr wach halten und schlafen einfach ein.

In Laborversuchen verendeten Tiere, die man längere Zeit am Schlafen gehindert hatte.

Wieviel schlafen?

Die meisten Erwachsenen schlafen pro Tag mindestens eine Stunde zu wenig.

Männer schlafen täglich im Durchschnitt etwa sieben Stunden, das bedeutet also, dass sie – je nach Veranlagung – eigentlich zwischen acht und neun Stunden Schlaf täglich benötigen. Die erholsamste Phase des Schlafes liegt zwischen der siebten und achten Stunde.

In dieser Endphase erhalten Gehirn und Nervensystem neue Energie. Dieses „Aufladen" unserer geistigen Batterie garantiert unsere Kreativität, unsere Gedächtnisleistung und unsere Lernfähigkeit. Verzichtet man aber auf diese Schlafphase, vermindert sich die Leistungsfähigkeit des Gehirns.

Um tagsüber Spitzenleistungen zu vollbringen, benötigt man insgesamt vier bis fünf Schlafzyklen von jeweils etwa 90 Minuten, wobei sich Tiefschlaf mit REM-Phasen abwechseln. Letztere sind durch die schnelle Augenbewegung gekennzeichnet (REM ist die Abkürzung des englischen Begriffs „rapid eye movement").

Verschiedene Forscher sind der Überzeugung, dass während des REM-Schlafs chemische Substanzen ins Gehirn ausgeschüttet werden, die die Lernfähigkeit verbessern. Wer ständig zu wenig schläft, beraubt sich also seiner Leistungsfähigkeit, da dem Gehirn wichtige Stoffe fehlen, die Gedächtnis und intellektuelle Fähigkeiten fördern.

Schlafstörungen

Wenn Sie mehrere der folgenden Fragen mit Ja beantworten, gönnen Sie sich vermutlich zu wenig Schlaf.

- Sind Sie am Nachmittag geistig abwesend? Fühlen Sie sich müde und abgespannt, nicken Sie häufiger kurz ein? Fällt es Ihnen schwer, sich zu konzentrieren?

10 Ratschläge für einen besseren Schlaf

1 Gehen Sie wenn möglich immer zur gleichen Zeit ins Bett und stehen Sie zur gleichen Zeit auf, gleichgültig, ob Sie frei haben oder arbeiten müssen.

2 Zwei Stunden vor dem Zubettgehen sollten Sie auf Tabak und Alkohol verzichten. Trinken Sie etwa fünf Stunden vorher die letzte Tasse Kaffee.

3 Das Schlafzimmer ist ein Ort der Ruhe und Erholung. Hier sollten Sie nicht essen, arbeiten oder fernsehen.

4 Wälzen Sie sich nicht unruhig hin und her, wenn Sie nicht schlafen können. Stehen Sie auf und gehen Sie in ein anderes Zimmer. Lesen Sie oder machen Sie einige Entspannungsübungen, bis Sie müde sind.

5 Verzichten Sie auf Schlaftabletten. Die meisten Schlafmittel machen abhängig.

6 Nehmen Sie vor dem Schlafengehen keine schweren Mahlzeiten zu sich.

7 Sportliche Betätigung fördert den Schlaf. Allerdings sollten Sie das Training drei Stunden vor der Nachtruhe beenden.

8 Hören Sie entspannende Musik und lüften Sie das Schlafzimmer.

9 Wenn Sie tagsüber müde werden, machen Sie ein Nickerchen.

10 Arbeiten Sie nicht bis spät abends. Hören Sie auf, wenn Sie müde werden.

Das Gehirn schläft nie!

Das Elektroenzephalogramm (EEG), das die Hirnströme aufzeichnet, zeigt im Wesentlichen zwei unterschiedliche Phasen: die Tiefschlafphase und den REM-Schlaf, der von schnellen Augenbewegungen gekennzeichnet ist und in dem wir träumen.

In der ersten Schlafphase verlaufen die Gehirnströme flach (auch Non-REM-Schlaf genannt). Diese Phase ist wiederum in vier Stadien unterteilt, in denen der Schlaf allmählich tiefer wird. Gleichzeitig sinken die Körpertemperatur, der Blutdruck und die Pulsfrequenz, auch Stoffwechsel und Atmung verlangsamen sich.

Jeweils 90 Minuten nach dem vierten Stadium beginnt die REM-Schlafphase, die etwa 5 bis 30 Minuten dauert. Diese Phase verläuft wesentlich unruhiger als der Non-REM-Schlaf. Die Kurve der Gehirnströme ähnelt der im Wachzustand. Puls, Blutdruck und Atmung sind in dieser Zeit unregelmäßig, die Augen bewegen sich heftig unter den geschlossenen Lidern.

Im Laufe einer Nacht durchlaufen wir diese Schlafphasen etwa vier bis fünf Mal. Krankheiten und Schlafstörungen stören diese Zyklen, so dass man die Tiefschlafphase nicht erreicht.

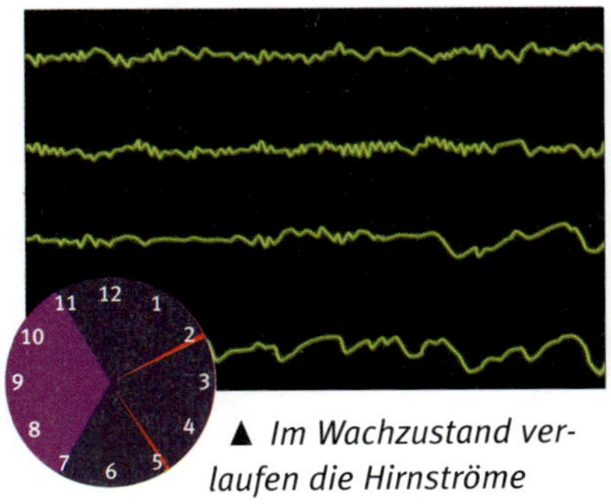

▲ Im Wachzustand verlaufen die Hirnströme flach (die beiden oberen Kurven). Die meisten von uns wachen ab und zu kurz auf (roter Bereich).

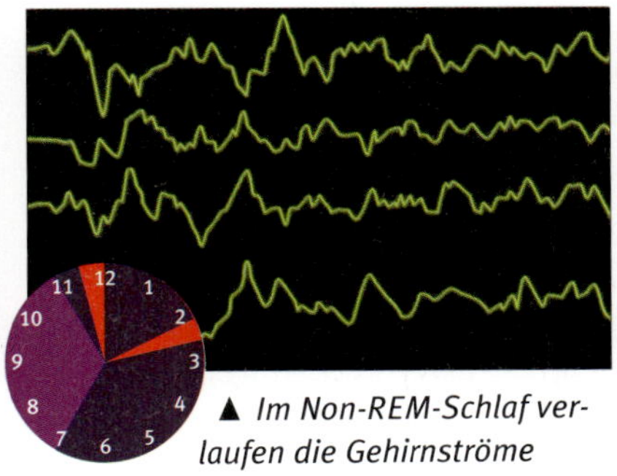

▲ Im Non-REM-Schlaf verlaufen die Gehirnströme hoch und breit. Die Augen bewegen sich kaum (zwei Linien unten). Das ist das Stadium des tiefsten Schlafes.

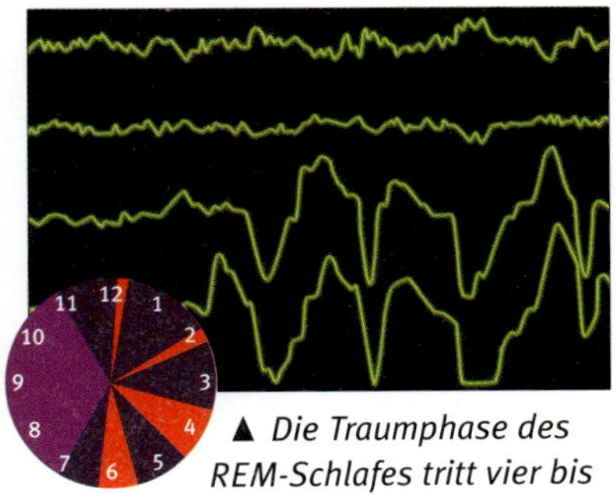

▲ Die Traumphase des REM-Schlafes tritt vier bis fünf Mal pro Nacht auf (rot). Die Gehirnströme sind fast wie im Wachzustand, die Augen bewegen sich stark.

- Schlafen Sie sofort nach dem Zubettgehen ein? Im Normalfall schläft man erst nach zehn bis 20 Minuten ein.
- Stellen Sie am Wochenende den Wecker ab und schlafen erheblich länger als während der Woche?

Im Folgenden erhalten Sie einige Ratschläge, die Ihnen helfen, Ihre Schlafgewohnheiten zu normalisieren.

Gehen Sie jeden Tag zur gleichen Zeit zu Bett und stehen Sie zur gleichen Zeit auf, auch an den Wochenenden oder wenn Sie nicht arbeiten müssen.

Legen Sie den Zeitpunkt des Zubettgehens jeden Abend um 20 Minuten früher. Machen Sie das so lange, bis Sie am folgenden Tag völlig erfrischt erwachen und nicht mehr schon zur Mittagszeit müde sind. Auf diese Weise finden Sie Ihren individuellen Schlafbedarf ohne großen Aufwand heraus.

Machen Sie sich nicht vom Wecker abhängig. Wer ausreichend schläft, wacht morgens auch ohne das Weckerrasseln auf.

Müssen Sie einmal früher als gewöhnlich aufstehen, ziehen Sie Ihre optimale Schlafzeit von der Uhrzeit ab, zu der Sie aufstehen möchten.

Gehen Sie dann entsprechend früher ins Bett, dann erhalten Sie trotz des frühen Aufstehens genügend Schlaf.

Schlaf in der Jugend und im Alter

Im Alter von etwa sechs Jahren produziert die im Zwischenhirn gelegene Zirbeldrüse die größte Menge an Melatonin. Dieses Hormon ist für den besonders tiefen Schlaf verantwortlich, den wir oft wünschen, aber selten finden.

Im Kindesalter bleibt der Melatoninspiegel im Körper weitgehend konstant, in der Pubertät beginnt er kontinuierlich zu sinken. Ab dem dreißigsten Lebensjahr wird der Schlaf immer leichter, die Phasen des Tiefschlafs werden immer seltener. Man vermutet, dass der Körper während der Tiefschlafphase Wachstumshormone produziert, die den Organismus regenerieren.

Viele Männer um 65 glauben, sie bräuchten viel weniger Schlaf als in jungen Jahren. Wissenschaftler zweifeln an dieser Aussage, sie meinen, das Schlafbedürfnis sei nicht vom Alter abhängig. Vielmehr beeinträchtigen Krankheiten, Medikamente und typische Alterserscheinungen und Erkrankungen wie Arteriosklerose den Tiefschlaf. So kommen viele Männer in diesem Alter gerade noch auf 30 Minuten Tiefschlaf.

Wer heute gesund lebt, sich fettarm ernährt und genügend bewegt, der wird auch später noch den Schlaf finden, den der Körper zur Regeneration braucht.

Stress bewältigen und Zeit sparen

Ein Leben auf der Überholspur, und dabei immer toll aussehen: Das ist das Motto des gestressten Erfolgsmenschen. Jede Minute der Hetze reduziert Ihre Lebenserwartung, während jede Minute, die Sie entspannt genießen, Ihren Lebensabend verlängert.

Hätten Sie's gewusst?

Das Sprichwort „Das ist mir auf den Magen geschlagen" drückt die verbreitete Ansicht aus, Stress verursache Magengeschwüre. In den 80er Jahren des 20. Jahrhunderts entdeckten Wissenschaftler das Bakterium *Helicobacter pylori*, das als Hauptverursacher von Magengeschwürem gilt. Wird Helicobacter nachgewiesen, verschreibt der Arzt Antibiotika. Bedenken Sie, dass Stress die Krankheit verschlimmert.

Was ist Stress?

Stress entsteht, wenn wir großen Druck, Ärger, Enttäuschung und Ablehnung erfahren. Alles, was in uns ein Gefühl der Spannung oder Unsicherheit erzeugt, sei es nun Zukunftsangst, die Befürchtung, nicht befördert zu werden, oder auch die Angst, im Beruf oder im Privatleben zu versagen.

Jeder Mensch erfährt in seinem Leben unzählige Situationen, die Stress erzeugen: Sei es nun ein cholerischer Chef, das schreiende Baby, ein überzogenes Bankkonto oder ein begriffsstutziger Mitarbeiter, all diese Situationen machen uns unsicher und gestresst.

Wenn Stress Ihre Lebensfreude beeinträchtigt, sendet Ihr Körper Alarmsignale aus, die besagen, dass er übermäßiger Belastung ausgesetzt ist.

Alarmsignale

Achten Sie auf diese Warnsignale, um ernsthafte Folgen zu vermeiden:

- Einschlafstörungen
- Konzentrationsschwierigkeiten
- Gedächtnislücken
- keine Lust auf Sex
- Frust-Essen
- Starkes Rauchen
- Erhöhter Alkoholkonsum
- Häufige Kopfschmerzen
- Reizbarkeit, Ungeduld, Wutanfälle
- Antriebslosigkeit

Wenn Stress Sie in die Enge treibt

In Gefahrensituationen reagiert der Körper immer gleich: Pulsfrequenz und Blutdruck steigen, die Muskeln spannen sich, er ist kampfbereit. Diese Verhaltensweise ist heute praktisch überflüssig, da die Bedrohung selten physischer Natur ist. Stress, dem wir ausgesetzt sind, weil wir einen Vortrag halten müssen, wird also nicht reduziert. Die Begleiterscheinungen des Stress sind dann ein potenzielles Risiko für eine Erkrankung.

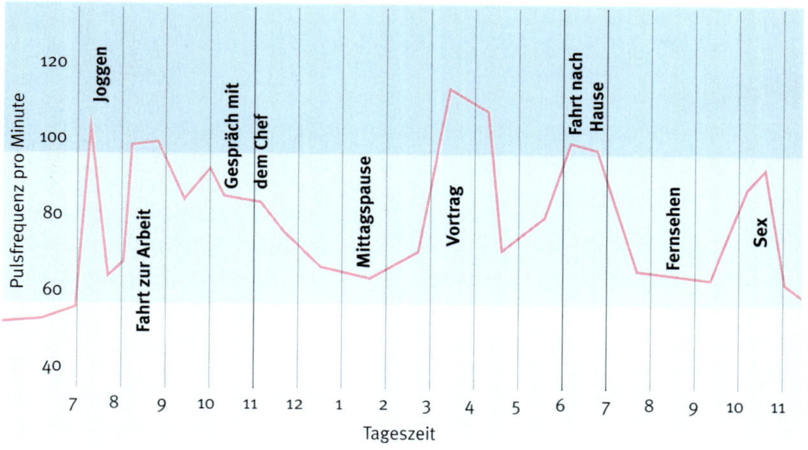

▲ *Das Diagramm zeigt, wie der Puls im Laufe eines typischen Arbeitstages auf physischen und emotionalen Stress reagiert.*

Flucht oder Kampf

Die Flucht-oder Kampf-Reaktion ist ein Instinkt, der allen Menschen gemein ist. Sobald das Gehirn eine drohende Gefahr meldet, werden verschiedene chemische Stoffe, so genannte Neurotransmitter, ausgeschüttet. Diese Botenstoffe regen die Produktion der Hormone an, die den Organismus in Alarmbereitschaft versetzen.

Im Einzelnen geschieht dabei folgendes:

- Das Herz schlägt schneller.
- Der Blutdruck steigt
- Die Muskelspannung steigt
- Die Verdauung wird eingestellt
- Es kommt zu vermehrter Schweißproduktion
- Die Atmung wird intensiver

Das Gehirn bereitet den Körper darauf vor, entweder zu fliehen oder zu kämpfen, das sind die beiden Alternativen, die uns seit Urzeiten zur Verfügung stehen.

Stress verbessert unsere Reaktionsfähigkeit und weckt den Überlebensinstinkt; man reagiert schneller und geistesgegenwärtiger als in alltäglichen Situationen.

Selbst im Berufsleben ist die Flucht-oder Kampf-Reaktion manchmal nützlich: Wenn wir vor einem wichtigen Meeting stehen oder einen Termin unbedingt einhalten müssen, mobilisiert der Druck neue Kräfte.

Für die Bewältigung des Alltags ist diese Reaktion unseres Körpers allerdings kaum geeignet. Wenn der Zug zwanzig Minuten Verspätung hat oder man mit dem Auto im Stau des Berufsverkehrs steckt, gibt es keine Möglichkeit, den Stress auch abzureagieren. Die körperliche Spannung findet kein Ventil, was längerfristig zu Krankheiten führen kann.

Forscher haben zudem herausgefunden, dass chronischer Stress auch das Immunsystem schwächt. Somit erhöht sich die Infektionsgefahr, möglicherweise sogar das Risiko für bestimmte Krebsarten.

Test: Gestresst oder entspannt?

Wie Sie mit den Herausforderungen des Alltags umgehen, hängt allein von Ihnen ab. Sicher wollen Sie nicht unter Stress und Unsicherheit leiden, sondern gelassen bleiben. Machen Sie den folgenden Stress-Test. Wenn Sie die meisten Fragen in der Spalte „Richtiges Verhalten“ mit Ja beantworten, dann verstehen Sie es, mit Stress umzugehen. Wenn Sie mehr als fünf Fragen der Spalte „Falsches Verhalten“ mit Ja beantworten, sollten Ihre Gewohnheiten umstellen.

Falsches Verhalten	Richtiges Verhalten
• Bringen Sie selbst kleinere Enttäuschungen oder Probleme aus der Fassung?	• Sind Sie überzeugt, stets Ihr Bestes zu geben? Glauben Sie, dass dies auch genügt?
• Sind Sie pessimistisch? Haben Sie Zukunftsangst? Neigen Sie zu Angstgefühlen oder panikartigen Reaktionen?	• Verlassen Sie Ihren Arbeitsplatz nicht nur, um auf die Toilette zu gehen, Arbeitsunterlagen zu holen oder etwas zu essen?
• Leiden Sie unter Kopfschmerzen? Haben Sie häufig Nacken und Rückenschmerzen?	• Meditieren Sie oder machen Sie Entspannungsübungen, beispielsweise Yoga oder Tai Chi?
• Rauchen Sie eine Zigarette nach der anderen?	• Haben Sie konkrete, vernünftige Lebensziele?
• Sind Sie überarbeitet und einsam?	• Bitten Sie andere gerne um Hilfe?
• Versuchen Sie sich durch Koffein und Zucker aufzuputschen?	• Geben Sie Frau und Kindern einen Kuss, wenn Sie nach Hause kommen?
• Leiden Sie unter Schlafstörungen, Atembeschwerden, Magen- und Darmproblemen, erhöhtem oder niedrigem Blutdruck?	• Haben Sie Hobbys? Lesen Sie Bücher oder hören Sie Musik? Lachen Sie mit anderen Menschen? Freuen Sie sich an den kleinen Dingen des Lebens?
• Müssen Sie andere immer kritisieren? Suchen Sie die Schuld für einen Fehler zuerst bei den anderen? Ist es schwer, mit Ihnen auskommen?	• Sind Sie ein guter Autofahrer? Fahren Sie vorausschauend, gelassen und rücksichtsvoll? Beachten Sie die zulässige Höchstgeschwindigkeit?
• Reden Sie oft mit erhobner Stimme? Reden Sie oft über andere Leute?	• Schalten Sie von der Arbeit ab, wenn Sie abends nach Hause kommen?
• Neigen Sie zu Überreaktionen wenn Sie verärgert sind?	• Kennen Sie Ihre persönlichen Grenzen und können Sie diese akzeptieren?
• Fällt es Ihnen schwer, Ihre Fehler zuzugeben oder sich bei anderen zu entschuldigen?	• Sind Ihnen die Familie, Freunde und Spaß am Leben wichtig? Achten Sie auch auf Ihre eigenen Bedürfnisse?
• Empfinden Sie Ihren Job eher als Belastung denn als Herausforderung?	• Nehmen Sie sich genügend Zeit für das Essen, Entspannung und Hobbies?
• Sind Sie nachtragend? Können Sie nur schwer verzeihen? Glauben Sie, dass man Ihnen schaden will? Sehen Sie sich häufig in der Opferrolle?	• Gehen Sie im Großen und Ganzen gerne zur Arbeit? Sind Sie stets hilfsbereit? Loben und ermutigen Sie Ihre Kollegen?

Warum Stress dick macht

Die meisten stressgeplagten Männer sind zu dick. Fettes Essen, Bewegungsmangel und ein stressiger Alltag sind schuld daran. Was ist der Grund dafür?

Sobald das Gehirn eine Gefahr wahrnimmt, sendet die Hirnanhangdrüse einen Botenstoff aus, der die Produktion von Kortison und Adrenalin anregt. Diese Hormone helfen unter anderem bei der Freisetzung von Fettreserven, um Energie für die Flucht bzw. den Kampf bereit zu stellen.

Auch Beziehungsprobleme, unliebige Chefs und alle Belastungen des modernen Lebens führen zu einer verstärkten Bildung von Kortisol und Adrenalin im Körper und damit zur Freisetzung von Fettreserven. Werden diese anschließend nicht verbrannt, werden sie in den Fettzellen vor allem am Bauch eingelagert. Männer mit dicken Bäuchen sind anfälliger für Herzerkrankungen als Männer, die um das Gesäß und an den Oberschenkeln zu dick sind.

Chronische Überlastung ist auch für viele weitere gesundheitliche Probleme verantwortlich: Bluthochdruck, Diabetes, Akne, Verdauungsstörungen, Unfruchtbarkeit, Impotenz, Geschwüre, Schlafstörungen, Rückenschmerzen und Asthma. Nicht zu vergessen ist der emotionale Druck, der Ihre Partnerschaft und Ihr psychisches Wohlbefinden belastet. In besonders schweren Fällen sind Angstzustände und Depressionen zu befürchten.

Innere Einstellung

Stress ist auch immer eine Frage der Lebenseinstellung. Arbeitsüberlastung kann z. B. der Anlass sein, den Tagesablauf effektiver zu organisieren. Belastet Sie eine langweilige Tätigkeit ohne Aussicht auf Beförderung? Das setzt vielleicht auch die Kraft frei, sich eine neue Stelle zu suchen. Versagensängste motivieren Sie möglicherweise, sich weiterzubilden und alles zu geben. Wer Angst vor Krankheiten hat, geht sicher regelmäßig zur Vorsorgeuntersuchung. Es liegt an Ihnen, das Beste daraus zu machen.

Stressbewältigung

Unsere Gesundheit beruht wesentlich auf drei Faktoren: regelmäßiger Bewegung, bewusster Ernährung und ausreichendem Schlaf. Wenn Sie sich danach richten, bereiten Ihnen Stress und Sorgen keine Probleme. Sie fühlen sich körperlich und geistig fit.

Packen Sie den Stress an der Wurzel: finden Sie die Ursache und suchen Sie eine dauerhafte Lösung.

Bewegung, Schlaf, Ernährung

Regelmäßige Bewegung verbessert nicht nur die körperlichen Fitness, sie hilft auch beim Abbau von Stresshormonen. Treiben Sie mindestens dreimal wöchentlich etwa 30 Minuten Sport. Der Sport soll Ihnen Spaß machen, damit Sie ihn nicht gleich wieder aufgeben. Besonders zu empfehlen sind Radfahren, Schwimmen, Golf, Tennis, Joggen, schnelles Gehen oder Gartenarbeit.

Auch Schlaf ist ein idealer Stresskiller. Wenn Sie nachts zu wenig schlafen, sollten Sie tagsüber ein Nickerchen machen. Schon 30 Minuten regenerieren Körper und Geist. Eine ausgewogene Ernährung versorgt den Körper mit allen wichtigen Nährstoffen. Auch ein Gläschen Al-

Macht der Stress Sie krank?

Stress zieht den gesamten Organismus in Mitleidenschaft. Seine Auswirkungen zeigen sich überall. Längerfristige Belastungen schwächen zudem das Immunsystem, so dass man für Erkältungen oder Grippe anfälliger ist.

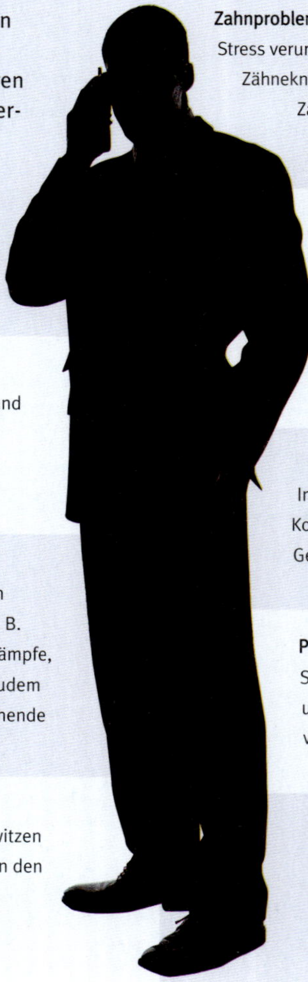

Zahnprobleme
Stress verursacht Zahnprobleme. Zähneknirschen schädigt den Zahnschmelz und verursacht schmerzhafte Infektionen.

Rückenschmerzen
Verspannungen der gesamten Rücken, Schulter und Nackenmuskulatur und Kopfschmerzen sind ebenfalls eine Folge von Stress.

Herzerkrankungen
Angst verengt die Blutgefäße und beschleunigt den Puls. Bluthochdruck und Herzerkrankungen sind die Folge.

Psychische Belastungen
In schweren Fällen führt Stress zu Konzentrationsproblemen und Gedächtnisverlust.

Verdauungsstörungen
Stress trägt zur Entstehung von Magen-Darm-Problemen bei, z. B. Reizmagen, Durchfall, Bauchkrämpfe, Blähungen und Sodbrennen. Zudem verschlimmert er bereits bestehende Probleme dieser Art.

Probleme beim Sex
Stress mindert die Lust auf Sex und ist für Erektionsprobleme verantwortlich.

Körpergeruch
Stressgeplagte Menschen schwitzen stark. Unter den Achseln und an den Füßen siedeln sich Bakterien an, die Folge ist Körpergeruch.

Hautprobleme
Einige Menschen reagieren auf Stress mit plötzlichem Auftreten von Hautausschlag.

Lachen entspannt

Lachen ist die beste Medizin gegen Stress. Wissenschaftliche Studien haben ergeben, dass Erwachsene durchschnittlich nur 15 Mal am Tag lachen, während Kinder bis zu 400 Mal lachen.

Kinder kennen also noch ein Geheimnis, das wir Erwachsenen längst vergessen haben. Es ist die Freude am Spiel. Erwachsene sind nicht mehr verspielt, Sie konzentrieren sich ganz auf den „Ernst des Lebens". Daraus resultieren körperliche Beschwerden, wie etwa Muskelverspannungen. Beim Spielen und Lachen hingegen schüttet das Gehirn vermehrt sogenannte Endorphine aus, die die Muskulatur entspannen und Schmerzen lindern.

Sie können viele Dinge im Leben nicht ändern, konzentrieren Sie sich darauf, wie Sie mit Problemen umgehen . Entkrampfen Sie angespannte Situationen mit einem Lachen und regen Sie sich nicht über Kleinigkeiten auf.

▶ *Beim Lachen werden im Gehirn Endorphine ausgeschüttet.*

kohol tut manchmal gut: All unsere Sorgen erscheinen auf einmal viel unwichtiger. Versuchen Sie jedoch nicht, Ihre Probleme im Alkohol zu ertränken, sondern beheben Sie deren Ursachen.

Probleme analysieren

Die Ursachen von Stress lassen sich zumeist problemlos benennen. Termindruck und Erwartungsdruck, vor allem im Berufsleben, sind wohl die gängigsten Auslöser. Doch nicht nur die, die auf der Überholspur leben, leiden unter Stress. Auch Angestellte, die täglich monotone, anspruchslose Aufgaben erledigen müsen, empfinden Ihre Arbeit als unbefriedigend.

Manchmal ist es aber auch sehr schwierig, die Ursachen herauszufinden. Schreiben Sie sich am besten immer auf, in welcher Situation der Stress aufgetreten ist, vielleicht erkennen Sie dann die wahren Zusammenhänge.

Konfliktbewältigung

Frauen werden im Allgemeinen besser mit seelischen Belastungen fertig als Männer. Das liegt daran, dass Frauen viel eher mit jemandem über ihre Probleme sprechen, während Männer sich innere Konflikte nicht anmerken lassen wollen. Sprechen Sie offen mit Ihrer Partnerin oder einem guten Freund über Dinge, die Sie belasten.

Wer positiv denkt, kann seine Probleme viel leichter lösen. Wenn Sie Ihre berufliche Tätigkeit langweilt oder überfordert, ist es nicht sinnvoll, sich beim Chef nur zu beklagen. Viel Erfolg versprechender ist es, seinem Vorgesetzten ganz konkrete Alternativen aufzuzeigen.

Essen gegen Stress

Eine gesunde Ernährung schützt den Körper vor den negativen Auswirkungen des Stress. Kohlenhydrate und Proteine verbessern unsere geistige Leistungsfähigkeit in Zeiten besonderer Anspannung. Ebenfalls vorteilhaft ist der Verzicht auf koffeinhaltige Getränke und größere Mengen von Zucker, da diese nur einen kurzfristigen Energiestoß bewirken. Einige Stunden später sind Erschöpfung und Unruhe dann um so größer. Auch Alkohol überdeckt bestimmte Symptome, später fühlt man sich aber noch schlechter.

Was Sie essen sollten

Bestimmte Kohlenhydrate aus Reis, Nudeln, Kartoffeln und Popcorn regen das Gehirn zur Produktion von Serotonin an. Dieses Hormon mindert Stresserscheinungen und versorgt den Körper mit Energie.

Fleisch, Fisch und Geflügel sind ausgezeichnete Eiweißlieferanten. Sie steigern die geistige Leistungsfähigkeit und fördern die Zellerneuerung.

Viele Obstsorten wie Bananen, Melonen, Erdbeeren, Kiwis, Pfirsiche, Aprikosen und auch Tomaten sind reich an Vitaminen und Betakarotin. Diese lebenswichtigen Vitalstoffe fördern den Zellaufbau.

Viele Gemüsearten wie Paprika, Rote Beete, Bohnen, Brokkoli, Karotten, Spinat, Petersilie und alle grünen Gemüsesorten sind sehr vitamin- und mineralstoffreich. Milch (vor allem fettarme), Kleie, Nüsse und Weizenkeime besitzen eine hohen Gehalt an Kalium, einem Mineral, das der Muskelentspannung dient.

Was Sie nicht essen sollten

Kaffee und koffeinhaltige Produkte wie Schokolade, Tee und Cola. Koffein zerstört die Vitamine B und C.

Raffinierter Zucker liefert Energie, macht uns aber antriebslos und reizbar. Die überflüssigen Kalorien machen dick und verursachen Krankheiten wie z. B. Diabetes.

Werte überdenken

Wenn Ihr Leben nur aus Arbeit besteht, sollten Sie sich vielleicht in eine andere Position versetzen lassen. Ein so entscheidender Schritt will natürlich wohl überlegt sein. Stellen Sie sich folgende Fragen.

- Welche Ziele möchten Sie im Leben erreichen?
- Was ist Ihnen wirklich wichtig?
- Wollen Sie mehr Zeit mit Frau und Kindern verbringen? Legen Sie Wert darauf, sich kreativ oder sportlich zu betätigen?

Notieren Sie, was Ihnen wichtig ist und womit Sie Ihre Zeit verbringen. Vergleichen Sie die beiden Listen. Verbringen Sie den Großteil Ihrer Zeit mit dem, was Ihnen wichtig ist? Wenn das nicht so ist, sollten Sie Ihr Leben ändern, auch wenn das einen Stellenwechsel bedeutet.

Zeit für sich selbst

Man sollte niemals vergessen, sich genügend Zeit für sich selbst zu nehmen.

Sehen Sie nicht mehr als fünf bis sechs Stunden pro Woche fern. Betätigen Sie sich in Ihrer Freizeit lieber kreativ, tun Sie was Ihnen Spaß macht. Machen Sie nichts, was Sie erneut dem Stress und dem Konkurrenzkampf aussetzt. Tun Sie etwas für Ihre seelische Ausgeglichenheit. Suchen Sie sich ein anregendes Hobby, das Ihre Freizeit bereichert.

Urlaub ist dazu da, sich zu erholen und wieder neue Energie zu tanken. Vergessen Sie alle Sorgen des Alltags, suchen Sie sich ein gemütliches, schattiges Plätzchen und lesen Sie ein Buch.

Viele Männer, gerade solche, die in führenden Positionen arbeiten, nutzen ihren Urlaub nicht zur Erholung. Statt dessen machen sie einen so genannten „Erlebnisurlaub", in dem jeder Tag von Früh bis Spät verplant ist. So wird die Ferienzeit ebenso stressig wie der Arbeitsalltag.

Dazu kommt noch, dass viele von uns auch aus dem Urlaubsdomizil täglich im Büro anrufen oder Faxe schicken, weil sonst eben doch nichts klappt.

Lassen Sie sich dazu nicht hinreissen! Wenn Sie Ihren Urlaub so gestalten, können Sie sich niemals richtig erholen. Streichen Sie für diese Zeit die Arbeit aus Ihrem Kopf!

Die Zeit besser einteilen

Wer seine Zeit effektiv organisiert, der lässt Stress gar nicht erst aufkommen. Wer seinen Tagesablauf nicht im Griff hat, sollte notieren, womit er sich beschäftigt. Finden Sie heraus, was Sie unnötig aufhält. Hier sind einige Anhaltspunkte:

- unnötige Unterbrechungen im Arbeitsfluss, z. B. Telefongespräche
- Unentschlossenheit
- Planlosigkeit
- Chaos auf dem Schreibtisch
- Unvermögen, unberechtigte Forderungen zurückzuweisen
- Unfähigkeit, um Unterstützung zu bitten oder Hilfe anzunehmen.
- Unfähigkeit, eine Aufgabe zu Ende zu bringen, bevor man mit der nächsten beginnt.
- Häufige Plaudereien mit Kollegen
- Schlechte Kommunikation
- Endlose Besprechungen

Finden Sie heraus, womit Sie Ihre Zeit vergeuden und tun Sie etwas dagegen. Halten Sie sich an folgende Regeln:

- Zaudern Sie nicht. Notieren Sie alle zu erledigenden Aufgaben in der Reihenfolge der Wichtigkeit. Erledigen Sie Ihr Tagesprogramm Punkt für Punkt. Beginnen Sie erst mit dem nächsten Punkt, wenn der vorige erledigt ist.
- Jede unerledigte Aufgabe kommt am folgenden Tag wieder auf die Liste. Notieren Sie, was die Ausführung behindert hat und wie man dem entgegen wirken kann. Vielleicht brauchen Sie eine Aushilfe.
- Teilen Sie große Projekte in mehrere kleine Aufgaben und delegieren Sie einige davon weiter.
- Machen Sie ab und zu eine Pause. Das hilft Ihnen, Ihre Aufgaben mit neuem Elan anzugehen und zuvor noch unlösbar scheinende Probleme zu bewältigen. Machen Sie einen Spaziergang, so gewinnen Sie im wahrsten Sinne des Wortes Abstand.

Stress-Killer

- Gönnen SIe sich eine Pause. Nehmen Sie sich Zeit für Familie, Hobbies und Entspannung.
- Ernähren Sie sich gesund, treiben Sie Sport, schlafen Sie ausreichend, schränken Sie Ihren Kaffee und Alkoholkonsum ein, hören Sie auf zu Rauchen
- Seien Sie nicht so unnachgiebig. Bleiben Sie fest, wenn Sie im Recht sind, aber geben Sie nach, wenn es nicht der Fall ist.
- Sprechen Sie über Ihre Probleme. Ziehen Sie einen Freund, ein Familienmitglied, einen Psychotherapeuten oder Geistlichen zurate, wenn Angst und Sorgen schwer auf Ihnen lasten.
- Bleiben Sie geistig aktiv, suchen Sie neue Herausforderungen.
- Erstellen Sie täglich eine Liste der zu erledigenden Aufgaben. Muten Sie sich nicht zu viel zu. Planen Sie für jedes Projekt genug Zeit ein und rechnen Sie mit unerwarteten Verzögerungen.
- Setzen Sie sich realistische Ziele. Überfordern Sie sich nicht selbst.
- Weinen Sie, wenn Ihnen danach zumute ist. Lassen Sie den Tränen an einem ruhigen Ort freien Lauf.
- Helfen Sie anderen. Engagieren Sie sich bei gemeinnütziger Arbeit oder übernehmen Sie ein Ehrenamt.

Geben Sie im Büro die Anweisung, Sie nur in ganz dringenden Fällen anzurufen, oder besser noch: Hinterlassen Sie in der Arbeit nur die Telefonnummer einer Kontaktperson, etwa eines Freundes oder Familienmitglieds, die dann individuell entscheidet, ob es tatsächlich notwendig ist, Sie zu stören.

Entspannungsübungen

Wehren Sie sich gegen Stress. Wenn Sie die folgenden einfachen Übungen regelmäßig durchführen, halten Sie die negativen Folgen von Stress unter Kontrolle.

Lassen Sie zwischendurch alle Arbeit einen Moment ruhen und zählen Sie langsam rückwärts von 40 bis 0. Sagen Sie nach jeder Zahl „ich bin ganz entspannt", also „40 ich bin ganz entspannt", „39 ich bin ganz entspannt", bis Sie bei Null angekommen sind. Machen Sie diese Übung fünfmal täglich.

Wenn Sie bei Null angekommen sind, wiederholen Sie die Übung noch vier Mal. Die gesamte Übung nimmt etwa vier Minuten in Anspruch und hilft Ihnen, sich vollkommen von der Arbeit zu lösen, ohne dass Sie den Arbeitsplatz dabei verlassen müssen.

Auch kurze Atemübungen wirken sehr entspannend. Atmen Sie vier bis fünf Mal langsam ein und aus. Wiederholen Sie diese Übung alle zwei Stunden.

Tagsüber ist es für viele von uns fast unmöglich, eine ruhige Minute zu finden.

Daher sollten Sie stets ein paar Minuten länger als nötig auf der Toilette bleiben. Verweilen Sie einfach einen Moment vor dem Spiegel, schließen Sie die Augen und denken Sie an etwas ganz anderes.

Nehmen Sie sich morgens vor der Arbeit im Auto oder auch zwischen zwei Terminen etwas Zeit zum Entspannen und Abschalten. Auch die verschiedenen Entspannungs- und Meditationstechniken wie Yoga oder Tai Chi wirken wahre Wunder für gestresste Menschen.

Diese Übungen sind meist leicht zu erlernen, überall ohne großen Aufwand zu praktizieren und haben eine angenehm entspannende und wohltuende Wirkung auf Körper und Geist. Näheres dazu finden Sie im oben stehenden Kasten „Entspannungstechniken".

Entspannungstechniken

1 Atmen Sie langsam durch die Nase ein und halten Sie den Atem 10 Sekunden lang an. Atmen Sie dann langsam aus. Bei jedem Atemzug soll sich Ihr Bauchraum erweitern. Denken Sie dabei an etwas Positives, das verstärkt die entspannende Wirkung.

2 Lachen Sie viel. Zögern Sie nicht, spontan und schallend zu lachen, selbst wenn Sie dies etwas Überwindung kostet. Sehen Sie sich eine Komödie im Kino an oder lesen Sie ein lustiges Buch.

3 Sobald Sie das Büro verlassen, sagen Sie sich: „Mein Pensum ist heute erledigt". Wenn Ihre Gedanken daheim immer wieder um berufliche Probleme in der Arbeit kreisen, sagen Sie sich „Schluss damit", „Genug für heute" oder „Es reicht". Etablieren Sie diesen Satz als Kommando, um von der Arbeit abzuschalten.

4 Malen oder meditieren Sie. Entdecken Sie Ihre Spiritualität. Nehmen Sie sich jeden Tag etwa 20 bis 30 Minuten, um Zwiesprache mit Gott zu halten oder die Natur bewusst wahrzunehmen.

5 Entspannen Sie sich von Kopf bis Fuß. Konzentrieren Sie sich nacheinander auf jeden einzelnen Körperteil. Beginnen Sie mit den Zehen, dann folgen die Fußgelenke, die Beine und so weiter, bis auch der Kopf ganz entspannt ist.

6 Stehen Sie vom Schreibtisch auf und strecken Sie sich, um Muskelverspannungen zu lösen. Gehen Sie durch das Zimmer. Kreisen Sie langsam mit Kopf und Schultern.

7 Massieren Sie Ihren Kopf mit den Fingerspitzen. Üben Sie so viel Druck aus, dass Sie es als angenehm empfinden.

8 Schreien Sie Ihre ganze Wut in ein Kissen oder schlagen Sie darauf ein, bis die gesamte Anspannung von Ihnen abfällt. Wenn Sie besonders wütend sind, werfen Sie das Kissen herum.

9 Nehmen Sie ein Bad.

10 Suchen Sie sich ein Hobby. Sei es Jogging, Bergsteigen oder Schreiben, erlaubt ist, was Spaß macht. Vermeiden Sie alles, was Bezug zur Arbeit hat.

▲ *Suchen Sie sich einen Ausgleich zum Alltagsstress. Wandern in frischer Luft ist gesund und gibt Ihnen genügend Abstand zu den alltäglichen Sorgen.*

Gesunde und schöne Haut

Die Haut, unser größtes Organ, muss einiges aushalten. Dabei gehört sie zu unseren wichtigsten Sinnesorganen! Doch wer denkt schon darüber nach? Höchste Zeit, dies zu ändern, denn letztendlich hängt unser Aussehen im Wesentlichen davon ab, wie viel Pflege wir unserer Haut zukommen lassen.

Schutzhülle Haut

Die Haut ist das größte Körperorgan. Sie macht etwa 16 Prozent unseres Körpergewichts aus. Auf einem Quadratzentimeter Haut befinden sich etwa 600 Schweißdrüsen, 15 Talgdrüsen, zirka 60 Haarwurzeln sowie 20 Blutgefäße und zahlreiche Nerven. Die Haut ist wasserabweisend, dehnbar und erneuert sich ständig von selbst. Über Berührungen der Haut nehmen wir unsere Außenwelt wahr.

Wenn es um die Hautpflege geht, zeigen sich deutliche Unterschiede im Verhalten der Geschlechter: Während Frauen Stunden mit der Hautpflege verbringen und Unmengen von Kosmetika benutzen, verschwenden Männer häufig kaum einen Gedanken an diese Pflege. Um dies zu ändern, sollten Sie sich bewusst machen, welche Bedeutung die Haut für den Körper hat.

Was Sie zur Hautpflege wirklich brauchen

Früher interessierte sich die Kosmetikindustrie ausschließlich für die Bedürfnisse der Frau. Eines Tages fiel den Herstellern auf, dass man ein riesiges Marktpotenzial vollkommen außer acht gelassen hatte: den Mann.
In der Folge setzte man eine riesige Werbemaschinerie in Gang und brachte hunderte von Schönheitsprodukten für den Mann auf den Markt.
Doch trotz aller Versprechen gibt es keine Produkte, die wirklich gegen Falten helfen. Solche Mittel bewirken auf Dauer nicht viel. Im Grunde braucht die Haut nur wenig Pflege.

Eine Feuchtigkeitscreme lässt die Haut kurzfristig frischer erscheinen. Die beste Pflege ist jedoch eine gesunde Ernährung. Darüber hinaus empfiehlt sich die Verwendung einer milden, parfumfreien Seife. Wer unter starkem Körpergeruch leidet, vor allem im Genitalbereich und unter den Achseln , sollte eine antibakterielle Seife verwenden. Hier noch einige Tipps:

- Benutzen Sie bei trockener und schuppiger Haut eine milde Seife und anschließend eine Feuchtigkeitscreme.
- Bei leichtem Hautausschlag haben sich Produkte bewährt, die hauptsächlich aus Wasser und Glyzerin bestehen. Der Apotheker ist bei der Auswahl des geeigneten Mittels gerne behilflich.
- Für empfindliche Haut eignet sich eine milde Reinigungsmilch. Außerdem sollte man auf fett- und emulgatorhaltige Produkte verzichten, vor allem bei fettiger Haut. Diese Produkte verstopfen nämlich die Poren und verursachen Pickel.

◄ *Hautpflege: Benutzen Sie Wasser und milde Seife oder Reinigungsmilch.*

So bleibt Ihre Haut jung

- Reinigen Sie Ihr Gesicht mit einer milden Seife und Wasser. Ungünstig ist starkes Rubbeln, weshalb Sie auf Waschlappen, Schwämme oder gar Bürsten verzichten sollten. Denken Sie auch an Hals und Ohren.
- Wer auf seine Gesundheit achtet, tut auch seiner Haut etwas Gutes: Rauchen Sie nicht, das erzeugt Falten. Trinken Sie Alkohol nur in Maßen. Bewegen Sie sich viel, essen Sie reichlich Obst, Gemüse und Getreideprodukte. Trinken Sie sechs bis acht Gläser Wasser täglich.
- Entspannungsübungen oder auch Meditation schützen vor Stress. Machen Sie täglich 15 Minuten solcher Übungen.
- Häufige Sonnenbäder schädigen die Haut und verursachen Falten. Meiden Sie direkte Sonnenstrahlung oder verwenden Sie ein Sonnenschutzmittel (mindestens Lichtschutzfaktor 30). Cremen Sie den gesamten Körper ein. Schützen Sie auch Lippen, Augen (tragen Sie eine Sonnenbrille mit UV-Filter), Ohren und Hände. Es gibt keine „gesunde" Bräune.
- Untersuchen Sie Ihre Haut regelmäßig. Wenn sich Muttermale oder Pigmentflecken verfärben oder vergrößern, sollten Sie unbedingt einen Hautarzt aufsuchen.

Aufbau der Haut

Die menschliche Haut besteht aus drei Schichten. Die äußerste Schicht ist die Oberhaut, darauf folgen die Lederhaut und die Unterhaut. In der Lederhaut befinden sich die Blutgefäße, Haarfollikel, Talgdrüsen und Schweißdrüsen.

Die oberste Hautschicht besteht aus abgestorbenen Zellen, sie machen die

Die menschliche Haut

Die menschliche Haut besteht aus drei Schichten. Die äußerste Schicht, die Oberhaut, ist sichtbar. Sie schützt uns vor Witterungseinflüssen und Sonneneinstrahlung. Die Oberhaut setzt sich aus mehreren Lagen abgestorbener Zellen zusammen, die Wasser abweisen und sich ständig erneuern. Die darunter liegende Schicht ist die Lederhaut , sie bildet die dickste Schicht. Sie besteht aus einem dichten Netz von kollagenen Fasern, die die Haut elastisch machen. Außerdem befinden sich hier Haarwurzeln oder Follikel, Schweiß und Talgdrüsen sowie Nervenfasern und Blutgefäße. Talgdrüsen bilden den Fettmantel der Haut, Schweißdrüsen produzieren Schweiß. Die tiefste Schicht der Haut bildet die Unterhaut, in der sich die Fetteinlagerungen befinden.

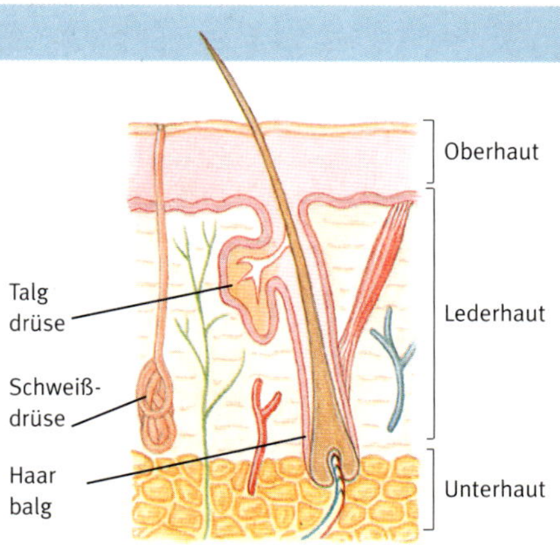

► *Der Aufbau der menschlichen Haut in drei Schichten*

Haut widerstandsfähig und wasserabweisend. Diese Schicht erneuert sich ständig. Im Laufe des Lebens bildet der Körper etwa 180 kg Haut.

Sämtliche kosmetische Produkte, wie etwa Feuchtigkeitscremes, ändern nichts an der Beschaffenheit der Lederhaut. Sie lassen höchstens die Oberhaut etwas aufquellen, so dass man kurzfristig etwas jungendlicher aussieht.

Frisches Aussehen

Hautpflege nimmt nicht sehr viel Zeit in Anspruch und Sie brauchen auch keine teueren kosmetischen Produkte. Zigarettenrauch und intensive Sonnenbestrahlung sind die größten Feinde der Haut. Wenn Sie aufhören zu rauchen und längere Aufenthalte in der Sonne vermeiden, ist schon viel gewonnen. Weitere Tipps für eine gesunde Haut finden Sie unter „So bleibt Ihre Haut schön."

Erste Hilfe bei Hautproblemen

Verwenden Sie für kleinere Verletzungen wie Schnittwunden, Kratzer und leichte Verbrennungen eine antibakterielle Salbe. Fragen Sie den Apotheker nach geeigneten Mitteln.

Bei einem leichtem Sonnenbrand sollten Sie auf Sprays und Cremes verzichten. Nehmen Sie statt dessen lauwarme Bäder. Bei stärkeren Sonnenbränden sollten Sie einen Arzt aufsuchen.

Hauterkrankungen

Unter Akne leiden selbst Männer, die 30, 40, ja 50 Jahre alt sind. In einem solchen Fall sollten Sie einen Hautarzt zu Rate ziehen.

Rosacea ist eine Erweiterung der Blutgefäße an Nase, Stirn, Wangen und Kinn. Man weiß noch nicht, warum nur Männer davon betroffen sind. Man behandelt diese Erkrankung mit Cremes und Antibiotika.

Dermatitis ist der Oberbegriff für sämtliche entzündliche Hauterkrankungen, z. B. Schuppenflechte und Ekzeme. Gehen Sie zum Arzt, wenn Sie unter Ausschlägen leiden.

Narben

Die meisten Verletzungen heilen problemlos ab, ohne Narben zu hinterlassen. Werden größere Wunden jedoch nicht richtig behandelt, bilden sich Narben mit Gewebewucherungen und unschönen Hautverfärbungen. Kratzen Sie niemals an Wunden. Gehen Sie zum Arzt, wenn die Verletzung tiefer ist oder unregelmäßige Wundränder hat.

Akne: Nicht nur ein Teenagerproblem

Vermutlich haben auch Sie in der Pubertät unter unansehnlichen Pickeln gelitten. Doch selbst erwachsene Männer sind nicht gegen Akne gefeit: Etwa ein Prozent aller Männer um die 40 hat Pickel auf dem Rücken, der Brust oder im Gesicht. Kleine Eiterpickel und rote Pusteln begleiten manche Männer ihr ganzes Leben lang. Der allgemeine Gesundheitszustand, Stress und fettige Haut sind die Hauptfaktoren beim Entstehen von Akne.

Akne entsteht, wenn Talg, den die Talgdrüsen der Lederhaut produzieren, die Hautporen verstopft. Hier siedeln sich Bakterien an und verursachen Entzündungen. Für die Überproduktion von Talg sind vermutlich männliche Hormone verantwortlich, weshalb Frauen auch seltener von Akne betroffen sind als Männer.

Wie steht es mit der Ansicht, dass Schokolade, Chips oder andere Süßigkeiten Akne begünstigen? Wissenschaftliche Untersuchungen haben nachgewiesen, dass hier kein Zusammenhang besteht. Da Stoffwechselprozesse sehr langsam ablaufen, ist es unmöglich, dass die Schokolade oder die Pommes Frites des Vorabends für den Pickel verantwortlich sind, der sich heute im Gesicht zeigt.

Bei sehr starker Akne sollten Sie Ihren Arzt aufsuchen. Antibiotika bekämpfen die Infektion, andere Medikamente reduzieren die Talgproduktion. Um den entzündlichen Pusteln vorzubeugen, empfiehlt sich die Verwendung einer Creme mit Benzylperoxid. Drücken Sie Pickel niemals aus, das verschlimmert die Entzündung und verursacht Narben.

Schönes und gesundes Haar

„Ich habe keine Glatze, ich habe eine hohe Stirn." Für viele Männer ist Haarausfall ein unausweichliches Schicksal, also sollte man das Beste daraus machen. Trauern Sie nicht dem verlorenen Haar nach, sondern kümmern Sie sich um das verbliebene.

▲ *Gut gepflegtes, glänzendes Haar lässt Sie gesund und gut aussehen, auch wenn Sie Haarausfall haben.*

Wann spricht man von Haarausfall?

Haare bestehen aus dem Eiweißstoff Keratin. Sie wachsen aus der Follikel heraus. Dabei wird in der Wurzel ein neues Haar gebildet und das alte Haar nach außen geschoben, bis es ausfällt. Männer verlieren durch diesen natürlichen Prozess etwa 30 bis 100 Haare pro Tag.

Da auf dem Kopf etwa 100 000 Haare wachsen, nimmt man den Haarverlust meist gar nicht wahr. Erst wenn wir über einen längeren Zeitraum hinweg über 200 Haare täglich verlieren, wird es ernst.

Eine ganze Reihe von Faktoren sind für Haarausfall verantwortlich, unter anderem Stress, Krankheit oder Medikamenteinnahme. Der Hauptgrund für Haarausfall bei Männern ist jedoch genetische Veranlagung. Wenn schon Ihr Vater eine Glatze hatte, wird das gleiche Schicksal mit hoher Wahrscheinlichkeit auch Sie ereilen.

Das Geschlechtshormon Testosteron ist die Wurzel des Übels. Bei entsprechend veranlagten Männern wird Testosteron in Dihydrotestosteron umgewandelt. Dieser chemische Prozess führt dazu, dass in den Haarwurzeln dünnere Haare gebildet werden. Das Haar wird zunächst lichter, dann entsteht eine Glatze.

Sind Glatzen unvermeidlich?

Die meisten Männer akzeptieren ihre Glatze, wenn auch widerwillig. Allen anderen bieten sich folgende Möglichkeiten: Eine Haartransplantation oder die Einnahme von Medikamenten.

Männer sind äußerst einfallsreich, ihre kahlen Stellen zu vertuschen. So lassen Wellen dünnes, lichtes Haar voller erscheinen. Eine Alternative bei starkem Haarausfall sind Haarteile. Achten Sie aber darauf, dass diese handgemacht sind. Billigprodukte wirken unecht und machen Sie zum Gespött der Leute.

Was man gegen eine Glatze tun kann

Statt sich vor Kummer noch die letzten Haare auszureißen, sollten Sie folgende Ratschläge beherzigen. Lassen Sie sich von einem erfahrenen Frisör beraten, welche Frisur die kahlen Stellen am besten kaschiert. Erkundigen Sie sich auch nach geeigneten Haarpflegemitteln. Wenn Sie fast keine Haare mehr haben, können Sie Ihren Kopf auch ganz kahl rasieren.

Haartransplantationen schaffen ebenfalls Abhilfe. Suchen Sie aber einen erfahrenen, seriösen Arzt auf. Bedenken Sie, dass diese Operation viel Zeit und Geld kostet.

▲ *Alles wegrasieren: Ein kahl rasierter Kopf ist sexy und zur Zeit in Mode.*

▲ *Eine solche Frisur erweckt den Anschein von vollem Haar.*

Haartransplantationen werden in den letzten Jahren immer beliebter, sind allerdings äußerst kostspielig.

Erkundigen Sie sich bei Ihrem Arzt nach Medikamenten, die den Haarwuchs stimulieren. Den größten Erfolg versprechen solche Präparate Männern, deren Haarausfall gerade einsetzt oder die besonders dünne Haare haben. Bei einer vollständigen Glatze zeigen solche Mittel keinerlei Wirkung.

Diese Medikamente wirken nur dann, wenn man sie auch dauerhaft einnimmt.

Es kommt darauf an, was man daraus macht

Die meisten Männer mit Glatze behalten einen ringförmigen Haarkranz von den Schläfen bis zum Nacken.

Ist das bei Ihnen der Fall, sollten Sie niemals lange Strähnen seitlich über die Glatze kämmen und mit Gel fixieren. Dies betont die kahlen Stellen statt sie zu kaschieren.

Tragen Sie Ihre Haare stattdessen sehr kurz. Probieren Sie mehrere Frisöre aus, bis Sie den gefunden haben, der Ihnen die Frisur schneidet, die Ihnen wirklich am besten steht. Auch eine leichte Tönung oder eine Welle sehen sehr gut aus.

Besonders mutige Männer rasieren sich den Kopf kahl. Diese Alternative wurde gerade in den letzten Jahren besonders populär.

▲ *Sean Connery macht vor, dass eine Glatze durchaus erotisch wirkt.*

Pflege

„Schönes Haar kommt nicht von allein, man muss es auch pflegen." Wer schönes Haar hat, wirkt gesund, gepflegt, seriös und selbstbewusst, selbst wenn es sich schon ein wenig lichtet.

Da verwundert es schon ein wenig, dass sich die meisten Männer nicht um ihr Haar kümmern. Und selbst wenn sie es tun, glauben sie, nur volles, dichtes Haar mache einen guten Eindruck und schämen sich ein wenig für Ihr lichtes Haupt.

Damit die Haare immer gepflegt und schön sind, sollte man folgende Ratschläge beherzigen:

Wählen Sie einen Haarschnitt, der zu Ihrem Typ passt, waschen Sie Ihr Haar regelmäßig und verwenden Sie Gels oder andere Stylingprodukte, um der Frisur Halt zu verleihen.

Die richtige Frisur

Um eine typgerechte Frisur herauszufinden, sollten Sie verschiedene

Die ideale Haarpflege

Hautärzte und Frisöre sind sich nicht einig, welche Kriterien ein gutes Shampoo erfüllen muss. Hautärzte meinen, dass auch Billigprodukte ihren Zweck erfüllen, während Frisöre warnen, dass derartige Shampoos die Haare austrocknen. Aus diesem Grund haben viele namhafte Coiffeure eigene Pflegeserien entwickelt. Lassen Sie sich am besten von Ihrem Frisör beraten, welches Produkt für Ihren Haartyp am besten geeignet ist.

Die meisten Produktserien sind auf die Bedürfnisse der verschiedenen Haartypen abgestimmt. Es gibt Produkte für trockenes, fettiges, feines und dünnes Haar. Zusätzlich findet man spezielle Mittel gegen Schuppen und für gefärbtes Haar. Hier ein Überblick über die gebräuchlichsten Pflegeprodukte:

Shampoos
Shampoos säubern das Haar. Zudem gibt es Spezialshampoos, die Reste von Stylingprodukten aus dem Haar auswaschen. Benutzen Sie nur milde Shampoos mit niedrigem pHWert.

Spülungen
Spülungen geben dem Haar Feuchtigkeit, sie machen sprödes Haar weich und geschmeidig. Feinem Haar genügt eine wöchentliche Kur, kräftiges und trockenes Haar sollte man öfter spülen.

Gels und Frisierschaum
Diese machen widerspenstiges Haar leicht frisierbar. Während Gel feucht und schwer ist, ist Frisierschaum leichter. Achten Sie auf die Inhaltsstoffe und verzichten Sie auf alkoholhaltige Produkte, da diese die Haare austrocknen.

▲ *Dieser Blick unter das Mikroskop zeigt gepflegte Haare. Die äußere Schicht ist glatt.*

Die richtige Frisur für Ihren Typ

Erinnern Sie sich noch an Ihren ersten Frisörbesuch? Als Kind ging man Samstagvormittag zum Frisör, musste ein paar Minuten warten, kletterte auf den Drehstuhl und sah zu, wie der Frisör die Haare abschnitt. Fünf Minuten später war man fertig. Viele Männer wünschten, es wäre auch im Erwachsenenalter so einfach. Allerdings will man heute einen modischen Schnitt. Welcher Haarschnitt Ihnen am besten steht, hängt von Ihren Gesichtszügen ab. Hier einige Vorschläge.

▲ *Leonardo DiCaprios Seitenscheitel bildet einen guten Kontrast zu seinem herzförmigen Gesicht.*

Rechteckiges Gesicht
Der Schnitt sollte oben lang und seitlich kurz sein. Im Nacken können die Haare etwas länger sein.

Dreieckige Gesichtsform
In diesem Fall empfiehlt es sich, das Haar oben etwas länger und an den Seiten kurz zu tragen.

Herzförmiges Gesicht
Das Haar sollte seitlich etwas länger und strähnig geschnitten sein. Das lenkt vom schmalen Kinn ab. Tragen Sie einen Seitenscheitel.

Rautenförmige Konturen
Volle Haare am Hinterkopf gleichen die schmale Kinnpartie aus. Ein Seitenscheitel verdeckt die schmale Stirn.

▲ *Zu Brad Pitts rechteckigem Gesicht passt der runde Haarschnitt gut. Das Haar ist oben voller, die Seiten sind kurz.*

▲ *Der Kurzhaarschnitt von Will Smith („Men in Black") passt gut zu seinem runden Gesicht.*

Rundes Gesicht
Es empfehlen sich zwei Frisuren: an den Seiten lang, um das Gesicht zu strecken oder rundherum gleichmäßig kurz.

Rechteckiges Gesicht
Günstig wirkt ein Stufenschnitt, an den Seiten etwas länger, oben kurz.

Birnenförmige Konturen
Das Deckhaar sollte länger sein, um die Stirn breiter erscheinen zu lassen.

Kantiges Gesicht
Die Frisur sollte asymmetrisch sein, damit das Gesicht etwas breiter erscheint. Vorteilhaft sind Strähnen. Das Seitenhaar sollte etwas voller sein, den Nacken kurz halten.

▲ *Zum kantigen Gesicht von John Travolta passt ein Kurzhaarschnitt. Einzelne Strähnen sehen gut aus.*

Frisöre ausprobieren. Der ideale Haarschnitt sollte gut zu Haartyp, Haarfarbe und natürlich zu den Gesichtszügen passen. Außerdem sollte die Frisur pflegeleicht sein.

Lassen Sie die Frisur regelmäßig alle vier bis sechs Wochen nachschneiden, dann wirkt der Schnitt besser und die Haarspitzen werden nicht spröde.

Regelmässig Haare waschen

Waschen Sie sich die Haare ruhig täglich, es sei denn, Sie leiden unter extrem trockener Kopfhaut. Die tägliche Wäsche verleiht dem Haar mehr Fülle. Verwenden Sie ein Shampoo mit niedrigem pHWert. Viele Shampoos reizen die Kopfhaut und machen die Haare spröde und brüchig. Die riesige Auswahl an Haarpflegemitteln erschwert es, das geeignete Produkt zu finden. Fragen Sie Ihren Frisör oder Freunde, welche Produkte empfehlenswert sind.

Kurspülungen

Selbst kurzes Haar braucht einmal wöchentlich eine Kurspülung. Ausgedehntes Sonnenbaden macht das Haar spröde – eine Spülung gibt verlorene Feuchtigkeit zurück. Da zu häufiges Spülen das Haar allerdings schwer und auch schlecht frisierbar macht, reicht bei feinem oder fettigem Haar eine wöchentliche Anwendung.

Wie viel Spülung Sie verwenden, hängt von Ihrem Haar ab. Wirkt es kraftlos, nehmen Sie etwas weniger, ist es spröde und trocken, nehmen Sie etwas mehr.

Vorsichtig sein

Bürsten oder kämmen Sie sich nicht zu häufig, das strapaziert das Haar und führt zu Spliss. Das gleiche gilt beim Trocknen der Haare. Wenn Sie dafür ein Frottiertuch verwenden, trocknen Sie die Haare nur sanft ab.

Rubbeln Sie nicht die Kopfhaut ab. Wer sich fönt, sollte eine mittlere Temperatur und einen schwachen Luftstrom einstellen. Halten Sie das Gerät etwa 15 cm vom Kopf entfernt.

Der richtige Halt

Mit Gel oder Schaumfestiger lässt sich die Frisur einfach und schnell in Form bringen. Verteilen Sie etwas davon in den Haaren und fönen Sie diese trocken. Sie brauchen sich den Rest des Tages um nichts mehr zu kümmern.

Wie viel und welchen Haarfestiger Sie benutzen, hängt von Haartyp, Kopfhaut und Frisur ab. Schaumfestiger eignet sich für gewelltes, längeres Haar, Gel ist für Kurzhaarfrisuren zu empfehlen.

Gels, Schaumfestiger und Haarspray lagern sich an den Haaren ab, so dass es stumpf und kraftlos wirkt. Tragen Sie also einmal wöchentlich eine Kurspülung auf. Verwenden Sie besonders viele Stylingprodukte, sollten Sie Ihr Haar zweimal wöchentlich nach dem Waschen spülen, da sich sonst lästige Schuppen bilden.

Dauerwelle, Färben, Weben

Noch vor einigen Jahren war es undenkbar, dass sich ein Mann die Haare färbt oder eine Dauerwelle machen lässt.

Heutzutage ist das kein Problem mehr. Fragen Sie Ihren Frisör um Rat, er kann Sie am besten über die Vor- und Nachteile der einzelnen Methoden informieren.

Eine Dauerwelle beispielsweise verleiht glattem, feinem Haar mehr Volumen. Sie müssen sich nicht fürchten, nach der Prozedur mit krausen Locken umherlaufen zu müssen, es gibt auch ganz weiche, dezente Wellen.

Für das Haarefärben gibt es ein reichhaltiges Angebot von Produkten im Handel – halten Sie sich jedoch auf jeden Fall ganz genau an die Anweisungen auf der Packung oder dem Beipackzettel, wenn Sie das nicht dem Frisör überlassen wollen, sondern es selbst machen möchten.

Das Bleichen strapaziert das Haar in hohem Maß, da es ihm alle Farbe entzieht. Dabei sind mehrere Dinge zu beachten.

Zum einen wirkt das Bleichmittel ätzend und kann die Haut, Kopfhaut und Augen stark reizen.

Zum anderen führt eine unsachgemäße Anwendung des Mittels dazu, dass die Haare orangefarbenen oder gelb werden.

Sie sollten das Bleichen also wirklich besser dem Fachmann überlassen, ansonsten könnten Sie eine unangenehme Überraschung erleben.

Schließlich gibt es auch noch die Möglichkeit, sich Kunsthaar in die Haare einweben zu lassen. Diese Methode kaschiert einen Glatzenatz. Erkundigen Sie sich bei Ihrem Frisör nach einem Spezialisten, der solche Einwebungen vornimmt.

Der richtige Frisör

- Fragen Sie Freunde, deren Haarschnitt Ihnen gefällt, nach ihrem Frisör.

- Zögern Sie nicht, den Frisör Ihrer Wahl zu fragen, wie viel Erfahrung er mit dem Färben oder auch mit Dauerwellen hat.

- Ein Frisör soll Fragen immer ernst nehmen. Er soll dem Kunden einen vorteilhaften Schnitt empfehlen, aber nichts aufdrängen, was diesem eigentlich nicht gefällt.

- Wählen Sie einen Salon, in dem Sie sich wohl fühlen. Ein guter Salon tut alles, um den Kunden zufrieden zu stellen. Wenn man Sie nicht ernst nimmt, gehen Sie in Zukunft zu einem anderen, die Auswahl ist ja groß genug.

- Wenn Sie einen Frisör gefunden haben, der Ihre Haare immer zu Ihrer vollen Zufriedenheit schneidet, dann bleiben Sie ihm treu.

Kampf der Körperbehaarung

Viele Männer empfinden übermäßige Körperbehaarung, vor allem auf Brust und Rücken, als störend.

Ein anderes, vor allem im Alter häufiges Problem ist verstärkter Haarwuchs in der Nase, den Ohren und an den Augenbrauen. Am einfachsten und sichersten entfernt man diese Haare mit einer kleinen scharfen Schere. Struppige Augenbrauen sollte man nicht abschneiden, da das verräterische Stoppeln hinterlässt.

Man kann störende Haare rasieren, mit Enthaarungscremes entfernen oder eine Elektroepilation machen. Nur die Elektroepilation enfernt Haare auf Dauer. Beachten Sie für die Enthaarung die folgenden Punkte:

- Nach der Rasur wirken die Haare dicker und stoppelig. Zudem können Haare einwachsen und es kann ein dunkler Schatten zurückbleiben.

- Eine kleine Schere mit abgerundeten Spitzen bietet sich an, um dicke oder schwer erreichbare Haare zu schneiden.

- Bleichen Sie Ihre Haare nicht im Sommer. Gebräunte Haut und gebleichte Haare wirken unnatürlich.

- Enthaarungscremes sind chemische Produkte, die das Haar auflösen. Falsch angewendet reizen sie die Haut.

- Mit einer Pinzette zupft man Haare einzeln heraus.

- Auch Wachs entfernt die Haare. Man streicht warmes flüssiges Wachs auf die behaarte Stelle und zieht es nach dem Erhärten mitsamt der Haare ab.

- Die Elektroepilation zerstört die Haarwurzel durch einen schwachen elektrischen Reiz. Diese Methode ist schmerzlos, allerdings bedarf es mehrerer Behandlungen, das ist teuer.

So riechen Sie gut

Die Entscheidung, ob wir jemanden sympathisch finden, fällt innerhalb weniger Sekunden. Wer allerdings unangenehm riecht, den lassen die anderen sofort stehen. Die folgenden Tipps helfen Ihnen, immer einen positiven Eindruck zu hinterlassen.

Wie Körpergeruch entsteht

Wer schlecht riecht, bemerkt das selbst oft gar nicht. Der Grund dafür ist ganz einfach: Er hat sich schon daran gewöhnt.

Bei Körpergeruch gilt das Gleiche wie bei schlechtem Atem: Niemand traut sich, den Betreffenden auf sein Problem hinzuweisen. Wahrscheinlich tuscheln die Kollegen, wie abscheulich jemand riecht, aber kaum einer wird den Mut aufbringen, das laut auszusprechen.

Eigentlich ist Körperschweiß geruchlos. Den unangenehmen Körpergeruch erzeugen Bakterien, die sich im Schweiß vermehren. Der durchdringendste Geruch entsteht unter den Achselhöhlen und im Genitalbereich, wo sich die Duftdrüsen befinden. Im Gegensatz zum „Salzwaser“ der Schweißdrüsen sondern die Duftdrüsen ein Sekret aus Eiweißen und Fettsäuren ab, das Bakterien den idealen Nährboden bietet.

Je länger der Schweiß auf der Haut bleibt, desto intensiver wird der Geruch. Daher ist es wichtig, täglich zu duschen oder ein Bad zu nehmen. Wer auf Grund seiner Arbeit oder des Wetters stark schwitzt, sollte mehrmals täglich duschen.

Normalerweise reicht es aus, beim Duschen oder Baden eine desodorierende Seife zu verwenden. Waschen Sie sich aber mit dieser Seife nicht das Gesicht, sie trocknet die empfindliche Haut zu stark aus.

Rubbeln Sie beim Auftragen der Seife nicht zu hart, Hautirritationen ziehen Bakterien geradezu an. Wer übergewichtig ist, sollte die Partien zwischen den Hautfalten besonders gründlich waschen.

Hätten Sie's gewusst?

Frage: Zu welcher Tageszeit ist der menschliche Geruchssinn am stärksten?

Antwort: Am Nachmittag. Denken Sie daran, wenn Sie das nächste Mal ein Parfüm kaufen.

Frage: Wie viele Gerüche kann der Mensch unterscheiden?

Antwort: Etwa 4 000

Übergewicht und falsche Ernährung sind ebenfalls mögliche Ursachen von starkem Schwitzen und Körpergeruch. So kommt es nach dem Genuss bestimmter Nahrungsmittel zum Ausschwitzen von Eiweißen und Fetten, die den Bakterien als Nahrung dienen. Vermeiden Sie also scharf gewürzte Speisen, Fisch, Knoblauch und Zwiebeln.

Körpergeruch überdecken

Kennen Sie den Unterschied zwischen einem Deodorant und einem Antitranspirant? Das Deodorant überdeckt den Körpergeruch lediglich durch einen leichten Parfümduft, während

Was tun gegen Schweißfüße?

An den Füßen befinden sich mehr Schweißdrüsen als unter den Achseln. Das warme, feuchte Klima in Schuhen ist die ideale Brutstätte für Bakterien, so entsteht der üble Geruch. Die folgenden Tipps helfen bei Fußgeruch:

- Wenn Sie unter Schweißfüßen leiden, waschen Sie Ihre Füße täglich mit antibakterieller Seife.
- Trocknen Sie die Füße nach dem Waschen mit einem Handtuch sorgfältig ab. Vergessen Sie die Zehenzwischenräume nicht. Ziehen Sie anschließend Socken und Schuhe an.
- Auch spezieller Fußpuder und Fußsprays wirken dem unangenehmen Geruch entgegen.
- Tragen Sie nur Socken und Strümpfe aus Baumwolle oder anderen Naturfasern. Sprühen Sie Ihre Schuhe mit einem desodorierenden und antibakteriellen Spray ein.
- Lüften Sie Ihre Schuhe nach jedem Tragen mindestens 24 Stunden aus, bevor Sie sie wieder anziehen.

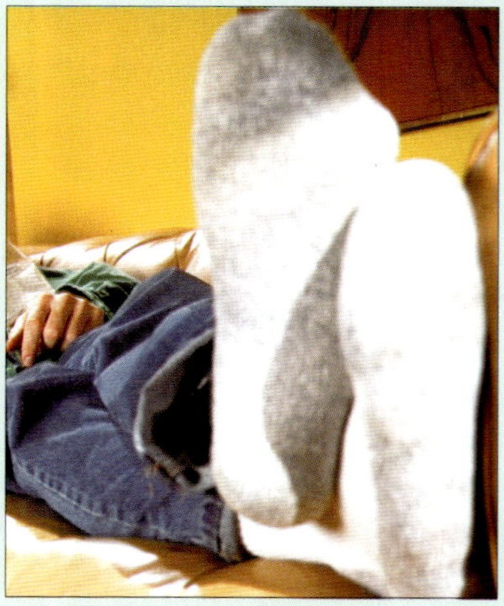

► *Die ideale Brutstätte für Bakterien: Die feuchte Wärme von Socken und Schuhen.*

Düfte für den Mann

Der Mensch orientiert sich vornehmlich an Gerüchen. Die Kosmetikindustrie macht sich dies zunutze und bietet Hunderte von Aftershaves und Parfums an, die anziehend auf Frauen wirken sollen. Man will uns vermittteln, dass uns ein passender Duft erotisch, unwiderstehlich und ungemein männlich macht. Nur wer „die richtigen Duftsignale aussendet“, hat auch Erfolg beim anderen Geschlecht.

Wählen Sie einen Duft, der zu Ihrem Lebensumfeld und Ihren Gewohnheiten passt. So wirkt Moschus sinnlich und erotisch – vielleicht nicht ganz das richtige Signal an Ihrem Arbeitsplatz. Verwenden Sie für den Berufsalltag ein leichtes Parfüm, das z. B. nach Zitrusfrüchten riecht.

Heben Sie die schweren Düfte für abendliche Verabredungen und Feste auf. Andere beliebte Parfüms haben eher herbe, würzige und fruchtige Duftnoten.

Das Aroma von Rasierwasser oder Kölnisch Wasser ergibt zusammen mit dem eigenen Körpergeruch Ihren ganz individuellen Duft. Probieren Sie mehrere Duftrichtungen aus, bevor Sie sich für etwas entscheiden. Um Ihr persönliches Duftwasser zu finden, reicht ein Besuch in der Parfümerie. Bitten Sie eine Verkäuferin um Hilfe, sie wird Ihnen etwas auf den Arm sprühen und es kurz trocknen lassen. Probieren Sie mehrere Produkte aus, bevor Sie sich festlegen.

► *Wählen Sie zu jeder Gelegenheit das passende Rasierwasser.*

chemische Substanzen gleichzeitig die Vermehrung der Bakterien stark verlangsamen. Man schwitzt also nicht weniger.

Antitranspiranzien hingegen verringern den Schweißfluss um bis zu 40 Prozent. Die meisten dieser Mittel enthalten Aluminiumchloride, die mit den Proteinen des Schweißes reagieren. So bildet sich eine Schicht, die die Poren blockiert.

Bedenken Sie, dass diese Produkte oft Hautreizungen verursachen. Sollten Sie also Hautrötungen entdecken, setzen Sie das Antitranspirant besser ab. Probieren Sie verschiedene Marken aus, bis Sie ein für Ihren Hauttyp geeignetes Mittel gefunden haben. Tragen Sie weder Deodorant noch Antitranspirant auf wunde Haut auf.

Wenn Ihre Haut auf beide Mittel allergisch reagiert, probieren Sie eine rezeptfreie antibakterielle Creme aus. Als natürliche Alternative bietet sich Natriumhydrogencarbonat an, das nicht nur Bakterien tötet, sondern auch den Schweiß absorbiert. Tragen Sie das Pulver direkt unter den Achseln auf oder vermischen Sie es mit Talkumpuder. Wenn all das nicht hilft, bleibt Ihnen die letzte Möglichkeit, sich das Achselhaar zu rasieren. Das nimmt den Bakterein den Nährboden.

Liegt es an der Kleidung?

Wenn Sie trotz täglichen Duschens unter starkem Körpergeruch leiden, sollten Sie Ihre Kleidung, vor allem Unterwäsche und Socken, häufiger wechseln und waschen. Denn auch in der Kleidung vermehren sich Bakterien, die sich wieder auf der Haut ansiedeln.

Wichtig ist auch das regelmäßige Waschen der Wäsche. Bakterien siedeln sich nämlich auch in der Kleidung an und vermehren sich, während die Klamotten im Wäschekorb liegen.

Beachten Sie immer die Bedienungsanleitung Ihrer Waschmaschine. So erfahren Sie, mit welcher Wäschemenge Sie das Gerät beladen können und wieviel Waschpulver Sie benötigen. Wenn man zu viel Wäsche in die Maschine stopft, dann wird sie nicht sauber, frei von Bakterien und frisch duftend herauskommen.

Pheromone: Lust, die man riechen kann

Oft trifft man jemanden und hat sofort das Gefühl, dass die zwischenmenschliche Chemie stimmt. Das könnte an den Pheromonen liegen. Im Tierreich locken Pheromone paarungswillige Artgenossen an.

Wirkt das gleiche Prinzip auch bei uns Menschen? Noch sind Wissenschaftler nicht sicher, wie sexuelle Anziehung entsteht, aber die bisherigen Forschungen lassen vermuten, dass Pheromone dabei eine große Rolle spielen. Es gibt sogar ein Sinnesorgan zur Wahrnehmung von Pheromonen: das so gennante Vomeronasal, das sich in der Nase befindet.

Die Duftdrüsen unter den Achselhöhlen und im Genitalbereich produzieren die Pheromone. Tägliches Duschen vermindert also ihre Wirkung. Trozdem ist es nicht ratsam, sich nicht regelmäßig zu waschen, um aufregender zu riechen – die Gefahr, dass man unangenehm auffällt ist sehr groß. Das würde Ihren Erfolg bei den Frauen dann schnell kaputt machen.

Wie Sie einen frischen Atem bekommen

Wer gerne Knoblauch oder Zwiebeln isst, muss oft dafür büßen. Zu unangenehm ist der Geruch, den man verströmt. Wer Mundgeruch hat, wird sozial ausgegrenzt. Um nicht in eine solche Lage zu kommen, sollten Sie die folgenden Ratschläge beherzigen.

▲ *Für ungetrübte sinnliche Stunden brauchen wir einen frischen Atem.*

Ernährung und Mundgeruch

Schlechter Atem kommt fast immer von der letzten Mahlzeit. Fisch, scharf Gewürztes (dazu gehören auch Zwiebeln, Räucherfleisch, Chili, Salami, Pepperoni und der gute alte Knoblauch) oder fette Speisen, vor allem Milchprodukte und Fleisch, setzen im Magen eine chemische Reaktion in Gang, deren Gase man ausatmet.

Der nach dem Verzehr der oben genannten Speisen entstehende Mundgeruch hält in der Regel 24 bis 48 Stunden an. Zähneputzen und Gurgeln überdecken den unangenehmen Geruch zwar kurzfristig, beseitigen ihn aber nicht dauerhaft.

Auch Zahnfleischentzündungen und Parodontose verursachen Mundgeruch. Daher ist es wichtig, Zähne und Zahnfleisch zu pflegen. Reinigen Sie beim Zähneputzen auch die Zunge mit der Zahnbürste und spülen Sie gründlich nach. Verwenden Sie nur alkoholfreies Mundwasser. Wer raucht, riecht unangenehm aus dem Mund. ein weiterer Grund, damit aufzuhören.

Chronischer Mundgeruch

Meist scheuen sich unsere Mitmenschen uns zu sagen, dass wir Mundgeruch haben – selbst die eigene Frau und gute Freunde wünschen sich, dass wir es von allein bemerken. Machen Sie das folgende kleine Experiment. Reiben Sie mit einem Wattebausch Zunge, Zähne und Zahnfleisch ab und riechen Sie daran.

In 90 Prozent aller Fälle verursachen Bakterien den schlechten Atem. Diese siedeln sich am hinteren Teil der Zunge an, Der Geruch stammt von Schwefelwasserstoff, nach dem auch faule Eier riechen. Die Bakterien bevorzugen schwer erreichbare Stellen, daher ist es wichtig, die Zahnzwischenräume mit Zahnseide zu reinigen. Das entfernt Plaquereste und Bakterien von Stellen, die die Zahnbürste nicht erreicht.

Gehen Sie außerdem zwei Mal jährlich zum Zahnarzt. Lassen Sie sich Plaque und Zahnstein entfernen. So beugen Sie auch Zahnfleischentzündungen vor und damit schlechtem Atem.

In einer intakten Mundflora werden abgestorbene Zellen im Laufe des Tages mit dem Speichel ausgespült, geschluckt und verdaut, ohne dass Mundgeruch entsteht. Ist dieses Gleichgewicht gestört, kommt es zu einer übermäßigen Plaquebildung, die den Speichelfluss verringert. So trocknet der Mund aus und der Atem riecht unangenehm.

Wer häufig unter schlechtem Atem leidet, sollte folgende Maßnahmen beachten.

- Lassen Sie Zahnstein regelmäßig entfernen.
- Benutzen Sie täglich Zahnseide.
- Putzen Sie drei Mal täglich die Zähne.

Tipps für einen frischen Atem

1 Lösen Sie einen halben Teelöffel Salz in einem Glas Wasser auf und spülen Sie die Mundhöhle aus.

2 Machen Sie Ihr Mundwasser selbst: Lösen Sie einen Teelöffel Natriumhydrogencarbonat in einem Glas Wasser auf und gurgeln Sie damit.

3 Verwenden Sie fluorhaltige Zahnpasta. Putzen Sie die Zähne gründlich (idealerweise drei Mal am Tag). Vergessen Sie Zunge und Gaumen nicht und verwenden Sie ein Mal täglich Zahnseide. Gehen Sie regelmäßig zum Zahnarzt.

4 Mischen Sie dreiprozentiges Wasserstoffperoxid zu gleichen Teilen mit Wasser und spülen Sie den Mund etwa 30 Sekunden damit aus. Das tötet Bakterien, die Mundgeruch verursachen. Zahnärzte empfehlen, das nur zweimal die Woche zu machen.

5 Gurgeln, zuckerfreie Bonbons und Kaugummis sowie Atemsprays sorgen kurzfristig für frischen Atem.

Wie man Zahnseide benutzt

Das Reinigen der Zahnzwischenräume mit Zahnseide gehört zur täglichen Mundhygiene. Mit Zahnseide erreicht man selbst die Stellen, an die die Zahnbürste nicht hinkommt. Im Handel gibt es verschiedene Sorten von Zahnseide. Dickere Zahnseide, so genanntes Zahnreinigungsband, eignet sich besonders für große Zahnzwischenräume und Brücken. Gewachste Zahnseide lässt sich leichter zwischen den Zähnen bewegen, ungewachste Zahnseide reißt nicht so schnell.

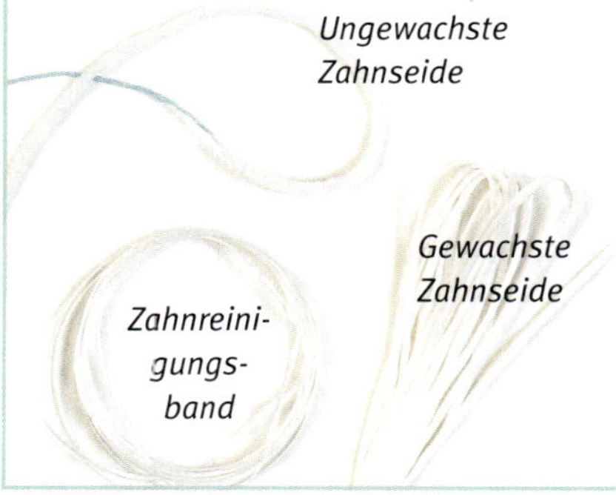

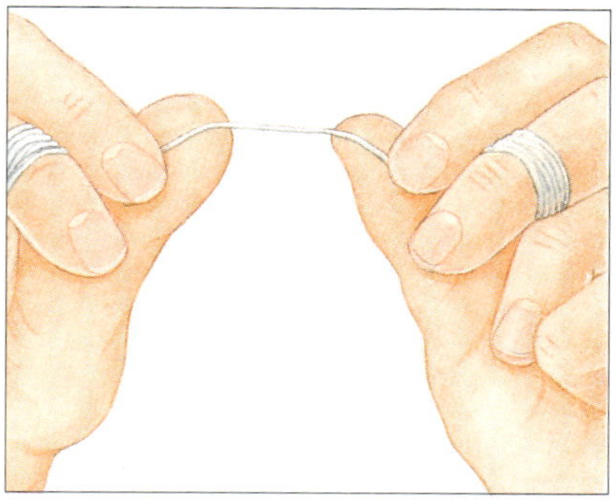

1 Wickeln Sie ein etwa 45 Zentimeter langes Stück Zahnseide jeweils 15 bis 20 Zentimeter um jeden Mittelfinger – nicht zu eng, damit sich das Blut nicht staut. Fassen Sie den Rest der Seide zwischen Zeigefinger und Daumen und bewegen Sie ein etwas 2,5 Zentimeter langes Stück langsam zwischen den Schneidezähnen hin und her. Reinigen Sie dann jeden Zahn einzeln, indem Sie die Zahnseide leicht krümmen.

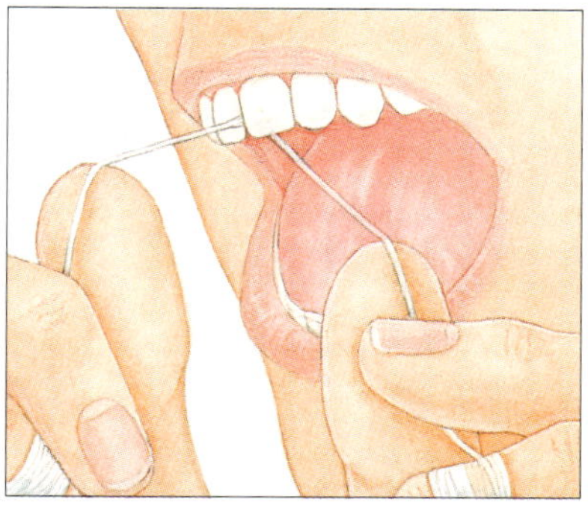

2 Bewegen Sie nun die Zahnseide nach oben, in Richtung des Zahnfleisches und reinigen Sie den Zwischenraum von oben nach unten, ohne dabei aber eine Sägebewegung zu machen. Entfernen Sie dann die Seide aus dem Zahn und wickeln Sie ein frisches sauberes Stück Zahnseide von Ihrem Finger ab. Führen Sie die Zahnseide in den nächsten Zwischenraum und wiederholen Sie den Vorgang.

- Reinigen Sie beim Zähneputzen auch die Zunge.

Atemsprays

Atemsprays, Mundwasser, zuckerfreie Bonbons und Kaugumis überdecken Mundgeruch nur für kurze Zeit. Dauerhaft wirksame Mittel sind nur beim Zahnarzt erhältlich. Lassen Sie sich ein Mittel verschreiben, das die Bakterien abtötet.

Weitere Ursachen für Mundgeruch

Eine genetische Veranlagung ist ebenfalls eine mögliche Ursache für Mundgeruch. In diesem Fall helfen spezielle Mundspülungen und eine Behandlung vom Zahnarzt.

Bedenken Sie, dass auch Rauchen, bestimmte Lebererkrankungen, Diabetes sowie bestimmte Medikamente schlechten Atem verursachen. Es schadet also in keinem Fall, das Rauchen aufzuhören und sich von seinem Hausarzt auf eventuelle Krankheiten untersuchen zu lassen.

Ob der Mundgeruch erblich oder krankheitsbedingt ist, kann nur der Zahnarzt feststellen. Er misst mit Hilfe einer speziellen Technik den Schwefelwasserstoffgehalt im Mund, der Rückschlüsse auf die wahren Ursachen gibt. Im Anschluss erfolgt die geeignete Behandlung dieses unangenehmen und oft peinlichen Problems.

Man muss also keinesfalls mit schlechtem Atem leben, es gibt eine Menge von Gegenmitteln. Zögern Sie also nicht, zum Zahnarzt oder zum Hausarzt zu gehen!

Dem Mundgeruch auf der Spur

Wenn keine innere Erkrankung oder erbliche Veranlagung vorliegt, findet sich die Ursache für schlechten Atem meist im Mund selbst.

Zahnfleischentzündung
Das Zahnfleisch ist gerötet, geschwollen und blutet häufig. Das liegt an starker Plaquebildung, Zahnstein, falscher Putztechnik oder falschem Gebrauch von Zahnseide.

Karies
Plaque bietet Bakterien, die die Zähne zerstören idealen Nährboden.

Bakterien auf der Zunge
Den hinteren Teil der Zunge vergisst man beim Zähneputzen oft. Dort siedeln sich Bakterien an.

Speisereste
Speisereste zwischen den Zähnen bilden den idealen Nährboden für Bakterien.

Plaque
Plaque entsteht aus Speiseresten, Speichel und Bakterien. So bildet sich ein hauchdünner Film auf dem Zahnschmelz.

Zahnstein
Zahnstein bildet sich vor allem am Zahnhals. Alte Plaque wird bei schlechter Mundhygiene zu Zahnstein.

Atemluft
Zigarettenrauch, Fischgerichte, Zwiebeln, fettige Speisen und Knoblauch lassen den Atem schlecht riechen. Verzichten Sie darauf!

Zahnpflege und Mundhygiene

Die meisten von uns fürchten den Gang zum Zahnarzt. Aus welchem Grund auch immer Männer nicht zum Zahnarzt gehen – Angst, Zeitmangel oder einfach Faulheit – sie müssen diese Nachlässigkeit oft büßen. Denn was ist ein schönes Lächeln ohne schöne Zähne?

Hätten Sie's gewusst?

Frage: Sie haben sich einen Zahn ausgeschlagen. Was ist zu tun?

Antwort: Behalten Sie ihn im Mund (Vorsicht: Nicht verschlucken) und gehen Sie sofort zum Zahnarzt.

Zahnprobleme

Fast jedes Kind fürchtet den Zahnarztbesuch. Wenn man ein Loch im Zahn hat, muss gebohrt werden – und das tut weh.

Diese schlechten Erinnerungen sind für manchen Mann Grund genug, auf regelmäßige Kontrolluntersuchungen zu verzichten. Den Zähnen erweist man damit allerdings einen schlechten Dienst.

Der regelmäßige Zahnarztbesuch sollte genauso selbstverständlich sein wie das morgendliche Rasieren. Doch die meisten Menschen vernachlässigen Ihre Zähne, bis ernsthafte Beschwerden auftreten. Zahnschmerzen, Zahnfleischbluten oder Löcher lassen sich jedoch nur dann vermeiden, wenn man sich regelmäßig untersuchen lässt.

Die Empfehlung, mindestens einmal im Jahr zum Zahnarzt zu gehen, kennt vermutlich jeder von uns. Viele Zahnärzte raten sogar, sich zweimal jährlich die Zähne reinigen zu lassen, da die meisten von uns ihre Zähne nicht gründlich genug putzen. Wer die Mundhygiene über Jahre hinweg vernachlässigt, leidet meist an Zahnfleischbluten, Karies oder Entzündungen.

Werden diese Probleme nicht rechtzeitig behandelt, müssen häufig Zähne gezogen oder ersetzt werden. Diese Behandlungen sind meist sehr kostspielig.

Plaque

Plaque ist für die beiden häufigsten Zahnprobleme verantwortlich: Karies und Zahnfleischbluten.

Der Aufbau eines Zahns

Ein Zahn besteht im Wesentlichen aus zwei Teilen, der Krone und der Wurzel. Der Zahnschmelz, die äußere, sichtbare Hülle des Zahns umgibt die verschiedenen inneren Schichten. Direkt darunter befindet sich das Zahnbein, ein leicht elastisches Gewebe, das den Hauptanteil des Zahnes bildet. Im Innersten befindet sich die Zahnpulpa, die aus lockerem Bindegewebe besteht. Hier liegen Zahnnerv und Blutgefäße, die die Zahnwurzel durch den Wurzelkanal versorgen. Wird die Zahnpulpa in Folge einer Verletzung freigelegt, siedeln sich Bakterien an und verursachen eine Entzündung. Diese schädigt die Zahnpulpa, was zu Schmerzen beim Kauen und Trinken von Kaltem oder Heißem führt.

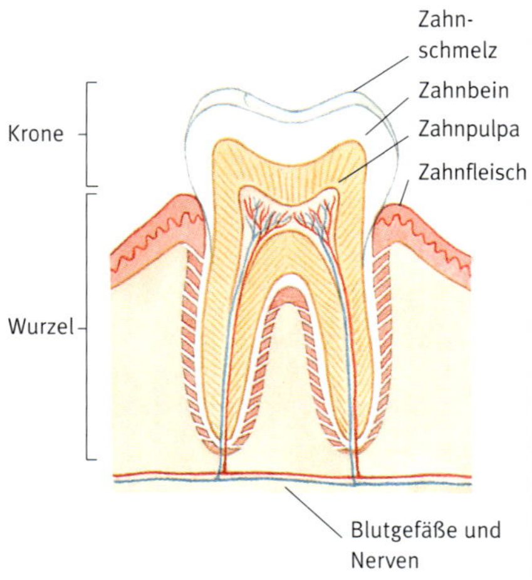

▲ *Der Zahnschmelz schützt das empfindliche Innere des Zahns.*

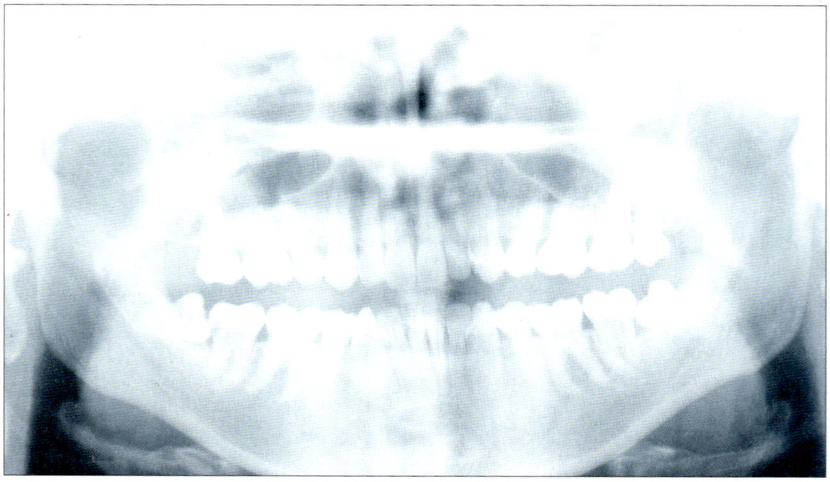

▲ *Auf dem Röntgenbild erkennt der Fachmann Zahnerkrankungen.*

So putzen Sie Ihre Zähne richtig

Die meisten Zahnprobleme ließen sich durch ordentliche Pflege vermeiden. Auch wenn Sie es schon wissen, möchten wir hier nochmals die Grundregeln des Zähneputzens erläutern.

Putzen Sie zwei bis dreimal täglich die Außen- und Innenseiten der Zähne sowie die Kauflächen. Nur so können Sie Plaque und Speisereste entfernen. Halten Sie die Zahnbürste wie einen Stift zwischen Daumen und Zeigefinger, so vermeiden Sie, zu fest aufzudrücken. Zahnärzte empfehlen folgende Putztechniken.

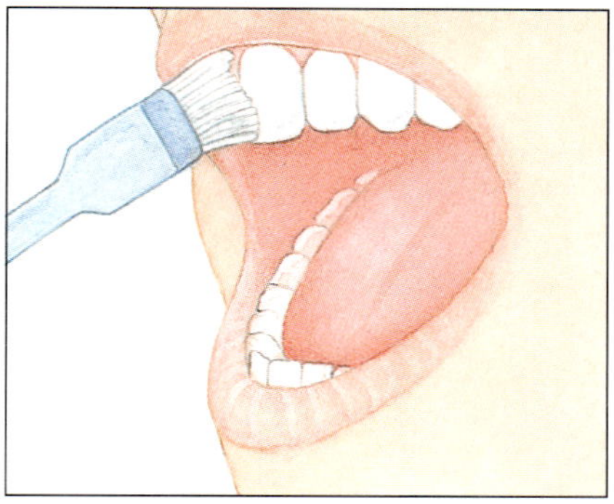

1 Halten Sie den Bürstenkopf in einem Winkel von 45° zu Ihrem Zahnfleisch. Putzen Sie die Außenseite der vorderen Zähne mit kreisenden Bewegungen.

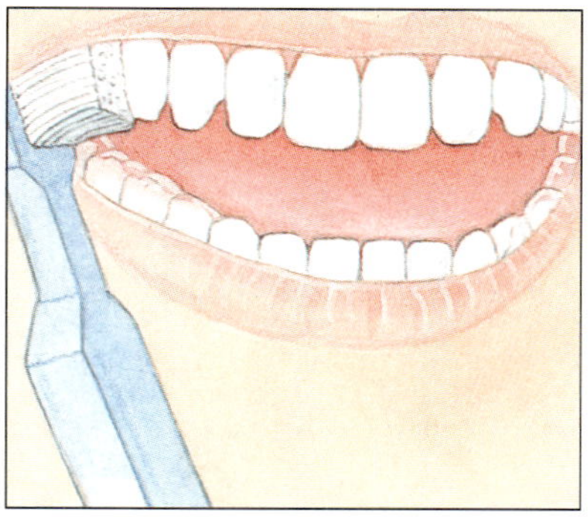

2 Putzen Sie dann die Außenseite der Backenzähne. Halten Sie den Bürstenkopf immer noch in einem Winkel von 45°.

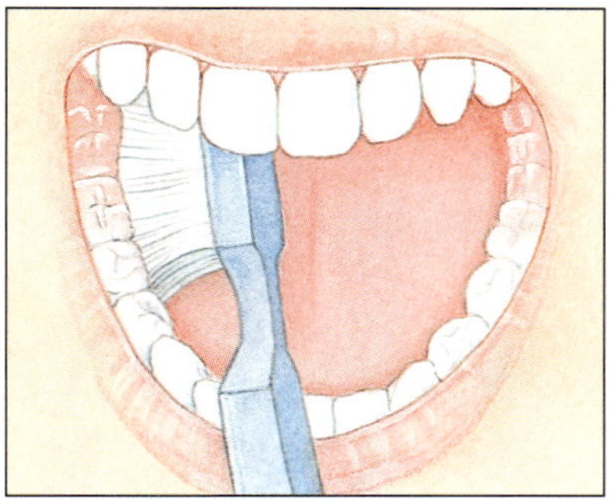

3 Reinigen Sie die Innenseiten der unteren Zahnreihe mit kreisförmigen Bewegungen. Halten Sie den Bürstenkopf im Winkel von 45°.

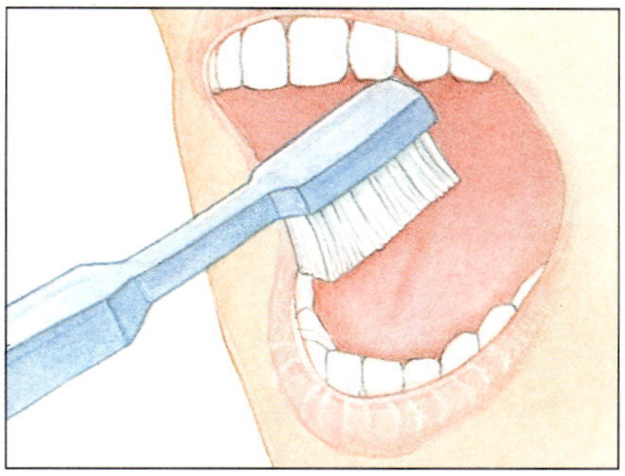

4 Bürsten Sie die Kauflächen der oberen Zahnreihe. Bewegen Sie die Bürste dabei hin und her. Putzen Sie die unteren Kauflächen genauso.

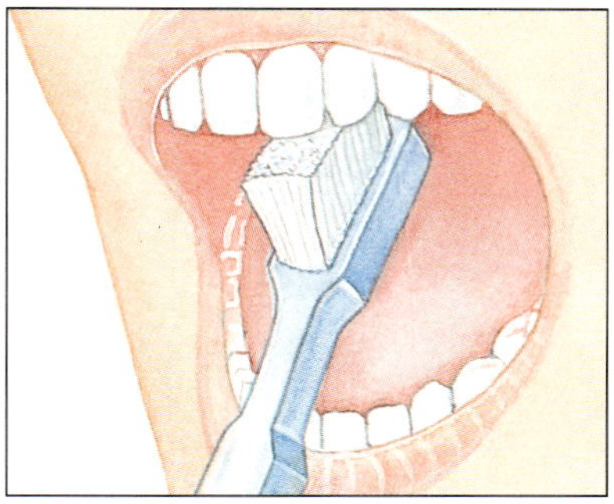

5 Reinigen Sie die Innenseite der Vorder- und Schneidezähne. Halten Sie die Zahnbürste vertikal, so erreichen Sie die Zähne besser.

Speisereste dienen Bakterien in der warmen, feuchten Mundhöhle als Nährboden. In der Folge entsteht Zahnbelag, ein nur unter dem Mikroskop sichtbarer Film.

Regelmäßiges Putzen und der Gebrauch von Zahnseide entfernen diese Speisereste. Geschieht das nicht, verhärtet sich der Zahnbelag zu Zahnstein, der schließlich den Zahnschmelz zerstört.

Nur regelmäßige Vorsorgeuntersuchungen verhindern, dass Bakterien den Zahnschmelz schädigen und in das Innere des Zahns bis zur Pulpa eindringen. Dort kommt es zu einer schmerzhaften Entzündung, oft hilft dann nur noch eine teure Wurzelbehandlung.

Zahnverfärbungen

Kaffee, Tee und Rauchen verurschen unschöne Verfärbungen der Zähne, die allerdings nicht so problematisch sind wie Karies oder Parodontose. Am besten lassen Sie die Flecken von Ihrem Zahnarzt entfernen.

Mundhygiene

Wir alle wissen, dass man sich mindestens zweimal täglich, besonders nach dem Essen, die Zähne putzen sollte. Trotzdem kann es nicht schaden, das Wichtigste noch einmal zu sagen (siehe auch „So putzen Sie Ihre Zähne richtig").

Die Zahnbürste sollte einen relativ kleinen, etwa 2,5 cm langen und 1,2 cm breiten Kopf haben. Die Borsten sollten weich sein und aus Nylon bestehen. Bürsten Sie Ihre Zähne in kreisrunden oder elliptischen Bewegungen. Halten Sie den Bürstenkopf in einem 45° Winkel zum Zahnfleisch. Die meisten Leute putzen weniger als eine Minute, Zahnärzte empfehlen eine Putzdauer von zwei bis drei Minuten, nur so entfernt man alle Beläge und Speisereste.

Viele Zahnärzte empfehlen elektrische Zahnbürsten. Diese reinigen die Zähne zwar grundsätzlich nicht besser als das manuelle Putzen, aber sie sorgen zumindest für die richtige Putztechnik.

Ganz egal, wie Sie Ihre Zähne putzen, in den Zahnzwischenräumen bleiben stets Speisereste stecken. Ver-

Die richtige Zahnbürste

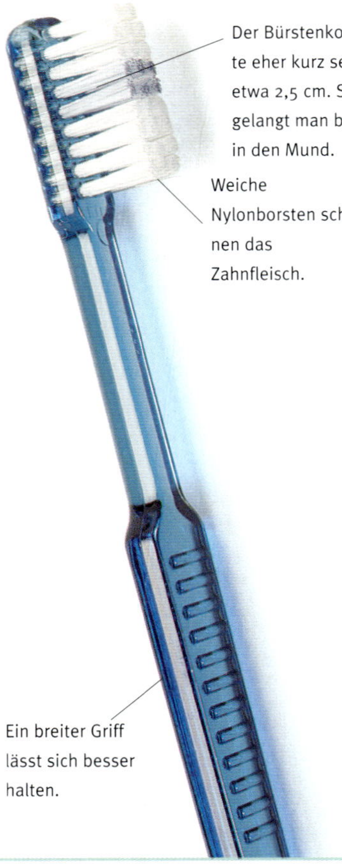

Es ist nicht ganz einfach, die richtige Zahnbürste zu finden. Die folgenden Tipps helfen Ihnen dabei.

- Wählen Sie eine Zahnbürste mit kurzem Kopf, dann erreichen Sie auch schwer zugängliche Stellen im Mund.

- Wechseln Sie die Zahnbürste alle drei bis vier Monate, auf jeden Fall aber bevor die Borsten ausgefranst sind. Alte Zahnbürsten reinigen nicht mehr gut und bieten Bakterien einen Nährboden.

- Wechseln Sie die Zahnbürste nach jeder Krankheit, um sich nicht erneut mit den Erregern zu infizieren, die sich in den Borsten eingenistet haben.

- Wenn Sie mit herkömmlichen Zahnbürsten nicht zurecht kommen, an Zahnfleischentzündung leiden oder vom Zahnarzt ermahnt wurden, gründlicher zu putzen, empfiehlt sich der Gebrauch einer elektrischen Zahnbürste. Ihr Zahnarzt berät Sie sicherlich gern, welche Geräte zu empfehlen sind. Einige Modelle kündigen sogar das Ende der Putzzeit mit einem Signal an.

wenden Sie also Zahnseide, vor allem vor dem Zubettgehen. So beugen Sie Zahnfleischentzündungen vor. Der Gebrauch von Zahnseide ist ganz einfach, Einzelheiten finden Sie auf Seite 33.

Wenn Sie nach dem Zähneputzen oder dem Gebrauch von Zahnseide Zahnfleischbluten bekommen, sollten Sie einen Zahnarzt aufsuchen.

Zahnfleischerkrankungen

In 70 Prozent der Fälle ist Parodontose schuld am Zahnverlust bei Erwachsenen. Drei von vier Personen leiden in mehr oder minder starkem Ausmaß an dieser Krankheit.

Die meisten Zahnfleischerkrankungen gehen mit starken Entzündungen einher. Schuld daran ist häufig schlechte Mundhygiene. Erste Warnsignale sind Schmerzen, Schwellungen und Zahnfleischbluten. In der Folge kommt es zu Zahnfleischschwund, eitrigen Zahntaschen und starkem Mundgeruch. Chronische Zahnfleischentzündungen verursachen nicht unbedingt starke Schmer-

Streitfall Amalgam

Die gute Nachricht ist, dass es für eine gesundheitsschädliche Wirkung von Amalgam keine Beweise gibt. Die schlechte Nachricht ist, dass Risiken nicht völlig auszuschließen sind.

Amalgamfüllungen enthalten 35 Prozent Silber, 13 Prozent Zinn, 2 Prozent Kupfer und 50 Prozent Quecksilber. Zahnärzte und Patienten schätzen Amalgam vor allem deshalb, weil es preiswert und extrem haltbar ist, so dass sie selbst den ungeheuren Druck der Backenzähne aushalten.

Gesundheitlich bedenklich ist der Quecksilbergehalt. Quecksilber ist ein Zellgift. Beim Kauen gelangen minimale Mengen davon in den Körper. Untersuchungen haben ergeben, dass Patienten mit Amalgamfüllungen einen größeren Quecksilbergehalt im Blut und im Urin haben als jene ohne Amalgamfüllungen. Zwar gibt es keine Beweise für einen Zusammenhang zwischen den Füllungen und bestimmten Krankheiten, doch es ist erwiesen, dass ein erhöhter Quecksilbergehalt im Blut zu Nieren- und Lungenerkrankungen führt. Auch Gedächtnisverlust, Wahrnehmungsstörungen und Bluthochdruck sind darauf zurückzuführen.

Die gesundheitlichen Risiken von Amalgam werden weiter erforscht. Gleichzeitig kommen heutzutage immer mehr quecksilberfreie Füllungen zum Einsatz (beispielsweise eine Mischung aus Plastik, Porzellan und Acryl), die Amalgam ersetzen.

Wer seine Zähne jeden Tag sorgfältig putzt, mit Zahnseide reinigt und regelmäßig zum Zahnarzt geht, für den erledigt sich das Problem Amalgam von selbst.

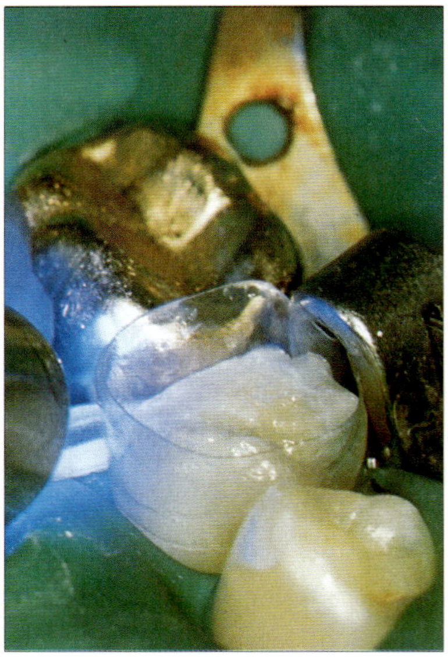

▲ *An Stelle von Amalgam verwendet man heute vermehrt Kunststofffüllungen.*

Wer braucht einen Mundschutz?

Männer sind nicht zimperlich, das weiß jeder, der einmal geboxt hat, Fußball, Hockey oder Rugby gespielt hat. Sogar beim Basketball geht es oft heiß her. Für diese Sportarten braucht man einen Mundschutz. Ein Zusammenstoß mit Gegnern oder Mitspielern kann sonst sehr schnell den Verlust eines Zahnes bedeuten.

Gehen Sie kein Risiko ein, wenn Sie eine dieser gefährlichen Sportarten betreiben! Kaufen Sie sich einen Mundschutz. Man muss diesen nur kurz in heißes Wasser legen und nach kurzem Abkühlen dem Gebiss anpassen.

Je nach Sportart gibt es spezielle Härtegrade für den Gebissschutz. Fragen Sie im Fachhandel nach, welcher Mundschutz sich für Ihren Sport am besten eignet.

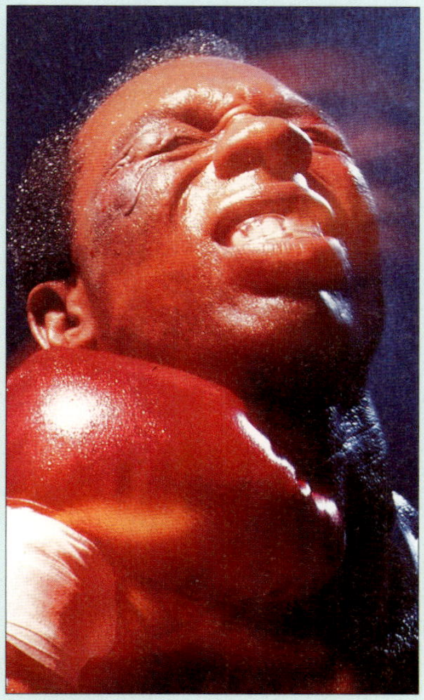

▲ *Boxer tragen immer einen Mundschutz, und das aus gutem Grund.*

zen oder sonstige Beschwerden. Manchmal bemerkt man Parodontose erst dann, wenn der Zahn nicht mehr zu retten ist. Daher lohnt es sich auf jeden Fall, zu regelmäßigen Kontrolluntersuchungen zum Zahnarzt zu gehen.

Wurzelbehandlungen

Eine Entzündung der Zahnpulpa erfordert meist eine Wurzelbehandlung. So vermeidet man, dass das Gewebe Schaden nimmt oder abstirbt.

Zudem besteht die Gefahr, dass die Entzündung auf den Kieferknochen übergreift und der Zahn schließlich ausfällt. Sehr starke Schmerzen veranlassen den Betroffenen zumeist, den Zahnarzt aufzusuchen, bevor dieser schlimmst mögliche Fall eintritt.

Die meisten Zahnärzte sind bestrebt, die Zähne ihrer Patienten so lang wie möglich zu erhalten, weshalb sie den erkrankten Zahn nicht sofort ziehen, sondern erst einmal einer Wurzelbehandlung unterziehen.

Dabei spritzt der Zahnarzt zunächst ein örtliches Betäubungsmittel in den betroffenen Bereich ein. Sodann isoliert er den erkrankten Zahn mit Hilfe einer Manschette und bohrt durch den Zahnschmelz hindurch bis zur Pulpa.

Daraufhin wird alles kranke und abgestorbene Gewebe entfernt, der Wurzelkanal gereinigt und schließlich das Loch mit einer antibiotischen Paste und einer vorläufigen Füllung verschlossen.

Dieser Füllstoff wird einige Tage später wieder entfernt und der Wurzelkanal auf weitere Entzündungsherde untersucht.

Ist die Entzündung dann vollständig abgeklungen, füllt der Zahnarzt den Wurzelkanal mit einer gummiartigen Masse und versiegelt den Zahn.

Natürlich kann man sich etwas Schöneres vorstellen als eine solche Wurzelbehandlung über sich ergehen zu lassen. Allerdings hat die ganze Prozedur den unschätzbaren Vorteil, dass der eigene Zahn erhalten bleibt.

Wer also schon länger nicht mehr beim Zahnarzt war, um die Kontrolluntersuchungen durchführen zu lassen, sollte gleich einen Termin vereinbaren.

So bleibt uns so manch schmerzhaft entzündeter Zahn und so manche unangenehme Behandlung erspart!

Knirschen Sie mit den Zähnen?

Viele Männer knirschen mit den Zähnen. Das laute Geräusch raubt ihren Partnerinnen den Schlaf. Jeder vierte Bundesbürger leidet an Bruxismus (nächtlichem Zähneknirschen). Das ist nicht nur störend, es reibt auch den Zahnschmelz ab und verurscht Schmerzen im Kiefer.

Stress und Nervosität verursachen das Knirschen. Weitere Hinweise sind das Kauen an den Fingernägeln oder an Stiften. Wenn Sie eine dieser Angewohnheiten haben, knirschen Sie vielleicht nachts mit den Zähnen, ohne es zu bemerken.

Leider wird der Bruxismus meist erst entdeckt, wenn die Zähne schon Schaden genommen haben.

Folgende Symptome deuten darauf hin:

- Die Kauflächen sind abgeflacht.
- Der Zahnschmelz ist beschädigt, so dass Sie empfindlich auf heiße oder kalte Getränke reagieren.
- Ihr Kiefergelenke knacken.

Wer mit den Zähnen knirscht. muss den Kiefer entspannen. Entspannen Sie auch Ihre Zunge, so dass sie gelöst im Gaumen liegt. Die Ober- und Unterkiefer sollten bei geschlossenen Lippen leicht geöffnet sein.

Wenn das nichts nützt, lassen Sie sich von Ihrem Zahnarzt einen Schutz für die Zähne anpassen. Am erfolgversprechendsten ist es, Stress abzubauen.

Gepflegte Nägel

Sind Ihre Zehen und Fingernägel gepflegt? Möglicherweise messen Sie dem keine besondere Bedeutung bei – Ihre Partnerin wird das vermutlich anders sehen. Schmutzige Nägel und Pilzbefall an den Zehennägeln schrecken sicher jede Frau ab.

Hätten Sie's gewusst?

Fast jedes Kind hat hin und wieder weiße Flecken auf den Fingernägeln, die langsam herauswachsen. Jeder von uns hat das sicher auch an sich selbst beobachtet. Entgegen dem weit verbreiteten Glauben deuten diese Flecken nicht auf einen Vitamin- oder Mineralmangel hin. Tatsächlich handelt es sich dabei um kleine „Narben", die durch Stöße entstehen. Im Normalfall wachsen sie heraus oder man schneidet sie beim Kürzen der Nägel einfach weg.

Das A und O

Für schön gepflegte Nägel muss man nicht viel Zeit und Mühe aufwenden. Schneiden Sie die Nägel mit Hilfe einer Nagelschere oder eines Klippers kurz. Am leichtesten geht das nach dem Duschen oder Baden, wenn die Nägel weich sind. Folgen Sie beim Schneiden der natürlichen Rundung der Fingerspitzen.

Hin und wieder kommt es auch vor, dass das Nagelhäutchen einreißt, z. B. wenn sich ein Stück Haut von der Nagelfalz löst oder Sie mit dem Pullover oder einem Stück Papier dort hängen bleiben. Versuchen Sie nicht das Häutchen abzubeißen oder zu wegzureißen. Benutzen Sie stattdessen eine Nagelschere oder einen Nagelknipser, um das störende Stück abzuschneiden. Verletzen Sie dabei nicht die gesunde Haut, andernfalls kann es zu Blutungen oder Entzündungen kommen.

Tragen Sie zur Vorbeugung zwei Mal täglich eine Feuchtigkeitscreme auf die Nägel auf, dann vermeiden Sie das Problem. Weiße, rissige Nagelhaut deutet auf sehr trockene Haut hin, dann brauchen Sie eine etwas dickere Feuchtigkeitscreme. Ist Ihr Nagelbett hingegen weich und elastisch, genügt eine leichtere Creme.

Die meisten Frauen tragen beim Abspülen stets Gummihandschuhe. Dafür gibt es gute Gründe, denn das Wasser weicht die Fingernägel auf Dauer auf und macht sie brüchig. Gummihandschuhe schützen die Hände außerdem vor den teilweise sehr aggressiven Reinigungsmitteln.

Richtig schneiden

Kürzen Sie Ihre Nägel am besten nach dem Duschen oder Baden, wenn sie noch besonders weich sind. Ein sauber geschnittener Nagel hat einen schmalen, weißen Rand rund um das rosig schimmernde Nagelbett. Verwenden Sie einen Nagelknipser oder eine Nagelschere und folgen Sie der natürlichen Form Ihrer Fingerkuppen. Schneiden Sie die Nägel entweder gerade oder in einem leichten Bogen. Nach dem Schneiden bleiben scharfe Kanten zurück, die man mit einer Nagelfeile glättet. Feilen Sie immer von der Außenseite zur Mitte. Wenn Sie von der Mitte nach außen feilen, werden die Nägel brüchig und es bleibt ein schmaler Rand stehen, den Sie später nachschneiden müssen.

Schneiden Sie beim Kürzen der Zehennägel nicht in den Nagelfalz hinein. Schneiden Sie die seitlichen Ränder der Zehennägel nicht ab, sonst besteht die Gefahr, dass der Nagel später ins Nagelbett einwächst.

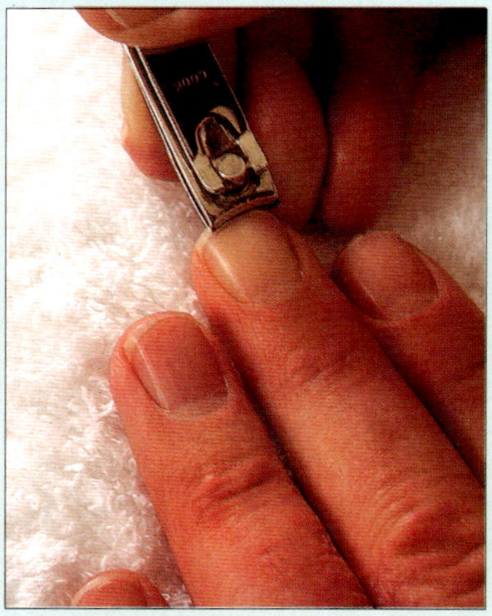

1 Die Form der Fingernägel sollte sich immer nach der Form der Fingerkuppen richten.

2 Feilen Sie die Fingernägel abschließend mit einer Nagelfeile. Beginnen Sie außen und feilen Sie zur Mitte.

Reinigung der Fingernägel

Viele Männer reinigen ihre Fingernägel mit dem Taschenmesser oder anderen spitzen, gefährlichen Utensilien. Das kann gefährlich werden.

Gepflegte Fingernägel

1 Kauen Sie nicht an den Nägeln.

2 Halten Sie die Nägel kurz. Verwenden Sie dafür einen Nagelknipser oder eine Nagelschere.

3 Feilen Sie die Schnittflächen glatt. Runden Sie die Kanten links und rechts sauber ab.

4 Cremen Sie das Nagelhäutchen täglich mit Handlotion oder auch einer speziellen Nagelcreme ein.

5 Schieben Sie das Nagelhäutchen vorsichtig zurück. Schneiden Sie niemals das ganze Nagelhäutchen ab.

6 Weichen Sie gelb verfärbte Nägel etwa 15 Minuten in Wasserstoffperoxid und Wasser ein. Reinigen Sie sie dann mit einer weichen Bürste.

7 Pflegen Sie spröde Nägel mit Vaseline.

8 Tragen Sie stets eine Nagelfeile bei sich, um einen eingerissenen Nagel schnell wieder zu glätten.

9 Ernähren Sie sich ausgewogen.

10 Ihre Fingernägel sind gelb vom Nikotin? Sie wissen ja, was da am besten hilft.

Wenn der Nagel dabei verletzt wird, können bakterielle Infektionen und Pilzerkrankungen die Folge sein. Bürsten Sie Ihre Nägel also besser in einer Schale mit lauwarmem Seifenwasser ab.

Bei weniger hartnäckigen „Trauerrändern" brauchen Sie nur etwas Waschpulver über die Hände zu streuen und abzubürsten. Cremen Sie Hände und Fingernägel dann mit einer Feuchtigkeitslotion ein, so bleiben sie schön zart und geschmeidig.

Nägelkauen

Manche Menschen beknabbern ihre Fingernägel wie Hunde ihren Lieblingsknochen. Innere Unruhe, Stress oder auch der Versuch, das Rauchen aufzugeben sind häufige Ursachen dieser Angewohnheit.

Leider sind solche Fingernägel nicht sehr schön anzusehen, und gegen die Nervosität hilft das Kauen auch nicht.

Wenn auch Sie unter dieser schlechten Angewohnheit leiden, sollten Sie besser Kaugummi kauen oder Ihre Fingernägel mit einer speziellen Tinktur einreiben, die Bitterstoffe enthält. So kommen Sie gar nicht erst in Versuchung. Denken Sie auch über die st-Ursachen des Kauens, z. B. Stress und innere Unruhe, nach und versuchen Sie, diese zu beheben.

Nagelpilz

Verwenden Sie antibakterielle Seife zum Händewaschen, so beugen Sie Nagelpilz vor. Anzeichen einer Pilzinfektion sind meist grüne Fingernägel oder gelbe und weiße Flecken, die immer größer werden. Meist genügt es, eine rezeptfreie Salbe aufzutragen. Ist dies nicht der Fall, gehen Sie zum Hautarzt. Je nach Art der Pilzerkrankung helfen dann nur verschreibungspflichtige Mittel.

Die meisten Pilzinfektionen treten an den Zehennägeln auf. Häufig sind die Patienten erblich vorbelastet, in etwa 10 Prozent der Fälle ist das Immunsystem geschwächt. Wenn Sie an Fußpilz leiden, sollten Sie die folgenden Empfehlungen beherzigen, dann werden Sie den Störenfried wieder los:

- Stellen Sie sich nach dem Duschen auf eine trockene saugfähige Baumwollmatte.
- Trocknen Sie Ihre Füße nach Möglichkeit mit einem Fön und tragen Sie einen pilzbekämpfenden Puder auf.
- Tragen Sie bei schönem Wetter Sandalen ohne Socken. Ansonsten sind Leder oder Leinenschuhe zu empfehlen, da diese luftdurchlässig sind.
- Halten Sie Ihre Füße trocken und sauber.

Schwarze Nägel

Schwarze Nägel entstehen, wenn im Nagelbett Blutgefäße platzen. Wem beim Heimwerken der Hammer oder ein schweres Brett auf den Fuß fällt oder wer einen Sport treibt, bei dem man oft abrupt stoppen muss, wie etwa Tennis oder Squash, der kennt das Problem sicher.

Lassen Sie den Nagel am besten in Ruhe, bis er von allein abfällt, dann ist bereits ein neuer nachgewachsen. Wenn Sie Schmerzen haben, suchen Sie einen Arzt auf.

Eingewachsene Fußnägel

Eine Ursache für eingewachsene Nägel sind zu enge Schuhe. Der Nagel wächst dann in die Haut ein, das schmerzt und verursacht Entzündungen.

Was kann man dagegen tun? Tragen Sie nur Schuhe, die wirklich gut passen. Zwischen dem großen Zeh und der Schuhkappe sollte gut ein Zentimeter Platz sein, so dass die Zehen noch ausreichend Bewegungsfreiheit haben. Spitze Schuhe quetschen die Zehen, wählen Sie also lieber runde oder rechteckige Formen.

Zu kurz geschnittene Fußnägel verschlimmern das Problem, da der Nagel dann in das Nagelbett wächst.

Eingewachsene Nägel können oft auch erblich bedingt sein, vor allem bei Männern, die besonders breite Füße haben.

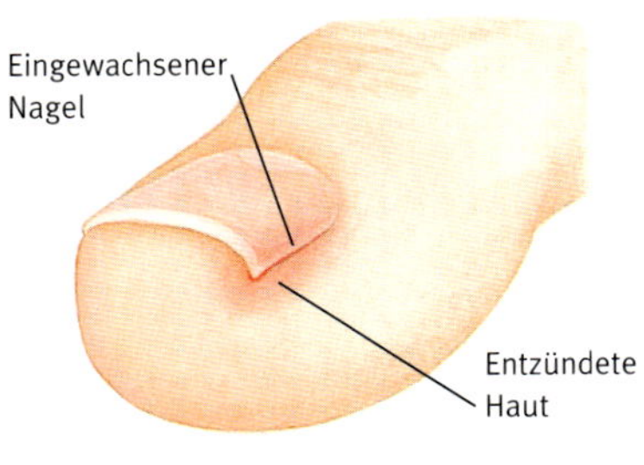

▲ *Fußnägel, die an den Seiten geschnitten werden, wachsen in die Haut und führen zu Entzündungen.*

Bartpflege und Rasur

Das sichtbarste Zeichen, dass ein Junge erwachsen wird, ist der Bartwuchs. Wer sich rasiert, gehört plötzlich zu den Männern. Früher gehörten kleine Schnitte und Wunden zum Ritual des Rasierens dazu, heute garantieren verschiedene Pflegemittel eine makellose Rasur.

Hätten Sie's gewusst?

Der wahrscheinlich längste Bart der Welt ist im Smithsonian Institut in Washington zu sehen. Er gehörte dem in Norwegen geborenen Hans N. Langseth, der 1927 in Iowa starb. Der Bart misst 533 cm.

Nass oder trocken?

Die Entscheidung für Nass- oder Trockenrasur hängt davon ab, ob es gründlich oder schnell sein soll. Da die Nassrasur kleine Unebenheiten aufreiben kann, bevorzugen Männer mit empfindlicher Haut die trockene Variante.

Elektrische Rasierer bewähren sich bei eingewachsenen Haaren und Hautirritationen wie Akne. Denn anders als die Nassrasur lässt der Elektrorasierer die obersten Hautzellen intakt. Das hat Vor- und Nachteile. So entfernt die tägliche Nassrasur abgestorbene Hornzellen, das Gesicht erscheint glatter. Andererseits kann man sich mit der Klinge leicht verletzen.

Wer sich elektrisch rasiert, sollte darauf achten, dass die Haut trocken ist. Andernfalls ist die Rasur nicht sauber und die Haut rötet sich. Wundern Sie sich nicht, dass Stoppeln zurückbleiben. Nehmen Sie den Rasierapparat zur Arbeit mit und rasieren Sie in der Mittagspause nochmals.

Männer, die sich nass rasieren, haben häufig mit kleinen Schnittverletzungen und unschönenHautreizungen zu kämpfen. Beachten Sie die folgenden Tipps, um diesen vorzubeugen:

- Wer zu Hautrötungen neigt, sollte sein Gesicht vor und nach der Rasur mit kaltem anstatt mit warmem Wasser abspülen oder für einige Minuten ein in kaltes Wasser getauchtes Handtuch darüber legen.
- Rasieren Sie sich gleich nach dem Baden oder Duschen, wenn die Haut noch feucht ist und die Haare weich sind.
- Rasieren Sie immer mit der Haarwuchsrichtung, selbst an schwierigen Stellen. Wenn Sie gegen das Haar rasieren, drohen rote Flecken und eingewachsene Haare, die sehr schmerzhaft werden können.
- Rasieren Sie sich niemals hastig oder mit einer stumpfen Klinge, in den meisten Fällen schneidet man sich dabei. Lassen Sie sich also Zeit, auch wenn Sie in Eile sind und wechseln Sie die Klinge regelmäßig.
- Spülen Sie sich das Gesicht nach der Rasur mit kaltem Wasser ab. Auch ein kalter Waschlappen erfüllt diesen Zweck: Er schließt die Poren und beugt so Hautirritationen vor. Verwenden Sie nur alkoholholfreies Rasierwasser, sonst trocknet die Haut schnell aus.

Die perfekte Rasur

Nach einer perfekten Rasur sollte das Gesicht sauber, glatt und ohne jeden Kratzer sein. Am gründlichsten ist sicherlich die Nassrasur. Männer mit empfindlicher Haut, Akne oder einer Neigung zu eingewachsenen Haaren bevorzugen die Trockenrasur.

1 Rasieren Sie sich am besten nach dem Duschen, dann sind die Haare weich . Ansonsten waschen Sie sich das Gesicht mit warmem Wasser. Auch so wird das Barthaar weicher.

2 Tagen Sie speziellen Rasierschaum oder Gel auf Ihr Gesicht auf. Benutzen Sie keine herkömmliche Seife.

3 Halten Sie die Gesichtshaut während der Rasur straff und ziehen Sie die Klinge in Richtung des Haarwuchses. Beginnen Sie mit den Wangen, gefolgt von der Oberlippe, Kinn und Hals. Für eine besonders gründliche Rasur wiederholen Sie das.

4 Waschen Sie Ihr Gesicht mit kaltem Wasser oder legen Sie ein eiskaltes, nasses Tuch darüber. Trocknen Sie sich ab und tragen Sie eventuell ein Rasierwasser auf. Verwenden Sie kein alkoholhaltiges Rasierwasser, es reizt die Haut.

► *Für eine glatte Haut ziehen Sie die Klinge in Richtung des Bartwuchses.*

Was spricht für die Trockenrasur?

Ob Sie sich für die Trocken- oder Nassrasur entscheiden, ist eine Frage der persönlichen Vorliebe. Elektrorasierer sind bequemer und hinterlassen keine blutenden Stellen. Das kommt Männern mit Hautunebenheiten, kleinen Pickeln und eingewachsenen Haaren zu Gute. Allerdings ist die Trockenrasur weniger gründlich. Wenn Sie einen starken Bartwuchs haben, sollten Sie sich in der Mittagspause nochmals rasieren.

Ein Elektrorasierer lässt sich problemlos in der Aktentasche verstauen. So können Sie sich in der Arbeit, im Auto oder auf der Herrentoilette rasieren. Eine Lotion vor der Rasur müssen Sie nur dann auftragen, wenn Ihre Haut nicht trocken ist. Eingewachsene Haare lassen sich durch die Trockenrasur am ehesten vermeiden.

► *Zu den Vorteilen der Trockenrasur gehört vor allem, dass Sie sich mit einem Batterie betriebenen Apparat jederzeit und überall rasieren können. Das Gesicht sollte dabei sauber und trocken sein.*

EINGEWACHSENE HAARE

Steife Hemdkragen und enge Krawatten auf einem unsauber rasierten Nacken verursachen eingewachsene Haare. Besonders betroffen sind Männer mit lockigen oder krausen Haaren. Hier ist es schwer, die Haarwuchsrichtung zu erkennen und den Rasierer entsprechend zu führen.

Ziehen Sie Ihre Haut beim Rasieren nicht straff, wenn Sie dieses Problem haben. Bringt das keine Besserung, sollten Sie sich vielleicht einen Bart wachsen lassen. Wenn Sie Schmerzen haben, sollten Sie einen Hautarzt aufsuchen.

Steht Ihnen ein Bart?

Männern, die sehr feines oder dünnes Haar haben, das nur spärlich sprießt, steht ein Bart einfach nicht. Auch bei jungenhaften Typen wirkt ein Bart nicht, auch wenn junge Rechtsanwälte und Professoren so versuchen, etwas erfahrener auszusehen. Der Bart galt schon immer als Zeichen einer markanten Persönlichkeit, ein grauer Bart sogar als Symbol der Weisheit.

Wenn Sie sich einen Bart wachsen lassen wollen, sollten Sie bedenken, dass nicht jeder Bart zu jedem Gesicht passt. Wählen Sie den Bart also Ihrem Typ entsprechend.

Vollbart und Schnauzbart stehen Männern mit schmalen Gesichtern am besten. In einem runden Gesicht wirkt ein schmaler Bart oder auch ein Schnauzbart am vorteilhaftesten. Runde und eckig-markante Gesichter können auch einen Kinn- und Schnauzbart tragen. Ein Backenbart passt eher zu Männern mit einem runden Gesicht.

Eingewachsene Haare

Vor allem Männer mit lockigem oder krausem Haar haben mit dem Problem eingewachsener Haare zu kämpfen. Man erkennt sie an roten, schmerzhaft entzündeten Pusteln. Normalerweise wächst das Haar aus dem Haarfollikel durch die Leder- und Oberhaut gerade heraus. Wächst es zurück in die Haut, kommt es zu schmerzhaften Entzündungen, besonders wenn die Haut beim Rasieren zusätzlich gereizt wird.

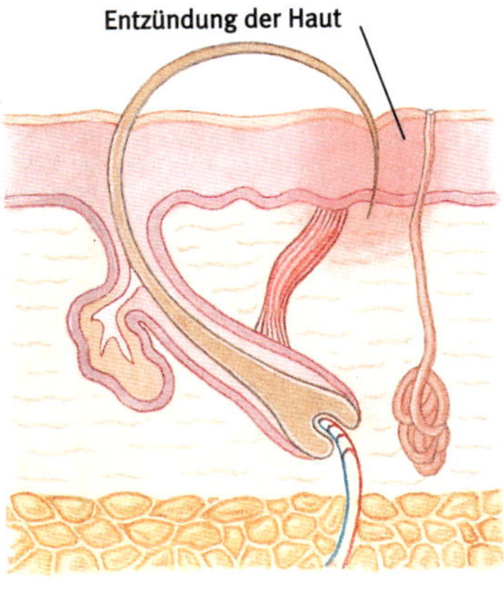

▲ *Wenn Barthaare nach innen wachsen, kommt es zu Entzündungen.*

So vermeiden Sie Schnittverletzungen bei der Rasur

Meistens tupft man die blutenden Stellen trocken und hofft, dass diese verkrusten, bevor man das Haus verlässt. Wer sich in Eile rasiert, muss damit rechnen, sich zu schneiden. Doch selbst wenn Sie vorsichtig wie ein Chirurg bei der Operation vorgehen, sind Sie nicht vor den Schnitten gefeit, das wissen Sie sicher aus leidvoller Erfahrung. Auf dem Gesicht des Mannes befinden sich neben 10.000 bis 30.000 Bartstoppeln unzählige kleine Unebenheiten und Pusteln, die mit bloßem Auge kaum zu erkennen sind. Die Klinge des Rasierers verletzt diese Stellen, die dann sofort stark bluten.

Rasieren Sie über solche Stellen bei den nächsten Malen nicht mehr hinweg, sonst fangen sie wieder an zu bluten. Wenn Sie sich geschnitten haben, stoppen Sie die Blutung mit einem entsprechenden Stift und desinfizieren Sie die Wunde mit einem farblosen Spray. Auch Rasierwasser hilft in solchen Fällen, allerdings sollte es alkoholfrei sein, sonst brennt es sehr stark.

Bartpflege

Bärte sind wie Hecken im Garten, sie bedürfen ständiger Pflege, um gut auszusehen. Wenn Sie sich einen Bart wachsen lassen wollen, sollten Sie damit rechnen, diesen zweimal wöchentlich zu trimmen. Dazu muss das Barthaar trocken sein. Kämmen Sie den Bart gründlich und verwenden Sie dann einen elektrischen Bartschneider.

Rasieren Sie abschließend die Konturen des Bartes nach. Kürzen Sie die Seiten mit dem Langhaarschneider von unten nach oben. Waschen und bürsten Sie Ihren Bart täglich. Gehen Sie auch von Zeit zu Zeit zum Frisör. Ein ungepflegter Bart wird von unten verklebt und weiß, ein sicheres Zeichen für Schuppen. Waschen Sie den Bart in diesem Fall mit einem guten Schuppenshampoo, bis das Haar wieder weich ist. Kehren Sie anschließend zu Ihrer täglichen Pflegeroutine zurück.

Ein weiteres Problem von Bartträgern ist die Bartflechte. Ihr Frisör wird sie vermutlich entdecken – er kann aber auch der Urheber sein. Bartflechten entstehen vor allem durch unsaubere, infizierte Kämme, Scheren oder Rasierapparate. Waschen Sie von Zeit zu Zeit Ihre Pflegeutensilien und verleihen Sie diese nicht. So vermeiden Sie Infektionen.

Was tun bei Hautreizungen?

Die meisten Männer rasieren sich nass, da dies die Haut glatt, jugendlich und strahlend macht. Leider reizt die Nassrasur die Haut oft sehr stark, vor allem dann, wenn das Barthaar gelockt ist und unregelmäßig wächst. Auch eingewachsene Haare entzünden sich nach dem Rasieren besonders leicht.

Wer gereizte, gerötete, verletzte Stellen im Gesicht hat, sollte sich erst wieder rasieren, wenn alles abgeklungen ist. Ansonsten riskieren Sie schmerzhafte Infektionen, die mit Antibiotika behandelt werden müssen.

Sollte Ihr Arbeitgeber mit einem Dreitagebart nicht einverstanden sein, empfiehlt sich die elektrische Rasur. Auch wenn diese nicht so gründlich ist, so schont sie wenigstens die Haut. Hilft das auch nichts, bleibt Ihnen noch die Elektroepilation oder Sie lassen sich einfach einen Bart wachsen. Dann sind Sie das ganze Problem ein für alle Mal los.

Unerwünschte Körperhaare

Auf Grund hormoneller Veränderungen wachsen Männern über 40 an den seltsamsten Stellen Haare, vor allem in den Ohren und in der Nase. Schneiden Sie diese Haare mit einer Nagelschere ab. Wenn Ihnen dies unangenehm ist oder Sie sich dabei schon einmal verletzt haben, lassen Sie es den Frisör oder eine Kosmetikerin machen.

Die Elektroepilation entfernt störende Haare in Nase oder den Ohren dauerhaft. Bei dieser völlig harmlosen Methode wird die Haarwurzel durch einen kurzen Elektroschock zerstört. Allerdings ist das ziemlich teuer.

Welcher Bart steht Ihnen am besten?

Bart und Frisur sollten zueinander passen. Längere Haare harmonisieren mit einem längeren Bart. Zu Kurzhaarfrisuren passen eher kurzgeschnittene Bärte. Oft bringt man einen bestimmten Barttyp mit einem Prominenten in Verbindung, der ihn trägt.

Der Van-Dyk-Bart
Dieser Bart ist nach dem flämischen Maler Van Dyk benannt, der im 17. Jahrhundert lebte. Es handelt sich um einen spitzen, langen Kinnbart.

Der Abraham-Lincoln-Bart
Anders als beim amerikanischen Präsidenten trägt man diesen Bart heute etwas kürzer.

Der Elvis-Presley-Bart
In seinen späten Jahren trug Elvis lange Koteletten bis zum Kinn.

Der ZZTop-Bart
Das Markenzeichen der Mitglieder dieser berühmten Rockband sind hüftlange, graue Bärte – vermutlich ist das aber nicht ganz der Stil, den man heute im Büro trägt.

Der Beatnik-Bart
Dieser spitze Kinnbart, der einem Ziegenbärtchen ähnelt, war in den 50er Jahren sehr populär.

Der Unterlippenbart
Der Schauspieler Val Kilmer spielte in dem Film Tombstone den Westernhelden Doc Holiday, der ein kleines Bärtchen direkt unter der Unterlippe trug.

Der André-Agassi-Bart
Ein stoppeliger Dreitagebart wirkt äußerst lässig und ist bei Sportlern und Filmschauspielern sehr beliebt.

▲ *Ein kurzgeschnittener Vollbart ist das Markenzeichen von Kenny Rogers, dem Country-Sänger.*

Der elegante Mann

Die meisten von uns verschwenden kaum einen Gedanken an ihre Garderobe. Dennoch wollen wir stets passend gekleidet sein. Wer sagt Ihnen, dass das, was heute topmodern ist, morgen nicht schon wieder out ist? Hier lesen Sie, wie Sie sich zeitlos elegant kleiden.

Grundausstattung

Gehören Sie zu den Männern, die Ihre Kleidung so lange auftragen, bis jemand scherzhaft fragt, aus welchem Jahrzehnt sie stammt? Dann ist es höchste Zeit, mal wieder einen ausgedehnten Einkaufsbummel zu machen.

Regel Nummer Eins: Werfen Sie gut erhaltene Kleidung niemals weg. Sie kommt irgendwann wieder in Mode.

Regel Nummer Zwei: Kaufen Sie zunächst die wirklich notwendigen Dinge. Erweitern Sie Ihre Garderobe dann nach und nach. Lassen Sie sich ruhig Zeit dabei.

Einige Kleidungsstücke braucht jeder Geschäftsmann:

- Ein marineblaues Jackett
- Ein weißes Hemd
- Ein gestreiftes Hemd
- Ein grauer oder marineblauer Anzug oder ein Nadelstreifenanzug (oder alle drei, wenn Sie in der Arbeit täglich einen Anzug tragen müssen)
- Zwei Krawatten, eine gestreifte und eine einfarbige
- Mindestens eine Khaki-Hose und eine Jeans

Diese Kleidungsstücke passend zu kombinieren ist nicht ganz einfach. Um stets abwechslungsreich und geschmackvoll gekleidet zu sein, sollten Sie folgende einfache Grundregeln beachten:

- Kombinieren Sie Streifen nicht mit Karos, Gemustertes nur mit Einfarbigem. Diese Grundregel gilt immer und überall.
- Stimmen Sie die verschiedenen Farben harmonisch aufeinander ab. Einige Farben passen unabhängig vom Stil immer zusammen. Bordeauxrot passt stets zu Marineblau. Setzen Sie dazu Akzente mit Gold und Weiß.

Hätten Sie's gewusst?

Sie tragen besonders gerne Jeans? Dann sollte sie aber auch gut sitzen. Das mag banal klingen. Achten Sie aber einmal darauf, wie viele Männer mit zu weiten, zu engen, zu kurzen und zu langen Jeans herumlaufen. Probieren Sie also vor dem Kauf verschiedene Jeans an.

Stimmen Sie Ihre Kleidung auf Ihren Teint ab

Um das Beste aus Ihrem Typ zu machen, sollte Ihre Kleidung mit Ihrem Teint und Ihrer Haarfarbe harmonieren. Gelingt Ihnen das, wirken Sie attraktiver und dynamischer. Unvorteilhafte Farben lassen Sie müde und blass aussehen oder heben ungünstige Merkmale zu stark hervor.

Rosiger Teint
Tragen Sie Marineblau, rötliche Binder und Khaki-Hosen. Achten Sie auf kontrastreiche Kleidung, das lässt Sie blasser erscheinen.

Gelblicher Teint
Wählen Sie neutrale Farben, wie Khaki und Grüntöne. Vermeiden Sie Schwarz.

Olivefarbener Teint
Meiden Sie dunkle Oliv- und Erdtöne. Wählen Sie natürliche helle Farben. Setzen Sie mit einer bunten Krawatte oder einem farbenfrohen Hemd Akzente.

Schwarze Haut
Meiden Sie helle Pastelltöne, Grau und Marineblau. Wählen Sie statt dessen kräftige Farben, Schwarz sowie weiche und leuchtende Blautöne.

Heller Teint
Wählen Sie helle Farbtöne, wie Lachs, Elfenbein oder helles Grau. Gut dazu passen Krawatten mit kräftigen Farben.

Dunkler Teint
Vermeiden Sie dunkle Farben und wählen Sie stattdessen neutrale oder kräftige Farben.

► *Helle Typen sollten dunkle Farben vermeiden. Ein hellgrauer Anzug harmoniert mit einem hellblauen Hemd.*

Dunkelblau harmoniert mit Khaki, so wie Hellgrün mit Khaki und anderen erdigen, dunklen Farben.

Einkaufen

Manche Männer kaufen am liebsten ihre gesamte Garderobe bei einer riesigen Einkaufstour und dann für lange Zeit nichts mehr. Das ist keine gute Idee, denn häufig ändert man seine Meinung später. So bleibt nicht selten die Hälfte aller Stücke im Kleiderschrank hängen. Kaufen Sie immer nur ein oder zwei Teile und prüfen Sie, ob diese zu Ihren anderen Sachen passen. Wichtig ist es, eine Grundausstattung von Kleidungsstücken zu haben, die man nach und nach erweitern kann. Hier noch einige Tipps für den Einkauf:

- Wenn Sie Ihrem eigenen Geschmack nicht trauen, nehmen Sie Ihre Partnerin oder einen Freund zur Beratung mit.
- Heutzutage darf man Mischgewebe tragen. Achten Sie aber darauf, dass der Anteil an Naturfasern mindestens 80 Prozent beträgt.
- Es lohnt sich, etwas mehr Geld für Anzüge und Jacketts auszugeben, da gute Qualität viel länger hält.
- Hemden sollten einen Buttondown-Kragen oder einen normalen Umschlagkragen haben. Bedenken Sie, dass Hemden mit Buttondown-Kragen konservativ wirken.
- Achten Sie darauf, dass Ihre Blazer und Jacketts nicht so eng sind, dass sie über der Brust spannen.

Was wem steht

Die Kleidung muss immer zur Körpergröße und zum individuellen Typ passen. Kaufen Sie nicht das, was gerade in ist, sondern das, was Ihnen auch wirklich steht. Wer Kleidung trägt, die nicht zu seinem Typ passt, sieht nicht modisch, sondern schlecht angezogen oder gar lächerlich aus. Bitten Sie einen Freund oder Verwandten, Sie zum Einkaufen zu begleiten. Er soll Ihnen ehrlich sagen, was Ihnen steht und was nicht. Natürlich können Sie sich auch an das Fachpersonal im Laden wenden.

Schaffen Sie sich zunächst eine Grundausstattung an: ein marineblaues Jackett, ein weißes Hemd, ein gestreiftes Hemd, einen grauen, dunkelblauen oder einen Nadelstreifen-Anzug, eine gestreifte Krawatte, eine einfarbige Krawatte, eine Khaki-Hose und Jeans. All diese Einzelstücke lassen sich problemlos kombinieren, etwa das blaue Jackett mit der Khaki-Hose oder einer der Anzughosen.

	Groß und schlank	**Kleine bis mittelgroße, kräftige Statur**
Anzüge Der klassische Zweireiher hat jeweils vier Knöpfe. Sechs Knöpfe sind moderner. Der klassische Einreiher hat zwei Knöpfe. Ein Knopf, aber auch drei oder vier sind bei den modischeren Modellen zu finden.	Ein oder Zweireiher Betont Größe und Figur.	Einreiher Streckt die Figur und macht schlank. Marineblau vermittelt Seriosität.
Hemden Hemden sollten der Figur schmeicheln. Ein klassisch geschnittenes Hemd sitzt um die Taille locker. Sportliche Hemden sind breit in den Schultern und um die Hüften enger. Weite Hemden sitzen locker um den Oberkörper. Taillierte Hemden betonen die Figur.	**Tailliert oder** klassisch **geschnitten** Beide Schnitte betonen eine schlanke Taille.	Klassischer Schnitt Der etwas weitere Schnitt überspielt die kräftige Taille.
Hosen Bundfaltenhosen machen die Figur schlanker, diese passen zu jedem Typ. Zur Zeit sind schmal geschnittene Hosen modern, die Gesäß und Oberschenkel betonen. Solche Hosen sind für stärker gebaute Männer ungeeignet.	Bundfalten, schmal oder klassisch geschnitten Aufschläge lassen sehr dünne Männer **kleiner erscheinen.**	Bundfalte oder klassischer Schnitt; niemals schmale Schnitte Streckt die Figur.

Stoffe von guter Qualität

Die alte Regel, keine Kunstfasern zu tragen, gilt heute nicht mehr. Mischgewebe mit bis zu 20 Prozent synthetischer Faser machen viele Kleidungsstücke pflegeleichter und angenehm zu tragen. Mischgewebe aus Leinen und Kunstfaser knittern viel weniger als reines Leinen.

Wählen Sie Stoffe mit guten Trage eigenschaften und hohem Naturfaseranteil. Das Material darf sich auf keinen Fall kratzig anfühlen. Es müssen nicht immer Markenkleider sein, trotzdem garantieren etablierte Hersteller für gute, dauerhafte Qualität. Geben Sie ruhig etwas mehr Geld für Ihre Kleidung aus, diese hält viel länger. Auch ist der Umtausch in namhaften Geschäften meist problemlos.

► *Stoffe von guter Qualität tragen sich angenehm und sehen auch nach einem langen Tag noch gut aus.*

Bestimmte Schnitte passen zu bestimmten Typen: Zweireiher stehen vor allem schlanken Männern, da die den Körperbau stärker erscheinen lassen. Bundfaltenhosen lassen Sie schlanker erscheinen, allerdings sind heute de schmalen Schnitte modern, was für stärker gebaute Männer nicht so vorteilhaft ist.

Obwohl eine gute Jeans heute in jeden Kleiderschrank gehört, sollten Sie diese auf keinen Fall in der Arbeit tragen, auch nicht an Freitagen, an denen man immer etwas legerer angezogen sein darf. Tragen Sie dann lieber Jackett und Khaki-Hose, das wirkt ebenfalls lässig und dennoch seriös.

Die folgenden Abbildungen helfen Ihnen bei der Auswahl von typgerechter Kleidung. Für jede Statur gibt es bestimmte Regeln, welche Schnitte von Hemd, Anzug und Hose die vorteilhaften Seiten betonen und gleichzeitig ihre Schwachstellen kaschieren. Wer sich daran hält, macht nichts falsch.

Große und kräftige Statur

Einreiher

Der klassische Stil betont die Größe.

Klassischer Schnitt

Männer mit kräftigem Nacken sollten Hemden mit einem Umschlagkragen tragen.

Bundfalte oder klassischer Schnitt, niemals schmale Schnitte

Klassisch geschnittene Hosen schmeicheln.

Kräftige Statur

Einreiher

Der klassische Stil überspielt unliebsame Rundungen.

Klassischer oder weiter Schnitt

Überspielt überflüssige Pfunde.

Bundfalte oder weiter Schnitt, niemals enge Schnitte

Nadelstreifen strecken kräftige Beine.

Klein und schlank

Einreiher oder Zweireiher

Beide betonen die Figur.

Klassischer oder sportlicher Schnitt

Lässt Sie kräftiger erscheinen

Bundfalte, schmaler oder klassischer Schnitt

Ein glatter Saum streckt das Bein, Aufschläge nicht.

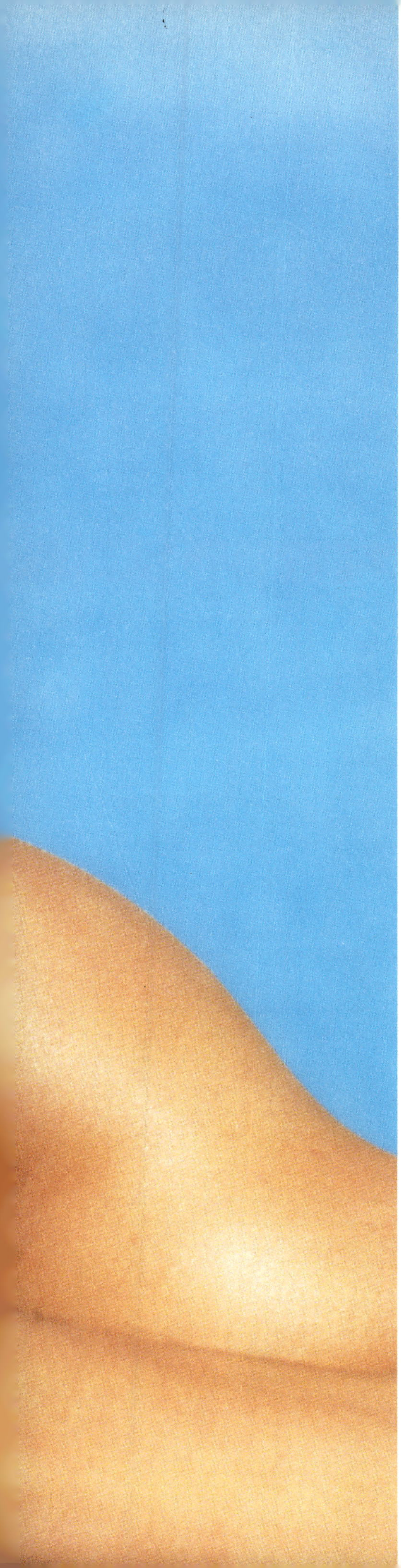

Gesunde Ernährung

Die richtige Ernährung

Die menschlichen Körperzellen erneuern sich ständig. Alle drei Monate regenerien sich die Knochen, alle sechs Wochen die Leberzellen, und alle vier Tage die Magenschleimhaut. Um diesen Prozess in Gang zu halten, müssen wir uns entsprechend ernähren.

Bevor Sie einkaufen, sollten Sie sich überlegen, wie Sie aussehen möchten. Spiegelt der Inhalt Ihres Einkaufswagen das wieder?

Warum wir essen

Die Nährstoffe aus den täglichen Mahlzeiten garantieren Wachstum und Zellerneuerung. Essen, Trinken und Atmen versorgen den menschlichen Organismus mit den Bausteinen, die er zum Aufbau von neuem Gewebe, Muskeln, Blut und Knochen braucht.

Nahrung liefert auch Energie. Was wir essen hält unseren Stoffwechsel in Gang. Alles, was wir tun, sei es arbeiten, spazierengehen, essen, Sex, ja selbst schlafen und fernsehen, verbaucht Energie.

Die Nahrung wird während des Verdauungsprozesses in Aminosäuren, Zucker und Fettsäuren zerlegt. Einfachzucker (Glucose) geht direkt in den Blutkreislauf und gelangt zusammen mit Sauerstoff zu den Körperzellen. Glucose und Sauerstoff werden in den Zellen oxidiert, dabei wird Energie frei.

Diesen permanenten Prozess, bei dem Nahrungsmittel zerlegt werden, um Energie zu liefern und Gewebe aufzubauen, nennt man Stoffwechsel.

Was wir essen

Aus ernährungsphysiologischer Sicht liefert die Nahrung die Bausteine, die das Wachstum und die Funktion unseres Organismus garantieren. Es gibt sechs Nährstoffe, die der Körper nicht selbst oder nicht ausreichend herstellen kann: Kohlenhydrate, Proteine, Fette, Vitamine, Mineralstoffe und Wasser. Ballaststoffe gehören nicht zu den Nährstoffen, sind aber für den Organismus ebenfalls sehr wichtig, da sie die Verdauung anregen.

Kohlenhydrate

Kohlenhydrate (Stärke und Zucker) finden sich vor allem in Gemüse, Obst, Hülsenfrüchten und Getreide. Im Verdaungsprozess werden sie zu Glucose (Blutzucker) umgewandelt. Sie sind der wichtigste Energielieferant des Körpers.

Man unterscheidet zwei Arten von Kohlenhydraten. Die Monosaccharide (Einfachzucker) werden schnell aufgespalten und verwertet.

Die Aufspaltung der Polysaccharide (Stärke) dauert länger, daher gelangen sie erst später in den Blutkreislauf.

Der Weg der Nahrung in Ihrem Körper

Bevor der Organismus die Nahrung als Energiequelle und zur Zellerneuerung vrewenden kann, muss er sie erst zerlegen. Die Abbildung gibt einen groben Überblick über diesen Ablauf.

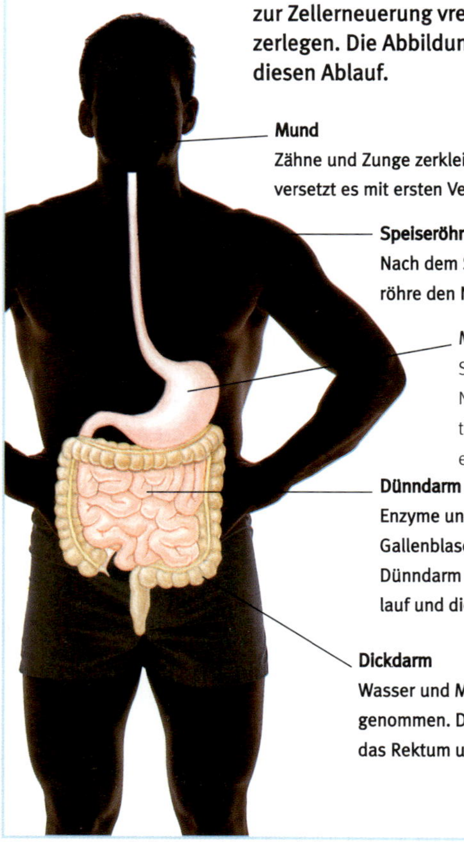

Mund
Zähne und Zunge zerkleinern das Essen, der Speichel versetzt es mit ersten Verdauungsenzymen.

Speiseröhre
Nach dem Schlucken transportiert die Speiseröhre den Nahrungsbrei in den Magen.

Magen
Salzsäure und andere Magensäfte spalten die Nahrung weiter auf. Kraftvolle Muskelkontraktionen zerkleinern die Nahrung mechanisch zu einem halbflüssigen Brei.

Dünndarm
Enzyme und Sekrete aus Leber, Bauchspeicheldrüse und Gallenblase spalten die Nahrung endgültig auf. Aus dem Dünndarm gelangen die Bausteine über den Blutkreislauf und die Lymphbahnen zu jeder Zelle.

Dickdarm
Wasser und Mineralien werden durch den Dickdarm aufgenommen. Die Abfallstoffe verlassen den Körper durch das Rektum und werden ausgeschieden.

Passen Sie die Ernährung Ihrem Alter und Ihren Lebensgewohnheiten an

Die mittlere Lebensphase
Manche Menschen können alles essen ohne zuzunehmen. Sobald man 30 wird, ändert sich das. Ab diesem Alter verlangsamt sich der Stoffwechsel und verbraucht nicht mehr so viele Kalorien. Da die meisten von uns genauso viel essen wie vorher, nehmen wir stetig zu. So legt jeder Mann ab dem 30. Lebensjahr jährlich etwa 500 bis 800 Gramm zu, auch wenn er nicht mehr isst als zuvor.

Glücklicherweise kann man dagegen etwas tun. Machen Sie sich diese Stoffwechselvorgänge bewusst. Achten Sie beim Essen auf die Kalorien und treiben Sie Sport. Oft reicht es schon, weniger Süßigkeiten und etwas fettarmer zu essen. Wenn Sie sich an diese Regeln halten, dann werden Sie nicht automatisch zunehmen, wenn Sie die 30 überschritten haben.

Wieviel Kalorien Sie essen sollten
Man sollte genau so viele Kalorien aufnehmen, wie der Organismus auch verbraucht. Alles, was man zusätzlich isst, führt zu Übergewicht. Wichtige Faktoren, die den Energiebedarf bestimmen, sind:

- Größe, Gewicht und Statur
- Alter
- Art der beruflichen Tätigkeit (Schreibtischarbeit oder körperliche Arbeit)
- Art und Intensität von sportlicher Betätigung

Ein durchschnittlicher Erwachsener benötigt etwa 2500 Kalorien täglich. Wer abnehmen möchte, sollte etwa 500 Kalorien pro Tag einsparen und Sport treiben. Das bedeutet nicht, dass Sie fortan jede Kalorie zählen müssen, schließlich vermittelt Essen auch Lebensfreude.

Bewegen Sie sich viel und ernähren Sie sich fettarm, vor allem von Obst, Gemüse und Getreide, dann werden die Pfunde purzeln.

Halten Sie Maß
Immer mehr Männer leiden heute an Essstörungen wie Bulimie oder Magersucht. Das Kalorienzählen und der Blick auf den Zeiger der Waage sollte nicht zur Sucht werden. Das schadet der Psyche und dem Körper gleichermaßen.
Solange Sie sich bewußt ernähren und regelmäßig Sport treiben, dürfen Sie beim Essen auch hin und wieder über die Stränge schlagen. Exzessives Hungern und Trainieren schadet Geist und Körper mehr als es ihm nutzt. Der dadurch bedingte Nährstoffmangel macht uns unausgeglichen und auch depressiv.

Proteine
Proteine, also Eiweißstoffe, sind der wichtigste Baustein für die Zellerneuerung. Im Verdauungsprozess werden Proteinmoleküle in Aminosäuren aufgespalten, die der wichtigste Bestandteil von Haut, Knochen, Muskeln, Haaren, Zähnen und anderen Organen sind.

Fette
Trotz ihres schlechten Rufs erfüllen Fette wesentliche Stoffwechselfunktionen. Sie dienen als Energielieferanten und als Energiereserve. Außerdem sind Fettsäuren zusammen mit Proteinen am Aufbau der Zellmembran beteiligt und schützen den Körper vor Wärmeverlust. Fettpolster schützen innere Organe vor Verletzungen.

Wasser
Ohne zu essen oder ohne Vitamine und Mineralstoffe kann man längere Zeit überleben. Ohne Wasser überlebt man nur wenige Tage. Wasser löst die übrigen Nährstoffe und transportiert sie durch den gesamten Körper. Es ist unverzichtbar für die Verdauung, die Nährstoffaufnahme, die Blutzirkulation und die Ausscheidung. Fast alle chemischen Reaktionen im Organismus sind von Wasser abhängig.

Ballaststoffe
Ballaststoffe sind nicht verdauliche Bestandteile pflanzlicher Nahrung (Gemüse, Obst, Getreide, Hülsenfrüchte). Sie sättigen ohne dick zu machen und halten den Darm funktionsfähig.

Vitamine
Obwohl der Körper Vitamine nur in gerigen Mengen braucht, sind sie von entscheidender Bedeutung. Sie regulieren den Stoffwechsel, sind lebenswichtig für das Wachstum, die Fortpflanzung und die Verdauung. Außerdem stärken sie die Konzentrationsfähigkeit, die Wahrnehmung, die Hormonproduktion und das Immunsystem.
Die wasserlöslichen Vitamine, z. B. Vitamin C und der gesamte Vitamin-B-Komplex, leisten ihre Arbeit im wasserhaltigen Teil der Zellen. Sie werden nicht gespeichert, sondern über den Urin ausgeschieden. Andere Vitamine, z. B. Vitamin A und E werden im Fettgewebe gespeichert.

Mineralstoffe
Diese anorganischen Verbindungen sind lebenswichtig für die Knochen, Zähne und Haare.

Hätten Sie's gewusst?

Eiweißreiche Kost macht die Muskeln stark.

Falsch. Eiweiß fördert das Muskelwachstum nicht. Proteine liefern zwar die Bausteine zum Aufbau der Muskeln, das nützt aber nur etwas, wenn man gleichzeitig trainiert.

Mineralstoffe sind an zahlreichen körperlichen Abläufen beteiligt, z. B. an der Muskelbewegung, der Immunabwehr und der Übertragung von Nervenimpulsen. Die so genannten Mengenelemente, zu denen Kalzium, Magnesium und Kalium gehören, machen etwa 4 Prozent unseres Körpergewichts aus. Das entspricht 4,5 kg bei einem Körpergewicht von 73 kg. Die übrigen 50 Mineralstoffe, die Spurenelemente, ergeben nicht mehr als einen Teelöffel voll.

Ernährungsgewohnheiten

Wir essen zu fett und zu ballaststoffarm, obwohl wir wisssen, wie wichtig eine gesunde Ernährung ist. Je mehr Sie also über bewusste Ernährung wissen, desto eher wissen Sie, was gut und was schlecht für Ihren Körper ist. Das verbessert Ihre Gesundheit, Ihr Wohlbefinden und vielleicht sogar Ihre Lebenserwartung.

Makro und Mikronährstoffe

Im menschlichen Organismus laufen ständig chemische Reaktionen ab. Proteine wirken beim Aufbau neuer Zellen mit, beschädigte Zellen werden repariert; Hormone regeln die verschiedensten Körperfunktionen, vom Stoffwechsel bis hin zum sexuellen Antrieb; Zucker dient als Energielieferant.

Für all diese komplexen Vorgänge braucht der Körper unbedingt Nährstoffe, sonst kann er nicht richtig „funktionieren".

Die Tabellen auf den folgenden Seiten listen diese Nährstoffe auf und zeigen, welche Rolle sie für den Organismus spielen.

Zudem finden Sie hier, in welchen Nahrungsmitteln sie enthalten sind und wie viel der Körper laut EU-Empfehlung davon braucht.

Man unterscheidet zwei Hauptgruppen von Nährstoffen: Makronährstoffe benötigt der Organismus in größeren Mengen, dazu gehören Kohlehydrate, Fette und Wasser sowie einige Mineralstoffe.

Mikronährstoffe benötigen wir nur in äußerst geringen Mengen, die im Bereich von einigen Milligramm (mg) oder Mikrogramm (Xg) liegen. Dazu gehören Vitamine und die meisten Mineralstoffe.

Makronährstoffe

NÄHRSTOFF	WICHTIGE FUNKTION	Nahrungsquelle	Empfohlene Tagesdosis
Kohlenhydrate	Energielieferant. Hilft bei der Verwertung von Fett, wichtig für Haut, Knochen und gesunde Nägel.	Polysaccharide (Stärke): Gemüse, Obst, Hülsenfrüchte, Vollkornprodukte. Monosaccharide: raffinierter Zucker, Honig, Sirup.	Polysaccharide sollten 55 bis 65 Prozent der täglichen Mahlzeiten ausmachen. Schränken Sie den Konsum von Monosacchariden ein.
Proteine	Notwendig für das Wachstum, die Erneuerung von Zellen, Muskeln, Hämoglobin und der Haut. Beteiligt an der Produktion von Hormonen und Verdauungsenzymen.	Geflügel, Fisch, Eier, Bohnen, Vollkornprodukte, Nüsse, Milchprodukte.	Ungefähr 0,3 g pro 500 g Körpergewicht, also 56 g bei 75 kg. Wird meist in zu großen Mengen aufgenommen.
Fett	Beteiligt am Bau der Zellmembran. Wichtig für Nerven, einige Hormone, Haare und die Haut. Isoliert gegen Wärmeverlust. Energielieferant und Energiereserve.	Einfach ungesättigte Fettsäuren (z.B. Olivenöl) und mehrfach ungesättigte Fettsäuren (Mais, Sonnenblumen und Distelöl). Vermeiden Sie gesättigte Fettsäuren (Fleisch, Milchprodukte, Palm und Kokosöl)	Es genügt, den täglichen Kalorienbedarf zu zwei bis fünf Prozent aus Fetten zu decken. Ernährungswissenschaftler empfehlen maximal 25 Prozent.
Wasser	Regelt die Körpertemperatur. Transportiert alle Nährstoffe, reinigt den Körper von Schlacken und Giften. Hauptbestandteil aller Körperflüssigkeiten. Beteiligt an jeder chemischen Reaktion im Körper.	Wasser, Saft, Obst, Gemüse	Der Körper benötigt etwa 2,5 bis 3,5 Liter Flüssigkeit pro Tag. Etwa die Hälfte davon stammt aus der Nahrung. Trinken Sie täglich etwa sechs bis acht Gläser.

Wasserlösliche Vitamine

Nährstoff	Wichtige Funktion	Nahrungsquelle	Empfohlene Tagesdosis
Vitamin C	Antioxidans. Wichtig für den Knochenbau, Bildung von Neurotransmittern und die Entgiftung der Leber. Stärkt das Immunsystem, beugt Erkältungen, Krebs und Herzerkrankungen vor. Hält das Zahnfleisch gesund.	Orangen, Grapefruit, Melonen, rote Paprika, Blattspinat, Brokkoli, Rosenkohl, Blumenkohl, Mangos, Papayas, Erdbeeren, Kartoffeln.	60 mg. Optimale Dosis ist umstritten, schwankt zwischen 250 und 1000 mg pro Tag.
Thiamin (Vitamin B1)	Beteiligt an der Energiegewinnung aus Kohlehydraten; Mangel verursacht Depressionen, Müdigkeit und Appetitlosigkeit.	Erbsen, Bohnen, Vollkorngetreide, Schweinefleisch, Vollkornbrot.	1,4 mg
Riboflavin (Vitamin B2)	Beteiligt an der Energiegewinnung. Wichtig bei der Produktion von roten Blutkörperchen, Hormonen und Gewebe.	Milchprodukte, Vollkorngetreide, Vollkornbrot, Brokkoli, Spargel, Erbsen, Kartoffeln, Orangen, Orangensaft, Eier, Leber.	1,6 mg
Niacin (Vitamin B3)	Beteiligt an der Energiegewinnung.	Getreide, Müsli, Backwaren, Fleisch, Geflügel, Fisch, Erdnüsse, Bier.	18 mg
Panthothensäure (Vitamin B5)	Beteiligt am Protein, Kohlenhydrat- und Fettstoffwechsel, an der Produktion wichtiger Hormone und Neurotransmitter.	Jegliches Fleisch und Gemüse. Besonders reichhaltig sind Avocados, Brokkoli, Kleie, Innereien, Eier.	6 mg
Vitamin B6	Wichtig für das Nervensystem, beteiligt an der Energiegewinnung. Wirkt am Glucose und Fettstoffwechsel sowie an der Produktion von roten Blutkörperchen mit.	Vollkornprodukte, Kartoffeln, Hühnchen, Fisch, Eigelb, Bananen, Avocados.	2 mg. Wer sich sehr proteinreich ernährt, braucht eine höhere Dosis.
Vitamin B12	Schlüsselrolle bei DNA-Synthese und Zellteilung. Die Produktion roter Blutkörperchen ist auf Vitamin B12 angewiesen; Mangel führt zu Blutarmut	Leber, Austern, Rindfleisch, Schweinefleisch, Vollmilchprodukte, Eier.	0,001 mg. Vegetarier, die keine Milchprodukte oder Eier essen, müssen Vitamin B12-Präparate einnehmen.
Folsäure	Wichtig für Zellwachstum und -teilung sowie die Bildung von Hämoglobin.	Grüne Bohnen, Feuerbohnen, Müsli, Spinat, Spargel, Brokkoli, Okraschoten, verschiedene Samen, Leber.	0,2 mg
Biotin	Wichtig für Immunsystem und Protein, Fett und Kohlenhydratstoffwechsel. Beteiligt an der Proteinsynthese, der Produktion von Hormonen und Neurotransmittern.	Erdnussbutter, Hülsenfrüchte, Nüsse, Getreide, Eigelb, Innereien wie Leber und Nieren, Hefe, Blumenkohl.	0,15 mg

Fettlösliche Vitamine

NÄHRSTOFF	WICHTIGE FUNKTION	Nahrungsquelle	Empfohlene Tagesdosis
Vitamin A	Wichtig für die Augenfunktion, Fortpflanzung, Zellbildung, Wachstum und Immunsystem, Hautgesundheit und Schleimhäute. Betacarotin wird im Körper zu Vitamin A umgewandelt und gilt als Antioxidans.	Melonen, Pfirsiche, Aprikosen, Mangos, Papayas, Karotten, Spinat, Brokkoli, Tomaten, Kopfsalat, Erbsen, Grüne Bohnen, Süßkartoffeln, Kürbis, Fisch, Leber, Eigelb, Vollmilch.	1 mg. Vorsicht bei Überdosierung, in hohen Dosen wirkt Vitamin A giftig.
Vitamin D	Unabdingbar für die Aufnahme von Calcium. Wichtig für den Knochenaufbau, gesunde Zähne und für Muskeln und Nerven.	Sonnenstrahlen regen die körpereigene Vitamin-D-Produktion an; Sardinen aus der Dose, Lachs und Hering, Milch und Milchprodukte.	0,005 mg
Vitamin E	Als Antioxidans schützt es die Zellen vor freien Radikalen. Schützt das Herz, senkt den Cholesterinspiegel und beugt der Arterienverkalkung vor. Stärkt das Immunsystem und verhindert Grauen Star.	Nüsse (Mandeln, Erdnüsse und Pecannüsse), Kürbis und Sonnenblumenkerne, grünes Blattgemüse, Weizenkeime und Vollkornprodukte, Pflanzenöle, Diätmargarine.	12 mg. 100 mg werden von der EU als Tageshöchstmenge empfohlen. Einige Ernährungswissenschaftler empfehlen 100-400 I.U. auf Grund der antioxidativen Wirkung.
Vitamin K	Reguliert die Blutgerinnung.	Grünes Blattgemüse, Obst, Samen, Eier, Milchprodukte und Fleisch.	60-80 µg

Mengenelemente

NÄHRSTOFF	WICHTIGE FUNKTION	Nahrungsquelle	Empfohlene Tagesdosis
Kalzium	Ist beteiligt am Knochen- und Zahnaufbau. Wichtig für Blutgerinnung, Aufbau der Zellmembran und Übertragung von Nervenimpulsen. Verhindert poröse Knochen. Schlüsselstellung beim Wachstum von Kindern.	Milch, Käse, Joghurt. Sardinen, Mandeln, Sesamsamen, Brokkoli, Sojabohnen, grünes Blattgemüse.	800 mg
Chlorid	Wichtig für das Nervensystem und den Flüssigkeitshaushalt.	Kochsalz ist nichts anderes als Natriumchlorid. Kommt in frischen und abgepackten Lebensmitteln vor.	24 g
Magnesium	Wichtig für den Knochenaufbau, die Herzfunktion und die Enzymfunktion. An Stoffwechselvorgängen beteiligt, etwa der Energiegewinnung aus Proteinen, Fetten und Kohlenhydraten.	Grünes Blattgemüse, Hülsenfrüchte, Meeresfrüchte, Nüsse, Sojabohnen, Eier, Vollkornprodukte, Milchprodukte.	300 mg
Phosphor	Wichtig für den Aufbau von Knochen, für das Säure-Basen-Gleichgewicht sowie für den Stoffwechsel.	Milchprodukte, Fleisch, Fisch, Getreide, Nüsse, Bohnen.	800 mg

Mengenelemente

Nährstoff	Wichtige Funktion	Nahrungsquelle	Empfohlene Tagesdosis
Kalium	Reguliert Blutdruck und Herzfunktion. Wichtig für die Muskelkontraktion, die Übertragung von Nervenimpulsen und die Produktion von Nukleinsäuren.	Zitrusfrüchte, Bananen, Tomaten und die meisten anderen Obst- und Gemüsesorten, Meeresfrüchte.	3 500 mg
Natrium	Wichtig bei der Übertragung von Nervenimpulsen, reguliert den Blutdruck. Beteiligt am Protein und Kohlenhydratstoffwechsel.	Findet sich in fast allen Lebensmitten, wird Konserven und Tiefkühlkost zugesetzt, Backwaren, Müsli, Chips, etc.	2 400 mg (max.)

Spurenelemente

Nährstoff	Wichtige Funktion	Nahrungsquelle	Empfohlene Tagesdosis
Chrom	Beugt Diabetes und Herzerkrankungen vor, da es Blutzuckergehalt, Insulinspiegel und Cholesterinspiegel reguliert.	Bierhefe, Weizenkeime, Vollkornbrot, Fleisch, Käse, Wein, Bier.	0,1 mg
Kupfer	Wichtig für die T-Helferzellen der Immunabwehr. Beteiligt an der Hormonproduktion. Unentbehrlich für gesunde Knochen, Haare und Haut. Ist Bestandteil antioxidativer Enzyme.	Schalentiere, Muscheln, Nüsse, Kakao, Pilze, Vollkornprodukte, Erbsen, getrocknete Bohnen, grünes Gemüse, Leber.	1,6 mg (max.)
Eisen	Wichtig für die Bildung roter Blutkörperchen und den Sauerstofftransport im Körper. Wichtig bei der Energiegewinnung aus Proteinen, Fetten und Kohlenhydraten.	Rotes Fleisch, Geflügel, Fisch, Nüsse, Vollkornprodukte, Aprikosen, Kidneybohnen, Erbsen, Petersilie, Eigelb, Spinat, grünes Blattgemüse.	10 mg. Vorsicht mit Eisenpräparaten. Überschüssiges Eisen kann freie Radikale bilden, die Krebs und Herzerkrankungen verursachen.
Mangan	Beteiligt am Glucosestoffwechsel und am Knochenaufbau. Wichtiges Antioxidans. Wichtig für die Synthese von Dopamin, einem Neurotransmitter im Gehirn.	Vollkornprodukte, Nüsse, Obst, Samen, Eier, grüne Gemüse, Fleisch, Schalentiere, Muscheln, Milchprodukte.	Keinerlei Empfehlungen der EU. In der BRD wird eine Dosis von 25 mg empfohlen.
Selen	Wichtiges Antioxidans, geht mit Vitamin E eine Verbindung ein, die die Zellmembran vor freien Radikalen schützt. Unentbehrlich für das Zellwachstum und die Bekämpfung von Infektionen.	Fisch, Fleisch, Vollkornprodukte (vor allem Weizen), Milchprodukte, Eier, Nüsse, Brokkoli, Gurken, Zwiebeln, Knoblauch, Rettich, Pilze.	0,075 mg (Männer); 0,06 mg (Frauen)
Zink	Fördert das Wachstum. Wichtig für den sexuellen Antrieb, die Fruchtbarkeit, das Immunsystem und die Wundheilung. Bedeutendes Antioxidans.	Meeresfrüchte, Rindfleisch, Truthahn, Hafer, Vollkorngetreide, Hefe, Bohnen, Weizenkeime, Nüsse, Milch, Eier.	15 mg

Gesund genießen

Unser Alltag ist von Hektik geprägt, da bleibt kaum Zeit für einen Gedanken an die nächste Mahlzeit. Gesunde Ernährung ist sehr wichtig, darum sollten Sie wissen, welche Nährstoffe Sie brauchen, welche Ergänzungsmittel sinnvoll sind und worauf man lieber verzichten sollte.

Was Ihr Körper braucht

Der Nährstoffbedarf des Körpers ist individuell verschieden. Dabei spielen verschiedene Faktoren eine Rolle, z. B. die erbliche Veranlagung, die Lebensgewohnheiten, der Körperbau und der allgemeine Gesundheitszustand. Natürlich gelten einige Richtlinien für jeden von uns, etwa dass man viel Obst, Gemüse und Vollkornprodukte essen sowie auf eine fettarme Ernährung und ausreichende Flüssigkeitszufuhr achten sollte. Dennoch sollte jeder seine Essgewohnheiten überprüfen und seinen Bedürfnissen anpassen.

Die „Ernährungspyramide“ hilft Ihnen herauszufinden, ob Ihr Speiseplan alle wichtigen Nährstoffe enthält. Halten Sie sich an die folgenden Grundregeln:

- Essen Sie abwechslungsreich, dann erhält Ihr Körper alle notwendigen Nährstoffe.
- Der Hauptbestandteil jeder Mahlzeit sollten Obst, Gemüse und Vollkornprodukte sein.
- Essen Sie tierische Produkte nur in Maßen, da diese zuviel gesättigte Fettsäuren enthalten.
- Verzichten Sie so weit wie möglich auf Öle, Fette und zuckerhaltige Produkte.

Hätten Sie's gewusst?

Seit 1948 nehmen die Bewohner von Framingham, im US-Bundesstaat Massachusetts, an einer wissenschaftlichen Langzeitstudie zu den Ursachen von Herz und Kreislauferkrankungen teil. Diese hat ergeben, dass kein Mann mit einem Cholesterinspiegel unter 50 mg/dl an einem Herzinfarkt gestorben ist.

Stellen Sie einen Plan auf

Die meisten Menschen wissen, wie man sich gesund ernährt, ändern ihre Essgewohnheiten aber nicht. Wer sich gesund ernähren will, muss etwas dafür tun, dann macht es aber auch richtig Spaß.

Machen Sie sich Gedanken über Ihren Nährstoffbedarf. Überlegen Sie, wie Sie Ihre Ernährungsgewohnheiten umstellen müssen. Machen Sie sich dazu Notizen.

Schreiben Sie in kurzen, knappen Sätzen auf, was Sie erreichen möchten, beispielsweise „Ich möchte weniger zuckerhaltige und mehr stärkehaltige Nahrungsmittel essen“ oder „Ich möchte weniger gesättigte Fettsäuren aufnehmen.“ Notieren Sie auch den Grund für diese Entscheidung („Ich brauche mehr Lebensenergie“; „Ich will etwas für mein Herz tun“).

Setzen Sie sich ganz konkrete Ziele und schreiben Sie auch diese auf: zwei oder drei Gemüseportionen täglich; mehr Vollkornprodukte; Verzicht auf Vollmilchprodukte; zweimal wöchentlich Fisch statt Fleisch und so weiter. Notieren Sie Ihre Fortschritte und belohnen Sie sich für jeden kleinen Erfolg.

Das hilft:

1 Essen Sie rotes Fleisch, Vollmilchprodukte, Gebratenes und Frittiertes selten. Das senkt das Risiko von Herzerkrankungen, Krebs und Diabetes.

2 Essen Sie viel Obst und Gemüse. Dies ist reich an Vitaminen, Mineralien und Ballaststoffen.

3 Komplexe Kohlenhydrate (Vollkornprodukte, Gemüse, Obst) sind die besten Energielieferanten.

4 Essen Sie abwechslungsreich.

5 Beachten Sie die empfohlene Dosis von Vitaminen und Mineralien.

6 Trinken Sie wenig Alkohol. Zwei Gläschen pro Tag reichen.

7 Essen Sie mehr Ballaststoffe, also Vollkornprodukte, Obst, Gemüse und Hülsenfrüchte. Das senkt den Cholesterinspiegel und vermindert das Risiko von Darmkrebs.

8 Essen Sie Fisch. Fisch enthält so viel Proteine wie rotes Fleisch, aber keine gesättigten Fettsäuren.

9 Trinken Sie sechs bis acht Gläser Wasser pro Tag.

10 „Nulldiäten“ bringen auf Dauer keinen Erfolg.

Worauf man besser verzichtet

Wer seine Ernährung entsprechend der Pyramide umstellt, muss plötzlich auf einige lieb gewonnenen Gewohnheiten verzichten.

Alles was zucker- und fettreich ist, also auch die leckeren Desserts, ist nicht mehr oder nur gelegentlich erlaubt. Süßigkeiten bestehen nur aus Zucker, sie sind ohne jeglichen Nährwert. Fette machen uns übergewichtig und verursachen Arteriosklerose und lebensbedrohliche Herzerkrankungen.

Auf einige Ihrer Leibspeisen sollten Sie also ganz oder zumindst teilweise verzichten:

Das Geheimnis der Ernährungspyramide

Die meisten Männer interessiern sich für diese Pyramide überhaupt nicht. Das sollte sich möglichst bald ändern, denn sie zeigt uns, wie wir gesund und fit bleiben.

Halten Sie sich an die folgenden drei Grundsätze:
- Ernähren Sie sich abwechslungsreich.
- Halten Sie sich an die empfohlenen Mengenverhältnisse (mehr Produkte aus den zwei unteren Schichten)
- Essen Sie bestimmte Produkte nur in Maßen (aus den zwei oberen Schichten).

Die breite Basis der Pyramide (die beiden unteren Schichten) vermittelt uns, dass Getreideprodukte, Obst und Gemüse den Hauptbestandteil unseres Speiseplans ausmachen sollten. Die tierischen Produkte aus der dritten Schicht sollten wir nur in Maßen genießen, da sie viele gesättigte Fettsäuren enthalten. Bohnen, Hülsenfrüchte und Tofu sind ein idealer Fleischersatz. Die Nahrungsmittel aus der Spitze der Pyramide sollten wir nur selten essen.

Die Pyramide sagt uns auch, wie viel wir von den jeweiligen Lebensmitteln essen sollen. Männer sollten sich am oberen Wert orientieren, insbesondere wenn sie körperlich aktiv sind. Es ist gar nicht so schwer, die angegebenen Mengen einzuhalten: Ein Frühstück mit Müsli und einer Scheibe Toast, eine ordentliche Portion Nudeln (etwa 150 g) um die Mittagszeit und zum Abendbrot ein Sandwich ergeben bereits sechs Portionen Getreideprodukte.

Wer sich an den Empfehlungen der Pyramide orientiert, nimmt mehr komplexe Kohlehydrate auf und reduziert gesättigte Fettsäuren und Zucker. Mit einem Wort: Er ernährt sich gesund!

Wie berechnet man eine Portion?

Getreideprodukte: Eine Scheibe Brot, 25 g Müsli bzw. 75 g gekochte Getreidekörner, Reis oder Nudeln.

Gemüse: eine große Handvoll Roh oder Blattgemüse; 200 ml Gemüsesaft.

Obst: Ein Apfel, eine Banane oder Orange; eine kleine Schale rohe, gekochte oder eingemachte Früchte; 200 ml Fruchtsaft.

Milchprodukte: 250 ml Milch oder Joghurt; 40 g Käse.

Fleisch, Geflügel, Fisch, Bohnen, Eier, Nüsse: 50–75 g Fleisch, 180 g gekochte Bohnen; ein Ei oder 30 ml Erdnussbutter.

Ballaststoffe: Eine reiche Auswahl

Ernährungsphysiologen empfehlen uns, täglich 20–30g Ballaststoffe aufzunehmen. Das entspricht in etwa 12 Scheiben Vollkornbrot. Wem das zu viel ist, dem bieten Obst, Gemüse und Vollkornprodukten viele Alternativen. Die folgende Tabelle zeigt den Anteil von Ballaststoffen in Gramm.

- Kleie (85 g): 8,6 g
- Ein Apfel mit Schale: 2,8 g
- Rosenkohl (175 g): 5,0 g
- 1 Scheibe Vollkornbrot: 2,4 g
- Erbsen (100 g): 5,4 g
- Gekochte Kidney-Bohnen (85 g): 6,9 g
- Gekochte Linsen (85 g): 5,2 g
- Haferflocken (50 g): 4,0 g
- Gekochte Okraschoten (125 g): 7,3 g
- Eine kleine Orange: 2,9 g
- Eine kleine Birne: 2,9 g
- Gekochte Feuerbohnen (175 g): 5,9 g
- 1 mittelgroße Ofenkartoffel: 5,0 g
- Vollkornspaghetti (140 g): 5,4 g
- Geröstete Weizenkeime (50 g): 5,2 g
- Gekochte Grüne Bohnen (85 g): 6,5 g

▲ ***Ein Frühstück mit Müsli, drei Scheiben Vollkorntoast, einer Birne*** *und einem Glas Orangensaft enthält etwa 28 g Ballaststoffe.*

- Rindfleisch, dazu gehören Steaks, Hamburger, Roast Beef, und Innereien (hoher Anteil an gesättigten Fettsäuren)
- Gebratenes Hühnchen oder Truthahn mit Haut (hoher Anteil an gesättigten Fettsäuren)
- Schokoladenplätzchen und Kekse (reich an Fetten und Zucker)
- Kokosöl und Palmöl (sehr hoher Anteil an gesättigten Fettsäuren)
- Gebratenes Fleisch (hoher Anteil an gesättigten Fettsäuren und Natrium)
- Donuts und Krapfen (reich an Fetten und Zucker)
- Eigelb (hoher Cholesteringehalt)
- Gehärtete Fette
- Mayonnaise (sehr hoher Cholesteringehalt)
- Schokolade (sehr fett und zuckerhaltig)
- Erdnussbutter (fettreich)
- Lebensmittel aus Schweinefleisch, z. B. Wurst, Speck, Schinken (hoher Anteil an gesättigten Fettsäuren und Natrium)
- Vollmilchprodukte (sehr hoher Anteil an gesättigten Fettsäuren)

Wer auf diese Speisen nicht völlig verzichten will, sollte sie zumindest nur in Maßen genießen oder auch öfters zu fettarmen Produkten greifen. Fettarme Alternativen gibt es inzwischen zu sehr vielen Lebensmitteln.

Wer gerne Rind- oder Schweinefleisch isst, tut gut daran, nur die ganz mageren Stücke zu nehmen. Alles, was viel Fett enthält, ist absolut tabu. Denken Sie daran, wenn Sie das nächste Mal im Metzgerladen stehen und der fette Speck mal wieder so verführerisch aussieht!

Das Frühstück

Etwa die Hälfte von uns geht am Morgen ohne Frühstück aus dem Haus und isst erst mittags die erste Mahlzeit. Wer in der Früh etwas isst, ist am späten Vormittag noch physisch und psychisch leistungsfähiger als jemand, der das nicht getan hat. Gehen Sie also nicht ohne diese wichtige Mahlzeit aus dem Haus.

Allerdings ist es wichtig, was man frühstückt. Speck, Schinken und Würstchen sind reich an gesättigten Fettsäuren, die Arteriosklerose verursachen. Essen Sie lieber Müsli mit Milch und Früchten.
Die Proteine aus der Milch verbessern Ihre geistige Leistungsfähigkeit und die Kohlenhydrate aus Müsli und Obsts liefern Energie. Auch fettarmer Hüttenkäse, fettarmer Joghurt oder ein VollkornnBrötchen mit Marmelade sind zu empfehlen.

Zwischenmahlzeiten? Kein Problem!

Viele von uns essen als kleinen Snack etwas Gebäck, Kekse oder Schokoriegel. Leider sind sie nicht gesund. Müssen wir also künftig auf jeden „Happen zwischendurch" verzichten?

Glücklicherweise nein. Zwischenmahlzeiten halten uns körperlich und geistig leistungsfähig und schützen uns erstaunlicherweise vor Übergewicht. Warum? Wer zu lange gar nichts isst, greift bei der nächsten Mahlzeit meist erst recht zu. Wichtig ist also nur, dass der Snack wenig Zucker und Fett enthält – und dass Sie nicht zu viel davon essen.

Obst und Fruchtsäfte, Gemüsebratlinge, eine Tasse Suppe mit einer Scheibe Vollkornbrot, Vollkornkekse und Popcorn (ohne Butter zubereitet) sind gesunde und leckere Zwischenmahlzeiten.

Der Zeitpunkt ist wichtig

Wer seine Essgewohnheiten umstellt, muss auch bedenken, wann er etwas isst. Das ist viel wichtiger, als die meisten von uns glauben.

Wenn man vier bis fünf Stunden nichts isst, sinkt der Blutzuckerspiegel, so dass wir reizbar, unkonzentriert und müde werden.

Wer zu später Stunde noch etwas isst, leidet oft an Schlaflosigkeit, Sodbrennen und Verdauungsstörungen. Die Auffassung, dass spätes Essen auch übergewichtig macht, wurde inzwischen widerlegt.

Ernährungsphysiologen empfehlen, den Tag mit einem reichhaltigen Frühstück zu beginnen. Die Hauptmahlzeit sollte man mittags einnehmen. Am Abend genügt eine kleine, leichte Mahlzeit, damit man nicht mit vollem Magen zu Bett geht.

Ballaststoffe sind lebenswichtig

Ballaststoffe sind Bestandteile pflanzlicher Kost, die der menschliche Körper nicht verdauen kann und demnach nahezu unverändert wieder ausscheidet. Trotzdem sind Ballaststoffe im Verdauungsprozess unverzichtbar, sie gehören also zur gesunden Ernährung.

- Ballaststoffe füllen den Darm und machen den Stuhl weicher. Das verhindert Verstopfung und Verdauungsprobleme.
- Ballaststoffreiche Nahrung verringert das Risiko, an Darmkrebs zu erkranken.
- Ballaststoffe aus Haferflocken, Gerste, Äpfeln und Hülsenfrüchten senken den Cholesterinspiegel. Sie verringern somit die Gefahr einer Herzerkrankung.

Ernährungsberater empfehlen eine tägliche Aufnahme von 20–30 g Ballaststoffen. Diese Menge decken Sie mit etwa fünf Portionen Obst und Gemüse sowie sechs Portionen Getreideprodukten ab. Beachten Sie dazu die „Ernährungspyramide“.

Vorsicht Cholesterin!

Wer jung und sportlich ist, der macht sich kaum Gedanken um seinen Cholesterinspiegel. Die meisten von uns nehmen zu viele gesättigte Fettsäuren zu sich. Diese werden zu Cholesterin verdaut, auch wenn man jung und sportlich ist.

Cholesterin ist ein zähflüssiger Fettbegleitstoff, der sich mit der Zeit an den Arterienwänden ablagert und so die Blutzirkulation behindert. Wird das Herz nicht mehr ausreichend mit Blut versorgt, besteht die Gefahr eines Herzinfarkts. Verengungen der Blutgefäße im Gehirn führen zu einem Schlaganfall.

Streichen Sie Nahrungsmittel, die reich an gesättigten Fettsäuren sind, sofort von Ihrem Speisezettel. Verzichten Sie auf rotes Fleisch, Schweinefleisch, Vollmilchprodukte (Käse, Joghurt, Butter, Milchspeiseeis, Saure Sahne), Kokosöl, Palmöl, Pfannengebratenes und Frittiertes.

Essen Sie ballaststoffreiche Kost, also Vollkornprodukte (Weizen, Haferflocken, Gerste), Gemüse, Obst und Bohnen. Fangen Sie auch an, Sport zu treiben.

Genießen Sie auch cholesterinreiche Nahrungsmittel wie Eier und Shrimps nur in Maßen.

Auch erbliche Faktoren beeinflussen den Cholesterinwert im Blut. Sollte das bei Ihnen der Fall sein, müssen Sie die genannten Richtlinien sehr genau befolgen.

Welche Ergänzungsprodukte sind zu empfehlen?

Eine ungesunde Ernährung wird auch nicht besser, wenn man Vitamine in Tablettenform einnimmt. Unsere natürliche Nahrung bietet immer noch die beste Versorgung mit allen wichtigen Nährstoffen. Trotzdem kann es in manchen Fällen sinnvoll sein, Vitamine, Mineralien und andere Nährstoffe zusätzlich einzunehmen.

Diese Ergänzungsmittel stärken das Immunsystem. Wer raucht, viel Alkohol trinkt, lange Zeit krank war oder strikter Vegetarier ist, hat oft einen Mangel an bestimmten Nährstoffen. Wählen Sie ein Präparat, das die jeweils von der EU empfohlene Tagesdosis zu 100 Prozent abdeckt. Neben den 13 Vitaminen sollte es auch Zink, Selen und Kupfer enthalten.

► *Nahrungsergänzungsmittel stärken das Immunsystem – aber sie gleichen eine ungesunde Ernährung nicht aus.*

Was ist dran an Trennkost?

Verfechter der Trennkost behaupten, dass es ungesund ist, bestimmte Nahrungsmittel, z. B. Obst und Getreide, gleichzeitig zu essen. Das würde im Magen Toxine freisetzen. Wieder andere raten, Proteine und Kohlenhydrate niemals in einer Mahlzeit aufzunehmen.

Der Großteil der Ernährungsphysiologen widerspricht diesen Theorien. Sie gehen davon aus, dass solche Kombinationen problemlos verdaut werden. Bohnen enthalten Kohlenhydrate, Ballaststoffe und Proteine; Milch enthält Protein, Kohlenhydrate und Fett. Obwohl die Trennkost viele Anhänger hat, gilt es als gesichert, dass ausgewogene Mahlzeiten alle Nährstoffe liefern und auch am gesündesten sind.

Nährstoffgehalt

Sie wollten schon immer wissen, wieviel Panthotensäure eine Folienkartoffel enthält? Bitte schön! Diese Tabelle informiert Sie über den Nährwert – Proteine, Kohlenhydrate, Fett und die wichtigsten Vitamine und Mineralstoffe – von 45 beliebten Lebensmitteln. Zusammen mit der Tabelle auf den Seiten 50–53 können Sie ausrechnen, ob Sie genug Nährstoffe erhalten.

Zeichenerklärung
s = nur in Spuren vorhanden
n = nicht bekannt

	Kalorien	Protein (g)	Fett (g)	Kohlenhydrate (g)	Calcium (mg)	Phosphor (mg)	Magnesium (mg)	Natrium (mg)	Kalium (mg)	Zink (mg)	Eisen (mg)	Vitamin A (mg)	Thiamin (mg)	Riboflavin (mg)	Niazin (mg)	Vitamin B6 (mg)	Pantothensäure (mg)	Folsäure (µg)	Vitamin C (mg)
Getränke																			
Bier (350 ml)	150	0,9	0	13	15	50	35	18	115	0,2	0.1	0	0	s	1,8	0.2	0,2	20	0
Cola (350 ml)	140	0	0	38	10	60	4	10	6	0.02	0.2	0	0	0	0	0	0	0	0
Orangensaft (350 ml)	110	1,7	0,5	26	25	40	25	2	495	0,1	0.5	50	0,22	0,07	1	0,1	0,5	110	125
Backwaren																			
Brötchen	175	6,5	1,5	34	25	40	12	215	45	0,3	1,6	0	0,2	0,2	2,1	0,03	0,2	14	0
Weißbrot (1 Scheibe)	65	2,1	1,0	12	30	25	5	125	30	0,2	0,7	s	0,1	0,08	0,9	0,01	0,1	9	s
Vollkornbrot (1 Scheibe)	60	2,4	1,1	11	20	65	25	160	45	0,4	0,9	s	0,09	0,05	1,0	0,05	0,2	14	s
Müsli																			
Cornflakes (25 g)	110	2	0,1	24	1	20	3	350	25	0,08	1,8	0	0,3	0,4	3	0,02	0,05	3	0
Haferflocken (140 g)	145	6	2,4	25	20	180	55	380	130	1,2	1,6	4	0,26	0,05	0,3	0,05	0,5	7	0
Milchprodukte																			
Käse (25 g)	115	7	9,5	0,4	205	145	8	175	30	0,9	0,2	85	0,01	0,1	s	0,02	0,1	5	0
Milch (250 ml)	150	8	8,2	11	290	225	30	120	370	1	0,1	75	0,09	0,4	0,4	0,1	0,8	10	2
Fettarme Milch (250 ml)	90	8,5	0, 4	12	300	245	30	125	400	1	0,1	140	0,09	0,4	0,2	0,1	0,8	15	2
Desserts und Süßigkeiten																			
Schokoriegel (100 g)	600	8,8	36	64	260	260	80	100	440	0,4	1,28	0	0,08	0,4	0,4	s	0,12	8	0
Donut	170	2	9	20	15	90	10	225	40	0,2	0,6	7	0,1	0,08	0,7	0,01	0,2	3	3
Eiscreme	175	2	12	16	75	60	8	50	110	0,6	0,05	105	0,02	0,15	0,05	0,03	0,3	1	0
Apfelkuchen (1 St.)	400	3,5	17,5	60	15	35	5	475	125	0,1	0,5	5	0,03	0,03	0,6	0,06	0,2	8	2
Fast Food																			
Big Mac	560	26	32	40	160	190	30	1,060	n	n	3,8	40	0,85	0,6	6,5	0,2	n	30	5
Pizza (1 Sch.)	150	8	5,5	18	145	125	20	455	85	0,8	0,7	100	0,04	0,1	0,7	n	n	24	5
Obst																			
Apfel	80	0,3	0,5	20	10	10	6	1	159	0,05	0,3	7	0,02	0,02	0,1	0,07	0,1	75	8
Banane	105	1,2	0,6	27	10	20	35	1	450	0.2	0,4	9	0,05	0,1	0,6	0,7	0,3	22	10
1/2 Honigmelone	60	1,4	0,4	13	20	25	15	15	495	0,2	0,3	510	0,06	0,3	0,9	0,18	0,2	27	65
Rosinen (40 g)	105	1	0,2	28	15	35	10	4	265	0,1	0,7	s	s	s	0,3	0,08	s	1	1

Fleisch, Fisch, Geflügel	Kalorien	Protein (g)	Fett (g)	Kohlenhydrate (g)	Calcium (mg)	Phosphor (mg)	Magnesium (mg)	Natrium (mg)	Kalium (mg)	Zink (mg)	Eisen (mg)	Vitamin A (mg)	Thiamin (mg)	Riboflavin (mg)	Niazin (mg)	Vitamin B6 (mg)	Pantothensäure (mg)	Folsäure (µg)	Vitamin C (mg)
Hamburger (mageres Rinderhackfleisch) (100 g)	240	20	16,5	0	10	160	20	50	220	3,7	2,6	10	0,07	0,2	4,5	0,4	0,3	3	0
Rindersteak (75 g)	330	20	27	0	10	160	20	50	220	3,7	2,5	15	0,05	0.2	4	0,3	0,4	3	0
Lachssteak (350 g)	230	35	9	0	n	530	60	150	565	2,4	1,5	60	0.2	0,08	12,5	1	1,9	30	0
Shrimps (75 g)	100	20,5	0,9	0,6	100	225	45	835	105	1,8	2,7	s	0,01	0,03	1,5	0,05	0,2	10	0
Thunfisch aus der Dose (im eigenen Saft) (125 g)	130	28	0,8	0	15	190	25	865	275	n	1,6	25	0,05	0,1	13	0,4	0,3	15	0
Hühnchenbrustfilet	220	315	2	16	230	29	75	255	1,1	0,1	15	0,08	0,1	13,5	0	0,6	1	4	0
Hühnchen, gegrillt	240	43,5	6	0	21	300	40	110	345	1,7	1,5	12	0,09	0,2	17,4	0,8	1,4	5	0
Speck (2 Streifen)	140	6,5	12,5	1	3	55	5	245	60	1,2	0,8	0	0,1	0,08	1	0,03	0,08	0,5	0
Frankfurter Würstchen	145	5	13	1	5	40	5	505	75	0,8	0,5	0	0,09	0,05	1,2	0,06	0,2	2	12
Schweinsbratwürstchen	185	11	15	1	15	80	10	720	160	1,4	0,6	0	0,3	0,1	2,2	0,2	0,4	7	s
Nudeln																			
Spaghetti	190	6,5	0,7	40	15	85	25	1	105	0,6	0,7	0	0,03	0,03	0,5	0,03	0,2	5	0
Spaghetti Bolognese (200 g)	330	18,5	11.5	40	125	235	40	1 010	665	3,5	3,7	300	0,2	0,3	4	0,4	0,5	15	20
Gemüse und Hülsenfrüchte																			
Bohnen mit Schweinefleisch	160	8	3.5	25	70	115	35	590	270	1	2,3	15	0,1	0,04	0,8	0,4	0,1	30	3
Brokkoli (100 g)	25	2.4	0.2	4	45	45	14	2	190	0,2	0,7	170	0,04	0,09	0,4	0,11	0,2	50	50
Erbsen (85 g)	65	4	0,4	11	20	70	20	80	120	0,6	1,2	55	0,2	0,1	0,1	0,1	n	70	8
1 große Folienkartoffel	140	4	0,2	35	15	100	45	5	780	0	0	30	1	10	s	0	20	0	2
Reis (125 g)	150	3	0,1	35	15	85	10	515	40	0,5	1,2	0	0,2	0,01	1,4	0,05	0,3	12	0
Mangold (70 g)	15	1,5	0,2	2	55	20	45	60	230	n	1,3	390	0,03	0,08	0,3	n	0,1	n	0
Versch. Lebensmittel																			
Butter	35	s	4	s	1	1	s	40	1	s	s	40	s	s	s	0	0	0	0
Margarine 5 ml	35	s	4	s	1	1	s	50	1	0,01	0	5	0	0	0	0	0	0	0
2 Rühreier	190	12	14	3	95	195	15	310	170	1,4	1,9	160	0,07	0,3	0,1	0,1	1,8	50	s
Mayonnaise 15 ml	100	0,2	11	0,3	3	4	s	80	5	0,02	0,1	10	s	0,01	s	n	0,02	0	0
Erdnussbutter 15 ml	95	4	8	3	10	60	25	95	100	0.4	0,3	0	0,02	0,02	2,4	0,05	0,3	3	0
Tofu 100 g	85	9,5	5	3	155	150	130	10	50	n	2,3	0	0,07	0,04	0,1	n	n	n	0

Schluss mit dem Übergewicht

Viele Deutsche sind übergewichtig, die meisten, weil sie sich viel zu fettreich ernähren und zu wenig bewegen. Da Übergewicht die Gesundheit in vielerlei Hinsicht stark beeinträchtigt, ist es wichtig, die überflüssigen Pfunde wieder abzuspecken.

Hätten Sie's gewusst?

Männer, die mehr als drei Stunden pro Tag fernsehen, sind zweimal so oft übergewichtig wie Männer, die nur eine Stunde fernsehen.

Gewichtskontrolle

Erhebliches Übergewicht schadet Ihrer Gesundheit. Wer sein Idealgewicht nur um einige Pfunde überschreitet, muss sich keine großen Sorgen machen. Wer aber wirklich fettleibig ist, hat ein erhebliches Risiko, schwer zu erkranken. Gefährdet sind also Personen, die ihr Idealgewicht um 20 Prozent überschrei-ten oder deren Körperfettanteil mehr als 25 Prozent des Körpergewichts ausmacht. Wenn Sie dazu gehören, bedenken Sie folgendes:

- Die Gefahr von Bluthochdruck ist doppelt so groß wie bei normalem Gewicht und sogar sechs Mal höher, wenn Sie unter 45 Jahre alt sind
- Bei Übergewicht ist der Cholesterinspiegel zu hoch, was Arteriosklerose verursachen kann
- Ihr Schlaganfallrisiko ist sehr groß
- Erhöhtes Risiko von Herzerkrankungen sowie Herzinfarkt
- Größeres Risiko von Darm- und Prostatakrebs
- Gefahr von Altersdiabetes
- Schlafstörungen, Erkrankungen der Gallenblase, Osteoporose, Sexualprobleme

Übergewichtige Männer haben also eine geringere Lebenserwartung.

Akzeptieren Sie Ihren Körper

Sie wollen einen perfekten Körper haben? Wenn Sie das veranlasst, Sport zu treiben und sich gesund zu ernähren, ist das gut. Aber das Streben nach perfektem Aussehen birgt auch Gefahren. Die Zahl der Männer, die mit Ihrem Aussehen unzufrieden sind, steigt stetig. Beim Anblick all der gestählten Schauspieler und Sportler fühlen sich die meisten von uns dick und unansehnlich.

Akzeptieren Sie sich so, wie Sie sind. Wer von Natur aus etwas kräftiger gebaut ist, wird nie ein Leichtgewicht werden. Eifern SIe nicht einem von den Medien geschaffenen Ideal nach. Jeder Mensch hat seine Vorzüge. Nehmen Sie sich so an, wie Sie sind.

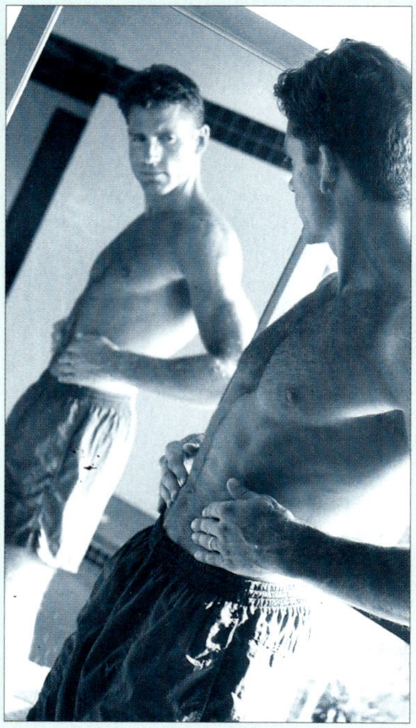

► *Der von den Medien propagierte Typ des „perfekten" Mannes löst bei vielen von uns Selbstzweifel aus.*

Psychischer Aspekt

Übergewicht zieht auch psychische Probleme nach sich, etwa Angst vor Krankheiten, Schamgefühle und mangelndes Selbstbewußtsein.

Nicht nur Frauen leiden darunter, nicht so auszusehen wie ein Supermodel. Auch viele Männer geben inzwischen ein Vermögen für sinnlose Diäten aus, die eine millionenschwere Industrie noch reicher machen.

Haben Sie Übergewicht?

Viele Männer sind tatsächlich zu dick, aber trifft das auch auf Sie zu? Wissenschaftliche Studien haben ergeben, dass etwa ein Drittel aller Männer übergewichtig sind, aber eine größere Zahl ist der Meinung, zu dick zu sein.

Warum ist das so? Das liegt an unserem westlichen Schönheitsideal: Nur wer dünn ist, sieht gut aus. In anderen Ländern amüsiert man sich über unseren Schlankheitswahn. Natürlich heißt das nicht, dass Übergewicht im Auge des Betrachters liegt, aber dass die Bandbreite eines gesunden Körpergewichts viel größer ist, als die Medien uns glauben machen wollen.

Bleiben Sie also auf dem Teppich, pflegen Sie eine gesunde Einstellung zu Ihrem Körper und quälen Sie sich nicht mit Selbstvorwürfen.

Schätzen Sie Ihr Gewicht realistisch ein. Bestimmen Sie zunächst mit Hilfe folgender Methode Ihr Idealgewicht.

Zudem ist es von Bedeutung, welchen Anteil Muskeln und welchen Anteil Fettgewebe an Ihrem Körpergewicht haben. Wer sich regelmäßig sportlich betätigt, hat einen sehr hohen Anteil an Muskelgewebe, das mehr wiegt als Fettgewebe.

Vergleicht man einen unsportlichen Mann mit einem, der regelmäßig Sport treibt, haben beide vielleicht das gleiche Körpergewicht. Trotzdem ist der eine rundlich und kränklich, der andere aber schlank und fit. Das Fettgewebe darf nicht mehr als 15 bis 20 Prozent des Körpergewichts ausmachen. Wie Sie man diesen Anteil berechnet, erfahren Sie im Kapitel „Wie groß ist der Anteil des Fettgewebes an Ihrem Körpergewicht?“ auf Seite 62.

Ein weiterer wichtiger Faktor ist das Alter. Ab dem Alter von 30 Jahren verlangsamt sich der Stoffwechsel, woraufhin man jährlich 500 bis 700 Gramm zunimmt, es sei denn, man reduziert die Kalorienzahl und treibt mehr Sport.

Ernährungswissenschaftler sind sich jedoch nicht einig, ob die altersbedingte Gewichtszunahme ein Gesundheitsrisiko darstellt oder nicht.

Das bedeutet aber nicht, dass man sich über seine Gewichtszunahme keine Gedanken machen muss. Sonst platzt man bald aus allen Nähten.

Wie entsteht Übergewicht?

Viele Faktoren spielen beim Entstehen von Übergewicht eine Rolle. Es sind erbliche Veranlagung, falsche Er-

Machen Sie den Zwick-Test

Für den folgenden Test sollen Sie sich zwicken. Lachen Sie nicht, so finden Sie heraus, ob Sie zu dick sind.

Fettgewebe, das sich um die Hüften und am Gesäß bildet, ist weniger gefährlich als der berühmte „Rettungsring“ am Bauch. Warum das so ist, ist wissenschaftlich noch nicht eindeutig geklärt.Besonders bedenklich ist das Fettgewebe, das sich in der Bauchhöhle bildet, das so genannte Eingeweidefett. Wer also einen dicken, harten Bauch hat, das Fett aber nicht zwischen zwei Fingern greifen kann, sollte zum Arzt gehen.

Das Unterhautfettgewebe kann man greifen. Diese Pölsterchen sind zwar nicht schön, aber nicht so gefährlich.

Bestimmen Sie Ihr Idealgewicht

Als Über- und Untergewicht bezeichnet man ein Körpergewicht, das zehn bis 20 Prozent über bzw. unter dem Idealgewicht liegt. Es gibt zwei Möglichkeiten, sein Idealgewicht zu berechnen.

Das Idealgewicht hängt vom Körperbau ab. Messen Sie also den Umfang Ihres Handgelenks mit einem Maßband. Dieser beträgt bei schmal gebauten Männern weniger als 15,5 cm, bei Männern von mittlerer Statur zwischen 15,5 und 17,5 cm und bei kräftig gebauten Männern mehr als 17,5 cm. Die unten stehende Tabelle hilft Ihnen, anhand dieser Zahl zu ermitteln, ob Sie Ihr Idealgewicht halten oder doch zu schwer sind.

Ein anderes Maß für die Ermittlung von Unter-, Ideal- und Übergewicht ist der so genannte Body Mass Index (BMI). Er errechnet sich, indem man das Körpergewicht in Kilogramm durch die Körpergröße in Metern zum Quadrat dividiert. Der Quotient sollte zwischen 19 und 30 liegen.

Ein Beispiel:

Stefan wiegt 85 kg und ist 1,72 cm groß. Teilen Sie 85 durch das Quadrat von 1,72 (2,95). Das Ergebnis ist 28,81. Der optimale BMI-Wert des Idealgewichts liegt zwischen 20 und 25. Ein BMI über 25 bedeutet Übergewicht, ein BMI unter 20 bedeutet Untergewicht. Also ist Stefan leicht übergewichtig.

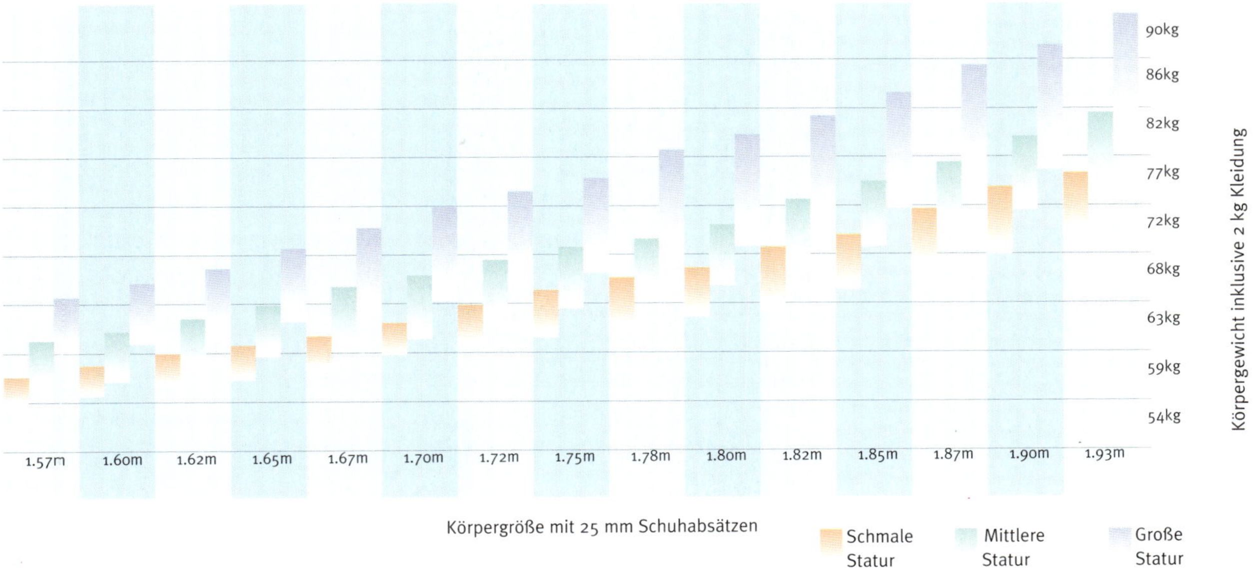

Quelle: Metropolitian Life Insurance Company

Wie groß ist der Anteil des Fettgewebes an Ihrem Körpergewicht?

Der männliche Körper besteht zu etwa 60 Prozent aus Wasser. 5 bis 6,5 Prozent sind Mineralstoffe, der Rest sind Fett und Proteine. Ein Fettgewebeanteil am Körpergewicht von 15 bis 20 Prozent ist normal. Sportler haben einen Fettgewebeanteil von 7 Prozent, der Rest ist proteinreiches Muskelgewebe.

Berechnen Sie Ihren Körperfettanteil mit Hilfe des Diagrammes. Ziehen Sie zwischen Ihrem Körper-gewicht auf der linken Seite und Ihrem Taillenumfang auf der rechten Seite eine Linie. Ihren Körperfettanteil ersehen Sie aus der Skala in der Mitte, dort wo die Linie diese kreuzt.

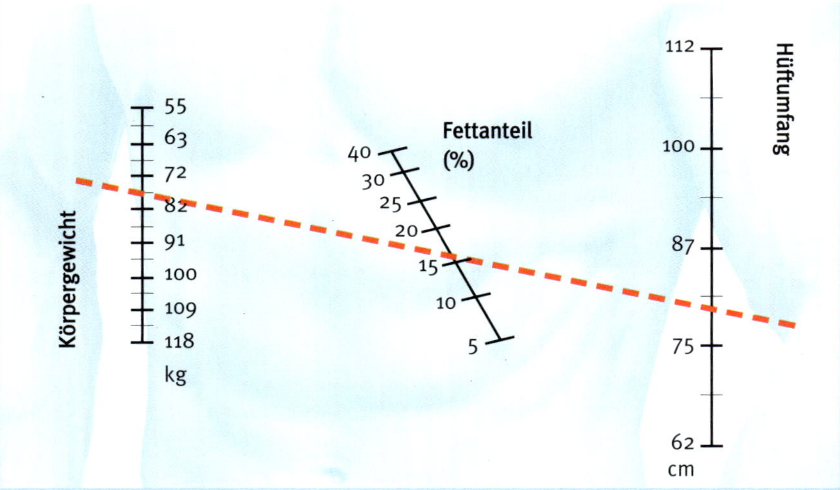

nährungsgewohnheiten, zu wenig körperliche Betätigung und eine übermäßig fettreiche Ernährung. Bei den meisten übergewichtigen Personen trifft nicht nur einer, sondern alle Faktoren zu.

Erbliche Veranlagung

Man kann die Gene nicht für alles verantwortlich machen, aber für das Entstehen von Übergewicht spielen sie eine wichtige Rolle.

Die Wissenschaft geht davon aus, dass zumindest die obere und untere Grenze des Körpergewichts sowie der Körperfettanteil genetisch festgelegt sind.

Das würde bedeuten, dass der Körper auf einen bestimmten Anteil von Fettgewebe programmiert ist. Aus diesem Grund haben Diäten selten dauerhaften Erfolg.

Das Normalgewicht einer Person kann also für eine andere Person Über- oder Untergewicht sein. Das klingt plausibel, schließlich sind auch Körpergröße, Haarfarbe und Statur erblich bedingt.

Wer also die Erbanlagen eines kräftigen Körperbaus, eines langsamen Stoffwechsels und eines hohen Körperfettanteils hat, muss sich ganz schön anstrengen, um sein Idealgewicht zu halten.

Falsche Ernährung

Viele von uns essen viel mehr, als sie eigentlich bräuchten, um den Organismus funktionsfähig zu halten. Alle überflüssigen Kalorien werden als Fett im Gewebe eingelagert. Die sichtbaren Pölsterchen wachsen stetig.

Zudem nehmen die meisten Männer 35 bis 40 Prozent ihrer täglichen Kalorien in Form von Fett auf, ob-wohl es nur 25 bis 30 Prozent sein sollten. Fett macht viel schneller dick als alle anderen Nährstoffe. Ein Gramm Proteine und Kohlenhydrate enthalten nur vier Kalorien, ein Gramm Fett dagegen neun Gramm. Das bedeutet, dass man mit der doppelten Menge von Kohlenhydraten und Proteinen weniger Kalorien zu sich nimmt als mit Fetten.

Dazu kommt noch, dass fettreiche Nahrung schneller in Fettzellen umgewandelt wird als Kohlenhydrate und Proteine.

Bewegungsmangel

Wir alle wissen, dass es überaus wichtig ist, Sport zu treiben. Dennoch halten sich viele von uns nicht an diesen Grundsatz.

Nur sehr wenige Männer betätigen sich regelmäßig sportlich, die meisten überhaupt nicht. Wer nicht für einen körperlichen Ausgleich sorgt, wird zwangsläufig dick.

Wer den ganzen Tag im Sitzen arbeitet, mittags eine reichhaltige Mahlzeit in der Kantine oder einen Hamburger mit Pommes isst, abends einige Bierchen trinkt und noch einige Stunden vor dem Fernseher verbringt, braucht sich über seine Fettpölsterchen nicht zu wundern.

Die Devise kann einzig und allein lauten: „Bewegung, Bewegung und nochmals Bewegung“. Nur wer Sport treibt und sich fettarm ernährt, nimmt auch dauerhaft ab.

Der Fluch der Gene

Natürlich spielen die Gene beim Körpergewicht eine gewisse Rolle, aber es liegt allein an uns, zu entscheiden, was wir essen und wie viel Sport wir treiben. Damit haben die Gene nun wirklich nichts zu tun. Die erbliche Anlage allein macht uns nicht dick. Viel entscheidender sind unsere Ernährungsgewohnheiten und unsere Lebensweise.

Wenn Sie die Erbanlage für Übergewicht haben, müssen Sie sich ballaststoffreich und fettarm ernähren. Das füllt den Magen und macht nicht dick. Sie müssen einfach etwas disziplinierter sein als die anderen.

Vorsicht Fett!

Der Duft von gebratenem Fleisch, der Geschmack von Butter auf ofenfrischem Brot oder zart schmelzender Eiskrem – natürlich ist fettreiches Essen sehr verlockend. Doch wir essen viel zu viel davon. Um unserer Gesundheit willen müssen wir lernen zu verzichten.

Welchen Zweck erfüllt Fett?

Unser Organismus braucht Fett für funktionsfähige Zellmembranen und Blutgefäße sowie für gesunde Haut und Haare. Fett ist bei der Hormonproduktion unverzichtbar. Fettpolster schützen und isolieren den Körper.

Zudem liefert Fett konzentrierte Energie. Nur ein Gramm enthält neun Kalorien, während die gleiche Menge Proteine und Kohlenhydrate nur vier Kalorien liefern.

Sein hoher Energiegehalt macht Fett zur optimalen Energiereserve. Isst man mehr, als der Organismus im Augenblick in Form von Energie für den Aufbau oder die Reparatur der Zellen verwerten kann, werden alle überschüssigen Proteine und Kohlenhydrate in Fett umgewandelt und eingelagert. Dazu kommt noch das überschüssige Fett.

Alle Fettreserven werden in Milliarden von Fettzellen eingelagert. Auch wenn der Organismus die Fettreserven verwertet, verschwinden die Fettzellen nicht. Wird Fett eingelagert, vergrößert sich jede einzelne Zelle um ein tausendfaches – und damit wird man dicker.

Erhält der Organismus weniger Nahrung als er braucht, greift er auf diese Reserven zurück. In der Vergangenheit war dieser Mechanismus überlebenswichtig – etwa in lang anhaltenden Hungersnöten. In der Wohlstandsgesellschaft hat er nur negative Auswirkungen.

Gute Fette, schlechte Fette

Es gibt vier verschiedene Arten von Fettsäuren. Alle Fette sind sehr kalorienreich und machen daher dick, doch sind einige gesünder als andere.

Einfach ungesättigte Fettsäuren
Diese finden sich in pflanzlichen Ölen, etwa in Olivenöl und Erdnussöl. Sie heben den Cholesterinspiegel nicht so stark an wie die gesättigten Fettsäuren und hemmen nicht die Synthese des „guten“ HDL-Cholesterins.

Mehrfach ungesättigte Fettsäuren
Diese finden sich in pflanzlichen Ölen wie Sonnenblumenöl und Maiskeimöl. Obwohl auch sie den Cholesterinspiegel nicht so stark erhöhen wie die gesättigten Fettsäuren, vermindern sie den HDL-Spiegel. Verwenden Sie solche Fette sparsam.

Gesättigte Fettsäuren
Sie sind in allen tierischen Produkten zu finden, unter anderem in Fleisch und Milchprodukten. Sie erhöhen das Risiko von Herzerkrankungen, da sie in der Leber in das schädliche LDL-Cholesterin umgewandelt werden, das sich in den Blutgefäßen ablagert. Man vermutet, dass gesättigte Fettsäuren Darmkrebs und Prostatakrebs begünstigen. Auch die Pflanzenöle Kokosöl, Palmöl und Palmkernöl sind reich an gesättigten Fettsäuren.

Gehärtete Fette
Diese Fette sind chemisch gehärtet. Sie finden sich in manchen Margarinesorten und pflanzlichen Streichfetten. Sie hemmen das HDL-Cholesterin und verursachen Arteriosklerose. Sie sind so schädlich wie gesättigte Fettsäuren.

Hätten Sie's gewusst?

Fetthaltige Lebensmittel schmecken so gut, weil die meisten Geschmacksstoffe fettlöslich sind. Selbst fettarme Nahrungsmittel verdanken ihren Geschmack ihrem wenn auch geringen Fettgehalt. Fettreiche Speisen machen uns angenehm satt. Die Verdauung von fettem Essen dauert sehr lange und macht uns faul und zufrieden.

Wir essen zu viel Fett

Da Fett mehr als doppelt so viele Kalorien enthält als gleiche Mengen von Proteinen und Kohlenhydraten, macht fettreiche Kost viel schneller dick. Proteine und Kohlenhydrate verwertet der Organismus sofort, Fett dagegen lagert er für die Zukunft ein.

Offizielle Richtlinien besagen, dass ein Mann nicht mehr als 30 Prozent der täglichen Kalorien aus Fett zu sich nehmen sollte. Immer mehr Ernährungsexperten sagen, dass es auf keinen Fall mehr als 25 Prozent sein sollten.

Wir essen die falschen Fette

Wir essen nicht nur zu viel Fett, wir essen auch die falschen Fette. Butter, Käse, Pommes Frites und rotes Fleisch haben einen hohen Anteil an gesättigten Fettsäuren, die zu einem erhöhten Cholesterinspiegel und Arteriosklerose führen.

In den meisten westlichen Industrieländern hat die Hälfte der Bevölkerung einen zu hohen Cholesterinspiegel. Erhöhte Cholesterinwerte sind eine der Hauptursachen von Herzerkrankungen.

So werden Sie wieder schlank

Wer möchte nicht rank und schlank werden, ohne sich um Diäten, die neuesten Erkenntnisse der Wissenschaft in punkto Abnehmen und das lästige Kalorienzählen zu kümmern? Kein Problem, es ist ganz einfach, gesund und dauerhaft abzunehmen.

Warum Nulldiäten nicht helfen

Wer kennt nicht die Wunderdiäten, die mit Versprechen wie „Nehmen Sie 14 kg in zwei Wochen ab!" werben? Das klingt für jeden Übergewichtigen verlockend, funktioniert aber nicht.

Zwar nehmen viele Leute durch eine Nulldiät in kürzester Zeit erstaunlich viel ab, doch haben Studien belegt, dass etwa 90 Prozent von ihnen danach wieder genauso viel zunehmen. Vereinfacht gesagt verlangsamt sich der Stoffwechsel während einer Nulldiät, um nicht alle Fettreserven zu verbrauchen. Isst man nach der Hungerkur wieder normal, arbeitet der Stoffwechsel immer noch langsam, so dass er die Kalorien vorerst nicht verbraucht, sondern als Fett einlagert.

Nulldiäten nehmen dem Übergewichtigen auch die Freude am Essen. Wer hat schon Lust, sich ausschließlich von Äpfeln, Möhren und trockenem Reis zu ernähren. Essen soll Spaß machen und auch eine gesunde Ernährung soll abwechslungsreich und nicht langweilig sein.

Wer dauerhaft abnehmen will, sollte weniger Kalorien aufnehmen als er verbraucht, sein Gewicht schrittweise reduzieren und seine Lebensgewohnheiten umstellen.

Fettarme Ernährung

Wer sein Idealgewicht halten will, muss sich sein Leben lang bewusst ernähren und regelmäßig Sport treiben.

- Essen Sie zu Hause kleinere Portionen, benutzen Sie einen kleineren Teller.
- Machen Sie sich nicht verrückt. Reduzieren Sie die Fettaufnahme nicht radikal, seien Sie nicht zu streng mit sich. Gönnen Sie sich z. B. einmal wöchentlich ein Schälchen Eis.
- Nehmen Sie Ihr eigenes Mittagessen mit zur Arbeit, z. B. Obst und ein Brötchen mit magerer Hühnerbrust.
- Essen Sie abends keine fettreichen Speisen. Am Abend arbeitet der Stoffwechsel 20 bis 40 Prozent langsamer und Sie können die Kalorien nicht mehr verbrennen.

Wie man sich fettarm ernährt

Die meisten Männer beziehen 35 bis 40 Prozent der täglich aufgenommenen Kalorien über Fett. Das erhöht das Risiko von Herzerkrankungen und macht dick. Reduzieren Sie den Anteil von Fett an der Kalorienaufnahme auf 20 bis 25 Prozent. Beachten Sie diese Tipps, dann geht das ganz einfach:

- Essen Sie wenig rotes Fleisch und nur ganz magere, kleine Stücke. Bevorzugen Sie Fisch und Geflügel (das weiße Fleisch ohne Haut).
- Entscheiden Sie sich für fettarme Milchprodukte. Verzichten Sie auf Butter, saure Sahne und Eiskrem. Essen Sie nur fettarmen Käse.
- Bereiten Sie Salat statt mit Öl mit Zitronensaft oder Balsamico-Essig zu.
- Verwenden Sie Öl und Butter äußerst sparsam.
- Verzichten Sie auf Gebratenes und Frittiertes. Kochen, backen, dünsten oder grillen Sie Ihre Speisen.
- Bereiten Sie Gemüse in Brühe oder Wasser zu. Braten Sie es nicht in Öl oder Butter an.
- Essen Sie keinen Tunfisch, der in Öl eingelegt ist. Wählen Sie Tunfisch, der im eigenen Saft konserviert wurde.
- Verzichten Sie auf fettreiche Desserts und Kuchen, z. B. Käsekuchen.
- Achten Sie beim Einkauf auf den Fettgehalt der Nahrungsmittel und lassen Sie fetthaltige Produkte im Regal liegen.

Natürlich ist es erlaubt, sich hin und wieder etwas Käse oder Eis gönnen. Essen Sie einfach bei der nächsten Mahlzeit etwas weniger.

Dauerhaft abnehmen

Wer sein Idealgewicht sein Leben lang halten möchte, muss seine Lebensgewohnheiten danach ausrichten. Natürlich ist es möglich, in kurzer Zeit stark abzunehmen. Es mag sogar ein tolles Gefühl sein, das zu schaffen. Aber was passiert dann? Die meisten Männer kehren bald nach einer Diät zu ihren alten Essgewohnheiten und der alten Trägheit zurück. Wer dauerhaften Erfolg beim Abnehmen haben will, muss sein Gewicht langsam reduzieren und seine Gewohnheiten dauerhaft umstellen.

Lebensgewohnheiten ändern

Fettreiches Essen und wenig Bewegung verursachen Übergewicht. Wer dauerhaft abnehmen will, muss daran etwas ändern. Achten Sie also auf eine fettarme Ernährung und sportlichen Ausgleich. Das ist nicht nur während des Abnehmens wichtig, an diese Grundsätze muss man sich immer halten.

Das bedeutet nicht, dass Sie Ihr ganzes Leben umkrempeln müssen, meist genügen kleine Änderungen des täglichen Speise- und Fitnessplans.

Essgewohnheiten ändern

Wollen Sie Ihre Essgewohnheiten wirklich ändern? Dann ernähren Sie sich gesund und abwechslungsreich. Bevorzugen Sie wohlschmeckende, vollwertige Lebensmittel, die Lust aufs Essen machen. Verzichten Sie ein für alle Mal auf fettes Junk Food, Fertiggerichte und Süßigkeiten. Kaufen Sie statt dessen frisches Obst und Gemüse, Hülsenfrüchte, Vollkornprodukte und Müsli.

Diese Nahrungsmittel enthalten komplexe Kohlenhydrate, zahlreiche Vitamine und Mineralstoffe und helfen bei der Fettverbrennung. Der Organismus muss nämlich „hart arbeiten", um sie zu verdauen. Um 100 Kalorien aus Kohlenhydraten zu gewinnen, verbraucht der Körper 23 Kalorien. Die Umwandlung der gleichen Kalorienmenge aus Fetten verbraucht nur drei Kalorien.

Komplexe Kohlenhydrate sind außerdem reich an Ballaststoffen. Gemüse, Obst, Vollkornprodukte und Hülsenfrüchte sind nicht nur kalorien- und fettarm, sie machen auch schneller satt. Zudem muss man sie länger kauen, so dass man insgesamt gesehen weniger isst.

Nehmen Sie also mehr komplexe Kohlenhydrate auf, das ist gar nicht schwierig:

- Essen Sie mehr Hülsenfrüchte, etwa Linsen, Kidneybohnen, Feuerbohnen oder Grüne Bohnen.
- Essen Sie mehr Salat und gekochtes Gemüse
- Vollkornprodukte sind gesünder als Backwaren aus Weißmehl.

Fettarm statt fettreich

Natürlich fällt es oft schwer, den köstlichen Dickmachern zu widerstehen. Darauf zu verzichten heißt nicht, dass die Mahlzeiten fad schmecken müssen. Entscheiden Sie sich, wenn möglich, immer für die fettarme Variante des Essens.

Vollmilchprodukte, auch Joghurt und vollfetter Käse	Fettarme Milch, fettarmer Joghurt, Hüttenkäse, fettarmer Käse
Saure Sahne	Fettarmer Joghurt
Eiskrem	Sorbet
Hackfleisch	Gehacktes Geflügelfleisch (Huhn oder Pute)
Fischkonserven in Öl	Fischkonserven im eigenen Saft
Mayonnaise	Fettfreie Mayonnaise
Salatsaucen mit Öl	Salatsaucen ohne Öl
Cremesuppen	Suppen aus Brühe
Schokoladenkekse	Müsliriegel
Schmalzgebäck	Brötchen mit Marmelade
Kartoffelchips	Salzstangen, trockenes Popcorn
Geröstete Erdnüsse	Rosinen, getrocknete Aprikosen

Wieviel Kalorien Sie einsparen

Sie sind noch immer nicht von den Vorteilen einer fettarmen Ernährung überzeugt? Studieren Sie die folgende Tabelle, die den Kalorien- und Fettgehalt verschiedener Snacks vergleicht. Die Unterschiede sind nicht von der Hand zu weisen.

Kalorien	Snack	Fettgehalt
840	Geröstete Erdnüsse (eine kleine Handvoll)	71g
435	Rosinen (8 g)	1g
350	Vanille-Eiscreme (große Kugel)	24g
173	Gefrorener Vanillejoghurt(1 Becher)	1g
210	Chips (20 Stück)	14g
108	Trockenes Popcorn (25 g)	1g
289	Schmalzgebäck	16g
204	Brötchen mit Marmelade	2g

Wieviel Fett ist erlaubt?

Ernährungsexperten sind sich nicht ganz einig, welchen Anteil Fette an der täglich aufgenommenen Kalorienmenge haben sollen. Einige empfehlen maximal 35 Prozent, andere maximal 30 Prozent. Wer viel Obst und Gemüse sowie komplexe Kohlenhydrate (Reis, Nudeln, Müsli) zu sich nimmt und auf eine fettarme Ernährung achtet, bleibt problemlos unter diesen beiden Limits.

Notieren Sie sich, wie viel Fett Sie täglich zu sich nehmen. Achten Sie bei verpackten Lebensmitteln auf die Etiketten mit den Nährwertangaben.

Den Nährstoff- und Kaloriengehalt von frischen Nahrungsmitteln ersehen Sie aus den Tabellen auf den Seiten 58–59.

Bestimmte Fettsäuren sind hochwertiger als andere, so ist Olivenöl gesünder als Margarine. Der Kaloriengehalt sämtlicher Fette ist aber annähernd gleich. Wer Olivenöl statt Butter verwendet, aber davon doppelt so viel, tut sich keinen Gefallen. Nehmen Sie nicht mehr als 35 Prozent Ihrer täglichen Kalorien über Fette auf und bevorzugen Sie wenn möglich einfach ungesättigte Fettsäuren.

- Essen Sie gekochte oder gebackene Kartoffeln, verzichten Sie auf Pommes frites und Bratkartoffeln.
- Essen Sie Vollkornprodukte und Müslis, z. B. aus Haferflocken.

Natürlich ist es nicht damit getan, mehr Kohlenhydrate zu sich zu nehmen. Verzichten Sie auf die Dickmacher und essen Sie fettarm.

Schluss mit dem Fett

Nur wer wenig Fett isst und sich viel bewegt, nimmt wirklich dauerhaft ab. Beim Abnehmen sollte man maximal 20 bis 25 Prozent der täglichen Kalorienmenge aus Fetten zu sich nehmen.

Halten Sie sich an die Vorgaben der „Ernährungspyramide“ (Seite 55). Am wichtigsten ist es aber, weitgehend auf Fette, Öle und Süßes zu verzichten.

Essen Sie rotes Fleisch nur in Maßen, und wenn dann nur magere Stücke. Bevorzugen Sie statt dessen Fisch und Geflügel.

Ein leichtes Dessert

Wer nach dem Essen gerne etwas Süßes isst, sollte ein leichtes, fettarmes Dessert wählen. Essen Sie Obst, z. B. einen Apfel – der enthält kein Fett und kaum Kalorien. Oder putzen Sie sich gleich nach dem Essen die Zähne. Der frische Geschmack im Mund reduziert das Verlangen nach einer Süßigkeit.

Alkohol und Übergewicht

Kleine Mengen von Alkohol stärken vielleicht das Herz, sie erschweren jedoch das Abnehmen. Wer einen Monat lang täglich zwei Gläser Bier trinkt (je 350 ml), nimmt eine Kalorienmenge auf, die der von 65 Steaks entspricht! Diese Menge muss jeden Diätversuch zunichte machen!

Der Organismus kann Alkohol nicht speichern, er muss ihn also sofort verbrennen. In dieser Zeit wird demnach kein Fett verbrannt.

Zudem regt Alkohol den Appetit an, den man meist mit fetthaltigen Speisen anstatt mit Salat und Gemüse stillt. Wer wirklich abnehmen will, muss auch auf Alkohol verzichten, sonst wird er die überflüssigen Fettpölsterchen niemal los.

Sport treiben

Die meisten Diäten bleiben auf Dauer erfolglos, weil sich der Übergewichtige auf seine Ernährung konzentriert und die ebenso wichtige sportliche Betätigung außer Acht lässt. Denken Sie also an den sportlichen Ausgleich, wenn die Pfunde purzeln sollen!

Ausdauersportarten, die einen Großteil der Muskeln dauerhaft beanspruchen, sind ideal zum Abnehmen. So regen Sie den Stoffwechsel an, und das nicht nur während des Trainings, sondern noch für Stunden danach.

Joggen, Schwimmen, Rad fahren, Ski fahren und andere bewegungsintensive Sportarten wie Fußball oder Tennis bringen den Kreislauf in Schwung und regen den Fettstoffwechsel an. Es empfiehlt sich, drei bis viermal wöchentlich je 30 Minuten zu trainieren.

Um sich den nötigen körperlichen Ausgleich zu verschaffen, muss man nicht unbedingt einem Fitnessclub beitreten oder teure Ausrüstung kaufen.

Beachten Sie die Nährwertangaben

Die Nährwertangaben auf vielen Verpackungen informieren oft sehr genau über die darin enthaltenen Nährstoffe und Kalorien. Hier finden Sie beispielsweise Angaben über den Fettgehalt, den Anteil an gesättigten Fettsäuren oder die Kalorienmenge pro 100 g. Zudem gibt es inzwischen zahlreiche Produkte, die bestimmte Diäten unterstützen. Diese tragen dann z. B. die Bezeichnung „fettarm“, „reduzierter Zuckergehalt“, „salzarm“, „glutenfrei“ oder „für Vegetarier geeignet“. Bedenken Sie, dass nicht alle so genannten „Light“Produkte wirklich fettarm sind. Je nach Hersteller unterscheidet sich der Fettgehalt dieser Lebensmittel oft gewaltig.
Kontrollieren Sie also auch bei solchen Produkten die Angaben zu Kalorien, Fettgehalt und Zuckeranteil sehr genau. Vergleichen Sie verschiedene Produkte und entscheiden Sie sich für das, das am wenigsten Fett, Kalorien und Zucker enthält. Lernen Sie, die Nährwertinformationen richtig zu interpretieren, das ist im Sinne einer gesunden Ernährung sehr wichtig.

Langsam essen und genießen

Je schneller man seine Mahlzeiten hinunterschlingt, desto mehr kann man essen. Die Rückmeldung des Körpers, genügend Nahrung erhalten zu haben, kommt mit 20 Minuten Verzögerung. Wer hastig isst, hat schon zu viel zu sich genommen, wenn der Körper meldet, dass es genug ist. Folgende Tipps helfen Ihnen, um langsamer zu essen:

- Setzen Sie sich zum Essen hin, sorgen Sie für eine ruhige Atmosphäre.
- Entspannen Sie sich vor der Mahlzeit. Schließen Sie die Augen und atmen Sie einige Male tief ein und aus.
- Setzen Sie die Gabel nach jedem Bisssen ab. Kauen Sie gründlich. Schlucken Sie jeden Bissen, bevor Sie den nächsten auf die Gabel nehmen.
- Nehmen Sie sich Zeit für das Essen und genießen Sie die Speisen ganz bewusst.

Man muss sich einfach nur mehr bewegen. Machen Sie etwas Gartenarbeit oder gehen Sie täglich eine halbe Stunde spazieren. Parken Sie Ihr Auto einen Kilometer von der Arbeit entfernt und gehen Sie den Rest zu Fuß. Oder fahren Sie mit dem Rad zur Arbeit und erledigen Sie auch den Einkauf mit dem Fahrrad oder zu Fuß. So erzielen Sie mit wenig Aufwand schon eine große Wirkung.

Die Muskeln sind wichtig

Zusätzlich zur Kondition müssen Sie auch Ihre Muskeln trainieren. Ab dem 30. Lebensjahr baut der Organismus jährlich etwa 500 g Muskelmasse ab und legt die gleiche Menge an Fettgewebe zu – wenn man nichts dagegen unternimmt.

Um den Fettansatz zu verhindern, müssen die Körperzellen 24 Stunden täglich Kalorien verbrennen. Muskelzellen verbrauchen viel mehr Kalorien als Fettzellen.

Jede zusätzliche 500 g-Einheit von Muskelgewebe verbraucht täglich 30 bis 50 zusätzliche Kalorien, auch im Schlaf.

Man muss kein Bodybuilding betreiben, um seine Muskeln effektiv zu trainieren. Ganz normale Haus- und Gartenarbeiten, wie Laub rechen oder Boden wischen, genügen schon, um sich etwas zu bewegen und die Muskeln auf Trab zu bringen.
Ebenso wirkungsvoll ist es, täglich einige Minuten Krafttraining zu machen oder zwei Mal wöchentlich mit zwei Hanteln, die je zwei Kilo wiegen, zu trainieren.

Wenn man seinen Kalorienverbrauch ankurbelt und seine Kalorienaufnahme entsprechend reduziert, nimmt man tatsächlich ab – und das ist wirklich nicht schwer.

An diese Richtlinien sollte man sich dann stets halten. Ändern Sie also Ihre Lebensgewohnheiten – fahren Sie mit dem Rad zur Arbeit oder gehen Sie zu Fuß, lassen Sie das Auto öfter mal stehen.

Essen Sie fettarme Milchprodukte statt vollfetten Käse und Sahnejoghurt. Essen Sie häufiger Fisch statt Fleisch.

Meist genügt es schon, weniger Fett zu essen und etwas Sport zu treiben, dann wird die Waage bald weniger Kilos anzeigen.

Ein solcher Lebensstil hat nichts mit Askese und Verzicht zu tun. Man gewinnt viel an Lebensfreude und Lebensqualität, wenn man auf sein Gewicht achtet und etwas Sport betreibt.

Erledigen Sie nicht alles im Sitzen!

Sie haben Übergewicht? Sie verbringen die meiste Zeit des Tages im Sitzen? Wenige Minuten Bewegung mehrmals täglich helfen beim Abnehmen.

Zu Hause
- Kicken Sie einen Fußball umher oder spielen Sie Badminton im Garten.
- Strampeln Sie beim Fernsehen oder Telefonieren auf einem Heimtrainer.
- Gehen Sie beim Telefonieren umher.
- Machen Sie sich im Garten nützlich: Rechen Sie das Laub zusammen, graben Sie die Beete um, fegen Sie den Fußweg oder die Garageneinfahrt.

Am Arbeitsplatz
- Gehen Sie fünf Minuten spazieren, bevor Sie zu Mittag essen.
- Nutzen Sie die Mittagspause ganz oder teilweise für einen Spaziergang.
- Benutzen Sie die Treppen anstelle des Fahrstuhls.

Beim Einkaufen
- Parken Sie weit vom Geschäft weg.
- Benutzen Sie die Treppen anstatt der Rolltreppen.

► *Essen Sie nicht am Schreibtisch und machen Sie vorher einen Spaziergang.*

Alkoholgenuss ohne Reue

Alkohol kann gesundheitsfördernd sein, allerdings nur, wenn man ihn in Maßen genießt. Wissenschaftliche Studien haben bewiesen, dass moderater Alkoholgenuss das Herz stärkt und die Lebenserwartung erhöht. Das Problem ist nur, dass nicht jeder Mann weiß, wann es genug ist.

Gute Seiten des Alkohols

Fast jeder von uns nimmt hin und wieder gerne einen Drink – nicht weil das gesund ist, sondern weil es uns in eine fröhliche, gelöste Stimmung versetzt. Spannungen, Stress und auch Hemmungen fallen von uns ab, wir fühlen uns entspannt und gut gelaunt. Eine gesellige Kneipenrunde bei Bier oder Wein gehört zum Sozialleben der meisten Menschen einfach dazu.

Ein Gläschen Alkohol täglich erhöht den Anteil des HDL-Cholesterins im Blut, das beim Abbau des Arteriosklerose verursachenden LDL-Cholesterins hilft.

Wissenschaftler haben herausgefunden, dass der HDL-Wert bei Personen, die maßvoll Alkohol trinken um 17 Prozent höher ist als bei „Abstinenzlern". Das bedeutet ein um 40 Prozent niedrigeres Risiko von Herzerkrankungen. Darüber hinaus beeinflusst Alkohol die Gerinnungsfähigkeit des Blutes, so dass das Risiko eines Herzinfarkts oder Schlaganfalls sinkt.

Rotwein oder Wesswein?

Ist es von Belang, ob man lieber Rotwein oder Weißwein trinkt? Auslöser dieser Diskussion ist die Theorie, dass die niedrige Rate von Herzerkrankungen in Frankreich – einem Land, das für sein fettreiches Essen bekannt ist – mit dem dort weit verbreiteten Genuss von Rotwein zusammenhänge.

Eine Studie mit 81000 Teilnehmern in Kalifornien ergab, dass Personen, die regelmäßig Weißwein trinken, das geringste Risiko von Herzerkrankungen haben.

Die Harvard Medical School beendete schließlich die Diskussion. Sie

Erste Hilfe bei Kater

Übelkeit, Schwindel, Kopfschmerzen, Licht- und Geräuschempfindlichkeit, Konzentrationsprobleme und oft auch Schuldgefühle sind manchmal die Folgen eines langen Abends, den man in geselliger Runde verbracht hat. Was kann man dagegen tun?

- Ein Glas Orangensaft hilft dem Organismus, den Restalkohol abzubauen.
- Nehmen Sie ein leichtes Schmerzmittel gegen die Kopfschmerzen. Auch ein oder zwei Tassen Kaffee sind hilfreich.
- Trinken Sie zwei oder drei Gläser stilles Mineralwasser, am besten vor dem Schlafengehen.
- Nehmen Sie Vitamin C ein oder essen Sie Vitamin-haltiges Obst wie Orangen, Grapefruits oder Erdbeeren.
- Seien Sie geduldig.

Das persönliche Maß

Die Wirkung von Alkohol ist individuell verschieden. Mancher von uns bekommt schon nach wenigen Schlucken Kopfschmerzen oder zeigt erste Anzeichen eines eingeschränkten Urteils- oder Wahrnehmungsvermögens. Andere glauben, sehr viel mehr zu vertragen, aber auf Dauer müssen sie einen hohen Preis dafür bezahlen.

Die Wirkung von Alkohol hängt davon ab, wie viel man trinkt. Bedenken Sie stets, dass die Grenzen zwischen mäßigem und übermäßigem Genuss fließend sind.

Mäßiger Alkoholgenuss:

- Beschleunigter Herzschlag
- Gefühl des Gelöstseins
- Freude und Glücksgefühle
- senkt das Risiko von Herzerkrankungen
- Stimmungsschwankungen
- Verstärkte Lust auf Sex bei gleichzeitigem Risiko, die Erwartungen nicht erfüllen zu können

Übermäßiger Alkoholkonsum

- Kopfschmerzen und Kater
- Schlafstörungen
- Undeutliches Sprechen
- Gedächtnislücken
- gestörtes Urteils und Wahrnehmungsvermögen

Gewohnheitsmäßiger Alkoholkonsum

- Depressionen und Niedergeschlagenheit
- Hohes Risiko von Herzerkrankungen
- Herzmuskelschäden
- Magenbeschwerden und -geschwüre
- Lebererkrankungen
- Probleme derBauchspeicheldrüse
- Bluthochdruck
- Übergewicht
- Impotenz
- Neigung zu Gewalttätigkeit und Unberechenbarkeit

fand heraus, dass moderater Alkoholgenuss grundsätzlich das Risiko von Herzerkrankungen mindert. Dabei ist es gleichgültig ob es sich um Bier, Wein oder Schnaps handelt. Das Geheimnis liegt also im Alkohol, egal, in welcher Form man diesen zu sich nimmt.

Beschränken Sie sich

Nur in Maßen getrunken entfaltet Alkohol seine wohltuende Wirkung. Mediziner berechnen den Alkoholkonsum in Einheiten. Ein Mann sollte pro Tag auf keinen Fall mehr als ein bis zwei Einheiten Alkohol zu sich nehmen. Eine Einheit besteht aus einem halben Liter Bier bzw. einem kleinen Schnaps (2cl) oder einem Glas Wein. Alles, was darüber hinaus geht, ist zu viel.

Gefahren des Alkohols

Medizinische Studien haben ergeben, dass übermäßiger Alkoholkonsum ausschließlich negative Begleiterscheinungen hat. Das Risiko von Herzerkrankungen, besonders eines Herzinfarkts und Schlaganfalls steigt erheblich an, da Alkohol den Herzmuskel schädigt und Bluthochdruck zur Folge hat.

Im einzelnen führt chronischer Alkoholmissbrauch zu folgenden Erkrankungen:

- Zerstörung von Gehirnzellen.
- Zerstörung von Nervenzellen und in der Folge Impotenz, Veränderung der Spermien und Sterilität.
- Lebererkrankungen wie Leberkrebs oder Leberzirrhose.
- Erkrankungen des Verdauungsapparates, Magen und Darmschleimhautentzündungen, Schädigung der Bauchspeicheldrüse.

Alkoholabhängigkeit zieht auch riesige soziale Probleme nach sich, etwa gewalttätiges Verhalten, Arbeitslosigkeit sowie Probleme in Familie und Partnerschaft.

Die Hälfte aller Verkehrsunfälle sowie mindestens ein Viertel aller Morde und Selbstmorde geschehen unter Alkoholeinwirkung.

Kein Genuss ohne Reue

- Halten Sie sich immer an ein Limit von zwei Gläsern alkoholischer Getränke. Nur wer kräftig und muskulös ist, kann im Einzelfall etwas mehr trinken.
- Trinken Sie nicht auf leeren Magen. Ein gefüllter Magen verlangsamt die Aufnahme von Alkohol.
- Lassen Sie sich für jedes alkoholische Getränk eine Stunde Zeit.
- Trinken Sie nicht täglich, sonst wird es zur Gewohnheit.
- Nutzen Sie Alkohol nicht als Stimmungsaufheller. Nach einem kurzen Stimmungshoch verstärkt sich die Depression.
- Trinken Sie zwischendurch alkoholfreie Getränke.
- Sagen Sie öfters mal „Nein danke".
- Der Alkohol aus Sekt und gespritzten Weinschorlen oder Cocktails geht viel schneller in die Blutbahn über. Verzichten Sie also darauf.

Wieviel Alkohol haben Sie im Blut?

Bis zu zwei Glas Bier oder Wein täglich sind erlaubt, sie mindern sogar das Risiko von Herzerkrankungen. Doch viele Männer kennen ihre Grenzen leider nicht und trinken gelegentlich oder sogar regelmäßig zu viel. Das wird schnell gefährlich!
Vergessen Sie nicht, dass der Alkohol im Blut Ihre geistige Leistungsfähigkeit so lange beeinflusst, bis er vollständig abgebaut wurde. Wie schnell das geschieht und in welchen Maße der Alkohol Ihr Befinden beeinflusst, hängt von folgenden Faktoren ab:

- Körpergewicht.
- Erbliche Faktoren.
- Mageninhalt: Trinkt man Alkohol auf nüchternen Magen, geht er schneller ins Blut, als wenn man zuvor ordentlich gegessen hat.
- Art des alkoholischen Getränks: Kohlensäurehaltige alkoholische Getränke gehen wesentlich schneller ins Blut als andere. Oft unterschätzt man die Wirkung von Likören und Aperitifs und muss später dafür mit starken Kopfschmerzen büßen.

Es ist also schwierig, den Zusammenhang zwischen derAlkoholmenge und dem Alkoholspiegel im Blut herzustellen. Zwar ist es unumstritten, dass ein Alkoholgehalt von 3,2 Promille lebensgefährlich ist, doch ist die Menge, um diesen Wert zu erreichen, individuell unterschiedlich. Wie Sie auf Alkohol reagieren, hängt von einer Reihe weiterer Faktoren ab:

- Wie ausgeruht Sie sind.
- Davon, wie viel Sie individuell vertragen, also auch davon, wie häufig Sie Alkohol trinken.
- Ob Sie bestimmte Medikamente einnehmen. Achten Sie auf die Packungsbeilagen und fragen Sie Ihren Arzt.

All dies bedeutet, dass die gleiche Blutalkoholkonzentration bei jedem Mensch eine individuell unterschiedliche Wirkung hat.
Sicher ist nur, dass diese das Konzentrations- und Reaktionsvermögen beeinflusst. Wer sich später noch hinter das Steuer setzt oder eine Maschine bedient, sollte also gar nichts trinken.

Vergessen Sie auch nicht, dass bestimmte Speisen oder Desserts Alkohol enthalten, außer diese wurden sehr lange gegart. Verzichten Sie im Zweifel auf den Fisch in Weißweinsauce, die Punschtorte oder den Rotweinkuchen. Selbst diese sehr geringen Mengen Alkohol addieren sich zu dem, was man trinkt.

Effektive Workouts

Sich regen bringt Segen

Viele von uns glauben, sie seien zu beschäftigt und abends zu müde, um Sport zu treiben. In früherer Zeit verrichteten die meisten Menschen harte körperliche Arbeit, da war die Fitness kein Thema. Heute ist das anders. Und genau aus diesem Grund ist Bewegung so wichtig – unser Körper braucht Bewegung.

Ein Körper wie ein Adonis

Die Folgen mangelnder Bewegung lassen sich am besten an übergewichtigen Menschen beobachten. Sie kommen beim Treppen steigen schnell außer Atem, erreichen mit gestreckten Beinen nicht die eigenen Zehen und leiden häufig an Muskelschmerzen oder Diabetes.

Auch die Vorteile von Fitnessübungen sind offensichtlich. Eine bessere Kondition, straffe Muskeln und eine gute Figur. Das sind eigentlich sehr erstrebenswerte Ziele.

Fitnesstraining bringt unserem Körper im wesentlichen drei Vorteile: Stärke, Ausdauer und Beweglichkeit. So werden wir geschmeidiger und attraktiver.

Stärke

Krafttraining betont Ihre Männlichkeit: Sie bekommen starke Muskeln, die es Ihnen ermöglichen, schwere Lasten zu tragen oder mit Leichtigkeit einen Nagel aus der Wand zu ziehen oder elegant eine Champagnerflasche zu öffnen. Es ist schon manchmal nützlich, solche Dinge zu beherrschen, besonders In Anwesenheit einer Dame!.

Ausdauer

Ausdauertraining verbessert die Funktion von Muskeln, Lunge und Herz während intensiver körperlicher Betätigung wie Jogging, Wandern oder Fahrrad fahren. Auch ein kurzer Sprint, um den Zug noch zu erreichen, macht dann keine Probleme mehr.

Wer muss zur Vorsorge?

Manchen Männern bedeutet ihr Auto mehr als die eigene Gesundheit. Gehen Sie in folgenden Fällen regelmäßig zur Gesundheitsvorsorge:

- Wenn in Ihrer Familie bestimmte Krebsarten gehäuft auftreten, z. B. Darm-, Magen- oder Prostatakrebs.

- Wenn Sie ein erhöhtes Risiko von Herzerkrankungen haben. Dies ist der Fall, wenn in der Familie Herzerkrankungen gehäuft auftreten, wenn Ihr HDL-Cholesterinspiegel unter 45mg/dl und Ihr LDL-Cholesterin über 170mg/dl liegt, Sie unter Bluthochdruck leiden, zu dick sind, Sie häufig an Infektionserkrankungen leiden, oft ein Kribbeln oder Taubheit in Händen und Füßen verspüren, Wunden schlecht heilen und wenn Sie rauchen.

Beweglichkeit

Viele Männer unterschätzen die Vorteile der Beweglichkeit. Doch beugen entsprechende Übungen körperlichen Beschwerden vor, die durch Muskel-

Jugendliche Ausstrahlung durch Sport

Sport verlängert die Lebenserwartung und hält uns gesund. Wissenschaftler gehen davon aus, dass die Mehrzahl so genannter Alterserscheinungen mangelnde körperliche Fitness zur Ursache haben. Diesen kann man nicht nur vorbeugen, man kann sie sogar heilen. So hat man entdeckt, dass ein neunmonatiges Ausdauertraining die Herzfunktion um 25 Prozent verbessert, selbst bei Männern im Alter von 60 bis 72 Jahren.

Ein gewisser körperlicher Abbau ist unvermeidlich. Ab einem Alter von 30 Jahren verschlechtern sich die meisten Körperfunktionen um ein Prozent jährlich.

◀ *Halten Sie sich fit und treiben Sie regelmäßig Sport.*

Je besser die körperliche Verfassung ist, desto langsamer vollzieht sich dieser Abbauprozess. Das ist der Grund, warum ein durchtrainierter älterer Mann ebenso leistungsfähig ist wie ein unsportlicher Mann, der nur halb so alt ist. Ein sportlich trainierter Mann um die 70 ist also doppelt so fit wie ein untrainierter Mann im gleichen Alter.

Sportliche Betätigung und bewusste Ernährung halten uns schlank, stärken das Herz, verlangsamen den Abbau von Knochensubstanz und schützen vor Verletzungen. Suchen Sie also eine Ihrem Alter entsprechende Sportart, die Sie regelmäßig betreiben. So bleiben Sie jung und gesund. Genaueres finden Sie auf Seite 78.

Mit jeder Mahlzeit entscheiden Sie selbst, welche Figur Sie haben möchten. Nicht das Bier ist schuld an Ihrem Bierbauch, sondern Ihre mangelnde Selbstdisziplin.

Jonathon Savill und Richard Smedley
No More Mr. Fat Guy

verspannungen bedingt sind, wie etwa Rückenschmerzen.

Eine bewegliche Muskulatur fördert auch die Spannkraft des Körpers, da Kraft und Dehnfähigkeit der Muskeln eng zusammenhängen. Je mehr Sie Ihre Muskeln dehnen, desto beweglicher werden Sie.

Sport und mentale Fitness

Obwohl die psychischen Wirkungen des Sports weniger offensichtlich sind als die physischen, darf man diese nicht unterschätzen.

Stress ist in unserem modernen Leben allgegenwärtig. Da wir jedoch die meiste Zeit vor dem Computer oder im Stau verbringen, können wir den Stress kaum abbauen.

Hier erweist sich sportliche Betätigung als Segen. Sie steigert unser Wohlbefinden, stärkt unsere Bereitschaft Probleme zu lösen, hilft Niedergeschlagenheit und Depressionen zu vertreiben und verbessert unseren Schlaf.

Sport macht Spaß!

Sportliche Betätigung beeinflusst das psychische und physische Wohlbefinden ungemein positiv. Ein schlanker, trainierter Körper, der nicht unter Stress leidet, hat ein stärkeres Herz und ist weniger anfällig gegen bestimmte Krebserkrankungen.

Zudem hat der durchtrainierte Körper kräftigere Knochen, ist sexuell leistungsfähiger und besitzt ein widerstandsfähigeres Immunsystem. Kurz gesagt: Wer Sport treibt bleibt gesünder und lebt länger.

Wie fit sind Sie?

Jedes Fitness-Programm sollte sich an einem Ziel orientieren. Die folgenden einfachen Übungen helfen Ihnen, Ihre Fortschritte zu überprüfen. Wiederholen Sie diese Testübungen hin und wieder, um Ihre Fortschritte zu kontrollieren.

Training des Oberkörpers

Übung: Armbeuge am Stuhl

Vorgehensweise: Setzen Sie sich auf die Stuhlkante, die Hände neben dem Gesäß. Schieben Sie Ihr Gesäß nach vorn. Halten Sie Ihren Rücken gerade und senken Sie Ihr Gesäß, bis Ihre Oberarme parallel zum Boden sind. Heben Sie Ihr Gesäß dann wieder an. Machen Sie möglichst viele Beugen.

Gutes Ergebnis: 10 Beugen

Training der Beine

Übung: Langsame Kniebeuge

Vorgehensweise: Stehen Sie mit leicht gespreizten Beinen und geraden Schultern. Gehen Sie langsam in die Hocke, bis Ihre Oberschenkel parallel zum Boden sind. Halten Sie den Rücken gerade. Gehen Sie so langsam wie möglich in die Hocke und wieder nach oben, bringen Sie die Übung zu Ende, auch wenn Sie dabei ermüden.

Gutes Ergebnis: 60 Sekunden

Ausdauertraining

Übung: Treppen steigen

Vorgehensweise: Steigen Sie erst mit einem, dann mit dem anderen Fuß auf die Stufe, dann nacheinander wieder herunter. Eine Einheit besteht aus einer Auf-Auf, Ab-Ab-Bewegung. Machen Sie 20 Einheiten pro Minute, drei Minuten lang. Messen Sie Ihren Pulsschlag.

Gutes Ergebnis: Für einen etwas trainierten Mann im Alter zwischen 30 und 40 ist ein Puls von 95 gut.

Beweglichkeit

Übung: Berühren der Zehen

Vorgehensweise: Setzen Sie sich mit gestrecktem linken Bein auf den Boden. Winkeln Sie das rechte Bein an. Strecken Sie den linken Arm nach vorn.

Gutes Ergebnis: Berühren der Zehen

Welcher Sport für welchen Mann?

Welche Sportart und wie intensiv Sie diese betreiben sollten, hängt von unterschiedlichen Faktoren ab. Neben Alter, Fitness, Körperbau und Leistungsziel ist natürlich auch entscheidend, was Ihnen am meisten Spaß macht. Am wichtigsten ist es jedoch, einen Anfang zu machen.

> **„Warum ein Bierbauch ein Grund zur Sorge ist? Nun, vor allem weil er Sie einige Jahre Ihres Lebens kosten könnte, zumindest aber Ihre Gesundheit gefährdet. Jeder, der mit einer dicken Wampe umherläuft, sollte genau wissen, welche gesundheitlichen Risiken er eingeht.“**
>
> Garry Egger und Rosemary Stanton
> Gut Buster Waist loss Guide

Muskeln aufbauen

Wer seine Muskeln trainieren will, denkt wohl zuerst an den Muskelaufbau. Doch körperliche Fitness hat ebenso viel mit dem Abbau wie mit dem Aufbau von Muskulatur zu tun.

Die einzige Möglichkeit, Kraft und Ausdauer zu trainieren, besteht darin, die Muskulatur über das bisherige Maß hinaus zu beanspruchen. Physiotherapeuten sprechen vom Aufbautraining, dabei muss man die Muskeln ständig beanspruchen, so dass sie den neuen Anforderungen gerecht werden. Das fordert die Muskeln so stark, dass zunächst mikroskopisch feine Fasern zerstört werden. Daraufhin ersetzt der Organismus die zerstörten Muskelzellen durch stärkere, um die Belastung in Zukunft unbeschadet zu überstehen. So gewinnen Ihre Muskeln an Umfang und Kraft.

Achten Sie jedoch darauf, dass Abbzw. Aufbau der Muskulatur sich die Waage halten. Lassen Sie es nicht so weit kommen, dass Sie durch Muskelkater, Verletzungen und Schmerzen am ganzen Körper die Lust am Training verlieren.

Es ist also wichtig, dass Sie Ihr Fitness-Programm mit Maß und Vernunft beginnen. Steigern Sie die Anforderungen nach und nach – noch schwerere Gewichte stemmen, noch größere Distanzen laufen, mehr Bahnen schwimmen, das Ausdauertraining ausweiten.

Aller Anfang ist schwer

Wer bisher noch nicht sehr sportlich war, dem fällt es manchmal nicht ganz leicht, das zu ändern. Andere Männer überschätzen sich, trainieren übereifrig und lassen sich dann schnell entmutigen. Auch Verletzungen sind am Anfang häufig. Folgende Tipps sollen Ihnen helfen, sich psychisch und physisch auf Ihre Übungen vorzubereiten:

Sprechen Sie mit Ihren Arzt
Auf diese Weise können Sie mögliche Risiken besser abschätzen.

Sprechen Sie mit einem Fitness-Trainer
Das Fachpersonal im Fitness-Center wird Sie beraten, welche Ziele in welcher Zeit erreichbar sind. Hier erfahren Sie auch, welche Trainingsmethoden für Sie die geeignetsten sind.

Beginnen Sie langsam
Viele Männer übernehmen sich am Anfang. Zügeln Sie Ihren Eifer und machen Sie zu Beginn weniger, als Sie tatsächlich können. Nach und nach steigern Sie dann Intensität, Dauer und Häufigkeit der Übungen, allerdings nur um 10 bis 15 Prozent pro Woche.

Eine gute Investition
Das Geld, das Sie für die Mitgliedschaft in einem Fitnessclub oder in Sportgeräte investieren, ist sicher eine zusätzliche Motivation, das Programm durchzuhalten. Wer etwas ganz neu anfängt, sollte sich die Ausrüstung erst leihen, bis er sicher ist, dass er dabei bleibt.

Trainieren Sie mit Freunden
Es ist ein guter Ansporn, mit Freunden oder Familienmitgliedern zu trainieren.

Die Rolle des Körperbaus

Sind Sie groß und sehr muskulös oder klein und schlank oder eher korpulent? Der Körperbau hängt im wesentlichen von der Art der Muskulatur ab.

Man unterscheidet zwischen Fast-Twitcher und Slow-Twitcher-Muskulatur. Die Fast-Twitcher-Muskeln kontrahieren sich sehr schnell und setzen Energie explosionsartig frei. Sie eignen sich besonders für Sportarten, die Schnelligkeit und Kraft erfordern, etwa Sprinten oder Gewichtheben. Die Slow-Twitcher-Muskeln setzen Energie langsamer frei, sie eignen sich vor allem für Ausdauersportarten wie Rad fahren oder Joggen.

Jeder Körper verfügt über beide Muskelarten, aber ein Typ überwiegt meistens. Wenn Sie wissen, welche Muskulatur bei Ihnen überwiegt, können Sie leichter entscheiden, welche Sportart für Sie am besten geeignet ist.

Wie finden Sie das heraus? Schauen Sie einfach in den Spiegel. Wenn Sie schlank sind und kaum Fettgewebe haben, überwiegen die Slow–Twitcher-Muskeln und Sie werden erfolgreicher bei Ausdauersportarten sein.

Wenn Sie kräftig gebaut sind und füllig wirken, haben Sie vor allem Fast-Twitcher-Muskeln. Sie sollten Kraftsportarten wie Gewichtheben betreiben.

Wenn Ihr Körperbau genau in der Mitte dieser beiden Typen liegt, können Sie sowohl Ausdauer- als auch Krafttraining betreiben.

Männer, die fit sein wollen, sollten Ausdauer und Kraft trainieren. Erfolg und Spaß bei den einzelnen Übungen wird jedoch wesentlich vom Körperbau abhängen.

Trainieren ja, aber wo?

Wer zu Hause und im Studio trainiert, hat am schnellsten Erfolg. Häufig muss oder will man sich jedoch auf einen Ort beschränken. Hier sind die Vor- und Nachteile der beiden Trainingsmöglichkeiten:

Zuhause

- Sehr bequem, da Sie jederzeit trainieren können
- Ruhige Atmosphäre
- Möglichkeit, beim Training fernzusehen oder Radio zu hören
- Nach Anfangsinvestitionen in Geräten preiswert
- kein Konkurrenzdruck

Fitnessstudio

- Bessere Geräte, größere Auswahl
- Fachpersonal zur Beratung
- Training mit anderen spornt an
- motivierende Atmosphäre
- soziale Kontakte, auch nach dem Training
- Kinderbetreuung

Welchen Typ sind Sie?

Wären Sie gern schlanker und muskulöser? Hätten Sie gern einen Waschbrettbauch, kräftige Arme und starke Muskeln? Der Körperbau ist weitgehend genetisch bedingt. Jeder von uns hat die körperlichen Voraussetzungen geerbt.

Wir können zwar an unserem Knochenbau nichts ändern, aber durch regelmäßiges Training und bewusste Ernährung können wir innerhalb der genetischen Vorgaben einiges ändern. Erkennen Sie sich in einem der drei folgenden Typen?

Ektomorpher Typ
Männer dieses Typs sind leicht und schlank. Sie sind nicht muskulös, sondern schnell und beweglich. Sie haben einen schmalen Körper und einen schnellen Stoffwechsel. Bei den Muskeln dominieren Slow-Twitcher, so ist dieser Typ für Ausdauersportarten prädestiniert. Er bleibt auch schlank, wenn er kaum Sport treibt.

Mesomorpher Typ
Der mesomorphe Typ ist kräftig und muskulös mit breiten Schultern, schmaler Taille und kaum Fettgewebe. Solche Männer sind die geborenen Athleten mit dem Körperbau eines Dressman. Allerdings besteht auch die Gefahr, dass diese Männer schnell übergewichtig werden, wenn Sie keinen Sport treiben und nicht auf die Ernährung achten.

Endomorpher Typ
Männer dieses Typs sind kräftig gebaut, da sie vor allem Fast-Twitcher-Muskeln haben. Wenn sie sich bewusst ernähren und regelmäßig trainieren, erfreuen sich diese Männer meist bis ins Alter bester Gesundheit. Allerdings legen sie auch schnell an Gewicht zu, da ihr Stoffwechsel sehr langsam arbeitet.

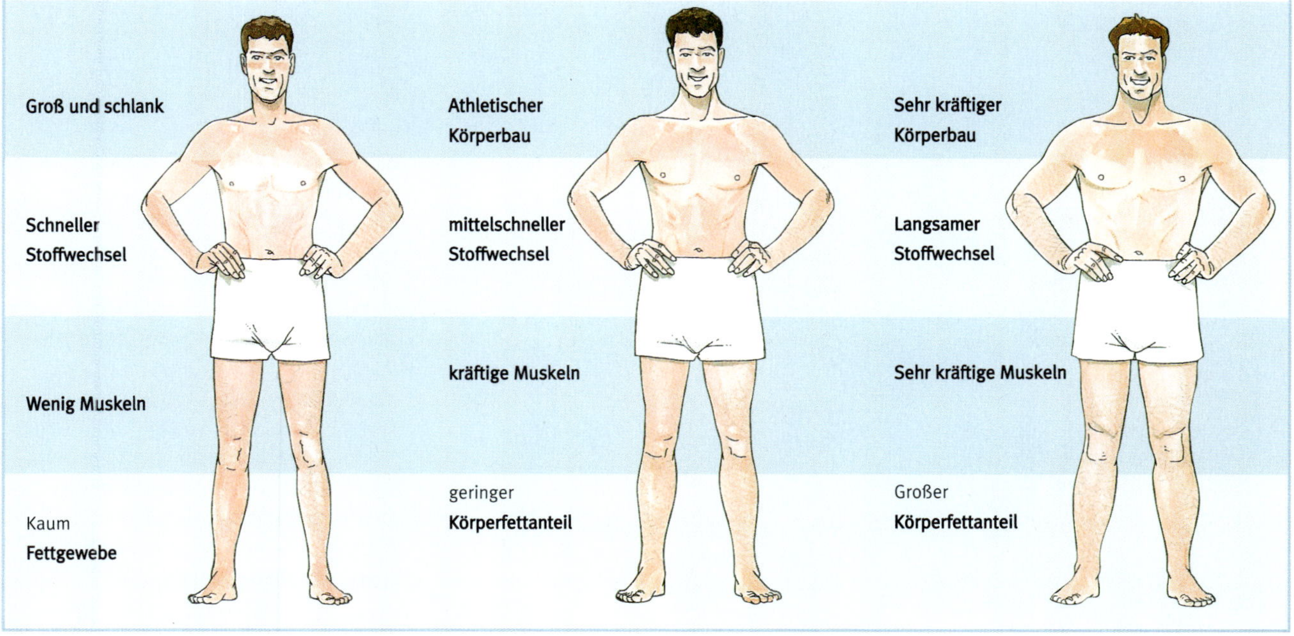

Verschiedene Trainingsarten

Grundsätzlich unterscheidet man drei verschiedene Trainingsarten: Ausdauertraining, Krafttraining und Beweglichkeitstraining. Worin bestehen aber die Unterschiede?

Ausdauertraining

Ausdauertraining verbessert die Kondition und stärkt Herz und Kreislauf. Zudem trainiert es die Muskulatur, Lunge und Blutgefäße. Das Ergebnis ist eine bessere Sauerstoffversorgung der Körperzellen: Das Lungenvolumen wird größer, Herz und Kreislauf transportieren den Sauerstoff schneller zu den Muskelzellen. Dabei ist auch die richtige Ernährung wichtig (vor allem Kohlenhydrate), da die Glucose in den Zellen durch den Kontakt mit Sauerstoff freigesetzt wird. Eine bessere Kondition verbessert ebenfalls die Energieumwandlung in den Körperzellen.

Krafttraining

Krafttraining besteht vor allem aus kurzen und anstrengenden Übungen, wobei die Energie direkt aus der Glucose stammt, die in den Muskelzellen eingelagert ist. Da der Vorrat an Glucose schnell erschöpft ist, ermüdet die Muskulatur rasch. Dies läßt sich beispielsweise beim Gewichtheben beobachten. Stärke ist demnach als die Leistungsfähigkeit der Muskulatur definiert.

Beim Krafttraining kommt es in erster Linie darauf an, dass die Muskeln einen möglichst großen Widerstand überwinden. Fortschritte in Kraftsportarten erkennt man am Bewältigen gesteigerten Widerstands. Beim Gewichtheben besteht das Ziel also nicht darin, ein Gewicht öfter oder schneller zu stemmen, sondern ein größeres Gewicht zu bewältigen.

Beweglichkeitstraining

Dieses Training optimiert vor allem die Dehnungsfähigkeit des Körpers und verbessert die körperliche Fitness nur wenig. Dennoch sollte man die Beweglichkeit nicht unterschätzen, da steife, untrainierte Muskeln sehr verletzungsanfällig sind.

Unbewegliche Gelenke gehören zu den ersten Alterserscheinungen. Verzögern Sie diesen Prozess durch regelmäßiges Training.

Welche Sportart ist die richtige für Sie?

Welche Sportart Sie betreiben, hängt von Ihren persönlichen Vorlieben und Ihren körperlichen Bedürfnissen ab. Ihr Körperbau spielt dabei ebenso eine Rolle, wie die nötige Ausrüstung, Ihr finanzieller Rahmen oder die Zeit, die Ihnen zur Verfügung steht. Hier finden Sie eine Auswahl der beliebtesten Sportarten.

Golf
Vorteile: Leichtes Ausdauertraining, allerdings nur, wenn Sie über den Golfplatz laufen. Sie sind an der frischen Luft und pflegen Ihre sozialen Kontakte.
Nachteile: Wer mit dem Elektrowagen fährt, trainiert sich nicht. Verletzungsrisiko für Rücken und Wirbelsäule. Mitgliedschaft im Golfclub sehr teuer.

Rad fahren
Vorteile: Gut für Kondition und Beinmuskeln. Hohes Tempo (Straße) bzw. Geschicklichkeit beim Umfahren von Hindernissen (Mountainbike) bringen Spaß. Die Fahrt zur Arbeit oder zum Einkaufen ist ebenfalls Training. Auch zu Hause mit Heimtrainer möglich.
Nachteile: Muskelzuwachs beschränkt sich auf die Beine. Straßenverkehr und unwegsame Strecken können gefährlich werden.

Schwimmen
Vorteile: Trainiert Ausdauer und Muskeln. Schont die Gelenke.
Nachteile: Schwimmtechniken und Erste-Hilfe-Kenntnisse sind erforderlich. Eintrittskosten für das Schwimmbad.

Gewichtheben
Vorteile: Ideales Muskeltraining. Die Geräte sind leicht zu handhaben. Erfolge schnell sichtbar.
Nachteile: Auf Dauer langweilig. Bei falscher Technik starke Belastung der Gelenke. Hohe Verletzungsgefahr.

Ski fahren
Vorteile: Verbraucht viele Kalorien. Trainiert die Beine. Macht Spaß und ist abwechslungsreich. Es gibt spezielle Geräte für zu Hause. Ideal mit Freunden zu trainieren.
Nachteile: Kann nicht überall praktiziert werden. Teuer durch Reisekosten, Ausrüstung, Kleidung, Skipass. Wetterabhängig. Verletzungsgefahr beim Abfahrtslauf, Skilanglauf ist monotoner.

Inline-Skating
Vorteile: Ausdauertraining, Krafttraining für die Beine. Schneller und aufregender Sport. Keine langen Anfahrten nötig. Ausrüstung relativ preiswert.
Nachteile: Technik muss erlernt werden. Große Verletzungsgefahr.

Wer absolut keinen Sport treibt, riskiert, dass er bereits in jungen Jahren, also mit Ende 20 oder Anfang 30 steif und ungelenkig wird. Also tun Sie etwas dagegen und trainieren Sie Ihren Körper regelmäßig.

Eine gute Beweglichkeit kommt Ihnen auch in den verschiedensten Alltagssituationen zu Gute, etwa beim Rasen mähen oder auch beim Sex. Die Vorteile einer guten Fitness liegen klar auf der Hand, also zögern Sie nicht!

Mit Hilfe der unten stehenden Tabelle können Sie herausfinden, welche verschiedenen Vor- und Nachteile die einzelnen Sportarten bieten. Es ist aber mit Sicherheit für jeden Geschmack eine Sportart dabei, so gibt es keine Ausreden mehr. Fast jeder „Sportmuffel" hat bald Spaß an der Sache!

Die ideale Trainingsvorbereitung

Betrachten Sie das Training als Ritual, nicht als Routine. Das macht Sie nicht nur physisch, sondern auch psychisch stärker. Trainieren Sie nach folgendem Schema:

1 Wärmen Sie sich auf. Die ersten 5 bis 10 Minuten sollten Sie leichte Lockerungsübungen machen, wie auf der Stelle springen. So kommt der Kreislauf in Schwung, die Muskulatur lockert sich und man stimmt sich mental auf weitere Anstrengungen ein.

2 Machen Sie Dehnungsübungen. Die aufgewärmte und gelöste Muskulatur sollte nun gedehnt werden, damit sie auf die später folgenden Bewegungen vorbereitet wird. Dehnübungen sollten nicht länger als 5 Minuten dauern.

3 Fordern Sie sich. Nach einigen Wochen sollten Sie Ihre Muskulatur bis zur Ermüdung trainieren. Wenn Sie den „toten Punkt" erreichen, sagen Sie sich: „Jetzt wird es ernst."

4 Entspannen Sie sich wieder. Machen Sie gegen Ende der Trainingseinheit leichte Lockerungsübungen, gehen Sie auf und ab, dehnen Sie den Körper. Das schützt die Muskulatur vor Verhärtung.

5 Trinken Sie Wasser. Ihr Körper verliert in dieser Zeit bis zu 258 Mal mehr Flüssigkeit als im Ruhezustand. Verliert der Körper zwei Prozent Flüssigkeit, verringert sich die Leistungsfähigkeit bereits um 10 Prozent. Warten Sie auf keinen Fall bis der Durst sich meldet.

Tennis und Squash
Vorteile: Trainiert Kondition und Muskulatur. Direkter Vergleich fördert die Motivation.
Nachteile: Sehr belastend für die Gelenke. Zugang zu Plätzen nötig. Wettkampfähnliche Bedingungen wirken oft abschreckend.

Kajak
Vorteile: Gutes Training des Oberkörpers. Ein Sport für Wasserfreaks. Ein sehr abwechslungsreicher und abenteuerlicher Sport.
Nachteile: Gefahr, beim Kentern nicht schnell genug nach oben zu kommen. Die Eskimorolle zu lernen ist nicht einfach, aber sehr wichtig.

Rudern
Vorteile: Ausdauertraining. Stärkt die Muskulatur des Oberkörpers und der Beine.
Nachteile: Langweilig, wenn man zu Hause am Rudergerät trainiert. Billige Heimtrainer oft von schlechter Qualität.

Joggen
Vorteile. Das ideale Ausdauertraining. Gute Schuhe sind die einzige Ausrüstung, joggen kann man überall zu jeder Zeit.
Nachteile: Sehr belastend für die Gelenke.

Fußball
Vorteile: Sehr gutes Konditionstraining. Wettkampfsport, aber ideal, um mit Freunden gemeinsam Sport zu treiben. Auch als Hallensport zu betreiben.
Nachteile: Man benötigt genügend Mitspieler und Organisationstalent. Hohes Verletzungsrisiko eines körperbetonten Spiels.

Treppen steigen
Vorteile: Gutes Ausdauertraining, das Knochen und Gelenke schont. Die Bewegungen werden auch im Alltag vollzogen.
Nachteile: Es werden nur die Beine trainiert. Mitunter langweilig.

Wandern
Vorteile: Gutes Ausdauertraining. Naturerlebnis ist erholsam für Körper, Geist und Seele. Für kurze Ausflüge braucht man nur festes Schuhwerk.
Nachteile: Möglicherweise längere Anreise. Wenig „Action".

Richtiges Training im jedem Alter

Je älter Sie sind, desto vorsichtiger sollten Sie an ein Trainingsprogramm herangehen, ohne das Trainieren aufzugeben. Auch wenn viele Männer mit steigendem Alter ihr Aktivitätsniveau herunterschrauben, ist der sicherste Weg, auch in reiferen Jahren in Form zu bleiben, ein aktives Leben.

> **„Training ist hervorragend geeignet, Frustration und Stress abzubauen. Auch wenn es stressig erscheint, kann es oft das Gegenteil bewirken."**
>
> Dr. Ian Banks
> *Ask Dr. Ian About ... Men's Health*

Bleiben Sie fit in jedem Alter

Die Grundübungen für das Gewichtheben, die im Kapitel „Übungen für die körperliche Stärke" auf Seite 92 beschrieben werden, dienen als Basisprogramm für jeden Jahrgang. Die Mischung aus Krafttraining, Aerobic und Stretching ändert sich allerdings mit zunehmendem Alter. Im Folgenden sind einige Trainingsmöglichkeiten und Übungsvorschläge für jede Altersstufe aufgeführt.

In den Zwanzigern

In diesem Alter sind Sie auf der Höhe ihrer körperlichen Leistungsfähigkeit, und Training mag Ihnen unnötig, vielleicht sogar als Zeitverschwendung erscheinen. Doch gerade jetzt können Sie gute Gewohnheiten entwickeln und Prioritäten setzen, von denen Sie später profitieren, wenn Aktivität für Ihr Leben wichtiger wird.

Dieses Alter ist optimal, um mit dem Gewichtheben anzufangen. Wenn Sie jetzt damit beginnen, erreichen Sie ein höheres Niveau, denn bereits in den Dreißigern beginnen Muskelmasse und Knochendichte sich um ungefähr ein Prozent pro Jahr zu verringern. Sie erzielen durch Gewichtheben jetzt größere Erfolge als in späteren Jahren, weil Ihr Körper immer noch große Mengen Testosteron ausschüttet. Dieses Hormon, das bei der Muskelbildung eine Schlüsselrolle spielt, wird jedoch im Laufe des Lebens in immer geringeren Mengen produziert.

Darüber hinaus hat der Körper eines zwanzigjährigen Mannes mehr Regenerationskraft. Das bedeutet einen gewissen Schutz vor dauerhaften Verletzungen. Daher können junge Männer auch noch aggressive Sportarten betreiben.

In den Dreissigern

Der altersbedingte Rückgang der Muskelmasse, Kraft, Gelenkigkeit und Stoffwechselaktivität setzt jetzt ein. Er ist aber kaum spürbar, wenn Sie körperlich aktiv sind. Am ehesten werden Sie vielleicht bemerken, dass Ihre Gelenkigkeit und Ihre Dehnbarkeit nachlassen.

In den Dreißigern ist es sinnvoll, Kontaktsportarten und solche mit hohem Aufprall zu reduzieren. Wenn Sie zum Beispiel dreimal pro Woche laufen, sollten Sie statt dessen nur noch zweimal laufen, und am dritten Tag Fahrrad fahren oder schwimmen.

Falls Sie erst jetzt mit einem Trainingsprogramm beginnen, machen Sie sich bewusst, dass Sie nicht dieselben Schindereien ertragen können wie zu Ihrer Schulzeit. Achten Sie genau auf jegliche Signale Ihres Körpers, die auf Überanstrengung und Erschöpfung hindeuten und nehmen Sie darauf Rücksicht.

Ihr Fitnessprogramm sollte mehr Stretching enthalten, und die Aerobicübungen sollten etwas länger, aber weniger intensiv, sein. Um die Trainingszeit insgesamt auszugleichen, lassen Sie beim Gewichtheben eine Trainingseinheit weg.

Wann Sie nicht trainieren sollten

Bevor Sie ein Trainingsprogramm beginnen, klären Sie zunächst mit Ihrem Hausarzt, ob irgendwelche gesundheitlichen Beschwerden dagegensprechen. Davon abgesehen sollten Sie nicht mit dem Training beginnen bzw. es sofort abbrechen (und einen Arzt aufsuchen), wenn Sie folgende Symptome bemerken:

Schmerzen
Schmerzen sind stets Alarmsignale des Körpers und bedeuten, dass etwas nicht in Ordnung ist. Versuchen Sie nicht, mit zusammen gebissenen Zähnen weiterzumachen. Denn wenn Sie nicht auf Ihren Körper hören, wird alles nur noch schlimmer.

Schwindelgefühl
Plötzliches Schwindelgefühl hat oft eine harmlose Ursache, kann aber auch ein Symptom von über 350 verschiedenen Krankheiten sein. Die schlimmsten davon sind Herzinfarkt, Schlaganfall, Diabetes und innere Blutungen.

Druck auf der Brust
Nicht jeder Brustschmerz bedeutet gleich einen Herzinfarkt. Andere Anzeichen auf die Sie achten sollten, sind Atemnot, klamme Extremitäten, Übelkeit oder ein Kribbeln im Hals bzw. im linken Arm.

Ein maßgeschneidertes Trainingsprogramm

Wie viel Aerobic in welchem Alter? Wie viel Krafttraining? Im Laufe der Jahre müssen Sie Ihr Trainingsprogramm ändern. Die folgenden Vorschläge sind nach Altersgruppen gestaffelt und dienen als Grundlage für Ihr Fitnessprogramm. Versuchen Sie mindestens dreimal pro Woche mit jeweils einem Tag Pause zwischen den Übungstagen zu trainieren.

▲ *In diesem Alter kann man voll zur Sache gehen.*

In den Zwanzigern

Krafttraining
30 Minuten Montag, Mittwoch und Freitag; drei Sätze von jeder Übung.

Aerobic
15 bis 20 Minuten Montag, Mittwoch und Freitag; bis 80 oder 85 Prozent der maximalen Herzfrequenz.

Stretching
Fünf Minuten bei jeder Trainingseinheit.

Besondere Hinweise
Schützen Sie Ihre Gelenke – intensives Training und aggressive Sportarten, wie zum Beispiel Football, Rugby und Hockey belasten diese sehr stark.

▲ *Verwenden Sie mehr Zeit für Ausdauersportarten.*

In den Dreißigern

Krafttraining
20 Minuten Montag, Mittwoch und Freitag; zwei Sätze von jeder Übung.

Aerobic
30 Minuten Montag, Mittwoch und Freitag; bis 70 Prozent der maximalen Herzfrequenz.

Stretching
Fünf bis zehn Minuten bei jeder Trainingseinheit.

Besondere Hinweise
Beanspruchen Sie Ihren Körper nicht bis an die Schmerzgrenze. Beginnen Sie mit dem Trainieren erst langsam, bis Sie wissen, wie weit Sie gehen können ohne sich zu überanstrengen.

▲ *Reduzieren Sie das Krafttraining ein wenig.*

In den Vierzigern

Krafttraining
20 Minuten Montag, Mittwoch und Freitag, jeweils zwei Sätze. Machen Sie mittwochs 45 Minuten Zirkeltraining mit leichteren Gewichten. Machen Sie den Zirkel dreimal durch.

Aerobic
25 Minuten Montag, Mittwoch und Freitag; bis zu 70 Prozent der maximalen Herzfrequenz. Dienstags und donnerstags 30 Minuten leichte Übungen.

Stretching
Fünf bis zehn Minuten bei jedem Training.

Besondere Hinweise
Machen Sie mehr Übungen für die Bauchmuskulatur.

▲ *Übungen mit Gewichtbändern stärken die Knochen.*

Ab den Fünfzigern

Krafttraining
20 Minuten Montag und Freitag. Mittwochs 45 Minuten Zirkeltraining.

Aerobic
20 Minuten Montag und Freitag; bis zu 70 Prozent der maximalen Herzfrequenz. Gehen Sie Dienstags und Donnerstags 30 Minuten in einem flotten Tempo spazieren.

Stretching
Fünf bis zehn Minuten bei jedem Training.

Besondere Hinweise
Gelenke und Rücken sind anfällig für Verletzungen – achten Sie besonders darauf!

In den Vierzigern

In diesem Lebensjahrzehnt kündigen sich die ersten Alterserscheinungen an, das heißt aber nicht, dass Sie Ihre Aktivitäten reduzieren müssen.

Wenn Sie sich noch nicht mit Ihrer körperlichen Fitness beschäftigt haben, wird es höchste Zeit.

Das Risiko für die verschiedensten gesundheitlichen Beschwerden von Herzkrankheiten bis hin zu Krebs steigt. In diesem Alter sollten Sie mit Ihrem Hausarzt über Ihre Fitness sprechen, vor allem dann, wenn Sie vorhaben, ein Training zu beginnen.

Eine weitere Begleiterscheinung dieser Altersgruppe ist der Rückgang der Stoffwechselaktivität, also der Geschwindigkeit, mit der der Körper Energie verbrennt; Kalorien werden langsamer abgebaut. Vielleicht bemerken Sie einen Bauchansatz, wo sich das Fett bevorzugt ansetzt. Achten Sie also mehr auf richtige Ernährung und machen Sie fettverbrennende Aerobic-Übungen.

Geben Sie das Gewichtheben in diesem Alter nicht ganz auf. Der Körper braucht Muskeln, denn sie verbrennen im Gegensatz zum Fettgewebe mehr Kalorien und schützen vor Verletzungen. Verbessern Sie durch Zirkeltraining ihre Kraft und durch Aerobic Ihre Fitness .

Ab den Fünfzigern

Die körperliche Verfassung im Alter hängt stark von der Lebensweise in jüngeren Jahren ab.

Der allgemeine Gesundheitszustand und damit verbundene Einschränkungen sind von Mann zu Mann verschieden. Entscheiden Sie gemeinsam mit Ihrem Arzt, welche Übungen in Frage kommen. Dabei sollte Ihnen immer bewusst sein:

Der Verlust der Knochenmasse, der bei Männern später einsetzt als bei Frauen, ist nun auch für Sie ein Thema. Halten Sie daher die Wahrscheinlichkeit eines Knochenbruchs so gering wie möglich. Machen Sie gewichtstragende Übungen, bei denen Sie auf einem Bein das Gewicht Ihres Körpers tragen. Gehen ist ein Beispiel hierfür, aber auch Laufen (innerhalb vernünftiger Grenzen) und sogar Tanzen.

Mit zunehmendem Alter braucht Ihr Körper eine andere Ernährung. Sie benötigen zum Beispiel weniger Kalorien und mehr Nährstoffe. Wählen Sie deshalb nährstoffreiche Nahrungsmittel aus, die wenig Fett, Zucker und Salz enthalten.

Jedes Medikament, das Sie einnehmen, kann die Aufnahme von Nährstoffen beeinflussen. Diese und andere Nebenwirkungen sollten Sie mit Ihrem Arzt besprechen, wenn Sie über die Auswirkungen des Trainings reden.

Mit zunehmendem Alter wächst auch die Verletzungsgefahr. Doch auch hier ist das Risiko individuell sehr verschieden. Manche Männer laufen in diesem Alter noch Marathon, obwohl dies allgemein nicht empfehlenswert ist. Fragen Sie Ihren Hausarzt, welche Sportarten und vor allem in welchem Ausmaß Sie bedenkenlos trainieren können, ohne Ihrem Körper zu schaden. Wenn Sie sich nach diesen Anweisungen richten, tun Sie etwas für Ihre Gesundheit und minimieren Ihr Verletzungsrisiko erheblich.

Hätten Sie's gewusst?

Frage: Warum sind Menschen in Ausnahmesituationen oft stärker?

Antwort: Das zentrale Nervensystem hält untrainierte Muskeln zurück, damit der Körper geschützt ist und energiesparend funktioniert. Dieser Mechanismus wird jedoch in einem Kampf um Leben oder Tod außer Kraft gesetzt. Untrainierte Muskeln sind schätzungsweise 40 bis 60 Prozent stärker als sie scheinen. Die Anfangserfolge bei Trainingsbeginn sind aber hauptsächlich neurologisch und nicht physisch bedingt.

Zauberwort Motivation

Im Idealfall ist Sport gleich Spaß. Woher nehmen Sie Energie, Zeit und Interesse, wenn das Eine oder Andere nicht vorhanden ist?

1 Setzen Sie sich langfristige Ziele, z.B. besser auszusehen, einen Berg zu besteigen oder an einem sportlichen Wettkampf teilzunehmen. Doch genauso wichtig sind konkrete, kurzfristige Ziele, die erreichbar sind. Sagen Sie "Ich werde diese Woche zweimal sechs Kilometer laufen", nicht "Ich werde mit dem Laufen anfangen". Wenn ein Ziel nicht mehr interessant ist, setzen Sie sich einfach ein anderes.

2 Vergleichen Sie sich nicht. Es wird immer Männer geben, die fitter, begabter und durchtrainierter sind als Sie. Der einzige Maßstab sind Ihre aktuellen Fähigkeiten und wie Sie diese verbessern können.

3 Lassen Sie locker. Beim Training geht es nicht um Alles oder Nichts. Der Verlust von Kondition geht langsam vor sich, wie auch ihr Aufbau. Vielleicht brauchen Sie einfach eine Pause, wenn Sie mal durchhängen.

4 Haben Sie Spaß. Einen Berg mit dem Fahrrad herabzufahren oder mit dem Snowboard durch den Pulverschnee zu gleiten ist bestimmt Arbeit, aber gewiss keine unangenehme. Denken Sie beim Training mit Gewichten oder dem Hometrainer daran, dass Sie dadurch bei den aufregenderen Tätigkeiten mehr Spaß haben werden.

5 Setzten Sie Prioritäten. Es gibt zwei Sorten von Aufgaben. Die einen sind dringend – sie benötigen Ihre sofortige Aufmerksamkeit, haben aber langfristig wenig Bedeutung. Die anderen sind lebenswichtig – sie sind auf lange Sicht relevant und führen daher zu größerer Befriedigung. Wenn Sie versucht sind, etwas ausfallen zu lassen, fragen Sie sich, ob die Alternative langfristig genauso wichtig ist.

► *Wenn Sie mit einem Freund zusammen trainieren, macht es gleich viel mehr Spaß.*

Auf die Ausrüstung kommt es an!

Wir schätzen alles, mit dem wir schneller sind, effizienter werden, die Umwelt besiegen oder auf andere Weise unsere natürlichen Grenzen überschreiten. Doch Trainingswerkzeug ist nicht nur Spielzeug für das Kind im Manne. Es gehört zu den wichtigen Voraussetzungen für den Trainingserfolg.

Rüsten Sie sich aus!

Wenn Sie in eine Umgebung investieren, in der Sie sich wohl fühlen und gerne Ihre Zeit verbringen, werden Sie viel eher motiviert sein, Ihr Trainingsprogramm durchzuziehen. Ebenso wird Ihr Training effektiver gestaltet, wenn Sie sich Geräte beschaffen, die Ihren Anforderungen entsprechen. Sie werden damit auch viel größere Erfolgserlebnisse haben, als wenn Sie unzufrieden mit Ihrer Ausrüstung sind.

Es gibt es eine Reihe grundsätzlicher Kriterien, die für den Kauf von Sportgeräten gelten.

- Denken Sie über Ihre Bedürfnisse nach. Werden Sie die Ausrüstung oft oder nur manchmal benutzen? Werden Sie vollen Gebrauch von dem Gerät machen, oder eher schonend damit umgehen? Werden Sie der Einzige sein, der es benutzt, oder werden Sie es mit jemandem teilen? Wie hoch schätzen Sie Ihre Fähigkeiten ein? Davon hängt es ab, was für ein Modell Sie wählen und wie viel Sie dafür bezahlen.
- Geizen Sie nicht. Sie investieren in ein Gerät, das jahrelang halten soll. Wenn Sie jetzt sparen, werden Sie später unzufrieden sein. Eine Ausrüstung, die Sie nicht mögen, steht bald in der Ecke – das ist langfristig viel teurer als gleich etwas qualitativ Hochwertiges zu kaufen, das Sie gerne benutzen.
- Gehen Sie in ein gutes Fachgeschäft. Spezialgeschäfte führen bessere Geräte als Kaufhäuser und Discountläden. Dort gibt es Fachverkäufer, die Ihnen bei der Auswahl behilflich sind.
- Probieren Sie die Geräte vor dem Kauf aus. Die meisten guten Fachgeschäfte erlauben das.
- Überlassen Sie den Aufbau einem Experten. So sparen Sie Zeit und vermeiden böse Überraschungen. Die Fachleute im Fahrradgeschäft oder Fitnessexperten können das besser als Sie selbst.

Fünf Sicherheits-Tipps

1 Halten Sie das Standardritual ein. Bevor Sie anfangen, wärmen Sie sich auf, dann machen Sie Dehnübungen. Machen Sie während des Trainings Pausen und trinken Sie viel Wasser. Danach ruhen Sie sich aus.

2 Lernen Sie die richtige Technik. Eine gute Technik bringt Effektivität und Sicherheit.

3 Steigern Sie Ihre Leistung langsam. Zu schnell zu viel erwarten ist zwar männlich, aber dumm. Das führt leicht zu Schmerzen und Verletzungen.

4 Tragen Sie Schutzkleidung. Diese hat ihren Sinn. Auf modische Accessoires dürfen Sie jedoch getrost verzichten.

5 Beachten Sie Schmerzen. Sie wollen Ihnen etwas mitteilen. Achten Sie auch auf den Zustand Ihrer Sportgeräte – ein schlecht funktionierendes Fahrrad zum Beispiel kann zu einem Sturz und damit zu ernsthaften Verletzungen führen.

Richten Sie sich zu Hause Ihr Fitnessstudio ein

Es klingt verlockend, für das Fitnesstraining einfach nur in den Keller zu gehen. Ob Sie sich tatsächlich ein Heimstudio einrichten können, hängt von vielen Faktoren ab:

- Wenn der Keller bereits mit Kisten, Kleidung und Gerümpel zugestellt ist, müssen Sie die Sachen wegschaffen.
- Der Spinnenfaktor. Erhellen Sie den Raum mit frischer Farbe, Teppichen und vielleicht sogar einem Fernseher.
- Das Raumklima. Sorgen Sie im Winter für eine Heizung und im Sommer für eine Klimaanlage oder einen Ventilator.
- Das Platzangebot. Fitnessgeräte sind Platzfresser. Messen Sie den Boden und die Geräte aus, um sicherzugehen, dass alles hineinpasst.
- Die Deckenhöhe. Messen Sie nicht nur die Geräte aus, sondern berücksichtigen Sie auch, wieviel Platz Sie brauchen, wenn Sie diese benutzen.

Kleidung und Schuhe

Eine gute Nachricht für Ihr Bankkonto: Normalerweise brauchen Sie keine teure Spezialkleidung für Ihr Fitnessprogramm. Bei kaltem Wetter allerdings sollten Sie einige wichtige Grundregeln beachten.

Ob Sie laufen, Fahrrad fahren oder wandern, das Ziel ist immer, den Körper nicht nur warm, sondern auch trocken zu halten. Einige Regeln, wie sie beim Sport Wind und Wetter trotzen:

- Vermeiden Sie Baumwolle. Sie saugt die Feuchtigkeit auf und fühlt sich dann klamm und kalt an.

Trainingsgeräte

Krafttrainingsgeräte sind die Grundausstattung Ihres Heim-Fitnessstudios. Es gibt viele Methoden, durch Gewichte Muskeln aufzubauen. Wofür Sie sich entscheiden, hängt davon ab, was Sie bevorzugen, wie viel Platz Sie zu Hause haben, und wie viel Geld Sie ausgeben möchten. Hier sind einige Möglichkeiten aufgelistet.

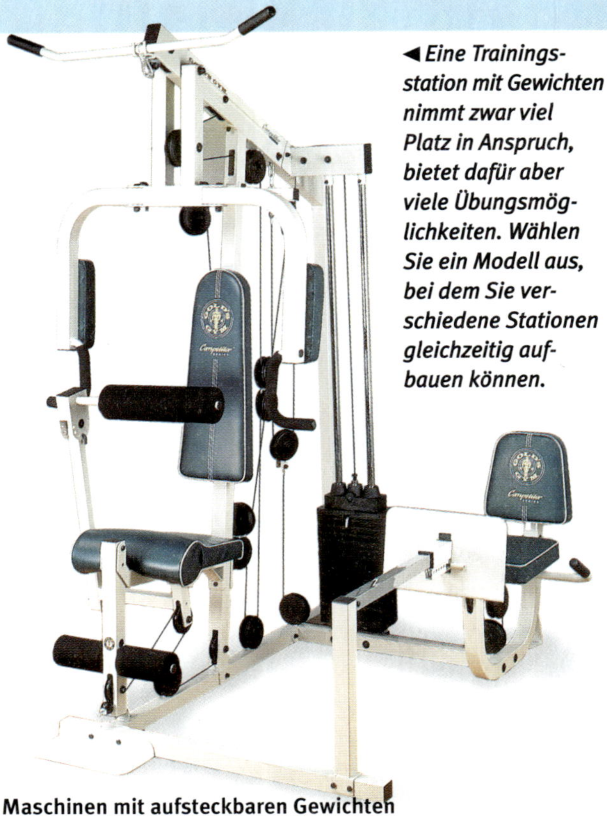

◀ Eine Trainingsstation mit Gewichten nimmt zwar viel Platz in Anspruch, bietet dafür aber viele Übungsmöglichkeiten. Wählen Sie ein Modell aus, bei dem Sie verschiedene Stationen gleichzeitig aufbauen können.

Kurzhanteln

Bei Krafttrainingsgeräten unterscheidet man zunächst zwischen freien Gewichten wie Langund Kurzhanteln und Maschinen. Ein Satz freier Gewichte sollte stets aus Kurz- und Langhanteln bestehen. Kurzhanteln sind kurze Stäbe mit Gewichtsplatten an jedem Ende. In jede Hand wird eine Stange genommen, so dass beide Arme ein unabhängiges Gewicht tragen. Der Vorteil an freien Gewichten ist, dass sie kompakt und beweglich sind. Außerdem erfordern sie größere Balance und Körperbeherrschung als Maschinen. Die Bewegungen beanspruchen mehrere Muskeln gleichzeitig.

▼ Lang- und Kurzhanteln sind günstige, vielseitig einsetzbare und effektive Fitnessgeräte.

Langhanteln

Eine Langhantel ist genauso aufgebaut wie eine Kurzhantel, mit dem Unterschied, dass die Stange viel länger ist und mit beiden Händen gleichzeitig getragen wird. Deshalb sind auch die Gewichte an den Enden in der Regel viel schwerer als bei Kurzhanteln. Beide Hantelarten müssen nach dem Gebrauch mit einem Gurt gesichert werden. Am besten verwendet man eine Sicherung mit Verschlussmechanismus, zum Beispiel mit einer Feder, die sich mit einem Handgriff von selbst öffnet. Aufgrund ihres hohen Gewichts sind Langhanteln gefährlich. Es ist daher empfehlenswert, niemals alleine zu trainieren.

Bank

Wenn Sie mit freien Gewichten trainieren, brauchen Sie eine Bank, auf die Sie sich setzen oder legen können, und auf der Sie die Langhantel ablegen können. Meistens lohnt es sich, etwas mehr auszugeben, so dass die Bank und der Hantelständer verstellbar sind. Achten Sie darauf, dass die Metallrohre stabil genug sind. Ihre Unterlage muss mindestens so breit sein wie der Abstand von den Fingerspitzen zum Ellbogen, damit die Schultern gut aufliegen.

Maschinen mit aufsteckbaren Gewichten

Maschinen führen die Muskeln durch eine Vielzahl von kontrollierten Bewegungen. Das Training ist dadurch leichter und sicherer als mit freien Gewichten. (Halten Sie Ihre Finger fern von beweglichen Teilen – und erklären Sie das vor allem Ihren Kindern.) Maschinenbewegungen können auch einzelne Muskeln isoliert trainieren. Das ist ideal, wenn Sie gezielte Übungen machen wollen. Maschinen mit Gewichten funktionieren nach einem System, bei dem das Ziehen oder Drücken einer Stange Stahlplatten über Kabel oder Flaschenzüge anhebt. Die am bequemsten zu handhabenden Maschinen erlauben den Aufbau von verschiedenen Stationen gleichzeitig. Maschinen, die für jede Übung umgebaut werden müssen, rauben Ihnen viel kostbare Zeit.

▼ Eine Bank mit Ständern für Langhanteln ist ideal für das Hanteltraining.

Maschinen ohne Gewichte

Anstelle von Gewichtsstapeln verwenden einige Maschinen andere Formen von Widerständen wie flexible Seile oder Bänder, hydraulische Zylinder oder gebogenes Holz oder Plastik. Diese Maschinen sind leichter, benötigen weniger Platz und kosten weniger als solche mit Gewichtsstapeln. Man kann mit ihnen gute Übungen machen, obwohl sie die Muskeln oft nicht so effektiv trainieren wie ein Platten- und Flaschenzugsystem. Ein weiterer Nachteil liegt darin, dass man nicht genau verfolgen kann, gegen welchen Widerstand man arbeitet. Man erkennt also nicht, welche Fortschritte man macht. Bei Maschinen mit Gewichten hingegen weiß man dies stets ganz exakt.

Direkt auf der Haut sollten Sie Polyester, Polypropylen, Nylon oder Schurwolle tragen.

• Tragen Sie mehrere Schichten übereinander. Ziehen Sie zwei Hemden an, die die Feuchtigkeit vom Körper nach außen leiten; darüber kommt eine Isolationsschicht aus Fleece oder Wolle; bei Kälte, Wind oder Regen tragen Sie einen wasserabweisenden, aber atmungsaktiven Regenmantel oder Anorak.

• Vergessen Sie die Kopfbedeckung nicht. Ungefähr 50 Prozent der Körperwärme wird über den Kopf abgegeben.

TIPPS FÜR DEN SCHUHKAUF

Falsches Schuhwerk kann jede Aktivität zum Albtraum machen. Druckstellen und Blasen an den Füßen sind so unangenehm und schmerzhaft, dass man jeglichen Spaß am Sport verliert.

Sportkleidung: Was braucht man wirklich?

Für normales Fitnesstraining brauchen Sie nicht besonders auf spezielle Kleidung zu achten. Hauptsache ist, Sie fühlen sich wohl. Es gibt einige geeignete Basics – Hemden, Shorts, Socken und Schuhe – die Ihnen beim Sport genügend Bewegungsfreiheit lassen.

Hemden

Ein T-Shirt ist eigentlich alles, was Sie brauchen. Denken Sie daran, dass ein zu kurzes Hemd mehr Schweiß auf die Trainingsgeräte tropfen lässt und Ihre Organe nicht genügend bedeckt. Für Aerobic-Sportarten wie Rad fahren ist es ratsam, ein Hemd aus einer Faser zu tragen, die Feuchtigkeit absorbiert. Dadurch bleibt die Haut bei Hitze kühler und bei Kälte wärmer.

Shorts

Achten Sie auf maximalen Komfort und minimale Einengung. Die Palette reicht von einfachen Baumwoll- oder Mischfaser-Turnhosen, die für viele Zwecke (Gewichtheben, Laufen, Rad fahren) verwendet werden können, bis zu hautengen Shorts aus Lycra, die stützen und Feuchtigkeit aufsaugen, aber jede ihrer Körperkonturen erkennen lassen.

Socken

Baumwolle fühlt sich zwar an einem trockenen Fuß am besten an, aber sie absorbiert und speichert Feuchtigkeit. Für schwitzende Füße ist eine Mischung aus Baumwolle und Chemiefaser besser. Mischfasern absorbieren nicht so stark, leiten Flüssigkeit nach außen und trocknen schneller.

Schuhe

Welchen Sport Sie auch treiben, Sie brauchen gut passende, bequeme Schuhe, die den Fuß gut stützen. Ob Sie Spezialschuhe brauchen, hängt davon ab, wie viel Zeit Sie in den Sport investieren wollen. Laufen ist eine Ausnahme. Egal wie selten Sie es tun, dieser Sports verlangt einen qualitativ hochwertigen Laufschuh, denn der Aufprall auf den Boden muss gut abgefedert werden.

Das ist auch einer der Gründe, warum so viel Aufhebens um Spezialschuhe gemacht wird. Es gibt die verschiedensten Modelle zum Laufen, Gehen, Wandern, Tennis, Rad fahren, Aerobic. Brauchen Sie wirklich für jede Aktivität einen anderen Schuh?

Eigentlich nicht, wobei für manche Sportarten ein Spezialschuh wichtiger ist als für andere. Als Faustregel gilt: wenn Sie einen Sport dreimal oder öfter pro Woche machen, ist ein Spezialschuh angebracht, damit Ihre Füße nicht unnötigen Belastungen ausgesetzt sind. Vor allem wenn Sie regelmäßig laufen, brauchen Sie unbedingt einen guten Schuh, ansonsten wird dieser Sport aufgrund der sich ständig wiederholenden Bewegungen und der damit verbundenen Anstrengung zur Qual.

Hier sind einige Einkaufstipps:

• Vertrauen Sie nie der Größe auf den Schuhkartons. Sie kann von einem Modell zum anderen völlig unterschiedlich ausfallen. Bestellen Sie nichts im Versand, außer, der Händler bietet großzügige Umtauschmodalitäten an.

• Bestehen Sie auf die richtige Passform. Zwischen Zehen und Schuhspitze sollte ein Daumen passen. Der Fußballen muss bequem in der weitesten Stelle des Schuhs liegen, und die Ferse sollte gut anliegen, ohne zu rutschen. Lassen Sie sich nicht von Verkäufern einreden, dass ein Schuh bequemer wird, wenn er erst „eingelaufen" ist. Er sollte bereits beim Anprobieren angenehm zu tragen sein.

• Probieren Sie beide Schuhe an. Oft ist ein Fuß etwas kleiner als der andere.

• Kaufen Sie Schuhe im Geschäft möglichst spät am Tag. Die Füße schwellen zwischen morgens und abends um etwa fünf Prozent an. Probieren Sie Schuhe an, während Ihre Füße am größten sind, also am späten Nachmittag, dann passen sie später ganz sicher.

Geräte für ein individuelles Training

Nachdem Sie sich einmal entschieden haben, welche Art von Training Sie machen möchten, geht die eigentliche Wahl erst los. Es gibt nämlich eine große Auswahl an Fitnessgeräten. Sie beginnt bei billigen Ausführungen für Anfänger und endet bei teuren Spitzenprodukten für Profis, die zahlreiche, für den "Normalverbraucher" überflüssige Extras besitzen. Hier sind einige Richtlinien für den Kauf der gängigsten Ausrüstungsgegenstände für drinnen und draußen:

▲ *Ein Mountainbike hat für jedes Terrain den richtigen Gang.*

Fahrräder
Mountainbikes sind dank ihrer dicken profilierten Reifen, den vielen Gängen und dem Federungssystem für Ausflüge in die Natur bestens geeignet. Die beliebtesten und erschwinglichsten Rahmenmaterialien sind Stahllegierung (stark und elastisch, aber schwer) und Aluminium (spröde und steif, aber leicht). Eine Federung ist gut für holperige Strecken, aber unnötig auf sanften, ebenen Wegen. Natürlich gibt es auch noch das Rennrad: Es ist schnittig und schnell und daher besser geeignet, wenn Sie hauptsächlich auf Asphalt unterwegs sind.

Fahrradausrüstung: Wenn Sie Rad fahren (ob auf Mountainbike oder mit Rennrad), sollten Sie auf einige Accessoires Wert legen.
- Der Helm. Er ist unverzichtbar, denn die meisten Verletzungen bei Fahrradunfällen passieren am Kopf.
- Gepolsterte Shorts. Sie verhindern, dass Sie bei ausdauerndem Treten wunde Stellen durch den Sattel bekommen.
- Gepolsterte Handschuhe. Sie sorgen dafür, dass keine Blutgefäße oder Venen an der Hand gequetscht werden.

Heimtrainer
Fitness-Fahrräder sind relativ günstig. Die Pedale drehen sich gegen ein schweres Schwungrad oder einen anderen Widerstand. Metallbremsen, die auf das Schwungrad einwirken, können sich abnutzen. Andere Räder arbeiten mit Luftwiderstand oder Magnetismus. Dadurch wird eine Kraft erzeugt, gegen die sich auf angenehme Weise ankämpfen lässt.

Rudergeräte
Rudergeräte sind nach einer Beliebtheitswelle in den Achtzigern außer Mode geraten. Das lag zum Teil daran, dass die Geräte für den Massenkonsum nicht besonders geeignet waren. Hochwertige Geräte konnten sich aber behaupten. Der Benutzer zieht dabei an einem Griff, der über ein Kabel oder einen Gurt ein schweres Schwungrad bewegt. Kaufen Sie kein Gerät, bei dem der Widerstand durch einen hydraulischen oder pneumatischen Zylinder erzeugt wird. Dieser kann schnell kaputtgehen, außerdem ähneln die Bewegungen hierbei weniger dem wirklichen Rudern.

Langlaufski
Indoor-Skier im Nordic-Track-Stil sind eines der besten Fitnessgeräte überhaupt. Sie bieten gutes Aerobictraining, bei dem die obere und untere Körperhälfte zugleich trainiert werden, und kosten nicht viel. Die Bewegung einer Skimaschine ist zunächst unangenehm – man muss sich erst daran gewöhnen. Sie haben die Wahl zwischen Modellen, bei denen die Füße unabhängig voneinander bewegt werden können, und anderen, bei denen die Fußbewegungen zusammenhängen. Nordic-Track bringt traditionell Geräte mit unabhängigen Fußbewegungen auf den Markt. Das fühlt sich eher wie echtes Langlaufen an. Geräte mit gekoppelten Bewegungsabläufen sind einfacher zu beherrschen.

▲ *Langlaufmaschinen sind ein gutes Allround-Fitness-Gerät.*

Laufbänder
Kaufen Sie ein Gerät mit motorbetriebenem Band, auf dem Sie gehen oder laufen. Der Motor sollte mindestens 1,5 PS haben und für den Dauerbetrieb ausgeschrieben sein. Bei billigeren Geräten kann es nämlich vorkommen, dass das Band bei längerem Betrieb langsamer wird. Vergewissern Sie sich, dass der Gurt groß genug ist, um sich darauf zu bewegen. Motorisierte Laufbänder gehören zu den teuersten Sportgeräten. Wenn Sie nicht so viel ausgeben wollen, kaufen Sie ein Modell, auf dem Sie bergauf laufen können.

Powerstepper
Es gibt zwei Arten: Stepper trainieren nur die Beine, Climber beziehen auch die Arme ein, so, als ob man auf eine Leiter steigt. Sie müssen sich außerdem für eine bestimmte Fußplattform entscheiden. Bei manchen Modellen geht der eine Fuß automatisch nach oben, wenn der andere sich nach unten bewegt. Bei anderen werden beide Füße unabhängig voneinander bewegt. Beide Methoden funktionieren gut. Die besten Geräte besitzen keine pneumatischen oder hydraulischen Zylinder als Widerstand, sondern arbeiten mit Kabeln oder Ketten, die ein Schwungrad bewegen. Professionelle Geräte sind in den Details besser gearbeitet und ergonomischer.

Inline Skates
Je nach Verwendungszweck gibt es verschiedene Skates: für Hockey, Fitness, Erholung und Geschwindigkeit. Ein gut passender Stiefel (der innen mit Schaumstoff ausgekleidet ist und außen aus Plastik besteht, das mit den Rollen verbunden ist) ist besonders wichtig. Stiefel zum Schnüren passen oft besser, aber Schnallen lassen sich schneller öffnen und schließen. Achten Sie beim Kauf auch besonders auf die Qualität des Rollenlagers.

Ausrüstung für Inline-Skater: Wie beim Radfahren ist auch für diesen Sport Schutzkleidung notwendig:
• Der Helm. Sie können sich beim Skaten auf verschiedenste Weise verletzen. Ein guter Helm verhindert schlimme Kopfverletzungen.
• Schoner. Besonders verletzungsgefährdet sind Ellbogen, Handgelenke und Knie. Kein Skateroutfit ist vollkommen ohne Schoner, die diese Stellen schützen.

▲ *Gut passende Stiefel sind beim Skaten besonders wichtig.*

▲ *Ein Stepper trainiert effektiv die untere Körperhälfte.*

Skier
Inzwischen gibt es mehr Auswahl an Skiern als je zuvor. Traditionelle Kategorien wie Slalom (gut für schnelle Wendungen) und Riesenslalom (ein schnell ansprechender Allzweck-Ski für geschickte Abfahrer) wurden ergänzt durch leicht kontrollierbare Parabolic-Skier, Pulverschnee-Skier und Modelle, die sowohl auf Pulverschnee als auch auf vereisten Flächen gut fahren. Achten Sie auf die Qualität des Ptex, dem rutschigen Material auf der Unterseite der Skier, und vor allem auf passende Skistiefel. Snowboards sind eine gute Alternative zu Skiern, und die Technik lässt sich vor allem relativ leicht lernen. Auch bei Langlaufskiern ist die Auswahl an Modellen inzwischen sehr groß.

Kajaks
Beim Kauf eines Kajaks ist entscheidend, wo Sie damit fahren möchten. Flusskajaks haben einen eher abgerundeten Rumpf, damit sie in turbulenten, felsenreichen Gewässern leichter zu manövrieren sind. Touring oder Meereskajaks sind länger, flacher und stabiler. Sie sind für längere Fahrten in Seen, Häfen oder Ozeanen geeignet. Polyurethan ist ein haltbares, billiges Material für Kajaks, das für die Meisten in Frage kommt. Erfahrene Kajakfahrer kaufen allerdings oft maßgefertigte Kajaks aus Fiberglas. Wofür Sie sich auch entscheiden, achten Sie immer darauf, dass genügend Beinfreiheit vorhanden ist.

Aufwärmen

Das Aufwärmen scheint für manche reine Zeitverschwendung zu sein. Warum nicht gleich das „richtige" Training anfangen, um Zeit zu sparen? Wenn Sie in guter körperlicher Verfassung und gerade sehr in Eile sind, ist das ausnahmsweise erlaubt. Dennoch wird Ihr Training besser, wenn Sie sich aufwärmen.

Warum Aufwärmen?

Machen Sie nicht den Fehler, sich nur schnell und halbherzig aufzuwärmen, um dann sofort mit anstrengenden Aerobicübungen oder hartem Gewichtstraining zu beginnen. Ein Weltmeister hat es so formuliert: Die Leute sind ungeduldig; sie wollen sofort voll anpacken, damit sie das Gefühl haben, dass sie etwas von ihrem Training haben. Doch was sie damit lediglich erzielen, ist eine schlechte Leistung, oder schlimmer, eine Verletzung.

Aufwärmübungen steigern die Körpertemperatur und machen Muskeln, Sehnen und Bänder dehnbarer. Dadurch sind sie weniger anfällig für Verletzungen, wie zum Beispiel mikroskopisch kleine Risse. Eine leichte Aktivität zu Beginn bereitet Körper und Geist bereits auf die anstrengendere Arbeit vor. Das Blut fließt von den Organen wieder zu den Muskeln.

Ihre Aufwärmroutine

Machen Sie eine der in diesem Kapitel vorgeschlagenen Übungen, oder auch mal zwei verschiedene hintereinander. Sie sollten sich fünf bis zehn Minuten lang aufwärmen.

Stretching

Nachdem Sie Ihre Muskeln fünf bis zehn Minuten lang locker beansprucht haben, sollten Sie Stretchingübungen machen. Fachleute betrachten Stretching als Bestandteil jeder effektiven Aufwärmroutine. Strecken Sie sich fünf bis zehn Minuten und halten Sie jede Dehnung 30 Sekunden lang. (Stretchingübungen finden Sie unter "Übungen für bessere Beweglichkeit" auf den Seiten 98–101). Wichtig ist, dass Sie die Übungen so kombinieren, dass jeder Teil des Körpers gedehnt wird.

Treppensteigen

Steigen Sie mit dem einen Fuß eine Stufe hoch, dann mit dem nächsten, und wieder mit einem Fuß hinunter, dann mit dem nächsten. Wiederholen Sie diese Bewegung gleichmäßig. Jede Minute wechseln Sie den Ausgangsfuß. Hohes Tempo ist dabei nicht das Ziel: fünf bis zehn Minuten sind genug, damit die Körpertemperatur ansteigt.

Auf-der-Stelle-Laufen

Wenn Sie keine Fitnesstreppe besitzen, können Sie als Alternative auch auf ebenem Boden auf der Stelle laufen. Die körperliche Anstrengung und Belastung dabei ist nur mäßig. Versuchen Sie, auch den Oberkörper mit einzubeziehen, indem Sie übertriebene Laufbewegungen mit den Armen machen, oder die Arme langsam kreisen lassen.

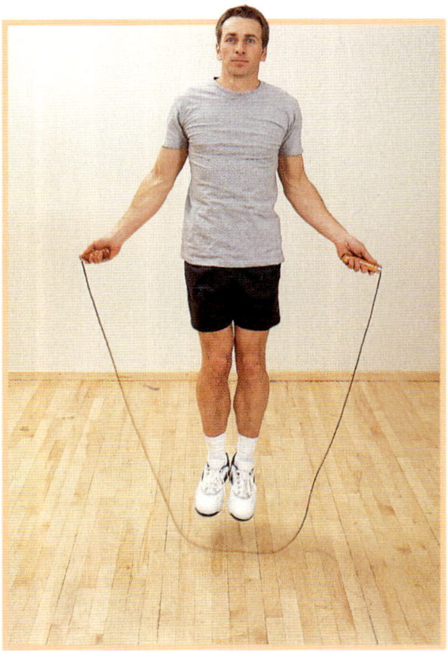

Seilspringen

Eine lustigere Variante zum Auf-der-Stelle-Laufen ist das Seilspringen. Es stärkt die Kondition und trainiert alle Körpermuskeln. Für Aufwärmzwecke springen Sie mit beiden Füßen gleichzeitig. Machen Sie kleine Bewegungen, springen Sie nicht zu hoch und schwingen Sie das Seil mit minimalen Arm und Handgelenksbewegungen.

So werden die Muskeln besser mit Nährstoffen und Sauerstoff versorgt, was sie kräftiger und ausdauernder macht.

Das Aufwärmen soll weder viel Zeit beanspruchen – fünf bis zehn Minuten reichen völlig aus – noch besonders anstrengend sein. Sie sollten nur so viel tun, dass Sie leicht ins Schwitzen kommen, aber nicht außer Atem geraten, denn das raubt Ihnen die Energie, die Sie für das eigentliche Training benötigen.

Dieses Kapitel beschreibt fünf gängige Aufwärmübungen. Sie können natürlich auch andere Übungen machen, die Ihrem Lebensstil und Ihrem Temperament besser entsprechen, z. B. Gartenarbeit. Zehn Minuten Laub rechen reichen aus.

Diese und ähnliche Aktivitäten tragen in hohem Maße zur körperlichen Fitness bei, und sie sind zum Aufwärmen ideal.

Die Kunst des Abwärmens

Das Aufwärmen wird bekanntermaßen gerne vernachlässigt, das Abwärmen jedoch oft völlig ignoriert. Es ist aber sehr wichtig, vor allem nach einem anstrengenden Training, bei dem die Muskeln stark beansprucht wurden.

Die Bedeutung des Abwärmens oder Cooldown hat mit dem Blutkreislauf zu tun. Beim Training schlägt das Herz schneller, und die Blutgefäße erweitern sich, damit mehr Sauerstoff und Nährstoffe zu den Muskeln transportiert werden können. Wenn Sie plötzlich mit den Übungen aufhören, beginnt Ihr Herz langsamer zu schlagen, aber die Blutgefäße bleiben noch eine Zeit geöffnet. Das Ergebnis ist, dass sich das Blut in den Extremitäten ansammelt, nicht mehr richtig zirkuliert und andere Bereiche, wie das Gehirn, unterversorgt sind. In diesem Fall fühlen Sie sich leicht benommen und schwindlig. In schlimmeren Fällen, wenn Sie ziemlich außer Form oder sogar anfällig für Herzkrankheiten sind, kann Ihr Herz unnötig unter Stress geraten. Sie sollten die Blutzirkulation nach dem Training auch deswegen aufrecht erhalten, damit Abfallprodukte aus dem Stoffwechsel wie Milchsäure besser abgebaut werden und die Muskeln wieder mit Energie versorgt werden.

Für das Cooldown brauchen Sie keine besonderen Übungen. Eine Möglichkeit ist, das zu tun, was Sie beim Training getan haben, allerdings nur mit 50 bis 60 Prozent der Anstrengung.

Wenn Sie beispielsweise laufen, verlangsamen Sie zum Abwärmen einfach Ihr Tempo auf einen flotten Spazierschritt. Stellen Sie sich vor, Sie würden eine Siegerrunde drehen. Wenn Sie von Ihrem Training zu erschöpft sind, können Sie auch eine der hier vorgeschlagenen Aufwärmübungen machen.

Das „Cooldown" nach dem Training sollte fünf bis zehn Minuten dauern. Denken Sie daran: Je anstrengender Ihr Training war, desto länger sollten Sie sich danach abwärmen.

So lassen sich Muskelkater und Verletzungen wirksam vorbeugen.

Richtig Aufwärmen

Ein gutes Aufwärmtraining hält in den Muskeln bis zu 45 Minuten lang an. Der Effekt ist dann am größten, wenn Sie den Erfolg wirklich spüren. Das ist der Fall, wenn Ihre Körpertemperatur erhöht ist und leichtes Schwitzen und ein schnellerer Pulsschlag Ihnen zeigen, dass Ihr Körper bereit für schwerere Aufgaben ist. Wenn dieser Zustand nicht weiter anhält, sind Sie nicht gut genug auf Ihr Training vorbereitet. In diesem Fall müssen Sie sich nicht unbedingt neu aufwärmen, aber Sie sollten Ihr Training langsam angehen und die Intensität der Übungen sanft steigern.

Rad fahren

Wenn Sie ein Fahrrad besitzen, fahren Sie einfach eine Runde um den Block. Bei schlechtem Wetter können Sie sich natürlich auch auf den Heimtrainer setzen. Fahren Sie nicht so schnell wie bei beim so genannten Spinning, aber programmieren Sie genügend Widerstand oder treten Sie so kräftig, dass Sie tiefer atmen.

Gehen

Erhöhen Sie das Tempo nach und nach. Nach etwa zwei Minuten in gemütlichem Tempo gehen Sie schneller, wobei Ihr Oberkörper mehr in die Bewegungen mit einbezogen wird. Ein paar Minuten später laufen Sie in einem flotten Tempo, schwingen die Arme und machen längere Schritte. Behalten Sie diese Geschwindigkeit bis zum Ende bei.

Ausdauer ist angesagt

Egal, wie alt Sie sind und wie viel Sie wiegen – wenn Sie gesund bleiben wollen, sollten Sie Aerobictraining machen. Aerobicübungen verbessern die Funktion von Herz, Lungen, Muskeln und Kreislauf, verbrennen überschüssiges Fett und schützen Sie vor einer Reihe von Gesundheitsproblemen.

Mit großen Schritten in Richtung Fitness

Herz und Lungen arbeiten zusammen, um die Muskeln mit Sauerstoff zu versorgen. Das ist notwendig, damit diese die Energie freisetzen können, die für Bewegung und Anspannung nötig ist. Aerobicübungen zwingen Herz und Lungen, härter zu arbeiten. Davon profitiert der ganze Körper, weil er besser mit Sauerstoff und Nährstoffen versorgt wird. Ihr Stoffwechsel wird beschleunigt und Sie sind geschützt gegen Herzkrankheiten sowie viele andere Leiden.

Aerobic-Fitness hat eine direkte Auswirkung auf das Herz-Kreislauf-System. Wenn Sie regelmäßig Aerobic machen, ist das Risiko einer Herzattacke um 64 Prozent niedriger als bei Untrainierten. Das ergab eine Studie, bei der 17 000 Akademiker auf Gesundheit und Lebensweise untersucht wurden.

Der Trainingsfahrplan

In den Zwanzigern
15 bis 20 Minuten Montag, Mittwoch und Freitag; zwischen 80 und 85 Prozent der maximalen Herzfrequenz.

In den Dreißigern
30 Minuten Montag, Mittwoch und Freitag; bis 70 Prozent der maximalen Herzfrequenz.

In den Vierzigern
25 Minuten Montag und Freitag; bis zu 70 Prozent der maximalen Herzfrequenz. Dienstag und Donnerstag 30 Minuten leichte Aktivität wie flottes Spazieren gehen.

Ab den Fünfzigern
20 Minuten Montag und Freitag; bis zu 70 Prozent der maximalen Herzfrequenz. Dienstag und Donnerstag 30 Minuten flott spazieren gehen.

Wie weit darf man gehen?

Sie müssen natürlich hart arbeiten, um eine gute Kondition zu erlangen, aber nicht so hart, dass Sie ermüden. Wie stark Sie sich anstrengen können, bemisst sich nach Ihren Körperfunktionen. Herz und Lungen sollen zwar gefordert werden, aber nicht so weit, dass die Muskeln mehr Sauerstoff und Nährstoffe benötigen, als der Körper liefern kann.

Wenn Sie Ihre maximale Herzfrequenz kennen, können Sie bestimmen, wie intensiv Ihr Körper beim Aerobictraining arbeiten darf. Die Tabelle zeigt den „Trainingsbereich“. Suchen Sie Ihr Alter an der unteren Achse und gehen Sie nach oben, bis zu dem Prozentsatz, den Sie anstreben. Dann gehen Sie zu der Skala nach rechts. Dort sehen Sie, wie oft Ihr Herz pro Minute schlagen sollte.

Versuchen Sie, am unteren Ende des Trainingsbereichs zu bleiben, also bei 70 Prozent. Je nach Alter und Fitness können Sie etwas mehr oder weniger anpeilen. Fangen Sie langsam an und bauen Sie nach und nach auf.

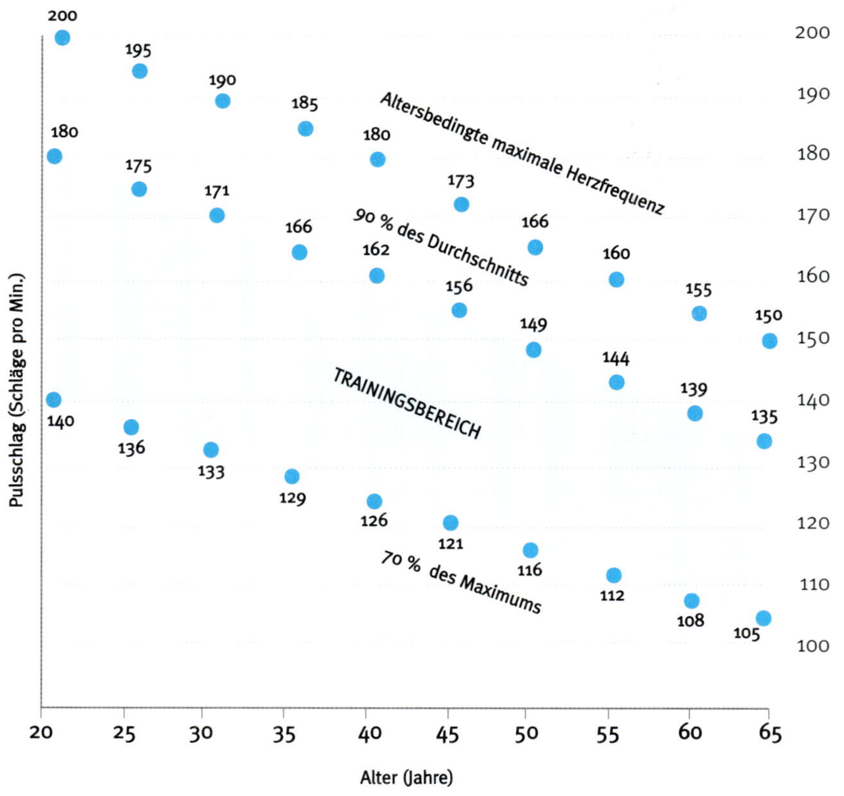

Der Fähigkeit, mit Aerobic die Fitness zu steigern, sind durch das individuelle Fitnessniveau sowie die Erbanlagen Grenzen gesetzt. Dennoch kann jeder seine Leistungen verbessern, indem er die drei Grundsätze beachtet: Intensität, Häufigkeit und Dauer.

Wie hart?

Damit eine Tätigkeit den gewünschten Aerobic-Erfolg bringt, sollte der Herzschlag bei ca. 70 Prozent der maximalen Geschwindigkeit liegen.

Um genau zu wissen, wie schnell Ihr Herz beim Training schlägt, müssen Sie immer wieder Ihren Puls fühlen. Dazu beenden Sie die Übung und legen zwei Finger (nicht den Daumen) auf die Arterien an der Innenseite Ihres Handgelenks am Daumenansatz. Für eine exakte Messung zählen Sie zehn Sekunden lang die Schläge und multiplizieren das Ergebnis mit sechs. (Wenn Sie 60 Sekunden lang zählen, wird das Ergebnis ungenau, da Ihr Herz ja in der Trainingspause langsamer wird.)

Wie oft?

Experten empfehlen Aerobictraining dreimal pro Woche, mit jeweils einem Tag Pause dazwischen. Der Pausentag ist wichtig. Er lässt Ihnen nicht nur Zeit für andere Interessen, er erlaubt Ihrem Körper außerdem, trainingsbedingte, mikroskopisch kleine Schäden an den Muskeln zu reparieren. Durch diesen Prozess werden die Muskeln, und damit Sie, stärker.

Wie lange?

Jedes Training sollte 20 bis 30 Minuten dauern. Viele Männer wissen allerdings nicht, dass auch kürzere Einheiten viel bringen, zum Beispiel dreimal am Tag zehn Minuten.

Kalorien verbrennen!

Beginnen Sie Ihr Aerobictrainingsprogramm langsam. Dann bauen Sie die Intensität (Wie hart), Häufigkeit (Wie oft) und Dauer (Wie lange) in dem Maße auf, in dem sich Ihre Fitness steigert.

Damit Sie sehen können, wie sich diese Steigerungen auswirken, listet die Tabelle unten auf, wie viel Kalorien bei verschiedenen Tätigkeiten in bestimmten Zeitintervallen verbrannt werden.

Aktivität	15 min.	30 min.	45 min.	60 min.
Rad fahren				
20 km/h	142	283	425	566
30 km/h	213	425	638	850
Rudern	104	208	310	415
Laufen				
5min. km	183	365	548	731
4min. km	223	446	670	893
Schwimmen				
33 m/min.	124	248	371	497
45 m/min.	131	261	392	523
Zirkeltraining	189	378	576	756
Langlaufski	146	291	437	583

Testen Sie Ihre Fitness

Ihr Pulsschlag im Ruhezustand ist ein verlässlicher Indikator für ihre allgemeine Kondition. Ein Herz, das nicht in Form ist, hat es nämlich auch dann schwerer, das Blut zu pumpen, wenn der Körper sich im Ruhezustand befindet. Je besser Ihre Fitness ist, desto niedriger ist Ihr Ruhepulsschlag.

Der durchschnittliche untrainierte Mann hat einen Ruhepulsschlag von 80 bis 100 Schlägen pro Minute. Bei einem hochtrainierten Athleten hingegen schlägt das Herz im Ruhezustand ungefähr 60 Mal.

Um Ihren Ruhepuls zu messen, fühlen Sie morgens gleich nach dem Aufwachen den Puls an Hals oder Handgelenk. Zu dieser Zeit ist Ihr Organismus garantiert im Ruhezustand. Zählen Sie einfach die Pulsschläge einer vollen Minute, dann wissen Sie über Ihre Fitness schon etwas besser Bescheid und können sich eventuell gleich ein Programm erarbeiten!

Zwei Arten von Ausdauer

Auch wenn es vielleicht nicht so scheint: Es gibt eigentlich zwei verschiedene Arten von Ausdauer: die eine betrifft Herz und Kreislauf, die andere die Muskeln.

- Die Herz-Kreislauf-Kondition betrifft die Fähigkeit, viele Treppen zu steigen, ohne Herzklopfen zu bekommen oder außer Atem zu geraten.
- Die Muskel-Kondition betrifft die Fähigkeit, anstrengende Bewegungen wie zum Beispiel Laufen durchzuhalten, ohne dass die Beine sich wie Gummi anfühlen.

Aerobicübungen stärken beide Arten von Ausdauer. Es hängt allerdings von der jeweiligen Aktivität ab, welche Muskeln in welchem Maße davon profitieren. Laufen zum Beispiel fördert die Herz-Kreislauf-Kondition, weil Herz und Lungen dabei beansprucht werden. Auch die Muskelkondition der Beine wird verbessert. Auf die Kondition der Armmuskeln und des Oberkörpers wirkt sich diese Sportart jedoch kaum aus, da diese dabei nur wenig bewegt werden.

Entscheiden Sie sich!

Eigentlich gilt jede Aktivität, die Ihr Herz beschleunigt und die Atmung stärkt, als gutes Ausdauertraining. Wofür Sie sich also entscheiden, ist im Grunde Geschmackssache. Wählen Sie am besten eine Sportart aus, bei der Sie auch über längere Zeit bleiben möchten.

Rad fahren

Für Aerobictraining auf dem Fahrrad müssen Sie mit gleichbleibender Kraft in die Pedale treten. Sie sollten nicht allzu oft im Leerlauf den Berg herunterrollen. Spitzenradfahrer streben eine Leistung zwischen 80 und 100 ganzen Umdrehungen pro Minute (U/min) an. Gelegenheitsfahrer erreichen um die 50 U/min, was als Trainingsminimum gilt. 60 bis 90 ist der Durchschnitt für gute Radler.

Die Anzahl der Umdrehungen erhalten Sie, indem Sie zählen, wie oft Ihr rechter Fuß das Pedal einmal ganz herum tritt.

Versuchen Sie, Ihre Leistung jede Woche um 10 U/min zu erhöhen. Sobald Sie hohe Umdrehungszahlen erreichen, können Sie höhere Gänge benutzen. Das ist zwar anstrengender, macht Sie aber stärker und schneller und das ist schließlich das Ziel der Übung.

Ski fahren

Dieser Sport ist ein hervorragendes Ausdauertraining für den ganzen Körper, ist aber von bestimmten Voraussetzungen abhängig. Man braucht Pisten, genügend Schnee und natürlich die Zeit, um in die Wintersportgebiete zu gelangen. Daher ist dieser Sport nicht unbedingt als dauerhafte Aktivität geeignet. Wenn man allerdings ein Langlaufskigerät zu Hause hat, kann man diesen Sport auch in warmen Jahreszeiten ausüben.

Wenn Sie zu Hause am Skigerät trainieren, sollten Sie langsam beginnen, vor allem, wenn Sie noch nicht mit den Bewegungen des Geräts vertraut sind.

Üben Sie in der ersten Woche nur bis zu 15 Minuten. Sobald Sie das Gerät beherrschen, können Sie richtig loslegen. Erst 20 Minuten, dann steigern Sie sich langsam, bis Sie nach drei Wochen bei 30 Minuten angelangt sind.

Rudern

Als Aerobicübung ist Rudern sehr gut geeignet, da alle größeren Muskelpartien des Körpers gleichzeitig trainiert werden. Bevor Sie anfangen, sollten sie sich jedoch von einem Fachmann einweisen lassen – viele Männer beanspruchen nämlich bei diesem Bewegungsablauf die Rückenmuskulatur zu stark.

Die erste Trainingseinheit am Rudergerät sollte nicht länger als fünf Minuten dauern. Im Laufe der nächsten Wochen, nachdem Sie sich an die Bewegung gewöhnt haben, steigern Sie das Training schrittweise auf bis zu 20 bis 30 Minuten. Wenn es Ihnen zu eintönig wird, können Sie immer wieder kurze Intervalle stärker rudern, um Kraft aufzubauen.

Laufen

Dieser Sport gehört zu den natürlichsten Bewegungsabläufen – etwas, das Sie schon Ihr Leben lang getan haben. Doch wenn Sie in letzter Zeit nicht viel gelaufen sind, müssen Sie langsam anfangen. Messen Sie Ihre Leistung zunächst in Zeit, nicht in Kilometern.

▲ *Ob draußen oder drinnen – Rad fahren ist ein gutes Ausdauertraining. 50 U/min sollten das Minimum sein.*

▲ *An ein Langlaufskigerät muss man sich erst gewöhnen, doch die Mühe lohnt sich: Es ist ein fantastischer Kalorienkiller.*

▲ *Rudern trainiert jede Muskelpartie des Körpers. Lassen Sie sich die korrekte Technik zeigen, bevor Sie richtig loslegen.*

Versuchen Sie, jede Woche zwei bis vier Mal für jeweils 20 bis 30 Minuten zu laufen. In der ersten Woche genügt jedes Mal ein 20minütiger flotter Spaziergang.

In der zweiten Woche gehen Sie dann 30 Minuten. Sie können auch abwechselnd gehen und laufen. Wenn Ihre Kondition besser wird, laufen Sie länger als Sie gehen. Sobald Sie volle 30 Minuten laufen können, sollten Sie beginnen, den Fortschritt nach Kilometern zu bemessen. Steigern Sie sich aber jede Woche nicht mehr als um zehn Prozent – und auch nur, wenn Sie sich dazu in der Lage fühlen.

Um die Belastung für den Körper gering zu halten, sollten Sie Asphalt vermeiden und auf weichem, ebenen Boden laufen.

Schwimmen

Für diesen Sport muss Ihre Ausdauer sehr gut sein, denn Sie müssen unter Wasser ja den Atem anhalten.

Bahnen schwimmen ist das Grundprogramm des Schwimmtrainings. Für Fitness-Schwimmen sollten Sie zehn Bahnen eines olympiagerechten Beckens ohne Pause schaffen. Für die meisten Anfänger ist das ziemlich schwierig.

Eine Möglichkeit, die Kondition zu verbessern, sind Übungen, bei denen Sie sich auf einen Körperteil konzentrieren. Strecken Sie zum Beispiel einen Arm vor sich aus und bewegen Sie sich nur mit Hilfe des anderen Arms fort. Oder Sie strecken beide Arme bewegungslos aus und treten nur mit den Füßen, um vorwärts zu kommen.

Zirkeltraining

Zirkeltraining ist zur Hälfte ein Ausdauersport, zur anderen Hälfte Krafttraining. Es beinhaltet Gewichtheben, aber im Gegensatz zu den meisten Krafttrainingsprogrammen machen Sie nie mehrere Sätze einer bestimmten Übung in einer Sitzung. Statt dessen gehen Sie schnell zur nächsten Übung über. Ein „Zirkel" kann aus sechs bis zwölf Übungen bestehen.

Machen Sie als Minimum die Grundübungen, die im nächsten Abschnitt „Übungen für größere Muskelkraft" auf Seite 92 beschrieben sind. Wiederholen Sie die Übungen acht bis zwölf Mal, wobei jede Einzelne ungefähr sechs Sekunden gehalten wird. Ruhen Sie sich zwischen den Stationen nur etwa 15 Sekunden (höchstens 30 Sekunden) aus, damit Ihr Pulsschlag auf Touren bleibt.

Bei einem Wochenprogramm von drei Trainingstagen machen Sie im ersten Monat nur einen Zirkel pro Trainingstag.

Im zweiten und dritten Monat kommt dann je ein Zirkel pro Trainingstag dazu, erst im vierten Monat ein dritter.

Wie viel ist genug?

Für eine gute Gesundheit galt bisher die Regel, an drei Tagen pro Woche jeweils 20 bis 30 Minuten Aerobictraining zu machen. Inzwischen haben Studien ergeben, dass der positive Effekt dieser Übungen auch in mehreren kürzeren Trainingseinheiten erzielt werden kann. Wenn Sie also dreimal täglich zehn Minuten gemäßigtes Aerobictraining machen, ist das genauso gut wie einmal 30 Minuten. Die Definition von „gemäßigtem Training" schließt nun auch eine Vielzahl alltäglicher Tätigkeiten mit ein, zum Beispiel Wände streichen, Taschen tragen oder Angeln.

▲ Laufen kann Ihr Leben verändern. Anfänger sollten langsam beginnen und abwechselnd gehen und laufen.

▲ Schwimmen trainiert den Körper ohne ihn zu stark zu belasten. Man muss ja keine olympischen Rekorde aufstellen.

▲ Zirkeltraining ist eine Mischung aus aeroben und anaeroben Übungen, die gemeinsam jeden Körperteil trainieren.

Die Muskelkraft macht's!

Beim Training mit Gewichten denkt fast jeder an Muskelprotze. Aber Hantelstemmen ist nicht bloß gut für Möchtegern-Schwarzenegger. Kräftige Muskeln lassen Sie nicht nur gut aussehen, sie schützen auch vor Verletzungen und Rückenschmerzen.

Erfolgreiches Krafttraining

Durch Training mit Gewichten werden Sie stärker, und Ihr Körperumfang vergrößert sich. Sie bekommen einen flacheren Bauch, eine breitere Brust, kräftigere Arme und schönere Beine. Starke Muskeln bedeuten auch, dass Ihnen alle normalen Tätigkeiten rund um den Haushalt leichter fallen.

Größere Muskelkraft wirkt sich besonders positiv auf Ihre Fitness aus: Der Körper verbrennt mehr Fett, denn Muskelzellen verbrauchen mehr Energie als Fettzellen. Je mehr Muskeln Sie haben, desto leichter fällt es Ihnen, Ihr Gewicht zu halten.

Wenn Sie diese Grundprinzipien beachten, ziehen Sie den größten Nutzen aus dem Krafttraining:

- Das Gewicht sollte bei jeder Übung schwer genug sein, um den beanspruchten Muskel nach acht bis zwölf Wiederholungen zu ermüden.
- Kleine Schritte: Wenn Sie gerade mit einem Programm beginnen, heben Sie in den ersten zwei bis drei Wochen Gewichte, die Ihnen leicht erscheinen, so dass Sie ohne große Mühe zwölf Wiederholungen machen können. So können sich die Muskeln an die neue Aktivität gewöhnen. Danach laden Sie so viel auf, dass acht Wiederholungen leicht gehen (aber zwölf schwer sind). Je stärker Sie werden, desto mehr Durchgänge machen Sie. Wenn Sie zwölf Wiederholungen machen können, ohne völlig erschöpft zu sein, legen Sie Gewicht nach.
- Ausruhen. Wenn Sie mehrere Übungseinheiten machen, legen Sie ungefähr 90 Sekunden lang eine Verschnaufpause dazwischen ein, damit sich die Muskeln erholen können und für den nächsten Satz bereit sind.

Trainieren Sie die großen Muskeln. Die im Folgenden erklärten sieben Grundübungen, bei denen jeweils ganze Muskelgruppen beansprucht werden, erlauben Ihnen ein gezieltes Ganzkörpertraining.

Langsam, aber kontinuierlich

Wie schnell sollten Sie Gewichte heben? Schnelle Bewegungen sind zu vermeiden, da sie die Muskeln und Sehnen zu stark belasten. Mit langsamen und kontinuierlichen Bewegungen vermeiden Sie nicht nur Verletzungen. Sie verhindern auch, dass die Schwerkraft Ihnen die Arbeit abnimmt. Am besten sind sechs Sekunden für jedes Heben: zwei Sekunden nach oben und vier Sekunden nach unten. Sie sollten längere Zeit auf die Abwärts- oder Negativbewegung verwenden, denn damit werden Ihre Muskeln um 20 Prozent schneller aufgebaut als mit der Aufwärts- oder Positivbewegung.

Das Training

Alle Übungen in diesem Abschnitt werden mit freien Gewichten gemacht und sind daher für zu Hause und für das Fitnessstudio geeignet.

Das Grundprogramm besteht aus sieben Übungen: Ausfallschritt, Bankdrücken, Einarmiges Rudern mit Kurzhanteln, Konzentrationscurls, Trizeps-Kurzhanteldrücken im Sitzen und Langhantelkniebeuge hinten (auf den Seiten 93 bis 96). Die anderen Übungen (Wadenwippen, Fliegende Bewegung im Liegen und Seitheben) dienen als Ergänzung.

Zusätzlich zu den Grundübungen machen Sie noch mindestens eine der Bauchmuskelübungen aus dem Kapitel „Der Weg zum Waschbrettbauch" auf den Seiten 110 bis 116, dann haben Sie bald einen kräftigen, wohlgeformten Körper.

Der Trainingsfahrplan

In den Zwanzigern
30 Minuten jeweils Montag, Mittwoch und Freitag; drei Sätze von jeder Übung.

In den Dreißigern
20 Minuten jeweils Montag, Mittwoch und Freitag; zwei Sätze von jeder Übung.

In den Vierzigern
20 Minuten Montag und Freitag; zwei Sätze von jeder Übung. Machen Sie donnerstags 45 Minuten Zirkeltraining mit leichteren Gewichten, und gehen Sie schnell von einer Station zur nächsten; machen Sie drei vollständige Zirkel hintereinander.

Ab den Fünfzigern
20 Minuten jeweils Montag und Freitag; 45 Minuten Zirkeltraining am Mittwoch.

„Wenn Sie fit sind, sind Ihre Muskeln stark und beweglich, und Sie werden sich schneller von einer Krankheit oder Verletzung erholen als eine untrainierte Person."

Dr. John Tanner
Beating Back Pain

So hat das Training Erfolg

Gewichtstraining beeinflusst Kraft, Größe und Ausdauer der Muskeln. Entscheiden Sie selbst, was Ihnen am wichtigsten ist. Kleine Veränderungen im Programm – stärkerer Widerstand, Anzahl der Wiederholungen oder der Pausen zwischen den Sätzen – können Ihren Erfolg in einem Bereich erhöhen, aber in einem anderen verlangsamen. Hier sind die Richtlinien für Ihren gewünschten Trainingserfolg:

Ziel	Wiederstand	Wiederhol.	Sätze	Pause
Kraft	Schwer	3–8	3–5	2–5 min.
Größe	Mittel	8–12	3–5	30–90 sec.
Ausdauer	Leicht	12–20	2–3	15–30 sec.

Ausfallschritt

Trainiert Beine und Hüften.

1 Stellen Sie sich aufrecht hin, die Füße schulterbreit. Halten Sie in jeder Hand eine Kurzhantel. Die Handflächen zeigen zu den Beinen, Arme gestreckt.

2 Machen Sie mit dem linken Fuß einen großen Schritt nach vorne. Das linke Bein sollte zu 90° gewinkelt sein, das Knie darf nicht über die Zehen hinausragen. Das rechte Bein soll im Knie gebeugt sein; der Fuß bleibt in der Ausgangsposition. Stoßen Sie sich mit dem linken Bein ab, um in die Ausgangsposition zurückzukehren. Dann folgt das rechte Bein. Machen Sie 20 Schritte (zehn auf jedem Bein).

! *Wenn Sie ein Fitnessprogramm beginnen, machen Sie die Übung zunächst ohne Kurzhanteln*

1

2

1

2

Bankdrücken

Trainiert die Brust.

1 Legen Sie sich auf eine Bank und halten Sie die Langhantel über Ihrer Brust. Fassen Sie die Stange etwas mehr als schulterbreit. Die Handflächen zeigen zu den Beinen, die Füße stehen flach am Boden und der Rücken liegt gerade auf der Bank.

2 Lassen Sie die Langhantel langsam auf Ihre Brust herunter. Ihre Ellbogen zeigen zur Seite, der restliche Körper bleibt in der Ausgangsposition. Machen Sie eine kurze Pause, während die Hantelstange leicht Ihre Brust berührt. Lassen Sie aber nie die Stange los. Dann heben Sie die Hantel wieder in die Ausgangsposition und beginnen von vorn.

1

2

Einarmiges Rudern mit Kurzhanteln

Trainiert den Rücken

1 Stützen Sie das rechte Knie und die rechte Hand auf eine Bank. Der linke Fuß bleibt flach am Boden. Nehmen Sie mit der linken Hand eine Kurzhantel. Der Rücken bleibt gerade, und Sie blicken auf den Boden. Strecken Sie die linke Hand zum Boden hin, mit gestrecktem Ellbogen. Das ist die Ausgangsposition.

2 Ziehen Sie die Kurzhantel zum Oberkörper hin, so dass sie die unteren Brustmuskeln berührt. Ihr Ellbogen zeigt zur Decke. Dann lassen Sie die Hantel in die Ausgangsposition sinken und wiederholen die Übung. Machen Sie dasselbe mit der rechten Hand.

(!) *Halten Sie immer den Rücken gerade. Wenn Sie ermüden, achten Sie darauf, dass der Rücken nicht durchgebogen ist.*

1

2

Kurzhanteldrücken im Sitzen

Trainiert die Schultern.

1 Setzen Sie sich mit leicht gespreizten Beinen auf eine Bank. Die Füße bleiben flach am Boden. Nehmen Sie eine Kurzhantel in jede Hand und halten sie mit den Handflächen nach innen auf Schulterhöhe. Das ist Ihre Ausgangsposition.

2 Halten Sie den Rücken gerade und lehnen Sie sich leicht nach vorne. Stemmen Sie die linke Hantel in die Höhe. Dabei lassen Sie die Ellbogen leicht gebeugt. Gehen Sie zurück in die Ausgangsposition und heben die rechte Hantel nach oben. Beginnen Sie wieder von vorn.

Konzentrationscurls

Trainiert den Bizeps.

1 Setzen Sie sich breitbeinig auf eine Bank. Strecken Sie den rechten Arm zwischen den Knien nach unten, Ellenbogen und Oberarm am Oberschenkel. Halten Sie eine Kurzhantel in der rechten Hand, Handfläche auswärts. Die linke Hand ruht auf dem linken Knie.

2 Heben Sie langsam die Kurzhantel zur Schulter. Der Arm wird dabei so gedreht, dass die Handfläche einwärts zeigt. Bewegen Sie sich langsam und kontrolliert. Die Position wird gestützt durch den rechten Ellbogen und die linke Hand, die auf den Knien ruhen. Gehen Sie wieder in die Ausgangsposition und wiederholen Sie die Übung mit der linken Hand.

Trizeps-Kurzhanteldrücken im Sitzen

Trainiert den hinteren Oberarm

1 Setzen Sie sich auf eine Bank und halten Sie eine Kurzhantel senkrecht hinter Ihrem Kopf. Die Hantel wird am oberen Gewicht mit beiden Händen gepackt, wobei die Finger verschränkt sind. Ihre Ellbogen sollten nach oben zeigen, die Arme bleiben in Kopfnähe.

2 Strecken Sie langsam beide Arme und heben dabei die Kurzhantel in Richtung Decke. Der Rücken bleibt gerade. Hören Sie auf, wenn die Arme nach oben weisen, aber drücken Sie nicht die Ellbogen durch. Biegen Sie die Ellbogen, um in die Ausgangsposition zurückzukehren. Wiederholen Sie die Übung.

(!) *Achten Sie darauf, dass Sie die Kurzhanteln immer fest in der Hand halten.*

Langhantelkniebeuge hinten

Trainiert Oberschenkel und Kniesehnen.

1 Legen Sie eine Langhantel im Nacken auf Ihre Schultern und halten Sie die Stange mit den Handflächen nach vorne. Stehen Sie gerade mit den Füßen schulterbreit auseinander.

2 Lehnen Sie sich mit gestreckten Knien leicht nach vorne. Dann beugen Sie die Knie und gehen mit dem Oberkörper weiter vor, als würden Sie sich auf einen Stuhl setzen wollen. Hören Sie auf, wenn Ihre Oberschenkel ungefähr parallel zum Boden sind, und gehen langsam in die Ausgangsposition zurück. Ihre Füße bleiben dabei flach auf dem Boden. Beginnen Sie von Neuem.

1

2

Wadenwippen

Trainiert die Waden.

1 Stellen Sie sich mit beiden Füßen auf ein Trittbrett, zum Beispiel eine Fitnesstreppe, eine dicke Gewichtsplatte oder einen Holzblock (Mindesthöhe 7 cm). Dabei halten Sie eine Kurzhantel in jeder Hand, die Handflächen zeigen auf die Beine. Die Fersen bleiben frei, nur Ihre Fußballen ruhen auf dem Trittbrett und tragen das Gewicht.

2 Senken Sie langsam Ihre Fersen, bis sie kurz unterhalb des Trittbretts ankommen.

3 Stellen Sie sich auf die Zehenspitzen und machen ganz oben eine kurze Pause. Wiederholen Sie die Übung.

1

2

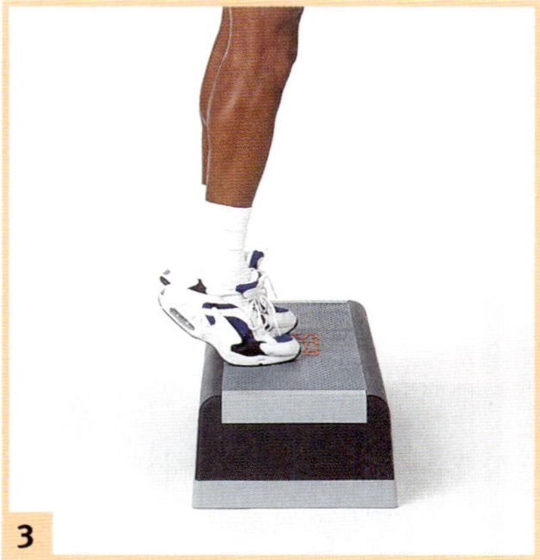

3

Fliegende Bewegung im Liegen

Trainiert die Brust.

1 Legen Sie sich mit dem Rücken auf eine Bank. Die Füße bleiben flach am Boden. Halten Sie in jeder Hand eine Kurzhantel hoch über Ihrer Brust. Die Handflächen weisen nach innen. Ihr Rücken wird gerade auf die Bank gedrückt, und die Ellbogen sind leicht gebeugt. Das ist die Ausgangsposition.

2 Die Ellbogen bleiben gebeugt, die Handgelenke gestreckt. Bewegen Sie die Hanteln auseinander, bis sie Brusthöhe erreichen. Die Ellbogen sollten einen 45°-Winkel einnehmen. Heben Sie die Kurzhanteln wieder in die Ausgangsposition.

(!) *Konzentrieren Sie sich darauf, dass die Brustmuskeln die ganze Arbeit verrichten, nicht die Schultern.*

Seitheben

Trainiert die seitlichen Schultern

1 Stehen Sie aufrecht, Füße schulterbreit. Die Arme hängen seitlich herab, Ellbogen leicht gebogenen, die Handflächen nach innen. Strecken Sie die Brust heraus, die Schultern nach hinten, und halten Sie den Rücken gerade.

2 Heben Sie die Hanteln seitlich nach oben,die Ellbogen leicht gebeugt. Bringen Sie die Gewichte auf Schulterhöhe, dann wieder herunter.

(!) *Wenn Sie die Gewichte über die Schultern heben, könnten Sie sich verletzen.*

Bessere Beweglichkeit bringt's!

Wer ist nicht beeindruckt von der Beweglichkeit der Turner bei den Olympischen Spielen? Eine Auswahl einfacher Dehnübungen lässt sich leicht in Ihr Fitnessprogramm eingliedern und bringt auch Ihnen alle Vorteile von erhöhter Beweglichkeit.

Das Stretchingprogramm

Sie müssen nicht alle Übungen in diesem Abschnitt beim Training machen. Suchen Sie sich selbst Ihre Übungen aus. Achten Sie nur darauf, dass der ganze Körper gedehnt wird. Nehmen Sie sich fünf bis zehn Minuten Zeit. Halten Sie jede Dehnung 30 Sekunden lang an.

Grundlagen

Beweglichkeit ist die Fähigkeit, sich zu dehnen, zu biegen und zu drehen. Sie ist Voraussetzung für zahlreiche komplexe Handlungsabläufe, die mit Hilfe von gut gedehnten Muskeln viel leichter ausgeführt werden.

Im Vergleich zu steifen Muskeln können bewegliche Muskeln sich schneller zusammenziehen und eine größere Zahl von Bewegungen mit mehr Kraft ausüben. Bewegliche Muskeln garantieren außerdem ein sicheres und erfolgreiches Aerobic oder Krafttraining – deshalb sollten Sie vor jedem Training immer Dehnübungen machen.

Sicheres Stretching

Es gibt viele verschiedene Stretchingmethoden. Die meisten sind allerdings auf Spitzensportler zugeschnitten. Nur eine Methode, das statische Stretching, ist für Leute auf jedem FitnessNiveau sicher und effektiv.

Mit statischen Dehnübungen bewegen Sie sich langsam und locker. Schwerkraft und Körpergewicht wirken unterstützend, so dass Sie nur wenig Kraft brauchen, um die Muskeln

Sind Sie beweglich?

Probieren Sie diese Bewegungen aus und testen Sie Ihre Beweglichkeit in verschiedenen Körperbereichen.

Auf dem Stuhl drehen
Setzen Sie sich gerade und drehen Sie den Oberkörper zur Seite. Sie sollten sich so drehen können, dass die Linie der Schultern einen 90°-Winkel mit der Linie zwischen denHüften bildet. Wenn nicht, sind die Muskeln in Oberkörper und Rücken verkürzt.

Zehnägel berühren
Setzen Sie sich gerade und heben Sie einen Fuß vom Boden auf und setzen sie ihn so auf den Sitz, dass die Ferse Ihre Pobacken berührt. Wenn Sie das nicht schaffen, sind Ihre Muskeln in Hüfte, Gesäß, Kreuz und die oberen Kniesehnen verkürzt und brauchen Training.

Haltungstest
Stellen Sie sich gegen eine Wand, Arme nach hinten, Handflächen flach an die Wand. Versuchen Sie die Hand in den Hohlraum zwischen Kreuz und Wand zu schieben. Wenn Sie die Hand bis zum Handgelenk dazwischen schieben können, sind Ihre unteren Rückenmuskeln verkürzt.

Zur Decke strecken
Verschränken Sie Ihre Hände, Handflächen nach außen. Dann halten Sie beide Arme über den Kopf und strecken sie so weit hoch wie möglich. Haben Sie Probleme, die Ellbogen dabei durchzustrecken, brauchen Sie mehr Beweglichkeit in Schultern, Brust und dem oberen Rücken.

ein wenig über die gewohnten Bewegungen hinaus zu dehnen. Beachten Sie dabei die folgenden Richtlinien:

- Wärmen Sie sich auf. Machen Sie für ein paar Minuten etwas, wobei Sie leicht ins Schwitzen geraten. Die Muskeln werden wärmer und biegsamer und lassen sich weiter dehnen, ohne dass Verletzungen auftreten.
- Schonen Sie sich. Sie sollten sich nur so weit dehnen, dass Sie ein leichtes Ziehen verspüren. Bewegen Sie sich langsam und kontrolliert.
- Halten Sie aus. Am Anfang der Dehnung ziehen sich die Muskeln reflexartig zusammen, um sich gegen Überdehnung zu schützen. Wenn Sie die Dehnung 30 Sekunden lang halten, entspannen sich die Muskeln und lassen sich weiter dehnen.
- Wippen Sie nicht. Wenn Sie die Muskeln ruckartig „nur ein bisschen weiter" dehnen, riskieren Sie Muskelfaserrisse.
- Atmen Sie ruhig weiter. Langsame, rhythmische Atemzüge helfen Ihnen, sich während der Übung zu entspannen.

Wie lange soll die Dehnung dauern?

Studien zu Dehnübungen der Kniesehnen haben ergeben, dass 30 Sekunden der ideale Zeitraum sind, um sichtbare, wöchentlich messbare Verbesserungen der Dehnbarkeit zu erzielen.

Eine weniger als 15 Sekunden gehaltene Dehnung hingegen bringt überhaupt nichts, und länger als 60 Sekunden auszuhalten hat denselben Effekt wie eine 30 Sekunden lange Dehnung.

Das Training

Wie beim Gewichtheben sollten Sie verschiedene Muskeln oder Muskelgruppen gezielt trainieren. Das komplette Stretching-Basisprogramm, kann in fünf bis zehn Minuten durchgeführt werden. Die Reihenfolge der Übungen ist beliebig.

Für Fortgeschrittene

Die folgenden Übungen sollten Sie nur unter fachkundiger Anleitung ausprobieren.

Dynamisches Stretching. Dies ist eine „wippende" Bewegung, bei der Sie mit dem entsprechenden Muskel eine Vielzahl von Bewegungen ausführen. Ein Beispiel dafür ist, wenn Sie den Fuß schwingen, um die Kniesehnen vor dem Laufen zu dehnen. Es ist am besten für gut trainierte Muskeln geeignet, die auf einen Sport mit kraftvollen Bewegungen vorbereitet werden sollen.

Ballistisches Stretching. Ähnlich wie dynamisches Stretching, aber die Bewegungen sind schneller und heftiger.

PNF-Stretching. Ein Partner hält Sie in der Dehnung, während Sie isometrisch Muskeln anspannen. Bei der Kniedehnung hält ein Partner Ihr Bein fest und Sie ziehen den Kniegelenkstrecker oder den Quadrizeps zusammen.

Schultern

1 Legen Sie sich mit dem Rücken auf den Boden, die Beine ausgestreckt, die Zehen zeigen nach oben. Recken Sie die Arme mit verschränkten Fingern und Handflächen nach oben zur Decke.

2 Lassen Sie die Arme gestreckt und bewegen Sie die Hände langsam nach unten hinter den Kopf, bis Sie den Boden berühren. Halten Sie die Dehnung.

! *Achten Sie darauf, dass der Rücken gerade bleibt. Wenn Sie merken, dass Sie den Rücken durchbiegen, drücken Sie das Kreuz an den Boden.*

1

2

Hüften

Mobilisiert die Hüftgelenke und sorgt für die Beweglichkeit der Muskeln in diesem Bereich.

1 Legen Sie sich mit ausgestreckten Beinen auf den Rücken. Verschränken Sie Ihre Finger hinter Ihrem rechten Oberschenkel.

2 Ziehen Sie Ihr Knie langsam zur Brust hin. Halten Sie die Dehnung. Gehen Sie zurück in die Ausgangsposition und machen Sie dasselbe mit dem linken Bein.

1

2

Tiefe Rückenmuskulatur

1 Gehen Sie in den Kniestand, die Hände befinden sich auf der Höhe der Schultern.

2 Lassen Sie Ihre Hände auf der Stelle und setzen sich nach hinten auf die Fersen, so dass die Arme ausgestreckt bleiben.

(!) *Lassen Sie den Rücken nicht durchsinken. Damit belasten Sie nur unnötig die Wirbelsäule.*

1

2

* **Alternative**: Setzen Sie sich nicht auf die Fersen, sondern wölben Sie Ihren Rücken wie einen Katzenbuckel.

*

Kniegelenkstrecker

1 Setzen Sie sich mit ausgestrecktem linken Bein auf den Boden. Der rechte Fuß berührt den linken Oberschenkel.

2 Versuchen Sie, mit dem linken Arm Ihre Zehen zu berühren. Halten Sie die Dehnung, dann mit dem anderen Bein.

* **Alternative:** Folgende Übung ist nicht so anstrengend für die tiefen Rückenmuskeln. Setzen Sie sich auf den Rand einer Bank . Das linke Bein ausgestreckt darauf, der rechte Fuß flach am Boden. Stützen Sie die rechte Hand auf, und strecken die linke Hand zu den Zehen. Halten Sie eine Weile aus.

*

1

2

1

2

Leisten

1 Setzen Sie sich auf den Boden wie ein Frosch. Die Fußsohlen berühren sich, der Rücken bleibt gerade.

2 Lassen Sie die Fußsohlen zusammen, und drücken Sie vorsichtig mit den Armen Ihre Knie zum Boden. Halten Sie dies.

1

2

Oberschenkel

Dehnt die viel beanspruchte Oberschenkelmuskulatur

1 Stellen Sie sich hin, die Füße sind schulterbreit auseinander. Halten Sie sich an einem Stuhl oder an der Wand fest.

2 Biegen Sie Ihr rechtes Knie durch und fassen den rechten Fuß oder die Ferse mit der linken Hand. Mit der rechten halten Sie sich am Stuhl oder an der Wand fest. (Die andere Hand hält den entgegengesetzten Fuß.) Ziehen Sie den rechten Fuß hoch, so dass die Ferse gegen die Pobacken drückt. Halten Sie die Dehnung und wiederholen die Übung mit dem linken Fuß.

(!) *Um das Knie zu entlasten, biegen Sie leicht das Bein, auf dem Sie stehen.*

Tiefe Rücken- und Gesäßmuskulatur

1 Legen Sie sich mit seitlich ausgestreckten Armen auf den Rücken. Die Handflächen zeigen zum Boden. Ziehen Sie das linke Bein an, das rechte bleibt ausgestreckt. Setzen Sie den linken Fuß auf den Boden neben Ihrem rechten Knie.

2 Drehen Sie die Hüften in der Taille. Der Oberkörper bleibt dabei am Boden. Strecken Sie das linke Knie zum Boden, so weit Sie kommen. Wenn Sie die linke Schulter am Boden lassen, werden auch die obere Rückenmuskulatur und die Schulter gedehnt. Halten Sie die Dehnung. Gehen Sie wieder in die Ausgangsposition zurück und wiederholen die Übung auf der anderen Seite.

1

2

1

2

*

Waden

1 Stellen Sie sich mit den Fußballen auf eine Stufe, die Ferse ragt über den Rand hinaus.

2 Drücken sie die rechte Ferse nach unten, bis Sie ein Ziehen in der Wade spüren. Halten Sie die Dehnung.

* **Alternative:** Stellen Sie sich mit 90 – 120 cm Abstand an eine Wand, die Füße schulterbreit. Machen Sie mit dem linken Fuß einen Schritt nach vorne, wobei das linke Knie gebeugt wird. Stützen Sie sich mit den Händen ab und lassen die rechte Ferse flach am Boden. Lehnen Sie sich so weit wie möglich nach vorne. Sind Sie beweglicher, können Sie weiter von der Wand weggehen.

Seitliche und tiefe Rückenmuskulatur

1 Stellen Sie sich gerade hin, die Füße schulterbreit auseinander und die Knie leicht gebeugt. Fassen Sie mit der rechten Hand an die Hüfte und strecken Sie den linken Arm über den Kopf. Die Handfläche weist vom Körper weg.

2 Beugen Sie sich in der Taille nach rechts. Die linke Hand über dem Kopf streckt sich so weit wie möglich nach rechts. Halten Sie die Dehnung und wiederholen Sie die Übung auf der anderen Seite.

1

2

Hüften und Oberschenkel

1 Stellen Sie den linken Fußballen auf eine Bank, auf die dritte Stufe einer Treppe oder ein anderes Trittbrett dieser Höhe. Der rechte Fuß bleibt kurz hinter Ihnen flach am Boden, das Knie ist leicht gebeugt.

2 Stemmen Sie die Hände in die Hüften und beugen Sie sich zum linken Bein vor. Dazu schieben Sie die Hüfte vor und halten den Oberkörper gerade. (Das linke Knie darf nicht weiter vorgebeugt werden als bis zur Linie der Zehen des linken Fußes.) Halten Sie die Dehnung und wiederholen Sie die Übung auf der rechten Seite.

1

2

1

2

Brust

1 Stellen Sie sich in einen Türrahmen oder an eine Ecke, die Füße schulterbreit auseinander. Beugen Sie den linken Arm in einem 90-Grad-Winkel und lehnen Sie Hand und Unterarm gegen die Wand, so dass sich der Oberarm parallel zum Boden und der Unterarm senkrecht an der Wand befinden.

2 Drehen Sie den Oberkörper leicht nach rechts, so dass Ihr erhobener linker Arm nun etwas hinter Ihrem Körper ist. Halten Sie die Dehnung und wiederholen Sie die Übung mit dem rechten Arm.

Trizeps

Dehnt die hinteren Oberarmmuskeln. Stellen Sie sich mit leicht gebeugten Knien hin, die Füße schulterbreit auseinander. Strecken Sie beide Arme mit gebeugten Ellbogen über den Kopf. Umfassen Sie den rechten Ellbogen mit der linken Hand und ziehen ihn langsam nach links, bis Sie ein Ziehen außen im Oberarm und in der Schulter verspüren. Halten Sie die Dehnung, und wiederholen Sie die Übung mit dem linken Arm.

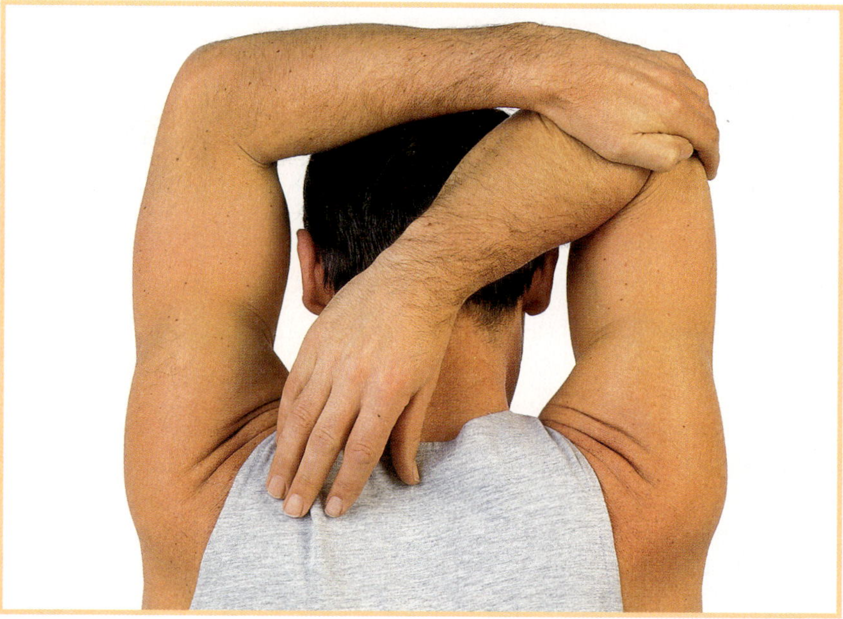

1

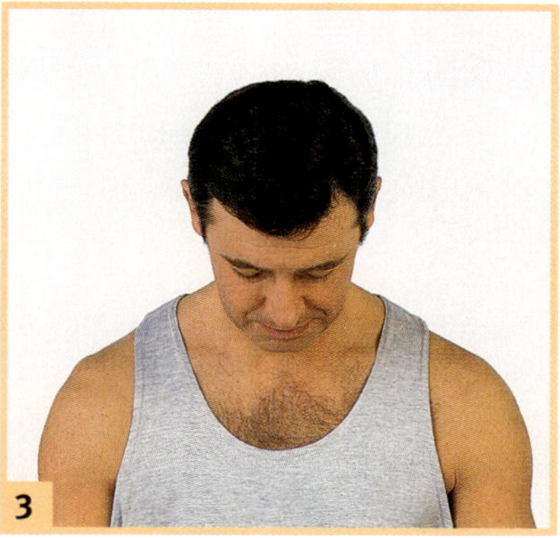
3

!

Rollen Sie den Kopf nicht ganz herum – das belastet die Halswirbelsäule, vor allem wenn der Kopf zurückgeneigt wird.

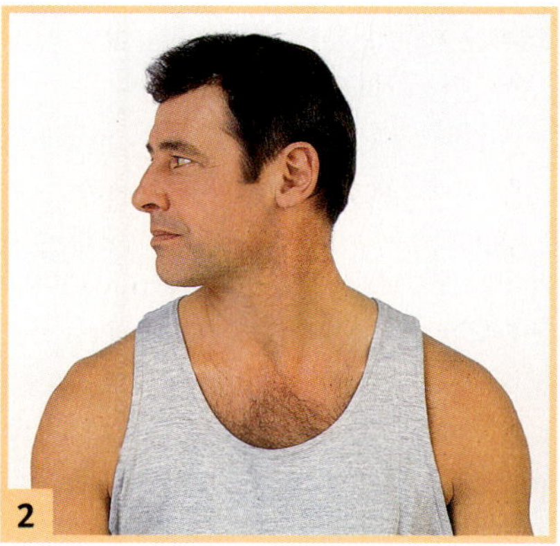
2

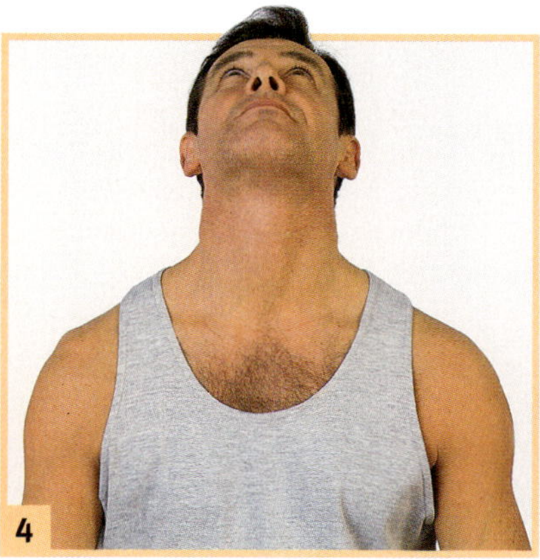
4

Nacken

1 Stellen Sie sich hin, die Füße schulterbreit, Rücken und Hals gerade, die Schultern locker, und blicken Sie geradeaus. Das ist die Ausgangsposition.

2 Drehen Sie den Kopf langsam soweit wie möglich nach rechts. Halten Sie die Dehnung, dann nach links.

3 Aus der Ausgangsposition senken Sie langsam das Kinn zur Brust (ohne die Schultern rund zu machen), bis Sie ein leichtes Ziehen in den Nackenmuskeln verspüren. Halten Sie die Dehnung.

4 Legen Sie den Kopf langsam in den Nacken. Halten Sie die Dehnung.

Wettkampftraining für Siegertypen

Es wird immer Männer geben, die sich und der Welt beweisen möchten, dass Sie für einen sportlichen Wettkampf bestens gerüstet sind. Ob Sie nur Ihre persönlichen Bestleistungen übertreffen oder an einem Triathlon teilnehmen möchten – hochgesteckte Ziele benötigen Zeit und Ausdauer.

Das Ausdauertraining

Möchten Sie durch Fitness mehr erreichen als ein längeres Leben, bessere Gesundheit und einen schöneren Körper? Möchten Sie sich mit anderen messen und auf dem Siegertreppchen stehen?

Dann bewegen Sie sich bereits auf eine andere Fitnessstufe zu. Ausdauertraining für einen sportlichen Wettkampf unterscheidet sich grundlegend von reinen Fitnessübungen: Sie wollen ein bestimmtes Ziel innerhalb einer bestimmten Zeit erreichen.

Das Training muss ernsthafter betrieben werden, denn Sie können sich kaum Durchhänger erlauben. Ihr Fitnessprogramm wird unter ein paar Ausfalltagen sicher nicht allzu sehr leiden, aber wenn Sie sich auf einen Wettkampf mangelhaft vorbereiten, werden Sie am großen Tag kaum in Hochform sein. Dann ist eine Enttäuschung geradezu vorprogrammiert.

Hier erfahren Sie, was Sie tun müssen, um sich für die drei Basissportarten des Triathlons, Rad fahren, Laufen und Schwimmen, fit zu machen:

Rad fahren

Für einen Amateur liegt das Ausdauerziel bei 160 Kilometern am Tag. Dafür ist wirklich wochenlanges Training notwendig.

Wenn Ihr Körper den Anforderungen gewachsen ist, ist dieses Ziel sicher erreichbar. Die meisten Fachleute allerdings raten Anfängern, auf eine weniger harte, aber immer noch beeindruckende Leistung hinzuarbeiten. Diese liegt bei 100 Kilometern. Setzen Sie sich am besten das niedrigere Ziel und trainieren Sie einfach weiter, wenn Sie noch höher hinaus wollen.

Das Trainingsprogramm beinhaltet sechs Tage Rad fahren pro Woche. An einem Tag fahren Sie eine Langstrecke, und an einem Tag haben Sie frei. Jede Woche erhöhen Sie die Summe der zurückgelegten Kilometer – vor allem an Ihrem Langstreckentag – um ungefähr zehn bis zwölf Prozent.

Die Distanz, die Sie fahren, ist von Tag zu Tag unterschiedlich. Auch die Geschwindigkeit wechselt.

- Normales Tempo. Mit dieser Geschwindigkeit fahren Sie an dem Tag, an dem Sie die Hundertermarke erreichen. Gehen Sie davon aus, dass Sie hundert Kilometer in drei bis vier Stunden schaffen müssen. Die meisten Trainingsrunden werden in diesem mäßigen Tempo gefahren.
- Schnell. Drei bis fünf km/h schneller als das normale Tempo.
- Gemütlich. Wie auf einer Ausflugsfahrt.

Die Kombination aus verschiedenen Distanzen und Geschwindigkeiten bringt Sie ans Ziel, indem ein Ausgleich zwischen Anstrengung und Ruhepausen geschaffen wird.

Alles findet im Kopf statt

Denken Sie beim Training an etwas anderes, dann fühlen Sie sich nicht so schnell müde. Im Rahmen einer Studie mussten zwei Gruppen gleichzeitig auf einem Heimtrainer 15 Minuten mit gleicher Energie in die Pedale treten. Die eine Gruppe wurde dabei aufgefordert, sich an die Namen ihrer früheren Lehrer zu erinnern. Diese Gruppe war nach dem Training bedeutend weniger erschöpft als die andere, die sich voll auf das Training konzentrieren sollte.

Rad fahren: Das 100-Kilometer-Programm

100 Kilometer zu fahren ist ein anspruchsvolles Ziel. Das Programm unten zeigt die richtige Mischung von Entfernungen und Geschwindigkeiten. Die Entfernungen sind in Kilometern angegeben.

Woche	Montag	Dienstag	Mittwoch	Donnerstag	Freitag	Samstag	Sonntag	Insgesamt
1	10	16	19	frei	16	48	14	123
2	11	18	24	frei	18	55	16	158
3	13	21	24	frei	21	61	18	172
4	13	22	27	frei	22	67	21	172
5	13	22	27	frei	16	8	100	186

Gemütlich — Normales Tempo — Schnell — Das Ziel ist erreicht!

Schwimmen: Der 100-Meter-Trainingsplan

Montag und Mittwoch
Schwimmen Sie 1.500 bis 2.000 Meter, z.B. in Einheiten von 100 Metern oder 500 Metern. Machen Sie nach jeder Einheit 30 Sekunden Pause. Vergrößern Sie die Strecken pro Einheit, wenn Sie mit zunehmendem Training immer ausdauernder und kräftiger werden. Wenn Sie zum Beispiel mit 100 Metern pro Einheit beginnen, schwimmen Sie später 500-Meter. Schwimmen Sie in einem Tempo, das ungefähr bei 70 Prozent Ihres maximalen Leistungsvermögens liegt.

Dienstag und Donnerstag
Schwimmen Sie die gleichen Distanzen wie Montags und Mittwochs, aber gehen Sie bis 80 Prozent der maximalen Anstrengung und verkürzen Sie die Pausen zwischen den Einheiten.

Freitag
Schwimmen Sie vier Einheiten von 100 Metern mit 90 Prozent der maximalen Anstrengung. Machen Sie keine Pausen dazwischen, sondern schwimmen Sie stattdessen 50 Meter mit 60 Prozent Ihrer maximalen Leistungsfähigkeit.

▲ *Für eine gute Leistung im 100-Meter-Schwimmen brauchen Sie perfekte Form, viel Kraft und hohe Geschwindigkeit.*

Laufen

Wenn Sie eine sportliche Herausforderung suchen, aber nicht gleich einen ganzen Marathon von 58 km laufen möchten, versuchen Sie einen Halbmarathon. Dieses Ziel lässt sich in acht Wochen Training gut erreichen, vorausgesetzt, Sie sind körperlich ziemlich fit und laufen drei mal pro Woche ungefähr vier Kilometer. Der Plan unten sieht vor, dass Sie öfter laufen und die Strecke jede Woche erhöhen. Wenn Ihr Ziel ist, über eine lange Distanz locker zu laufen, sollten Sie sich über das Tempo keine Sorgen machen. Sie können deswegen trotzdem an einem Wettkampf teilnehmen, auch wenn Sie nicht unbedingt als Sieger daraus hervorgehen.

Schwimmen

Wenn Sie nicht die Möglichkeit haben, in offenen Gewässern zu schwimmen, kann das Schwimmtraining schnell zäh und langweilig werden. Falls Sie bereits dreimal wöchentlich eine halbe Stunde im Schwimmbad trainieren, haben Sie sicher keine Lust, dort noch mehr Zeit zu verbringen. Dennoch möchten Sie vielleicht Ihre Leistung steigern.

Ein gutes Ziel für Sie wäre ein Schwimmwettkampf im 100-Meter-Freistil. Und versuchen Sie nicht bloß, die Distanz in persönlicher Bestzeit zu schaffen – versuchen Sie zu gewinnen. Sie müssen sich auf perfekte Form, Kraft und höhere Geschwindigkeit konzentrieren.

Um Ihre Form zu verbessern, brauchen Sie die Hilfe eines Trainers. Den Rest kriegen Sie auch alleine hin. Das Programm im Kasten basiert auf der Abwechslung zwischen harten und leichten Trainingsetappen an fünf Tagen pro Woche. Montags und mittwochs konzentrieren Sie sich auf Ausdauer und das Herz-Kreislauf-Training. Dienstags und donnerstags arbeiten Sie an Ihrer Muskelkondition und Kraft, freitags strengen Sie sich richtig an.

Ziehen Sie dieses Programm acht Wochen vor dem Wettkampf konsequent durch. Befolgen Sie jede Woche die einfachen Anweisungen, mit einer Ausnahme: Direkt vor dem Wettkampftag haben Sie sich zwei Tage Pause verdient.

Laufen: Der Halb-Marathon-Plan

1. Woche:	Laufen Sie an einem vierten Tag zusätzlich 5 km. Ab jetzt werden Sie jede Woche viermal laufen, und dabei einmal eine lange Distanz. Planen Sie einen trainingsfreien Tag vor und nach dem Langstreckentag ein.
2. Woche:	Laufen Sie an einem Tag 6 km.
3. Woche:	Laufen Sie an einem zweiten Tag 6 km und wechseln Sie mit dem 5km-Tag ab, so dass Ihr Distanzrhythmus so aussieht: 6-5-6-5. Machen Sie Pausentage, wenn Sie es brauchen.
4. Woche:	Jetzt beginnt die Herausforderung. Laufen Sie an drei Tagen 6 km, und an einem vierten Tag 8 km,davor und danach aber einen Tag Pause.
5. Woche:	Laufen Sie einmal mehr 8 km und 10 km an Ihrem Langstreckentag. Ihr Distanzplan sieht nun so aus: 10-6-8-8.
6. Woche:	Sie laufen immer noch 6 und 8 km, aber am Langstreckentag machen Sie 13 km. Ihr Distanzplan: 13-6-8-6.
7. Woche:	Die 13 km werden auf 16 aufgestockt – hiermit sind Sie bei über zwei Drittel Ihres Ziels angelangt. Wenn Sie das Pensum jetzt schaffen, werden Sie nächste Woche beim Halbmarathon gut in Form sein. Ihr Distanzplan: 16-6-8-8
8. Woche:	Nehmen Sie Ihre Leistungen wieder zurück, je näher der Halbmarathon heranrückt. Laufen Sie wieder die Distanzen der dritten Woche, also 6-5-6-5. Machen Sie am Samstag Pause und laufen den Halbmarathon am Sonntag.

Cross-Training für Allround-Talente

Cross-Training bedeutet die Kombination zweier oder mehrerer Übungsarten in einem Trainingsprogramm. Das klingt nach etwas Besonderem, ist aber recht alltäglich. Wenn Sie Möbel umstellen, dann zum Einkaufen radeln und zwischendrin noch im Garten arbeiten, ist das Cross-Training

Was ist Cross-Training?

Beim Cross-Training mischt man verschiedene Formen von Übungen. Sie erreichen durch die verschiedenen Trainingsarten ein Grundniveau von Kraft und Ausdauer.

Jahrelang hielten Sportlehrer es in gewisser Weise für kontraproduktiv, gleichzeitig Kraft und Ausdauer zu trainieren. Sie meinten damit, dass man nichts richtig gut machen kann, wenn man zwei Dinge gleichzeitig tut, und dass die eine Übung den Körper des positiven Effekts der anderen wieder berauben würde.

Die Grundlage für diese Einstellung liefert eine Lehre in der Physiologie, das Spezifizitätsprinzip. Diese Lehre behauptet, dass Muskeln sich bei einer spezifischen Aktivität am besten aufbauen lassen – also zum Beispiel beim Gewichtheben oder beim Rad fahren – wenn Sie ausschließlich in dieser Weise trainiert werden. Nach dieser Theorie können Sie also durch Gewichtheben kein besserer Radfahrer werden und umgekehrt.

Das Spezifizitätsprinzip wird als Trainingsempfehlung immer noch angewandt, aber selbst professionelle Athleten wissen inzwischen, dass selbst eine kleine Abwechslung die Eintönigkeit von starren, immer gleichen Trainingsprogrammen durchbricht, für Gleichgewicht sorgt und vor Verletzungen schützt.

Die Forschung zeigt, dass Cross-Training dem sportspezifischen Training nicht zuwiderläuft. Eine Studie hat auch ergeben, dass Krafttraining den Ruhepuls herabsetzt. Das erleichtert dem Herzen die Arbeit (wobei größere Muskelkraft nicht unbedingt die Ausdauer steigert). Jedenfalls haben die Trainer inzwischen erkannt: Cross-Training ist für eine gute Allgemein-Fitness die beste Methode.

Übungen für Eilige

Cross-Training umfasst alle Formen körperlicher Aktivität, die in Ihren Terminkalender passen –Sie müssen weder ins Fitnessstudio gehen noch sich umziehen. Hier sind einige Beispiele:

- Gehen Sie zu Fuß zur Arbeit oder rennen Sie zum Zug.
- Gehen Sie mit dem Hund spazieren.
- Schieben Sie einen Kinderwagen.
- Laufen Sie die Treppen in der Arbeit oder in Ihrem Haus rauf und runter.
- Machen Sie mit Ihren Kindern Sport, im Garten oder im Park.
- Machen Sie Gartenarbeit, am besten mit den Händen – Rasenmähen, Heckenschneiden, Unkrautjäten, Blätter zusammenrechen.

So werden Sie ein Ironman

Cross-Training ist besonders wichtig für alle, die sich auf einen Triathlon, ein Langstreckenrennen mit den Disziplinen Laufen, Schwimmen und Rad fahren, vorbereiten. Wenn Sie sportliche Ambitionen haben, können Sie sich mit dieser Anfängervariante schon einmal einen Vorgeschmack auf das Trainingsprogramm eines Triathleten holen.

Sie können auch das Tempo variieren. Auf längeren Strecken werden Sie beispielsweise langsamer, um Energie zu sparen. An anderen Tagen laufen Sie die Distanz in kurzen Abschnitten in schnellem Tempo, gefolgt von längeren, weniger intensiven Abschnitten.

	Swimmen	Laufen	Radfahren
Mo.	1100 m	6 km	–
Di.	–	–	24 km
Mi.	1600 m	10km	–
Do.	–	10 km	24 km
Fr.	1400 m	6km	–
Sa.	–	–	40 km
So.	–	8 km	24 km

► *Ein Triathlet läuft die letzten Meter bis zum Ziel. Sein Trainingsprogramm ist ganz schön anstrengend!*

Herausforderung Triathlon

Mitte der 70er Jahre des 20. Jahrhunderts beschloss eine Gruppe von Läufern in Südkalifornien, inspiriert von einem Lehrgang für Lebensretter, Laufen, Schwimmen und Rad fahren in einem einzigen Trainingsprogramm zu kombinieren. So entstand der Triathlon. Einer dieser Pioniere brachte die Idee nach Hawaii. Dort gelangte der Urvater des Triathlon, der „Ironman" zu einigem Ruhm, der drei anstrengende Rennen zu einem 224 km langen „Masochisten-Marathon" kombiniert. Inzwischen werden weltweit jährlich Tausende von Triathlon-Veranstaltungen durchgeführt.

Die Distanzen der einzelnen Abschnitte sind unterschiedlich, da es bis heute keine feste Bestimmung gibt, wie lang ein Triathlon zu sein hat. Am beliebtesten ist der so genannte Internationale Standard, der ein 1500 Meter Schwimmen, 40 Kilometer Radrennen und zehn Kilometer Laufen vorsieht. Obwohl es durchaus noch extremere (bzw. verrücktere) Wettkämpfe gibt, erfordert ein Triathlon immer noch athletische Höchstleistungen.

► *Der Start eines Triathlon in Parana, Brasilien. Inzwischen hat dieser Sport einen hohen Beliebtheitsgrad erreicht.*

Einer der größten Vorteile des Cross-Trainings ist, dass man durch das kombinierte Kraft und Ausdauertraining sehr schnell viel Fett verbrennt.

Cross-Training gibt Ihnen auch die Gelegenheit, Übungen oder Aktivitäten einzugliedern, die in Ihren Lebensstil und Terminkalender passen. Das können ganz einfache Dinge sein. Nehmen Sie im Büro die Treppen statt den Aufzug, oder jäten Sie im Garten Unkraut.

Die Mischung macht's

Spitzensportler wählen Tätigkeiten, die dieselben Muskelgruppen trainieren, die Sie für Ihren Hauptsport benötigen. Ein Profiläufer zum Beispiel fährt nebenbei Fahrrad. Doch für uns Normalsterbliche ist es besser, unterschiedliche Tätigkeiten zu mischen.

Der Trick besteht darin, Übungen zu verbinden, die einander ausgleichen, wobei jede einen Vorteil bietet, den die andere nicht hat. Hier sind drei Richtlinien, die Ihre Wahl erleichtern können.

- Verbinden Sie Geschicklichkeit mit wiederholter Bewegung. Es gibt bestimmte Übungen wie Laufen und Schwimmen, bei denen immer die gleiche vertraute Bewegung wiederholt wird. Verbinden Sie diese Tätigkeiten mit anderen Sportarten, die ein hohes Maß an Geschicklichkeit und Konzentration erfordern. Dazu gehören Snowboarden, Fußball, Mountainbiken, Tennis und Golf.
- Kombinieren Sie hart und weich. Sportarten mit hartem Aufprall wie Laufen und Tennis können die Gelenke überlasten. Machen Sie zur Abwechslung Übungen, die den Körper weniger anstrengen. Gute Beispiele sind Rad fahren, Schwimmen und Rudern.
- Kombinieren Sie ein Training von Ober- und Unterkörper. Das Problem beim Laufen und Rad fahren ist, dass beide zwar die untere Körperhälfte trainieren, der Oberkörper aber kaum einbezogen ist. Achten Sie darauf, dass der ganze Körper arbeitet. Möglichkeiten sind unten aufgelistet.

Kombinieren Sie jeden Sport in der Liste der linken Spalte mit einem Sport aus der Liste der rechten Spalte, dann trainieren Sie Ihren Ober- und Unterkörper in gleichem Ausmaß.

• Gehen	• Schwimmen
• Laufen	• Rudern
• Ski fahren	• Rad fahren
• Tennis	• Kanu/Kajak fahren

Damit das Training leichter wird...

Trotz guter Vorsätze fällt es oft schwer, ein Fitnessprogramm durchzuhalten. Ein Trainingsplan ist ein wichtiger Schritt. Hier sind einige Tipps, wie Sie sich Ihr Programm schmackhaft machen:

1 Schreiben Sie alles auf. Halten Sie Ihre Trainingserfolge in einem Tagebuch fest. Dadurch protokollieren Sie nicht nur dass Sie sich an Ihren Plan halten, sondern es verschafft Ihnen Erfolgserlebnisse. Notieren Sie auch, wie Sie sich gefühlt haben und ob Sie müde waren. Das kann Ihnen ein Gefühl dafür geben, was für Sie gut ist und was nicht.

2 Beziehen Sie Freunde ein. Alleine zu trainieren kann langweilig und entmutigend werden. Mit ein paar Kollegen oder Freunden zusammen stärkt es das Gemeinschaftsgefühl und weckt den Ehrgeiz. Es motiviert Sie auch stärker, denn Sie werden seltener ein Training ausfallen lassen, wenn Ihre Freunde auf Sie warten.

3 Machen Sie es sich nicht schwer. Achten Sie darauf, dass Sie jederzeit problemlos an Ihren Trainingsplatz gelangen können. Er sollte in der Nähe der Arbeit oder von zu Hause liegen. Je weiter und komplizierter der Weg, desto schwerer ist es, sich aufzuraffen.

Der Weg zum Waschbrettbauch

Bauchmuskeltraining allein wird Sie nicht vom Speckbauch befreien. Dafür brauchen Sie eine Kombination aus Ausdauer, Kraft und Bauchmuskeltraining. Es gibt jedoch nicht nur ästhetische Gründe, um die Bauchmuskeln zu trainieren, denn sie sind wichtig für die gesamte Körperbewegung.

Hätten Sie's gewusst?

Die Situps, die Sie im Schulalter machen mussten, sind eigentlich keine guten Bauchmuskelübungen. Sie belasten die tiefe Rückenmuskulatur zu stark und zielen nicht ausschließlich auf den Bauch: Die meiste Arbeit erledigen die Hüften.

Sinn und Zweck

Die Bauchmuskeln bestehen aus vier Muskelgruppen, die sich vorne und an den Seiten des Oberkörpers befinden. Sie halten den Körper aufrecht und geben ihm Halt, wenn wir uns vornüber beugen oder in der Hüfte drehen, während wir mit anderen Teilen des Körpers Arbeit verrichten. Auch stützen sie das Rückgrat. Starke Bauchmuskeln fördern also eine gute Haltung und beugen Kreuzschmerzen vor.

Der Waschbrettbauch

Bauchmuskeltraining verringert den Bauchumfang, nicht wahr? Falsch. Übungen, die die Bauchmuskeln trainieren, verbrennen kein Fett. Aber man hat wenigstens am Ende wohlgeformte Muskeln unter dem Speck.

Am Bauch werden bei Männern Fettreserven als erstes angelegt und als letztes abgebaut. Bierbäuche sind nicht nur genetisch veranlagt, sondern auch von Mutter Natur vorprogrammiert. Mit den Jahren setzt man mehr Fett an, was sowohl am niedrigeren Stoffwechsel und dem damit verbundenen geringeren Kalorienverbrach liegt, als auch an den trotzdem gleich bleibenden Essgewohnheiten. Dem Speck rücken Sie nur mit einer gesunden Ernährung, allgemeiner Fitness und vor allem Fett verbrennenden Ausdauer-Übungen zu Leibe. Für einen Waschbrettbauch sollten Sie das Bauchmuskeltraining aber trotzdem beibehalten.

Der Work-Out

Sie müssen nicht alle Übungen dieses Kapitels machen, doch sollten Sie Ihre Aufmerksamkeit sowohl der schrägen Muskulatur als auch den queren und geraden Muskeln widmen. Die unten stehende Abbildung zeigt uns die Bauchmuskeln.

Legen Sie sich für alle Bauchmuskel-Übungen auf eine Matte, das schützt den Rücken vor Schmerzen und Verletzungen.

Wo die Bauchmuskeln liegen

Wenn Sie Bauchmuskelübungen machen, trainieren Sie folgende Muskeln:

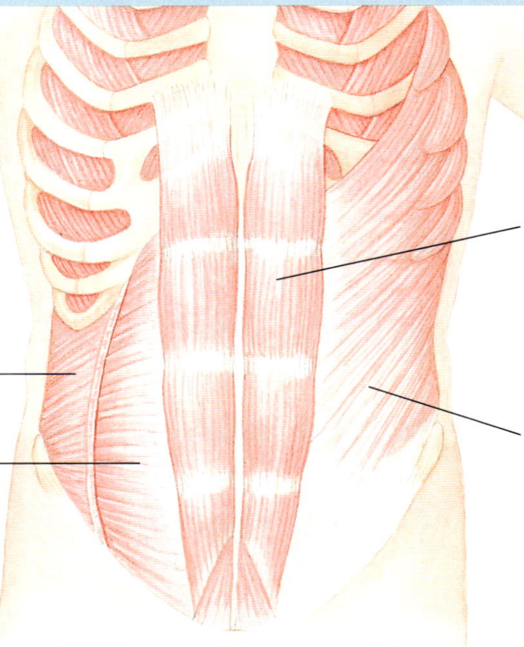

Innere schräge Muskulatur
Sie liegt in der Nähe der äußeren schrägen Muskulatur und verbindet die letzen beiden Rippen mit dem Becken. Sie helfen Ihnen beim Beugen und Drehen, ziehen aber in die entgegengesetzte Richtung wie die äußeren schrägen Muskeln.

Querer Bauchmuskel
Er liegt unterhalb des geraden Bauchmuskels und bildet eine komplementäre Muskelschicht, die seitlich anstatt senkrecht zum Darm verläuft. Sie bildet einen schützenden Gürtel um die inneren Organe.

Gerader Bauchmuskel
Diese flache Muskelschicht beginnt unterhalb der Brust und endet am Becken. Sie wird mit Bauchmuskeltraining am ehesten in Verbindung gesetzt, denn sie muss man für den Waschbrettbauch trainieren.

Äußere schräge Muskulatur
Sie verläuft an der Seite des Oberkörpers zwischen Brust und Becken. Die Muskelstränge arbeiten entgegengesetzt (die eine Seite entspannt sich, während die andere angespannt wird) und sind für Beuge und Drehbewegungen zuständig.

Das Trainingsprogramm

Die Bauchmuskeln gehören zu den wenigen Muskeln im Körper, die jeden Tag trainiert werden können. Dennoch ist es besser, sich an verschiedenen Tagen auf verschiedene Zonen zu konzentrieren.

Der Trainingsfortschritt wird also durch Ihre Kraft und Ausdauer bestimmt. Halten Sie fest, wie viel Sie jeden Tag machen, und versuchen Sie, die Anzahl der Wiederholungen jede Woche um zehn Prozent zu steigern. Trainieren Sie bis zur Erschöpfung.

Bei jedem Training sollen die großen Muskelgruppen von mindestens zwei Seiten bearbeitet werden. Sie können natürlich Ihren eigenen Trainingsplan entwerfen, hier nur ein Vorschlag:

Montag	Crunches und Einziehen
Dienstag	Schräge Bauchmuskeln
Mittwoch	Crunches und Einziehen
Donnerstag	Schräge Bauchmuskeln
Freitag	Crunches und Einziehen
Samstag	Schräge Bauchmuskeln
Sonntag	Pause

Gezieltes Training

Die Aufteilung in obere und untere Bauchmuskeln ist falsch. Der gerade Bauchmuskel ist nämlich ein durchgängiger, langer Muskel. Dennoch können Sie Übungen auswählen, die den oberen oder unteren Teil dieses Muskels beanspruchen. Crunches beispielsweise trainieren den oberen Bereich zu 90 bis 100 Prozent ihrer Kapazität, während Beckenheben sie nur zu 30 Prozent beansprucht. Auf die untere Muskulatur bezogen kehrt sich dieses Verhältnis um.

1

2

Crunches

1 Legen Sie sich mit seitlich abgewinkelten Ellbogen auf den Rücken. Die Hände liegen an den Schläfen oder Ohren (nicht im Nacken), oder Sie verschränken die Arme über der Brust. Ihr Kopf sollte einige Zentimeter über der Matte sein Die Füße stehen flach auf dem Boden, ungefähr 15 cm von Ihrem Po entfernt, und die Knie sind leicht gespreizt und um 45 Grad gebeugt.

2 Drücken Sie Ihr Kreuz auf den Boden und heben langsam den Oberkörper zu Ihren Knien an. Nur die Schulterblätter verlassen dabei den Boden. Halten Sie für eine Sekunde. Gehen Sie wieder in die Ausgangsposition, aber halten Sie die Spannung. Machen Sie mehrere Sätze von zehn Wiederholungen.

! *Atmen Sie aus, wenn Sie sich nach vorne heben, und atmen Sie ein, wenn Sie in die Ausgangsposition zurückgehen.*

Baucheinziehen

Das automatische Einziehen des Bauches am Strand würde eigentlich Ihre Bauchmuskulatur gut trainieren, wenn Sie es systematisch machen.

1 Knien Sie sich auf den Boden, setzen Sie sich auf die Füße und legen Sie die Hände auf die Hüften oder Oberschenkel. Halten Sie den Oberkörper aufrecht und lassen Sie die Luft aus den Lungen.

2 Ziehen Sie unmittelbar darauf den Bauch ein, soweit Sie können. Halten Sie fünf Sekunden und lassen Sie danach locker. Atmen Sie normal ein und wiederholen die Übung. Machen Sie zwei bis drei Sätze von zehn Durchgängen.

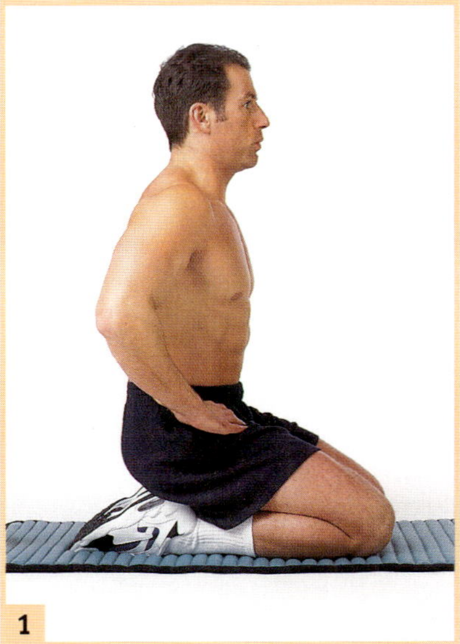

1

2

1

2

Umgekehrte Curls

Training der unteren Bauchmuskeln.

1 Legen Sie sich flach auf den Rücken. Der Kopf liegt auf der Matte, die Hände an der Seite, Handflächen nach oben. Heben Sie Ihre Beine hoch, so dass Ihre Oberschenkel in einem 90°-Winkel zur Matte stehen. Ihre Knie berühren einander.

2 Ziehen Sie Ihre Knie an die Brust, dann wieder zurück in die Ausgangsposition. Bewegen Sie sich langsam und kontrolliert. Die unteren Bauchmuskeln sollen sich anstrengen, also achten Sie darauf, dass der Schwung Ihnen nicht die Arbeit abnimmt. Vergessen Sie nicht auszuatmen, wenn Sie die Knie anziehen, und einzuatmen, wenn die Knie zurückgehen.

1

2

Seitliche Drehungen

1 Stellen Sie sich aufrecht hin, die Füße schulterbreit auseinander, Hüften gerade und Knie locker. Halten Sie einen Besenstiel an den äußeren Enden hinter dem Nacken auf den Schultern.

2 Lassen Sie die Hüften gerade und drehen Sie den Oberkörper langsam nach links, so weit Sie können. Gehen Sie zurück in die Ausgangsposition und warten Sie kurz. Dann drehen Sie sich nach rechts und wieder in die Ausgangsposition. Wechseln Sie jedes Mal die Richtung und bewahren Sie ein langsames und kontinuierliches Tempo.

(!) *Diese Übung kann die tiefe Rückenmuskulatur strapazieren. Achten Sie daher immer auf langsame, kontrollierte Bewegungen.*

Crossover Crunches

1 Die Ausgangsposition ist dieselbe wie bei den Basic Crunches. Sie liegen am Boden, die Füße flach und zusammen, die Knie um 45 Grad gebeugt. Wenn Sie Ihre Arme bisher über der Brust verschränkt haben, so sollten Sie die Hände bei dieser Übung hinter die Ohren oder an die Schläfen halten. Die Ellbogen sind seitlich abgespreizt. Heben Sie die Schultern vom Boden ab und ziehen Sie den Oberkörper zu den Knien.

2 Drehen Sie den Oberkörper leicht, so dass Ihr linker Ellbogen auf Ihr rechtes Knie zeigt. Halten Sie für eine Sekunde, gehen Sie in die Ausgangsposition (ohne die Bauchmuskeln zu entspannen) und wiederholen Sie die Übung, indem Sie den Ellbogen zum linken Knie drehen. Wechseln Sie beide Seiten ab so lange Sie können, oder machen Sie mehrere Sätze von zehn Wiederholungen.

1

2

1

2

Seitliches Beugen mit Kurzhanteln

Durch die Gewichte wird die schräge Bauchmuskulatur stärker trainiert als bei anderen Übungen. Diese Übung ist nur für das fortgeschrittene Training.

1 Stellen Sie sich aufrecht hin, die Füße schulterbreit auseinander, und halten Sie eine Kurzhantel in jeder Hand. Die Arme hängen zur Seite mit einwärts gedrehten Handflächen. Leichte Gewichte und viele Wiederholungen (zwölf bis 20) sind besser als schwere Gewichte und wenig Wiederholungen.

2 Halten Sie Ihren Oberkörper die ganze Zeit nach vorne gerichtet. Beugen Sie sich langsam nach rechts und lassen Sie die Hantel frei hängen, bis Sie die schrägen Bauchmuskeln an der linken Seite spüren. Drehen Sie den Oberkörper dabei nicht auf die Seite, nach der Sie sich beugen. Gehen Sie langsam wieder in die Ausgangsposition zurück, dann wiederholen Sie die Übung auf der selben Körperseite, ohne Pausen zwischen den Durchgängen, Wenn Sie genügend oft wiederholt haben, machen Sie die Übung auf der linken Seite.

Schräge Crunches

Eine Extraportion Training für die schrägen Bauchmuskeln.

1 Legen Sie sich flach auf den Rücken, die Hände an den Schläfen oder hinter den Ohren. Lassen Sie Ihre Beine nach rechts fallen. Ihr Oberkörper bleibt dabei am Boden, der Unterkörper liegt auf der Seite.

2 Heben Sie die Schulterblätter in die Luft, lassen die Schultern aber so weit wie möglich parallel zum Boden. (Strecken Sie nicht den Ellbogen zum Knie.) Halten Sie eine Sekunde, dann gehen Sie zurück in die Ausgangsposition. Machen Sie zehn bis 20 Wiederholungen, dann lassen Sie die Knie auf die andere Seite fallen und beginnen erneut. Wenn Sie können, machen Sie mehrere Sätze.

1

2

Knieheben im Liegen

1 Legen Sie sich auf den Boden, die Beine ausgestreckt, die Arme neben dem Körper. Die Hände schieben Sie ein Stück unter Ihre Pobacken, die Handflächen zeigen zum Boden. Drücken Sie das Kreuz an den Boden und heben Sie die Fersen ungefähr 75 mm hoch.

2 Ziehen Sie das rechte Knie zu Ihrer Brust, das linke Bein bleibt angehoben und gestreckt. Halten Sie eine Sekunde, dann strecken Sie das rechte Knie wieder durch bis zur Ausgangsposition und machen die Übung mit dem linken Bein. Wiederholen Sie so oft Sie können, oder machen Sie mehrere Sätze von fünf bis zehn Durchgängen mit jedem Knie.

! *Wenn Sie einen schwachen Rücken haben, ist diese Übung nicht die Richtige für Sie*

1

2

1

2

Sit-Backs

Diese Bewegung trainiert dieselben Muskeln wie das Situp, nur auf andere Weise.

1 Setzen Sie sich hin, die Knie gebeugt und die Füße flach auf dem Boden, etwa schulterbreit auseinander. Die Hände ruhen locker auf den Knien, die Finger verschränkt und die Handflächen zu den Knien gedreht. Ihr Oberkörper ist leicht hinter der Senkrechten.

2 Lehnen Sie den Oberkörper nach hinten zum Boden. Dabei machen Sie den unteren Rücken rund, die Schultern gehen nach vorne. Wenn Ihr Oberkörper ungefähr 45 Grad zum Boden einnimmt, gehen Sie wieder in die Ausgangsposition. Machen Sie zwei Sätze von zehn Wiederholungen.

1

2

Zehenanfassen im Liegen

1 Legen Sie sich flach auf den Rücken und strecken Sie die Beine V-förmig zur Decke. Die Knie bleiben locker und sind nicht gestreckt. Recken Sie die Arme nach oben und legen Sie eine Handfläche auf den Rücken der anderen Hand.

2 Nehmen Sie Ihre Schultern hoch und strecken Sie sich mit ausgestreckten Händen zum rechten Fuß. Halten Sie kurz und gehen Sie mit angespannten Bauchmuskeln zurück. Dann zu Ihrem linken Fuß. Wiederholen Sie die Übung jeweils fünf bis zehn Mal und machen Sie noch ein oder zwei Sätze.

Crunches mit angezogenen Beinen

Legen sie sich flach auf den Rücken. Die Unterschenkel liegen auf einer Bank oder einem Stuhl, die Knie sind gebeugt. Ihre Oberschenkel sollten rechtwinklig zur Matte liegen. Ziehen Sie den Kopf um 45 Grad nach vorne und halten Sie die Hände an die Schläfen oder hinter die Ohren. Das ist die Ausgangsposition. Ziehen Sie den Oberkörper langsam hoch und atmen dabei aus. Dann gehen Sie langsam in die Ausgangsposition und atmen dabei ein. Machen Sie die Übungen mehrmals, ohne Pausen zwischen den Durchgängen.

! *Ziehen Sie während des Crunches nie an Ihrem Hals, Sie könnten den Nacken oder den oberen Rücken verletzen.*

!

1

2

Bank-Crunches

Trainiert die obere, untere und schräge Bauchmuskulatur

1 Setzen Sie sich auf eine Bank, die Füße flach am Boden, und halten Sie sich mit den Händen seitlich fest. Lehnen Sie den Oberkörper um ungefähr 45 Grad zurück und heben Sie die Füße ein paar Zentimeter vom Boden ab. Die Knie sind leicht gebeugt.

2 Gehen Sie mit dem Oberkörper in die Senkrechte und ziehen Sie dabei die Knie an die Brust. Halten Sie eine Sekunde, dann gehen Ober- und Unterkörper in die Ausgangsposition zurück. Machen Sie zwei Sätze mit zehn Wiederholungen.

Nach dem Training sollst Du ruhen...

Die Tatsache, dass Fitness auch vom *Nicht*-Trainieren abhängt, ist nur Wenigen bekannt. Sie haben richtig gehört: Auf dem Sofa sitzen, im Bett liegen oder leichte Tätigkeiten verrichten ist genauso wichtig wie das Training selbst. Ohne diese Ruhepausen können trainierte Muskeln keine Kraft aufbauen.

Alles, was Sie bisher gelernt haben, haben Sie langsam und Stück für Stück gelernt. Das Gleiche gilt, wenn Sie fit und gesund werden wollen.

Jonathon Savill und Richard Smedley
No More Mr. Fat Guy

Warum Ruhe wichtig ist

Viele Leute glauben, dass Muskeln in dem Moment aufgebaut werden, in dem wir anstrengende Tätigkeiten verrichten. Wir merken ja auch, dass Muskeln schwächer werden, wenn wir nur herumsitzen und nichts tun. Die Realität sieht aber ganz anders aus. Beim Training werden die Muskeln schwächer. Erst in der Ruhe und Erholungsphase werden die Muskeln aufgebaut und gestärkt. Dies ist der Fähigkeit des Körpers zu verdanken, beschädigtes Gewebe zu reparieren, so dass es danach noch besser ist als vorher.

Vor allem für Spitzensportler ist Ruhe und Erholung ein wichtiges Thema. Übertrainierte Muskeln, die immer über ihre Fähigkeit hinaus beansprucht werden, können die Leistungsfähigkeit für Wochen und sogar Monate beeinträchtigen. Ausreichende Ruhepausen sind für jeden wichtig, der zur kurzfristigen Überbeanspruchung der Muskulatur neigt. Die Symptome der Überlastung gehen meist nach ein paar Tagen zurück.

Eine Überlastung geschieht dann, wenn Sie ein neues Programm starten und dabei gleich sehr hart trainieren, oder wenn Sie auf einmal die Leistung stark steigern.

Sie sollten darauf achten, dass Sie Ihre Muskeln zwar ausreichend, aber nicht zu viel trainieren. Die Quittung für übertriebenen Ehrgeiz sind Schmerzen, Müdigkeit und sogar das Risiko von bleibenden körperlichen Schäden. Denken Sie daran, wenn Sie es wieder mal sich und den anderen beweisen wollen!

Zuviel Ruhepausen

Manche Sportskanonen sagen vielleicht, dass lange Pausen gefährlich sind, da man alles, was man durch Training aufgebaut hat, wieder verliert.

In Wahrheit geht ein Abbau der Kondition sehr langsam vonstatten. Mehr zu trainieren ist außerdem nicht immer besser. Schwimmer, die drei oder vier Stunden am Tag trainieren, steigern ihre Leistungen nicht mehr als andere, die täglich eine bis anderthalb Stunden schwimmen. Eine weitere Studie ergab, dass Schwimmer und Läufer, die ihr Training um 60 Prozent zurückgeschraubt hatten, auch nach drei Wochen keinen Verlust an Ausdauer zeigten.

Das richtige Maß finden

Es ist geradezu eine Wissenschaft, die ideale Mischung aus Training (aber nicht zu viel) und Erholung (auch nicht zu viel) zu finden.

1 Halten Sie sich am Anfang zurück. Auch wenn Ihre Muskeln kräftig sind – anstrengende Übungen können schmerzhaft werden, wenn die Muskeln noch nicht daran gewöhnt sind. Wenn Sie ein Trainingsprogramm beginnen oder wieder aufnehmen, machen Sie anfangs immer weniger als Sie zu schaffen glauben. Erhöhen Sie die Intensität nie mehr als zehn Prozent pro Woche, ob Tempo, Strecke, Sätze, Gewichte oder Durchgänge.

2 Gönnen Sie sich während des Trainings Ruhepausen. Wenn man den Muskeln kurz Erleichterung verschafft, halten sie die Anstrengung länger durch, und ihr Training wird zu besseren Ergebnissen führen. Das gilt vor allem für Pausen zwischen den Sätzen beim Gewichtheben. Die Dauer der Pausen richtet sich nach Ihren Trainingszielen.

3 Geben Sie den Muskeln eine Pause. Nach intensiven Trainingseinheiten sollten Sie die trainierten Muskeln 48 Stunden in Ruhe lassen, bevor Sie sie wieder beanspruchen, vor allem, wenn es um das gleiche Training geht. Gewichtheber trainieren oft an einem Tag den Oberkörper und am anderen den Unterkörper. Diese Strategie erlaubt tägliches Training, während die trainierten Muskelgruppen genügend Zeit haben, sich zu erholen.

4 Erholen Sie sich aktiv. Eine Möglichkeit, in Bewegung zu bleiben, ist eine leichte Aktivität an Ihrem Pausentag, die sich von Ihrem Training am Vortag unterscheidet. Sie können zum Beispiel am Tag nach einer harten Radtour spazieren gehen. Diese aktive Erholung hat zusätzlich den positiven Nebeneffekt, Muskelkater zu vermeiden, da die Stoffwechselprodukte in den Muskeln so schneller abgebaut werden.

Verletzungen vorbeugen

Die meisten Trainingsschäden sind vermeidbar, wenn Sie grundlegende Sicherheitsmaßnahmen einhalten. Verletzungen kann man durch die richtige Technik vorbeugen. Das sollten Sie auch tun, denn selbst kleine Traumata können sich Jahre später zu größeren Beschwerden entwickeln.

Wir sagen oft, Sie sollten nicht Sport treiben, um in Form zu sein; Sie sollten in Form sein, um Ihren Sport zu treiben. Für die Anforderungen einer Sportart zu trainieren beugt Verletzungen vor.

Dr. med. Edward R. Laskoswski,
Direktor der Sportmedizin der Mayo-Klinik
in Rochester, USA

Wie Sie Sportverletzungen vermeiden

Wenn Sie die folgenden Sicherheitsregeln beachten, halten Sie Ihren Körper sicher in Form

- Steigern Sie Ihre Leistung langsam. Männer, die noch nicht an ein Training gewöhnt sind, haben die meisten Verletzungen.
- Wärmen Sie sich stets auf. Die Muskeln werden dadurch dehnbarer und reißen nicht so schnell. Außerdem lockern sich die Gelenke, und die Fähigkeit der Muskeln, Sauerstoff in Energie zu verwandeln, wird verbessert.
- Dehnen Sie sich. Beweglichkeit verringert die Verletzungsgefahr.
- Verwenden Sie Schutzkleidung.
- Holen Sie den Rat von Experten ein. Lassen Sie sich in neuen Sportarten immer von einem Lehrer oder Trainier einweisen.
- Hören Sie auf Schmerzen. Ihr Körper will Ihnen damit etwas sagen.

Im Zweifel ab zum Arzt!

Die Abbildung zeigt einige der Anzeichen für ernsthafte Verletzungen an den meistgefährdeten Körperstellen. Wenn Sie beim Sport Schmerzen haben oder sich sehr unwohl fühlen, suchen Sie den Rat Ihres Hausarztes .

Muskeln tun manchmal weh, weil kleine innere Blutungen und austretende Flüssigkeit Druck ausüben. Um den Fluss zu stillen, beachten Sie die folgenden Erste-Hilfe-Maßnahmen.

- Halten Sie das verletze Körperteil ruhig. Das senkt den Blutkreislauf und erlaubt dem beschädigten Gewebe, sich zu erneuern.
- Kühlen Sie die Stelle. Dadurch ziehen sich die Blutgefäße zusammen, und die Schmerzen werden gelindert. Geben Sie das Eis aber nicht direkt auf die Haut, und lassen Sie es höchstens 25 Minuten wirken.
- Verwenden Sie einen engen Verband als Kompresse, damit die Blutgefäße zusammengedrückt werden und die Schwellung zurückgeht.
- Legen Sie das Körperteil ungefähr 20 Minuten lang hoch, so dass es über dem Herzen liegt. Das erleichtert das Abfließen von angestauter Flüssigkeit, und es fließt weniger Blut in den verletzten Bereich hinein.

Kopf
Wenn Sie nach einem Schlag auf den Kopf auch nur kurz orientierungs- oder bewusstlos werden, kann das eine Gehirnerschütterung sein. Achtung auch bei Schwindel, Verwirrung, Kopfschmerzen, Übelkeit, Schwäche und Müdigkeit.

Schultern
Ihre Schulter fühlt sich an, als wäre sie aus dem Gelenk gesprungen, Sie können sie nicht bewegen und den Arm nicht über den Kopf strecken? Sie ist womöglich ausgekugelt.

Ellbogen
Ein dauerhaft taubes Gefühl oder ein kribbelnder "Musikknochen" kann einen Nervenschaden anzeigen. Wenn Sie kleine Beulen am Ellbogen bekommen, könnten Sie auch eine Schleimbeutelentzündung haben.

Rücken
Schmerzen, die bis zum Knie ausstrahlen oder die von Taubheit oder Verlust der Körperkontrolle begleitet sind, können ein Nerven- oder Bandscheibenleiden anzeigen.

Knie
Wenn Sie Ihr Knie nicht ganz beugen oder strecken können, kann ein lockeres Knochen oder Knorpelstück schuld sein.

Wohltuende Massagen

Viele Athleten schwören, dass Massage Ihnen hilft, Verletzungen zu vermeiden und zu heilen. Sie entspannt den Muskel und fördert die Durchblutung. Es gibt jedoch keinen wissenschaftlichen Beweis für diese Behauptung, abgesehen davon, dass die Behandelten sagen, dass sie sich besser fühlen. Im Folgenden sind einige einfache Massagetechniken für verschiedene Körperzonen, die besonders anfällig für Steifheit und Verspannungen sind, dargestellt:

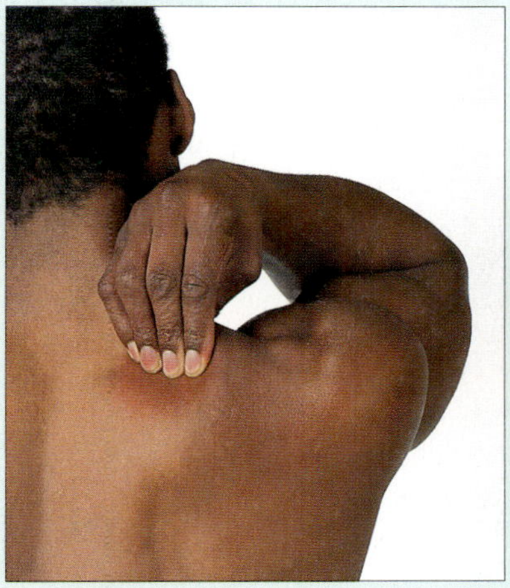

Hals und Nacken

Gehen Sie mit der rechten Hand an die rechte Schulter. Graben Sie die Finger in den dicken Muskel am Halsansatz und ziehen Sie den Kopf in die entgegengesetzte Richtung, während Sie die Finger zur rechten Schulter ziehen. Um auch die Schulter zu massieren, drücken Sie den Muskel oben an der Schulter. Bewegen Sie dabei die Finger hin und her. Massieren Sie auf beiden Seiten.

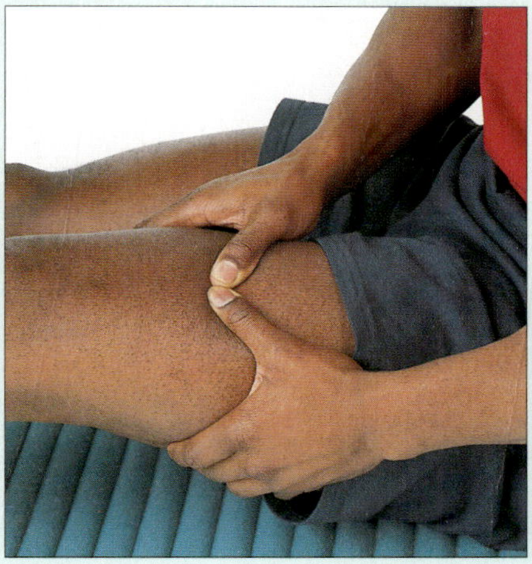

Oberschenkel

Setzen Sie sich auf eine Matte oder auf den Boden. Drücken, schütteln und kneten Sie mit beiden Händen die Muskeln des einen Beines, um diese zu lockern. Dann umfassen Sie mit beiden Händen Ihren Oberschenkel, so dass die Daumen oben liegen. Drücken Sie fest beide Daumen nach unten und ziehen Sie die Daumen den Oberschenkel entlang bis zum Knie. Wiederholen Sie die Massage am anderen Bein.

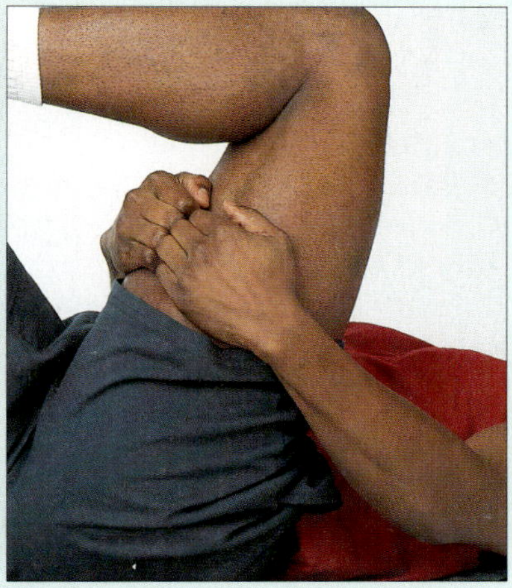

Kniesehnen

Setzen Sie sich gegen eine Wand und stellen Sie ein Bein auf. Lockern Sie die Hinterseite des Beines durch Kneten. Dann legen Sie sich flach auf den Boden. Legen Sie den linken Knöchel auf das rechte, aufgestellte Knie und packen Sie das linke Bein mit beiden Händen. Drücken Sie mit den Fingern, dass die Knöchel beider Hände einander berühren. Fahren Sie mit den Fingern in Richtung Po.

Bleiben Sie cool

Beim Fitnesstraining auch auf die richtige Körpertemperatur zu achten, steht ziemlich weit unten auf der Liste der Dinge, die Männer normalerweise beachten. Wenn der Körper seine Temperatur nicht mehr regulieren kann, ist das eine Verletzung mit möglicherweise lebensbedrohlichen Konsequenzen.

Wenn es draussen kalt ist

Niedrige Temperaturen können die Regulierung lebenswichtiger Funktionen wie Herzschlag und Stoffwechsel beeinträchtigen. Unterkühlung droht vor allem dann, wenn Sie nass sind, denn dadurch wird der Wärmeverlust beschleunigt. Tragen Sie Kleidung, die die Flüssigkeit vom Körper weg leitet, nicht an der Haut hält. Wenn Sie erschöpft sind, stellen Sie sich im Warmen unter, denn je weniger Sie sich bewegen, desto schneller geht Ihre Körperwärme verloren.

Wenn es draussen heiss ist

Wenn es heiß ist, bekommen die Muskeln schnell zu wenig Flüssigkeit. Diese ist aber für den Temperaturausgleich und die Schweißproduktion notwendig.

Erschöpfung durch Hitze vermeiden Sie , wenn Sie nicht bei hohen Temperaturen im Freien trainieren. Trainieren Sie abends oder morgens.. Tragen Sie weite Kleidung und trinken Sie viel. Beachten Sie die Warnsignale des Körpers wie Gänsehaut, Schwindel und Krämpfe.

Die besten Schmerzmittel

Vorbeugen ist natürlich die beste Medizin, aber wenn doch einmal etwas passiert, brauchen Sie ein effektives Mittel gegen Schmerzen.

Viele Sportler schwören auf Ibuprofen als bestes Schmerzmittel. Es ist entzündungshemmend und lässt die Schwellung und damit den Schmerz abklingen.

Paracetamol wirkt anders. Es beseitigt die Schmerzen über Signale ans Gehirn, aber tut wenig gegen die Entzündung.

Oder Sie greifen zu Aspirin. Es ist schwächer als Ibuprofen, hat aber ebenfalls entzündungshemmende Wirkung. Seien Sie aber vorsichtig. Es kann den Magen angreifen und wirkt sich auf die Blutgerinnung aus.

Schmerzfrei trainieren

Bei Sportarten, die Geschwindigkeit, Balance, eine Bewegung mit starkem Aufprall, schweres Heben oder mehrere dieser Faktoren fordern, ist die Verletzungsgefahr am größten. Mit der richtigen Technik und Ausrüstung können Sie aber die häufigsten Unfallrisiken ausschließen. Beachten Sie beim Trainining bitte folgendes:

Laufen

Problem:

Der starke Aufprall, wenn Sie mit dem ganzen Körpergewicht auf einem Fuß landen, kann Muskeln, Sehnen und Gelenke strapazieren.

► *Vermeiden Sie Muskelkrämpfe durch einen lockeren Laufstil.*

Lösungen

- Gehen und laufen Sie abwechselnd, besonders in den ersten Wochen Ihres Fitnessprogramms, und erlauben Sie Ihrem Körper, sich langsam ans Laufen zu gewöhnen.
- Tragen Sie Joggingschuhe. Laufen ist eine der wenigen Sportarten, die unbedingt Spezialschuhe erfordert. Diese federn den Aufprall ab und ermöglichen einen weichen Schritt.
- Laufen Sie auf weichem, ebenen Boden. Harte, steinige oder löcherige Wege führen schnell zu Zerrungen, Verstauchungen und Knochenbrüchen.
- Machen Sie kleine Schritte. Zu große Sprünge überdehnen Muskeln und Sehnen. Außerdem werden Sie dadurch langsamer, weil Sie jedes Mal gebremst werden, wenn der Fuß am Boden aufkommt.
- Entspannen Sie sich. Ein lockerer Laufstil ist leichter durchzuhalten, und schneller sind Sie außerdem.

Rad fahren

Probleme

Bei Fahrradtouren kann schnell ein Unfall passieren, und Stürze mit Kopfverletzungen können lebensgefährlich sein. Auf dem Heimtrainer und draußen leiden außerdem Rücken und Knie.

► *Der Fahrradsitz ist richtig eingestellt, wenn Ihr Knie bei der untersten Pedalstellung nur leicht gebeugt ist.*

Lösungen

- Tragen Sie immer einen Helm – er kostet nicht viel und ist Gold wert. Um Stürze zu vermeiden achten Sie darauf, dass Schuhbänder, Kleidung und Taschen nicht in Kette oder Speichen geraten. Passen Sie auf, wenn Autofahrer die Türen öffnen und fahren Sie nicht zu schnell.
- Benutzen Sie die hohen Gänge nur, wenn Sie schnell genug sind. Wenn Sie in langsamem Tempo gegen einen zu hohen Widerstand antreten, beanspruchen Sie Ihre Knie zu stark.
- Lassen Sie Ihr Fahrrad auf die richtige Einstellung von Sattel, Lenkradgriffen und Pedalen überprüfen. Falsche Einstellungen verursachen Knie und Rückenschmerzen.

Rudern

Problem

Zu großer Kraftaufwand für den Oberkörper beim Zurückziehen des Griffes kann die Rückenmuskulatur überanstrengen.

► *Schieben Sie sich mit den Beinen zurück, bevor Sie den Rudergriff heranziehen.*

Lösung

- Bewegen Sie sich langsam und stetig immer in der gleichen Reihenfolge. Mit leicht geneigtem Oberkörper schieben Sie sich zuerst mit den Beinen nach hinten. Lehnen Sie sich leicht zurück und ziehen Sie den Griff zum Oberkörper. Wenn Sie zurück in die Ausgangsposition gehen, beugen Sie die Knie und lehnen sich wieder leicht nach vorne.

Gewichtheben

Probleme

Falsche Technik kann nicht nur Gelenke schädigen und Muskeln strapazieren, sie beeinträchtigt auch die Effektivität Ihres Trainings.

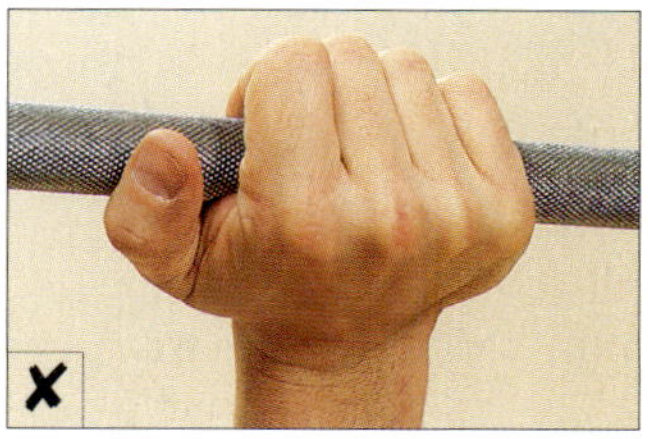

► *Wenn Sie die Stange anfassen, sollten die Finger auf der einen und der Daumen auf der anderen Seite sein (oben). Ein falscher Griff (unten) mit Daumen und Fingern auf einer Seite ist gefährlich.*

Lösungen

• Bleiben Sie locker in den Gelenken. Durchgedrückte Knie oder Ellbogen nehmen den Druck von den Muskeln (das ist trügerisch) und übertragen ihn auf die Knochen, was die Gelenke irritieren oder verletzen kann.

• Atmen Sie regelmäßig. Halten Sie beim Heben nicht den Atem an: Sauerstoffmangel beim Training kann zu Blackouts führen. Atmen Sie aus, wenn Sie ein Gewicht heben, und atmen Sie ein, wenn Sie in die Ausgangsposition gehen.

• Greifen Sie richtig zu. Für Stabilität und Kontrolle packen Sie die Stangen mit dem Daumen auf einer und den Fingern auf der anderen Seite. Verteilen Sie das Gewicht der Stange auf Ihre Hände, um die Balance zu halten.

Treppen steigen

Probleme

Ein schlechter Stand kann Kribbeln in den Füßen bewirken und belastet Nacken und Rücken.

► *Stehen Sie immer aufrecht – neigen Sie sich nicht nach vorne.*

Lösungen

• Treten Sie mit dem flachen Fuß auf. Auf den Zehen zu treten belastet die Nerven in den Fußballen. Halten Sie die Füße flach und treten Sie mit dem ganzen Fuß auf die Fläche. Die Schuhe sollten gut gefedert sein. Lockern Sie die Schnürsenkel, damit der Blutkreislauf nicht gestört wird. Machen Sie kleine, flache Schritte. Das mindert den Druck und verbrennt mehr Energie.

• Stehen Sie gerade. Es wirkt zwar entspannter, wenn Sie sich nach vorne beugen, aber es belastet Nacken und Rücken, vor allem wenn Sie sich verrenken, um zum Beispiel nebenbei fernzusehen.

Inline-Skaten

Probleme

Man fällt schnell hin, und Verletzungen an Kopf, Handgelenken, Ellbogen und Knien sind häufig.

► *Inline-Skaten erfordert eine gute Schutzausrüstung – einen Helm und Schoner für Knie, Ellbogen und Handgelenke.*

Lösungen

• Setzen Sie einen Helm auf. Verletzungen am Kopf sind zwar seltener als an den Gelenken, aber dafür meist ungleich dramatischer.

• Tragen Sie Schoner. Die Handgelenke werden am häufigsten verletzt. Vergessen Sie auch Ellbogen und Knieschoner nicht.

• Nehmen Sie Unterricht. Wenn Sie lernen, wie man richtig bremst, fährt und fällt, vermeiden Sie Anfängerfehler und verletzungen.

• Schauen Sie nach vorne. Wenn Sie, wie viele Anfänger, nur auf Ihre Füße gucken, kommen Sie schnell aus dem Gleichgewicht. Wenn Sie nach vorne blicken, bleibt Ihr Schwerpunkt an der richtigen Stelle über Ihren Füßen.

Training im Büro? Warum denn nicht!

Sie tragen Ihre beste Kleidung. Sie haben wenig Platz und noch weniger Ausrüstung. Und es gibt gewisse Positionen, in denen Ihr Chef Sie auf keinen Fall sehen sollte. Doch gerade im Büro ist körperliche Aktivität nötig, wegen der mangelnden Bewegung, der schlechten Haltung und der vielen Stressfaktoren.

Der Preis der Arbeit

Der menschliche Körper ist dafür geschaffen, in Bewegung zu sein. Statt dessen verbringen wir den ganzen Tag sitzend und verrichten eintönige Tätigkeiten. Doch es ist nicht nur das Sitzen – die Haltung, die wir während der Arbeit einnehmen, belastet und ermüdet bestimmte Muskeln, während der geistige Stress uns zusätzlich anspannt.

Das Training im Büro soll daher nicht allein den Bewegungsmangel ausgleichen, sondern auch helfen, Spannungen abzubauen.

Zusätzlich zu den Übungen in diesem Abschnitt sollten Sie die folgenden einfachen Regeln beherzigen, um Stress und Anspannung möglichst gering zu halten:

- Wechseln Sie oft die Position. Zu lange in derselben Körperhaltung auszuharren ist die Hauptursache von steifen und verspannten Muskeln. Machen Sie alle zehn bis 15 Minuten eine kleine Pause, um Arme und Beine zu strecken und die Finger zu bewegen.
- Besprechen Sie Dinge beim Gehen. Versuchen Sie so oft wie möglich, sich mit Ihren Kollegen im Laufen zu besprechen, vor allem wenn es sich um stressige Angelegenheiten handelt. Es mag seltsam klingen, aber ein Gespräch im Gehen lädt zu einer zwanglosen, offenen Haltung ein.
- Gehen Sie in der Mittagspause spazieren. Verlassen Sie das Büro, um sich die Beine zu vertreten und die Gedanken schweifen zu lassen.
- Stehen Sie auf, wenn Sie ans Telefon gehen: Das bringt Muskeln und Kreislauf in Schwung und lässt Ihre Stimme dynamischer klingen.

Schlechte Angewohnheiten

Nacken, Rücken und Handgelenke sind die größten Opfer am Arbeitsplatz. Die Belastung kommt meistens von falscher Körperhaltung. Die drei häufigsten Fehler sind:

1 Auf der Tastatur mit abgeknickten Handgelenken tippen. Je stärker Sie die Handgelenke durchbiegen (oft weil die Tastatur zu hoch steht), desto mehr Belastung fühlen Sie. Halten Sie Hände und Unterarme in einer Linie.

2 Den Kopf zurücklegen, um den Bildschirm zu sehen. Vielleicht steht Ihr Monitor zu hoch, oder Sie tragen eine Brille mit unterteilten Gläsern. Ihr Monitor sollte nicht oberhalb Ihrer Augenhöhe stehen

3 Das Telefon mit der Schulter halten. Das belastet den Nacken und die Schultermuskulatur. Wenn Sie oft lang telefonieren, besorgen Sie sich eine Freisprechanlage

An die Wand setzen

Dies ist eine gute Übung für die Beine.

Stellen Sie sich mit dem Rücken gegen die Wand, die Füße schulterbreit auseinander. Gleiten Sie mit dem Rücken langsam nach unten und gehen Sie mit den Füßen nach vorne, bis Sie eine Haltung wie in einem Stuhl einnehmen. (Um die Knie nicht zu belasten, gehen Sie mit den Oberschenkeln nicht ganz auf Kniehöhe herunter.) Halten Sie fünf bis zehn Sekunden aus und gehen wieder zurück in die Ausgangsposition. Wiederholen Sie diese Übung fünf Mal.

Schultern umarmen

Um Schulter und obere Rückenmuskulatur zu entlasten, kreuzen Sie beide Arme über der Brust und fassen mit der linken Hand um Ihr rechtes Schulterblatt und mit der rechten Hand um das linke.

Stuhl-Klimmzüge

Ein hervorragendes Training für den Oberkörper.

1 Setzen Sie sich auf die Kante eines Stuhls, die Füße flach am Boden. Stützen Sie die Hände an der Kante des Stuhls und heben Sie Ihren Po vom Stuhl weg. Halten Sie den Rücken gerade.

2 Lassen Sie sich langsam sinken, bis Ihre Oberarme fast parallel zum Boden sind. Dann heben Sie sich wieder zurück. Machen Sie dies bis zu zwölf Mal.

Knie mit dem Ellbogen berühren

Trainiert die Bauchmuskeln

Sitzen Sie aufrecht, die Füße flach am Boden und die Finger hinter dem Kopf verschränkt. Heben Sie Ihr linkes Knie und strecken Sie den rechten Ellbogen danach. Dann mit der anderen Seite. Üben Sie mit jeder Seite mindestens fünf Mal.

Beinheben im Sitzen

Trainiert die Oberschenkel.

Setzen Sie sich aufrecht in einen Stuhl mit den Füßen flach am Boden. Dann heben Sie beide Beine zusammen an und halten Sie ausgestreckt, so dass Beine und Oberkörper ein L bilden. Halten Sie fünf Minuten und lassen Sie dann Ihre Beine wieder sinken. Wiederholen Sie die Übung.

Drehungen

Trainieren Brust- und Bauchmuskeln.

Setzen Sie sich aufrecht und halten Sie die Arme rechtwinklig nach oben. Lassen Sie die Hüfte gerade und drehen Sie den Oberkörper soweit wie möglich nach links. Halten Sie kurz und gehen Sie zururück. Machen Sie dies dreimal links, dann dreimal rechts.

Stress abbauen!

Mit den folgenden kleinen Entspannungsübungen können Sie ab und zu dem Bürostress ür einen Moment entfliehen.

- Stellen Sie sich vor, Sie wären irgendwo weit weg im Urlaub. Sie stehen auf einem Gipfel und überblicken die Landschaft. Sie sehen meilenweit, und kein Mensch ist in Sicht. Der Wind rauscht in den Pinien. Konzentrieren Sie sich: ein Teil Ihres Geistes ist wirklich dort, und er ist entspannt.

- Blicken Sie aus dem Fenster und fixieren Sie einen bestimmten Punkt – einen Vogel, ein Insekt, ein Baum oder ein Auto. Konzentrieren Sie sich auf Ihre Sinne: wenn Sie mehr schauen und lauschen, werden Sie weniger nachdenken.

- Mit einem einfachen Trick können Sie Stress abbauen. Wenn das Telefon klingelt, sagen Sie sich „das kann schon einen Moment warten". Atmen Sie tief durch und heben Sie erst dann den Hörer ab.

- Unterbrechen Sie ungefähr jede Stunde Ihre Tätigkeit und gehen durch, wie gestresst sich jeder Ihrer Körperteile anfühlt. Achten Sie dabei besonders auf Hände, Schultern, Nacken und Kiefer. Versuchen Sie, die verspannten Bereiche im Geiste zu lockern.

- Nehmen Sie sich ein kleines Spielzeug mit. Wenn Sie es nur anschauen, wie es in Ihrer Schreibtischschublade liegt, fühlen Sie sich gleich wie ein sorgloses Kind.

Liebe und Partnerschaft

Miteinander reden

Manchen fällt es sehr leicht, mit ihren Mitmenschen zu kommunizieren. Doch wie Ihnen vielleicht von einigen Frauen in Ihrem Leben bereits ab und zu angedeutet wurde, könnten die meisten von uns dabei etwas Hilfe gebrauchen. Geglückte Kommunikation ist das Herz jeder erfolgreichen Beziehung.

„Reden lässt Sie sich dem Anderen näher fühlen und macht es einfacher, auch über intime Angelegenheiten wie zum Beispiel Sex zu sprechen. Wenn Sie nicht miteinander über die alltäglichen Dinge reden können, die Sie beschäftigen, wird es sehr schwer, über Ihre sexuellen Bedürfnisse zu sprechen."

Sarah Litvinoff
The Relate Guide to Sex in Loving Relationships

Was soll das Gerede?

Wenn Sie miteinander reden, Hoffnungen und Träume teilen und Pläne machen, bauen Sie mit Ihrem Partner eine Beziehung auf und erfahren etwas über den Anderen. Gemeinsam über Gedanken und Gefühle zu sprechen schafft Intimität und Vertrauen. Kommunikation ist daher auch der Schlüssel zu gutem Sex.

Richtige Kommunikation ist ebenfalls der Schlüssel, kleinere Konflikte zu lösen, die in jeder Liebesbeziehung vorkommen, und sie vermeidet das Aufkommen großer Konflikte, die Ihre Beziehung zerstören könnten.

Es gibt noch einen weiteren Grund, warum Reden so wichtig ist. Die traditionellen Ideen vom Unterschied der Geschlechter zu verteufeln mag etwas Befreiendes gehabt haben, aber vielleicht sind wir dabei zu weit gegangen. John Gray schreibt „Männer und Frauen kommunizieren nicht nur anders, auch ihr Denken, Fühlen, ihre Wahrnehmung, Reaktionen, Antworten, ihre Art zu Lieben, ihre Bedürfnisse und Einschätzungen sind anders".

Haben Sie zum Beispiel bemerkt, dass Frauen in Beziehungen die Nähe suchen und die Trennung fürchten, während Männer unabhängig sein wollen und Angst haben, in die Falle zu geraten? Je mehr Sie auf Ihrem Freiraum beharren, desto mehr versucht Ihre Partnerin, Sie festzuhalten. Sprechen Sie darüber.

Sagen Sie Ihr, wie Sie sich fühlen und was Sie brauchen. Fast noch wichtiger ist das Zuhören. Hören Sie sich genau an, was ihr wichtig ist, was Sie ärgert und was sie glücklich macht. Bemühen Sie sich genau das zu hören, was sie sagt, und projizieren Sie nicht Ihre eigenen Gedanken in das Gesagte hinein. Versuchen Sie zum Beispiel, nicht vorherzusagen, in welche Richtung das Gespräch gehen wird. Wenn Sie glauben, Sie wüssten bereits, was sie sagen wird, hören Sie nämlich nicht mehr das, was sie wirklich sagt.

Mit anderen Worten, geben Sie ihr eine Chance, alles zu sagen, was Sie möchte.

Nonverbale Kommunikation

Es ist nicht nur das gesprochene Wort, das eine gelungene Kommunikation ausmacht – man kann auch ohne Worte miteinander „reden". Das Waschbecken zu reparieren oder einen Urlaub zu planen ist auch ein Weg, um Gefühle auszudrücken.

Das sind nett gemeinte Botschaften, doch werden diese ihr wahrscheinlich nicht sagen, was sie am allerliebsten hören möchte.

Berühren Sie Ihre Partnerin. Ein zärtliches Streicheln hier, eine Umarmung dort – das sind wunderschöne Gesten, um Ihre Zuneigung auszudrücken. Betrachten Sie zärtliche Berührungen als Kommunikations-

Geheimnisvolle Körpersprache

Nimmt sie Ihren Arm, wenn Sie über die Straße gehen? Wenn Sie sich unterhalten, sitzt sie gegenüber, sieht Ihnen in die Augen, nickt, hört zu und lächelt? Oder blickt sie ins Leere, den Körper leicht zur Seite gedreht, die Arme schützend vor der Brust verschränkt, die Beine übereinander geschlagen? Sie haben nie darauf geachtet? Sollten Sie aber, denn sie spricht mit Ihnen.

Und selbst wenn Sie es selbst gar nicht merken, auch Sie reden mit ihr, und zwar permanent. Bevor Sie nur ein Wort gesagt haben, hat sie vielleicht schon Informationen von Ihnen bekommen.

Durch die Art, wie Sie stehen oder gehen, drücken Sie Selbstvertrauen oder Schlaffheit aus. Ebenso kann Ihr Blick sanft und liebevoll oder aggressiv sein.

Experten sagen, dass mehr als zwei Drittel der Informationen, die wir vermitteln, über Körpersprache ausgedrücktwerden. Manche Signale wie die defensive Haltung mit verschränkten Armen oder Beinen sind eindeutig und universell. Doch es gibt auch individuelle „Dialekte". Ob wir es merken oder nicht, unsere Körper verraten immer unsere Stimmung.

Wie Sie ein Gespräch beginnen

Geben wir es zu. Frauen können besser über Dinge reden als wir, vor allem wenn es um die Beziehung geht. Auch wenn Sie das Richtige tun wollen und beginnen, Ihr Herz auszuschütten – es ist nicht einfach. Wie kann man diese Schwierigkeiten überwinden?

- Sie sollten wissen, dass es für Ihre Partnerin sehr wichtig ist, zu reden und Gefühle auszudrücken. Daher wird sie Ihre Anstrengung sicher honorieren, auch wenn Sie nicht gleich die richtigen Worte finden.
- Reden Sie einfach drauflos. Es ist besser, mit irgendetwas zu beginnen, als auf das richtige Stichwort zu warten.
- Tasten Sie sich langsam heran. Wenn ein Thema besonders heikel ist, ist es erlaubt, zunächst über etwas Ähnliches zu sprechen und sich dann langsam zum Eigentlichen vorzuarbeiten.
- Machen Sie Fortschritte. Beginnen Sie mit Gesprächen, mit denen Sie zwar gefordert sind, aber nicht gleich überfordert. Nach und nach tasten Sie sich dann an schwerere Aufgaben heran.

mittel und nicht nur als Ouvertüre zum Sex.

Let's talk about sex!

Ein befriedigendes Sexleben bedeutet für Männer und Frauen etwas anderes. Männer ertragen Nähe, um Sex zu haben, und Frauen ertragen Sex, um Nähe zu haben.

Im Leben eines Mannes ist außerhalb des Schlafzimmers typischerweise wenig Platz für Zärtlichkeit oder Leidenschaft. Wenn er ein Leben innerhalb des Schlafzimmers hat, stellt er oft überrascht fest, dass er durchaus in der Lage ist, sein Herz zu öffnen.

Bei den meisten Frauen ist die Sache umgekehrt. Intimität – die Wärme, Nähe und Vertrauen schafft – muss gewöhnlich zuerst kommen. Wenn eine Frau sich in der Liebe sicher fühlt, ist sie eher bereit, sich auf Sex einzulassen.

Wenn Sie also guten Sex haben wollen, müssen diese Bedürfnisse miteinander vereinbart werden. Wieder heißt die Lösung hier Reden. Hören Sie ihr zu. Vertrauen Sie sich ihr auch an. Erzählen Sie ihr, wie Sie sich in Ihrem Leben und in der Beziehung fühlen. Haben Sie keine Geheimnisse vor einander.

Auch wenn Sie fürchten, sie könnte verletzt sein – verbergen Sie nichts. Im Vergleich zu Ihnen ist sie eine Expertin für Gefühle, und sie hat wahrscheinlich keine Angst davor.

Gefühle mit Ihnen zu teilen weckt bei den meisten Frauen auch sexuelles Interesse. Nehmen Sie sich in den Arm und reden Sie offen miteinander. Natürlich ist das in vielen Fällen leichter gesagt als getan. Man braucht einigen Mut, um über die wichtigen Dinge in einer Beziehung zu sprechen. Und diesen Mut braucht man nicht nur einmal, man braucht ihn jeden Tag wieder.

Doch wenn Sie sich Ihrer Partnerin öffnen, wird sich dies für die Zukunft Ihrer Beziehung ganz bestimmt auszahlen.

So zügeln Sie Ihr Temperament

Kommunizieren ist nicht Kämpfen. Unkontrollierte Wutausbrüche können viel zerstören.

Erkennen Sie Ihre Emotion
Sind Sie wirklich wütend oder steht Ihre Wut nur für etwas anderes – zum Beispiel Angst oder Scham?

Fühlen Sie mit ihr
Versuchen Sie, die Dinge aus der Sicht Ihrer Partnerin zu sehen. Vergessen Sie Ihre eigene Stimmung und versetzen Sie sich wirklich in ihre Lage.

Denken Sie nach
Ist es wirklich Ihre Partnerin, die Sie wütend macht, oder nur das, was Sie über ihre Worte oder Taten denken? Versuchen Sie, anders über die Situation nachzudenken. Der beste Weg ist oft, die Sache mit Humor zu sehen.

Hören Sie hin
Lernen Sie, das Gefühl in ihren Worten ebenso zu verstehen wie den Inhalt.

Wiederholen Sie, was sie gesagt hat, um zu sehen, ob Sie es wirklich verstanden haben.

Integrieren Sie
In den Streit integrieren Sie Liebe und Respekt. Lassen Sie sie spüren, dass Ihr Ärger dennoch nicht die Bande der Liebe zerreißen wird.

Nehmen Sie Ihren Körper wahr
Achten Sie auf die Veränderungen in Ihrem Körper, wenn Sie wütend werden. Das können Dinge sein wie erhöhte Herzfrequenz, schnellere Atmung, Kopfschmerzen, Magenschmerzen oder Anspannung der Muskeln. Wenn Sie Ihre Körperreaktionen wahrnehmen, können Sie lernen, wie Sie sich selbst wieder unter Kontrolle bringen können.

Bleiben Sie bei der Sache
Kommen Sie nicht mit alten Geschichten. Konzentrieren Sie sich auf das aktuelle Problem, damit Sie Lösungen und Alternativen finden können.

Zu kennen heißt zu verstehen

In einer guten Beziehung sind beide Partner zufrieden. Das Problem ist, dass viele von uns glauben, die Bedürfnisse des Partners seien dieselben wie unsere eigenen. Doch diese Einstellung wird den Unterschieden zwischen Mann und Frau nicht gerecht.

> **Auch wenn ein Mann ein Mädchen noch so sehr liebt, ohne lange Gespräche wird er nie ihr Herz gewinnen.**
>
> *Kamasutra, indisches Lehrbuch der Erotik*

Die Partnerin kennen lernen

Männer tendieren dazu, der Frau dieselbe Form von Unterstützung zu geben, die sie selber gerne hätten, während Frauen uns so behandeln, wie sie selber behandelt werden möchten. Doch leider funktioniert das nicht immer besonders gut.

Doch die meisten Frauen möchten mit Ihren Sorgen nicht alleine gelassen werden. Sie brauchen Ihre aktive Unterstützung. Sie müssen über Probleme reden und brauchen jemanden, der ihnen zuhört.

Eine Umarmung und Ihre ungeteilte Aufmerksamkeit können bereits eine große Hilfe sein.Die beste Möglichkeit, eine erfolgreiche und liebevolle Beziehung aufzubauen, ist alle charakterlichen Facetten seines Partners kennen zu lernen.

Stimmen Sie sich darauf ein, was sie mag, dann hören Sie zu, beobachten und lernen Sie.

So werden Sie ein besserer Zuhörer

Beziehungsexperten sagen, das größte Geschenk, das ein Mann seiner Partnerin machen kann, ist, ihr zuzuhören. John Gray, der Autor von *Männer sind vom Mars, Frauen von der Venus*, stellt fest, dass 90 Prozent aller Menschen, die eine Therapie machen, Frauen sind. „Und warum?“, fragt er. „Weil Frauen jemanden dafür bezahlen, dass er sich anhört, wie sie sich fühlen.”

Die folgenden Vorschläge helfen Ihnen, Ihre Fähigkeiten als Zuhörer besser zu entwickeln. Es genügt jedoch nicht, sie rein mechanisch zu befolgen. Sie müssen es wirklich so meinen, wenn Sie diese Richtlinien beherzigen.

- Seien Sie aufmerksam. Driften Sie nicht ab, wenn sie erzählt, und denken Sie nicht schon über eine Antwort nach, bevor Sie nicht bis zum Ende wissen, was sie sagen will.
- Hören Sie nicht nur auf die Worte, sondern auch auf die Gefühle, die Ihre Partnerin mit diesen Worten vermitteln will.
- Wenn Sie zu impulsiven Reaktionen neigen, üben Sie statt dessen logisch zu bleiben, um sich nicht aufzuregen.
- Gehen Sie sicher, dass Sie auch richtig verstanden haben, was sie Ihnen sagen will.
- Halten Sie Augenkontakt. Es zeigt ihr, dass Sie aufmerksam sind.
- Ermutigen und bestätigen Sie Ihre Partnerin durch Lächeln, Nicken und ab und zu ein „Okay”.
- Lassen Sie sich nicht durch den Fernseher ablenken und vergraben Sie sich nicht im Sportteil der Zeitung, während sie versucht, mit ihnen zu reden – schenken Sie ihr die volle Aufmerksamkeit.
- Stellen Sie Fragen. Dadurch zeigen Sie auch, dass Sie aufmerksam zuhören.
- Seien Sie die meiste Zeit still und unterbrechen Sie Ihre Partnerin nicht.
- Seien Sie der Zuhörer, den Sie sich selber auch wünschen.

Sich einstimmen

Eine der wichtigsten Aufgaben für einen Mann in einer Beziehung ist, die Bedürfnisse der Partnerin zu erfüllen und sie so weit wie möglich glücklich zu machen. Das können Sie aber nur, wenn Sie wissen, was Ihre Partnerin mag und was sie braucht.

Wie können Sie das erfahren? Sie fragen sie. Das ist der beste und einzige Weg, sicher herauszufinden, was sie wirklich will.

Das Problem ist, dass es nicht immer so einfach ist wie es klingt, vor allem, wenn es dabei um Sex geht. Wenn sie sich schon länger frustriert fühlt, wird sie vielleicht ihre Frustration abbauen wollen und Sie bitten, ihr die Welt zu Füßen zu legen, wenn Sie endlich einmal fragen, was sie sich von Ihnen wünscht. In diesem Fall hilft es, wenn Sie ruhig fragen können, womit sie denn konkret glücklich wäre. Die beste Strategie ist, klärende Fragen zu stellen, damit Sie eine realistische Antwort bekommen.

Natürlich ist es besser, die Wünsche des Partners zu kennen, bevor es so weit kommt. Hören Sie zu, beobachten Sie und lernen Sie.

Ist sie ein Bücherwurm? Wenn ja, welche Bücher mag sie? Wenn Sie gemeinsam in Urlaub fahren, verbringt sie lieber einen Tag in den Bergen oder am Strand? Will Sie dabei faulenzen oder aktiv sein? Was sind ihre Leibspeisen und Lieblingsrestaurants? Hat sie wirklich Lust, ab und zu etwas zu kochen? Mag sie Sport, oder geht sie viel lieber in die Oper oder ein Konzert? Stimmen Sie sich darauf ein, was sie gerne mag und was nicht. Das gilt sowohl für das Schlafzimmer als auch für alles Übrige.

Kleine Dinge zählen

Sie müssen einer Frau nicht gleich die Welt zu Füßen legen, um sie glücklich zu machen. Hier und da ein paar Kleinigkeiten sind besser. Stellen Sie im Laufe des Tages immer wieder Augenkontakt her. Das sind die kleinen Liebes- und Aufmerksamkeitsbezeugungen, die für sie am meisten Bedeutung haben. Dasselbe gilt, wenn Sie fragen, wie ihr Tag war, und zuhören, wenn Sie darauf antwortet. Oder schenken Sie Blumen, auch wenn es keinen besonderen Anlass gibt. Oder sagen Sie ihr öfter, wie schön sie ist.

Sexuelle Reaktion beginnt lange vor dem Schlafzimmer und kann auch lange danach noch anhalten.

Liebevolle Worte und Taten bauen nicht nur Vertrauen auf, sondern summieren sich zu dem, was manche Experten „Ganztägiges Vorspiel" nennen. Eine Frau braucht diese Worte und Taten, um sich einem Mann sexuell ganz zu öffnen. Für sie ist Sex nicht nur ein Samstagabendvergnügen wie ins Kino gehen. Sie will, dass Sex einen Platz im Kontext einer sicheren, liebevollen Beziehung einnimmt.

Seien Sie ihr bester Freund

Frauen wollen, dass wir für sie sorgen, ihren Gefühlen zuhören, ohne zu urteilen oder ungeduldig zu werden, und dass wir uns um sie kümmern. Frauen müssen fühlen, dass Männer sie respektieren und ihre Vorlieben und Wünsche beachten.

Wenn Ihre Partnerin etwas mit Ihnen oder für Sie tut, z. B. sich für Ihr Leben interessiert, Sex und Freizeitaktivitäten mit Ihnen teilt, einen schönen Lebensraum schafft, kocht und die finanziellen Belastungen des Haushalts mitträgt – dann fühlen Sie sich sicher, dass Sie geliebt werden.

Voraussetzung für eine gute, erfolgreiche Beziehung ist Gleichheit und Gegenseitigkeit. Die Wünsche jedes Partners sind gleich wichtig, niemand muss ständig nachgeben. Hören Sie also auf Ihre Partnerin – und vergessen Sie auch nicht, auf sich selbst zu hören.

Was will die Frau?

Gegen Ende seiner Karriere äußerte Sigmund Freud eine tiefe Frustration: „Die große Frage, die ich in meinen 30 Jahren Forschung über die weibliche Seele nicht beantworten konnte, ist: Was will eine Frau?"

In einer großangelegten Studie unter der Leitung von Dr. phil. David M. Buss, Professor für Psychologie an der University of Texas wurden 10000 Menschen aus 37 Kulturen befragt, was sie sich von ihrem Partner wünschten. In allen Kulturen (auch den westlichen) suchen Frauen übereinstimmend folgende Eigenschaften bei einem Mann:

- Geld und Wohlstand
- Sozialer Status und Macht
- Jemand, der älter ist (im Durchschnitt 3 1/2 Jahre älter als sie)
- Ehrgeiz
- Zuverlässigkeit und Intelligenz
- Liebe und Verpflichtung gegenüber der Familie

Die ersten fünf Punkte geben einer Frau die Sicherheit, die sie braucht, um ihrer biologischen Verpflichtung nachzukommen, eine Familie zu gründen. Ältere, intelligentere Männer mit höherem sozialem Status können dem Nachwuchs alle evolutionären Vorteile bieten: bessere Ernährung, bessere Behausung, bessere Erziehung und bessere Gesundheitsvorsorge. Von diesem Gesichtspunkt aus scheinen Liebe und Verpflichtung nur noch das Tüpfelchen auf dem i zu sein.

▼ *Wenn wir die tiefsten Wünsche einer Frau kennen, können wir verstehen, was sie in einer Beziehung sucht.*

Liebe und Leidenschaft

Die Liebe begann wie ein loderndes Feuerwerk an einem dunklen Sommerhimmel. Doch die Leidenschaft begann zu versiegen, Sex wurde zur Routine, und jetzt fragen Sie sich, wohin das Feuer verschwunden ist. Wie halten Sie Leidenschaft und Romantik in einer Beziehung aufrecht?

„Zwölf Jahre heißen nicht, dass ein Paar zusammen glücklich ist, es heißt nur, dass es schon lange zusammen ist."

Neil Simon, amerikanischer Dramaturg

Ist der Honeymoon vorbei?

Sind alle Beziehungen irgendwann nur noch ein Abglanz der ersten leidenschaftlichen Monate? Wenn man sich umsieht, bekommt man schnell den Eindruck. Neuere Studien haben ergeben, dass Verheiratete und langjährige, monogame Paare den emotional und körperlich erfüllendsten Sex haben.

Dass die Leidenschaft nachlässt, ist völlig normal. Die Energie, die Verliebte entwickeln, mit all ihrer romantischen Intensität und der unstillbaren sexuellen Begierde, kann nicht ewig anhalten. Arbeit, Kinder und andere Verantwortungen beanspruchen unweigerlich auch einen Teil Ihrer Aufmerksamkeit. Das Problem entsteht dann, wenn Sie aufhören, Energie in die Beziehung zu investieren.

Der Knackpunkt ist, dass Sie langfristig aus einer Beziehung nur das herausholen können, was Sie hineinstecken. Die Therapeuten und Autoren Lonnie Barbach und David I. Geisinger schreiben in Ihrem Buch, niemand würde in sechs Monaten eine neue Firma aufbauen und dann nur noch einmal die Woche hingehen; man muss jeden Tag Zeit, Aufmerksamkeit und auch Arbeit hineinstecken. Mit Beziehungen ist es das Gleiche. Eine Liebesbeziehung kann nur dann am Leben erhalten werden, wenn sie kontinuierlich durch Zärtlichkeit, Lachen, Sex, gute Gespräche, Träume und gesellschaftliche Aktivitäten genährt wird.

Zurück zur Romantik

Frauen lieben Romantik und wünschen sich einen romantischen Liebhaber. Das wussten Sie doch, oder? In der Phase, in der Sie noch um die Frau geworben haben, waren Sie bestimmt sehr romantisch. Blumen, schöne Kleidung, Dinner bei Kerzenlicht, erlese-

Gehen Sie wieder zusammen aus

Wir alle sind so beschäftigt, dass es kaum eine Möglichkeit gibt, mit unserem Partner einen romantischen Abend zu zweit zu verbringen. Doch ohne gemeinsam verbrachte Zeit wird Romantik, Leidenschaft und tiefer, feuriger Sex bald nur noch zur Erinnerung an längst vergangene Zeiten.

Ergreifen Sie die Initiative. Hier sind einige erfolgreiche Vorschläge von Beziehungsexperten:

- Kaufen Sie Karten für eine Veranstaltung, zum Beispiel für ein Konzert, Ballet oder Theaterstück.
- Bestellen Sie einen Tisch in einem Restaurant, das sie schon immer einmal ausprobieren wollte.
- Gehen Sie mit ihr Tanzen.
- Buchen Sie ein Hotelzimmer in einer schönen Gegend. Lassen Sie ihre Partnerin die ganze Woche lang spüren, dass sie die heißen Nächte Ihrer Liebe wieder aufleben lassen möchten.
- Lassen Sie Pager oder Handy zu Hause, und rufen Sie möglichst nicht den Babysitter an.
- Wenn Sie nicht viel Geld ausgeben können, lassen Sie sich etwas einfallen. Leihen Sie sich die Wohnung von einem Freund oder gehen Sie zelten . Wichtig ist, dass Sie aus der üblichen Umgebung herauskommen, die Alltagspflichten vergessen und Zeit haben, sich ganz auf den Anderen zu konzentrieren.
- Machen Sie das vor allem nicht nur einmal. Planen Sie regelmäßig romantische Stunden ein, mindestens aber einmal im Monat.

► *Der Honeymoon braucht niemals aufzuhören.*

ner Wein und hervorragendes Benehmen – alles, um die Herzensdame zu erobern.

Doch wenn ein Mann die Frau erst mal erobert hat, wird schnell einiges anders. Wer hat schon Zeit für Romantik? Wenn der Jäger seine Beute erlegt hat, kann er sich ausruhen.

Bei Frauen jedoch hört das Bedürfnis nach Romantik nie auf. Durch Romantik fühlen sie sich feminin, umsorgt und beschützt. Romantik verbreitet ein magisches Licht, das Frauen hilft, die Langeweile des Alltags zu vergessen.

Wenn aus Ihren schicken Anzügen verschwitzte T-Shirts und aus den Candlelight-Dinners nur noch Pizza und ein paar Bierflaschen geworden sind, fühlt sich Ihre Cinderella schnell wie ein Aschenputtel. Genauso wie sie von Ihrer Aufmerksamkeit für sie und die Beziehung angezogen war, wird sie sich bald abwenden, wenn Sie zu beschäftigt sind, um ihr zuzuhören, um sich schön anzuziehen oder mit ihr auszugehen.

Spaß im Bett

Wenn Sex vorhersehbar und zur Routine wird, liegen harte Zeiten vor Ihnen. Sobald das sexuelle Feuer erlischt, steigt die Versuchung für beide Partner, sich anderswo nach leidenschaftlichen Begegnungen umzusehen. Sie müssen immer wieder aufs Neue verschiedene Dinge ausprobieren.

- Machen Sie Sex einmal irgendwo anders als im Bett. Wenn die sexuellen Begegnungen bisher nur im Schlafzimmer stattfanden, ist es gut, den Horizont auszuweiten. Versuchen Sie es am Boden, auf dem Küchentisch, im Bad, im Garten oder auf dem Autositz.
- Würzen Sie Ihre Sprache. Frauen sind verbaler als Männer. Vielleicht genießt Ihre Partnerin ein erotisches Gespräch .
- Leben Sie Fantasien aus. Tun Sie so, als würden Sie sich zum ersten Mal treffen. Ziehen Sie sich schick an und gehen Sie getrennt in ein Single-Lokal und entführen Sie sie für die Nacht in ein Hotel.
- Werfen Sie einen Blick auf die Stellungen beim Sex auf den Seiten 150 bis 157 und probieren Sie etwas Neues aus.

Ihrer Fantasie sind dabei keine Grenzen gesetzt. Sexspielzeug, Telefonsex, Fesseln ... es gibt endlos viele Möglichkeiten für Abenteuer. Wichtig ist nur, dass es für beide Partner akzeptabel ist. Manches erscheint Ihnen vielleicht etwas zu exotisch. Vergessen Sie nicht, dass für sie Sex nicht nur Sex ist. Ihre sexuelle Offenheit ist abhängig davon, ob sie sich sicher, respektiert und geliebt fühlt.

Waren Sie zu beschäftigt und zu ernsthaft, um ein bisschen zu spielen? Vergessen Sie die Angst vor Misserfolgen und genießen Sie einfach!

Holen Sie das Feuer zurück

Es ist eigentlich oft gar nicht so schwer, wieder Leben in die Beziehung zu bringen. Wichtig ist vor allem, dass die Spontanität nicht verloren geht.

- Kaufen Sie ihr Blumen. Es mag vielleicht irgendwo eine Frau geben, die sich nicht über einen Strauß Blumen freut, wir haben sie jedoch noch nicht getroffen.
- Sagen Sie ihr deutlich, dass Sie sie lieben. Wenn Sie gerne schreiben, schenken Sie ihr ein Liebesgedicht oder einen Liebesbrief. Rufen Sie sie aus der Arbeit an, nur um ihr „Ich liebe dich" zu sagen, .
- Überraschen Sie sie. Führen Sie sie spontan aus, an irgendeinen Ort, der für sie etwas Besonderes ist.
- Erinnern Sie sich an besondere Tage. Geburtstag, Valentinstag und Jahrestage sind ihr wichtig.
- Kaufen Sie ihr kleine Geschenke, wie Schokolade, Ohrringe, Parfum oder duftendes Badeöl. Teurer ist dabei nicht unbedingt besser. Kaufen Sie aber etwas, das ihr wirklich gefällt, und nicht nur das, was Ihnen selbst gefällt.
- Besorgen Sie sich ein gutes Kochbuch und überraschen sie mit einem besonderen Abendessen. Servieren Sie auf jeden Fall bei Kerzenlicht.
- Stehen Sie früh auf und bringen Sie ihr am Wochenende das Frühstück ans Bett.
- Wenn Sie auf Reisen sind, bringen Sie ihr etwas Schönes mit, damit sie weiss, dass Sie an sie gedacht haben.
- Bereiten Sie einen Picknickkorb mit einer Flasche Wein und ein paar Leckerbissen vor und fahren Sie mit ihr für einen Nachmittag aufs Land oder zumindest in den Park.
- Natürlich ist eine der wirksamsten Methoden, die Romantik aufrecht zu erhalten, großartiger Sex. Um das sexuelle Feuer wieder anzufachen, seien Sie ein Abenteurer. Probieren Sie neue Liebesspiele und neue Schauplätze mit ihr aus.

Leidenschaft neu beleben

Bei vielen Paaren geht es nicht darum, das Feuer wieder anzufachen. Sie müssen es vielmehr überhaupt erst entzünden. Manche Paare haben nie wirklich gelernt, Leidenschaft zu entwickeln. Sie haben zwar das Neue am Anfang der Beziehung genossen, aber danach sind sie nur noch dahingetrieben.

Verzweifeln Sie nicht. Für Sie kann das heißen, dass Sie das Beste an der Ehe noch vor sich haben. Manche Leute denken, der beste Sex kommt sowieso erst später im Leben. Wenn wir jung sind, haben wir manchmal ganz unrealistische Vorstellungen, was Sex für uns bedeuten kann.

Die Flammen der Leidenschaft anzufachen ist immer ein aktuelles Thema. Für guten Sex und Romantik auf einer langfristigen Basis müssen Sie viel über Ihre Partnerin lernen und ihre Wünsche herausfinden, um diese auch erfüllen zu können. Das wird ihr die Sicherheit verleihen, sich Ihnen zu öffnen und vorbehaltlos alles zu geben, was sie hat.

Ein erfülltes Liebesleben

Viele von uns stürzen sich in eine intime Liebesbeziehung und denken, dass es schon irgendwie von selbst laufen wird. In Wahrheit müssen Sie sich aber anstrengen, um eine glückliche Beziehung aufrecht zu erhalten. Manchmal ist es harte Arbeit, doch der Lohn dafür kann unermesslich sein.

> **„Wer nie die Intimität und Verbundenheit einer glücklichen, gegenseitigen Liebe erfahren hat, hat das Beste verpasst, was das Leben zu bieten hat."**
>
> Bertrand Russel, englischer Philosoph

Ohne Fleiß kein Preis

Was lässt uns eigentlich glauben, wir könnten eine tolle Ehe führen, ohne Geschick, Wissen oder Vorbereitung? Die traurige Wahrheit ist, dass die meisten von uns keine Ahnung haben, wie man eine lange, glückliche, erfüllende, harmonische Beziehung führt, in der beide Partner sich unterstützen.

Warum lohnt es sich, dieses Ziel zu verfolgen? Um eine Antwort darauf zu finden, lassen Sie uns egoistisch sein. Was hat ein Mann davon?

Männer brauchen genauso eine gute Beziehung wie Frauen, auch wenn sie sich das nicht gerne eingestehen.

Es gehört zum männlichen Selbstbild, zu denken, dass wir als unabhängiger und freier Single genauso gut dran wären, aber die meisten von uns fühlen sich in einer stabilen Beziehung viel wohler, als wenn wir allein wären.

Wenn Sie einmal 80 Jahre alt sind, ist es ein gutes Gefühl, eine tiefe und lange Beziehung gehabt zu haben. Sex ist in einer Beziehung ein mächtiges Mittel, um einen Teil von Ihnen mit einer anderen Person zu teilen, und das wirkt sich positiv auf die Gesundheit eines Mannes aus.

Die Jahreszeiten der Liebe

Auch Liebesgefühle kennen Ebbe und Flut. Probleme und Konflikte gibt es selbst in der besten Beziehung. Der Tag, an dem die rosarote Brille fällt, kommt unausweichlich. Wir stellen fest, dass nicht alles so perfekt ist wie es schien, und dass wir daran arbeiten müssen, wenn wir die Beziehung erfolgreich fortsetzen wollen.

Das ist nicht der Zeitpunkt, auszusteigen. Sich bei jemand anderem zu trösten, ist eine Sackgasse. Das Neue, das die Andere zu bieten hat, bleibt sowieso nicht sehr lange neu. Der lohnendere Weg hat etwas damit zu tun, sich in einer Partnerschaft festzulegen und aufeinander einzulassen. Auf lange Sicht bekommt man nur das zurück, was man auch gegeben hat. Ob im Berufsleben, in einem Fitnessprogramm, im Garten oder in einer Beziehung – wenn Sie nichts investieren, kommt auch nicht viel heraus.

Sich auf jemanden einlassen heißt: Wenn Konflikte aufkommen, bedeutet Ihnen die Beziehung genug, um gemeinsam an einer Lösung zu arbeiten. Es heißt auch, für jemanden da zu sein, egal was passiert. Wer sich aus dem Staub macht, wenn es mal kritisch wird, hat dies nicht begriffen.

Die Ehe ist gut für Ihre Gesundheit

„Für eine Frau ist es wichtig, so schnell wie möglich zu heiraten, und für einen Mann, so lange wie möglich unverheiratet zu bleiben", schrieb Bernard Shaw. Forschungen haben aber ergeben, dass verheiratete Männer körperlich und seelisch gesünder sind und eine längere Lebenserwartung haben. Der Soziologe Jessie Bernard schrieb in The *Future of Marriage*, es gäbe „in fast jeder Hinsicht eine manchmal spektakuläre und immer beeindruckende Überlegenheit ... von verheirateten über unverheiratete Männer". Die Todesraten von geschiedenen, alleinstehenden und verwitweten Männern sind bedeutend höher als die von verheirateten Männern im gleichen Alter. Verheiratete Männer haben auch weniger Krankheiten als unverheiratete. Warum? Niemand weiß es genau. Doch eine beständige, liebende Gefährtin zu haben kann anscheinend auf keinen Fall schaden.

Das Geheimnis der Liebe

Wenn Sie möchten, dass Ihre Beziehung besser wird, beginnen Sie zunächst bei sich selbst. Denken Sie über die folgenden Punkte nach und überlegen Sie, ob Sie etwas verbessern können.

Kommunikation

Experten sagen, dass eine gute, stabile Beziehung kontinuierlich gute Kommunikation benötigt, damit die Dinge langsam voran gehen, verletzte Gefühle ausgeräumt und Spannungen vermindert werden.

Individualität

Sie sind zwei verschiedene Wesen, auch wenn Sie sich manchmal wie eine Einheit fühlen. Niemand sollte seinen Partner nach seinen Wünschen ändern wollen.

EHRLICHKEIT
Ehrlich zu sein und zu lernen, wie man die Wahrheit sagt, ohne Gefühle zu verletzen, ist extrem wichtig.

SEX
Ein warmes und manchmal sogar heißes Sexualleben ist eigentlich lebenswichtig für eine glückliche Beziehung. Sexuelle Kompatibilität ist essenziell.

FREUNDSCHAFT
Etwas gemeinsam unternehmen, frei mit dem Anderen zu reden, einander in schwierigen Zeiten vertrauen – jemanden in Ihrem Leben zu haben, mit dem Sie alles teilen können, ist eines der größten Geschenke.

SICH ANNEHMEN
In einer Liebesbeziehung heißt Kompatibilität mehr als nur gemeinsame Interessen, Werte, politische Anschauungen und Essgewohnheiten. Es bedeutet auch die Fähigkeit, trotz der Unterschiede ein gemeinsames Leben liebend zu akzeptieren.

KOMPROMISS
Jeden Tag gibt es Situationen, die Kompromisse erfordern. Wie fair und gerecht Kompromisse geschlossen werden, kennzeichnet ein Beziehung.

VERZEIHEN
Verzeihen ist die Tat der Liebe; es fordert vielleicht große Überwindung, aber es macht die Beziehung noch stärker.

STRESS
Stress ist unvermeidlich. Die Art, wie man ihn kontrolliert, ist jedoch für eine Beziehung entscheidend.

Konflikte bereinigen

Konflikte sind unvermeidlich, und manchmal wird es einen Riesenkrach geben, auch wenn Sie sich noch so sehr anstrengen und die besten Absichten haben. Die folgenden Strategien zeigen Ihnen, wie Sie Konflikte lösen können, ohne dass Ihre Beziehung dabei in die Brüche geht:

- Erinnern Sie sich, dass Ihr Ziel nicht ist, Recht zu haben oder zu gewinnen, sondern Harmonie und Liebe in die Beziehung zurückzubringen.
- Betrachten Sie Ihren Konflikt als gemeinsamen Feind und versuchen Sie, zusammen zu arbeiten, um ihn zu lösen.
- Üben Sie sich darin, ein guter Zuhörer zu sein. Seien Sie der Zuhörer, den Sie sich in Ihrer Partnerin wünschen.
- Einer von beiden versucht möglicherweise, den Konflikt mit sich selbst auszutragen, um die Konfrontation zu vermeiden. Wenn Sie lange spazieren gehen oder sich in ein Projekt vertiefen, wird Ihr Ärger sich sicher irgendwann beruhigen. Doch Ihre Partnerin möchte lieber ihre Gefühle ausdrücken und darüber reden, obwohl sie auch lernen sollte, Ihnen zuerst etwas Zeit und Raum zu lassen.
- Schlafen Sie miteinander. Manche Leute sagen, es sei unangebracht, Sex zu benutzen, um Probleme zu bereinigen, und sicherlich sollte das nicht immer so geschehen. Wenn Sie aber eine gute sexuelle Beziehung haben, kann Sex ein sehr wirksames Mittel sein, um Spannungen zu lösen , vor allem dann, wenn Sie schon ein Stück weit auf dem Weg sind, das Problem zu lösen.

▼ *Sex kann ein guter – und sehr angenehmer – Weg sein, Konflikte zu lösen und Harmonie wieder herzustellen.*

Geben und Nehmen

Kümmern Sie sich um Ihre Partnerin, umsorgen Sie sie und geben Sie ihr so viel, wie sie können. Jede erfolgreiche Beziehung dreht sich um gegenseitiges Geben. Wenn Sie beide die Beziehung nur um des Nehmens willen führen, kann keiner geben, also wird auch keiner nehmen können. Wenn Sie sich umeinander kümmern, einander unterstützen, dem andern zuhören und lernen, zu geben, was Sie beide wirklich brauchen, haben Sie etwas begriffen, das Ihnen Jahr für Jahr Glück und Liebe beschert.

Zurück in die Single-Szene

Sie haben sich von Ihrer Partnerin getrennt, und jetzt geht es Ihnen schlecht. Das ist nur natürlich, vor allem, wenn Sie beide lange zusammen waren. Doch in der Welt gibt es viele weibliche Singles. Irgendwann wird der Tag kommen, an dem Sie eine von ihnen näher kennen lernen.

> **„Sie schenkte mir ein Lächeln, das ich in meiner Hosentasche fühlen konnte."**
>
> Raymond Chandler, *Lebwohl, mein Liebling*

Nichts übereilen

Wenn Sie verheiratet waren oder eine lange Beziehung hatten, kann es sehr hart sein, eines Tages wieder als Single dazustehen. Sie sind vielleicht noch unwillig, sich einer neuen Beziehung zu öffnen Es ist eine Zeit, in der Sie sehr verletzlich sind.

Setzen Sie sich nicht unter Druck, möglichst schnell einen neuen Partner zu finden. Erweitern Sie Ihren Horizont. Unternehmen Sie schöne Dinge, die Ihren Interessen entsprechen, und lernen Sie dabei Menschen kennen. Wenn Sie verschiedene Frauen sehen, hilft es Ihnen, herauszufinden was Sie suchen.

Klar, auf diesem Weg lauern vielleicht einige Gefahren. Dennoch können Sie auf der Suche nach einer neuen Partnerin eine Menge Spaß haben. Vielleicht müssen Sie ein paar Mal tief Luft holen, um ungewöhnliche Erfahrungen zu verdauen, aber es lohnt sich.

Es klingt vielleicht sehr rational, aber es ist wichtig, Zeit zu investieren. Überlegen Sie sich, wonach Sie suchen. Wollen Sie eine lange Beziehung eingehen oder suchen Sie nur jemanden für eine Nacht? Ihre Kriterien für eine unverbindliche sexuelle Erfahrung werden andere sein, als wenn Sie eine Partnerin fürs Leben suchen.

„Da draußen" gibt es so viele Frauen, warum also sollten Sie nicht die Richtige finden?

Ein neues Ich

Vielleicht haben Sie in der letzten Beziehung schlechte Angewohnheiten entwickelt und Ihr Äußeres vernachlässigt. Jetzt ist es Zeit, Ihre äußere Erscheinung zu prüfen. Vielleicht ist es Ihnen ziemlich egal, wie Sie aussehen, aber den Frauen nicht.

Beobachten Sie auch Ihre Körperhaltung: eine schlaffe Haltung vermittelt einen Mangel an Selbstbewusstsein. Ist es Zeit für einen Haarschnitt? Und wie wäre es damit, mal wieder zu trainieren? Vielleicht stünden Ihnen ein paar Kilo weniger besser, oder Ihre Muskeln könnten etwas ausgeprägter sein. Wenn Sie Ihrer Erscheinung ein bisschen Aufmerksamkeit widmen, stärken Sie Ihr Selbstwertgefühl und Ihre Attraktivität.

Wenn wir schon von äußerer Erscheinung sprechen: Sie sollten auch Ihre Wohnung aufräumen. Irgendwann werden Sie jemanden mit nach Hause bringen, und das Letzte, was Sie brauchen können, ist eine unaufgeräumte Bude, die Ihre Eroberung gleich wieder in die Flucht schlägt.

Man lernt nie aus

Wahrscheinlich stellen Sie fest, dass die Regeln und Rollen bei der Partnersuche sich verändert haben, seit Sie das letzte Mal Single gewesen sind. Nachdem AIDS als tödliche Variante der sexuell übertragbaren Krankheiten auf den Plan getreten ist, spielt Safer Sex heute eine viel größere Rolle als zu Ihren Zeiten als junger Sexgott. Auch die Rendezvous-Etikette, wer die Rechnung bezahlt, wer den ersten Schritt macht und wer wen verführt, ist schon lange nicht mehr in Stein gemeißelt.

Immer positiv denken!

Ihre Beziehung ist kaputt gegangen, Sie haben sich durch das Gefühl des Verlusts gekämpft und beginnen nun, das Vergangene hinter sich zu lassen. Es ist Zeit, sich aufzuraffen und wieder Frauen zu treffen – doch auf einmal fühlen Sie sich ängstlich und unsicher. „Was werde ich sagen?" „Was, wenn es nur ein neues Beziehungsdesaster gibt?" „Was, wenn ich zu alt bin?" Zu dick? Zu irgendwas?

Dieses negative Denken bringt Sie nicht weiter. Wenn Sie down waren, brauchen Sie eine positive Einstellung, um aus dem Haus zu gehen und sich auf ein Risiko einzulassen. Akzeptieren Sie, dass Sie vielleicht einige Rückschläge erleiden werden. Aber denken Sie daran, wie wundervoll es ist, wenn eine gute Beziehung entsteht.

Frauen fühlen sich von Männern angezogen, die gut drauf sind, aktiv sind und das Leben genießen. Wenn Sie eine Frau kennen lernen, die Sie interessiert, bleiben Sie bei den positiven Gesprächsthemen. Erzählen Sie ihr, was Ihnen an Ihrem Leben gefällt, was Ihnen Spaß macht, welche Bücher und Filme Sie mögen, worauf Sie sich freuen und wo Sie gerne hingehen möchten.

Wie man seine Traumfrau trifft

Wie lernen Sie neue Frauen kennen? Ein Sexualtherapeut hat gesagt, es geht nur darum, den Verkehr in Ihrem Leben wieder fließen zu lassen. Lassen Sie viele neue Frauen in Ihr Leben fließen. Versuchen Sie aber nicht, mit ihnen allen auszugehen. Lassen Sie die Frauen Sie kennen lernen und schauen Sie, wie es dann weitergeht.

Wo ist dieser Verkehr am stärksten? Eigentlich überall, aber das Wichtigste ist, dass Sie an Plätzen Ausschau halten, die Ihnen selbst etwas bedeuten.

- Freunde: nutzen Sie Ihr soziales Netz, um neue Leute kennen zu lernen
- Kurse an der Universität oder in der Erwachsenenbildung: das ist besonders vorteilhaft, denn Sie können auch neue Freundschaften schließen und lernen noch etwas Nützliches dabei.
- Buchläden und Büchereien
- Strände
- Museen
- Konzerte
- Politische Aktionsgruppen
- Klubs und Organisationen, die Aktivitäten wie Wanderungen, Tanzveranstaltungen, Sport, Grillfeste, Radtouren, Filmvorführungen oderBücherabende machen.
- Im Supermarkt
- Partys
- Tanzkurse – Standardtänze, Volkstänze, Lateinamerikanische Tänze, Jazztanz, sogar modernes oder klassisches Ballett. Eine besonders gute Wahl, denn meistens sind die Frauen beträchtlich in der Überzahl.
- Fitnessstudios, Joga und Aerobic-Kurse
- Cafés
- Theater
- Bei der Arbeit. Gehen Sie in den Sportclub Ihrer Firma. Oder organisieren Sie selbst einen Ausflug für Ihre Kollegen.
- Partneragenturen. Kontaktanzeigen sind schon lange nicht mehr peinlich.

▲ *Wenn Sie es am wenigsten erwarten, könnte sich etwas Neues anbahnen.*

Der beste Wegweiser durch diese veränderte und oftmals verwirrende Landschaft ist Offenheit und direkte Kommunikation. Denken Sie daran, dass Naivität die sexuelle Attraktivität nicht schmälert.

Außerdem sind viele Veränderungen ganz zu Ihrem Vorteil. Vor zwanzig Jahren gab es weit weniger Kontaktanzeigen und Partneragenturen.

Man ist nicht mit einem Makel behaftet, wenn man Single ist und einen Partner zu sucht.

Die Kunst der Verführung

Vergessen Sie die vielen schlauen Ratgeber, die Ihnen angeblich absolut todsichere Tipps verraten, wie man eine Frau herumkriegt.

Bei derartigen Vorgehensweisen ist nämlich nur eines todsicher, nämlich dass die Frau die Flucht ergreift. Knüpfen Sie Kontakt mit einer Bemerkung, die mit ihr direkt zu tun hat.

In fast jeder Situation kann man ein paar freundliche und passende Worte sagen, ohne aufdringlich oder plump vertraulich zu wirken.

Wohin gehen?

Jetzt, da Sie ihre volle Aufmerksamkeit erlangt haben, wohin werden Sie sie ausführen?

- Outdoor-Aktivitäten wie Wandern, ein Zoobesuch, ein Spaziergang
- Eine Vorlesung, ein Kurs oder Workshop, entsprechend Ihren gemeinsamen Interessen
- Eine Fahrt aufs Land
- Tanzen, versuchen Sie statt Disco einmal lateinamerikanische Tänze, Volkstänze, Jazz oder etwas anderes
- Ein Konzert oder Theaterstück
- Eine Ausstellung oder ein Museum
- Ein gemeinsamer Videoabend
- Eine Weinprobe
- Sport, z.B Schwimmen, Kanu fahren, Joggen, Rad fahren etc.

Alles zu seiner Zeit

Seien wir ehrlich. Auch wenn Sie an einer langfristigen Beziehung interessiert sind, sind Sie genauso interessiert an körperlicher Nähe. Doch Sie möchten nicht all Ihre Chancen vertun, indem Sie gleich zu Anfang sexuell zu aggressiv sind oder später viel zu lange warten. Sie müssen die Gedanken Ihrer Auserwählten sorgfältig lesen und richtig reagieren.

Eine Frau braucht einen Grund, um Sex zu haben, ein Mann braucht nur einen Ort. Sie wartet vielleicht genauso ungeduldig darauf wie Sie, aber für sie bedeutet Sex auch emotionale Nähe. Sie muss das Gefühl haben, dass es in Ordnung ist, diese neue Ebene der Beziehung zu betreten. Wenn sie Okay sagt, bedeutet das, dass sie Ihnen vertraut. Sie muss wissen, dass sie Ihnen wichtig ist und Sie sie nicht nur so schnell wie möglich rumkriegen wollen.

Mehr Spaß am Sex

Die Potenz macht den Mann!

Beginnen wir die Diskussion über männliche Potenz folgender Feststellung: Sex ist eine schöne und wunderbare Sache, und jeder von uns sollte sich sein ganzes Erwachsenenleben lang daran erfreuen können. Die Schwierigkeit ist, das Sexualleben auf Dauer erfüllend zu halten.

Es liegt ganz bei Ihnen

Ein einfacher Weg, damit Sie weiterhin problemlos Sex haben können, ist, weiterhin Sex zu haben. Regelmäßiger Sex stimuliert die Produktion von Testosteron, was im Gegenzug wiederum das Bedürfnis nach mehr Sex anregt.

Eine weitere wichtige Tatsache, der Sie sich bewusst sein sollten, ist die, dass Ihr Penis in Wahrheit mit dem Rest Ihres Körpers in Verbindung steht, auch wenn er manchmal seinen eigenen Kopf zu haben scheint.

Daher liegt der Schlüssel zu einem erfüllten Sexleben darin, seinen Körper gesund und fit zu erhalten.

Was tun bei Impotenz?

Die meisten Männer, die mit Impotenz zu kämpfen haben, sind über 40. Wenn wir älter werden, kommen Erektionen weniger häufig vor und gehen auch schneller wieder zurück. Das ist zum einen unvermeidlich, aber liegt zum anderen auch häufig an Kreislaufproblemen. Ein Penis kann nicht erigieren, wenn er vom Körper nicht genügend mit Blut versorgt wird. Das beste Rezept für ein erfülltes Sexleben ist also, dafür zu sorgen, dass das Herz und die Arterien in gutem Zustand sind. und der ganze Körper rundum fit und gesund ist.

Testosteron im Test

Das Hormon Testosteron steuert unter anderem die Entwicklung der männlichen Geschlechtsorgane im Mutterleib bis hin zur Pubertät.

Die Erhaltung Ihres Geschlechtstriebes im Laufe des Lebens hängt davon ab, ob Ihr Testosteronspiegel in normalen Bahnen bleibt. Bei der großen Mehrheit der Männer ist das der Fall, auch wenn der Anteil von Testosteron im Blut ab einem Alter von 50 Jahren langsam abnimmt.

Wenn Sie sich Sorgen machen, weil Ihre Lust abnimmt, können Sie Ihre Testosteronwerte von Ihrem Hausarzt checken lassen , der Ihnen gegebenenfalls einen Testosteron-Ersatz verschreibt. Wahrscheinlich findet das Problem in Ihrem Kopf statt und hat keine hormonelle Ursache.

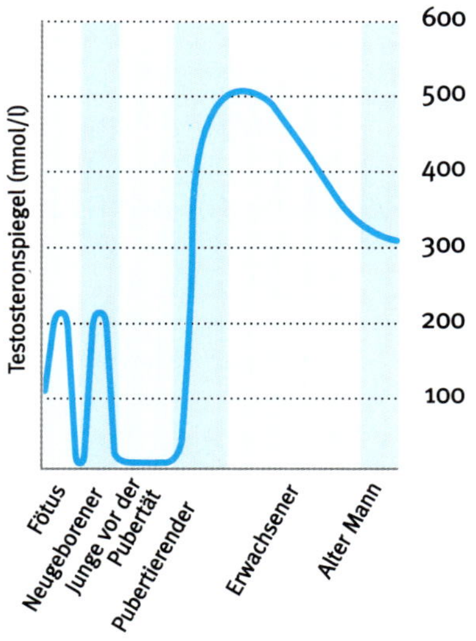

▲ *Der Testosteronspiegel schießt in der Pubertät nach oben und sinkt langsam mit steigendem Alter ab.*

Sex findet im Kopf statt

Ein wichtiger Körperteil, der direkt mit dem Penis in Verbindung steht, ist das Gehirn. Unsere emotionale Gesundheit und die unserer Beziehungen ist die Grundlage, um unsere Potenz zu erhalten.

Sexualtherapeuten berichten, dass Legionen von Männern in ihre Praxen kommen und klagen, sie hätten das Interesse an ihren Partnerinnen verloren, oder die Partner hätten das Interesse an ihnen verloren. Sehr oft brauchen diese Patienten nur entweder mehr Schlaf, weniger Druck am Arbeitsplatz und im Familienleben, oder – und das ist vielleicht der wichtigste Punkt – sie müssen die Fähigkeit entwickeln, mit ihren Partnern besser zu kommunizieren.

Natürlich kann unsere Psyche das sexuelle Vermögen genauso lahm legen wie unser Kreislaufsystem. Die Angst vor dem Versagen führt oft zu Erektionsschwierigkeiten und betrifft Millionen von Männern.

Der erste Schritt, um die Impotenz in den Griff zu kriegen, ist, mit dem Partner über die Ängste zu sprechen. Wenn Ihnen das Schwierigkeiten bereitet, können Sie sich von einem Sexualtherapeuten helfen lassen. Kommunikation zwischen Partnern herzustellen und ihnen zu zeigen, dass ihre Probleme nichts Schlimmes und vor allem lösbar sind, gehört zu den häufigsten Leistungen der Therapeuten.

Man kann Impotenz auch bewältigen, indem man ganz neu lernt, wie man Sex genießen kann, und dabei eine Weile darauf verzichtet. Das allein reicht manchmal schon aus.

Lesen Sie „Stille Streicheleinheiten" auf Seite 140 für mehr Details über die möglichen die Sinnlichkeit steigernden Techniken.

Das Vorspiel meistern

Es gibt sicher keinen Mann, der diesen Satz nicht schon hundertmal gehört hat: Frauen brauchen oft ein längeres Vorspiel, damit sie den Sex richtig genießen können. Wenn Sie ein guter Liebhaber und einfühlsamer Partner sein möchten, sollten Sie das Vorspiel in seiner erwünschten Länge liefern.

> **„Sex ist einer der neun Gründe für Wiedergeburt – die anderen acht sind unwichtig."**
>
> Henry Miller

Vorspiel für besseren Sex

Die Frage, die von den meisten Männern sehr häufig gestellt wird, ist zugegebenermaßen ziemlich egoistisch: Was hat der Mann eigentlich vom Vorspiel?

Wir freuen uns, Ihnen folgendes antworten zu können: Sehr viel. Der Unterschied zwischen eiligem und gemächlichem Sex ist ungefähr so groß wie der zwischen Fastfood und einem Fünf-Gänge-Menu in einem feinen Restaurant. Manchmal macht ein Quickie durchaus Spaß und verschafft Befriedigung, doch wenn man Sex wirklich genießen will, braucht man Zeit.

Der Grund dafür ist einfach, dass wir uns heute unbewusst ein Denken angewöhnen, an den größten Freuden des Lebens schnell vorbei zu hasten. Wenn es sich aber gut anfühlt, warum sollten wir uns so beeilen, um es hinter uns zu bringen?

Sexualtherapeuten haben festgestellt, dass längerer Sex auch besserer Sex ist, weil er viel intensiver ist. Je länger der Sex, desto stärker der Orgasmus.

Um etwas für die Harmonie in einer Beziehung zu tun, darf man natürlich über dem Nehmen das Geben nicht vergessen. Wenn Ihre Partnerin mehr Zeit braucht und Sie lieber schneller zur Sache kommen, müssen Sie sich eben abwechseln. Ein längeres Vorspiel kann eine stärkere Verbindung zwischen den Partnern herstellen.

Sex und Sinnlichkeit

Männer und Frauen haben im Laufe der Jahrhunderte Millionen von Techniken entwickelt, sich im Bett gegenseitig verrückt zu machen, aber diese Techniken basieren fast alle auf einem Grundthema: Lernen, wie man fühlt.

Die amerikanischen Sexualtherapeuten Dr. med. William Masters und Virginia Johnson haben es so ausgedrückt: „Wenn Worte die Währung der Poesie sind und Farben die Währung der Kunst, ist Berührung die Währung des Sex."

Masters und Johnson haben eine Technik zur Steigerung der Sinnlichkeit beim Sex populär gemacht; „sensate focus". Sie besteht aus einer Reihe von Sitzungen, bei denen die Partner abwechselnd den Körper des Anderen berühren, ohne aber Sex zu haben. Der Sinn dabei ist, dass man das größtmögliche Spektrum an Empfindungen erfährt.

Wenn Sie sich wirklich ganz darauf konzentrieren, was Ihre Haut empfinden kann, wird der ganze Körper zur erogenen Zone.

Es gibt einen weiteren Grund, warum die Sensatefocus-Technik so wirksam ist: Sie lehrt die Paare, sich beim Sex zu entspannen. Die Erfahrungen sind um so besser, je wohler wir uns fühlen.

Ein anderer Therapeut erklärt, er empfehle seinen Patienten immer, das Wort Vorspiel wörtlich zu nehmen und es als Spiel zu betrachten. Er findet, dass Männer endlich aufhören sollten, es nur als Einleitung zum Sex zu sehen, und lernen müssten, spielerischer zu sein.

Was eine Frau anmacht

Was macht eine Frau an? Und wie unterscheidet sich die Erregbarkeit der Frau von der des Mannes?

- Frauen mögen fast immer ein langes Vorspiel, während Männer schnell zum „Hauptteil" kommen wollen.
- Männer sind mehr an verschiedenen Sexualpartnern interessiert als Frauen. Das heißt nicht, dass Frauen weniger an verschiedenen Sexualpraktiken interessiert wären.
- Männer sind meistens auf ihre Genitalien konzentriert, während die sexuellen Gefühle einer Frau sich auf den ganzen Körper beziehen.
- Frauen beschäftigen sich grundsätzlich mehr mit der ganzen Beziehung; Männer können sich auch allein auf den Sex konzentrieren.
- Eine Frau mag einen Mann, der keine Angst davor hat, dass sie beim Sex die Führung übernimmt;
- Männer reagieren mehr auf visuelle Reize als Frauen. Frauen reagieren mehr auf Geräusche – sie lieben es, den Geliebten lustvoll stöhnen zu hören.
- Negative Gefühle töten die Leidenschaft. Wütende, feindselige Gefühle dem Partner gegenüber sind ein absoluter Lusttöter für Mann und Frau.

Was ist dran an Aphrodisiaka?

Seit Jahrhunderten suchen Männer nach einer magischen Substanz, die Frauen sexuell erregt, damit sie sich die Mühe sparen können, es selbst zu tun. Obwohl mehrfach das Gegenteil behauptet wurde – die angebliche Wunderwirkung von Spanischer Fliege, Austern, Gelee Royale, geriebenem Rhinozeroshorn – die Suche blieb erfolglos.

Michael Castleman schreibt, dass einige natürliche Substanzen uns vorgaukeln, wir würden geil. Sie erzeugen aber nicht wirklich das Verlangen. Ein Beispiel ist der Baumrindenextrakt Yohimbine, der in der richtigen Dosierung die Durchblutung des Penis steigert. Ginseng und Koffein haben ebenfalls eine anregende Wirkung, die Sie immerhin für den Sex wach hält; schon ein guter Anfang!

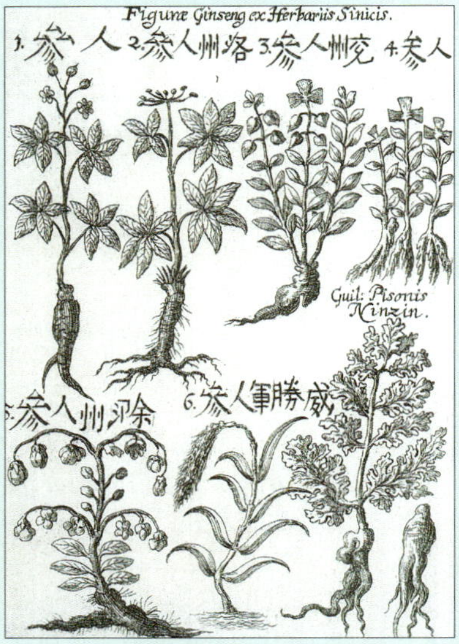

▲ *Die Wirkung des Ginseng wird seit Jahrtausenden geschätzt; das zeigt diese Gravur aus dem 17. Jahrhundert.*

Stille Streicheleinheiten

Erfahrene Liebhaber haben ein großes Repertoire an erotischen Streicheleinheiten, vom so genannten Spinnenbein-Kitzeln (leichte tanzende Bewegungen der Fingerspitzen auf der Haut) bis zum zärtlichen Liebesklaps. Die amerikanische Sexualtherapeutin Barbara Keesling empfiehlt einige Übungen, die das sinnliche Berühren und Streicheln betonen. Diese sind besonders hilfreich für Männer mit Potenzproblemen. Sie mindern die Angst vor dem Versagen, weil man dabei einige Zeit auf Geschlechtsverkehr verzichtet.

Der Sinn der Übung besteht darin, dass die Partner einander berühren. In verschiedenen Sitzungen befasst man sich mit dem Gesicht, dem Rücken, der Stirn und schließlich mit den Genitalien seines Gegenübers. Der Zweck der Übung ist aber nicht, die Muskeln des Partners zu massieren oder einander Vergnügen zu bereiten, sondern zu erfahren, wie es sich anfühlt, den Körper des Partners zu berühren. Jede Sitzung sollte etwa 20 Minuten dauern, der Geschlechtsverkehr sollte dabei immer vermieden werden.

Die Partner sollen dabei üben, nicht schnell zum Ziel zu gelangen. Erst sollen sie beide lernen, Sinnlichkeit und Erotik mit dem ganzen Körper, nicht nur den Genitalien, zu erfahren und zu genießen.

Die letzte Stufe des sexuellen Streichelns ist die gegenseitige Masturbation: Zu wissen, wie Sie Ihrem Partner Lust und Befriedigung verschaffen können, ist eine wichtige Voraussetzung für eine funktionierende Beziehung zwischen einem modernen Mann und einer modernen Frau.

Das Reich der Fantasie

Fast jeder Mensch hat sexuelle Fantasien. Sie sind ein wichtiger Teil des Sexlebens, wenn man sich im richtigen Moment von ihnen erregen lässt. Sie werden nur dann zum Problem, wenn sie wichtiger werden als die Beziehung im wirklichen Leben.

Beim Sex an seine sexuellen Fantasien zu denken wirkt Lust steigernd, weil man dabei leidenschaftlicher reagiert als man es normalerweise tun würde. Lesbische Liebesszenen und die Vorstellung, die Frau oder Freundin würde mit einem (oder mehreren) Anderen schlafen, gehören zu den häufigsten männlichen Fantasien. Oft drehen sich die Vorstellungen auch um Tabus wie zum Beispiel Sex in der Öffentlichkeit oder mit einem Mann. Manche Menschen fühlen sich wegen ihrer Fantasien schuldig; sie meinen, dass sie Ihren Partnern auf diese Weise untreu werden. Aber reine Vorstellungen sind erlaubt, sie sind nicht dasselbe wie Taten.

Es ist dennoch nicht immer eine gute Idee, mit Ihrer Partnerin über diese Fantasien zu sprechen. Stellen Sie sich vor, wie sie sich fühlen würde, wenn Sie ihr sagten, Sie hätten schon immer davon geträumt, mit ihrer besten Freundin zu schlafen. Versuchen Sie herauszufinden, was Ihre Partnerin beim Sex empfindet und wie sie allgemein zu Fantasien steht. Vielleicht hat sie ja auch welche? Erzwingen Sie aber so ein Gespräch nicht; wenn Sie beide es angenehm finden, über Sex zu reden, wird das Thema Fantasien früher oder später ganz von alleine fallen.

► *Kommt sie in Ihren Fantasien vor?*

Mehr Zärtlichkeit

Viele Männer gehen zu heftig, zu schnell, zu hart zur Sache. Frauen wollen mehr: Mehr Zeit, mehr Berührungen, mehr Gespräche.

Das lässt sich in einem vierten „Mehr" zusammenfassen: Mehr Zärtlichkeit. Das soll nicht heißen, dass Frauen nicht wild und leidenschaftlich sein können. Sie brauchen bloß mehr Zeit, um dorthin zu gelangen.

Der zwölf-Stunden-Mann

Versuchen Sie, das Vorspiel auf den ganzen Tag auszudehnen. Rufen Sie zum Beispiel Ihre Partnerin aus der Arbeit an und sagen Sie ihr, dass Sie gerade von ihr träumen.

Beschreiben Sie ihr genau, was Sie mit ihr machen wollen, wenn Sie nach Hause kommen. Wenn Sie dann daheim sind, werden Sie beide so weit sein, dass sie sich nur noch die Kleider vom Leib reißen.

Den Rahmen bereiten

Bereiten Sie eine einladende Kulisse für Ihre Liebesspiele. Weiches Licht ist besonders wichtig. Auch sanfte Musik ist gut. Vergewissern Sie sich, dass die Temperatur angenehm ist, damit Sie beide nackt sein können.

Ein paar Accessoires steigern die Lust beim Vorspiel, wie ein gut duftendes Massageöl. Kerzen, Federn, Seide, Samt und Spiegel gehören auch zum Liebesinventar.

Gekonnt küssen

Küssen an sich ist ein wesentliches Element sexueller Berührungen. Versuchen Sie Ihre Lippen wie Finger zu gebrauchen, um Lippen und Haut des Partners zu berühren und zu streicheln. Pressen Sie aber nie Ihre Lippen zusammen. Die Anziehungskraft der Lippen basiert auf ihrer Weichheit und Sinnlichkeit.

Der Körper Ihrer Geliebten ist ein Kontinent, den Sie mit Lippen und Zunge erforschen können.

Herrliche Massagen

Der Anthropologe Ashley Montagu hat festgestellt, dass die Fingerspitzen erogene Zonen sind. Nichts beweist dies besser als die Kunst der Massage.

Die Haut ist unser größtes Organ, und jeder Quadratzentimeter besitzt zwischen 1.400 und 1.800 Nervenenden. Wenn diese Rezeptoren stimuliert werden, werden Nervenimpulse zu unserem Rückenmark und an das Gehirn gesendet. Von dort aus kommen Refleximpulse zurück

Genau wie Massage Ihre Haut aufweckt, kann sie auch die Muskeln entspannen. Stress, Angst und Spannung sind die Feinde der Sinnlichkeit. Massage löst die Muskelverspannungen, die der hektische Berufsalltag mit sich bringt, und versetzt Sie in die richtige Stimmung für die Liebe.

Massage ist auch deswegen gut für den Sex, weil sie die unbewussten Barrieren und Hemmungen zwischen Ihnen und Ihrer Partnerin abbauen hilft.

Verschiedene Berührungsarten

Es gibt drei grundlegende Arten von Berührungen in einer guten Massage: Streichen, Kneten und Klopfen.

Streichen
Das sind langsame, sanft gleitende Bewegungen mit der flachen Hand. Der Druck, den Sie dabei anwenden, kann leicht, stark oder beides in Kombination sein. Das Streichen ist ideal zum Aufwärmen zu Beginn einer Massage.
Es bereitet die Muskeln Ihres Partners auf die stärkeren Berührungen vor.

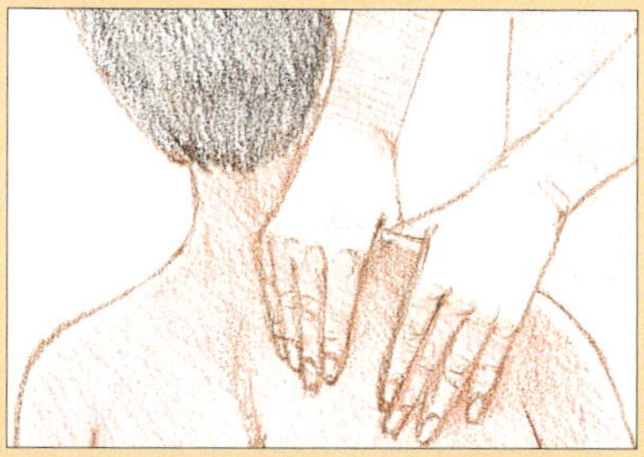

▲ *Das Streichen mit der Handfläche oder den Fingern kann lang oder kurz, leicht oder fest sein.*

Kneten
Hierzu gehört das Kneten der Muskeln und festes Drücken mit dem Daumen. Damit bearbeiten Sie die Körpergegenden, an denen die Muskeln Ihres Partners verspannt sind, vor allem im Schulterbereich und am Rücken. Beim Kneten liegt die Handfläche flach am Körper Ihres Partners, und Sie kneten die Haut sanft, mit den Fingern oder den Daumen, wie einen Brotteig. Mit dem Daumen können Sie konzentrierter und gezielter einen Spannungsknoten bearbeiten. Drücken Sie mit kreisenden Bewegungen auf die verspannte Stelle.

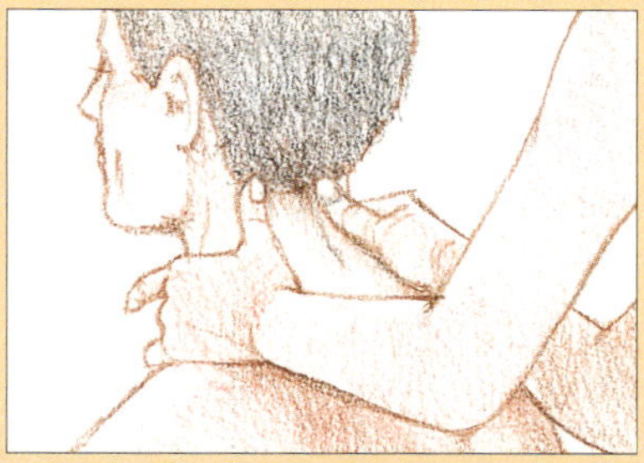

▲ *Durch Kneten und durch Daumendruck werden bestimmte Muskeln und Gelenke bearbeitet.*

Klopfen
Die Handkanten machen klopfende Bewegungen auf der Haut, entweder langsam oder schnell und mit verschiedener Intensität. Für eine leichtere Variante können Sie die Hände auch zur locker geschlossenen Faust ballen. Klopfen ist die beste Massagetechnik auf gepolsterten, fleischigen Körperteilen wie Po und Oberschenkel.

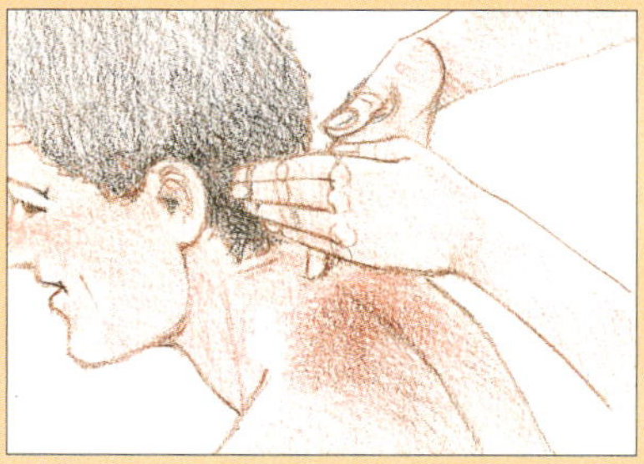

▲ *Das Klopfen mit den Handkanten wird langsam oder schnell durchgeführt, verschieden intensiv.*

Vor allem Männer haben oft einen schützenden Panzer um sich errichtet, der keine Gefühle an Sie heranlässt. Die Massage ist ein effektives Mittel, diese unbewussten Mechanismen auszuschalten.

Für eine gute Massage muss man zunächst ein bisschen üben. Der erste Schritt ist, den Körper des Partners einzuölen:

Wärmen Sie etwas Massageöl zwischen Ihren Handflächen an, bevor Sie Ihre Partnerin damit einreiben. Ihre Bewegungen sollten sanft und nicht abrupt sein, wenn Sie über alle Konturen ihres Körpers gleiten.

Zärtliche Berührung

So unwahrscheinlich es klingen mag – eine gute Massage durchzuführen ist ähnlich, wie eine Pyramide zu bauen. Sie beginnen mit leichtem, großflächigem Streichen und konzentrieren sich nach und nach auf einen oder verschiedene Punkte: die Stellen, an denen sich die Muskeln Ihres Partners durch den stressigen Alltag verspannt haben. „Bearbeiten" Sie diese Punkte einen Moment lang. Zum Ende der Massage hin arbeiten Sie wieder flächiger.

Eine gute Massage muss nicht lange dauern – 15 Minuten sind eigentlich genug. Das heißt aber auch nicht, dass Sie sich beeilen sollen. Langsame, rhythmische und sinnliche Bewegungen schaffen und erhalten eine entspannte Stimmung. Und verspannte Muskeln – ebenso wie den angespannten Geist – zu entspannen ist genau der Sinn einer Massage.

Unten finden Sie eine „Anleitung" für eine wirkungsvolle Massage. Seien Sie kreativ und scheuen Sie sich nicht davor, stets etwas Neues auszuprobieren, denn eine immer gleiche Massage kann genauso langweilig werden wie stets nach dem gleichen Muster ablaufender Sex.

Die Sinnliche Massage

Eine Ganzkörpermassage schafft Intimität und ist ein hervorragendes Vorspiel. Beginnen Sie mit Nacken und Schultern. Diese Partien sind bei jedem Mensch am stärksten verspannt.

Schultern und Nacken

Nach dem Streichen zum Aufwärmen – vergessen Sie das angewärmte Öl nicht – kneten Sie die Schultern. Sie beginnen außen und arbeiten sich langsam zum Nacken vor. Reiben Sie mit den Daumen an jeder Seite des Nackens, dann gehen Sie wieder zu den Schultern über. Wiederholen Sie dies einige Male.

Rücken

Machen Sie lange, weiche Streichbewegungen von den Schultern bis zu den Pobacken, so als würden Sie den Rücken mit Fingerfarben bemalen. Streichen Sie drei bis vier Mal sanft, um das Öl zu verteilen, und drei bis fünf Mal, um das Öl etwas tiefer in die Haut zu reiben. Dann können Sie sich auf bestimmte Spannungspunkte konzentrieren, die Sie mit Kneten und Daumendruck lockern.

Hände und Arme

Ein guter Bereich, um eine Variante des Knetens auszuprobieren, nämlich das „Wringen". Nehmen Sie den Oberarm vorsichtig in beide Hände und bewegen Sie die Hände sanft in entgegengesetzte Richtungen, so als würden Sie ein Laken auswringen. Die Hände des Partners massieren Sie mit den Fingern, dabei reiben Sie vorsichtig jeden Finger und die Handflächen. Vergessen Sie nicht, dass bei uns Säugetieren die Hände zu den empfindlichsten Körperteilen gehören. Es lohnt sich daher, ihnen besonders viel Zeit und Aufmerksamkeit zu schenken.

Füße

Hier sind wieder Ihre Finger gefragt, denn Füße gehören mit Gesicht und Händen zu den besonders sensiblen Körperstellen. In der Physiotherapie gibt es einen ganzen Zweig, der sich mit der Reflexzonenmassage an Händen und Füßen beschäftigt. Der Körper wird dadurch tief entspannt und kann sich vom Stress erholen.

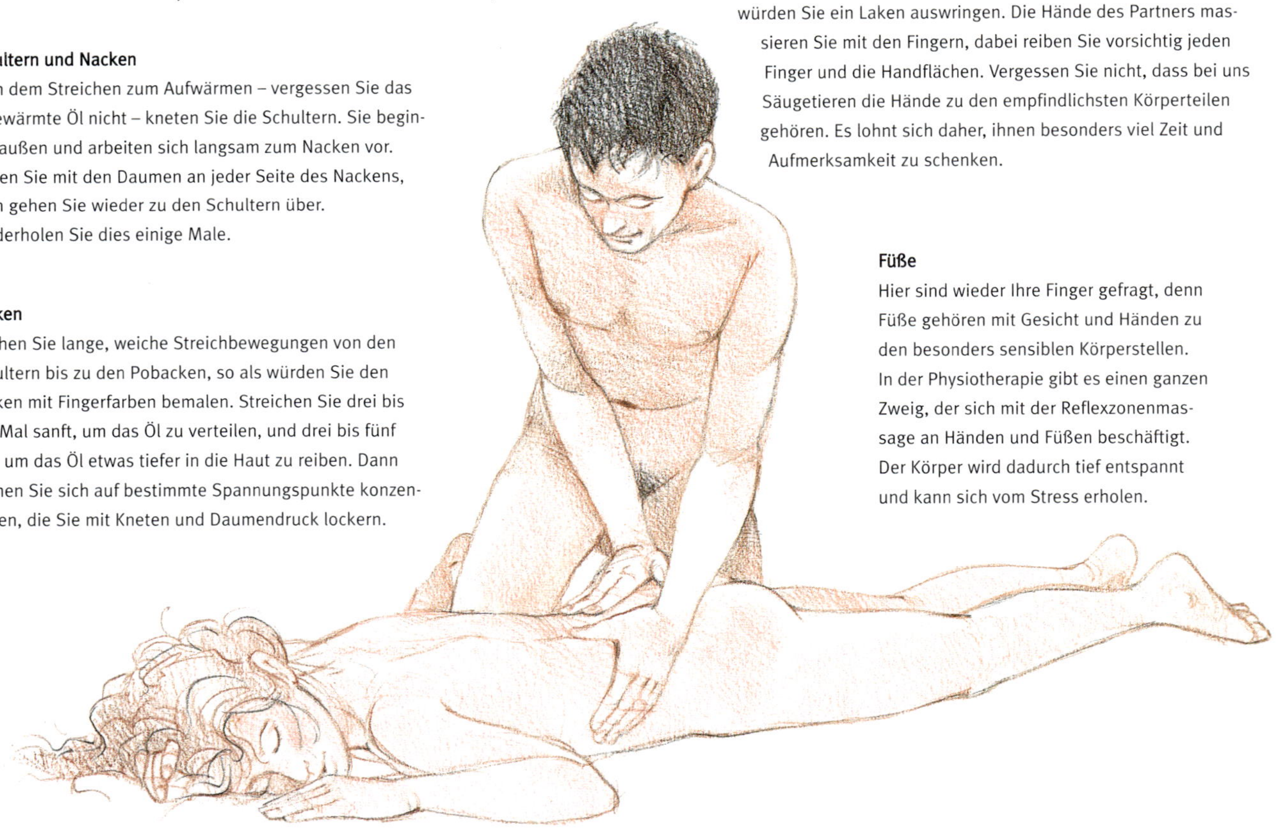

Gesicht

An diesen sensiblen und sinnlichen – Bereich müssen Sie leicht und sanft herangehen. Beginnen Sie mit leichtem Daumendruck an der Nasenwurzel und arbeiten Sie sich über die Augenbrauen zu den Schläfen vor. Massieren Sie die Schläfen für ungefähr fünf Sekunden mit kreisförmigen Bewegungen. Danach befassen Sie sich mit der Stirn und massieren diese von innen nach außen. Gehen Sie mit den Fingern nach und nach bis zum Haaransatz Ihres Partners.

Beine

Knien Sie sich neben Ihren Partner. Die Beine lassen sich besonders gut mit knetenden und klopfenden Bewegungen massieren. Arbeiten Sie sich bis zu den Pobacken hoch und dann wieder runter. Kneten und Klopfen sind auch für die Waden gut. Viele Menschen haben, sei es vom Sport oder der anstrengenden Arbeit, schmerzende Waden. Ein bisschen mehr Zeit und Aufmerksamkeit tut diesem Bereich gut.

Oraler Sex

Oraler Sex ist eine heiße Sache und gehört zu den intensivsten sexuellen Erfahrungen, die Männer und Frauen machen können. Sind auch Sie ein Zungenkünstler? Oder sind Sie eher zungenfaul? Lesen Sie weiter und lassen Sie sich einweisen in die hohe Kunst des oralen Sex.

Nur keine Hemmungen!

Heute gehört oraler Sex zum sexuellen Standardrepertoire eines jeden Liebespaares. Das heißt aber nicht, dass es nicht viele Menschen gäbe, denen dieses Thema eher unheimlich ist. Viele Männer lassen sich zwar mit Genuß oral befriedigen, machen es aber selber nicht gerne. Diese Situation kann verständlicherweise zu einigen Verstimmungen führen.

Eine überraschend große Zahl von Frauen fühlt sich unwohl, wenn ein Mann sich oral mit ihr beschäftigt. Sexualtherapeuten meinen dazu, dass Frauen sich mehr als Männer davor fürchten, Ihre Genitalien oder Körperflüssigkeiten könnten schlecht schmecken oder riechen. Auch Botschaften aus der Kindheit könnten eine Rolle spielen, nach denen es nicht okay war, einen Mann dort unten hinsehen zu lassen. Oraler Sex ist jedenfalls das Intimste, was Sie zulassen können. Männer sollten sich dessen immer bewusst sein, wenn sie sich mit dem Cunnilingus beschäftigen.

Orales Verwöhnprogramm

Für einen guten Cunnilingus braucht man Geschick und Gefühl.

- Der beste Weg, herauszufinden, ob sie sich beim Cunnilingus unwohl fühlt, ist einfach, sie zu fragen.
- Berühren Sie nicht gleich ihren Schritt. Viele Männer machen diesen Fehler in der Annahme, die Partnerinnen wollten, dass sie sich auf ihre Genitalien stürzen. Arbeiten Sie sich langsam dorthin vor und machen Sie Pausen, um jede Körperstelle zu streicheln, zu küssen und zärtlich zu beißen. Beginnen Sie, den unteren Bauch und die Oberschenkel zu lecken und zu küssen. Dann bewegen Sie sich weiter zu den Schamlippen und schließlich mit viel Zeit zur Klitoris.
- Frauen haben beim oralen Sex verschiedene Vorlieben. Probieren Sie alle möglichen Techniken aus und beobachten Sie, wie sie auf verschiedene Bewegungen reagiert.
- Sagen Sie ihr, wie schön sie dort unten aussieht, und wie sehr Sie ihren Geruch und Geschmack mögen, das hilft ihr, Hemmungen zu überwinden.
- Sie wird vielleicht nicht sofort zum Orgasmus gelangen, egal wie gut Sie es machen. Haben Sie Geduld und lassen Sie sich Zeit.

Die mündliche Prüfung

- Fahren Sie mit der Zunge leicht über die Klitoris. Lecken Sie, abwechselnd stärker und sanfter.
- Schieben Sie die Zungenspitze in ihre Vagina.
- Lecken Sie die inneren und äußeren Schamlippen von unten nach oben.
- Saugen Sie leicht an ihrer Klitoris.
- Schlecken Sie langsam und rhythmisch, als wäre es eine Eistüte.
- Kitzeln Sie sie eine Zeitlang mit der Zungenspitze. Danach berühren Sie sie großflächiger und flacher mit der ganzen Zunge.
- Schieben Sie einen Finger oder einen Dildo in ihre Vagina, während Sie die Klitoris lecken.
- Summen Sie. Die Vibrationen intensivieren die Empfindung.

So finden Sie sich da unten zurecht

Alle äußeren Teile der weiblichen Genitalien werden Vulva genannt. Die äußeren Lippen heißen große Schamlippen, die inneren sind die kleinen. Wenn Sie möchten, dass Ihre Frau einen Orgasmus bekommt, sollten Sie sich mit der Klitoris vertraut machen. Das ist ihr Lustzentrum. Manchmal verschwindet sie zwischen Hautfalten, kommt aber heraus, wenn die Frau erregt ist. Die Vagina ist am Eingang empfindlicher als weiter oben. Große Penisse machen hier also gar nicht so viel Eindruck. Die Vagina dehnt sich wie ein Luftballon, um den Penis zu empfangen.

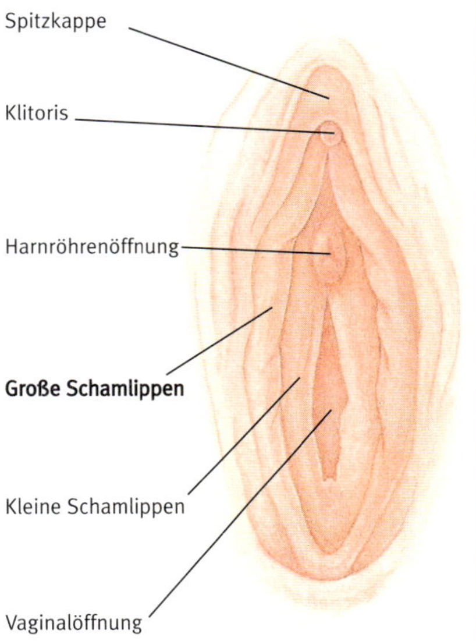

► *Die Vulva besteht den Schamlippen, der Klitoris und dem Eingang zu Vagina und Harnröhre.*

Das Einmaleins des Liebesaktes

Was passiert beim Sex eigentlich genau? Im Eifer des Gefechts ist das sicherlich die allerletzte Frage, die Sie sich stellen, aber Wissen ist nun einmal Macht. Wenn Sie wissen, wie Ihr Körper – und der Ihrer Partnerin – funktioniert, werden Sie ein noch besserer Liebhaber.

Die Wissenschaft vom Sex

Es ist schon eine seltsame Vorstellung: Wissenschaftler in weißen Kitteln mit Blöcken in der Hand beobachten Hunderte von Paaren beim Sex, machen genaue Messungen und notieren alles, von der Größe, Farbe und Härte des männlichen Gliedes bis zu den Zuckungen der weiblichen Vagina während des Orgasmus. Das ist harte Arbeit, aber irgendeiner musste sie tun.

Die beiden US-amerikanischen Sexualforscher Dr. William Masters und Virginia Johnson haben genau das getan und in den späten 1950-er und frühen 1960-er Jahren 382 Frauen und 312 Männer in über 10.000 verschiedenen sexuellen „Episoden" beobachtet. Das Buch zur Studie, „Human Sexual Response", wurde 1966 veröffentlicht. Darin beschreiben sie bis ins kleinste Detail, was passiert, wenn Männer und Frauen Sex haben.

Seither haben einige Forscher das Werk von Masters und Johnson scharf kritisiert, vor allem mit dem Einwand, dass eine theoretische Modellvorstellung von der menschlichen Sexualität die individuellen Reaktionen des einzelnen Menschen vollkommen außer Acht lässt und sich nur auf grobe Verallgemeinerungnen konzentriert.

Die beiden Forscher teilten den sexuellen Akt in vier Phasen auf: Erregung, Plateau, Orgasmus und Auflösung.

Was geschieht in Ihrem Kopf?

Sie glauben vielleicht, dass Ihr Penis beim Sex alles Denken übernimmt. In Wahrheit ist ihr Gehirn aber absolut nicht ausgeschaltet. Rein körperlich betrachtet ist es damit beschäftigt, alle komplexen sexuellen Abläufe zu steuern, die sich im Körper abspielen – von der Hitze Ihrer Wangen bis zum Kitzeln in den Hoden. Doch auch emotional und psychisch arbeitet es noch auf vollen Touren.

Das Gehirn steigert die Lust am Sex, wenn wir mit Leidenschaft an unseren Partner denken und sogar, wenn wir darüber fantasieren, wir hätten Sex mit jemand anderem. Es gibt nur dann Probleme, wenn unsere Gedanken uns davon abhalten, Lust und Erregung zu genießen.

Negative mentale Botschaften beim Sex können vielfältig sein, von dem „Sex ist schmutzig" als Relikt aus unserer Schulzeit bis hin zur letzten Aidsstatistik. Auch Gedanken an das Tagesgeschäft können uns ablenken – Penisse gehen rauf und runter mit den Börsenkursen – oder wir fangen einfach an, uns zu langweilen. Zu den ungünstigsten Gedanken, die ein Mann beim Sex haben kann, gehört die Angst, als Liebhaber nicht die erforderliche Leistung zu bringen.

Diese Art Sorgen werden für manche Männer so überwältigend, dass ihre Erektion zurückgeht. Dagegen hilft nur, zu lernen, wie man das Gehirn ausschaltet und sich auf den Körper konzentriert. Für Details lesen Sie „Impotenz überwinden" auf S. 138.

Hätten Sie's gewusst?

Frauen und Männer haben unterschiedliche sexuelle Reaktionsmuster.

Falsch. Sexuelle Reaktion läuft bei beiden Geschlechtern nach einem sehr ähnlichen Muster ab. Die Erregungsphase – in der Penis und Klitoris erigieren – ist gefolgt von Plateauphase, Orgasmus und Auflösung.

Später kam noch eine weitere, frühere Phase hinzu, nämlich die Anziehung, mit allen Komponenten wie gute Gesundheit oder ein sexy Kleid.

Die Erregung beginnt

Am Anfang der Erregungsphase ist die erste Reaktion des Mannes gewöhnlich eine Erektion, die während der folgenden Liebesaktivität bestehen bleibt, aber auch zurückgehen und wiederkommen kann. Die Haut des Hodensacks wird fester, und die Muskeln an den Hoden ziehen sich zusammen und heben die Hoden näher an den Körper heran

Die weibliche Scheide wird zuerst feucht. Die Klitoris füllt sich mit Blut und vergrößert sich. Die Schamlippen schwellen an und öffnen sich. Ihre Vagina wird größer und verdunkelt sich; Gebärmutter und Gebärmutterhals steigen leicht nach oben. Ihre Brustwarzen werden steif. Bei Mann und Frau steigen Herzfrequenz und Blutdruck.

Das Plateau der Leidenschaft

Das Plateau ist eine Zwischenphase, bei der sich beide Partner auf einem hohen Erregungsniveau befinden. Wenn das Paar sehr erregt ist geht diese Phase auch schnell vorbei und es kann zum Orgasmus kommen, bevor es zum eigentlichen Geschlechtsverkehr kommt.

Wenn man sich mehr Zeit lässt, kann man auch mehrmals zwischen der Erregungs und der Plateauphase hin und her wechseln.

In der Plateauphase wird die Herzfrequenz von Mann und Frau noch stärker beschleunigt. Die Atmung wird schneller und flacher, und die Muskelspannung am ganzen Körper steigt. Die Eichel wird größer und dunkler. Die Hoden füllen sich mit Blut und verbreitern sich. Währenddessen gehen sie immer weiter nach oben und drehen sich leicht, so dass sie gegen das Perineum (den Damm zwischen Geschlechtsorganen und After) gedrückt werden. Ein paar Tropfen Flüssigkeit kommen aus dem Penis. Es ist noch kein Samen, kann aber ein paar Spermien enthalten.

Das Gewebe um den unteren Bereich der Vagina schwillt in der Plateauphase merklich an. Dadurch wird die Vaginalöffnung enger und kann den Penis fester umhüllen. Masters und Johnson bemerken, dass hierin einer der Gründe liegt, warum die Größe des Penis so wenig ausmacht. Der andere Grund ist, dass die meisten empfindlichen Nervenenden der Vagina am unteren Ende liegen. Wenn Sie den Penis also weiter hineinschieben, berühren Sie dort nur einen relativ unempfindlichen Teil des weiblichen Körpers.

Die Klitoris wird größer, zieht sich aber gleichzeitig in Richtung Schambein zurück. Da die Schamlippen geschwollen sind, kann die Klitoris auch scheinbar verschwinden. Das kann einen Mann schon einmal verwirren, wenn er in diesem Stadium versucht, die Klitoris – vor allem optisch – zu finden.

Während dieser Phase haben zwischen 50 und 60 Prozent der Frauen einen „Sex Flush", ein Erröten, das sich über den Oberkörper, die Oberschenkel und die Pobacken erstreckt. Von diesem Punkt geht es direkt zum Orgasmus.

Der kleine Unterschied zwischen Mann und Frau

Erregungsphase
Blut fließt in die Schamgegend. Penis und Klitoris werden erigiert. Die Vagina wird feucht und weitet sich. Die Schamlippen schwellen an. Die Brustwarzen der Frau werden steif, manchmal auch die des Mannes. Herzschlag, Blutdruck und Muskelspannung nehmen zu.

Plateauphase
Penis und Klitoris schwellen noch stärker an. Die Klitoris zieht sich zurück, während die Schamlippen größer werden. Die Eichel wird größer, und etwas Flüssigkeit tritt aus. Die Atmung wird schneller, Herzfrequenz, Blutdruck und Muskelspannung nehmen zu.

Orgasmus
Schnelle, unkontrollierte Zuckungen der Schamgegend mit Kontraktionen des Unterleibs. Die Prostatadrüse zieht sich zusammen und setzt eine Flüssigkeit frei, die sich mit dem Sperma mischt. Es kommt zur Ejakulation; der Samen wird dabei durch schnelle Muskelkontraktionen aus dem Penis geschossen.

Auflösung
Die Körperreaktionen normalisieren sich langsam. Bei Frauen sind multiple Orgasmen möglich.

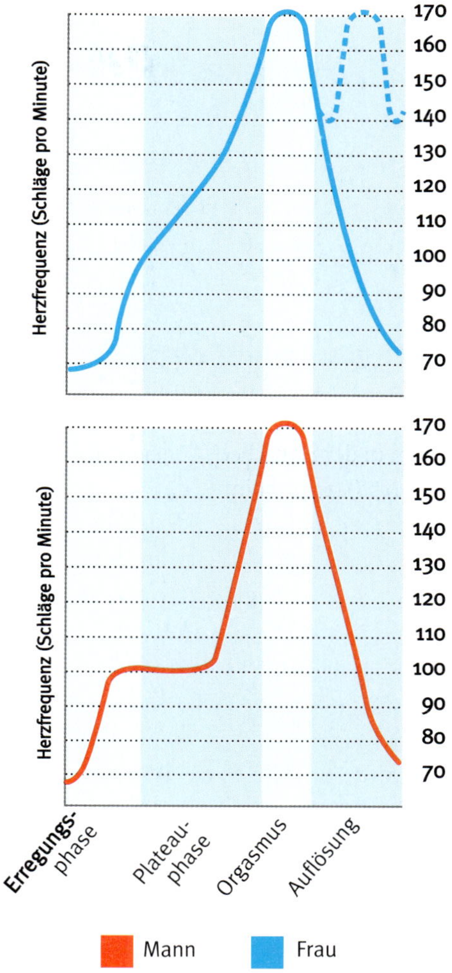

Machen Sie's länger

Sie haben gerade Spaß in der Plateauphase und möchten Ihren Orgasmus aufhalten. Aber wie?

- Ein von Sexualtherapeuten empfohlener Weg, um Sex zu verlängern: Entspannen Sie sich und konzentrieren Sie sich auf die Empfindung. Angst kann zu frühzeitigen Ejakulationen führen.
- In manchen Stellungen, vor allem solchen, bei denen die Frau oben ist, kann der Mann länger aushalten.
- Die beste Methode, einen Orgasmus hinauszuzögern, ist einfach, eine kurze Pause zu machen. Wenn Sie merken, dass Sie den Orgasmus kaum noch aufhalten können, ziehen Sie den Penis aus der Vagina, wechseln die Stellung, stimulieren die Partnerin mit der Hand, ... was Ihnen eben einfällt, um den Moment abzuwarten. Längerer Geschlechtsverkehr wird so zur Gewohnheit.
- Ein anderer Weg, die Orgasmen besser unter Kontrolle zu halten, ist der, die Harnröhrenschließmuskeln am Hodensackansatz zu trainieren. Diese Muskeln sind dieselben, die Sie anspannen, um den Harnfluss zu beenden. Mit diesen Muskeln können Sie einen Orgasmus regelrecht wegdrücken. Sie bekommen auch stärkere Erektionen, und sie spielen eine wesentliche Rolle, bei multiplen Orgasmen. Für weitere Details lesen Sie „Trainieren Sie diese Muskeln" auf Seite 148.

Totale Lust: Den Orgasmus steigern

Ein Vulkanausbruch, ein Feuerwerk, eine Explosion, die Klimax. Das Bedürfnis nach Orgasmen gehört zu unseren stärksten Trieben, und dieser Trieb wurde von Wissenschaftlern detailliert erforscht. Die Magie und die Verlockung bleibt natürlich dennoch bestehen.

Dem Orgasmus auf der Spur

Den männlichen Orgasmus als „Reihe von explosiven Kontraktionen der Harnröhre" zu beschreiben, wie es Masters und Johnson getan haben, ist ungefähr so, als würde man ein Bruce-Springsteen-Konzert als eine „Darbietung von verschiedenen Rocksongs an einem öffentlich zugänglichen Schauplatz" beschreiben.

Die klassische künstlerische Beschreibung des Orgasmus stammt von Ernest Hemingway. Er schrieb in *Wem die Stunde schlägt*: „Die Erde bewegte sich."

Wir überlassen es den Künstlern, die emotionalen Aspekte der Orgasmus Erfahrung zu beschreiben und beschäftigen uns weiter damit, was Sexforscher über die psychischen und körperlichen Vorgänge herausgefunden haben.

Der Mann

Der männliche Orgasmus ist ein Zwei-Phasen-Prozess, wobei der Abstand zwischen den Phasen so kurz ist, dass wir ihn normalerweise gar nicht bemerken.

Im ersten Stadium bringt eine Reihe rhythmischer Kontraktionen das Sperma aus den Hoden herauf. Dann wird es mit Flüssigkeit aus der Prostatadrüse vermischt. Es dauert nur ein paar Sekunden, aber in diesen Sekunden haben Sie das überwältigende Gefühl, dass Sie gleich einen Orgasmus haben werden. Das Gefühl trügt nicht: Wenn Sie nicht fleißig geübt haben, wie man eine Ejakulation vermeidet (siehe „Megastark: „Multiple

Intensivierer Orgasmus

- Generell gilt, je länger Sie Ihren Orgasmus aufhalten, desto intensiver wird er sein. Üben Sie, beim Sex fast zum Orgasmus zu kommen und dann kurz vorher aufzuhören.
- Einige Positionen stimulieren Ihren Penis stärker als andere. Experimentieren Sie.
- Stöhnen, wimmern und schreien Sie: Wenn Sie während des Orgasmus Laute ausstoßen, können Sie sich besser auf die Gefühle konzentrieren – und sie intensivieren.
- Kräftigen Sie Ihren Harnröhrenschließmuskel . Das bringt sexuell mehrere Vorteile, unter anderem auch einen stärkeren Orgasmus. Auf Seite 148 sind die Kegel-Übungen genauer beschrieben.

Was passiert beim Orgasmus?

Im ersten Stadium wird durch Kontraktionen das Sperma aus den Hoden durch den Samenleiter zur Harnröhrenbasis geleitet, die direkt unter der Prostata liegt. Dort wird es mit Flüssigkeit aus der Prostata vermischt. Das nennen Masters und Johnson die „ejakulatorische Unvermeidbarkeit". Ein Schließmuskel trennt die Blase vom Harnleiter, damit kein Samen in die Blase und kein Urin in das Sperma gelangt. Im zweiten Stadium wird das Sperma durch eine Reihe kräftiger, rhythmischer Kontraktionen die Harnröhre entlang transportiert und spritzt schließlich heraus.

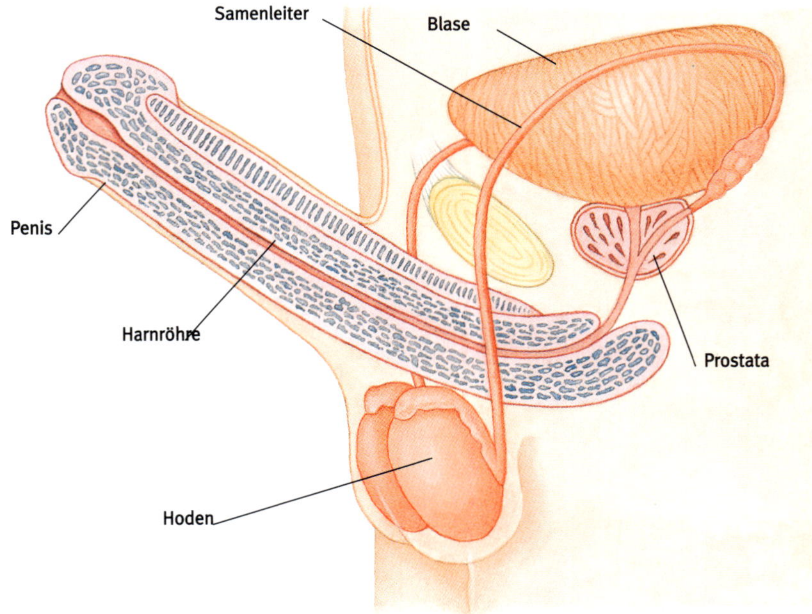

► *Beim Orgasmus wird das Sperma mit Flüssigkeit aus der Prostata vermischt.*

Orgasmen" auf Seite 148), dann haben Sie jetzt in diesem Stadium genauso viele Chancen, den Orgasmus zu stoppen, wie einen fahrenden Zug anzuhalten.

Das zweite Stadium des männlichen Orgasmus ist die Ejakulation selbst, die zwei bis vier Sekunden später einsetzt. Eine zweite, heftigere Serie rhythmischer Kontraktionen beginnt. Die Muskeln entlang der Harnröhre und am Penisansatz und am Schaft zucken und pumpen den Samen unter der Prostatadrüse hervor, bis er aus dem Penis herausspritzt.

Das meiste Ejakulat wird bei den ersten drei oder vier Kontraktionen herausgeschossen. Danach nehmen die Stärke der Kontraktionen und die Menge der Flüssigkeit schnell wieder ab.

Tipps für die Gesunderhaltung des Spermas

Sie können dazu beitragen, dass Ihr Sperma gesund und fruchtbar bleibt, wenn Sie:

- Das Rauchen aufhören.
- Nicht exzessiv trinken.
- Locker sitzende Unterwäsche tragen und nicht zu oft heiß baden, damit die Hoden kühl bleiben.
- Viele Antioxidantien wie die Vitamine E, C und Betakarotin zu sich nehmen, indem Sie fünf bis neun Portionen Obst und Gemüse täglich essen.
- Ein Multivitaminpräparat einnehmen, das Sie täglich mit mindestens 20 Milligramm Zink versorgt.
- Stress und Angst im Leben auf ein Minimum reduzieren.
- Darauf achten, dass Ihr Trinkwasser nicht mit Blei verseucht ist.

▲ *Munter umher schwimmende Spermien unter dem Mikroskop.*

Die Frau

Die Ergebnisse von Masters und Johnson haben bestätigt, was auch Dr. Alfred C. Kinsey in den 1950-er Jahren entdeckt hatte:

Für den weiblichen Orgasmus ist das Stimulieren der Klitoris fast immer die unabdingbare Grundvoraussetzung. Die beiden Forscher haben auch herausgefunden, dass der weibliche und der männliche Orgasmus physiologisch gesehen weit mehr Ähnlichkeiten als Unterschiede aufweisen.

Wenn die Klitoris genügend stimuliert ist, beginnen die orgasmischen Kontraktionen bei der Frau im unteren Teil der Vagina, die sich für den Mann gut spürbar rhythmisch um den Penis schließt. Von dort aus verlagern sich die Kontraktionen in den Uterus.

Die Kontraktionen beim Orgasmus der Frau (die übrigens den ersten Wehen bei der Geburt ähneln können) geschehen in Intervallen von 0,8 Sekunden. Das ist exakt dasselbe Intervall wie bei den orgasmischen Kontraktionen des Mannes. Genauso wie beim Mann nimmt nach den ersten paar Kontraktionen die Intensität rapide ab, obwohl manche Orgasmen ungewöhnlich stark und langanhaltend sind.

Der Orgasmus, sowohl bei Frauen als auch bei Männnern, ist oft begleitet von einem freiwilligen oder unfreiwilligen krampfartigen Anspannen der Muskulatur, das sich am deutlichsten im Gesicht bemerkbar macht. Schauen Sie Ihrer liebsten also ruhig mal ins Gesicht, statt immer die Augen zu verschließen, dann sehen Sie die wahre Lust!

Was macht einen guten Orgasmus aus?

Sexualtherapeuten erzählen, dass es viele Paare gibt, die vom Thema Orgasmus geradezu besessen sind. Männer sind besorgt, weil sie zu früh zum Höhepunkt kommen, Frauen, weil sie nicht schnell genug kommen, und beide sind enttäuscht, dass die fantastischen Feuerwerke, die sie erwartet haben, in ihrem Schlafzimmer meist ausbleiben.

Männer und Frauen konzentrieren sich oft so sehr darauf, dem Partner eine großartige Orgasmuserfahrung zu bereiten, dass sie ihr eigenes Vergnügen vernachlässigen. Das Ergebnis ist, dass Millionen von Frauen regelmäßig Orgasmen vortäuschen und Millionen von Männern sich mit dem Gefühl sexueller Unzulänglichkeit herumplagen.

Beide Partner sollten ihre Wünsche und Sehnsüchte im Bett klarer ausdrücken und keiner von beiden sollte sich nur darauf konzentrieren, dem anderen auf Knopfdruck ein orgasmisches Feuerwerk zu bereiten.

Orgasmen lassen sich grundsätzlich in zwei Kategorien aufteilen: Es gibt solche, die mit körperlichem Loslassen zu tun haben, und solche, die körperliches Loslassen mit einem starken emotionalen Verbundenheitsgefühl kombinieren. Wenn Sie dieses Gefühl von Fürsorge, Liebe und Vertrauen gegenüber Ihrem Partner empfinden, können Sie den explosivsten Orgasmustyp erleben: Den Höhepunkt, bei dem Sie eine Verbindung der Seelen spüren. Darüber sind sich die meisten Menschen einig.

Megastark: Multiple Orgasmen

Manche Angebote scheinen zu schön, um wahr zu sein. Ein Sexualtherapeut erklärt Ihnen, Männer müssen sich nicht nur mit einem kurzen Orgasmus begnügen, sie können immer und immer wieder den Höhepunkt erreichen. Na, wie klingt das?

Längeres Liebesspiel

Alle Frauen sind körperlich in der Lage, multiple Orgasmen zu bekommen, obwohl Umfragen ergeben, dass nur circa 50 Prozent aller weiblichen Wesen je das Vergnügen hatten. Einige Experten beschwören, dass auch Männer mit etwas Anstrengung und Fleiß multiple Orgasmen haben können.

Eine der prominentesten Verfechterinnen dieser Theorie ist die Sexualtherapeutin Barbara Keesling. Dr. Keesling meint, dass ein Mann mit genügend Übung das Gefühl eines richtigen Orgasmus haben kann, ohne dabei zu ejakulieren. Das ermöglicht ihm, unendlich viele Orgasmen hintereinander zu bekommen.

Dr. Keeslings Trainingsprogramm besteht aus zwei Komponenten, einer körperlichen und einer mentalen. Zuerst muss der Mann seinen Harnröhrenschließmuskel ausreichend trainieren, indem er ihn mehrmals am Tag anspannt und wieder lockert. Das ist ein einfacher Prozess, der zwischen vier und sechs Wochen dauern sollte. Für weitere Details lesen Sie „Trainieren Sie diese Muskeln“.

Der zweite Teil des Programms findet im Kopf statt: Lernen Sie, beim Sex die verschiedenen Erregungsstadien zu unterscheiden, damit Sie wissen, wann Sie Ihren Muskel einsetzen müssen, um die Ejakulation zu verhindern. Achten Sie beim Sex oder bei der Masturbation darauf, welche Erregungsstadien Sie gerade erleben. Die amerikanische Sexualtherapeutin Dr. Keesling schlägt vor, diese Stadien auf einer gedachten Skala von eins bis zehn einzuordnen, dabei steht eins für keine Erregung, zehn für den Orgasmus.

Trainieren Sie diese Muskeln

Der Gynäkologe Arnold Kegel hat in den 1950-er Jahren eine simple Übung für Frauen entwickelt, die nach der Geburt unter Inkontinenz litten.

Diese so genannte Kegel-Übung besteht darin, den Harnröhrenschließmuskel zu kräftigen. Dieser Muskel verläuft wie ein Band vom Schambein zum Steißbein. Sie spannen ihn an, wenn Sie Ihren Harnfluss stoppen wollen.

Der Wert der Kegel-Übung für den Sex besteht darin, dass die gleichen Muskeln auch die Ejakulation verhindern können. Das steigert Ihre Ausdauer im Bett und ermöglicht Ihnen multiple Orgasmen. Die Muskeln vergrößern auch Ihre Erektion und steigern die Intensität des Orgasmus.

Um den Muskel zu trainieren, benötigen Sie kein Fitnessgerät. Spannen und entspannen Sie Ihren Harnröhrenschließmuskel schnell zehn Mal hintereinander. Dann spannen Sie ihn an und versuchen, ihn 15 Sekunden lang angespannt zu lassen. Steigern Sie ihr Trainingsprogramm Schritt für Schritt, so dass Sie am Ende bei täglich zehn Anspannungen und Entspannungen und zehn mal 15 Sekunden Anspannen sind. Versuchen Sie es mit wechselnden Positionen, indem Sie die Übung auf dem Bauch oder auf dem Rücken liegend durchführen.

Es dauert vier bis sechs Wochen bis Ihr Muskel eine gute Kondition hat. Danach machen Sie die Übung fast automatisch.

Verlockender Quickie

Viele Männer sind wahrscheinlich überrascht, dass Frauen nichts gegen den Quickie einzuwenden haben – solange er nicht das einzige Gericht auf der sexuellen Speisekarte bleibt.

Sie können Ihre Chancen auf eine kurze sexuelle Begegnung vergrößern, wenn Sie Ihre Partnerin ermutigen, sich vorher selbst zu erregen, entweder durch Fantasie oder Masturbation. Haben Sie Geduld; viele gute Gelegenheiten werden vorüberziehen, wenn Sie glauben, immer auf den richtigen Moment warten zu müssen.

Spontaneität ist der Schlüsselreiz des Quickies, sagt Dr. Alex Comfort, Sexexperte: „Der Quickie ist eine Inspiration und Sie sollten ihn wie einen Blitz einschlagen lassen, jederzeit und beinahe überall.“

Das grosse Ereignis

Wenn Sie Ihren Harnröhrenschließmuskel trainiert haben und Ihr Erregungsniveau einordnen können, kommt der nächste Schritt. Sie hören nach den verschiedenen Stadien auf. Besonders wichtig ist dabei eine kooperative und sensible Partnerin. Wenn Sie ihr noch nichts von Ihrem Vorhaben erzählt haben, sollten Sie es jetzt tun.

Machen Sie solange Sex, bis Sie langsam auf Level vier sind, dann hören Sie auf, atmen tief ein und spannen Ihren Muskel an. Das sollte Ihr Erregungsniveau mindestens um ein oder zwei Stufen senken.

Nun arbeiten Sie sich die ganze Erregungsskala hoch, wobei Sie immer wieder Pausen machen und Ihren Muskel anspannen. Gegen Ende der Skala, wenn Sie merken, dass Sie fast bei Level zehn sind, spannen Sie Ihren Muskel so fest Sie können an, öffnen Sie die Augen und atmen Sie ganz tief ein.

Entspannen Sie sich für ein paar Minuten. Sie haben eine Pause verdient. Das war nämlich Orgasmus Nummer eins.

Ejakulation und Orgasmus: Was ist der Unterschied?

Wenn man multiple Orgasmen erleben möchte, sollte man zunächst wissen, dass es einen entscheidenden Unterschied zwischen Orgasmus und Ejakulation gibt. Ejakulation ist ein lokaler Vorgang, bei dem der Samen herausgeschleudert wird, während der Orgasmus eine sinnliche Erfahrung des ganzen Körpers ist.

Dies ist eine eher ganzheitliche Erklärung für die beiden Stadien des männlichen Orgasmus, die Jahre zuvor von den Sexforschern Masters und Johnson beschrieben wurden. Sie definierten das erste Stadium als „Beginn der Emission", bei dem der Körper sich auf die Ejakulation vorbereitet, indem er das Sperma aus dem Hoden mit der Flüssigkeit aus der Prostatadrüse mischt. Das zweite Stadium ist die Ejakulation selbst.

Masters und Johnson behaupteten, dass das zweite Stadium in dem Moment unvermeidlich ist, wenn das erste erreicht ist. Es gibt aber Fachleute, die anderer Meinung sind. Sie behaupten, dass es möglich ist, die Erfahrung des ersten Orgasmusstadiums zu machen, ohne danach zu ejakulieren, obwohl diese Stadien nur ein paar Sekunden auseinander liegen. Jeder Mann, der Orgasmus und Ejakulation trennen kann, kann multiple Orgasmen haben.

Fest steht allerdings, dass ein Mann nach einer Ejakulation automatisch die sogenannte refraktäre Periode erlebt, in der er eine Zeit lang keine Erektion bekommen kann. Wie lange diese Phase dauert, hängt von verschiedenen Faktoren ab, unter anderem von Ihrem Alter, wann Sie das letzte Mal Sex hatten, und natürlich von Ihrer Partnerin.

Ist das wirklich etwas für Sie?

Jetzt die schlechte Nachricht. Tatsache ist, dass viele Sexualtherapeuten skeptisch sind, ob echte multiple Orgasmen für Männer erstrebenswert sind.

Manche Experten meinen, dass bereits die Suche nach den multiplen Orgasmen ein Fehler ist, da sie den Mann zu sehr unter Druck setzt und zu sexuellen Schwierigkeiten führt. Ihrer Ansicht nach haben viele Männer schon genug Probleme. Männer sollten sich in ihrem Sexleben keinen weiteren Leistungsdruck schaffen.

Dennoch steht es außer Frage, dass die von Dr. Keesling und anderen Therapeuten empfohlene Technik effektiv dafür eingesetzt werden kann, um den Spaß am Sex länger zu genießen. Vergessen Sie dabei aber nicht, dass es immer nur um den Genuss geht.

Nachspiel

Viele Frauen werden bezeugen, dass das Nachspiel die am wenigsten entwickelte männliche sexuelle Fähigkeit ist. Nachdem Frauen im Allgemeinen länger brauchen, um erregt zu werden und zum Orgasmus zu kommen als Männer, leuchtet es ein, dass sie auch danach etwas mehr Zeit brauchen, in der sie die Nähe des Partners spüren möchten. Das liegt vor allem an der Tatsache, dass die emotionale Komponente des Sex bei vielen Frauen eine größere Rolle spielt. Das Nachspiel ist für Frauen daher von weit größerer Bedeutung als für uns.

Der Psychologe Glenn Wilson betont, dass nach dem Sex eine gute Zeit ist, dem Partner unsere Unterstützung und Sympathie mitzuteilen.

► *Sex endet nicht im Feuerwerk des Orgasmus. Küssen, Umarmen und Streicheln runden alles ab.*

Zeit für einen Stellungswechsel?

Das Wesen des Geschlechtsverkehrs ist ziemlich einfach. Doch auf welche Art und Weise Sie und Ihre Geliebte sich vereinigen, macht den Unterschied aus zwischen einem rein biologischen Akt und einem von Abwechslung und Erregung geprägten Sexleben.

„Spontane Leidenschaft ist in manchen Stimmungen das Richtige, in anderen eher eine sorgfältig geplante Begegnung "

Sarah Litvinoff, *The Relate Guide for Sex in Loving Relationships*

Warum experimentieren?

Im Kamasutra, dem indischen Lehrbuch der Erotik, das vor ungefähr 2000 Jahren geschrieben wurde, sind eine Vielzahl von Stellungen beschrieben. Das zeigt, dass die Suche nach Abwechslung beim Sex nichts Neues ist. Niemand erwartet von Ihnen, dass Sie sich Seite für Seite durch das Kamasutra arbeiten. Kreativität in der Liebe erreicht man durch Offenheit für mehr Abwechslung und Experimente.

Viele Männer fantasieren gerne darüber, eine endlose Reihe von sexuellen Eroberungen zu haben. Die Realität ist aber, dass die Meisten von uns Sex mit nur einer Partnerin haben, nämlich unserer Ehefrau. Das monotone Potenzial dieser Tatsache kann deprimierend sein, wenn wir nicht einen Weg finden, den Sex lebendig und interessant zu gestalten. Mit verschiedenen Stellungen zu experimentieren ist auch viel sicherer und ehrlicher als eine Affäre zu haben.

Es gibt noch einen weiteren Grund, neue Stellungen auszuprobieren. Sexualität ist eine der persönlichsten und expressivsten Eigenschaften des Menschen. Für manche Leute sind bestimmte Stellungen beim Sex weitaus befriedigender als andere. Manche Stellungen stimulieren gewisse Körperteile effektiver als andere. Ihnen und Ihrer Partnerin wird es sicher großen Spaß machen, zu entdecken, welche Stellungen welchen Kitzel auslösen.

Finden Sie heraus, welche Stellungen Ihren körperlichen Fähigkeiten am besten entsprechen. Die Missionarstellung stellt ein großes Problem dar, wenn der Mann übergewichtig ist. Und wenn Sie Ihre Knie verletzt haben, gehören hockende Positionen sicher nicht zu Ihren Favoriten.

Nur kein falscher Ehrgeiz!

Auf den folgenden Seiten finden Sie die Illustrationen und Beschreibungen von 19 verschiedenen Stellungen. Einige davon sind gewiss gängig, andere ungewöhnlich. Die Liste ist nicht vollständig, wird Ihnen aber sicher einige Anregung bieten.

Denken Sie immer daran: Sex ist alles andere als ein sportlicher Wettkampf, er soll uns entspannen und uns nicht unter Druck setzen.

Auch der amerikanische Sexexperte Dr. med. Alex Comfort, dessen Buch *The Joy of Sex* wahrscheinlich mehr Menschen mit den Milliarden von Möglichkeiten menschlicher sexueller Vereinigung vertraut gemacht hat als das Kamasutra, räumt ein, dass die meisten Paare zunächst eine Reihe von Stellungen ausprobieren, sich aber langfristig auf eine oder zwei davon konzentrieren.

Sex soll immer Spaß bedeuten. Abwechslung ist ein Weg dorthin, aber nicht das Hauptziel. Das Beherrschen vieler Stellungen reicht nicht aus.

Empfängnisverhütung

Vergessen Sie nicht, dass es beim Sex nicht nur um Erregung und Orgasmen geht, sondern dass Sex auch mit Fortpflanzung zu tun hat, wenn Sie keine Vorsorgemaßnahmen getroffen haben.

Für Männer ist die wirksamste Art der Verhütung eine Vasektomie. Diese Art der Sterilisation wird schon so lange durchgeführt, dass die Befürchtung, sie könnte sich auf die Potenz auswirken, inzwischen ausgeräumt ist. Dennoch ist diese kleine Operation hauptsächlich für Männer interessant, die keine Kinder mehr haben möchten.

Darüber hinaus hängt die Wirksamkeit der verschiedenen Verhütungsmethoden davon ab, wie sie angewendet werden. Statistiken haben zum Beispiel gezeigt, dass Kondome eine Schwangerschaft in 97 Prozent der Fälle erfolgreich verhüten – wenn sie korrekt und konsequent angewendet werden. Doch in der Realität – das Kondom wird im Eifer des Gefechts nicht richtig übergezogen, abgestreift oder ganz vergessen – versagt das Kondom bei der Empfängnisverhütung in 14 Prozent der Fälle.

Es überrascht nicht, dass diejenigen Verhütungsmittel am wirksamsten sind, die den Geschlechtsverkehr am wenigsten beeinträchtigen. Ganz oben auf der Sicherheitsliste für Frauen steht eine neue Spirale, die Progesteron enthält. Ihre Sicherheit ist so hoch wie die einer Sterilisation. Die Pille, die von den Frauen täglich eingenommen werden muss, versagt in fünf Prozent der Fälle.

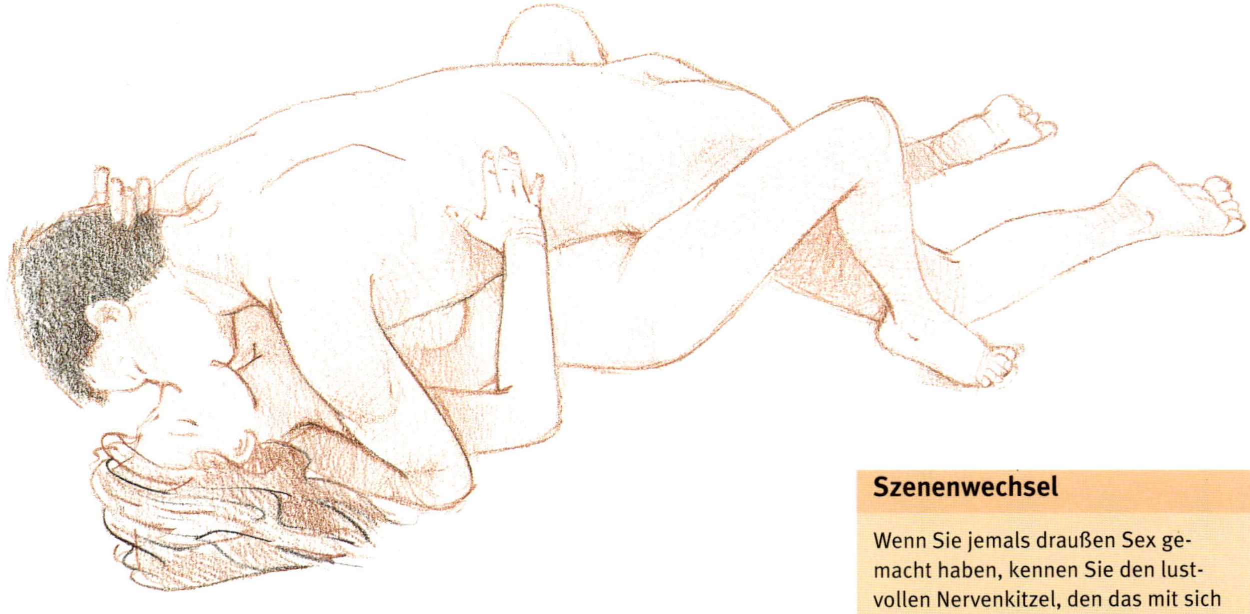

Missionarstellung

Diese gängigste aller Stellungen (zumindest in westlichen Kulturen) hat ihren langweiligen Ruf eigentlich nur aufgrund der konstanten Regelmäßigkeit, mit der viele Paare sie anwenden. Sie ist nämlich an sich alles andere als langweilig. Ihre Popularität verdankt sie mindestens genauso ihrer Effektivität wie der Macht der Gewohnheit. Die Missionarstellung erlaubt großartige Intimität von Angesicht zu Angesicht, tiefes Eindringen und einfaches Stoßen. Letzteres kann für Männer ein Nachteil sein, die dazu tendieren, schneller zu ejakulieren als sie möchten.

Der Mann ist in der dominanten Position. Stützen Sie sich mit den Ellbogen ab, damit Sie Ihre Partnerin nicht erdrücken. Ein tieferes Eindringen können Sie dadurch erreichen, indem Sie ein Kissen unter die Hüften der Frau schieben. Sie kann den Winkel des Eindringens auch dadurch variieren, dass Sie ihre Beine um Sie legt.

Missionar im Sitzen

Diese Variation der Missionarstellung ist für den Mann weniger anstrengend und für die Frau mit weniger Gewicht verbunden. Das Stoßen ist nicht so einfach, aber dadurch können Sie den Orgasmus besser unter Kontrolle halten. Setzen Sie sich zwischen ihre Beine. Die Beine der Frau sind leicht abgewinkelt, Ihre Beine sind weit auseinander gespreizt. Sie müssen ein wenig an sie heranrücken, damit Sie eindringen können.

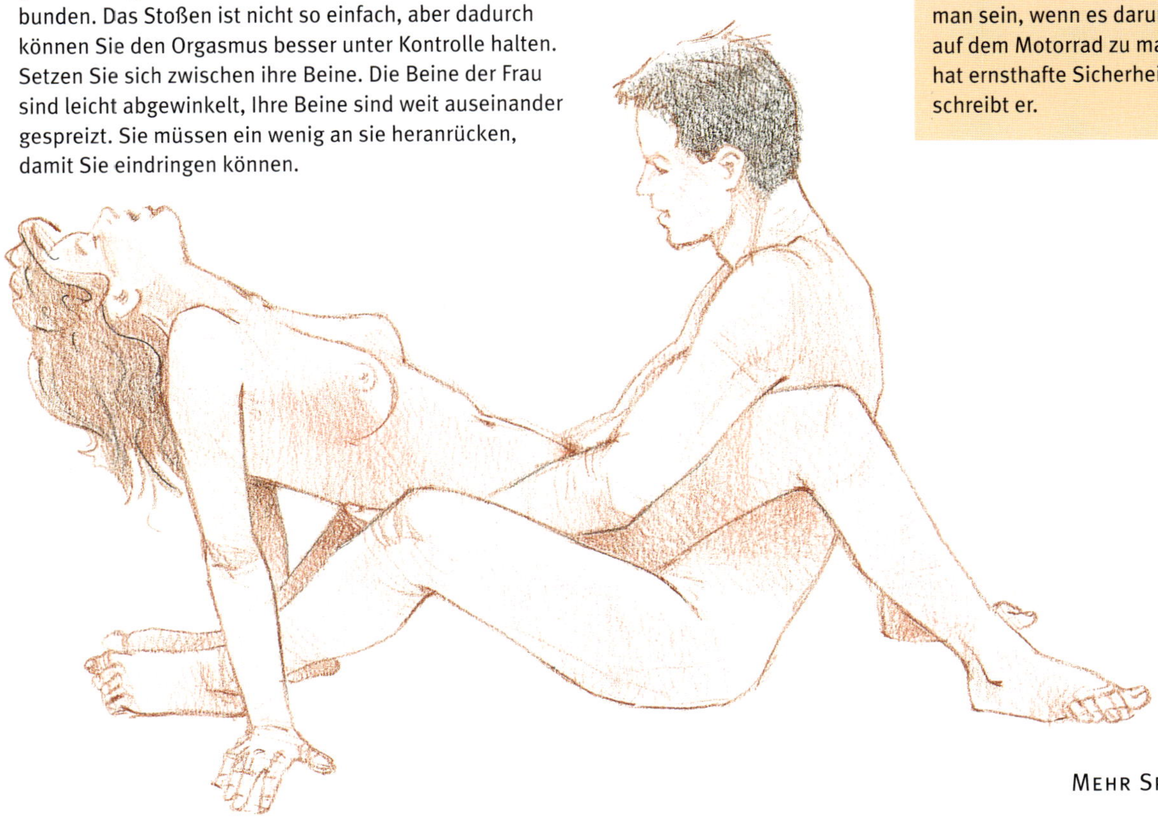

Szenenwechsel

Wenn Sie jemals draußen Sex gemacht haben, kennen Sie den lustvollen Nervenkitzel, den das mit sich bringt, vor allem, wenn Sie entdeckt werden könnten. Langweilig ist es jedenfalls nicht, und das macht zumindest für Erwachsene den Reiz aus. Bei Teenagern ist es meistens die Not, die sie erfinderisch macht.

Der Vielfalt an Plätzen und Orten für die Liebe sind nur durch die eigene Fantasie Grenzen gesetzt. Dr. med. Alex Comfort zählt in seiner Liste Badewannen, Duschen, Gärten, Sanddünen, Zugwaggons, Schaukeln, Schaukelstühle und Swimmingpools auf. Alles ist aber mit einem gewissen Risiko verbunden, sagt er, vom Polizisten bis hin zu stechenden Insekten. Besonders vorsichtig sollte man sein, wenn es darum geht, Liebe auf dem Motorrad zu machen. „Das hat ernsthafte Sicherheitsnachteile“, schreibt er.

Knie zur Brust.

Diese Stellung wird manchmal auch „der trottende Hirsch" genannt. Sie ist eine athletischere Variante der Standard-Missionarstellung, die den Mann am tiefsten in die Vagina eindringen lässt. Frauenärzte empfehlen sie für Paare, die sich ein Kind wünschen, weil der Penis des Mannes sich bei der Ejakulation genau am Muttermund befindet.

Die Frau zieht ihre Knie an die Brust und legt die Unterschenkel auf Ihre Schultern. Stützen Sie sich auf Ihre Hände. In dieser Stellung können Sie gut Ihr Schambein gegen sie pressen, um ihre Klitoris zu stimulieren.

Umgekehrte Missionarstellung

Hier übernimmt die Frau die Führung, und der Mann kann sich buchstäblich zurücklehnen. Das ist die beste Stellung für einen Mann, der seinen Orgasmus zurückhalten will. Sie ist auch hervorragend geeignet für Paare, bei denen die Frau klein und der Mann groß ist. Sie können dabei die Beine spreizen und die Frau legt sich dazwischen, oder sie können beide gleichzeitig die Beine spreizen. Letzteres erlaubt der Frau, ihre Klitoris am Körper des Mannes zu reiben, wobei sie sich mit den Füßen auf seinen Füßen abstützen kann.

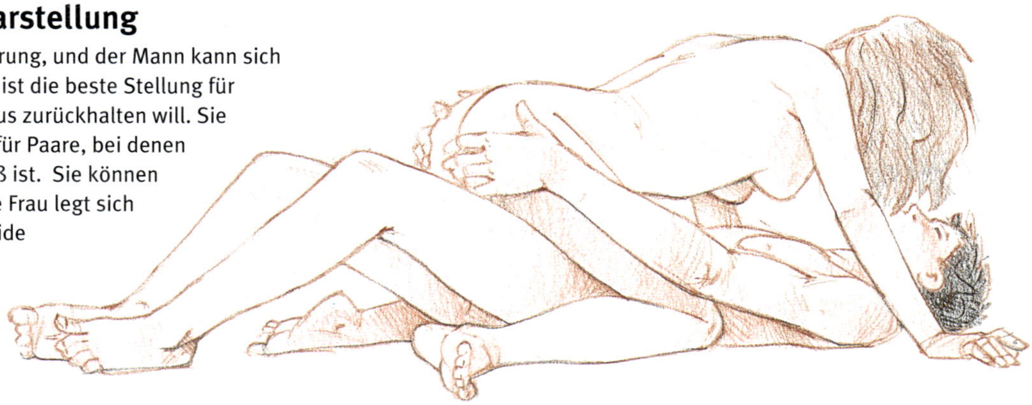

Gekreuzte Becken

Sie können sich diese Stellung als eine um 90 Grad gedrehte Missionarstellung vorstellen. Beide Partner liegen so wie beim klassischen Missionar, aber ihre Becken stehen kreuzweise zueinander. Der Vorteil ist, dass der ungewöhnliche Winkel beim Eindringen die Seiten ihrer Vagina stimuliert, die normalerweise wenig Aufmerksamkeit erhalten. Diese Stellung ist eine gute Alternative, wenn der Mann relativ schwer ist.

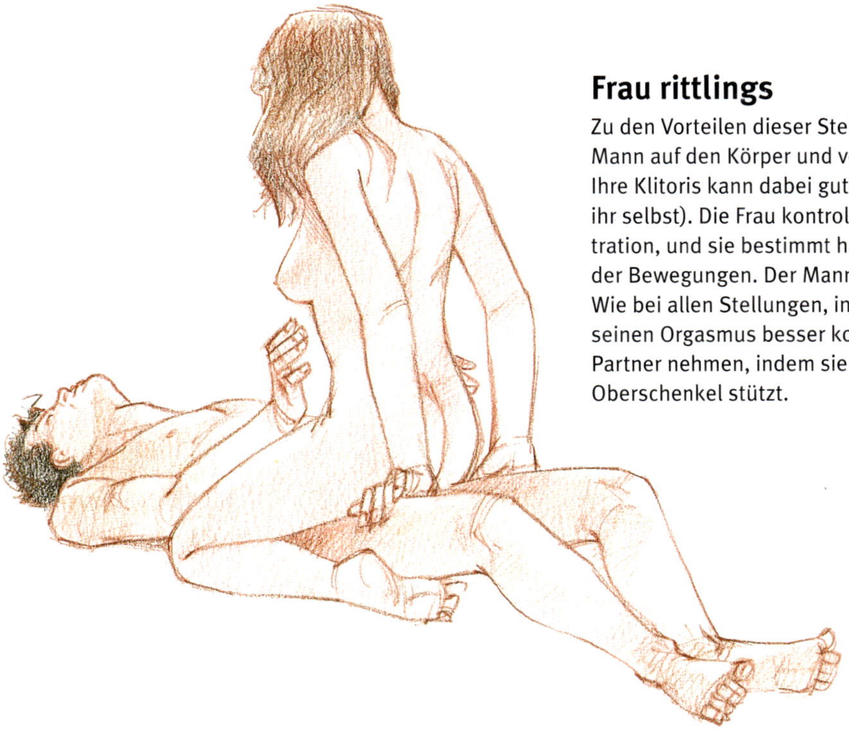

Frau rittlings

Zu den Vorteilen dieser Stellung gehört der unverstellte Blick, den der Mann auf den Körper und vor allem die Brüste seiner Geliebten genießt. Ihre Klitoris kann dabei gut manuell stimuliert werden (von Ihnen oder ihr selbst). Die Frau kontrolliert den Winkel und die Tiefe der Penetration, und sie bestimmt hauptsächlich den Rhythmus und das Tempo der Bewegungen. Der Mann kann sich entspannen und genießen.
Wie bei allen Stellungen, in denen die Frau oben ist, kann der Mann seinen Orgasmus besser kontrollieren. Die Frau kann ihr Gewicht vom Partner nehmen, indem sie sich zurücklehnt und sich auf seine Oberschenkel stützt.

Frau rittlings, nach hinten gedreht

Diese Stellung erlaubt beiden Partnern ein gewisses Maß an Privatsphäre, soweit das beim Geschlechtsverkehr überhaupt möglich ist. Jeder kann seine Fantasien schweifen lassen, auch wenn der Mann es wahrscheinlich vorzieht, die Rückenansicht seiner Geliebten zu genießen. Dabei kann sie seine Hoden und ihre Klitoris streicheln, während er ihr Rücken und Po reibt. Der Vorteil dieser Stellung für die Frau ist das tiefe Eindringen und die Bewegungsfreiheit. Für noch größere Bewegungsfreiheit kann die Frau in die Hocke gehen.

Klassisch von hinten, im Knien

Das Eindringen von hinten ist gewöhnlich bei Männern beliebter als bei Frauen, zum Teil, weil es den Geschlechtsakt auf eine nicht besonders romantische animalische Handlung reduziert. Der Name „Hündchen-Stellung“ sagt genug über die animalische Wildheit aus, die diese Stellung zu verkörpern scheint.
Der andere Grund, warum Frauen diese Position nicht so sehr schätzen, ist dass die Klitoris dabei nicht stimuliert wird, obwohl manuelle Stimulierung hier leicht möglich ist. Die Stellung erlaubt ein tiefes Eindringen in einem Winkel, in dem der Penis den G-Punkt, einen angeblich hochempfindlichen Punkt an der vorderen Scheidenwand der Frau, direkt berührt. Viele Experten meinen, der G-Punkt sei ein Mythos. Der Mann sollte auf jeden Fall vorsichtig sein und nicht zu fest stoßen, damit er den Penis nicht in den Muttermund rammt.

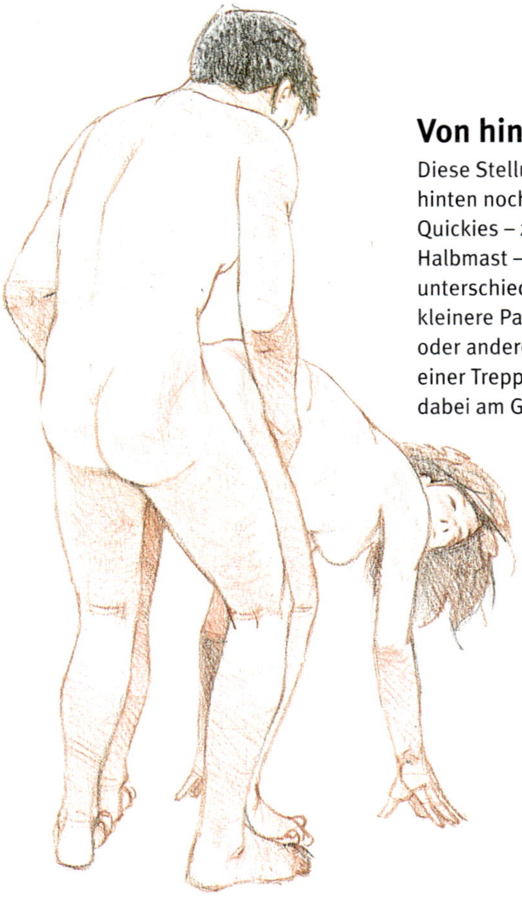

Von hinten, im Stehen

Diese Stellung führt die Rohheit des klassischen Eindringens von hinten noch um einen ungezügelten Schritt weiter. Sie ist ideal für Quickies – zum Beispiel in der Küche mit den Unterhosen auf Halbmast – oder für Paare mit Dominanzfantasien. Starke Größenunterschiede der Partner können ausgeglichen werden, indem der kleinere Partner beispielsweise auf einem Stapel erotischer Bücher oder anderen voluminösen Bänden steht. Sie können es auch auf einer Treppe ausprobieren, wobei es von Vorteil ist, wenn Sie sich dabei am Geländer abstützen können.

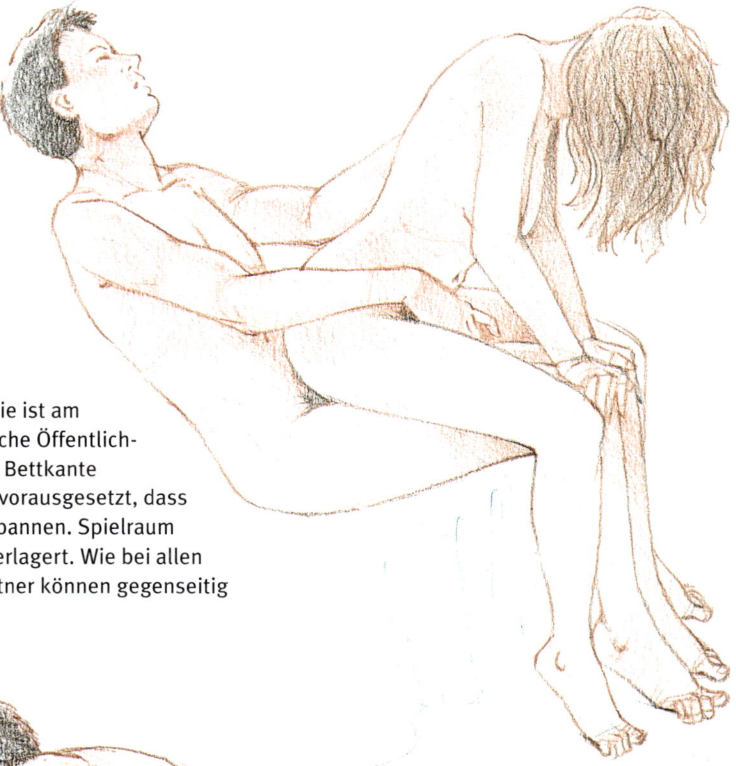

Von hinten, im Sitzen

Eine weitere perfekte Stellung für eine schnelle Nummer. Sie ist am besten auf einem Stuhl (oder einer Parkbank, wenn Sie solche Öffentlichkeitsrisiken mögen), obwohl man es natürlich auch auf der Bettkante machen kann. Die Frau hat dabei volle Bewegungsfreiheit, vorausgesetzt, dass ihre Beine in Form sind. Der Mann kann sich recht gut entspannen. Spielraum zum Stoßen erhält er, wenn er sein Gewicht auf die Arme verlagert. Wie bei allen Stellungen von hinten dringt der Penis tief ein, und die Partner können gegenseitig ihre erogenen Zonen mit der Hand stimulieren.

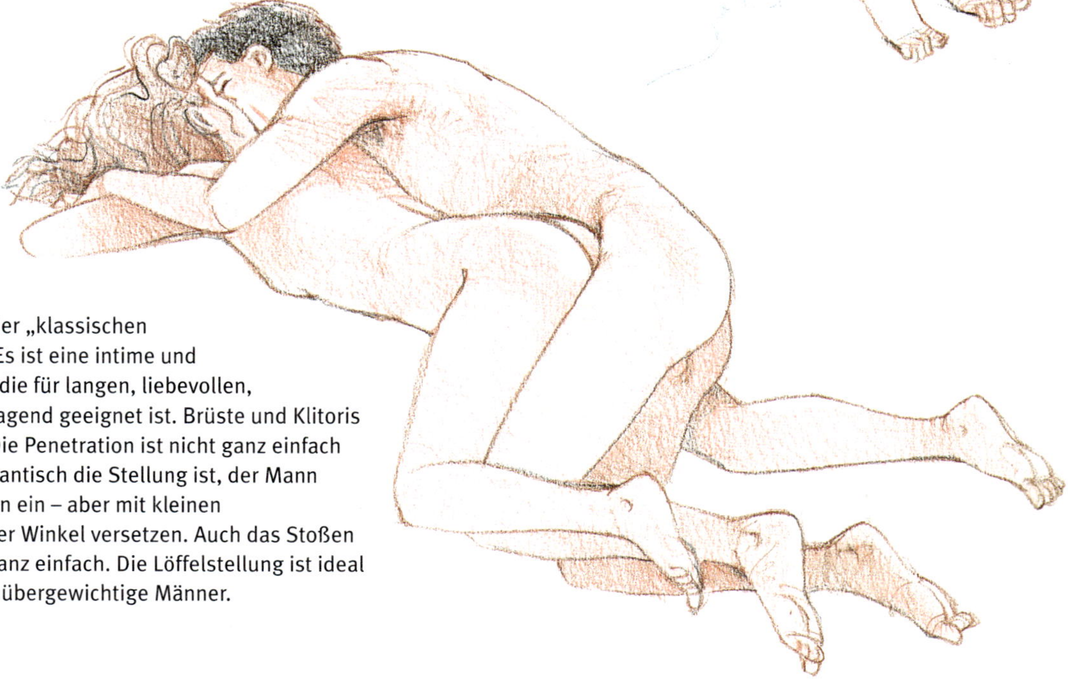

Löffelstellung

Ein Schriftsteller beschrieb diese Position treffend mit der „klassischen Sonntagmorgen-Stellung". Es ist eine intime und anstrengungslose Stellung, die für langen, liebevollen, entspannenden Sex hervorragend geeignet ist. Brüste und Klitoris sind dabei gut zugänglich. Die Penetration ist nicht ganz einfach aufrechtzuerhalten – so romantisch die Stellung ist, der Mann dringt immer noch von hinten ein – aber mit kleinen Verschiebungen lässt sich der Winkel versetzen. Auch das Stoßen ist in dieser Stellung nicht ganz einfach. Die Löffelstellung ist ideal für schwangere Frauen oder übergewichtige Männer.

Löffelstellung gegenüberliegend

Dies ist vielleicht die Stellung, die den Folksongrefrain „Rollin' in my sweet baby's arms“ inspiriert hat. Sie ist intim und angenehm. Viele Paare kommen übergangsweise in diese Stellung, wenn Sie beim Sex von einer Position in die nächste wechseln. Für den Mann ist es einfach, die Tiefe des Eindringens zu bestimmen, indem er das Bein anhebt oder senkt.

Kniend in der Hocke

Kniende Stellungen wie diese verbinden Intimität mit einem gewissen Grad an Athletik. Sie ist jedoch nicht so anstrengend wie es aussieht, wenn die Partner erst einmal in Position sind. Der Mann dringt tief ein, und die Frau genießt dabei die direkte Stimulierung der Klitoris. Das ist keine Stellung zum Stoßen, aber sie bietet einen ungewöhnlichen Grad an Nähe zwischen den Körpern der Liebenden. Für Busenliebhaber besonders empfehlenswert.

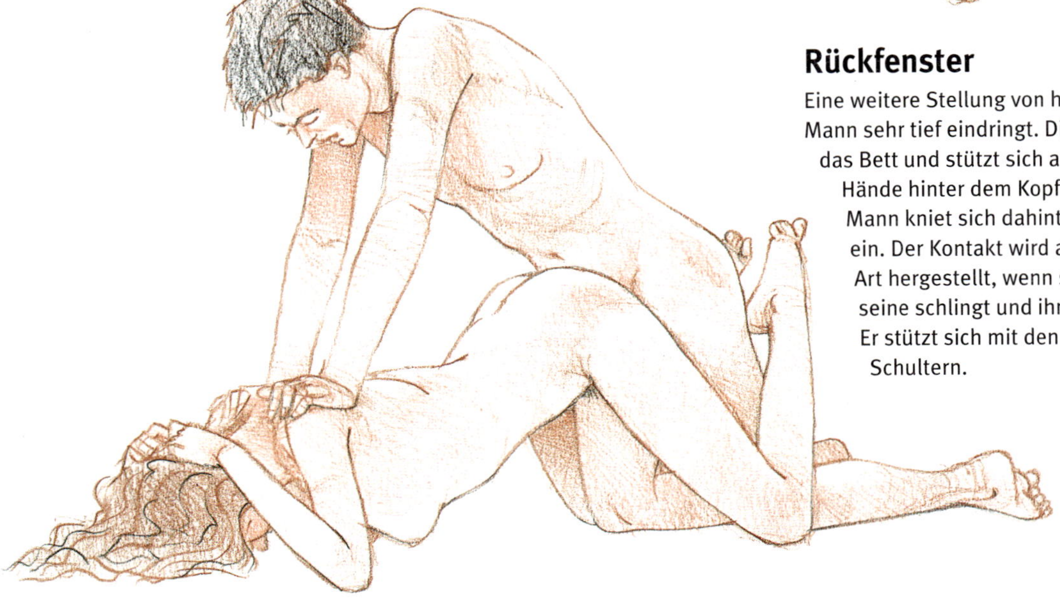

Rückfenster

Eine weitere Stellung von hinten, bei der der Mann sehr tief eindringt. Die Frau kniet sich auf das Bett und stützt sich auf die Ellbogen, die Hände hinter dem Kopf verschränkt. Der Mann kniet sich dahinter und dringt in sie ein. Der Kontakt wird auf besonders wilde Art hergestellt, wenn sie ihre Beine um seine schlingt und ihn damit heranzieht. Er stützt sich mit den Händen auf ihre Schultern.

Die X-Stellung

Ein Favorit von Dr. med. Alex Comfort. Die X-Stellung ist ideal für Paare, die langsamen, ruhigen Sex mögen. Es ist gar nicht so kompliziert wie es aussieht. Die Frau setzt sich zuerst rittlings auf den Mann. Dann lehnen sich beide zurück, bringen die Beine in Scherenposition und packen einander bei den Händen. „Langsame, koordinierte Bewegungen halten die Erektion des Mannes aufrecht. Die Frau bleibt lange nah am Orgasmus", sagt Dr. Comfort.

Schubkarre im Stehen

Nur für Sportliche: beide Partner – vor allem sie – sollten in guter körperlicher Verfassung sein, um diese Stellung auszuprobieren. Beginnen Sie von hinten im Stehen. Dann heben Sie die Frau an den Oberschenkeln oder am Becken hoch. Für besseren Halt kann sie die Beine um Ihre Taille schlingen. Erwarten Sie aber nicht, dass Sie es lange in dieser Position aushalten. Eine kleine Warnung: Probieren Sie diese Position nicht aus, wenn Sie und Ihre Partnerin keinen ausgeprägten Sinn für Humor haben.

Im Stehen

Wie bei den Stellungen von hinten hat es etwas ungezügelt Animalisches, Sex im Stehen zu machen. Diese Stellung ist gut für Quickies, vor allem natürlich außerhalb des Schlafzimmers. Größenunterschiede können dabei ein Problem darstellen. Das lässt sich ausgleichen, indem der kleinere Partner auf einem Stapel Telefonbüchern oder etwas Ähnlichem steht. Es ist außerdem hilfreich, wenn sich die Frau gegen eine Wand oder einen Baum lehnen kann. Als angenehme und weniger anstrengende Variante können Sie es an einem lauen Sommerabend am See auch einmal im Wasser versuchen.

Schubkarre im Sitzen

Man könnte diese Stellung als Amateurversion der Schubkarre im Stehen bezeichnen. Die Frau benötigt hierbei allerdings immer noch einige Kraft im Oberkörper. Auch in dieser Stellung sollten Sie nicht allzu lange bleiben, aber sie ist eine spaßige Alternative, bei der der Mann in einem ungewöhnlichen Winkel eindringt. Außerdem können Sie den hübschen Anblick ihres Hinterteils genießen.

Frau oben, zurückgelehnt

Diese Variante der reitenden Stellung – alles, was die Frau noch tun muss, ist sich zurückzulehnen – ermöglicht dem Mann einen guten Zugang zu ihrer Klitoris. Er kann sich für eine bessere Sicht auch auf seine Ellbogen aufstützen. Es gibt eine ähnliche Variante dieser Stellung „Frau rittlings, nach hinten gedreht“: Wieder lehnt sich die Frau zurück, diesmal aber mit dem Rücken auf die Brust des Mannes. So kann er ihre Brüste gut erreichen.

Was gibt's denn sonst noch?

Wenn es um Sex geht, denken viele moderne Männer, wir wären in dieser Hinsicht von den Fesseln der Konventionen befreit. Die Meisten von uns haben immer noch die Vorstellung, dass „Sex" ausschließlich als vaginaler Verkehr definiert ist. Es gibt jedoch viele andere befriedigende Möglichkeiten.

Spannende Alternativen

Beim Sex gibt es viele Alternativen zur reinen Penetration zu entdecken. Zu diesen lustvollen Sexspielen gehören unter anderem die Masturbation, verschiedene Formen, den Körper zu reiben, oraler Sex und Fantasiespiele.

Sexexperten zählen vier gewichtige Gründe auf, warum diese Praktiken manchmal ein besserer Weg zur sexuellen Befriedigung sind als der klassische Geschlechtsverkehr.

- Keine Babys. Keine Frau wird schwanger, wenn kein Sperma in die Vagina gelangt. Diese Form der Geburtenkontrolle ist ganz natürlich: keine Hormone, keine Chemikalien, keine Injektionen und keine Nebenwirkungen.
- Keine Krankheiten. Wenn zwischen den Partnern keine Körperflüssigkeiten ausgetauscht werden, können Sie auch keine der circa 20 durch Geschlechtsverkehr übertragbaren Krankheiten wie zum Beispiel Aids bekommen.
- Großartiger Sex. Männer, die nicht auf vaginalen Geschlechtsverkehr fixiert sind und auch andere Formen der Stimulierung genießen, werden feststellen, dass ihre Orgasmen stärker und ihre Partnerinnen zufriedener sind.
- Eine Erektion ist nicht notwendig. Ein Sexualtherapeut betont, dass Männer keine Erektion haben müssen, um Sex zu genießen. Das Stimulieren eines weichen Penis fühlt sich ebenso gut an. Wenn ein Mann weiß, dass er keine Erektion haben muss, um Sex zu genießen, kann ihm das einigen Druck nehmen.

Deswegen empfehlen Sexualtherapeuten solche Praktiken als Mittel gegen die Versagensangst. Auch für Männer, die aus körperlichen Gründen impotent sind, sind diese Alternativen eine gute Lösung.

Für jeden Job das richtige Werkzeug

Ein gut ausgestattetes Boudoir sollte folgende Sexspielzeuge beinhalten:

- Gleitcreme. Achtung! Fetthaltige Cremes können Kondome zerstören und das empfindliche Gewebe der Vagina beschädigen.
- Kondome. Als Sexspielzeug genauso geeignet wie als Verhütungsmittel.
- Massageöl. Natürliche Zusammensetzungen sind empfehlenswert.
- Penisringe. Man schiebt sie auf den Penisansatz (und manchmal um den Hodensack). Erektionen werden dadurch härter und dauern länger. Nehmen Sie den Ring aber alle 30 Minuten ab, damit das Blut ungehindert fließen kann.
- Dildo. Gut, um eine Frau vaginal zu stimulieren, wenn Sie sie gleichzeitig oral befriedigen.
- Vibrator. Das ist das ultimative Gerät zur Stimulierung der Klitoris.

Hätten Sie's gewusst?

Masturbation wird hauptsächlich von Heranwachsenden und Singles betrieben, um sexuelle Spannungen abzubauen.

Falsch. Eine großangelegte Sexstudie ergab, dass Verheiratete „bedeutend häufiger" masturbieren als Alleinstehende. Eine andere Studie ergab weiterhin, dass die Mehrzahl der Männer mindestens bis in ihre späten Fünfziger masturbiert.

Alternative Praktiken bieten heutzutage allein wegen AIDS einen großen Vorteil. Auch die sexuelle Frustration von Millionen von Teenagern kann durch die Vergnügungen, die sie bieten, gelindert werden. Einige ältere Männer erzählen, sie wünschten, dass sexuelle Ausweichmöglichkeiten auch zu ihrer Jugendzeit schon akzeptiert gewesen wären. Sie hatten damals genauso mit Hormonwallungen zu kämpfen wie die Teenager heute. Sie sagen, wenn man ihnen gezeigt hätte, dass es auch andere Möglichkeiten als den Geschlechtsverkehr gibt, um zum Orgasmus zu kommen, dann hätten sie die Sexualität in ihrer Jugend viel unbeschwerter erleben können.

Mittel und Wege

Der folgende Abschnitt gibt einen Überblick über die bekanntesten Alternativen zum vaginalen Geschlechtsverkehr. Wenn Sie etwas davon ausprobieren möchten, sprechen Sie vorher mit Ihrer Partnerin darüber. Sie sollte sich bei dem Gedanken schließlich auch wohlfühlen.

Wenn sie dazu absolut keine Lust hat, zwingen Sie sie nicht. Verzichten Sie lieber darauf, denn Ihre Partnerin sich nur darauf einlässt, um Ihnen einen Gefallen zu tun, macht es bestimmt keinen Spaß.

Sexspiele

Fantasiespiele sind eine Möglichkeit, den Sex noch erregender zu gestalten. Spiele bringen Abwechslung und Kreativität und verhindern, dass Sex zur verkrampften, langweiligen Routine wird. Also legen Sie Ihre Hemmungen ab und los geht's!

Masken und Kostüme können die Fantasie weiter anheizen. Die Szenen müssen sich auch nicht unbedingt im Schlafzimmer abspielen. Das Pickup-Spiel zum Beispiel geht so: Ein Partner geht in eine Kneipe und setzt sich an die Bar. Der andere kommt rein, bestellt einen Drink und beginnt, den anderen zu verführen.

Fesselspiele gehören zu den beliebtesten Sexspielchen, zum einen, weil der gefesselte Partner alles über sich ergehen lassen muss, zum anderen weil es ein psychologisches Machtspiel ist – es geht um das subtile Spiel von Herrschen und Unterwerfung. Dabei können beide Partnner ihre Macht ausüben. Versuchen Sie einmal, Ihre Partnerin zu fesseln, oder lassen Sie sich von ihr anbinden. Verwenden Sie dafür Handtücher, Bettlaken, den Stoffgürtel eines Morgenmantels, alles, was weicher und dicker ist als eine Schnur. Es geht schließlich darum, dass der Partner für das Spiel wirksam gefesselt ist, und nicht, dass er schmerzhaft angebunden ist.

Welches Spiel Sie auch machen, es gibt Grenzen, die Sie nicht überschreiten sollten. Sie sollten nichts tun, das so charakterlos ist, dass es Scham erzeugt. Und Sie sollten niemals etwas tun oder von Ihrer Partnerin etwas verlangen, das für einen von Ihnen abstoßend oder entwürdigend ist.

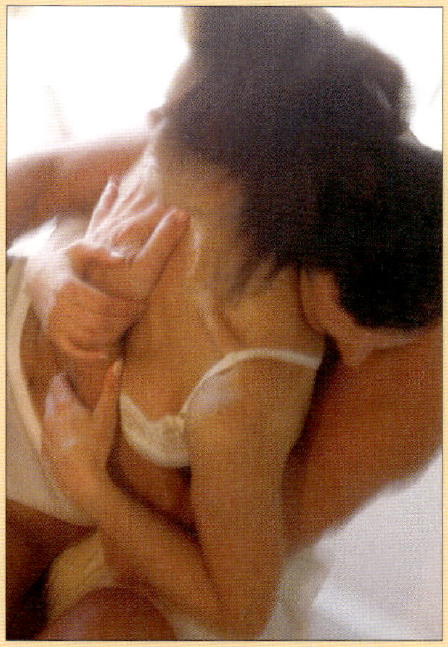

▲ *Sexspiele gehen von einem kleinen Gerangel bis hin zum Rollenspiel.*

Analverkehr

Viele Sexexperten bezeichnen den Analverkehr nicht unbedingt als Alternative zum Geschlechtsverkehr, da der Mann auch hier in die Frau eindringt. Außerdem ist dabei die Übertragung von Geschlechtskrankheiten möglich. Ungeschützter Analverkehr birgt ein hohes Risiko, sich mit HIV zu infizieren. Das liegt daran, dass das Gewebe von After und Enddarm sehr verletzlich ist und das Virus direkt in die Blutbahn gelangt. Beim Kontakt der Genitalien mit Fäkalien besteht auch das Risiko zahlreicher anderer Infektionen. Diese Gefahren sind vielleicht die Erklärung dafür, warum der Gedanke an Analverkehr für viele Leute so unangenehm ist.

Viele Menschen empfinden Analverkehr als „ungewöhnlich“ oder sogar „abartig“.

Wenn Sie und Ihre Partnerin nicht dazu gehören, sollten Sie einige Vorsichtsmaßnahmen treffen. Verwenden Sie ein starkes Latexkondom und viel Gleitcreme auf Wasserbasis. Seien Sie vorsichtig beim Eindringen, damit das Aftergewebe nicht beschädigt wird und waschen Sie Hände und Genitalien vor und nach dem Verkehr. Dringen Sie auf keinen Fall danach in ihre Vagina ein.

Selbst Hand anlegen

Woody Allen beschrieb Masturbation einmal als „Sex mit jemandem, den ich liebe“. Spaß beiseite: Seit Jahren veranstalten Sexualtherapeuten eine Kampagne gegen Schuldgefühle bei der Masturbation. Sie sagen, dass es nicht nur in Ordnung ist, sich selbst zu befriedigen, sondern sogar nützlich ist. Wir wissen heute, dass die einst so verpönte Selbstbefriedigung das Sperma des Mannes frisch und gesund hält. Es stimuliert auch die Produktion von Testosteron. Was noch wichtiger ist: Männer lernen durch Masturbation, wie sie ihre Orgasmen hinauszögern können, und werden dadurch zu besseren Liebhabern.

Umfragen haben ergeben, dass fast ein Drittel der Männer einmal pro Woche masturbieren. Ein weiteres gutes Drittel sagte, sie täten es mehrmals im Monat oder mehrmals im Jahr.

Obwohl fast jeder Man gelegentlich masturbiert, wollen es die wenigsten zugeben, da sie sich ein bisschen dafür schämen.

Petting und Penisreiben

Eine weitere Sexualpraktik ist das Petting, ein Vorspiel, das nicht zum Geschlechtverkehr führt, meistens aus Angst vor einer Schwangerschaft, oder weil das Mädchen noch Jungfrau bleiben will.

So entdeckte man verschiedene Stellen am Körper der Frau, an denen der Penis heftig genug gerieben werden konnte, so dass der Mann zum Orgasmus gelangte.

Eine beliebte Stelle zum Penisreiben ist zwischen den Brüsten der Frau, was viele Männer sehr erregend finden. Eine andere Alternative ist der femorale Verkehr: Der Mann reibt seinen Penis zwischen den Oberschenkeln der Frau, entweder von vorne oder von hinten. Da dieser Bereich sehr nah an der Vagina liegt, ist bei der Ejakulation besondere Vorsicht geboten.

Safer Sex

Sexuell übertragbare Krankheiten können ernste, manchmal sogar tödliche Folgen haben. Eine Nacht ungeschützter Ekstase kann bedeuten, dass Sie sie Ihr Leben lang bereuen müssen. Es ist ein trauriger Lebensumstand für uns alle, aber keiner kann es sich leisten, auf Schutz zu verzichten.

Hätten Sie 's gewusst?

Jedes Jahr gibt es weltweit schätzungsweise 62 Millionen neue Fälle von Gonorrhöe und zwölf Millionen neue Fälle von Syphilis unter Erwachsenen.

Sex sicherer machen

Leider sagen die Experten, gäbe es heute keinen Sex, der absolut sicher ist. Bestenfalls ist es *safer sex*. Wenn Sie nicht seit mindestens sechs Monaten eine streng monogame Beziehung führen und beide Partner auf HIV getestet sind, ist ein Schutz vor Geschlechtskrankheiten unbedingt erforderlich.

Das Grundprinzip von Safer Sex ist, sexuelle Praktiken zu vermeiden, bei denen Körperflüssigkeiten ausgetauscht werden. Das liegt daran, dass HIV und die meisten anderen Krankheiten übertragen werden, wenn Blut, Samen oder Vaginalsekret von einer infizierten Person in Kontakt mit dem Blut oder einer anderen Körperflüssigkeit einer nicht infizierten Person kommen.

Regel Nummer eins ist daher immer ein Kondom zu benutzen. Das Kondom muss aus Latex sein; natürliche Kondome aus Schafhaut schützen Sie nicht so effektiv vor dem HIV wie Latex. Fettfreies Gleitmittel verhindert das Reißen des Kondoms.

Wenn Sie zusätzlich ein Spermizid verwenden, erhöhen Sie die „Sicherheitsstufe“, da dieses die Viren abtötet.

Analverkehr ist wahrscheinlich die riskanteste Sexualpraktik, um HIV zu übertragen. Vorsicht ist auch geboten, wenn Sie oralen Verkehr mit neuen Partnerinnen haben. Verwenden Sie einen Mundschutz, ein Latextuch, das Zahnärzte zur Mundchirurgie verwenden. Man legt es über die Vagina, um den direkten Kontakt zu vermeiden. Das ist zwar nicht gerade romantisch, aber besser als eine ansteckende Krankheit ist es allemal.

Andere riskante Praktiken sind oral-analer Kontakt, gemeinsame Benutzung von Sexspielzeug und intensive Küsse.

Wie benutzt man ein Kondom

Im Eifer des Gefechts ist es manchmal schwer, aber streifen Sie das Kondom über, bevor der Penis die Vulva berührt. Schwangerschaft und Krankheitsübertragung können bereits eintreten, bevor Sie ejakuliert haben.

1 Rollen Sie das Kondom über Ihren Penis und halten Sie dabei die Spitze des Kondoms mit den Fingern der anderen Hand fest.

2 Lassen Sie an der Spitze des Kondoms einen guten Zentimeter Platz, um den Samen aufzufangen. Vergessen Sie nie, nach dem Anziehen alle Luftblasen zu glätten – diese Blasen können zu Rissen führen. Ziehen Sie den Penis aus der Vagina, bevor die Erektion zurückgeht. Halten Sie dabei das Kondom mit den Fingern am Penisansatz fest, damit kein Samen heraustropft.

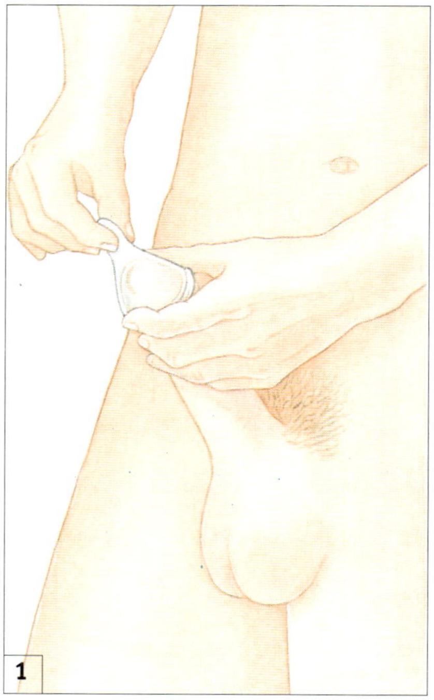

1

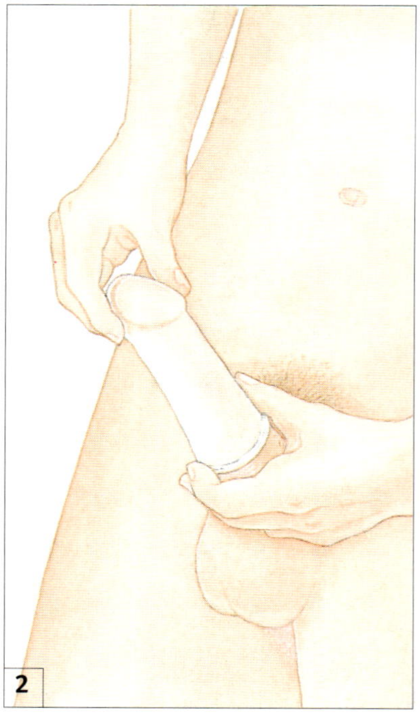

2

Überblick über die häufigsten sexuell übertragbaren Krankheiten

Krankheit	Übertragung	Symptome	Behandlung	Komplikationen, bei Nichtbehandlung
Chlamydien-infektion	Bakterielle Infektion, hauptsächlich durch vaginalen oder analen Geschlechtsverkehr.	Viele Männer und die meisten Frauen mit einer Chlamydien-Infektion haben keine Symptome. Mögliche Symptome bei infizierten Männern treten nach einer bis sechs Wochen auf. Dazu zählt ein Stechen am Ende des Penis, ein wässriger Ausfluss, geschwollene Hoden und Schmerzen beim Wasserlassen.	Antibiotika	Kann bei Männern zu Infektionen im Hodenbereich (Epididymitis) und Unfruchtbarkeit führen. Bei Frauen kann es zu Schmerzen und Unfruchtbarkeit kommen.
Genital herpes	Virusinfektion durch Kontakt mit einer infizierten Körperstelle (die nicht immer sichtbare Anzeichen der Infektion aufweist).	Der erste Ausbruch beginnt gewöhnlich circa eine Woche nach der Infektion mit Kribbeln und Jucken an den Genitalien, gefolgt von Wundheit. Bei späteren Ausbrüche sind die Symptome meistens schwächer.	Herpes ist unheilbar. Schwere Ausbrüche können mit Medikamenten behandelt werden, damit die Symptome zurückgehen.	Vergrößert das Risiko einer HIVInfektion durch die offenen Wunden.
Gonorrhöe („Tripper")	Bakterielle Infektion von Harnröhre, Anus, Mund oder Hals, übertragen durch Vaginal, Anal oder Oralsex.	Beginnen einen bis sieben Tage nach der Infektion. Zu den Symptomen gehören Schmerzen beim Wasserlassen und gelber Ausfluss aus dem Penis.	Antibiotika	Unbehandelte Gonorrhoe kann zu Unfruchtbarkeit und Infektionen der Gelenke, der Herzklappen und des Gehirns führen.
Hepatitis B und C	Virusinfektion durch infiziertes Blut, Sperma, Vaginalsekret und Speichel. wird meistens beim Geschlechtsverkehr übertragen.	Ein Drittel der Infektionen verläuft ohne Symptome. Wenn Symptome vorhanden sind, äußern sie sich in Fieber, Kopfschmerzen, Muskelschmerzen, Müdigkeit, Appetitlosigkeit, Erbrechen, Durchfall. Die fortgeschrittenen Symptome sind dunkler Urin, Bauchschmerzen und Gelbfärbung der Haut und der Augäpfel.	Meist vergeht die Krankheit innerhalb von acht Wochen von selbst, kann aber auch chronisch werden. Unbedingt einen Spezialisten aufsuchen.	Gegen Hepatitis B kann man sich impfen lassen.
HIV/AIDS	Virusinfektion, übertragen durch sexuellen Kontakt und infiziertes Blut; greift das Immunsystem an.	In den frühen Stadien treten normalerweise keine Symptome auf. Bei manchen Patienten tritt allerdings eine kurze Krankheit auf, ähnlich dem Drüsenfieber. Antikörper können im Blut nach 3 bis sechs Monaten nachgewiesen werden. Viele HIVinfizierte Männer bemerken, dass sich ihr Gesundheitszustand über Jahre verschlechtert. Beim Ausbruch von AIDS bricht das Immunsystem zusammen und führt zu Infektionen und zu Krebs.	Es gibt neue antivirale Medikamente, die die Entwicklung der HIVInfektion zur Krankheit AIDS verlangsamen.	Tödlich.
Humane Papillomavirus (HPV)	Virusinfektion durch vaginalen, analen oder oralen Geschlechtsverkehr.	Manchmal treten gar keine Symptome auf. Männer bekommen gelegentlich Warzen an der Penisspitze, entweder kleine Beulen oder große Blumenkohl ähnliche Wucherungen. Oft nässen und jucken sie. Sie können ein paar Wochen nach der Infektion und sogar noch Jahre später auftreten. Warzen können sich auch im Anus oder im Hals bilden.	Nicht behandelt können die Warzen von selbst weggehen, unverändert bleiben oder größer werden. Ein Arzt kann sie entfernen, aber der Virus ist unheilbar.	Es kann manchmal zu Penis- und Anuskrebs kommen. Bei Frauen besteht die Gefahr, an Muttermundkrebs zu erkranken.
Syphilis	Bakterielle Infektion, übertragen durch vaginalen, oralen oder analen Sex oder durch Hautkontakt mit offenen Wunden.	Bis zu 90 Tagen nach der Infektion entsteht eine flache, schmerzlose Geschwulst , meistens am Penis. Nach ungefähr einem Monat heilt sie ab. Circa sechs Wochen später tritt ein Ausschlag an Handflächen und Fußsohlen auf, manchmal auch am Mund. Geschwollene Lymphknoten und warzenartige Wucherungen an den Genitalien sind möglich. Dies kann zwei Jahre lang immer wieder auftreten. Danach tritt ein latentes Stadium ein.	Penicillin stoppt zwar die Krankheit, bereits bestehende Schäden sind jedoch irreversibel.	Im latenten Stadium kann Körpergewebe in Knochen, Herz, Gehirn, Augen, Nervensystem und Gelenken schwer beschädigt werden.

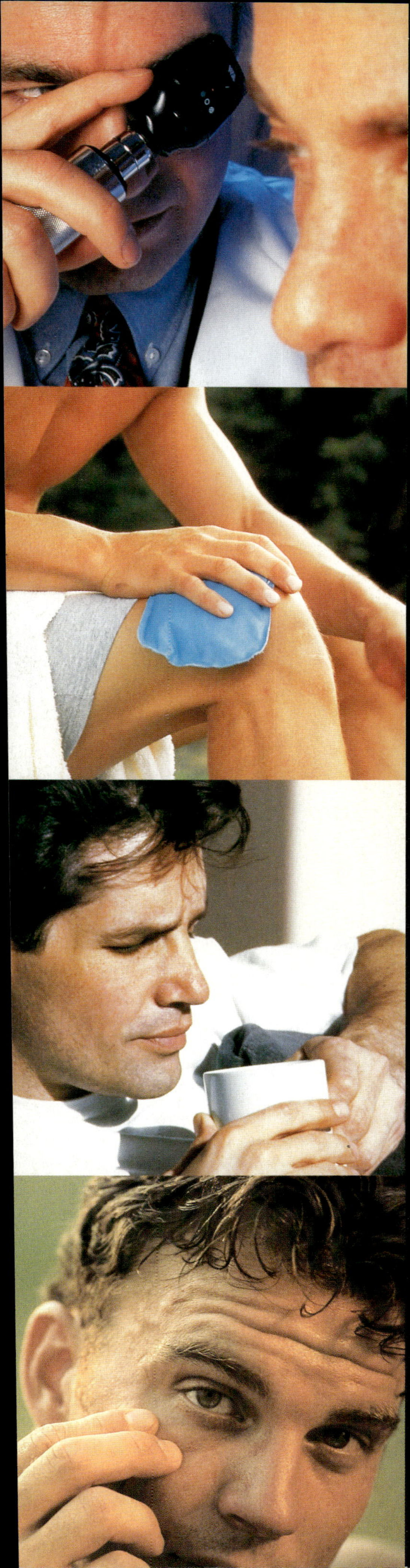

Wieder gesund werden

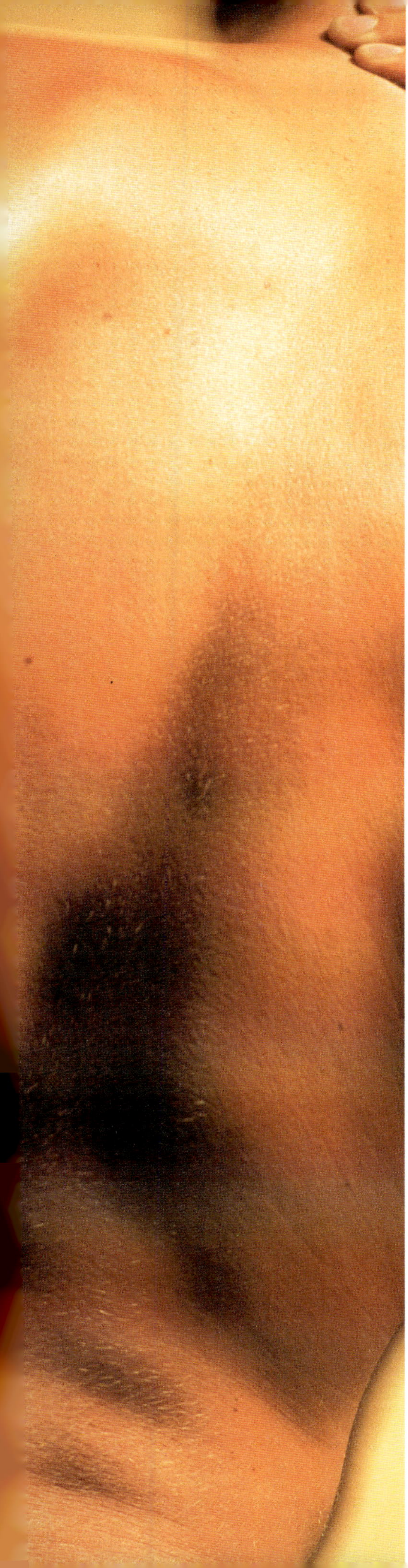

Symptome, Ursachen und Behandlungen

Männer, hört auf die Signale!

Wenn es um den eigenen Körper geht, scheinen Männer häufig völlig abzuschalten. Tatsache ist, dass Ihr Körper ständig versucht, Ihre Aufmerksamkeit auf sich zu ziehen. Das geschieht natürlich nicht mit Worten, sondern die Botschaften werden auf anderen Wegen übermittelt.

Hätten Sie's gewusst?

F: Welches ist nach Herzerkrankungen, Krebs, Schlaganfall und Erkrankungen der Atemwege die Haupttodesursache bei Männern?
A: Unfälle.

Die Botschaften Ihres Körpers

Ihr eigener Körper schickt Ihnen permanent Botschafen, er sagt Ihnen beispielsweise, wann Sie essen und trinken sollen. Der Körper übermittelt alle Schmerzvarianten, die Sie empfinden können, angefangen bei einem Pieksen im kleinen Zeh bis zu starken Bauchschmerzen. Und er schickt seine Botschaften verpackt in einer Fülle anderer Symptome wie Fieber, Schwellungen und Blutungen.

Achten Sie auf die Signale

Hart arbeiten, hart spielen – so lautet das Credo eines Mannes und es lässt wenig Raum für physische Probleme. Ermüdung, Schlaflosigkeit, Husten oder Halsschmerzen werden als Unannehmlichkeiten betrachtet, die es zu ertragen gilt oder die bestenfalls mit einem rezeptfreien, in der Apotheke erhältlichen Medikament behandelt werden. Männer neigen dazu, ihren Arzt nur bei stärkeren Schmerzen aufzusuchen.

Wenn Sie erst einmal beginnen, auf Ihren Körper zu hören, wird Ihnen seine Sprache allmählich vertraut werden. Manchmal wird die Botschaft eindeutig sein, häufig werden Sie aber etwas Zeit brauchen, um sie zu entschlüsseln. Sind Sie deshalb immer müde, weil Sie an einer Depression leiden oder weil Sie zuwenig schlafen? In derartigen Fällen kann es hilfreich sein, einen ärztlichen Ratgeber zu konsultieren, bedenken Sie aber, dass Bücher keinen Ersatz bieten für die sorgfältige Beobachtung der Botschaften des eigenen Körpers. Wenn Sie ihm gut zuhören, werden Sie schließlich in der Lage sein, Ihrem Hausarzt genau zu beschreiben, was los ist.

Maßnahmen ergreifen

Was können Sie tun, wenn Ihr Körper Ihnen mitteilt, dass etwas nicht in Ordnung ist? Sie haben die Wahl zwischen vier Antworten. Für welche Sie sich entscheiden, hängt natürlich von den Umständen ab, aber auch von Ihrer Fähigkeit, den Körper genau zu verstehen.

Die erste Option ist abzuwarten, was weiter geschieht. Der Körper ist eine erstaunliche Heilungsmaschine und oft sind Sie am besten beraten, den Dingen ihren Lauf zu lassen. Halten die Symptome aber längere Zeit an oder sind sehr ausgeprägt, sollten Sie zum Arzt gehen.

Die zweite Möglichkeit ist, selbst aktiv zu werden. Das kann einfach bedeuten, Aspirin oder Paracetamol einzunehmen, wenn der Kopf schmerzt oder im Fall einer Erkältung viel Wasser und Fruchtsaft zu trinken. Wie in Fall Eins sollten Sie einen Arzt aufsuchen, wenn die Symptome anhalten oder stärker werden.

Es gibt aber Gelegenheiten, wo keiner von uns erwartet, dass wir die Signale unseres Körpers richtig deuten, geschweige denn die Symptome behandeln können. In solchen Fällen ist

Ihr Zehn-Punkte-Gesundheits-Check

Die folgende Checkliste hilft Ihnen, Ihre Gesundheit zu überwachen:

1 Rauchen Sie? Wenn Sie damit aufhören, ist dies das Beste, was Sie für Ihren allgemeinen Gesundheitszustand tun können.

2 Wie sieht es mit Ihrer Ernährung aus? Meiden Sie Fette und erhöhen Sie die Menge an Obst, Gemüse und Vollkorn.

3 Treiben Sie Sport? Sie sollten mindestens dreimal pro Woche einen 30-minütigen Spaziergang machen und dabei so schnell gehen, dass Ihr Puls beschleunigt wird.

4 Setzen Sie Ihre Haut nur begrenzt der Sonne aus, speziell zwischen zehn Uhr und 16 Uhr.

5 Schlafen Sie genug? Sie brauchen acht bis neun Stunden pro Nacht.

6 Kennen Sie Ihren Körper? Untersuchen Sie sich jeden Monat selbst und achten Sie auf Krankheiten in der Familie.

7 Trinken Sie nicht nehr als 14 Einheiten Alkohol pro Woche (siehe Seite 69).

8 Hoher Blutdruck erhöht das Risiko für Herzattacken und Schlaganfall.

9 Sind Sie gestresst? Planen Sie Ruhezeiten ein. Und vergessen Sie das Lachen nicht.

10 Haben Sie einen Hausarzt? Nein? Melden Sie sich jetzt bei einem Allgemeinarzt an.

In folgenden Fällen müssen Sie sofort Ihren Arzt aufsuchen

Die meisten medizinischen Probleme lösen sich nach einem Routinetermin beim Allgemeinarzt. Wenn Sie das Gefühl haben, dass ein Problem nicht warten kann, rufen Sie in der Praxis an; man wirdIhnen am selben Tag einen Termin geben. In einigen Fällen jedoch, wenn Sie beispielsweise glauben, einen Herzanfall zu haben, wenn Sie Schmerzen in der Brust haben oder Blut erbrechen, sollten Sie schnellstmöglich in ein Krankenhaus kommen. Zögern Sie daher nicht rufen Sie einen Krankenwagen. Die Zeit kann Ihr Freund sein, wenn Sie vernünftig damit umgehen, Sie aber andernfalls bestrafen, wenn Sie zögern. Nachfolgend finden Sie einen Leitfaden der Symptome, die eine sofortige ärztliche Behandlung erfordern.

Starke Kopfschmerzen
Starke Kopfschmerzen mit Fieber, steifem Nacken und Hautausschlag deuten auf eine Meningitis hin. Rufen Sie sofort den Arzt an.

Unfälle
Knochenbrüche, tiefe Schnitte oder Verletzungen, Verbrennungen, ein starker Schlag auf den Kopf. Gehen Sie sofort in die Notaufnahme.

Plötzliche Sprech- oder Koordinationsstörungen
Probleme beim Sprechen oder Wahrnehmen, Koordinations oder Sehstörungen, Schwindel oder Gleichgewichtsverlust, Taubheit in Gesicht, Armen oder Beinen meist auf einer Körperseite – sind klassische Symptome eines Schlaganfalls.

Plötzliche Änderung der Pulsfrequenz
Ohne offensichtlichen Grundist dies für alle über 50-Jährigen ein Warnsignal. Ein Puls unter 40 Schlägen pro Minute, begleitet von Schwäche oder Schwindel sowie ein Puls, der ohne ersichtlichen Grund über 125 steigt, sind absolute Notfälle.

Plötzliche Kurzatmigkeit
Wenn Sie kein Asthma haben und das Problem länger als eine halbe Stunde anhält, kann es sich um einenHerzinfarkt, Angina pectoris oder ein Lungenödem handeln. Gehen Sie sofort zum Arzt.

Nicht muskulär bedingte Kreuzschmerzen
Wenn der Schmerz allgegenwärtig ist, Sie oft oder schmerzhaft Wasser lassen müssen oder Blut im Urin haben, könnten Sie eine Niereninfektion haben. Sie brauchen dann Antibiotika.

Starke Bauchschmerzen
Schmerzen im rechten Unterbauch, die länger als eine Stunde dauern und von Fieber begleitet sind, deuten auf eine Blinddarmentzündung.

Rektale Blutungen
Etwas hellrotes Blut im Stuhl kann von Hämorrhoiden stammen. Schwarzer, zäher Stuhl weist auf eine Blutung im oberen Darmtrakt hin.

Starke Schmerzen in der Brust
Sie deuten auf einen Herzinfarkt hin, insbesondere wenn die Schmerzen von der Brustmitte in den Nacken oder linken Arm ausstrahlen und von Schwindel, Kurzatmigkeit, Schwitzen, Übelkeit oder Schwächegefühl begleitet sind. Rufen Sie den Arzt oder gehen Sie in die Notaufnahme.

Plötzliche Schmerzen in den Hoden
Die Ursache ist ein Leistenbruch (Hernie) oder eine Entzündung der Samenleiter. Schwerwiegender ist eine Hodentorsion. Nach dem 20. Lebensjahr kommt dies selten vor, wenn aber nicht innerhalb weniger Stunden eine Korrektur vorgenommen wird, kann der Hoden nicht erhalten werden.

dann ein Arztbesuch – die dritte Option angesagt.

Die vierte Option – ein Gang in die Notaufnahme des nächstgelegenen Krankenhauses – ist erforderlich, wenn Ihr Körper Alarmsignale sendet, die anzeigen, dass eine sofortige medizinische Behandlung erforderlich ist.

Symptome wie starke Schmerzen in der Brust erfordern ein rasches Eingreifen und nicht nur einen baldigen Termin beim Hausarzt.

Ein Wort zum Schluss: Es kann von lebenswichtiger Bedeutung sein, dem Körper gut zuzuhören und sich bei alarmierenden Symptomen an den Arzt zu wenden, es gibt aber auch viele schwere Erkrankungen, die zumindest im frühen Stadium symptomfrei sind.

Achten Sie also nicht nur auf die Botschaften Ihres Organismus, sondern gehen Sie regelmäßig zu Routine- und zu Vorsorgeuntersuchungen zum Arzt. Vergessen Sie nie die Krebsvorsorge! Ihr Hausarzt sollte über Ihre medizinische Vorgeschichte ebenso informiert sein wie über sämtliche Krankheiten und gesundheitlichen Probleme, die in Ihrer Familie bekannt sind.

Er sollte Sie in regelmäßigen Abständen auf alle gesundheitlichen Probleme durchchecken, die der Körper nicht von allein mit deutlichen Warnsignalen zu erkennen gibt. Bei rechtzeitiger Diagnose lassen sich auch ernstere Erkrankungen noch heilen.

Erschöpfung

Wir alle kennen den Begriff „Energiekrise". Davon spricht man, wenn es nicht genügend Treibstoff für unsere Autos, Öl zum Heizen oder Strom für Fabriken und Büros gibt. Auch der menschliche Körper kennt eine Energiekrise, wenn seine Batterien leer sind, nämlich die Erschöpfung.

Symptom-Schlüssel

Erschöpfung hat viele Symptome. So z. B. Kopfschmerzen und Konzentrationsstörungen. Depressionen und eine veränderte Persönlichkeit lassen Sich darauf zurückführen.

Wenn Sie morgens zwei Wecker benötigen, um aufzuwachen oder Ihre Leistungsfähigkeit zwischen 14 und 16 Uhr einen Tiefpunkt erreicht, erhält Ihr Körper nicht den Schlaf, die körperliche Betätigung oder den Kraftstoff, den er bräuchte. Auch wenn Sie am Wochenende sehr viel länger schlafen als wochentags, ist Vorsicht geboten.

Eine unerklärliche Muskelschwäche, die Ihre Bewegungsfähigkeit einschränkt, ist gewöhnlich das Symptom einer ernsteren Erkrankung Diabetes oder Schlaganfall beispielsweise. Gehen Sie in diesem Fall sofort zum Arzt.

Wenn Ihnen die Puste ausgeht

Praktisch jeder von uns ist irgendwann in seinem Leben einmal erschöpft. In einer Studie wurde festgestellt, dass beinah 20 Prozent aller Männer bei ihrem Arzt über Erschöpfung klagen. Betroffen sind Männer aller Altersstufen, auch wenn es um die Dreißig gewöhnlich schlimmer wird. Frauen leiden ebenso häufig unter Erschöpfung, Männer befassen sich aber meist erst damit, wenn daraus ein ernstes Problem entstanden ist.

Zur Energieversorgung benötigt unser Körper Nahrung und Sauerstoff. Falls an einem dieser Kraftstoffe ein Mangel eintritt, können die Körperzellen ihre Arbeit nicht mehr richtig erfüllen und das Ergebnis ist eine Energiekrise.

Kann man Erschöpfung also einfach durch richtiges Essen und Atmen vermeiden? So einfach geht es leider nicht. Erschöpfung hat viele Ursachen. Sie können durch zuviel und auch durch zuwenig körperliche Betätigung erschöpft sein, durch Schlafmangel ebenso wie durch zuviel Schlaf, durch zuwenig Essen oder durch Übergewicht. Manchmal sind Sie auch aufgrund einer Krankheit erschöpft. Darüber hinaus sind möglicherweise auch andere Faktoren als rein physische die Ursache.

Wehren Sie der Energiekrise

Erschöpfung kann man gewöhnlich ganz einfach vorbeugen. Der erste Schritt zur Lösung des Problems lautet: Finden Sie heraus, warum Sie so viel Energie vergeuden.

Meist werden Sie das Problem selbst lösen können, indem Sie angemessen essen, sich mehr Ruhe gönnen, körperlich betätigen oder Stress in Ihrem Leben abbauen. Hält die Erschöpfung

Elemente eines energiereichen Lebensstils

- Werden Sie körperlich aktiv. Falls Sie in Ihrem Beruf viel sitzen müssen, gönnen Sie sich etwas Bewegung.
- Konzentrieren Sie sich auf das Frühstück. Vergessen Sie Kaffee und Kekse und versuchen Sie es stattdessen mit Getreide, Obst und fettarmer Milch – Sie werden sehen, dass Eiweiß und Kohlenhydrate sehr viel länger vorhalten.
- Lernen Sie Ihren Energiezyklus kennen. Einige von uns sind morgens in Höchstform, andere nachmittags. Erledigen Sie unangenehmere Arbeiten während Ihrer leistungsfähigeren Periode.
- Laden Sie Ihre Batterien durch Sex auf. Auch wenn das nicht gerade ein sehr romantischer Anlass für den Intimverkehr ist, so kann regelmäßiger guter Sex – zu dem eine gehörige Portion Schmusen gehört – den Körper mit neuer Energie versorgen und sowohl für Sie als auch Ihre Partnerin erholsam wirken.
- Gehen Sie Ihren Leidenschaften nach. Wenn Sie etwas wirklich gerne tun, werden Sie meist auch die nötige Energie dafür aufbringen. Wenn Ihr Job Sie nicht wirklich begeistert, gönnen Sie sich ausreichend Zeit am Tag, um etwas zu tun, was Ihnen wirklich Freude macht.
- Wir leisten viel mehr, wenn wir in regelmäßigen Abständen Pausen einlegen. Wenn Ihre Energie während der Arbeit nachläßt, stehen Sie auf und strecken sich einige Minuten oder waschen Sie sich das Gesicht.
- Ein guter Nachtschlaf ist unverzichtbar für einen energiereichen Lebensstil. Die Schlafmuster der Menschen sind unterschiedlich, Sie können sich aber nicht angewöhnen, mit weniger Schlaf auszukommen, als Sie eigentlich bräuchten.
- Alkohol wirkt dämpfend auf den Organismus und kann schläfrig machen. Wenn Sie Probleme mit Erschöpfung haben, verzichten Sie einige Zeit auf Alkohol und beobachten Sie, wie Sie sich fühlen.

jedoch an, könnte sie das Symptom einer ernsteren Erkrankung sein und Sie sollten erst einmal einen Arzt aufsuchen.

Warum bin ich erschöpft?

Erschöpfung kann durch vielerlei Faktoren verursacht werden. Stress, Depression, Drüsenfieber, Schlaganfall, Hepatitis, Diabetes, Anämie, Herzerkrankung und Krebs sind einige der ernsteren Zustände, die sich anfangs in anhaltender Erschöpfung äußern können.

Dies ist allerdings nur eine unvollständige Auswahl. Erschöpfung kann auch das Symptom jeder schweren, akuten oder chronischen Krankheit sein.

Glücklicherweise jedoch werden die meisten Fälle von Erschöpfung durch leicht zu ändernde Faktoren verursacht, in erster Linie durch Schlafmangel, zu wenig körperliche Betätigung, eine nährstoffarme Ernährung oder Stress im Berufs- und im Privatleben.

Besser zum Arzt

Ständige Übermüdung kann auch auf eine ernstere Erkrankung hinweisen. Ermüdung ist auch ein verbreitetes Symptom bei Depressionen. Sie begleitet auch viele Krankheiten sein, etwa Anämie, das chronische Erschöpfungssyndrom, Diabetes, Schilddrüsenprobleme, Lungen- und Herzerkrankung sowie Krebs. Suchen Sie einen Arzt auf, wenn Sie merken, dass Ihre Ermüdung:

- Durch einfache Maßnahmen wie ausreichend Schlafen nicht wieder verschwindet.
- Länger als eine Woche anhält.
- Ihre Lebensqualität beeinträchtigt.
- Von hohem Fieber, Schwindel, Übelkeit oder Blut im Stuhl begleitet ist – in diesen Fällen sollten Sie sofort einen Arzt aufsuchen.

Schlaf

Unsere Schlafzeit hat sich in den letzten 15 Jahren verkürzt. Eine Studie ergab, dass etwa die Hälfte aller Männer weniger als die eigentlich benötigten acht Stunden schlafen. Natürlich hat jeder unterschiedliche Schlafbedürfnisse und einige Menschen kommen mit weniger als sechs Stunden Schlaf pro Nacht aus, während andere zehn Stunden brauchen. Es ist aber unmöglich, sich zu erziehen, mit weniger Schlaf auszukommen als man braucht.

Sieg über die Schlaflosigkeit

- Jeder dritte Erwachsene leidet regelmässig unter Schlaflosigkeit. Wenn Sie zu dieser Gruppe gehören, finden Sie hier einige Tipps zum Ausprobieren:
- Erstellen Sie einen Schlafplan und ändern Sie diesen auch am Wochenende oder wenn Sie frei haben nicht. Optimal ist es, jeden Tag gleich lang zu schlafen.
- Bewegung am Nachmittag. Aktivität fördert den Schlaf, sollte aber nicht direkt vor dem Zubettgehen stattfinden. Je anstrengender die körperliche Betätigung ist, desto mehr Abstand sollte bis zum Zubettgehen eingehalten werden.
- Versuchen Sie nicht, am Wochenende durch überlanges Schlafen Schlaf wieder einzuholen. Sie bringen dadurch Ihr Schlafmuster ohne wirklichen Nutzen durcheinander. Die Qualität des Extraschlafs ist geringer als die des Normalschlafs.
- Entspannen Sie mindestens eine Stunde vor dem Zubettgehen. Ein warmes Bad am frühen Abend ist eine gute Möglichkeit, sich eine Pause von allen Sorgen zu gönnen.
- Wenn Sie nicht schlafen können, stehen Sie für eine Weile wieder auf und lesen Sie etwas oder sehen Sie fern.
- Überprüfen Sie, wieviel Stress Sie haben. Leute mit einem stressigen Leben können meist auch nicht gut schlafen.
- Meiden Sie Koffein, Nikotin, Alkohol und schwere Mahlzeiten am späten Abend. Sie können den Schlaf stören. Ein kleiner Imbiss jedoch wirkt bei manchen vor dem Schlafengehen entspannend und schlaffördernd.

Bewegung

Eine sitzende Tätigkeit zehrt an Ihrer Energie. Gehen Sie mittags hinaus und bewegen sich ein bisschen (zum Beispiel bei einem halbstündigen Spaziergang) und betreiben Sie nach Büroschluss eine Sauerstoff liefernde Tätigkeit wie Laufen oder Schwimmen, um den Körper zu beleben.

Ernährung

Wir alle kennen den Energieverlust mitten am Vor- oder Nachmittag im Büro. Er wird häufig durch ein zu zuckerhaltiges Frühstück oder Mittagessen verursacht, dem es an Eiweiß und Kohlenhydraten mangelt, die anhaltende Energie liefern. Ernähren Sie sich ausgewogen, um Ihrem Körper alle Nährstoffe zur Verfügung zu stellen, die er zu seinem Wohlbefinden benötigt. Das bedeutet auch, fette Speisen nur in Maßen zu essen: Wenn Sie überflüssige Pfunde mit sich herumschleppen, kostet dies zusätzliche Energie.

Stress

Ein Mann, der seinen Beruf hasst – oder sich dabei langweilt – fühlt sich müde, egal wie gut er sich ernährt, schläft oder bewegt. Warum? Weil er ein bevorzugter Kandidat für Stress ist, der Erschöpfung verursachen kann. Mehr noch, Stress könnte dabei nur die Spitze des Eisbergs sein. Es gibt viele Hinweise darauf, dass Stress das Immunsystem angreift und die

Hätten Sie's gewusst?

Der Durchschnittsmann um die Zwanzig wacht zehnmal pro Nacht auf, und 22-mal im Alter von 60 Jahren. In jüngeren Jahren sind die Wachmomente so kurz, dass Sie sich gewöhnlich gar nicht daran erinnern. Mit zunehmendem Alter werden diese Perioden aber länger und häufiger – eine Grund dafür, warum ältere Menschen tagsüber ab und zu ein Nickerchen brauchen.

Anfälligkeit für virale und bakterielle Infektionen und vielleicht sogar für Krebs erhöht.

Tanken Sie auf!

Streben Sie langfristige Lösungen an, um Ihre Energiereserven zu erhalten:

- Geben Sie das Rauchen auf. Tabak erhöht den Sauerstoffbedarf des Körpers und senkt gleichzeitig seine Fähigkeit, Sauerstoff zu den Zellen zu transportieren.
- Werden Sie überflüssige Pfunde los. Extragewicht bedeutet sowohl körperlich als auch psychisch eine zusätzliche Belastung. Vermeiden Sie aber radikale „Null-Diäten“, die den Stoffwechsel verlangsamen, so dass Sie sich noch müder und antriebsloser fühlen als zuvor.

Schluss mit dem Schnarchen

- Heben Sie den Kopfteil Ihres Bettes an und meiden Sie Alkohol und Schlaftabletten vor dem Zubettgehen.
- Verwenden Sie Schleimhaut abschwellende Mittel oder Nasensprays gegen eine chronisch verstopfte Nase, so können Sie wieder durchatmen.
- Stellen Sie einen Luftbefeuchter auf.
- Schlafen Sie in Seitenlage. Damit Sie mitten in der Nacht nicht auf den Rücken zurückrollen, nähen Sie sich auf das Rückenteil Ihres Pyjamas einen kleinen Beutel und stecken Sie einen Tennisball hinein.
- Wenn Sie übergewichtig sind, versuchen Sie, abzunehmen.
- Wenn Sie Raucher sind, hören Sie mit dem Rauchen auf.

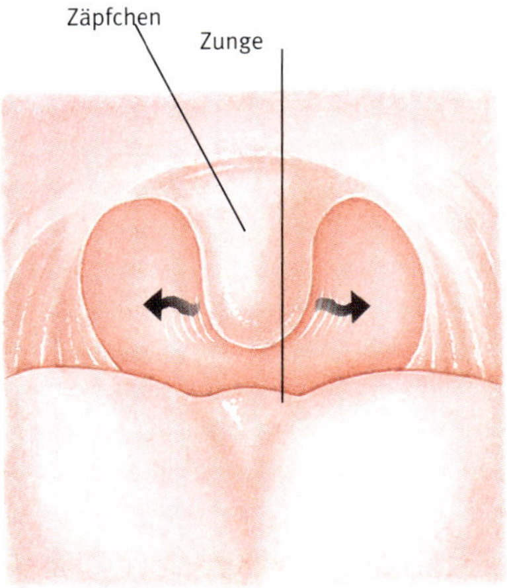

▲ *Schnarchen entsteht durch die Vibration der Luftwege, insbesondere des Zäpfchens, das sich hinten im Hals befindet.*

- Überdenken Sie Ihre Ernährung. Trinken Sie weniger Kaffee und schränken Sie sich bei fett und zuckerreichen Nahrungsmitteln ein. Essen Sie mehr Vollkornprodukte und Obst. Trinken Sie viel Wasser – sechs bis acht mal pro Tag einen Viertelliter – und nehmen Sie Vitamine zur Nahrungsergänzung, wenn Sie meinen, dass Ihre Nahrung zu wenig davon enthält.
- Stellen Sie ein Fitnessprogramm auf. Regelmäßiges Training gibt Energie.
- Bekämpfen Sie den Stress, den Sie im Privat und Berufsleben haben.

Schnarchen als Schlafkiller

Schnarchen entsteht, wenn Gewebe in den oberen Luftwegen, das tagsüber angespannt ist, wie beispielsweise das Zäpfchen (der baumelnde Auswuchs hinten in der Kehle) sich im Schlaf entspannt und vibriert, wenn die Luft durch den schmalen Kanal strömt.

Manchmal ist das Schnarchen so schlimm, dass eine Operation nötig ist. In einigen Fällen ist es auch das Symptom eines ernsteren Problems wie Nasenpolypen oder Schlafapnoe. Das ist ein gefährlicher Zustand, bei dem der Schlafende vorübergehend aufhört zu atmen und schnarcht, sobald er wieder zu atmen beginnt.

Wenn Sie sich morgens beim Aufstehen aber angemessen erholt und ausgeschlafen fühlen und nicht längere Zeit am Tag schläfrig sind, ist das Schnarchen bei Ihnen wahrscheinlich harmlos.

Das Chronische Erschöpfungssyndrom

Ob die Ursachen des Chronischen Erschöpfungssyndroms physisch oder psychisch bedingt sind, ist noch weitgehend unbekannt.

Zu den Symptomen gehören Erschöpfung, Muskelschmerzen, Unwohlsein, Schwäche, schlechte Konzentrationsfähigkeit, Gedächtnisverlust und Sprachschwierigkeiten – beispielsweise Probleme bei der Wortfindung. Da diese Symptome auch bei vielen anderen Krankheiten auftreten können, empfiehlt sich ein Arztbesuch. Andere klinische Zustände mit ähnlichen Symptomen müssen bei einer physischen Untersuchung und geeigneten Tests ausgeschlossen werden.

Leider gibt es bisher keine Medikamente, die beim Chronischen Erschöpfungssyndrom helfen. Die Behandlung besteht derzeit hauptsächlich darin, dem Patienten Ruhe zu empfehlen und allmählich ein Aktivitäts und Übungsprogramm zu erarbeiten. Einige Fachleute vertreten die Ansicht, die Behandlung von Einzelsymptomen könne wirksam sein, auch wenn es keinen wissenschaftlichen Hinweis dafür gibt. Bei einigen Patienten gehen die Symptome nach mehreren Monaten oder Jahren von selbst zurück oder verschwinden sogar ganz. Frauen sind übrigens häufiger von dieser Krankheit betroffen als Männer.

Kopfschmerzen

Hatten Sie schon einmal das Gefühl, ein Sadist hätte Ihren Kopf in einen Schraubstock eingespannt oder ein Schürstock würde in Ihr Gehirn gebohrt? Ein hoher Prozentsatz von Männern hat mindestens einmal pro Jahr Kopfschmerzen.

▲ *Kopfschmerzen als Folter, dargestellt in einer Karikatur aus dem 19. Jahrhundert*

Jede Menge Kopfschmerzen

Kopfschmerzen sind natürlich sehr quälend, gewöhnlich deuten Sie aber auf kein ernstes Problem hin.

Gelegentlich jedoch ist eine bestimmte Erkrankung die Wurzel des Übels. Die üblichen Symptome einer Hirnhautentzündung (Meningitis) beispielsweise sind Kopfschmerzen, begleitet von Fieber, Übelkeit, einem steifem Nacken und großer Lichtempfindlichkeit. Bei einer bestimmten Art des Schlaganfalls (Subarachnoidalblutung) kommt es zu plötzlichen starken Kopfschmerzen, häufig zusammen mit Ohnmacht und Übelkeit.

Anhaltende Kopfschmerzen beim Aufwachen können auf einen Hirntumor hinweisen.

Kopfschmerzen, die nicht durch eine spezielle Erkrankung verursacht sind, teilt man in drei verschiedene Kategorien:

Es gibt den Spannungskopfschmerz, die Migräne und den Cluster- oder Histaminkopfschmerz.

Test: Bin ich kopfschmerzgefährdet?

- Menschen, die lange Stressphasen erleben: Emotionaler Stress ist häufig mit Anspannung verbunden. Muskelverspannungen sind die Quelle vieler Kopfschmerzen. Auch rein physischer Stress für Ihren Körper – schlechte Haltung beispielsweise – kann eine Rolle spielen.
- Personen, in deren Familiengeschichte Migräne vorkommt.
- Personen mit Lebensmittelallergien: Essen spiel bei 10 bis 40 Prozent der Kopfschmerzen eine Rolle, insbesondere bei Migräne. Die meisten in Verdacht stehenden Lebensmittel (Rotwein, Schokolade, Käse, Koffein und der künstliche Süßstoff Aspartam) enthalten Substanzen, die zu einer Verengung oder Erweiterung der Blutgefäße im Gehirn führen können.
- Personen mit falschen Ess- oder Schlafmustern: Schwankungen im Schlaf und Essenszeitplan sind schlecht.

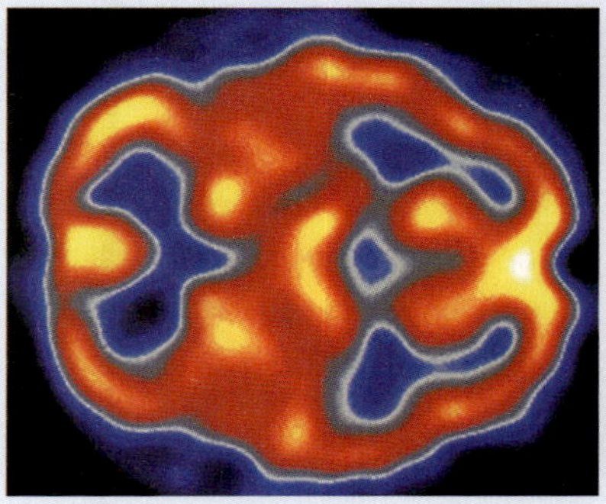

▲ *Dieses Szintigramm zeigt die Aktivität eines schmerzfreien Gehirns.*

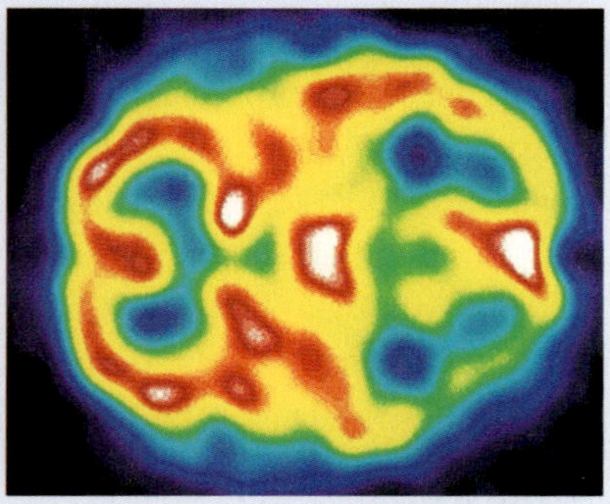

▲ *Der grüne Bereich rechts unten zeigt eine Migräne an.*

Spannungskopfschmerz

Spannungskopfschmerz, auch bekannt als Stress oder Muskelkontraktionskopfschmerz, ist der verbreitetste der drei Typen. Fast 70 Prozent aller Kopfschmerzen fallen darunter, etwa 60 Prozent der Männer sind irgendwann in ihrem Leben davon betroffen.

Spannungskopfschmerzen sind gekennzeichnet durch einen dumpfen Schmerz, dessen Intensität besonders im Vergleich zu Migräne oder Clusterkopfschmerz leicht bis mäßig ist. Der Schmerz ist eher beständig als hämmernd oder pochend und kann von 15 Minuten bis zu einer Woche dauern.

Spannungskopfschmerzen betreffen gewöhnlich beide Seiten des Kopfes. Es ist meist unmöglich, das genaue Schmerzzentrum zu lokalisieren. Häufig sind die Kiefer, die oberen Rücken und Nackenmuskeln angespannt. Auch die Kopfhaut spannt möglicherweise. Manchmal entsteht ein Druckgefühl wie in einem Schraubstock.

Stress oder Müdigkeit sind die Hauptverursacher dieser Kopfschmerzen. Überanstrengte Augen, emotionale Pro-

Kopfschmerz-Typen

Der Internationalen Kopfschmerzgesellschaft zufolge gehört die große Mehrheit der Kopfschmerzen, die nicht durch eine andere Krankheit verursacht werden, zu diesen drei Typen: Spannungskopfschmerz, Migräne oder Clusterkopfschmerz.

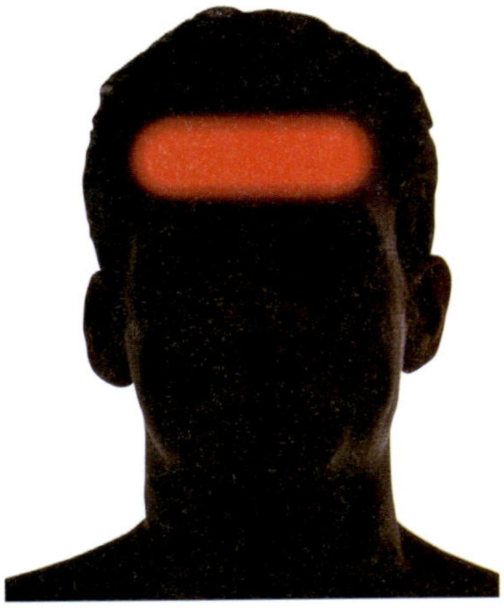

Spannungskopfschmerz

- Betrifft entweder beide Seiten oder den gesamten Kopf; ohne genaues Schmerzzentrum.
- Gelegentlich verbunden mit Spannungsgefühl, Schmerz und Druck im Kiefer, oberen Rücken, Nacken und Kopfhaut.

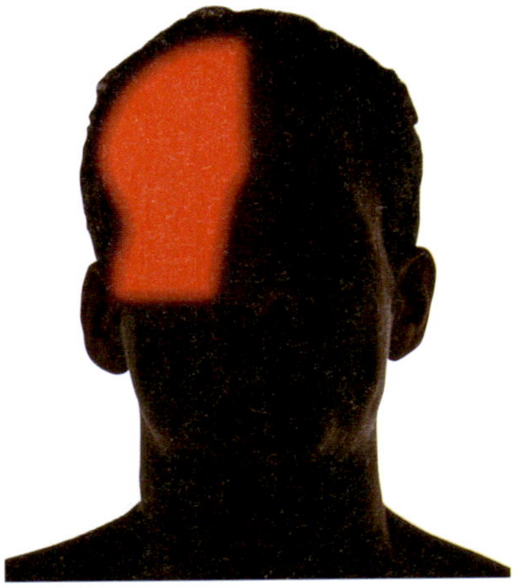

Migräne

- Unerträgliche Schmerzen auf einer Kopfseite, meist von den Augen aufwärts.
- Der Schmerz pocht oft mit dem Herzschlag.
- Eine Gesichtshälfte kann sich taub anfühlen.

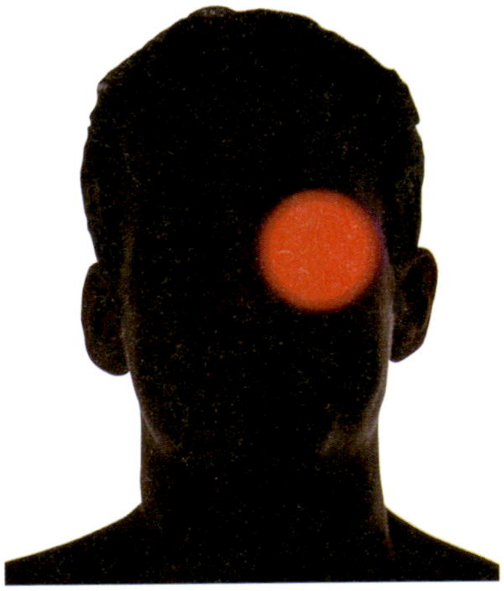

Cluster- oder Histaminkopfschmerz

- Betroffen ist gewöhnlich nur eine Kopfseite, hinter dem Auge oder in der Schläfe.
- Der Schmerz ist gleichbleibend stark.
- Auf der betroffenen Seite kann die Nase laufen, das Auge kann tränen.

Kopfschmerzen

Kopfschmerzen gelten allgemein – und irrtümlicherweise – als ein weibliches Leiden. Die Zahlen ähneln sich jedoch: 99 Prozent der Frauen leiden irgendwann in ihrem Leben einmal unter Kopfschmerzen gegenüber 93 Prozent der Männer.

Während die Wahrscheinlichkeit, an Spannungskopfschmerz zu leiden, bei Männern und Frauen ziemlich gleich hoch ist, zeigt die Statistik einen signifikanten Unterschied zwischen den Geschlechtern bezüglich der Migräne und dem Clusterkopfschmerz.

Die Wahrscheinlichkeit, Migräne zu bekommen, ist bei Frauen dreimal so hoch wie bei Männern, auch wenn eine signifikante Anzahl von Männern von Migräne betroffen ist. Vom Clusterkopfschmerz sind die Männer bei weitem stärker betroffen – das Verhältnis hier liegt bei etwa 8:1.

bleme, Koffeinentzug, Zähneknirschen und sogar Kaugummikauen können einen Anfall auslösen, ebenso eine schlechte Haltung oder zu langes Sitzen in unveränderter Haltung.

Migräne

Migräne ist für fast ein Viertel aller Kopfschmerzen verantwortlich und betrifft vorwiegend Frauen. Es gibt dabei einen erblichen Faktor: Studien zeigen, dass es bei 70 bis 80 Prozent der Migränepatienten eine entsprechende familiäre Vorgeschichte gibt.

Zum typischen Szenario gehören unerträgliche Schmerzen in einer Kopfseite. Patienten beschreiben den Schmerz gewöhnlich als pochend oder pulsierend. Er kann mit weiteren Symptomen wie etwa Übelkeit, Erbrechen, Taubheitsgefühl in einer Gesichtshälfte, kalten Händen sowie Licht-, Geräusch- und Bewegungsempfindlichkeit einhergehen. Ein Anfall dauert zwischen vier Stunden und drei Tagen und kann mehrmals wöchentlich oder nur alle paar Jahre auftreten.

Gelegentlich wird Migräne auch als gefäßbedingter Kopfschmerz bezeichnet, weil Wissenschaftler seit langem davon ausgehen, dass sie durch eine anormale Schwellung und Kontraktion der Blutgefäße im Kopf verursacht wird.

Andere Forscher jedoch glauben, dass Migräne damit nichts zu tun hat, sondern durch eine Störung im Neuronenkreislauf des Gehirns entsteht.

Während Migräne plötzlich ohne Vorwarnung auftreten kann, haben etwa 40 Prozent der Patienten im Vorfeld Sehstörungen, die als Aura bezeichnet werden. Zu dieser Aura gehören gewöhnlich die Wahrnehmung von Blitzlichtern, Zickzack und Wellenlinien, blinden oder dunklen Flecken, eine vorübergehende Einschränkung des Gesichtsfelds oder Farbtupfer. Diese Aura beginnt zehn bis 30 Minuten bevor die Schmerzen einsetzen.

ClusterKopfschmerz

ClusterKopfschmerzen treten häufig nachts auf und sind gekennzeichnet durch plötzliche unerträgliche Schmerzen in einer Kopfseite, gewöhnlich in der Schläfe oder hinter dem Auge. Auf der betroffenen Kopfhälfte kann die Nase verstopft sein oder laufen, das Auge kann tränen. Der Schmerz ist eher gleichbleibend stark als pochend.

ClusterKopfschmerzen können über mehrere Tage oder sogar Monate mehrfach am Tag auftreten und dann plötzlivh verschwinden – um Monate oder Jahre später wieder zu kommen.

Dieser Kopfschmerztyp ist relativ selten und die genaue Ursache ist noch nicht geklärt. Es ist allerdings bekannt, dass Männer achtmal häufiger betroffen sind als Frauen. Einige der betroffenen Männer sind starke Raucher oder trinken übermäßig viel Alkohol. Leider scheint der Verzicht auf Zigaretten und Alkohol den Kopfschmerz dann aber nicht mehr vertreiben zu können. Dennoch kann es auf keinen Fall schaden, das Rauchen aufzuhören und den Alkoholkonsum einzuschränken, wenn man öfters an Kopfweh leidet.

Besser zum Arzt?

Wenn Sie unter Migräne oder Cluster-Kopfschmerzen leiden, sollten Sie zum Arzt gehen. Die Diagnose ist der erste Schritt zu einem Behandlungsplan.

Wenn die Kopfschmerzen immer wieder kommen ist es für den Arzt hilfreich, wenn Sie die Symptome schriftlich festhalten. Notieren Sie Datum und Uhrzeit, wann die Kopfschmerzen begonnen und geendet haben, die genaue Stelle, Art und Schwere der Schmerzen. Schreiben Sie zusätzlich alles auf, was die Kopfschmerzen auszulösen scheint, wie Essen, helles Licht oder Rauch und alle Begleiterscheinungen wie Übelkeit oder Licht und Geräuschempfindlichkeit.

In wenigen Fällen sind die Kopfschmerzen ein Anzeichen für eine ernste Erkrankung, die einen ärztlichen Eingriff erfordert. Sie sollten unbedingt zum Arzt gehen, wenn sich bei Ihnen eine neue Art von Kopfschmerzen entwickelt oder wenn:

- Die Kopfschmerzen immer schlimmer werden.
- Die Kopfschmerzen nicht wie bisher durch Hausmittel vergehen.
- Sie von Fieber, einem steifen Nacken oder heftigem Erbrechen begleitet werden.
- Die Kopfschmerzen von neurologischen Symptomen wie Taubheit, Kribbeln, Schwäche, Schwindel, Sehstörungen oder Schwierigkeiten beim Gehen begleitet werden.

Die besten Behandlungen bei Kopfschmerzen

Wenn Ihre Kopfschmerzen anhaltend sind oder Sie stark beeinträchtigen, sollten Sie umgehend zum Arzt gehen. Dieser bietet professionelle Hilfe an, beispielsweise Inhalationen mit einer Sauerstoffmaske. Für die leichteren Fälle gibt es folgende schmerzbekämpfende Strategien.

Medikamente
Meist lassen sich Kopfschmerzen mit rezeptfreien Schmerzmitteln lindern, so genannten Antiphlogistika wie Aspirin oder Ibuprofen. Falls diese Mittel nicht helfen und Sie chronische und migräneartige Kopfschmerzen haben, kann Ihr Arzt Ihnen ein anderes Medikament verschreiben. Bedenken Sie aber, dass Menschen, die häufig und gewohnheitsmäßig Schmerzmittel einnehmen, immer höhere Dosen benötigen, um denselben Effekt zu erzielen. Die Medikamente können sogar ihrerseits weitere Kopfschmerzen verursachen, so dass keine Heilung erfolgt.

Körperliche Betätigung
Diese setzt körpereigene Endorphine frei, die den Schmerz lindern.

Entspannung
Meditieren Sie oder erlernen Sie eine Entspannungstechnik. Stress und Ärger können Kopfschmerzen zusätzlich verstärken.

Eis
Manchmal hilft eine Eispackung oder eine wiederverwendbare gefrorene Gelpackung.

Massage
Massieren Sie den Grat zwischen Nacken und Hinterkopf zehn Minuten. Anschließend massieren Sie die Schläfen und den Nacken im Schulterbereich. Noch besser lassen Sie sich eine Massage verschreiben. Dadurch werden Muskelanspannungen verringert, der Schmerz gelindert und Sie können besser entspannen.

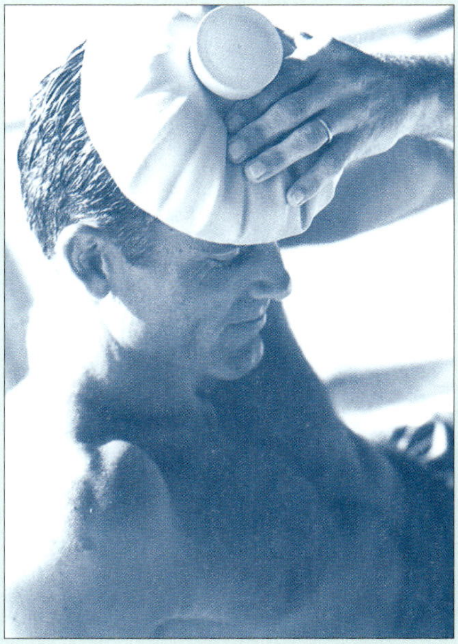

▲ *EIn manchen Fällen lindert das Auflegen eines Eisbeutels die Kopfschmerzen. Ob das bei Ihnen auch so ist, müssen Sie erst herausfinden.*

Schwindel und Ohnmacht

Haben Sie sich schon einmal schwindelig oder unsicher gefühlt? Schwindel scheint, zusammen mit seiner nahen Verwandten, der Ohnmacht, Ihre ausgewogene Sicht einer festgefügten Welt aus den Angeln heben zu wollen. Was kann man tun, wenn der Schwindel uns den Kopf verdreht?

Alles dreht sich

Wer kennt das nicht? Man hat ein paar Freunde getroffen, auf ein Bier oder zwei, und mit fortschreitender Stunde werden ein paar mehr daraus. Bis man sich auf den Heimweg macht, ist es spät und man ist erschöpft. Man sinkt ins Bett, schließt die Augen und wartet auf den Schlaf.

Da ist nur ein Problem. Das Bett scheint zu kreisen und es wird einem schlecht. Das Schwindelgefühl vergeht auch nicht, wenn man an die Decke starrt.

So liegt man da, zwingt sich, die Augen offen zu halten, die immer schwerer und schwerer werden. Nach einem Weilchen schließt man die Augen, in der Hoffnung, das Schlimmste überstanden zu haben und beginnt, sich zu entspannen – und schon dreht sich die Umgebung wieder.

Praktisch jeder von uns wird unschwer erkennen, dass es sich bei dieser Art von Schwindel oder Drehen um das Ergebnis von etwas zu übermäßigem Alkoholgenuss nach einem feucht-fröhlichen Abend handelt.

Es gibt aber auch noch andere, krankheitsbedingte Ursachen für Schwindelgefühle, beispielsweise eine Entzündung des Innenohrs, wo sich unser Gleichgewichtssinn befindet. In einem solchen Fall hilft nur eine möglichst rasche ärztliche Behandlung.

Die beste Behandlung

Wenn Sie in Ihrer Vorgeschichte nie mit Gleichgewichtsstörungen zu tun hatten und sich plötzlich benommen oder unsicher fühlen, halten Sie am besten Ihren Kopf möglichst ruhig und legen sich hin. Wenn Sie herumlaufen, wird der Zustand schlimmer, daher sollten Sie sich eine Weile ausruhen.

Wenn Sie wieder aufstehen möchten, bewegen Sie zuerst die Augen, dann Arme und Beine und schließlich den übrigen Körper – aber langsam. Wenn Sie sich schwindelig fühlen, setzen Sie sich auf und vermeiden es, sich wieder hinzulegen.

Anhaltender oder starker Schwindel sollte vom Arzt behandelt werden. Studien haben gezeigt, dass auch Tai chi dem Gleichgewichtssinn helfen kann. Manchmal können so einfache Dinge wie ausreichender Nachtschlaf, Stressvermeidung und drei ordentliche Mahlzeiten am Tag den Menschen helfen, die oft unter allgemeinem Schwindel leiden.

Gegen die Menière-Krankheit, die durch eine Erweiterung der Innenohrräume bedingt ist und mit den Symptomen Drehschwindel, Klingeln im Ohr, Hörverlust, Übelkeit und Erbrechen einhergeht, kann Ihr Arzt Ihnen ein Medikament verschreiben.

Für Menschen mit einer traumatischen oder abnutzungsbedingten Schädigung des Ohrs, die nicht durch die Menière-Krankheit verursacht wird, gibt es spezielle Übungen zum Trainieren des Gleichgewichtssinns.

Symptom-Schlüssel

Schwindel
Zu dem Gefühl von Benommenheit, Gleichgewichtsstörung oder Unsicherheit kann auch Orientierungslosigkeit und Unfähigkeit zu klarem Denken gehören. Sie haben den Eindruck, Sie selbst oder alles um Sie herum würde sich drehen. Bei schwerem Schwindel kann das Gehen sogar schwierig oder unmöglich werden. Gelegentlich wird er von Übelkeit und Erbrechen begleitet, was jeder, der schon einmal einen Rausch hatte, bestätigen kann.

Ohnmacht
Ohnmacht ist ein kurzer oder teilweiser Bewusstseinsverlust. Eine Ohnmacht kann sich durch Gähnen, Schwindel, Schwäche, feuchte Haut, Blässe oder Schwitzen ankündigen.

Was sind die Ursachen?

Schwindel ist ein medizinischer Begriff, mit dem verschiedene Empfindungen beschrieben werden. Dazu gehören Gleichgewichtsverlust, Benommenheit, Unsicherheit, Gleichgewichtsstörungen oder das unangenehme Gefühl, alles würde sich um einen herum drehen.

Wenn Sie zu den Menschen gehören, denen schwindelig oder schlecht wird, wenn sie im Auto lesen, melden die Augen dem Gehirn, dass Sie völlig still sitzen, während das Innenohr die Tatsache wahrnimmt, dass Sie in hoher Geschwindigkeit auf der Autobahn fahren. Das Gehirn weiß nicht mehr, was es glauben soll, bis Sie das Buch zuklappen und aus dem Fenster schauen.

Es gibt viele Faktoren, die dem Gehirn widersprüchliche Botschaften schicken und schließlich zu Schwindel führen. Dazu gehören Arzneimittel, Stress, Angstzustände, Alkohol und Krankheit. Schwindel kann in Zu-

Erste Hilfe

Wir haben alle schon einmal im Film gesehen, wie jemand eine in Ohnmacht gefallene Frau wieder zu sich bringt. Er versetzt ihr leichte Klapse und schüttelt sie. Er spritzt ihr kaltes Wasser ins Gesicht und ruft ständig „Wach auf! Wach auf!" Sobald die arme Frau wieder zu sich kommt, drängt man ihr einen harten Drink auf.

Es gibt allerdings bessere Mittel. Überprüfen Sie zuerst, ob der Bewusstlose normal atmet. Versuchen Sie nicht, ihn aufzusetzen oder hinzustellen. Eine wahrscheinliche Ursache für die Ohnmacht ist eine mangelnde Durchblutung des Gehirns. Legen Sie die Person deshalb flach auf den Boden und lagern Sie die Füße höher als den Kopf.

Öffnen Sie enge Bekleidung, kontrollieren Sie Puls und Atmung. Wenn Sie den Verdacht haben, dass eine Kopf-, Nacken- oder Rückenverletzung vorliegt, bewegen Sie die Person nicht, sondern rufen Sie einen Arzt. Rufen Sie auch ärztliche Hilfe, wenn der Ohnmächtige nicht innerhalb weniger Minuten wieder zu sich kommt.

▼ Legen Sie einen Ohnmächtigen auf den Boden, die Füße höher als den Kopf und kontrollieren Sie Atmung und Puls.

sammenhang mit praktisch jeder Krankheit auftreten.

Bei älteren Patienten ist eine schlechte Durchblutung des Gehirns und der Ohren eine verbreitete Ursache für Schwindel. Wegen einer Degeneration des Innenohrs, der Nerven und sonstiger Teile des Vestibularapparats – dem Netzwerk, das unser Gleichgewicht kontrolliert – haben ältere Menschen öfter die Neigung zu Schwindel.

Regelmässige Schwindelanfälle sind auch ein früher Warnhinweis auf einen Schlaganfall.

Ohnmacht

Ohnmacht hängt in den meisten Fällen mit Schwindel zusammen. Es handelt sich um einen kurzen vollständigen oder nur teilweisen Bewusstseinsverlust, der gewöhnlich durch eine vorübergehende Mangeldurchblutung des Gehirns verursacht wird.

In bestimmten Situationen, wie beispielsweise bei einer Blutentnahme oder beim Blutspenden, werden Männer sogar häufiger ohnmächtig als Frauen.

Ebenso wie beim Schwindel gibt es viele mögliche Auslöser für eine Ohnmacht, einschließlich emotionalem Stress, einer Verletzung oder einem Hitzschlag.

Es kann Besorgnis erregend sein, jemanden in Ohnmacht fallen zu sehen. Besonders unangenehm ist es allerdings, wenn man selbst dieser jemand ist.

Im allgemeinen ist eine Ohnmacht aber keine bedrohliche Angelegenheit. Wenn Sie allerdings häufiger bewusstlos werden, sollten Sie einen Arzt aufsuchen und ihm das Problem schildern.

Sie müssen auch für jemanden, der länger als ein oder zwei Minuten ohnmächtig ist, sofort ärztliche Hilfe holen.

Eine längere Bewusstlosigkeit kann ein ernstes gesundheitliches Problem wie diabetisches Koma, Gehirnerschütterung, Schlaganfall, Schock, eine Reaktion auf ein Medikament oder einen epileptischen Anfall anzeigen.

Zögern Sie in solchen Fällen also nicht, sondern lassen Sie die Ursachen sofort abklären

Besser zum Arzt

Schwindel
Gelegentlicher Schwindel ist kein Grund zur Sorge. Wird er allerdings von anderen Symptomen begleitet, sollten Sie sofort zum Arzt gehen. Begleiterscheinungen wie Taubheitsgefühl, Unfähigkeit zu sprechen, Blindheit auf einem Auge oder Doppeltsehen lassen auf einen Schlaganfall schließen. In den folgenden Fällen müssen Sie ebenfalls einen Arzt aufsuchen:

- Der Schwindel wird von Kopfschmerzen, Hörverlust, Verwirrung oder Gliederschwäche begleitet.
- Der Schwindel wird von einem ähnlichen Gefühl wie bei einem Kater begleitet.
- Sie vermuten Medikamente als Ursache des Schwindels.
- Der Schwindel dauert länger als einige Tage.
- Sie haben mehrere Tage lang wiederholt Schwindelanfälle.
- Sie leiden unter starkem oder lang anhaltendem Schwindel.
- Sie haben bereits das Bewusstsein völlig oder teilweise verloren.
- Bei einem Schwindelanfall schlägt Ihr Puls weniger als 50 oder mehr als 130 mal pro Minute.

Ohnmacht
Wiederholte Ohnmachtsanfälle gehören sofort in ärztliche Behandlung.

Angstzustände

„Kein Grund zur Beunruhigung" sagen die Anderen. Angst ist eine natürliche Antwort auf den Druck, unter dem man steht: Die Belastungen des Berufs, Spannungen in der Partnerschaft und die Abzahlung für das Haus. Angst wird dann ein Problem, wenn sie anfängt, unser Leben zu bestimmen.

Symptom-Schlüssel

Bei Angstzuständen können Sie sich nervös, überdreht, reizbar, gehetzt oder ständig traurig fühlen. Sie können sich vielleicht schlecht konzentrieren und sind übermäßig besorgt.

Zu den physischen Symptomen gehören Erschöpfung, Atemlosigkeit, Ruhelosigkeit, Schlaflosigkeit und Muskelspannung oder -schmerz. Ihre Hände können feucht werden, Sie bekommen vielleicht Hitzewallungen und Ihr Herz rast. In schlimmen Fällen können Sie zittern. Bei Panikattacken verspüren Sie einige oder alle dieser Angstsymptome sowie Übelkeit, Schmerzen in der Brust, Kribbeln oder Taubheitsgefühl in den Händen und Schwindel.

Haben Sie ein Problem?

Angst ist ein normales Gefühl, das unsere Reaktion „kämpfen oder fliehen" weckt. Sie ist ein Instinkt, doch unsere Lebensphilospophie kann die Ängste verstärken oder abschwächen.

Betrachten Sie Angst als ein inneres Alarmsystem, das uns vor potenziellen Gefahren warnt.

Sie sind beispielsweise erregt und nervös, bevor Sie mit Ihrem Chef über die Gehaltserhöhung sprechen, die Sie sich verdient haben. Ihre Hände werden feucht und Ihr Herz rast, wenn Adrenalin in Ihren Körper gepumpt wird. Sie sind nun auf die potenziellen Gefahren konzentriert, die sich aus der Bitte um eine 10prozentige Erhöhung und eine Extrawoche Urlaub ergeben können. Dies ist eine natürliche und gesunde Reaktion: Sie sind auf alle Argumente vorbereitet, mit denen Ihr Chef Sie konfrontieren wird.

Das Problem mit der Angst ist, dass sie außer Kontrolle geraten kann. Dann wird Sie der Gedanke überwältigen, etwas wäre gefährlicher als es in Wirklichkeit ist.

Dies wird durch unlogische Denkmuster verursacht – in denen man die Dinge immer nur Schwarzweiß sieht, alles verallgemeinert, Positives unberücksichtigt lässt und sich auf das Negative konzentriert.

Um auf unser Beispiel zurückzukommen: Wenn Sie sich nicht trauen, Ihren Chef um eine Gehaltserhöhung zu bitten, weil Sie nur an das eine Mal denken, als er Ihre Arbeit kritisiert hat und vergessen, wie oft er Sie gelobt hat, haben Sie ein Angstproblem.

Ein extremes Angstproblem kann sich in Panikattacken äußern. Die Anfälle dauern typischerweise einige Minuten. Zu den Symptomen gehören Hyperventilation, also übermäßiges Atmen, Herzklopfen, Schüttelfrost und das Gefühl, ohnmächtig zu werden.

Besser zum Arzt

Stimmungsschwankungen – einschließlich Angstzuständen und Depressionen – gehören bei Männern wie Frauen zu den am häufigsten nicht richtig erkannten Zuständen. Wenn sie unbehandelt bleiben, kommt es oft zu Beziehungs- und Arbeitsproblemen oder sogar zu Alkohol- oder Drogenmissbrauch.

Von Angstzuständen ist ein recht großer Prozentsatz der Bevölkerung betroffen, aber nicht alle, die darunter leiden, suchen professionelle Hilfe. Bedenken Sie, dass Frauen zwar ein doppelt so hohes Risiko als Männer haben, unter Angstzuständen zu leiden, dass der Zustand bei Männern aber zumeist ernster wird. Der Grund dafür ist, dass Männer viel später Hilfe suchen.

Wenn die Ängste Ihr Leben beeinträchtigen, sollten Sie Hilfe von jemandem in Anspruch nehmen, der im Umgang mit Angstzuständen Erfahrung hat. Sobald Arbeit, Beziehungen, Familienleben oder Freundschaften leiden, ist das ein sicherer Hinweis darauf, dass Sie Hilfe benötigen.

Sie sollten ebenfalls professionelle Hilfe in Anspruch nehmen, wenn:

- Ihre Angstsymptome anhalten und sich nichts verändert hat, nachdem Sie eine Woche lang versucht haben, selbst und ohne fremde Hilfe damit fertig zu werden.
- Sie ständig unsicher sind – sich beim Einkaufen beispielsweise fragen, ob Sie den Herd oder das Bügeleisen auch wirklich abgestellt haben.
- Selbst leichte Angstanfälle von Gewichtsverlust oder anderen unerwarteten gesundheitlichen Veränderungen begleitet werden.

Angst kontrollieren

Hier sind einige Techniken, von denen Fachleute sagen, dass sie die Angst in Grenzen halten:

- Bemühen Sie sich ganz bewusst, langsam und tief zu atmen und die Muskeln zu entspannen. Machen Sie sich ruhig schriftliche Notizen, um sich stets daran zu erinnern. Üben Sie das richtige Atmen in ruhigen Minuten. Legen Sie eine Hand auf die Brust und die andere auf den Magen. Atmen Sie über das Zwerchfell. Dabei sollte sich Ihre untere Hand beim Atmen heben und senken, während sich die obere Hand nicht bewegen darf.

• Stellen Sie sich Ihren Ängsten „häppchenweise"; die einzige Möglichkeit, mit ihnen fertig zu werden ist, sich in die Angst auslösende Situation zu begeben und sich langsam daran zu gewöhnen.

• Versuchen Sie, Ihre eingefahrenen Denk- und Reaktionsweisen zu überdenken. Haben Sie die Tendenz, alles negativ zu sehen oder verlangen Sie zu viel von sich selbst? Seien Sie nicht so pessimistisch! Überdenken Sie auch einmal die positiven Seiten Ihres Lebens und konzentrieren Sie sich nur auf diese.

• Gönnen Sie sich körperliche Erholung. Bewegen Sie sich viel und treiben Sie Sport. Vermeiden Sie Koffein und Alkohol, die beide ein bereits labiles Schlafmuster zusätzlich stören können.

• Teilen Sie Ihre Ängste und Sorgen mit einem fürsorglichen, treuen Freund oder Familienmitgliedern. Bedenken Sie die Möglichkeit, einen Psychotherapeuten oder Arzt aufzusuchen.

Phobien und wie man sie bekämpft

Bei dem Gedanken an Schlangen wird Ihnen unbehaglich. Haben Sie eine Phobie?

Eine Phobie ist die anhaltende und irrationale Furcht vor besonderen Dingen oder Situationen. Bei einer einfachen Phobie können Sie eine irrationale Angst vor einem speziellen Gegenstand oder Lebewesen (z. B. Schlangen) oder einer Situation (z. B. Fliegen) haben. Bei einer sozialen Phobie besteht eine Angst vor Parties oder Menschenmengen. Die ernsteste Phobie ist die Angst vor unbekannten oder wenig vertrauten Orten oder Situationen.

Menschen, deren Leben durch eine Phobie ernsthaft eingeschränkt wird, finden bei einem Therapeuten Hilfe. Eine verbreitete Behandlung besteht darin, die Patienten ihrer Angst schrittweise in einer kontrollierten Situation auszusetzen, so dass ihr Selbstvertrauen und ihr Wohlbefinden allmählich wachsen.

▲ *Die Flugangst ist zumeist beim Start und bei der Landung am schlimmsten.*

▲ *Angst vor Schlangen, Ophidiophobie, gehört zu den verbreitetsten Phobien.*

Sie sind ein Siegertyp!

Ein Teil des erfolgreichen Umgangs mit Ängsten ist eine positive und vertrauensvolle Grundeinstellung sich selbst und der Umwelt gegenüber.

Es gibt eine ganze Reihe von einfachen Strategien, mit denen Sie eine solch positive „Siegerhaltung" erlernen können.

• Pflegen Sie den Umgang mit der Familie, Freunden und Bekannten. Männer, die ein geringes Selbstwertgefühl haben und sich antriebslos fühlen, geben häufig ihre sozialen Kontakte auf. Suchen Sie sich ein Hobby, das Ihnen Spaß macht und gehen Sie diesem regelmäßig nach.

• Tun Sie etwas Gutes, z. B. für andere Menschen, denen es wirklich schlecht geht. Ehrenamtliche Arbeiten können Ihrem Leben einen neuen Sinn geben.

• Konzentrieren Sie sich auf den Sinn des Lebens. Denken Sie darüber nach, warum Sie auf der Welt sind und was Sie vom Leben erwarten.

• Konzentrieren Sie sich auf das Wesentliche. Lernen Sie, sich auf die Informationen zu beschränken, die für Sie von Bedeutung sind und vernachlässigen Sie alles, was belanglos ist.

• Schwitzen Sie Ihre Sorgen und Ängste heraus. Bewegung fördert das klare Denken.

Risikofaktor Angst

Angstzustände können psychische, aber auch physische Auswirkungen haben.

Alkoholmissbrauch
Männer tendieren in viel stärkerem Ausmaß dazu, ihre Probleme mit Alkohol zu ertränken, als Frauen das tun.

Herzkrankheit
Eine Studie fand heraus, dass Männer mittleren Alters, die über ein hohes Angstniveau berichteten, mit einer zweieinhalb mal so hohen Wahrscheinlichkeit an einer Herzkrankheit starben als Männer mit einem niedrigen Angstniveau.

Herzinfarkt
Dieselbe Studie stellte fest, dass das Risiko eines plötzlichen Herztods für ängstliche Männer sechsmal höher war.

Bluthochdruck
Männer die in einer Studie auf fünf von sieben angstbezogene Fragen mit Ja geantwortet hatten, bekamen zweimal häufiger Bluthochdruck als weniger ängstliche Männer.

Depressionen

Das Leben ist manchmal ungerecht. Da darf man schon mal traurig sein. Depressionen jedoch sind eine Krankheit: Sie können lähmend und in einigen Fällen lebensbedrohlich sein. Rund 10 Prozent der Männer leiden in ihrem Leben irgendwann einmal an einer schweren Depression.

Symptom-Schlüssel

Psychologen zufolge zeigt sich eine Depression in anhaltenden Gefühlen von Traurigkeit oder Hoffnungslosigkeit. Auch Ängste, Ruhelosigkeit, Reizbarkeit, Schuldgefühle oder Verzweiflung können vorhanden sein. In manchen Fällen tauchen Selbstmordgedanken auf.

Depressive Menschen verlieren häufig das Interesse an Dingen, die ihnen früher Freude gemacht haben, seien es Freunde, Familie, Sex oder Hobbies. Auch Symptome wie Antriebslosigkeit, Müdigkeit oder Schlafprobleme treten auf. Zudem werden die Betroffenen oft unfähig, Entscheidungen zu treffen, sich zu konzentrieren, sich an Dinge zu erinnern oder einfache Aufgaben zu erfüllen.

Depressionen äußern sich auch durch starke Gewichtszu- oder -abnahme, Kopfschmerzen, Magenschmerzen oder andere physische Beschwerden, die auf keine Behandlung ansprechen.

Männer und Depressionen

Echte Männer leiden nicht unter Depressionen – sie sind höchstens gelegentlich ein bisschen niedergeschlagen. Richtig? Nein, falsch.

Ärzte schätzen, dass bei etwa jedem zehnten Mann eine schwere Depression diagnostiziert wird. Diese Zahl zeigt aber nicht die tatsächliche Schwere des Problems, da Depressionen bei Männern häufiger nicht erkannt und nicht behandelt werden als bei Frauen.

Die Ursache dafür ist, dass Männer Depressionen oft nicht als solche erkennen; sie neigen dazu, sich auf physische Krankheiten zu konzentrieren – zumeist, da sie das Stigma einer psychischen Erkrankung fürchten. Im allgemeinen sind Männer weniger geneigt, Traurigkeit und Weinen offen zu zeigen.

Ärzte wiederum übersehen eine Depression oft, weil diese häufig mit Symptomen einer physischen Erkrankung einhergeht. Da depressive Männer oft nicht die nötige Hilfe bekommen, wenden sie sich häufiger als Frauen Alkohol und Drogen zu.

Das Problem erkennen

Depressionen äußern sich in vielerlei Formen und verursachen Probleme, die von einer vorübergehenden Antriebslosigkeit bis hin zum Suizid reichen.

Gefühle von Trauer sind normal, sie sind aber behandlungsbedürftig, wenn sie das Leben beeinträchtigen oder ungewöhnlich lange anhalten.

Eine andere Form der Depression, die jahreszeitlich bedingte Gefühlsstörung, betrifft nur wenige Menschen, die im Herbst und Winter wegen des Lichtmangels depressiv werden.

Bei der manischen Depression sind die Stimmungsschwankungen extrem, von himmelhoch jauchzend bis

Test: Leide ich an Depressionen?

Wenn Sie einmal einen oder zwei Tage lang niedergeschlagen sind, müssen Sie nicht gleich einen Psychotherapeuten aufsuchen. Wenn Sie glauben, an einer Depression zu leiden und Maßnahmen der Selbsthilfe nichts mehr nützen, brauchen Sie fachmännische Hilfe. Beginnen Sie bei Ihrem Hausarzt, auch wenn dieser Sie unter Umständen zu einem Psychiater oder Psychologen überweist.

Männer neigen dazu, eine Depression zu ignorieren. Sie sind weit weniger geneigt, Hilfe in Anspruch zu nehmen. In unserer Gesellschaft sind Männer weniger geübt, ihre Gefühle zuzulassen und darüber zu sprechen. Unbehandelt kann eine schwere Depression sogar lebensbedrohlich werden.

Ein weiterer Grund, warum Sie Ihre Symptome untersuchen lassen sollten, ist, dass diese auch andere ernsthafte Krankheiten anzeigen können.

Obgleich sich eine Depression in sehr vielfältigen Beschwerden äußern kann, sind nicht alle im Einzelfall auch vorhanden. Es ist daher wichtig, dass Sie Ihren Arzt aufsuchen, wenn Sie an mehreren der folgenden Symptome leiden:

- Ein Gefühl von Traurigkeit, das den überwigenden Teil des Tages anhält
- Verlust des Interesses an praktisch allen Dingen
- Veränderter Appetit, Gewichtszunahme oder Gewichtsverlust
- Schlaflosigkeit
- Müdigkeit
- Grundlose Schuld- oder Minderwertigkeitsgefühle
- Mangelnde Konzentrationsfähigkeit
- Suizidgedanken

Medikamentöse Behandlung von Depressionen

Therapie und Selbsthilfe sind bei der Behandlung einer Depression unschätzbare Hilfen, manchmal aber müssen verschreibungspflichtige Medikamente mit herangezogen werden. Heute ist eine breite Palette wirksamer Antidepressiva auf dem Markt. Wie alle Medikamente können jedoch auch Nebenwirkungen haben und sollten nur bei einer wirklich schweren Depression eingenommen werden. Nachfolgend eine Aufzählung der drei am häufigsten verschriebenen Gruppen von Antidepressiva.

Medikament	Wirkung	Nebenwirkungen	Wirkstoffnamen
Trizyklische Antidepressiva (TCA)	Sie stellen dem Gehirn Übertragerstoffe zur Verfügung, die für die Informationsübertragung zwischen den Nervenzellen nötig sind.	Schwindel, Gewichtszunahme, sexuelle Probleme, Sehstörungen, Mundtrockenheit, Erschöpfung, Verwirrung, Schwierigkeiten beim Harnlassen, Verstopfung, Zittern. TCA können Herzprobleme auslösen oder verschlimmern.	Imipramin, Clomipramin, Doxepin, Amitriptylin (Elavil)
Selektive Serotonin-Wiederaufnahme-Hemmer (SSRI)	Sie stellen den Nervenzellen den Botenstoff Serotonin zur Verfügung.	Gastrointestinale Störungen, Angst, Schlafprobleme, Kopfschmerzen, Schwindel, Tremor, Harndrang, verminderte Libido, Ejakulationsprobleme	Fluoxetin, Fluvoxamin, Paroxetin, Sertralin
Monoaminoxidase-Hemmer (MAO-Hemmer)	Sie hemmen das Enzym Monoaminoxidase, das einen zu raschen Abbau der im Gehirn benötigten Überträgerstoffe bewirkt.	Plötzliche Blutdrucksteigerung bei Einnahme von Alkohol, Erkältungsmitteln und koffeinhaltigen Lebensmitteln. Bei Aufnahme von Tyramin (einer chemischen Substanz in Wein und lange gereiftem Käse) sind schwere Reaktionen möglich. Zudem Mundtrockenheit, Sehstörungen, Übelkeit Schwindel, Gewichtszunahme, sexuelle Probleme, Verwirrung, Verstopfung.	Phenelzin , Isocarboxazid, Tranylcypromin

zu Tode betrübt. Während der Phase einer typischen Depression sind die Gefühle des Unglücklichseins so schmerzhaft und niederschmetternd, dass der Patient unfähig ist, seinen Alltag zu bewältigen.

Schwere Depressionen können familiär verbreitet sein und Forschungen lassen vermuten, dass sie durch ein Ungleichgewicht der Botenstoffe im Gehirn, der Neurotransmitter, verursacht werden.

Dieser erbliche Faktor kann durch psychische Faktoren wie emotionale Belastungen noch verstärkt werden, beispielsweise beim Tod eines geliebten Menschen.

Raus aus dem Tief!

Fachärzte behandeln Depressionen oft recht erfolgreich mit verschreibungspflichtigen Medikamenten und Therapien. In leichteren Fällen können Sie Verschiedenes tun, um sich wieder wohl und normal zu fühlen. Nachfolgend einige Tipps, wie man trübe Gedanken einfach und effektiv vertreiben kann:

- Setzen Sie sich realistische Ziele, die Sie auch wirklich erreichen können.
- Pflegen Sie Ihre Freundschaften und Interessen.
- Besprechen Sie Ihre Probleme und Sorgen mit einer Ihnen nahestehenden Person.
- Haben Sie keine Angst davor, zu weinen.
- Sorgen Sie für genügend körperliche Bewegung.
- Schlafen Sie nachts ausreichend.
- Beschränken Sie Ihren Alkohol, Kaffee und Nikotinkonsum.

Die Prozac-Generation

Bestimmte Medikamente, die so genannten selektiven Serotonin-Wiederaufnahme-Hemmer (Abkürzung SSRI) sind als Antidepressiva der neuen Generation bekannt. Ihre chemische Zusammensetzung ist unterschiedlich, alle SSRI wirken aber durch Bereitstellung von Serotonin, einer stimmungsaufhellenden chemischen Substanz, die man im Gehirn findet.

Seit seiner Einführung in den USA im Jahr 1987,wurde das SSRI Prozac rasch das am häufigsten verschriebenen Antidepressivum. Prozac (Markenname von Fluoxetin) war eine Zeit lang umstritten, da es im Verdacht stand, für Suizide und aggressives Verhalten verantwortlich zu sein. Eine Studie ergab aber, dass Prozac nicht mit höheren Risiken verbunden ist als andere Antidepressiva.

Fieber

Wenn die körpereigenen Abwehrmechanismen des Immunsystems angreifen, fühlt man sich unwohl. Die Körpertemperatur schießt nach oben. Genau das ist Fieber: eine Abwehrreaktion, mit der Ihr Körper gegen schädliche Eindringlinge vorgeht.

Das Fieber ist Ihr Freund

Fieber – eine erhöhte Körpertemperatur – ist keine Krankheit. Es ist ein in vielen Fällen sogar günstiges Symptom. Eine leicht erhöhte Körpertemperatur steigert die Arbeit Ihres natürlichen Abwehrmechanismus, insbesondere die Wirkung der Antikörper und weißen Blutkörperchen. Daher ist Fieber Ihr Verbündeter – es unterbricht die Prozesse, die sonst eindringende Krankheitserreger nähren und ihre Vermehrung begünstigen würden.

Wodurch steigt Ihre Körpertemperatur? Normalerweise sorgt ein natürlicher Thermostat im Gehirn dafür, dass Ihr Körper eine relativ gleichbleibende Temperatur hält. Wenn aber Ihr Immunsystem auf einen Eindringling wie beispielsweise einen Grippevirus stößt, setzt es ein Protein frei, das so genannte Interleukin1. Dieses wiederum startet eine Reihe von Reaktionen, die den Hypothalamus, einen Teil des Zwischenhirns veranlassen, die Körpertemperatur steigen zu lassen.

Hab' ich etwa Fieber?

Wir haben gelernt, dass die Normaltemperatur eines Menschen 37° C beträgt. Stimmt das aber wirklich immer?

Die magische Zahl 37° C ist nur die durchschnittliche Normaltemperatur und bedeutet, dass bei bestimmten Menschen und zu unterschiedlichen Tageszeiten der Normalwert etwas höher oder niedriger liegen kann. Wenn Sie wissen möchten, welches Ihre persönliche Normaltemperatur ist, messen Sie an drei aufeinanderfolgenden Tagen etwa alle vier Stunden die Temperatur. Wenn Sie Ihren eigenen Normalbereich kennen, können Sie auch leichter bestimmen, wann Sie Fieber haben.

Ursachen von Fieber

Alle möglichen Dinge können Fieber auslösen. Zum Beispiel Viren, die Grippe, Erkältungen und bakterielle Infektionen wie eine SalmonellenInfektion verursachen.

Fieber kann auch eine Nebenwirkung bestimmter Medikamente sein. Es kann sogar durch Stress entstehen – die Hitzewallung beispielsweise, die manche Leute empfinden, bevor sie vor einer grösseren Gruppe sprechen müssen. Niemand weiß, warum das passiert – vielleicht ist es eine primitive Schutzfunktion, die sich einschaltet. Dieses „Lampenfieber" ist jedenfalls nicht behandlungsbedürftig und auch nicht besorgniserregend.

Was ist zu tun?

Ab welcher Temperatur handelt es sich um Fieber? Nachdem Fieber als anomal hohe Körpertemperatur definiert wird, müssen wir zuerst „normal" definieren.

Die am häufigsten genannte Körpertemperatur liegt bei 37° C, manche Menschen haben aber eine etwas höhere Normaltemperatur. Bedenken Sie auch, dass Männer meist eine niedrigere Temperatur haben als Frauen und dass die Körpertemperatur mit fortschreitendem Tag eher zunimmt. Bei Erwachsenen mit einer durchschnittlichen normalen Körpertemperatur bewerten Ärzte eine Temperatur über 38° C als Fieber.

Sollten Sie also Aspirin nehmen, sobald Ihre Temperatur 38° C erreicht? Nicht unbedingt. Für einen gesunden, erwachsenen Mann ist Fieber selten gefährlich. So lange das Fieber unter 39° C bleibt, ist es nach Ansicht von Fachleuten nicht nötig, fiebersenkende Maßnahmen zu ergreifen.

Bedenken Sie zudem, dass die erhöhte Temperatur Ihrem Immunsystem hilft. Studien haben sogar gezeigt, dass bestimmte Krankheiten einschließlich Grippe und Windpocken länger dauern und manchmal schwerer verlaufen, wenn das Fieber medikamentös gesenkt wird.
Wenn das Fieber aber anhält, Sie weitere Symptome haben oder es 39° C

Symptom-Schlüssel

Fieber kann von anderen Symptomen begleitet werden, die verdeutlichen, was genau im Körper vorgeht. Schüttelfrost beispielsweise weist darauf hin, dass Fremdkörper wie Bakterien ins Blut eingedrungen sind. Beim Grippevirus kann das Fieber von Schüttelfrost, Kopfschmerzen, Erschöpfung oder Muskelschmerzen begleitet werden.

Die Liste möglicher Begleitsymptome ist viel zu lang, um sie hier aufzuführen. Allgemein jedoch gilt, dass Sie Ihren Arzt rufen sollten, wenn das Fieber nach einigen Tagen nicht verschwindet oder von starken Kopfschmerzen, Schmerzen beim Harnlassen, Durchfall oder Erbrechen begleitet wird.

Die beste Fieberbehandlung

Die bekannteste Art der Fiebersenkung ist zugleich auch die schnellste – man nimmt ein Aspirin oder ein anderes Schmerzmittel aus der Gruppe der Antiphlogistika wie beispielsweise Ibuprofen. Sie können auch zu Brufen, Dolgit oder einem anderen greifen.

Diese Medikamente wirken durch Hemmung des Enzyms, das den Körperthermostat veranlasst, ein paar Grad höher zu schalten. Um Temperaturschwankungen zu vermeiden, nehmen Sie daher ein rezeptfrei erhältliches Medikament regelmäßig nach der Packungsanweisung ein. Vergessen Sie bitte nicht, dass man Kindern niemals Aspirin geben darf, weil das Risiko des ReyeSyndroms besteht, einem ernsten neurologischen Zustand. Nehmen Sie bei Fieber viel Flüssigkeit zu sich. Zusätzliches Schwitzen durch das Fieber kann austrocknend wirken.

Einige weitere Ratschläge: Essen Sie, worauf Sie Appetit haben, aber zwingen Sie sich nicht zum Essen. Weißer Reis, Toast, Saft und Obst sind eine gute Wahl. Sie können es sich angenehmer machen, indem Sie ein lauwarmes Bad nehmen, um sich kühler zu fühlen oder indem Sie sich zudecken, um den Schüttelfrost in den Griff zu bekommen. Übertreiben Sie aber nichts. Ein kaltes Bad würde Ihren Körper nur dazu veranlassen, die erhöhte Temperatur beizubehalten und mehrere Bettdecken können zu einer Überhitzung führen.

erreicht, sollten Sie besser Ihren Arzt konsultieren. Während leichtes Fieber am besten belassen wird, gibt es noch andere Gründe, fiebersenkende Maßnahmen zu ergreifen, etwa das Wohlbefinden des Patienten. Fieber wird häufig von Schüttelfrost, Kopf und Gliederschmerzen begleitet. Wenn es gesenkt wird, fühlt man sich wieder wohler.

Das Fieber senken Sie beispielsweise durch die Einnahme von Aspirin, einem anderen Schmerzmittel oder mit kalten Umschlägen (Details siehe unter „Die beste Fieberbehandlung“).

Sorgen Sie auch dafür, dass Sie ausreichend Wasser, Saft oder Brühe zu sich nehmen, da der Organismus durch das Fieber viel Flüssigkeit verliert.

Temperaturmessen

Viele von uns versuchen Fieber durch Handauflegen auf die Stirn festzustellen. Dies ist zwar eine sehr rührende Geste und sie wird von dem Patienten vielleicht dankbar als kleine Aufmerksamkeit empfunden, diese kühle, sorgende Hand auf seiner heißen, fiebernden Stirn fühlt sich wirklich gut an.

Leider ist diese Methode sehr unzuverlässig. Benutzen Sie lieber ein Fieberthermometer.

Einfach zu handhaben und sehr genau in der Messung sind die modernen digitalen Thermometer. Die früher gebräuchlichen Quecksilberthermometer haben den Nachteil, dass sie leicht zerbrechen, wenn man sie unachtsam behandelt und auf den Boden fallen lässt.

Dabei tritt unweigerlich das Quecksilber aus und das ist sehr gefährlich. Zudem muss man das herkömmliche Thermometer drei Minuten im Mund lassen, während das digitale Thermometer schon nach kurzer Zeit das Ergebnis ermittelt hat und durch einen Signalton mitteilt, dass Sie es aus dem Mund nehmen dürfen.

Gefahrenpunkt

Sicher haben Sie die folgende Situation auch schon einmal erlebt: Sie hatten Fieber und die Temperratur kletterte in geradezu schwindelerregende Höhen. Leider hilft einfach nichts, um das Fieber wieder zu senken. Plötzlich erinnern Sie sich ... Gab es da nicht mal einen Freund eines Freundes, der auch an extrem hohem Fieber litt und danch mit einer irreparablen Schädigung des Gehirns zu kämpfen hatte? Langsam machen Sie sich Sorgen.

Das ist nicht nötig! Erst wenn die Temperatur extrem hoch wird, also beispielsweise 40° C erreicht, besteht die Möglichkeit eines Gehirnschadens. Dabei kommt es zu Fieberkrämpfen. In diesem Fall gilt die Fiebersenkung als Notbehandlung.

Solche Spitzentemperaturen sind bei Erwachsenen absolut unüblich. Sie sollten sich also sofort ärztlich untersuchen lassen, wenn das Fieberthermometer 39° C erreicht und Sie unter weiteren begleitenden Symptomen leiden.

Bei Männern mit Herzproblemen kann jedoch bereits ein mäßiges Fieber größere Probleme verursachen. Wenn die Temperatur eines gesunden Mannes von 37° C auf beispielsweise 38,5° C steigt, erhöht sich seine Stoffwechselrate bereits um bis zu 25 Prozent. Diese zusätzliche Belastung ist für das angegriffene Organ eines Herzpatienten gefährlich. In solchen Fällen ist also erhöhte Vorsicht geboten.

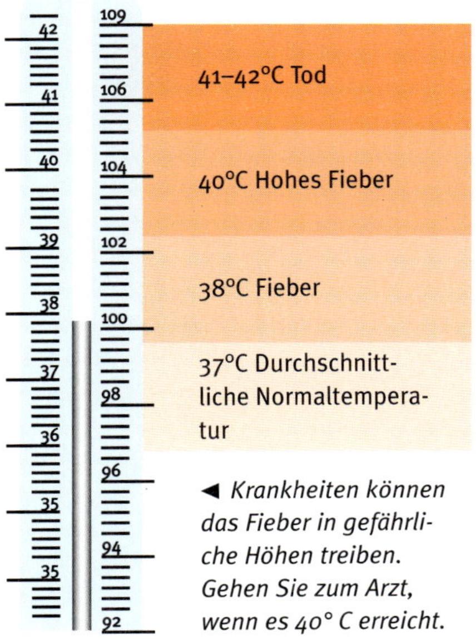

◄ *Krankheiten können das Fieber in gefährliche Höhen treiben. Gehen Sie zum Arzt, wenn es 40° C erreicht.*

Hautausschlag

Es gibt etwa 10 000 verschiedene Hautausschläge, die uns jederzeit befallen können. Praktisch jeder von uns muss damit rechnen, mindestens einmal in seinem Leben an der einen oder anderen Form dieses unangenehmen Problems zu erkranken.

Symptom-Schlüssel

Wie ein Hautausschlag aussieht und wann und wo er auftritt, verrät einem Hautarzt bzw. Dermatologen einiges über dessen Ursache . Manchmal wird Hautausschlag auch von anderen Symptomen begleitet, die ebenfalls als Anhaltspunkte dienen, wie Kopfschmerzen, Fieber oder Müdigkeit. Die Liste von Begleitsymptomen ist fast endlos – suchen Sie daher einen Arzt auf, wenn Ihr Hautausschlag mit anderen Symptomen verbunden ist.

Hautausschlag, was ist das?

In der Fachsprache bezeichnet man einen Hautausschlag als Dermatitis. Dies ist jedoch ein sehr allgemeiner Begriff, der für viele Arten von Hautentzündungen einschließlich Ekzemen und Schuppenflechte gilt.

Wenn Ihr Arzt von einer Dermatitis spricht, meint er entweder eine atopische Dermatitis, die meist erblich bedingt ist, oder eine Kontaktdermatitis, bei der die Haut auf den Kontakt mit einer spezifischen Substanz, wie einer Seife oder einem bestimmten Metall reagiert. Die Kontaktdermatitis ist die verbreitetste Form und wird glücklicherweise gewöhnlich besser, sobald die Ursache beseitigt ist.

Ekzem

Ein Ekzem ist wegen seiner Langlebigkeit und Intensität sehr lästig. Es wird häufig durch eine Allergie auf bestimmte Materialien wie Seife, Staub, Wolle oder durch Stress, trockene Luft und kaltes Wetter ausgelöst. In vielen Fällen scheint eine erbliche Veranlagung im Spiel zu sein.

Schuppenflechte (Psoriasis)

Wir wissen nicht genau, wodurch diese schlimme Form der Dermatitis verursacht wird, es scheint aber eine erbliche Veranlagung zu geben.

Der natürliche Prozess der Hauterneuerung ist bei Schuppenflechte gestört. Der Körper produziert mehr Haut als eigentlich benötigt wird und die neu entstandene Haut sammelt sich unter der alten Haut, wobei dicke, rote, schuppige Flecken entstehen.

Die meisten Patienten haben bei Schuppenflechte keine Aussicht auf dauerhafte Heilung, die Ausbrüche können aber durch eine geeignete Behandlung wenigstens gemildert werden.

Ursachen der Dermatitis

Dermatitis kann zahlreiche verschiedene Ursachen haben. Es liegt bei Ihnen, herauszufinden, welche davon Ihre Erkrankung verursacht hat. Das wichtigste bei der Behandlung von Hautausschlägen ist die Identifizierung der Ursache.

Es gibt vier allgemeine Kategorien von auslösenden Faktoren: Krankheit, Hitze, Allergie und emotionaler Stress. Zur Bestimmung der Ursache Ihres Hautausschlags helfen die folgenden Fragen:

• War meine Haut mit einer neuen Substanz in Kontakt, die sie gereizt hat, etwa einem Waschmittel, einer Seife oder Gummihandschuhen?

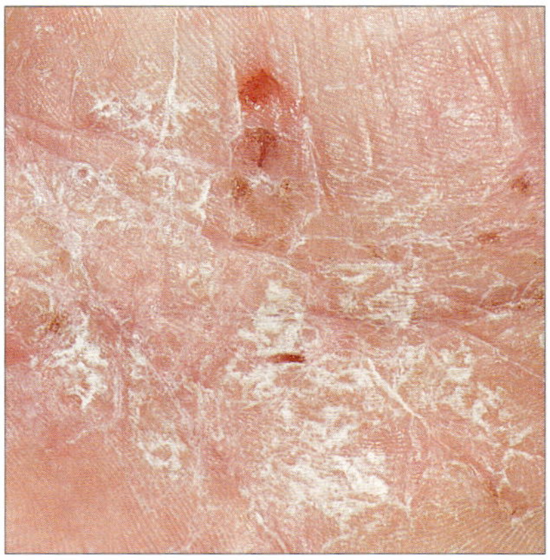

▲ *Ein Ekzem ist ein schuppiger, Blasen werfender, stark juckender Ausschlag.*

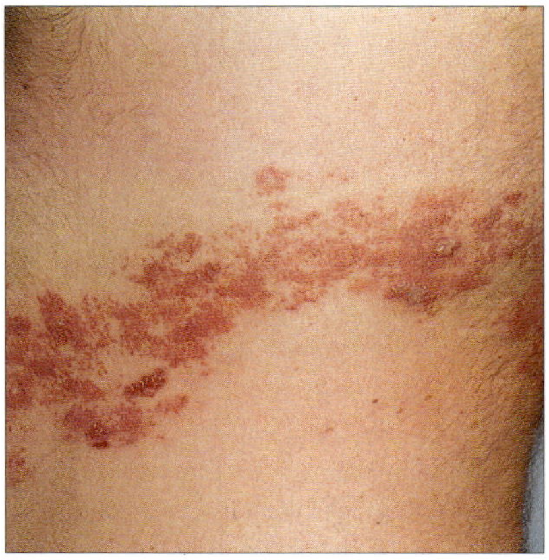

▲ *Der Ausschlag der Gürtelrose wird vom Windpockenvirus verursacht.*

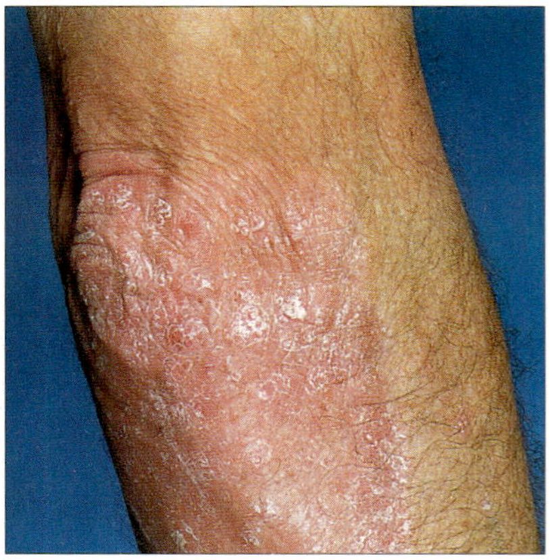

▲ *Bei Schuppenflechte ist die Haut entzündet, schuppig und gerötet.*

• Habe ich etwas Neues gegessen, worauf ich allergisch sein könnte?
• Nehme ich ein Medikament, das Hautausschlag verursachen kann?
• Stand ich in letzter Zeit unter ungewöhnlich viel Stress?
• Habe ich gleichzeitig Schmerzen oder Fieber?
• Juckt der Ausschlag?

Ihre Beobachtungen werden dem Arzt helfen, verschiedene Ursachen auszuschließen.

Ausschlag nach dem Essen?

Die meisten Menschen können essen, worauf sie Appetit haben, einige jedoch sind auf bestimmte Nahrungsmittel und Arzneimittel allergisch und bekommen daraufhin Urtikaria – juckende, rote Pusteln auf der Haut. Woher wissen wir nun, welche Nahrungsmittel das sind? Verzichten Sie einfach 48 Stunden auf das im Verdacht stehende Nahrungsmittel.

Die Auswahl hilft Ihnen bei der Suche:

- Schokolade
- Erdbeeren
- Meeresfrüchte
- Nüsse
- Eier
- Pilze
- Milchprodukte
- Zitrusfrüchte
- Weizen
- Lebensmittel, die Zusätze enthalten
- Tomaten

Gürtelrose

Gürtelrose wird durch das Windpockenvirus verursacht und kündigt sich mit einem gürtelähnlichen Ausschlag an einer Seite von Brust, Bauch, Beinen oder Gesicht an. Der Ausschlag, der gewöhnlich von Schmerzen und Juckreiz auf der betroffenen Körperseite und häufig auch von Fieber und Erschöpfung begleitet wird, bildet Bläschen, verschorft und verschwindet dann innerhalb einiger Wochen. Niemand weiß, warum das Virus wieder lebendig wird. Es gibt weder eine Möglichkeit vorherzusagen, wer Gürtelrose bekommt, noch eine wirksame Vorbeugung – obgleich es Schätzungen gibt, wonach 40 Prozent der Männer betroffen sind, die Windpocken hatten. Gürtelrose tritt am häufigsten nach dem 50. Lebensjahr auf und die Hälfte aller 85-Jährigen hatte einmal Gürtelrose. Die Krankheit selbst ist nicht ansteckend, Kontakt mit dem Ausschlag kann bei jemandem, der diese noch nie hatte, Windpocken verursachen.

Gehen Sie zum Arzt, wenn Sie vermuten, dass Sie Gürtelrose haben, es gibt Medikamente, die den Ausschlag und die Schmerzen lindern.

Auszeit für Ausschläge

Bei vielen Ausschlägen kann man sich durch ein Minimum an Vorbeugung das Geld für die Behandlung sparen. Wenn Sie beispielsweise gerade eine Brennnessel angefasst haben und sich dann sofort mit Kernseife waschen, kann der Ausbruch verhindert werden. Schützen Sie immer Ihre Hände, wenn Sie mit potentiell Ausschlag verursachenden Reizstoffen wie Farbentferner oder Verdünner und Haushaltsreinigern hantieren.

Für Ausschläge, die nicht von ernsten Symptomen wie Fieber, Müdigkeit oder Kopfschmerzen begleitet werden, finden Sie hier eine Auswahl der von Ärzten empfohlenen Behandlungen:

Kortison
Kortisonsalben wirken gut. Bei sehr leichtem Ausschlag benützen Sie ein rezeptfrei erhältliches Emollentium (Mittel, das die Haut erweicht). Wenn der Juckreiz sehr stark ist, benützen Sie eine Salbe mit 1% Cortisol. Nützt das nichts, brauchen Sie eine verschreibungspflichtige Steroidsalbe. Verwenden Sie Kortisonsalben sparsam und nicht länger als drei Tage. Wenn der Ausschlag anhält, gehen Sie zum Arzt.

Backpulver
Mischen Sie Backpulver mit Wasser zu einem Brei und tragen Sie diesen auf den Ausschlag auf. Sie können ihn auch einem kalten Badewasser zusetzen. Allerdings wird dadurch nur der Juckreiz gelindert, das eigentliche Problem aber nicht behandelt.

Vermahlener Hafer
Versuchen Sie es mit einem Bad, dem Sie vermahlenen Hafer zusetzen. Es gibt auch eine gute Hautlotion und Seifen mit den Wirkstoffen des Hafers.

Tee
Sie können entweder die Haut mit Tee-Extrakt einreiben oder in kaltem Tee getränkten Mull auflegen. Meistens wird Kamillentee empfohlen, aber die meisten Tees wirken günstig. Am besten legt man zuerst eine Teekompresse auf und benützt anschließend eine Salbe.

Antihistaminika
Diese rezeptfrei erhältlichen oder verschreibungspflichtigen Medikamente können den Juckreiz lindern.
Sie sind bei Hautausschlag besonders hilfreich.

Hitzepickel (Miliaria)

Hitzepickel entstehen, wenn nach längerem Schwitzen die Schweißdrüsen verstopfen, aufbrechen und Schweiß unter die Haut gelangt. Das Ergebnis sind rote Papeln.

Bekämpfen Sie die Hitzepickel mit einigen einfachen Methoden. Vermeiden Sie zuerst übermäßiges Schwitzen. Treiben Sie Sport zu den kühleren Tageszeiten und tragen Sie keine eng anliegende Kleidung.

Wenn Sie Hitzepickel entdecken, kühlen Sie sich sofort ab. Die Poren brauchen mindestens vier Tage, bis sie sich wieder öffnen, daher sollten Sie solange für Kühlung sorgen.

Zur Linderung des Juckreizes können Sie lauwarm duschen oder ein lauwarmes Bad nehmen, dem Sie eine Tasse Weißweinessig zusetzen. Auch Feuchtigkeitscremes, die den Wirkstoff Dimethicon enthalten, können hilfreich sein.

Halsschmerzen, Niesen und Husten

Halsschmerzen, Husten und Niesen sind ein unangenehmes Trio. Sie begleiten Allergien, Erkältungen oder Grippe und sind eine Plage für unsere oberen Atemwege. Leider scheint gegen Grippe und Erkältung kein Kraut gewachsen zu sein, oder etwa doch?

Hätten Sie 's gewusst?

Beim kräftigen Niesen werden die winzigen Tröpfchen explosionsartig aus Mund und Nase bis zu 9 m weit geschleudert.

Höllische Halsschmerzen

Warum bekommen wir Halsschmerzen? Die Gründe sind unterschiedlich. Der Hals ist ein Bereich im Körperinneren, der direkt mit der Außenwelt verbunden ist. Alles, was in der Luft herumschwirrt – Keime und alle Arten von Reizstoffen – gelangen beim Einatmen in den Hals .

Halsschmerzen bekommt man, wenn sich der Bereich zwischen der Rückseite der Zunge und dem Kehlkopf entzündet. Gewöhnlich wird diese Entzündung von Viren, Bakterien oder Allergenen verursacht, gelegentlich kann sie aber auch das Ergebnis eines Rückflusses von Magensäure in den Hals sein. Eine leichte Entzündung kann auch durch einen trockenen Hals entstehen. Das passiert, wenn Sie durch den Mund atmen oder sich lange in einem überheizten Raum aufhalten.

Bei virusbedingten Halsschmerzen können Sie nicht viel mehr tun, als die Symptome zu lindern. Halsschmerzen, die durch Erkältungs- und Grippeviren verursacht sind, werden häufig von einer laufenden oder verstopften Nase und vielleicht auch Husten begleitet, bei anderen Virusinfektionen wie Drüsenfieber („Studentenfieber") ist dies nicht unbedingt der Fall.

Bakterielle Halsinfektionen sind etwas völlig anderes. Man muss feststellen, ob diese von Streptococcus pyogenes, dem Auslöser der Streptokokkenangina, verursacht werden.

Bis zum letzten Atemzug

Ihr Atemsystem liefert den Sauerstoff, den die Zellen benötigen und entsorgt das überschüssige Kohlendioxid.

Wenn das Zwerchfell und die damit verbundenen Muskeln sich zusammenziehen, gelangt Luft in die Atemwege, der Brustkorb weitet sich und ermöglicht es den Lungen, sich auszudehnen; Sie atmen aus, wenn das Zwerchfell und die übrigen Muskeln sich entspannen. Normalerweise atmen Sie durch die Nase, wobei die Luft in der Nase und den Nebenhöhlen wärmt, befeuchtet und gefiltert wird.

Sobald die Luft eingedrungen ist, fließt sie weiter durch den Hals und die Luftröhre (Trachea), die mit Schleim bedeckt ist, so dass Fremdkörper haften bleiben. Beim Eintritt in die Lunge teilt sich die Luftröhre in zwei Bronchien, diese verzweigen sich in immer feinere Äste, die Bronchiolen. Diese enden in Alveolen, winzigen Luftsäckchen. Hier wird Sauerstoff gegen Kohlendioxid ausgetauscht.

► Die Lungen müssen zwei Aufgaben erfüllen: Sauerstoff aus der Luft aufnehmen und Kohlendioxid ausatmen. Frische Luft, die durch Mund und Nase eingeatmet wird, wird durch die Luftröhre zu den Bronchien und Bronchiolen geleitet. Ebenso verlässt verbrauchte Luft den Körper.

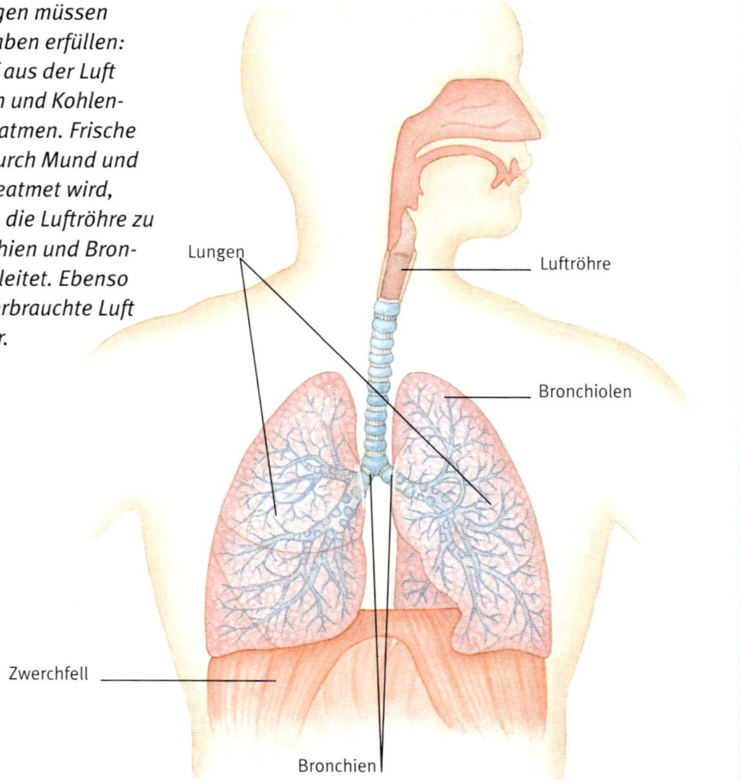

Allergien: Nicht zu unterschätzen

Das Immunsystem muss den Körper gegen schädliche Eindringlinge wie Bakterien und Viren verteidigen. Manchmal startet es einen Angriff, wenn es mit völlig harmlosen Dingen konfrontiert wird – Pollen, einem bestimmten Shampoo oder bestimmten Nahrungsmitteln. Wenn das Immunsystem sich gegen positive oder neutrale Stoffe erhebt, haben Sie eine Allergie.

Allergien werden in drei Kategorien eingeteilt: Kontaktallergien, die durch Dinge verursacht werden, die Sie berühren, wie Wolle oder Kosmetika; Lebensmittelallergien, bei denen eine Reaktion durch ein bestimmtes Nahrungsmittel ausgelöst wird; aerogene Allergien, die beispielsweise durch Staub und Pollen verursacht werden. Die meisten Allergien bringen leichte, wenn auch lästige Symptome wie Niesen, Juckreiz und Husten mit sich, sie können aber auch ernste Probleme verursachen. Bei einigen Leuten lösen beispielsweise Bienenstiche und Lebensmittelallergien einen anaphylaktischen Schock aus. Diese schwere allergische Reaktion kann sogar zum Ersticken führen.

Aerogene Allergien durch Hausstaub, Pollen, Haustierhaare, Hausstaubmilben und Schimmel sind die verbreitetsten. Finden Sie den Übeltäter, vermeiden Sie ihn und halten Sie die Wohnung möglichst sauber. Antihistaminika lindern die Beschwerden.

▲ *Bestimmte Pollen verursachen Heuschnupfen. Dies sind Stockrosenpollen.*

▲ *Das Einatmen des Kots von Hausstaubmilben kann Allergien auslösen.*

Die Streptokokkenangina wird oft mit einem Antibiotikum behandelt. So beugt man rheumatischem Fieber und anderen Komplikationen vor. Zusätzlich zu oft sehr starken Halsschmerzen sind die Anzeichen einer Streptokokkenangina Fieber, hellrote Mandeln, weißer oder gelber Zungenbelag und geschwollene Halsdrüsen.

Allergene kann man nicht abtöten. Es sind eigentlich harmlose Substanzen, die der Körper fälschlicherweise für bedrohlich hält. Wenn ein Allergen mit der Atemluft in den Hals gelangt, wird es vom Immunsystem angegriffen, wodurch Schleim und Schmerzen entstehen.

Vorbeugung

Die beste Vorbeugung gegen Erkältungen und Halsschmerzen ist häufiges Händewaschen. Die meisten Atemwegsinfektionen werden von „Hand zu Hand" von infizierten auf anfällige Menschen übertragen. Kinder stecken sich in der Schule mit Viren an und bringen die Erkrankung nach Hause.

Nachfolgend finden Sie geeignete Wege, Ihren Hals schmerzfrei zu halten:

- Wenn Sie sich länger in geheizten Räumen aufhalten, benützen Sie einen Luftbefeuchter. Sie sollten auch reichlich trinken, vor allem Wasser.
- Atmen Sie weitgehend durch die Nase.
- Halten Sie sich von Reizstoffen – insbesondere Zigarettenrauch – und von allergenen Substanzen wie Staub und Hunde- oder Katzenhaaren fern.
- Wenn Sie an Magensäurerückfluss leiden, essen Sie lange bevor Sie zu Bett gehen und stellen Sie das Kopfende des Bettes etwas höher.

Besser zum Arzt

Halsschmerzen
Halsschmerzen sind gewöhnlich auf eine Erkältung, Allergie, Grippe, Rauchen oder eine andere eindeutige Reizung zurückzuführen. Halten Halsschmerzen, selbst wenn sie nur leicht sind, länger als eine Woche an, sollten Sie zum Arzt gehen. Sie könnten ein Hinweis auf Drüsenfieber oder eine andere ernste Erkrankung sein.

Niesen
Häufiges Niesen, das nicht mit einer Erkältung oder Grippe verbunden ist, ist wahrscheinlich ein Hinweis auf Heuschnupfen. Wenn Sie sehr darunter leiden, sollten Sie dies vom Arzt untersuchen lassen, der Ihnen wahrscheinlich Antihistaminika oder andere Mittel zur Bekämpfung der Allergie verordnen wird.

Husten
Wenn der Auswurf dick wird, braun oder grün ist, sollten Sie umgehend einen Arzt aufsuchen. Gehen Sie ebenfalls zum Arzt, wenn der Husten länger als eine Woche dauert, ohne sich zu bessern, oder wenn Ihr Husten von anderen Symptomen wie pfeifendem Atem, Kurzatmigkeit oder Engegefühl in der Brust begleitet wird.
Wenn Ihre Brust schmerzt, Sie Fieber haben und sehr viel Schleim aushusten, haben Sie vermutlich eine Lungenentzündung. Gehen Sie unbedingt auch sofort zum Arzt, wenn Sie Blut aushusten.

Was passiert beim Niesen?

Niesen wird ausgelöst, wenn Sinneszellen in der Nase durch eingeatmete Partikel oder durch ein Anschwellen der Nasenschleimhaut bei einer Erkältung oder einem Anfall von Heuschnupfen angeregt werden. Der Reiz wandert entlang der Nervenbahnen zum Hirnstamm und wird von dort entlang der motorischen Nerven zu den Muskeln in der Brust geleitet. Die Brustmuskeln ziehen sich zusammen und drücken auf die Lungen. Aus der Lunge entströmt rasch die Luft und die zusammengezogenen Halsmuskeln stoßen den größten Teil durch die Nase aus dem Körper aus.

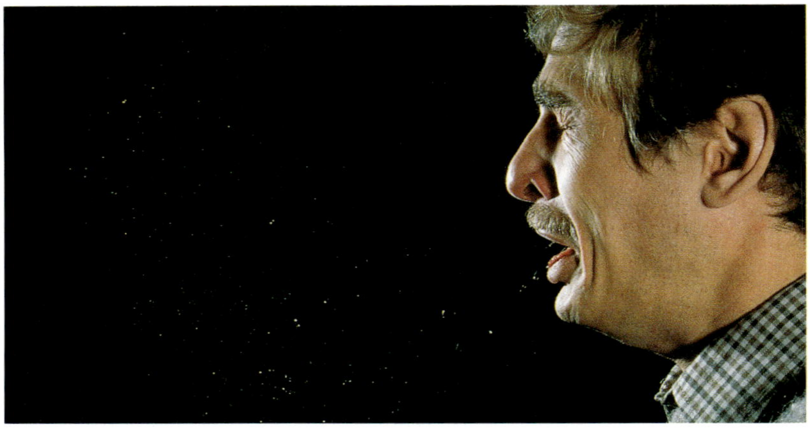

▲ *Niesen ist das Ergebnis einer komplexen Reaktionsreihe, die in der Nase beginnt.*

Halsschmerzen lindern

Bei virusbedingten Halsschmerzen können Sie nur die Symptome behandeln. Befolgen Sie dazu die nachfolgenden Vorschläge:

- Mischen Sie Aspirin oder Paracetamol, entweder im Ganzen oder zerdrückt, mit 175 ml Wasser. Gurgeln Sie zuerst damit und schlucken Sie es anschließend herunter.
- Gurgeln mit warmem Salzwasser.
- Schlürfen Sie heiße Zitrone mit Honig.
- Trinken Sie sehr viel.
- Lutschen sie medizinische Halspastillen.
- Wenn die Halsschmerzen innerhalb von drei oder vier Tagen nicht besser werden, gehen Sie zum Arzt. Er soll einen Abstrich machen, um die genauen Ursachen herauszufinden.

Niesen

Der Reflex des Niesens ist in den meisten Fällen ein unwillkürlicher Versuch, die Nase und die oberen Atemwege von einem Reizstoff wie zum Beispiel Pollen zu reinigen.
Im Allgemeinen sollten Sie das Niesen als die Möglichkeit Ihres Körpers begrüßen, einen Fremdkörper zu eliminieren. Jeder, der an Heuschnupfen leidet, weiß jedoch, dass wiederholtes Niesen einen verrückt machen kann. Heuschnupfen oder allergische Rhinitis ist eine Allergie der Atemwege auf Reizstoffe in der Luft wie Schimmel, Staub, Pollen und winzig kleine tierische Hautschuppen. Heuschnupfen ist eine der verbreitetsten Allergien und neben dem Niesen gehören juckende oder tränende Augen, eine laufende oder verstopfte Nase und ein starkes Jucken oder Kratzen im Hals dazu.

Vorbeugung

Wenn Sie an Heuschnupfen leiden, gehen Sie während des Pollenflugs möglichst wenig ins Freie. Lassen Sie durch einen Allergietest abchecken, gegen welche Polen Sie allergisch sind, dann wissen Sie, wann es draußen besonders „gefährlich" ist.

Nehmen Sie rezeptfreie oder verschreibungspflichtige Antihistaminika ein, um die chemischen Körpersubstanzen zu blockieren, die das Niesen verursachen. Bedenken Sie dabei, dass einige Antihistaminika müde machen: Sie sollten sie daher nicht einnehmen, wenn Sie danach Auto fahren oder Maschinen bedienen.

Die Wahl der Hustenmedikamente

Bei den Hustenmitteln gibt es zwei Grundtypen: Expektorantien und Hustensedativa.

Der Wirkstoff in einem Expektorantium – Guaifenesin – verdünnt den Schleim, damit er leichter ausgehustet werden kann. Die gleiche Wirkung erreichen Sie, indem Sie sehr viel Wasser, Fruchtsaft oder Tee trinken. Die Wirksamkeit von Guaifenesin wurde in klinischen Studien noch nicht schlüssig nachgewiesen.

Der Wirkstoff in einem Hustensedativum ist entweder Kodein, Diphenhydramin oder Dextromethorphan.
Sie alle bewirken dasselbe – sie unterdrücken den natürlichen Hustenreflex. Bei den möglichen Nebenwirkungen bestehen aber wesentliche Unterschiede. Kodein ist ein Narkotikum, dass direkt auf das Gehirn wirkt; es unterdrückt wirkungsvoll den Husten, kann aber den Magen durcheinanderbringen. Häufig verursacht es auch Verstopfung. Kodeinhaltige Medikamente sind verschreibungspflichtig und man sollte sie nicht über einen längeren Zeitraum einnehmen.
Diphenhydramin ist ein Antihistaminikum und kann Sie daher schläfrig machen. Dextromethorphan ist von den dreien die beste Wahl, da es nicht die Nebenwirkungen der beiden anderen Wirkstoffe hat.

Was tun bei Halsschmerzen, Niesen und Husten?

Symptome wie Halsschmerzen, wiederholtes Niesen und übermäßiger Husten können nacheinander, zu zweit oder gleichzeitig auftreten. Ärzte richten ihre Verordnung gewöhnlich nach der Symptomursache.

Halsschmerzen können durch Viren oder Bakterien oder durch Reizstoffe und Allergene entstehen. Ein Virus lässt sich nicht abtöten, gegen Bakterien sind Antibiotika aber meist wirksam.

Wenn Allergene und Reizstoffe die Übeltäter sind, empfehlen Ärzte oft Antihistaminika, wenn Sie die Ursache nicht meiden können. Bei jeder Art von Halsschmerzen werden Sie sich besser fühlen, wenn Sie z. B. mit warmem Salzwasser gurgeln oder Halspastillen lutschen.

Bei Niesen im Rahmen einer Erkältung können Sie nicht viel mehr tun, als das Abklingen der Erkältung abzuwarten, während allergisch verursachtes Niesen gewöhnlich mit Antihistaminika unter Kontrolle zu bekommen ist.

Husten als Begleiterscheinung zu einer Erkältung kann eine Plage sein. Ist er aber produktiv – das heißt, wenn Schleim abgehustet wird – sollen Sie ihn nicht mit einem Hustensedativum behandeln, es sei denn, er wird sehr quälend. Fragen Sie am besten Ihren Arzt, ob das nötig ist.

Erkrankung	Ursachen	Behandlung
Halsschmerzen		
Halsschmerzen, begleitet von laufender bzw. verstopfter Nase und Husten	Erkältung oder Grippe	Symptomlinderung
Starke, plötzlich auftretende Halsschmerzen, begleitet von Fieber, geröteten Mandeln oder geschwollenen Halsdrüsen	Bakterielle Infektion	Antibiotika
Halsschmerzen, begleitet von Müdigkeit, Schmerzen, Schwindel, geschwollenen Halsdrüsen und vergrößerter Milz	Drüsenfieber	Ruhe, Flüssigkeitszufuhr, rezeptfrei erhältliche Schmerzmittel
Schmerzen oder Juckreiz im Hals	Allergene oder Reizstoffe wie Rauch, Pollen, Staub, übermäßig trockene Luft, zu langes Schreien	Antihistaminika gegen Allergene, Symptomlinderung
Niesen		
Wiederholtes Niesen	Erkältungsvirus; Allergien	Erkältung – heilt von selbst; bei Allergien Antihistaminika
Husten		
Husten mit Auswurf von Schleim; oft begleitet von laufender oder verstopfter Nase, Fieber, Schmerzen, Niesen, Halsschmerzen	Erkältungs oder Grippevirus; Bronchitis	Hustensedativa und mentholhaltige Hustentropfen, aber nur, wenn der Husten den Schlaf oder andere stört.
Trockener Husten; kann begleitet sein von Niesen und schmerzendem Hals	Reizstoffe der Atemwege wie Rauch, Staub, Pollen	Hustensedativa; mentholhaltige Hustentropfen

Husten

Husten ist ein natürlicher Reflex, der in Aktion tritt, um die Luftwege zu befreien und Reizstoffe aus der Lunge fern zu halten. Der Vorgang des Hustens ist eine plötzliche Luftexplosion aus der Lunge, die Schleim hochbringen kann. Er kann die Atemwege, von den Lungen aufwärts, auch von eingedrungenen Fremdkörpern befreien.

Guter oder produktiver Husten bringt Schleim hervor. Er gehört häufig zu einer Grippe oder Erkältung und Sie sollten ihn nach Möglichkeit nicht medikamentös unterdrücken, es sei denn, Sie können nachts nicht schlafen.

Produktiver Husten dient dem eindeutigen Zweck, den Schleim auszuhusten.

Schlechter oder unproduktiver Husten ist ein trockener Reizhusten, der den Hals unnötig reizt. Er entwickelt sich häufig am Ende einer Erkältung oder wenn Sie mit einem Reizstoff wie Staub oder Rauch in Kontakt gekommen sind.

Was tun bei Husten?

Bei Hustenmitteln gibt es die beiden Klassen Expektorantien oder Hustensedativa. Expektorantien erleichtern das Abhusten des oft zähen Schleims. Hustensedativa dämpfen den Hustenreflex. Nehmen Sie diese Mittel nur ein, wenn Sie ständiger Husten quält und fragen Sie vorher unbedingt Ihren Arzt.

Atemprobleme und Brustschmerzen

Die Brust beherbergt zwei unserer wichtigsten Organe, das Herz und die Lungen. Sie spüren sie erst dann, wenn etwas nicht mehr stimmt: Atemprobleme und Schmerzen in der Brust können von unangenehmen Reizungen bis zu einem lebensbedrohlichen Anfall reichen.

Hätten Sie's gewusst?

Asthma tritt meist vor dem 25. Lebensjahr auf. Es betrifft Jungen doppelt so oft wie Mädchen. Ab dem Alter von 30 ist es gleich verteilt.

Die lieben Lungen

Die Lungen sind das Zentrum des Atemsystems. Interessanterweise ist die linke Lunge etwas kleiner als die rechte, um ihrem wichtigen Nachbarn, dem Herzen, genügend Raum zu lassen.

Um verstehen zu können, was die Lungen benötigen und wodurch Atemprobleme und Brustschmerzen entstehen können, müssen Sie die Funktionsweise der Lungen kennen.

So arbeiten die Lungen

In den Lungen erhält der Körper den Sauerstoff, den er benötigt, um Zucker zu verbrennen und Energie zu produzieren. Hier wird der Organismus auch von Kohlendioxid, einem Nebenprodukt diees Prozesses, befreit.

Die durch Nase und Mund eingeatmete Luft erreicht die Lungen in zwei großen Gängen, den Bronchien.

In den Lungen verzweigen sich die Bronchien in 250 000 immer kleiner werdende Bronchiolen, die sich wiederum in noch kleinere Alveolargänge verästeln. Diese führen zu 300 Millionen zellgroßen Luftsäckchen, den Alveolen, die von einem Geflecht aus Kapillaren bedeckt sind – winzigen, dünnwandigen Blutgefäßen. Das dunkle, sauerstoffarme Blut fließt durch die Kapillargefäße, dort lädt es das in den Körperzellen aufgenommene Kohlendioxid ab und nimmt neuen Sauerstoff auf. Das hellrote, sauerstoffreiche Blut fließt weiter zum Herzen, das es durch den Körper pumpt. Kohlendioxid wird beim Ausatmen ausgeschieden.

Das brauchen die Lungen

Was brauchen die Lungen, um ihre Aufgabe zu erfüllen und keine Probleme zu verursachen? Nicht viel. Sie benötigen natürlich viel Luft, die ausreichend Sauerstoff enthält – das ist einer der Gründe, warum die „dünne" (sauerstoffarme) Atmosphäre in Höhenlagen Atemprobleme verursachen kann. Tiefes, langsames Atmen und regelmäßige Bewegung an der frischen Luft verschaffen den Lungen den nötigen Sauerstoff. Weitere Möglichkeiten, die Lungen in Form zu halten sind:

- Gesunde Ernährung und ausreichende Versorgung mit den empfohlenen Tagesmengen an Eisen und den Vitaminen A, E und C.
- Nasenatmung, damit die Luft erwärmt, gefiltert und befeuchtet wird.

Es liegt was in der Luft ...

Während einer Konferenz Amerikanischer Legionäre 1976 in Philadelphia, im US-Bundesstaat Pennsylvania, erkrankte eine Gruppe von Legionären und anderen Teilnehmern geheimnisvollerweise an jeweils ähnlichen Symptomen – Fieber, Schüttelfrost, Husten, Bauchschmerzen, Durchfall und teilweise Verwirrung.
29 Menschen starben. Zuerst konnte niemand verstehen, was die Ursache dieser Todesfälle war, schließlich fand man aber heraus, dass der Übeltäter ein Bakterium war, das den Namen Legionella erhielt.

Die Legionärskrankheit ist eine Form der bakteriellen Lungenentzündung.

Sie ist zwar von Mensch zu Mensch nicht sehr ansteckend, von der Quelle her aber sehr infektiös. Häufig stellt sich heraus, dass diese Quelle eine kontaminiertes Klimaanlage ist.

Die Infektion erfolgt beim Einatmen von Wassertröpfchen, die mit Legionella verseucht sind. Die Krankheit befällt die Lungen, sie kann tödlich verlaufen. Ältere Menschen, die rauchen oder stark trinken, sind besonders gefährdet. Gewöhnlich kann die Krankheit mit Antibiotika wirksam behandelt werden.

► *Am Elektronenmikroskop zeigen sich die Bakterienkörper von Legionella, sie verursachen die Legionärskrankheit.*

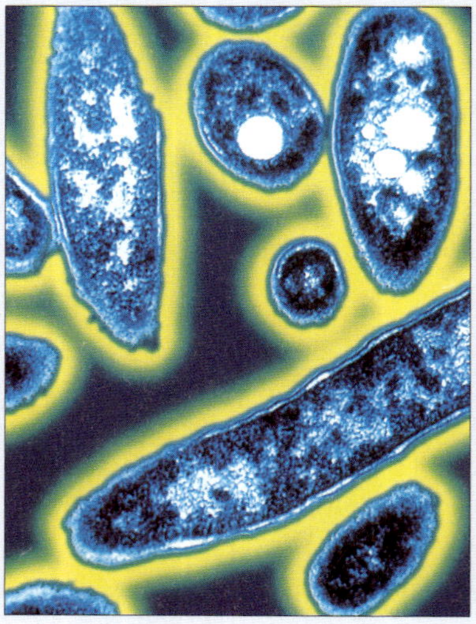

Asthma-Anfall in Nahaufnahme

Während eines Anfalls verkrampfen die Bronchien und ziehen sich zusammen. Das bremst den Luftstrom. Gleichzeitig schwellen die Wände der Bronchien an und setzen übermäßig viel Schleim frei, der die Luftwege noch stärker blockiert.

Zu Beginn eines Anfalls besteht das Problem vor allem beim Ausatmen. Die Brustmuskeln sind zwar kräftig genug, die frische Luft einzuziehen, sie können aber die verbrauchte Luft nicht völlig herausbefördern. Diese bleibt in den Lungen und lässt weniger Raum für frische Luft. Im Verlauf des Anfalls werden die Luftröhrenäste noch stärker verstopft, die Muskeln ermüden – das Atmen wird ein Kampf.

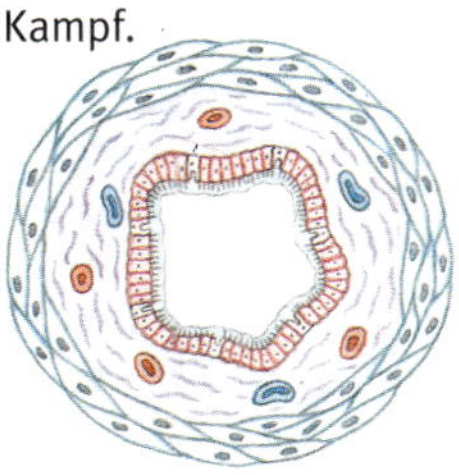

▲ Querschnitt einer gesunden Bronchiole mit weitem Luftweg.

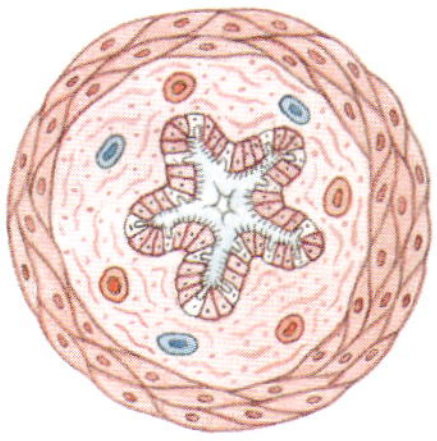

▲ Die Bronchiole beim AsthmaAnfall. Der Luftweg ist verengt.

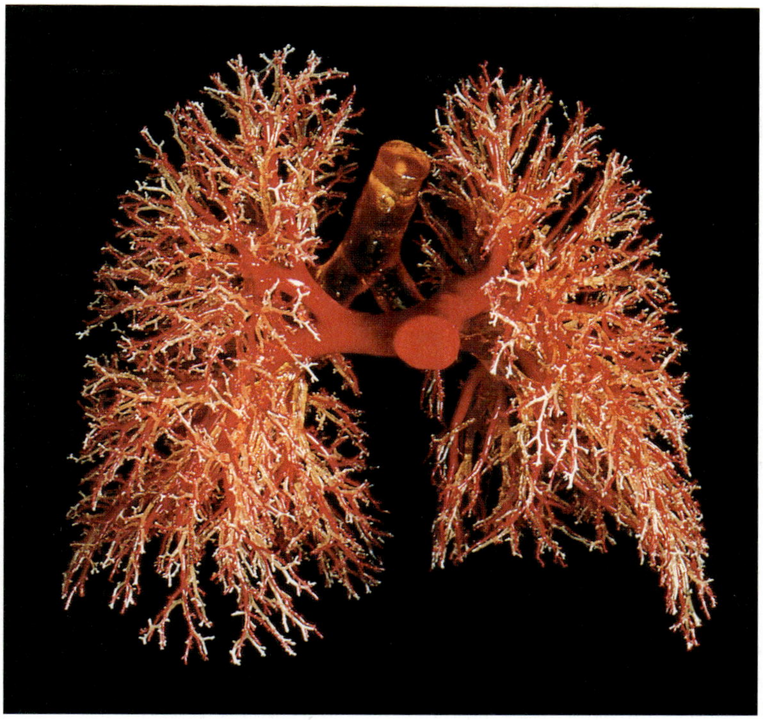

▲ Asthma betrifft die kleineren Luftröhrenäste, die Bronchiolen. Sie sind die dünnsten „Äste“ des Bronchial"Baums" im Bild oben.

- Nicht rauchen und rauchige Umgebung meiden.
- Tragen einer Gesichtsmaske, wenn Sie bei der Arbeit oder beim Hobby mit Farben, Chemikalien oder ähnlichem zu tun haben. Sorgen Sie auch für ausreichende Belüftung.

Lungenprobleme

Bei der heutigen Luftverschmutzung ist es nicht verwunderlich, dass praktisch jeder von uns irgendwann einmal an Schmerzen in der Brust oder Atemschwierigkeiten leidet. Tödliche Erkrankungen der Lunge – Emphysem und Krebs – werden auf den Seiten 228 bzw. 245 ausführlich behandelt. Zusammenfassend kann man sagen, dass man diesen beiden Todesursachen im Gegensatz zu vielen kleineren Lungenproblemen vorbeugen kann. Wie? Rauchen Sie nicht.

Hätten Sie's gewusst?

Sobald Sie mit dem Rauchen aufhören, beginnen die Lungen langsam, sich zu regenerieren. Nach zehn Jahren sinkt Ihr Lungenkrebsrisiko auf 30 bis 50% des Risikos von Rauchern, die weiter rauchen. Nach 15 bis 20 Jahren ist das Risiko vergleichbar mit jemandem, der diese Angewohnheit nie hatte.

Asthma

Weltweit bewegt sich die Zahl von Asthmatikern um die 100 Millionen.

Der Zustand wird durch ein überaktives Bronchialsystem verursacht, das verkrampft und den Luftstrom einschränkt. Warum das Bronchialsystem verrückt spielt, ist nicht immer klar, obgleich es typische Verursacher wie Rauch, Pollen, Staub oder Luftverschmutzung gibt.

Auch Angstzustände und sogar körperliche Betätigung sind als Anfallsauslöser bekannt.

Rippenfellentzündung

Pleuritis ist eine schmerzhafte und verbreitete Komplikation der primären Lungenentzündung und kann gesunde Männer häufig bereits in jungen Jahren befallen.

Jede der beiden kegelförmigen Lungenflügel befindet sich in einer doppelten Membran, dem Brustfell. Zwischen den Membranen wirkt eine Pleuralflüssigkeit wie ein Gleitmittel, damit die Lungen sich leichter füllen und leeren können. Entzünden sich diese Membrane, sind starke pleuritische Schmerzen das Ergebnis, sie begleiten häufig eine Lungenentzündung (und Tuberkulose). Die Stärke dieser Schmerzen erschwert das Atmen und jede Bewegung des Oberkörpers.

Rippenfellentzündung wird manchmal von Kurzatmigkeit und eventuell auch Fieber begleitet. Sie muss auf jeden Fall sofort von einem Arzt behandelt werden.

Hätten Sie's gewusst?

Sie atmen durchschnittlich einmal alle fünf Sekunden. Wenn Sie richtig rechnen, kommen dabei pro Tag 17 280 Atemzüge heraus.

Asthma lässt sich durch eine geeignete Behandlung kontrollieren. Selbst unter den Weltklasseathleten gibt es viele Asthmatiker. Der erste und beste Schritt zur Vorbeugung eines Anfalls ist, den besonderen „Auslöser" zu meiden. Die meisten Männer mit Asthma gehen jedoch lieber zum Arzt und behandeln die Krankheit in regelmäßigen Abständen mit Inhalationspräparaten.

Bronchitis

Das wahrscheinlich verbreitetste Lungenproblem ist die Bronchitis, eine Entzündung der großen Röhren in der Lunge, den Bronchien. Bronchitis entsteht zumeist durch ein Virus, häufig dasselbe Virus, das auch Erkältungen oder Grippe verursacht. Bronchitis kann auch eine Komplikation dieser Krankheiten sein.

Wenn die Keime in Ihr Atmungssystem und bis zu den Bronchien vordringen und sich dort niederlassen, schützt der Körper sich durch die Sekretion großer Schleimmengen aus den Drüsen in den Wänden der Luftwege. Durch die Sekretbildung wird das Atmen immer schwieriger und das Aushusten des grünen oder gelben Schleims beginnt.

Lungenentzündung (Pneumonie)

Wenn Sie eine Lungenentzündung bekommen, sind oft Viren oder Bakterien in die kleineren Luftwege der Lunge eingedrungen. Das führt dazu, dass diese durch Schleim, Flüssigkeit und andere Abfallprodukte verstopft werden. Schließlich füllen sich die winzigen Luftsäckchen der Lungen, die Alveolen, mit Eiter, wodurch der Sauerstofftransfer ins Blut gehemmt wird.

Eine Lungenentzündung wird manchmal von Schmerzen in der Brust begleitet, diese werden aber nicht von der Entzündung selbst verursacht, sondern von einer so genannten Rippenfellentzündung, bei der sich die Auskleidung der Lungen entzündet. Lesen SIe dazu die Informationen zur Rippenfellentzündung auf Seite 189.

Von Lungenentzündung sind oft ältere Männer oder Menschen betroffen, deren Immunsystem durch andere Krankheiten wie AIDS oder Alkoholismus geschwächt ist. Obwohl Sie an einer Lungenentzündung sterben können, ist sie im allgemeinen bei rechtzeitiger Behandlung nicht tödlich. Bei der gewöhnlich gefährlicheren bakteriellen Lungenentzündung ist wahrscheinlich eine Behandlung mit Antibiotika erforderlich; bei einer viral bedingten Lungenentzündung benötigen Sie Bettruhe und sehr viel zu trinken. Es bleibt Ihnen nichts anderes übrig, als zu warten, bis sie vorbei ist.

Hyperventilation: Lufthunger

Es ist normal, dass bei körperlicher Anstrengung oder emotionalem Stress die Atmung schneller wird. Beim Hyperventilieren atmen Sie aber so schnell und tief, dass der Kohlendioxidspiegel im Blut zu niedrig wird.

Zu den Symptomen der Hyperventilation gehören Taubheitsgefühl oder Kribbeln in den Händen, den Füßen oder dem Mundbereich, Herzklopfen oder rasen, Benommenheit, Schmerzen in der Brust und das Gefühl, zu wenig Luft zu bekommen. Wenn Sie stark oder zu lange hyperventilieren, können Sie ohnmächtig werden.

Hyperventilation kann während eines Angst oder Panikanfalls auftreten. Zur Vorbeugung einer Hyperventilation bemühen Sie sich, den Atem auf einen Atemzug alle fünf Sekunden zu verlangsamen. Bei einem Anfall versuchen Sie, in eine Papiertüte zu atmen, die Sie sich vor Mund und Nase halten – das erhöht die Kohlendioxidmenge im Blut.

▲ *Wenn Sie merken, dass Sie hyperventilieren, atmen Sie mit einer Papiertüte vor Mund und Nase. Auf diese Weise normalisiert sich Ihre Atmung wieder.*

Andere Schmerzen in der Brust

Manchmal werden Schmerzen im Brustbereich und Atemprobleme von etwas anderem als den Atemwegen verursacht.

- Ein stechender Schmerz kann bedeuten, dass Sie eine Muskelzerrung, Knorpelentzündung, eine Rippenprellung oder eine gebrochene Rippe haben.
- Wenn Sie während einer körperlichen Anstrengung oder bei emotionalem Stress ein Druckgefühl und Schmerzen in der Brust empfinden, kann eine Angina pectoris die Ursache sein – oder verstopfte Koronararterien, die dem Herzen das sauerstoffreiche Blut vorenthalten, das es benötigt.
- Der Schmerz bei einem Herzanfall kann dem bei Angina pectoris ähneln, auch wenn er häufig heftiger ist, länger anhält und von anderen Symp-

Die besten Behandlungen gegen Schmerzen in der Brust und Atemprobleme

Schmerzen in der Brust und Atemprobleme können bei einer Vielzahl von Zuständen und Krankheiten gleichzeitig auftreten.

Bei Brustschmerzen ist es häufig schwierig, die verschiedenen Arten voneinander zu unterscheiden. Wenn Sie dem Arzt aber einige Fragen über die Schmerzen beantworten, wird er eher in der Lage sein, die Ursache festzustellen.

- Ist der Schmerz heftig oder dumpf, anhaltend oder sporadisch?
- Tritt er nur bei Bewegung oder auch in der Ruhe auf?
- Tritt er nur beim Atmen auf?
- Ist der Schmerz auf eine Stelle begrenzt?
- Strahlt er von der Brust in die anliegenden Bereiche aus?
- Was haben Sie gerade getan, als der Schmerz begann?

Atemschwierigkeiten gibt es ebenfalls in verschiedenen Formen. Sie können sich in Keuchen, Schmerzen, Engegefühl in der Brust beim Atmen oder flachem Atmen äussern. Das Atemproblem kann, muss aber nicht von Brustschmerzen begleitet sein. Auch das klassische Allerweltssymptom – „Kurzatmigkeit“ – kann plötzlich auftreten oder sich langsam entwickeln.

Krankheit	Symtome	Behandlung
Herzanfall	Schmerzen in der Brust, die in Arme, Hals, Rücken oder Kiefer ausstrahlen; Kurzatmigkeit, Schwindel, Übelkeit	Begeben Sie sich sofort in die Notaufnahme
Angina pectoris; Koronare Herzkrankheit	Dumpfer Schmerz oder Druckgefühl in der Brustmitte, ausgelöst durch körperlichen oder emotionalen Stress; der Schmerz lässt bei Ruhe nach	Wenn die Symptome länger als zehn Minuten anhalten, gehen Sie in die Notaufnahme
Lungenkollaps	Plötzliche Brustschmerzen oder Engegefühl beim Atmen mit zunehmender Kurzatmigkeit	Gehen Sie sofort in die Notaufnahme
Rippenfellentzündung	Stechender Brustschmerz, besonders beim Atmen; Fieber; Kopfschmerzen; trockener Husten	Rufen Sie einen Arzt
Bronchitis	Engegefühl in der Brust; Schleimabhusten; Symptome einer Erkältung oder Grippe	Rauchen Sie nicht; trinken Sie viel; nehmen Sie Schmerzmittel. Wenn die Symptome anhalten oder Sie keuchen und an Kurzatmigkeit leiden, gehen Sie zum Arzt
Lungenkrebs; Lungenentzündung; Tuberkulose	Husten mit gelbem oder rotbraunem Auswurf; Brustschmerzen; Keuchen; Kurzatmigkeit; Erschöpfung; Gewichtsverlust; Appetitmangel	Gehen Sie zu Ihrem Arzt
Asthma	Keuchen; schneller flacher Atem; Engegefühl in der Brust	Wenn sich die Haut blau verfärbt oder der Patient verwirrt ist, bringen Sie ihn sofort ins Krankenhaus; sonst zum Arzt
Chronische Bronchitis („Raucherhusten“); Emphysem	Keuchen; Kurzatmigkeit; anhaltender Husten, trocken oder mit Auswurf	Gehen Sie in die Notaufnahme, wenn sich die Haut blau färbt; ansonsten gehen Sie bald zu Ihrem Arzt
Sodbrennen	Druckgefühl oder Brennen in der Brust oder dem oberen Bauchraum, insbesondere, wenn der Magen gefüllt ist	Nehmen Sie ein Antacidum. Wird es nicht beser, gehen Sie zum Arzt
Angst; Panikanfall; Hyperventilation	Kurzatmigkeit; Engegefühl oder Schmerzen in der Brust; Angst; schneller Herzschlag	Atem- und Entspannungsübungen; gehen Sie zum Arzt, wenn das nicht hilft
Muskelzerrung; Rippenbruch	Stechender Brustschmerz, der sich bei Bewegung oder tiefem Atmen verschlimmert; Schmerzempfindlichkeit; Schmerz tritt nach Husten, Niesen oder Brustverletzung auf	Ruhe und Eisanwendungen. Wenn die Schmerzen anhalten, lassen Sie sich einen Arzttermin geben
Anaphylaktischer Schock (allergische Reaktion auf Insektenstiche etc.)	Engegefühl in Brust oder Hals; Keuchen; Ausschlag; Juckreiz; geschwollene Augen, Lippen, Zunge; Magenkrämpfe; Erbrechen	Lasen Sie sich sofort in die Notaufnahme bringen

Wie man Sodbrennen los wird

Sodbrennen tritt auf, wenn Magensäure die Speiseröhre hochsteigt und das empfindliche Gewebe reizt. Normalerweise werden die Verdauungssäfte durch einen Muskelring, den Sphincter cardiae oder die „Zwerchfellenge", in der widerstandsfähigen Auskleidung des Magens zurückgehalten. Dieser Muskel funktioniert manchmal nicht.

Rauchen, Alkohol und Übergewicht tragen zu Sodbrennen bei, weil sie den Speiseröhrenschließmuskel schwächen. Die Hauptursache ist zu reichliches Essen. Je mehr Sie essen, desto mehr Säure muss der Magen produzieren. Wenn Sie sich zusätzlich hinlegen oder plötzlich nach vorne beugen, während Ihr Magen mit der Verdauung beschäftigt ist, werden sie wahrscheinlich Beschwerden bekommen.

Um Sodbrennen zu vermeiden, sollten Sie weniger und langsamer essen und stark gewürzte Speisen meiden. Vorsicht ist auch bei den Speisen geboten, die den Speiseröhrenschließmuskel vorübergehend schwächen könnten wie Schokolade, Pfefferminz, Alkohol und fette Speisen. Hilfreich ist zudem, wenn Sie Ihr Gewicht reduzieren, mit dem Rauchen aufhören und sich nach dem Essen nicht hinlegen.

Tritt der Schmerz aber öfter auf, sollten Sie das mit Ihrem Arzt besprechen.

► *Sodbrennen tritt auf, wenn die Magensäure in die Speiseröhre steigt.*

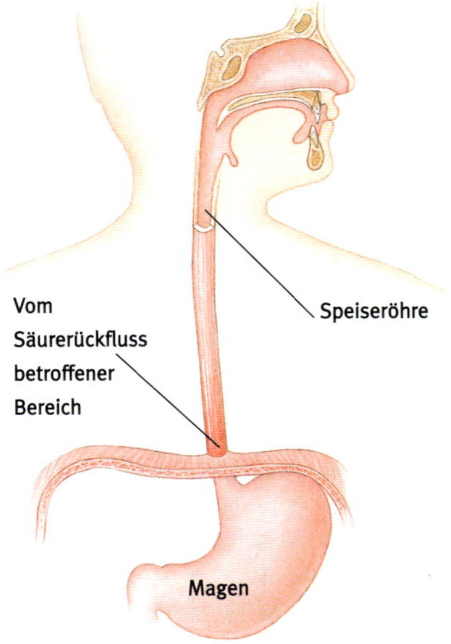

tomen wie Schwindel, Übelkeit, Kurzatmigkeit und Schwitzen begleitet sein kann.

• Engegefühl oder Schmerzen in der Brust, manchmal auch begleitet von einem rascherem Herzschlag und Kurzatmigkeit, können das Anzeichen von übersteigerter Angst, einem Panikanfall oder Hyperventilation sein.

• Das oft verharmloste Sodbrennen kann derart intensive Brustschmerzen verursachen, dass so mancher Patient tatsächlich fest davon überzeugt ist, er hätte gerade einen Herzanfall oder würde unter Angina pectoris leiden.

Wenn auch Sie häufig unter Sodbrennen und seinen unangenehmen Folgeerscheinungen leiden, informieren Sie sich am besten gleich unter „Wie man Sodbrennen los wird".

Nehmen Sie Brustschmerzen jeder Art niemals auf die leichte Schulter. Gehen Sie im Zweifel zu Ihrem Hausarzt und lassen Sie die Ursachen abklären. Im Zweifel ist man lieber einmal umsonst zum Arzt gegangen als einmal zu spät!

Die schmerzhaften Warnzeichen der Angina pectoris

Wer an Angina pectoris leidet, weiß, welche starken Schmerzen damit verbunden sind

Angina pectoris tritt auf, wenn das Herz nicht den benötigten Sauerstoff erhält, weil die Arterien, die für die Zufuhr von frischem, sauerstoffreichem Blut zuständig sind, mit Fettablagerungen verstopft sind. Angina pectoris wird häufig durch körperlichen oder emotionalen Stress ausgelöst – also in Situationen, in denen das Herz mehr Sauerstoff verlangt. Die Anfälle bessern sich häufig durch Ruhe. Typischerweise lässt der Schmerz nach 15 oder 20 Minuten nach.

Angina pectoris ist ein Warnsignal Ihres Herzens. Seien Sie vorsichtig, Sie könnten ein zukünftiger Kandidat für einen Herzinfarkt sein. Jeder, der unter Angina pectoris leidet, sollte sofort zum Arzt gehen.

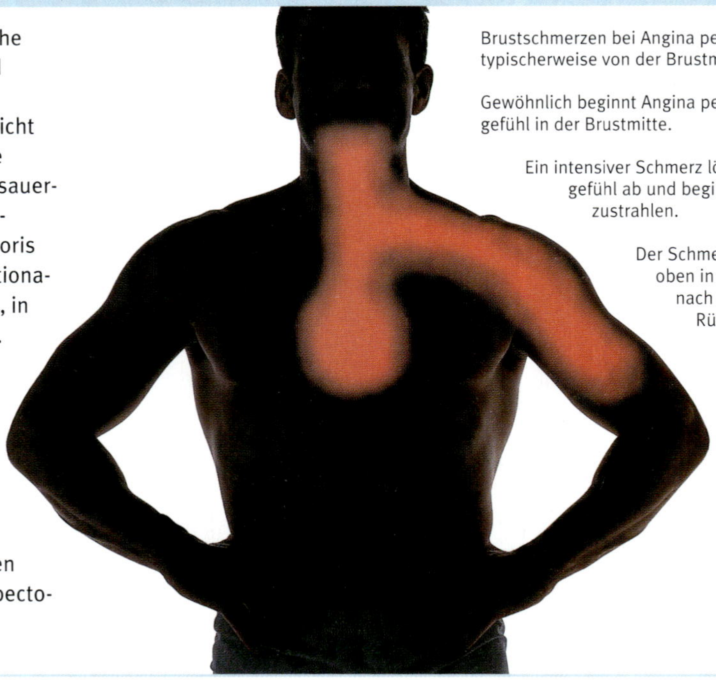

Brustschmerzen bei Angina pectoris strahlen typischerweise von der Brustmitte aus.

Gewöhnlich beginnt Angina pectoris als Druckgefühl in der Brustmitte.

Ein intensiver Schmerz löst das Druckgefühl ab und beginnt, auszustrahlen.

Der Schmerz strahlt nach oben in den Hals und nach unten in den Rücken aus.

Der linke Oberarm schmerzt.

Bauchschmerzen

Für Schmerzen im Darm ist oft nur irgendeine Verdauungsstörung verantwortlich und Sie werden gewöhnlich alleine damit fertig. Das Problem ist nur, dass Bauchschmerzen viele Ursachen haben können. Ignorieren Sie sie daher nie, denn sie könnten eine ernste Erkrankung anzeigen.

Was ist dran am Bauch?

Im Bauch befinden sich einige der wesentlichen inneren Organe des Körpers.

Der Bauch (oder das Abdomen) ist hauptsächlich eine Körperhöhle zwischen Beinen und Brust, unter den Rippen. Die Obergrenze bildet das Zwerchfell, ein Muskel, der bei der Atmung eine wichtige Rolle spielt.

Der Bauch beherbergt Magen, Leber, Darm, Gallenblase und Bauchspeicheldrüse. Die Verdauungsorgane und Drüsen funktionieren wie eine futterverarbeitende Fabrik, die die aufgenommene Nahrung in eine vom Körper verwertbare Form verwandelt und sich gleichzeitig der Abfälle entledigt. Der Bauch beherbergt zudem drei weitere wichtige Organe. Die Milz, die unter anderem hilft, das Blut rein zu halten; die Nieren, die das Blut filtern und Abfallprodukte und Wasser in Form von Urin ausscheiden und den Blinddarm, eine kleine Röhre, die vom Dickdarm abzweigt und dessen Funktion noch weitgehend unbekannt ist.

Stechende Schmerzen

Die Diagnose von Bauchschmerzen kann verzwickt sein. Es gibt so viele verschiedene Vorgänge im Bauch, dass sogar Ärzte sich schwer tun können, Probleme im Bauchraum genau zu bestimmen.

So kann ein Patient beispielsweise das klassische Symptom einer Blinddarmentzündung aufweisen und schließlich stellt sich heraus, dass die Ursache eine völlig andere war, zum Beispiel ein Nierenstein. Die Beobachtungen des Patienten helfen dem Arzt häufig, die richtige Diagnose zu stellen.

Symptom-Schlüssel

Es gibt stechende, dumpfe, anhaltende und sporadische Schmerzen. Die Schmerzen können oben, unten, rechts, links, vorne, hinten oder in der Mitte auftreten. Sie können stärker werden, zurückgehen oder gleich bleiben.

Während Lage und Art des Schmerzes wichtige Anhaltspunkte für die Ursache des Problems liefern können, helfen vielleicht auch andere Begleitsymptome wie Übelkeit, Erbrechen, Schüttelfrost, Blut im Stuhl, wässeriger Stuhl, harter Stuhl, Schwellung oder Vorwölbung, Müdigkeit, Schwitzen, Aufstoßen, Appetitverlust und feuchte Haut, den Fall aufzuklären.

Da es auch für einen Arzt schwierig ist, bei Bauchschmerzen eine Diagnose zu stellen, ist es äußerst wichtig, dass Sie alle Ihre Symptome aufschreiben und nennen.

Der Bauch

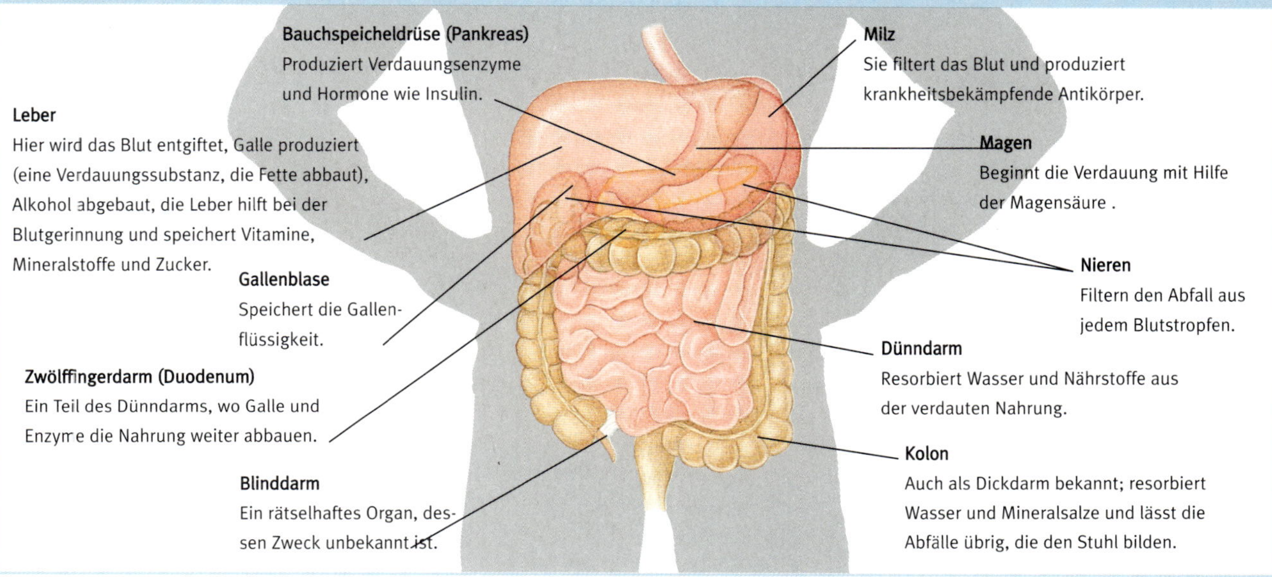

Die Qual von Nierensteinen

Aus ungeklärten Gründen lagern sich bei einigen Menschen in den Nieren Mineralien ab und wachsen zu Steinen heran – einige können größer als eine Erbse werden.
Wenn die Steine aus der Niere durch den Tubus in die Blase gedrückt werden und weiter durch die Harnröhre – die den Penis entlang verläuft – schaben und drücken sie. Urin staut sich an, bis der Stein entweder auseinanderbricht oder beim Harnlassen aus dem Penis gedrückt wird.

Dabei entstehen starke Schmerzen, die auch zu Übelkeit und Erbrechen führen können. Zu dem Zeitpunkt, da der Stein die Blase erreicht hat, sind Schmerzen glücklicherweise selten.

Etwa 15 Prozent aller Männer bekommen einmal im Leben einen Nierenstein. Dieser wird gewöhnlich mit Medikamenten, Flüssigkeitszufuhr und einer speziellen Diät behandelt. Dann wird abgewartet, bis der Stein herauskommt. In etwa 10 Prozent der Fälle greift der Arzt ein und zertrümmert den Stein. Dies geschieht gewöhnlich durch eine so genannte Stoßwellenbehandlung.

► *Nierensteine wie dieses originalgroße Exemplar können jährlich Tausenden von Männern qualvolle Schmerzen bereiten.*

Wenn Sie unter Bauchschmerzen leiden, versuchen Sie, genau festzustellen, von wo der Schmerz kommt. Stellen Sie sich Ihren Bauch von zwei Linien in vier Teile unterteilt vor – einer horizontalen und einer vertikalen Linie, die sich im Bauchnabel schneiden.

Fragen Sie sich nun, in welchem Bereich oder in welchen Bereichen der Schmerz sitzt. Tut es immer an der gleichen Stelle weh oder wandert der Schmerz von einem Bereich in einen anderen?

Warum tut es weh?

Bauchschmerzen können sehr viele verschiedene Ursachen haben. Obwohl die meisten in der Regel relativ geringfügig sind, sollten Sie bei jeder Art von Bauchschmerzen immer aufmerksam werden.

Einige Ursachen sind uns allen bestens bekannt. Da wären die Gase zu nennen, die entstehen, wenn bestimmte schwer verdauliche Speisen – wie beispielsweise Bohnen – im Darm abgebaut werden und im unteren Bauchbereich schreckliche Schmerzen verursachen, ganz zu schweigen von den nicht gesellschaftsfähigen Winden.

Weitere Ursachen sind zum Beispiel Sodbrennen, eine Magengrippe, eine leichte Lebensmittelvergiftung, Durchfall und Verstopfung.

Zu den ernsteren Bauchproblemen, die immer einer ärztlichen Behandlung bedürfen, gehören die Nierensteine.

Sie sollten an die Möglichkeit von Nierensteinen denken, wenn Sie beim Harnlassen höllische Schmerzen haben und auch Schmerzen empfinden, die auf einer Körperseite beginnen und dann Richtung Leiste oder Bauch wandern.

Gastritis, eine Entzündung der Magenschleimhaut, löst Schmerzen im Oberbauch aus.

Die übliche Ausbuchtung oder Schwellung eines Leistenbruchs wird häufig von Schmerzen im Unterbauch begleitet.

Geschwüre sind Löcher, die vornehmlich in der Schleimhaut des Magens oder des Zwölffingerdarms entstehen.

Bei einer Blinddarmentzündung ist der Blinddarm durch Bakterien infiziert und entzündet.

Diese beiden schmerzhaften Zustände gehören zu den verbreitetsten Bauchproblemen bei Männern.

Der Umgang mit Hernien

Bei einer Hernie quillt Gewebe oder ein Organ durch eine Schwachstelle der umgebenden Muskeln. Hernien treten in verschiedenen Formen auf – als Hiatus (im oberen Bauchbereich), in der Leiste, am Bauchnabel und entlang von Operationsnarben. Am verbreitetsten ist der Leistenbruch. Hernien können auch Geburtsfehler sein, insbesondere der Leisten und der Nabelbruch.

Hernien sind ein vorwiegend männliches Phänomen. Leider kann man zur Vorbeugung nicht viel tun. Während körperliche Anstrengung eine Hernie auslösen kann, wird sie eigentlich durch eine angeborene Bindegewebsschwäche verursacht.

Viele Hernien werden vom Patienten selbst oder vom Arzt zurück gedrückt. Wegen des Strangulationsrisikos (wenn der Blutfluss zu dem vorquellenden Gewebe verringert ist), sollten Sie eine Hernie möglichst rasch operieren lassen.

► *Eine Leistenhernie entsteht, wenn aufgrund einer Schwäche der Bauchwand eine Darmschlinge in den Hodensack (Skrotum) fällt.*

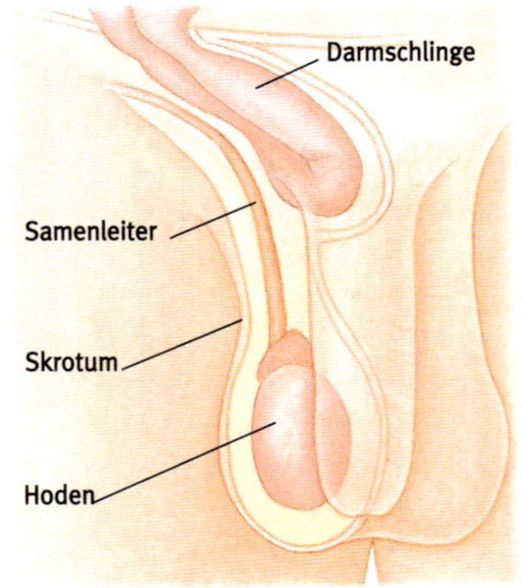

Die besten Behandlungen bei Bauchschmerzen

Die Behandlungen von Bauchschmerzen, die nicht zu den Notfällen zählen, reichen vom einfachen Abwarten bis zum Gang unter das Messer des Chirurgen. Zur Vorbeugung der meisten Erkrankungen können Sie nicht viel beitragen. Es gibt aber Verhaltensweisen, die man befolgen sollte.

Gallensteine
Diese harten Ablagerungen befinden sich in der Gallenblase, gelegentlich gelangen sie in den Gallengang, wo sie starke Schmerzen hervorrufen. Bei häufigen Anfällen wird die Gallenblase operativ entfernt. Bei kleinen Steinen hilft auch eine nichtchirurgische Behandlung mit Arzneimitteln oder chemischen Stoffen zur Auflösung der Steine.

Sodbrennen und Blähungen
Diese Probleme entstehen nach dem Genuss bestimmter Speisen und Getränke oder nach Einnahme eines Medikaments wie etwa Aspirin. Die Beschwerden vergehen gewöhnlich von selbst, ein Antacidum hilft gegen Sodbrennen. Es gibt auch Medikamente zur Unterdrückung der Magensäure oder zur Beruhigung der Magenschleimhaut.

Um Sodbrennen zu vermeiden, sollten Sie spät abends auf schwere, fette Speisen verzichten, desgleichen auf Schokolade und Zigaretten. Wenn Sie von Milchprodukten Blähungen und Krämpfe bekommen, leiden Sie möglicherweise an einer Laktoseunverträglichkeit – Laktose ist der Zucker in menschlicher Milch und Kuhmilch. Die beste Behandlung bei Laktoseunverträglichkeit sind Laktasetabletten.

Hernien (Brüche)
Zwar kann der Arzt oder man selbst Hernien oft zurück schieben, es besteht aber die Gefahr, dass sie später wieder heraustreten.
Zur Behandlung müssen Sie dann ein Bruchband tragen oder eine chirurgische Korrektur vornehmen lassen.

Nierensteine
Nierensteine werden gewöhnlich mit Medikamenten, Flüssigkeitszufuhr und Diät behandelt. Wenn ein Stein nicht von selbst abgeht, zertrümmert man ihn mit Schockwellen. Nur selten ist ein chirurgischer Eingriff erforderlich. Gelegentlich liegt dem Übel eine Stoffwechselstörung oder Gicht zugrunde. In diesen Fällen löst man das Problem durch die entsprechende Behandlung.

Geschwüre und Gastritis
Das Bakterium Helicobacter pylori kann diese verursachen. Nach der Diagnose sollte die Infektion mit Antibiotika und so genannten Protonenpumpenblockern behandelt werden. Meiden Sie alle magenreizenden Speisen.

Virale Magengrippe
Gewöhnlich vergeht eine Magengrippe von allein. Da Viren auf Antibiotika nicht ansprechen können Sie nur den Flüssigkeitsverlust ausgleichen, indem Sie viel trinken.

Ulkus

Ein Ulkus ist ein Geschwür, das sich bildet, wenn die Magensäure die Schleimhaut der Verdauungsorgane verätzt.

Die meisten Geschwüre treten im Zwölffingerdarm auf, dem Teil des Dünndarms, der dem Magen am nächsten ist, die übrigen als Magengeschwüre in der Schleimhaut des Magens selbst.

Früher glaubte man, Stress sei die Hauptursache für Geschwürbildungen. Inzwischen hat man aber herausgefunden, dass der Übeltäter in vielen Fällen ein Bakterium, Helicobacter pylori, ist. Der Arzt verschreibt Ihnen in diesem Fall Antibiotika.

Die meisten Geschwüre sind nicht lebensbedrohlich, auch wenn sie Ihnen recht heftige Schmerzen bereiten können. In schwereren Fällen kann es zu inneren Blutungen kommen, die dem Stuhl eine typische hässliche Schwarzfärbung geben. In diesem Fall müssen Sie sofort einen Arzt aufsuchen.

Besser zum Arzt

Ganz allgemein gilt, dass Sie sofort zum Arzt gehen sollten, wenn Sie sich über die Ursache Ihrer Bauchschmerzen nicht sicher sind. Ein sofortiger Anruf oder Besuch beim Arzt ist auch dann empfehlenswert, wenn die Schmerzen ungewöhnlich stark und lang anhaltend sind oder sich stetig verschlimmern.

Sie müssen in jedem Fall sofort ärztliche Hilfe in Anspruch nehmen, wenn die Schmerzen von weiteren akuten Symptomen wie Übelkeit, Erbrechen oder Blut im Urin oder im Stuhl begleitet werden.

Blinddarmentzündung

Eine Blinddarmentzündung tritt ein, wenn verhärtete Stuhlreste den Blinddarm verstopfen. Unbehandelt kann das Organ durchbrechen und verschiedene Komplikationen verursachen.

Einer Blinddarmentzündung kann man nicht vorbeugen. Wenn sie eintritt, muss man sie aber behandeln lassen, bevor der Blinddarm durchbricht – gewöhnlich zwölf bis 48 Stunden nach Beginn der Entzündung. Das typische Symptom für eine Blinddarmreizung sind Bauchschmerzen auf der rechten Seite zwischen Nabel und Hüftknochen.

Notfälle

Zu den absoluten Notfällen, die sofortiger ärztlicher Hilfe bedürfen, gehören Herzanfälle, ein anaphylaktischer Schock, diabetisches Koma und Blinddarmentzündung.

Weitere Notfälle sind ein durchgebrochenes Geschwür, Darmverschluss, Pankreatitis – eine Entzündung der Bauchspeicheldrüse – und ein erster Gallensteinanfall.

Alle Notfälle gehen mit starken Schmerzen und weiteren Symptomen einher, die Sie dem Notarzt mitteilen sollten.

Übelkeit und Erbrechen

Übelkeit und Erbrechen – ein unerfreuliches Kapitel. Die meisten von uns überkommt Ekel und ebenfalls ein heftiger Würgereiz, wenn wir sehen, wie sich jemand übergibt. Dennoch sind die Symptome wichtige Reaktionen eines intakten Abwehrsystem des Körpers.

Symptom-Schlüssel

Übelkeit ist ein Unwohlsein in der Magengrube. Man produziert meist übermäßig viel Speichel und fühlt sich schwach.
Bei sehr starker Übelkeit kommt es zu Erbrechen.
Eine Reihe weiterer Symptome begleiten Übelkeit und Erbrechen – Durchfall, Bauchkrämpfe, Schwindel, Kopfschmerzen und Appetitverlust. Häufig hängt es von der Ursache der Übelkeit oder des Erbrechens ab, ob Sie an einem weiteren Symptom leiden.
Zu einer Lebensmittelvergiftung gehören oft Bauchkrämpfe, Kopfschmerzen, Schwindel oder Fieber und Schüttelfrost; bei einem leichten Verlauf dauern die Symptome von wenigen Stunden bis zu ein oder zwei Tagen.
Bei einer Magengrippe können Übelkeit und Erbrechen von Durchfall begleitet werden. Während diese Symptome typischerweise innerhalb von drei Tagen wieder verschwinden, hält eine gewisse körperliche Schwäche und Erschöpfung noch mehrere Tage an.

Mir ist so übel ...

Wir denken an Übelkeit und Erbrechen meist nur als Funktionen unseres Verdauungstrakts. Beide können aber auch von Dingen ausgelöst werden, die eigentlich sehr wenig mit dem Verdauungstrakt zu tun haben.

Das kommt daher, dass das Brechzentrum im Gehirn von allem in Gang gesetzt werden kann, was der Körper – berechtigt oder nicht – als bedrohlich empfindet. Wird das Zentrum stimuliert, signalisiert es dem Magen, er solle das zuletzt im Verdauungstrakt Angekommene wieder hochschicken. Die Liste von Faktoren, die Übelkeit und Erbrechen auslösen können, ist recht lang. Das fängt bei zu reichlichem Essen und – vor allem – mehr Alkoholgenuss an, als der Körper verkraften kann. Abscheuliche Gerüche, emotionaler Stress und bestimmte Medikamente können Sie ebenso zum Würgen bringen wie eine Vielzahl von Krankheiten wie Geschwüre, Gallensteine und Kopfverletzungen bis hin zu Migräne und Magengrippe.

Der Preis des Reisens

Die Achterbahn ist ein gutes Beispiel für eine verbreitete Ursache von Übelkeit und Erbrechen – die Reise oder Bewegungskrankheit. Betroffen sind bis zu 90 Prozent der Menschen, aber niemand weiß wirklich, warum einige Menschen weniger dafür anfällig zu sein scheinen und warum die Neigung dazu mit zunehmendem Alter manchmal abnehmen kann.

Reisekrankheit tritt auf, wenn der Körper sich einer Bewegung nicht richtig anpassen kann. Das Innenohr enthält ein empfindliches Netzwerk von Kanälen und Säckchen, die mit Flüssigkeit gefüllt sind und als Vestibularorgan bezeichnet werden. Dieses System hat die Aufgabe, das Gleichgewicht halten zu helfen, indem es die Bewegungen des Körpers verfolgt.

Das Problem ist nun, dass das Gehirn, wenn Sie sich beispielsweise auf einem schaukelnden Schiff befinden, widersprüchliche Botschaften von den Augen und dem Vestibularorgan

Der Verdauungsprozess

Im Mund wird die Nahrung von den Zähnen zerkleinert und vom Speichel mit einem Enzym, das die Stärke aufschließt, durchtränkt. Die Muskeln der Speiseröhre befördern alles in den Magen, wo es von Muskeln geknetet und von starker Säure zersetzt wird. Im Zwölffingerdarm werden der inzwischen breiigen Mischung Enzyme und Verdauungssubstanzen aus Bauchspeicheldrüse, Leber und Gallenblase zugesetzt. Während der Passage durch den Dünndarm gelangt der größte Teil des Wassers und der Nährstoffe ins Blut.

Der verbleibende Brei wandert durch den Dickdarm zum Darmausgang und wird, sobald sich eine ausreichende Menge davon angesammelt hat, als Stuhl ausgeschieden.

▲ *Ein Röntgenbild zeigt die J.förmige Kurve des Magens. Dieses Organ ist eine wichtige Station der Verdauung.*

> **„Ein großer Schritt in Richtung Unabhängigkeit ist ein gut gelaunter Magen."**
> Seneca, römischer Dramatiker

erhält. Die Augen signalisieren dem Gehirn, dass Sie sich nicht bewegen, während das Innenohr ihm erzählt, dass Sie sich sehr wohl bewegen. Die sich daraus ergebende Verwirrung im Gehirn kann zu Schwindel und dieser wiederum zum Erbrechen führen.

Vorbeugung

Jede Reiseart kann potentiell Reisekrankheit verursachen, was die Wahl des Urlaubsziels erschweren kann, wenn Sie besonders anfällig für diesen Zustand sind. Es gibt jedoch eine Reihe von Maßnahmen, die man vorbeugend ergreifen kann. Als wichtigste Strategie sollte man so gut wie möglich von den Sinnen profitieren, damit die Bewegungen ein Spiegel der Außenwelt sind.

Nachfolgend erfahren Sie einige Möglichkeiten, wie das aussehen kann:

- Versuchen Sie, besser geradeaus auf den Horizont oder ein Objekt in der Ferne zu schauen als ein naheliegendes, feststehendes Objekt zu fixieren. Sie sollten während der Reise also möglichst nicht lesen, geben Sie die Landkarte einem anderen Passagier. Wenn Sie Mitfahrer in einem Auto sind, schauen Sie nicht aus dem Seitenfenster auf die vorbeisausenden Telefonmasten und Bäume.
- Wählen Sie bei allen Transportarten einen Platz, an dem die Auswirkungen der Bewegung möglichst gering sind. Im Auto ist das der Vordersitz, wobei eine Route mit möglichst wenig „Stop-and-go-Verkehr" gewählt werden sollte. Setzen Sie sich im Bus ein paar Reihen von der Tür entfernt oder, falls der Einstieg hinten ist, möglichst weit nach vorne. Im Flugzeug, Zug oder Schiff ist ein Platz in der Mitte am besten.
- Halten Sie Ihren Kopf möglichst ruhig. Wenn Sie herumschauen möchten, sollten Sie nur die Augen und nicht den Kopf bewegen.
- Machen Sie sich mit der eventuell auftretenden Reisekrankheit nicht verrückt. Angst kann das Ganze verschlimmern und viele Menschen steigern sich regelrecht in die Krankheit hinein.
- Sorgen Sie für ausreichend frische Luft. Jeder unangenehme Geruch oder stickige Luft kann die Reisekrankheit auslösen.
- Eine kleine, fettarme Mahlzeit vor dem Start kann günstig sein. Meiden Sie schwere Speisen vor einer Reise.
- Verkneifen Sie sich in jedem Fall Nikotin und Alkohol. Diese belasten den Magen und verschlimmern den Schwindel zusätzlich.
- Nehmen Sie ein Medikament ein. Es gibt ein rezeptfreies Mittel mit dem Wirkstoff Dimenhydrinat, der die chemische Botschaft vom Innenohr zum Gehirn stoppt, durch welche das Erbrechen ausgelöst wird. Es gibt zudem mehrere verschreibungspflichtige Mittel, die der Arzt Ihnen verordnen kann, wenn die Übelkeit anhält.

Vorsicht vor Verdorbenem!

Wenn die Nahrung, die Sie zu sich nehmen, Krankheitserreger enthält, wird Ihr Körper entsprechend reagieren und diese Nahrung entweder in Form von Erbrechen durch den Mund oder in Form von Durchfall am anderen Ende des Körpers ausscheiden. Ärzte unterscheiden zwischen einer Lebensmittelvergiftung – bei der sich die Keime bereits vor dem Essen in der Nahrung vermehrt haben – und einer

Übelkeit und Erbrechen erfolgreich überwinden

Es ist unleugbar, dass Übelkeit und Erbrechen sehr unangenehm sind, aber manchmal ist es besser, schnell alles los zu werden und der Fall ist erledigt.

Übelkeit
Wenn Ihnen übel ist und Sie nicht brechen können – oder es lieber nicht möchten – kann es hilfreich sein, Cracker, Zwieback oder etwas anderes stärkehaltiges zu knabbern oder Eiswürfel zu lutschen oder sehr langsam ein ausgesprudeltes kohlensäurehaltiges Getränk zu schlürfen, zum Beispiel Coca Cola. Dieses Heilmittel ist so beliebt, dass es sogar ein rezeptfrei erhältliches Produkt namens Emetrol gibt, das mehr oder weniger dieselben Bestandteile enthält. Ein anderes Produkt, PeptoBismol, hilft bei Übelkeit nach übermäßigem Alkoholgenuss; bedenken Sie aber, dass Ihr Stuhl sich dadurch schwarz verfärben kann.

Erbrechen
Wenn Sie sich übergeben müssen, signalisiert Ihnen Ihr Magen damit wahrscheinlich, dass Sie am besten mehrere Stunden nichts essen sollten. Folgen Sie dem Rat des Magens. Gut ist allerdings, wenn Sie klare Flüssigkeit wie Wasser oder Tee in kleinen Schlückchen zu sich nehmen. Diese Flüssigkeiten helfen, einer Austrocknung des Körpers vorzubeugen, die bei Erbrechen zum Problem werden kann. Sportgetränke wie Isostar sind besonders geeignet, da sie auch Mineralstoffe wie Natrium und Kalium enthalten.

Nach dem Erbrechen werden sie sich wahrscheinlich geschwächt fühlen. Legen Sie sich ein Weilchen hin und machen Sie es sich auf dem Sofa gemütlich, bis Ihre Kräfte zurückkehren.

Wenn Sie sich nach dem Brechen wieder besser fühlen, steigern Sie langsam die Trinkmenge. Schließlich können Sie allmählich von klarer Flüssigkeit auf milde, leicht verdauliche Speisen übergehen. Je nachdem wie Sie sich fühlen, sollten Sie diese ein wenig langweilige Diät zwölf bis 48 Stunden beibehalten, bis alle Symptome restlos abgeklungen sind.

nahrungsmittelbedingten Infektion – bei der sich die Keime in der Nahrung befinden, das Bakterienwachstum aber erst im Körper erfolgt.

Die Art der Keime entscheidet darüber, wie viel Zeit zwischen der Aufnahme und dem Ausbruch der Symptome verstreicht, wobei die Symptome unterschiedlich sein können.

Abhängig von der Art des Agens können Sie in jeglicher Kombination unter Durchfall, Erbrechen, Bauchkrämpfen und grippeähnlichen Symptomen leiden. Wenn Ihr allgemeiner Gesundheitszustand gut ist, ist die Sache nach etwa sechs Stunden ausgestanden. Bei Menschen mit angegriffener Gesundheit jedoch, wie Diabetikern, AIDS oder Leberkranken, können sich ernste Komplikationen ergeben und sie sollten zum Arzt gehen.

Gefährliche Erreger

Das Bakterium Salmonella typhimurium löst jedes Jahr eine Vielzahl von Mageninfektionen aus. Meist stehen diese Erkrankungen in Zusammenhang mit dem Verzehr roher Eiern und anderer tierischer Produkte. Über 1 400 verschiedene Salmonellenarten sind bekannt.

Das Bakterium wächst in einem breiten Temperaturbereich und ist ein Überlebenskünstler, denn es übersteht sowohl Einfrieren als auch Gefriertrocknen. Denken Sie also beim Verzehr der entsprechenden Speisen daran: Das einzige, was es nicht überlebt, ist die Hitze bei gründlichem Kochen.

Eine Infektion mit dem Bakterium Listeria kann unangenehme Folgen haben bis hin zu Meningitis und Gehirnabszess, wenn auch gewöhnlich nur bei Kindern, Schwangeren und älteren Menschen mit angegriffener Gesundheit. Der Erreger kommt in

Hätten Sie's gewusst?

F: Wie viele Menschen sterben in Großbritannien jährlich an einer Lebensmittelvergiftung?

A: 100 bis 200.

Raus aus der Gefahrenzone

Mit einem kleinen Zahlenspiel können Sie dafür sorgen, dass Ihre Nahrungsmittel sicher aufbewahrt werden. Ein einprägsames numerisches Trio, das man im Kopf haben sollte, ist zwei, vier und 60. Warum? Weil Sie kein Fleisch, keinen Salat, keine Milchprodukte, Füllungen oder andere leicht verderbliche Speisen essen sollten, die länger als zwei Stunden bei Temperaturen zwischen 4° und 60° C aufbewahrt wurden. Das heißt, Sie sollten Fleisch entweder langsam im Kühlschrank oder schnell in der Mikrowelle auftauen.

Der Kühlschrank sollte auf höchstens 4° C eingestellt sein. Für die Kühltruhe lautet die magische Zahl 18°C oder darunter. Prüfen Sie das mit einem Thermometer.

- Waschen Sie sich vor dem Kochen die Hände.
- Frieren Sie leicht verderbliche Speisen und Essensreste schnellstmöglich ein.
- Schneiden Sie auf dem Schneidbrett, auf dem Sie soeben rohes Fleisch zubereitet haben, keine Zutaten für den Salat. Auf diese Weise übertragen Sie die Bakterien.
- Seien Sie vorsichtig mit Speisen, die häufig bei Lebensmittelvergiftungen und nahrungsmittelbedingten Infektionen eine Rolle spielen, wie Hühnchen, Milch (besonders unpasteurisierter), Hackfleisch, Eiern und Meeresfrüchten.

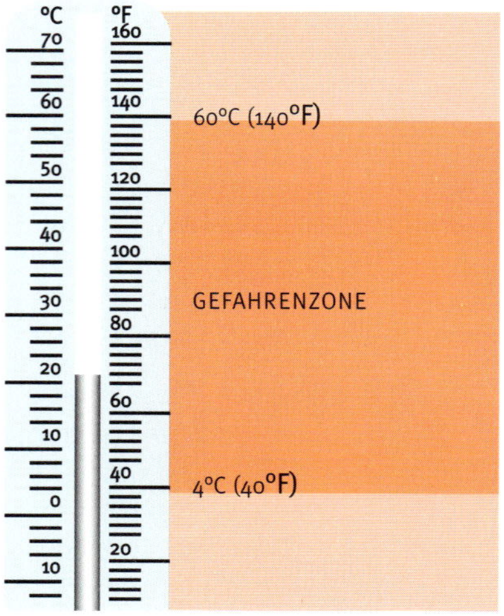

▲ *Bakterien, die zu einer Lebensmittelvergiftung führen, wachsen am besten bei Temperaturen zwischen 4° und 60° C. Bewahren Sie Lebensmittel kälter auf.*

▲ *Kochen Sie zur Sicherheit Speisen immer bei einer ausreichend hohen Temperatur, um eventuell vorhandene Bakterien abtöten zu können.*

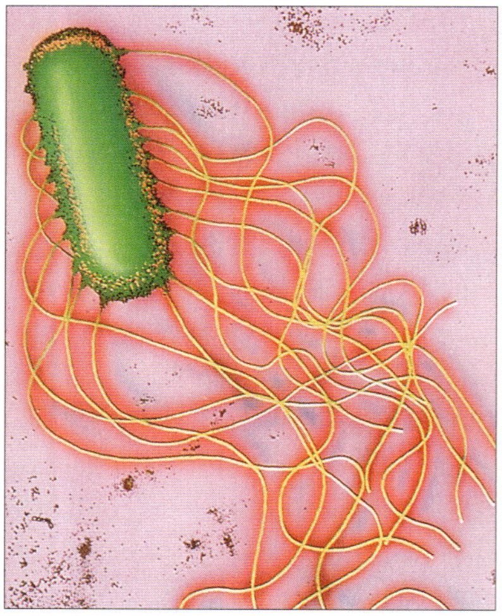

▲ *Das Bakterium Salmonella ist eine der Hauptursachen für Lebensmittelvergiftungen. Die peitschenähnlichen Schwänze dienen der Fortbewegung.*

Übelkeit durch ein Durcheinander von Getränken?

Schenkt man der Volksweisheit Glauben, kann man so viel Alkohol trinken wie man möchte, ohne einen Kater zu bekommen, so lange man bei einer Getränkesorte bleibt. Eine Variante dieser eher zweifelhaften überlieferten Weisheit geht sogar so weit zu behaupten, dass es Ihnen gut gehen wird, wenn Sie die Getränke in einer bestimmten Reihenfolge trinken – „Wein auf Bier, das rat ich dir."

Leider scheint die medizinische Wissenschaft keine dieser Aussagen zu bestätigen. Alkohol ist Alkohol und wenn Sie zu viel davon trinken, fühlen Sie sich elend. Es gibt auch die Ansicht, dass die chemischen Stoffe, die in dunkleren alkoholischen Getränken vorherrschen, angeblich den Kater verstärken. Bisher ist auch das nur reine Theorie.

unpasteurisierter Milch und Rohmilchkäse vor.

Campylobacter jejuni findet sich in Geflügel, Rind, Schweine und Schaffleisch sowie in Wasser.

Shigella ist der Erreger der Ruhr und wird durch mangelnde Hygiene bei der Zubereitung von Speisen verbreitet.

Vibrio parahaemolyticus ist ein Bakterium, das im Meer und damit in rohen Meeresfrüchten wie Austern vorkommt. Es ist bekannt, dass rohe Schalentiere, die mit dem Bakterium infiziert sind, beim Menschen sogar Hepatitis auslösen können.

Clostridium botulinum, oder auch Botulinus, ist ein sehr gefährlicher Erreger, der ein Gift produziert, das das zentrale und periphere Nervensystem schädigt und zum Tod führen kann. Er tritt in Nahrungsmitteln auf, die beim Einmachen nicht völlig sterilisiert wurden.

Staphylokokken, die Erbrechen auslösen, können in Nahrungsmittel gelangen, die mit einer offenen Wunde in Kontakt gekommen sind. Das ist der Fall, wenn der Lebensmittelverkäufer eine Verletzung an der Hand hat und in Kontakt mit der offenen Ware kommt.

Ein Krankeitserreger, über den man in der Presse viel gehört hat, weil Menschen durch verunreinigtes, ungenügend gegartes Fleisch krank wurden, ist Escherichia coli, besser bekannt als E. coli.

Dabei handelt es sich um einen Mikroorganismus, der auch im Darmtrakt von Mensch und Tier lebt und sich leicht weiter verbreitet. In einigen Extremfällen kann er zum Tod führen – auch hier sind wieder vorwiegend Kinder oder Menschen mit bereits angegriffener Gesundheit betroffen. Einige Stämme von E. coli verursachen die üblicherweise als Reisedurchfall bekannten Beschwerden.

Vorbeugung

Sie sollten wissen, dass man den Kontakt mit solchen Krankheitserregern durch einige vorbeugende Maßnahmen vermeiden kann.

Waschen Sie Obst und Gemüse vor dem Verzehr immer gründlich, insbesondere importierte Früchte außerhalb der Saison, also beispielsweise Himbeeren im Frühling.

Kochen und braten Sie gefährliche Speisen immer gut durch. Besondere Vorsicht ist in einigen Urlaubsländern geboten.

Trinken Sie in Ländern, in denen häufig Mikroben vorkommen, ausschließlich Mineralwasser aus der Flasche. Dazu gehört auch, dass Sie auf Eiswürfel in allen Getränken verzichten und bei einer Abenteuerreise nicht aus einem kühlen Bach trinken. Seien Sie vorsichtig mit Salaten und Obst. Es empfiehlt sich, Obst zu schälen und keine Rohkostsalate zu essen.

Wenn Sie diese Regeln befolgen, wird Ihnen „Montezumas Rache" im Urlaub mit einiger Sicherheit erspart bleiben.

Besser zum Arzt

Wenn Ihnen sehr übel ist, sprechen Sie mit Ihrem Arzt, der Ihnen ein Medikament empfehlen kann. Wenn die Übelkeit anhält, lassen Sie sich auf ein Geschwür untersuchen.

Erbrechen ist gewöhnlich kein Anzeichen für ein ernstes Problem. Rufen Sie Ihren Arzt jedoch an, wenn das Erbrechen schwer und heftig ist oder länger als 24 Stunden anhält. Wenn Sie den Verdacht haben, das Problem könnte durch ein Medikament verursacht worden sein oder wenn das Erbrochene Blut enthält – was wie roter oder schwarzer Kaffeesatz aussehen kann – gehen Sie sofort zum Arzt. Nehmen Sie auch umgehend ärztliche Hilfe in Anspruch, wenn Erbrechen und Übelkeit nach einer Kopfverletzung auftreten.

Ärztliche Hilfe ist ratsam, wenn Übelkeit oder Erbrechen von anderen Symptomen begleitet werden. Warnzeichen sind: Brustschmerzen, Herzklopfen, Kurzatmigkeit, starke Kopfschmerzen, Kontakt mit Umweltgiften, Sehstörungen, Bauchschmerzen, Kreuzschmerzen oder Schmerzen im unteren Brustbereich. Wenn Erbrechen von Fieber und zunehmenden Schmerzen im rechten Unterbauch begleitet wird, sollen Sie sich schnellstmöglich auf eine Blinddarmentzündung untersuchen lassen.

Durchfall und Verstopfung

Ein regelmäßiger Stuhlgang ist Voraussetzung für ein gesundes Wohlbefinden. Verdauungsprobleme sind lästig, sie können in den meisten Fällen jedoch schnell und ohne großen Aufwand wieder behoben werden.

Symptom-Schlüssel

Durchfall

Bei Durchfall müssen Sie häufiger die Toilette aufsuchen und der Stuhl ist dünn und wässerig. Noch schlimmer ist es, wenn Durchfall auch von Übelkeit und Bauchschmerzen oder -krämpfen begleitet wird. Wenn Sie zudem Fieber, Schüttelfrost, Erbrechen, Schwindelgefühl oder Bauchschmerzen haben, die durch den Abgang von Gasen und Stuhl nicht nachlassen, müssen Sie einen Arzt aufsuchen. Dies gilt auch für Durchfälle, die schwarz oder blutig aussehen und für schweren Durchfall, der zwei Tage lang anhält oder leichten Durchfall, der ohne ersichtlichen Grund länger als eine Woche dauert.

Verstopfung

Der Stuhl ist hart, trocken und geht schwer ab. Es können Krämpfe und Schmerzen im Rektum auftreten und im Stuhl können kleine Mengen von hellrotem Blut zu beobachten sein, die beim Herausdrücken der Fäzes durch Analrisse entstehen.

Rauf auf den Thron, runter vom Thron

Verstopfung gehört bei Männern zu den verbreitetsten Verdauungsbeschwerden und ist bei einigen sogar ein chronisches Problem. Der Kolon oder Dickdarm kann zu einer echten Pein werden, wenn er nicht richtig funktioniert.

Der Dickdarm erhält die Nahrungsreste, wenn der Dünndarm die Extraktion der Nährstoffe beendet hat. Dieser unverdauliche Rest wird durch Muskelkontraktionen, die etwa zweimal pro Stunde erfolgen, durch den Dickdarm geschoben. Die Reise durch den Dickdarm kann zwischen zehn Stunden und mehreren Tagen dauern, währenddessen werden Wasser und Mineralsalze, die sich in dem Nahrungsrest befinden, durch die dünne Wand des Dickdarms resorbiert.

Wenn der unverdauliche Rest das Rektum erreicht – eine 12,5 cm lange Röhre, die den verfestigten Abfall lagert – hat er sich in Stuhl oder Fäzes verwandelt. Im Idealfall sollte der Stuhl die Konsistenz von festem Hüttenkäse haben.

Den Dickdarm pflegen

Die Gesunderhaltung des Dickdarms ist eine relativ einfache Geschichte, wenn Sie sich gesund ernähren, viel Wasser trinken und sich regelmäßig bewegen.

Eine gesunde Ernährung bedeutet viel Obst, Gemüse und Getreide. Diese Nahrungsmittel stellen sicher, dass der Dickdarm mit großen Mengen Ballaststoffen versorgt wird. Ballaststoffe – der unverdauliche Teil pflanzlicher Nahrung – beschleunigen die Bewegung der Nahrung durch den Dickdarm, resorbieren Wasser und halten den Stuhl weich und geschmeidig. Ärzte empfehlen die tägliche Aufnahme von 20–30 g Ballaststoffen. Decken Sie den Tagesbedarf durch eine ausgewogene Ernährung mit mindestens fünf Obst- und Gemüseportionen und sechs Portionen Brot, Getreide und Vollkorn.

Die Lage des Dickdarms

Der Kolon(Dickdarm) ist eine muskuläre Röhre, die 150 cm lang und 5 cm im Durchmesser ist.

Seine Aufgabe ist es, feste Nahrungsreste zu bilden, die den Körper verlassen können.
Er beginnt rechts unten im Bauch und beschreibt die Form eines „M“ während er sich durch den Bauch windet und schließlich zum Rektum führt.
Hier verlassen die Ausscheidungen in Form des Stuhls den Körper.

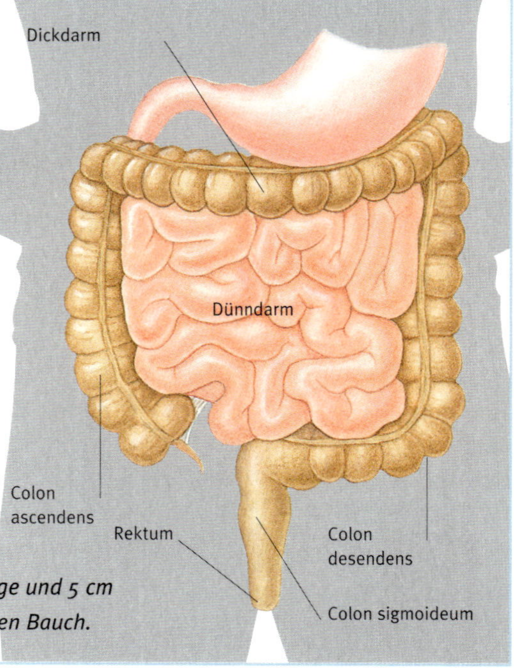

► *Der Dickdarm, eine 150 cm lange und 5 cm weite Röhre, windet sich durch den Bauch.*

Divertikulitis

Divertikel sind kleine, sackähnliche Taschen, die sich in der Dickdarmwand bilden können. Der Zugang zu einer Tasche befindet sich im Dickdarm, während das Säckchen aus dem Dickdarm heraushängt und leicht in den Bauchraum ragt.
Divertikulose – das Vorhandensein dieser Säckchen – ist ein äußerst verbreiteter Zustand in den Industrieländern und könnte mit der Ernährung zusammenhängen.

Normalerweise verursachen die Divertikel kaum Probleme, in einigen Fällen infizieren und entzünden sie sich und verursachen die schmerzhafte und potenziell gefährliche Divertikulitis. Eine Divertikulitis bringt Durchfall oder Verstopfung mit sich; es entstehen auch starke Schmerzen, im allgemeinen im linken unteren Bauchbereich, gelegentlich aber auch an anderer Stelle. Die Krankheit muss ärztlich behandelt werden; gewöhnlich werden Antibiotika und vorübergehend eine ballaststoffarme Diät verordnet.

Die Vorbeugung von Divertikulitis-Anfällen scheint in einer ballaststoffreichen Ernährung zu liegen. In einer Studie wurde festgestellt, dass zehn Prozent der Patienten, die sich nach einem Divertikulitis-Anfall auf eine ballaststoffreiche Ernährung umgestellt hatten, weniger häufig Symptome feststellten.

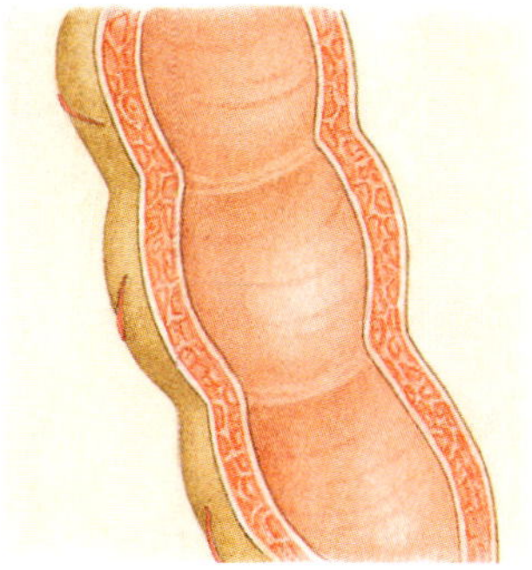

▲ *Normaler Dickdarm mit weiter Passage und ohne Taschen.*

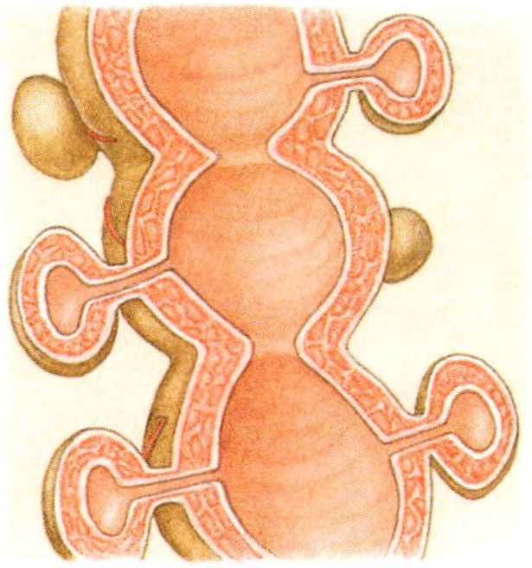

▲ *Dickdarm mit Taschen, so genannten Divertikeln.*

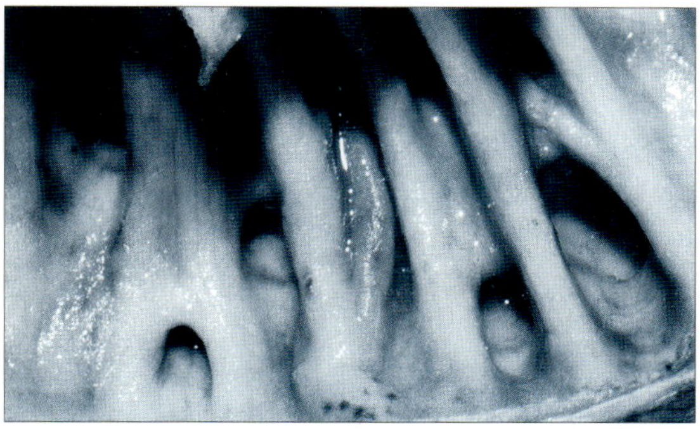

▲ *Innenansicht: Der Querschnitt zeigt die Taschenbildung eines von Divertikulitis befallenen Dickdarms.*

Schränken Sie Ihren Fettkonsum ein, da Fett schwerer verdaulich ist. Seien Sie aber vorsichtig mit fettarmen Produkten, die häufig sehr viel Zucker enthalten und ebenfalls schwer verdaulich sein können.

Wasser und andere Flüssigkeiten sind wichtig, weil sie zusammen mit den Ballaststoffen die Nahrung durch den Dickdarm spülen und den Stuhl weich halten. Trinken Sie pro Tag sechs bis acht mal 1/4 Liter Flüssigkeit. Beschränken Sie Ihren Kaffeekonsum auf zwei Tassen täglich, da Kaffee Öle enthält, die die Schleimhaut des Dickdarms reizen können.

Außerdem sollten Sie für regelmäßige körperliche Bewegung sorgen, um den Verdauungstrakt anzuregen und die Nahrung durch den Dickdarm zu befördern. Durch körperliche Betätigung lässt sich auch das Risiko einiger Dickdarmerkrankungen senken.

Dickdarmprobleme

Bedenkt man, mit wie viel Keimen, Stress und schwer verdaulichen Nahrungsmitteln unser Dickdarm fertig werden muss, überrascht es nicht, dass selbst ein im allgemeinen gesunder und zufriedener Dickdarm von Zeit zu Zeit aufbegehrt. Die verbreitetsten Symptome eines unzufriedenen Dickdarms sind Durchfall und Verstopfung.

Durchfall

Diarrhöe – eine Zunahme der Häufigkeit von Stuhlgang und der Abgang von lockerem, wässerigem Stuhl – tritt ein, wenn die Darmmuskeln verkrampfen und die Nahrung zu schnell transportieren, so dass der Körper die Nährstoffe und das Wasser nicht resorbieren kann. Die Krämpfe werden häufig durch Keime ausgelöst, die den Darm erreichen – das können zum Beispiel Grippeviren oder Keime in verunreinigtem Essen sein. Mit Hilfe des Durchfalls befreit sich der Körper auf seine Art von den fremden Organismen.

Die Krämpfe können auch durch eine Menge anderer Faktoren ausgelöst werden, einschließlich Stress, Angst, stark gewürzten Speisen und Lebensmittelallergien oder -unverträglichkeiten, häufig auf Milch oder Milchprodukte. Auch körperliche Betätigung direkt nach dem Essen kann zu Durchfall führen.

Verstopfung

Der Stuhl kann hart und trocken sein und in wirklich schweren Fällen bleibt er im Rektum stecken. Verstopfung entsteht meist durch zu wenig Ballaststoffe in der Nahrung, zu wenig körperliche Bewegung und zu geringen Wasserkonsum. Zu den weiteren Ursachen gehören Reisen, Stress, Antidepressiva und Schmerz-

Darmentzündung

Colitis ulcerosa ist gekennzeichnet durch mikroskopisch kleine Geschwüre, die sich im Dickdarm entwickeln und zu Durchfall, Bauchschmerzen und rektalen Blutungen führen.
Bei der Crohn-Krankheit ist das gesamte Verdauungssystem von der Speiseröhre bis zum Dickdarm entzündet, wobei allerdings der Dickdarm am stärksten betroffen ist.

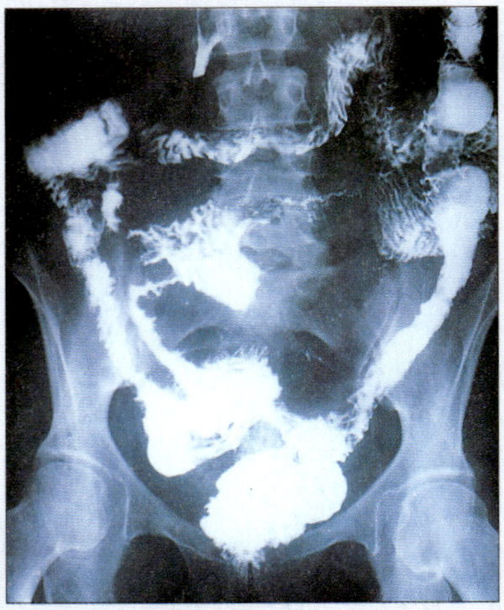

► *Röntgenaufnahme eines Patienten, der an der Crohn-Krankheit leidet. Man erkennt die typischen Verengungen.*

mittel sowie aluminiumhaltige Antacida.

Eine weitere einfache Ursache kann es aber auch sein, dass man dem Ruf der Natur nicht Folge leistet. Wie ein Arzt sagte, ist Verstopfung meist das Ergebnis des verspäteten Ganges zur Toilette nach einem entsprechenden Körpersignal. Je länger der Stuhl im Rektum bleibt, desto stärker kann er austrocknen. Das heißt also: Wenn Sie mit dem Stuhlgang zu lange warten, beginnt der Körper, Wasser aus dem Stuhl zu resorbieren, so dass er hart, trocken und schwierig auszuscheiden ist.

Ein Mensch hat zwischen dreimal täglich und dreimal wöchentlich Stuhlgang. Wenn Sie nur drei- bis viermal pro Woche Stuhlgang haben, der Stuhl aber locker und weich wie Hüttenkäse ist, haben Sie keine Verstopfung.

Divertikel

Divertikel sind kleine Säckchen, die sich in der Dickdarmwand bilden.

Divertikulose, das Vorhandensein solcher Säckchen, ist gewöhnlich harmlos, auch wenn die Divertikel gelegentlich Beschwerden verursachen können. In etwa 5 Prozent der Fälle infizieren und entzünden sich die Säckchen und führen zu einer schmerzhaften, ernsten Erkrankung, der so genannten Divertikulitis.

Reizkolon

Colon irritabile oder colon spasticum ist ein Sammelbegriff für die Beschwerden Durchfall, Verstopfung oder Magenschmerzen und -krämpfe, die durch ein reizbares Verdauungssystem verursacht werden.

Dickdarmkrebs

Zusammen mit Rektumkrebs steht der Dickdarmkrebs an neunter Stelle der Todesursachen beim Mann. Glücklicherweise kann man ihn frühzeitig entdecken und behandeln.

Dickdarmkrebs geht manchmal ein Wachstum voraus, das man als Polypen kennt. Sie sind anfangs nicht bösartig, mit der Zeit aber – typischerweise nach etwa fünf Jahren – können einige bösartig werden. Die Entdeckung von Polypen und dadurch auch Krebs ist relativ einfach mit einem flexiblen Rektosigmoidoskop – einer dünnen, biegsamen Röhre mit Beleuchtung und Linse, die der Arzt durch das Rektum einführt. So kann er das untere Drittel des Dickdarms untersuchen. Über die Hälfte der Tumore treten in diesem Abschnitt auf. Werden bei der Untersuchung Polypen festgestellt, ist der nächste Schritt eine Kolonoskopie. Hierfür wird ein Instrument ähnlich dem flexiblen Rektosigmoidoskop benützt. Es ermöglicht dem Arzt,

Die besten Behandlungen bei Durchfall und Verstopfung

Durchfall
Gönnen Sie Ihrem Verdauungssystem Ruhe. Beschränken Sie Ihre Ernährung auf milde Speisen wie Reis und Bananen, bis es Ihnen besser geht. Sie sollten auch Milchprodukte, stark gewürzte Speisen, Obst, Alkohol und Kaffee meiden, so lange Sie sich krank fühlen – aber nicht länger. Wie beim Erbrechen kann auch hier die Austrocknung ein Problem werden, daher müssen Sie reichlich klare Flüssigkeit zu sich nehmen.

Da der Körper häufig einen Fehler im System durch Durchfall beseitigt, sollten Sie in den ersten sechs Stunden kein Medikament gegen Durchfall einnehmen. Es gibt drei Arten von Medikamenten: Stuhlverdicker, die Kleie oder Obstpektin enthalten (KaolinZubereitungen), Produkte, die die Darmkrämpfe verlangsamen (suchen Sie nach dem Wirkstoff Loperamid) und Produkte, die beide Substanzen enthalten. Nehmen Sie aber keines dieser Medikamente, wenn Sie Fieber haben.

Verstopfung
Die beste Behandlung bei ständiger Verstopfung ist Vorbeugung durch eine ballaststoffreiche, fettarme Ernährung, sehr viel Wasser und regelmäßige Bewegung. Bei gelegentlicher Verstopfung trinken Sie vier zusätzliche Gläser Wasser pro Tag, insbesondere morgens. Falls Sie es versäumen, gleichzeitig mit der erhöhten Ballaststoffaufnahme auch die Wasserzufuhr zu steigern, verschlimmert sich das Problem noch.

Im Notfall können Sie auch einmal auf ein Abführmittel zurückzugreifen. Bedenken Sie, dass Produkte, die die Stuhlmenge erhöhen und dem Stuhl Wasser zuführen, den anregenden Mitteln vorzuziehen sind.

Gefahr für den Dickdarm

Durchfall, Verstopfung, Krämpfe, Bauchschmerzen und weitere Symptome einer Dickdarmstörung werden am häufigsten durch ungesunde Essgewohnheiten (zu wenig Ballaststoffe) oder Viren und Bakterien verursacht, die in den Verdauungstrakt eindringen.

Es gibt aber auch ernstere Erkrankungen, die den Dickdarm betreffen können und ärztlich behandelt werden müssen. Im allgemeinen sollten Sie sich untersuchen lassen, wenn Sie irgendeine Änderung beim Stuhlgang feststellen, die länger als eine Woche oder zehn Tage anhält. Sie sollten auch einen Arzt aufsuchen, wenn Sie eine Blutung bemerken, die nicht durch Verstopfung oder Hämorrhoiden verursacht wird, oder wenn Sie Schmerzen unklarer Ursache haben. Auch Fieber oder Bauchschmerzen mit Durchfall geben Anlass zu Besorgnis.

Krankheit	Symptome	Ursachen	Behandlung
Reizkolon	Durchfall, Verstopfung oder wechselweise; Bauchschmerzen; Blähungen; Müdigkeit.	Unbekannt; Stress und Mangelernährung stehen in Verdacht.	Ernährungsumstellung; Bewegung; Stressbewältigung; psychologische Beratung.
Colitis ulcerosa	Durchfall; Bauchschmerzen; Bauchkrämpfe; in seltenen Fällen Blut im Stuhl.	unbekannt	Ernährungsumstellung; Stressabbau; Medikamente; OP.
Crohn-Krankheit	Durchfall, Verstopfung; Bauchschmerzen; Blut im Stuhl; Gewichtsverlust; Fieber;	unbekannt	Ernährungsumstellung; Stressbewältigung; Medikamente; Operation.
Divertikulitis	Schmerzen, häufig links unten im Bauch; Durchfall oder Verstopfung; Übelkeit, Fieber; Schüttelfrost.	Infektion der Divertikel, kleiner Täschchen, die sich in der Dickdarmwand entwickeln.	Antibiotika; ballaststoffarme Ernährung, um dem Dickdarm Ruhe zu gönnen.
Dickdarmkrebs	Anhaltender Durchfall oder Verstopfung; schwarzer, teeriger Stuhl oder Blutung aus dem Rektum; langer, dünner Stuhl; Gefühl, den Stuhl nicht entleeren zu können; Müdigkeit; Gewichts- oder Appetitverlust.	Gewöhnlich Polypen im Dickdarm, die bösartig werden. Colitis ulcerosa (siehe oben).	Operative Entfernung des kranken Abschnitts; Kolostomie, d. h. Ausleiten des Dickdarms zur Körperoberfläche; Bestrahlung und Chemotherapie.

weiter in den Dickdarm hinein zu schauen und er kann mit dem Instrument sogar Polypen entfernen.

Alle Männer in deren Familie Dickdarmkrebs aufgetreten ist, sollten sich untersuchen lassen. Männer, die eine rektale Blutung oder Veränderung des Stuhlgangs feststellen, sollten auch ärztlichen Rat einholen. Der übliche diagnostische Test hierfür ist eine Kolonoskopie.

Hämorrhoiden

Sie haben soeben trockenen, harten Stuhl abgesetzt, wahrscheinlich haben Sie stark gepresst. Beim Aufstehen haben Sie das Gefühl, als befände sich zwischen Ihren Hinterbacken ein kleines Ei. Sie haben Hämorrhoiden.

Hämorrhoiden sind schwammartige Blutgefäße, die im oberen Analkanal liegen. Jeder Mensch hat sie. Manchmal entzünden sie sich und schwellen an. Durch den Druck beim Stuhl absetzen können sie aus dem After herausrutschen.

Obwohl sie selten ernst sind und gewöhnlich nach ein paar Tagen abschwellen, sind entzündete Hämorrhoiden sehr empfindlich und können bluten.

Rezeptfrei erhältliche Hämorrhoidenmittel lindern die Beschwerden, sie machen den Analbereich geschmeidiger, lassen die Hämorrhoiden aber nicht schrumpfen oder rasch abheilen. Sie können es auch mit heißen Bädern probieren.

Granaten für den Darm

Ärzte sagen es gäbe keinen Grund, nicht gelegentlich Abführmitel einzunehmen. Sie sollten aber bedenken, dass diese Mittel abhängig machen und die Verstopfung langfristig verschlimmern, weil sie die Darmmuskeln schwächen.

Wenn Sie wirklich einmal nachhelfen müssen, sind volumenvergrößernde Mitel, die einen Wirkstoff wie Psyllium enthalten, um den Stuhl mit Wasser anzureichern, damit er leichter ausgeschieden werden kann, den stimulierenden Laxativa vorzuziehen. Diese enthalten Phenolphtalein oder Senna, das die Stuhlpassage durch Anregung des Dickdarms beschleunigt.

Gewichtsprobleme

Sie fassen nach Ihrer Lieblingsjeans im Kleiderschrank, schlüpfen hinein und die Hose spannt ein bisschen um Po und Taille. Sie müssen die Luft anhalten, um den Knopf schließen zu können. Auch ohne im Bad auf die Waage zu steigen wissen Sie, dass Sie zugenommen haben.

Symptom-Schlüssel

Die Ursachen für eine Gewichtsveränderung können unterschiedlich sein, manchmal werden Gewichtsverluste oder -zunahmen aber durch besondere Umstände ausgelöst.

Stress, der zu übermäßigem Essen verführt, kann einige Extrapfunde mit sich bringen, während Verdauungsstörungen im Zusammenhang mit einer Magengrippe häufig zu einem raschen Gewichtsverlust führen.

Medizinische Störungen, angefangen von Diabetes bis zu einer HIV-Infektion, sind gelegentliche Ursachen von Gewichtszunahme oder -abnahme, wobei diese Art der Gewichtsschwankung gewöhnlich von vielen anderen Symptomen begleitet wird, die je nach der betreffenden Erkrankung unterschiedlich sein. können.

Kampf dem Bauch

Wie jeder, der sich häufig wiegt, Ihnen bestätigen kann, schwankt das Körpergewicht jedes Menschen leicht von Tag zu Tag, unabhängig von der Ernährung. So können Sie an einem Tag etwa 500 g abnehmen, weil Sie stark geschwitzt haben oder ein paar Hundert Gramm zunehmen, weil Sie nach dem Genuß salziger Speisen Flüssigkeit eingelagert haben.

Deutliche oder langfristige Gewichtsab- und -zunahmen jedoch werden praktisch immer durch drei Faktoren verursacht – Ernährung, körperliche Bewegung und Stoffwechsel. Je nach Ihrer körperlichen Aktivität und Ihrem Normalumsatz hat Ihr Körper einen bestimmten Energiebedarf. Essen Sie mehr, als zur Deckung dieses Bedarfs erforderlich ist, nehmen Sie zu und wenn Sie weniger essen, nehmen Sie ab.

Von den drei genannten Faktoren sind Ernährung und körperliche Aktivität die wichtigsten Verursacher von Gewichtsab- beziehungsweise -zunahme. Zudem können wir sie auch am leichtesten kontrollieren. Ihr normaler Energieumsatz steigt, wenn Sie Muskelmasse aufbauen und dadurch mehr Fett verbrennen.

Was ist der Grund?

Zwei der verbreitetsten Ursachen für Gewichtsschwankungen sind psychologische Faktoren – wie Stress und Angst – und ein veränderter Lebensstil, gewöhnlich ein Wechsel von körperlicher Aktivität zu einer vorwiegend sitzenden Lebensweise.

Manche Menschen trösten sich in schwierigen Lebensphasen mit Essen, und wenn die körperliche Aktivität nicht entsprechend der Kalorienaufnahme steigt, nehmen sie vermutlich zu. Bei anderen Menschen wiederum wirken Stress, Angst und Depression appetithemmend und sobald die Kalorienzufuhr unter die Menge sinkt, die der Körper aufgrund der körperlichen Aktivität und für seinen Stoffwechsel benötigt, nehmen sie sicher ab.

Beide Fälle können problematisch werden, wenn das übermäßige oder zu wenige Essen lange anhält. Diese Personen müssen andere Möglichkeiten finden, Ihre Probleme zu lösen. Gehen Sie das Übel an der Wurzel an, wenn nötig mit professioneller Hilfe. Bedenken Sie auch, dass körperliche Bewegung die psychische Verfassung verbessert, mehr Kalorien verbrennt, falls Sie zu viel essen und den Appetit anregt, wenn Sie zu wenig essen.

Eine weitere verbreitete Ursache für Gewichtsschwankungen ist eine Änderung des Lebensstils. Sie haben das möglicherweise festgestellt, als Sie nach der Ausbildung Ihren ersten richtigen Job angetreten haben.

Ein geänderter Lebensstil kann auch zu einer Gewichtsabnahme führen, wenn Sie in einen Job wech-

Sind Medikamente die Sünder?

Verschreibungspflichte Medikamente sollen bestimmte Ergebnisse erzielen, sie können als Nebenwirkung aber Gewichtsschwankungen mit sich bringen.

Diabetiker, die Insulin einnehmen, müssen manchmal auf eine kalorienreduzierte Diät gesetzt werden, um die Gewichtszunahme zu begrenzen. Antidepressiva können je nach Präparat entweder zu einer Gewichtszunahme oder -abnahme führen. Medikamente, die zur Behandlung einer Schilddrüsenunterfunktion eingenommen werden, können zu einer Gewichtsabnahme führen, während solche zur Behandlung einer Schilddrüsenüberfunktion eine rasche Gewichtszunahme verursachen können. Kortikosteroide, die unter anderem zur Behandlung von Polyarthritis und Asthma eingesetzt werden, können in vielen Fällen eine allmähliche Gewichtszunahme nach sich ziehen.

Die besten Gegenmittel

Eine unerwünschte Gewichtsveränderung lässt sich zumeist durch eine Umstellung der Ernährung und der Lebensgewohnheiten korrigieren. Diätpillen sind keine Lösung, sie beschleunigen lediglich den Stoffwechsel, ohne die langfristigen Ursachen des Gewichtsproblems zu beheben.

Gewichtsverlust
Nach einer Darmgrippe oder einer besonders stressigen Phase im Büro werden Sie Ihr Normalgewicht wahrscheinlich in relativ kurzer Zeit erreichen, sobald Sie wieder normal essen. Sollten Sie jedoch den Verdacht haben, dass die Gewichtsschwankungen von einer Krankheit oder bestimmten Medikamenten verursacht werden, konsultieren Sie Ihren Arzt, der eventuelle Unregelmäßigkeiten abklären kann.

Gewichtszunahme
Zur Behandlung unerwünschter Gewichtszunahme senken Sie Ihre Kalorienaufnahme und werden Sie körperlich aktiver. Dies erreichen Sie am besten, wenn Sie sich fettarm mit viel Obst, Getreide und Gemüse ernähren und kalorienreiche Lebensmittel wie Käse meiden. Außerdem sollten Sie sich aufraffen und regelmäßig Sport treiben.

► *Zum Abnehmen ist regelmäßiger Sport, beispielsweise Laufen an der frischen Luft unübertroffen. Sorgen Sie außerdem für eine fettarme Ernährung.*

seln, der einen höheren körperlichen Einsatz verlangt. In jedem Fall sollten Sie zur Vermeidung einer unerwünschten Gewichtsänderung Ihre Ernährung so anpassen, dass die Kalorienzufuhr dem Verbrauch aufgrund Ihrer Tätigkeit entspricht. Falls Sie eine Stelle annehmen, die körperlich weniger anstrengend ist, kann auch bereits ein leichtes Traininsprogramm dazu beitragen, einer Gewichtszunahme vorzubeugen.

Weitere Ursachen

Unerklärliche Zu- oder Abnahmen werden gelegentlich durch medizinische Störungen verursacht. Eine rasche Gewichtszunahme ist ein Symptom, das mehreren Gesundheitsproblemen gemeinsam ist, angefangen bei Stauungsherzinsuffizienz über Nierenerkrankungen, Hepatitis, Zirrhose, eine Lebererkrankung, die unter anderem durch Alkoholmissbrauch hervorgerufen wird, bis zu erblichen Faktoren. Eine allmähliche Zunahme kann auf eine Unterfunktion der Schilddrüse hinweisen. Diese regelt die Geschwindigkeit der Umwandlung von Nahrung in Energie.

Unerklärliche Gewichtsverluste sind häufig ein Symptom für Krebs, eine HIVInfektion oder eine Malabsorption. Dies ist ein Zustand, bei dem der Darm die Nährstoffe aus der Nahrung nicht richtig resorbieren kann. Ein rascher Gewichtsverlust kann auf Diabetes oder eine Schilddrüsenüberfunktion hindeuten. Er kann aber auch das Ergebnis einer Darmgrippe mit Durchfall, Erbrechen und Essunlust sein.

Extremer Gewichtsverlust ist typisch bei Magersucht. Bei dieser Essstörung führt der Wunsch, möglichst dünn zu sein, zu zwanghaftem Hungern. Zwar tritt dies meist bei jungen Frauen auf, im Prinzip kann aber jeder betroffen sein. Schätzungen zufolge leidet einer von 2000 Jungen im Teenager-Alter gegenüber einem von 100 Mädchen dieser Altersgruppe an Magersucht.

„Kalorien sind nicht schlecht; wir brauchen sie. Essen ist auch nicht unser Feind, auch wenn bestimmte Speisen uns mehr schaden als nützen."

Besser zum Arzt

Gewöhnlich benötigen Gewichtsschwankungen keine ärztliche Behandlung. Es ist nicht ungewöhnlich, dass jemand während einer Diät abnimmt und anschließend wieder zunimmt. Diese Art der Gewichtsschwankung ist physisch wahrscheinlich harmlos, als Verhaltensmuster aber langfristig nicht günstig.

Vielleicht sollten Sie einen Arzt aufsuchen, wenn Sie zu- oder abgenommen haben und Ihr Wunschgewicht nicht wieder erreichen. Zumindest kann der Arzt eventuelle medizinische Ursachen ausschließen und Ihnen einige Tipps geben, wie Sie Ihr angestrebtes Gewicht erreichen können.

Sie müssen den Arzt darüber informieren, ob Sie außer der Zu- oder Abnahme noch andere Symptome festgestellt haben, ob es sich um eine unerklärliche Gewichtsänderung handelt oder ob diese sehr rasch eingetreten ist. Solche Gewichtsschwankungen können auf eine ernste Erkrankung hindeuten. In einem solchen Fall sollten Sie nicht zögern und unbedingt sofort zum Arzt gehen.

Muskelschmerzen und Prellungen

Kommt Ihnen das bekannt vor? Sie waren körperlich aktiv und am Tag danach schmerzen Ihre Muskeln so, dass Sie sich nicht vorstellen können, noch eine Bewegung zu machen. Sie können eine Menge tun, um die Schmerzen zu lindern und das Problem zukünftig zu umgehen.

Schmerz und Reue

Sie haben sich alles zu Herzen genommen, was in diesem Buch über den Lohn körperlicher Betätigung gesagt wurde, und haben entschieden, es sei endlich an der Zeit, etwas für die Gesundheit zu tun. Nachdem Sie sich ein Paar gute Laufschuhe gekauft und im Fitness-Studio angemeldet haben, beginnen Sie Ihr neues Leben mit regelmäßiger Bewegung. Am ersten Tag laufen Sie in einer recht flotten Geschwindigkeit einige Kilometer durch die Gegend und nachdem das so prima geklappt hat, suchen Sie auch gleich noch das Fitness-Studio auf und heben eine Stunde lang Gewichte. Am Abend nehmen Sie eine gesunde, ausgewogene Mahlzeit zu sich und fühlen sich wie ein König. Sie finden, dass alles prima läuft und planen für den kommenden Tag die zweite Runde.

Da gibt es nur ein Problem: Am kommenden Tag schmerzen Ihre Muskeln so schrecklich, dass Sie kaum aus dem Bett aufstehen können. Das Sportprogramm erfährt natürlich eine Pause, zumindest solange, bis Sie sich besser fühlen. Und dann? Zwei Wochen später sind Sie mit Begeisterung wieder voll in Aktion – und am nächsten Tag schlägt der Muskelkater erneut zu.

Wenn ein Muskel gezerrt wird

Sie haben sich sportlich nicht mehr betätigt, seit Sie in der Schule die Tennismeisterschaft gewonnen haben. Nun steht in der Firma ein Tennisturnier an und Sie möchten gerne gewinnen. Wenn Sie nicht vorsichtig sind, risikieren Sie eine Muskelzerrung. In jedem Fall sollten Sie sich vorher aufwärmen und Dehn- und Streckübungen machen.

Zerrung des zweiköpfigen Oberschenkelmuskels (Musculus biceps femoris)
Der zweiköpfige Oberschenkelmuskel befindet sich auf der Rückseite des Oberschenkels. Eine Zerrung tritt meist bei Sportarten mit plötzlichem, kräftigem Einsatz der Beinmuskeln auf, Tennis, aber auch Squash, Jogging, Rennen und Rad fahren.

Schulterzerrung
Eine gezerrte Schulter ist bei den Sportarten häufiger, die Schulterkraft erfordern, z. B. Hockey, Tennis, Golf und Schwimmen.

Wie die Muskeln arbeiten

Die 639 Muskeln unseres Körpers verleihen uns Kraft und Bewegungsfähigkeit, vom Laufen über das Lächeln bis zum Augenblinzeln. Ein Muskel, der im wesentlichen ein Bündel langer schmaler Zellen, sogenannter Fasern ist, kann mit einem anderen Muskel, einem Knochen oder der Haut verbunden sein. Er kann entweder als selbstständige Einheit oder als Teil eines Systems agieren, das die Wirkungen mehrerer Muskeln in sich vereint.

Ein Muskel funktioniert durch Kontraktion bzw. Verkürzung und anschließende Entspannung. Die Kontraktion einiger langsam arbeitender Muskeln wird zumindest teilweise von Hormonen kontrolliert. Wenn eine schnellere Kontrolle erforderlich ist, ziehen sich die Muskeln aber als Reaktion auf unabhängige Nervenimpulse zusammen, die jeder Faser den Bewegungsbefehl geben. Einige Muskeln sind willkürliche, beispielsweise die Muskeln in den Beinen, wenn Sie gehen oder in den Armen, wenn Sie einen Ball werfen, andere sind unwillkürlich, beispielsweise die Muskeln des Magens, die automatisch die Nahrung herumwälzen.

In den Muskeln wird die chemische Energie des Körpers in mechanische Energie umgewandelt. Sobald ein Muskel den Befehl zur Bewegung erhält, verbinden die Fasern Glykogen, ein Kohlenhydrat, das im Muskel gespeichert wird, mit Sauerstoff, den das Blut von den Lungen bringt. Kommen beide zusammen, läuft eine komplexe Reaktion ab, bei der mechanische Energie entsteht. Kohlendioxid und andere Nebenprodukte der chemischen Reaktion transportiert das Blut ab.

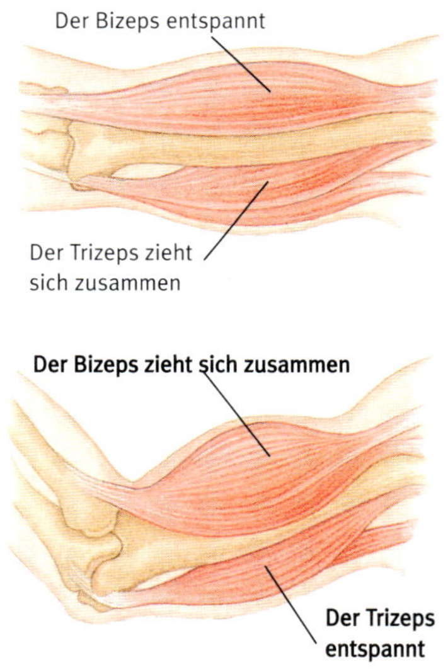

▲ *Die Bewegung des Arms erfordert die koordinierte Kontraktion und Entspannung von Bizeps und Trizeps.*

Jedem Schmerz sein Name

Muskeln können auf viele Arten weh tun, daher gibt es eine ganze Begriffsfamilie zur Beschreibung dessen, was uns schmerzt. Nachstehend finden Sie die gebräuchlichsten Begriffe in Bezug auf Muskeln in einem kurzen Überblick.

Verspätet auftretende Muskelschmerzen
Muskelkater, der ein oder zwei Tage nach ungewohnter körperlicher Anstrengung seinen Höhepunkt erreicht.

Muskelspannung
Schmerz durch starke, oft unwillkürliche Muskelanspannung bei Stress.

Krampf
Eine krampfartige Kontraktion eines Muskels; tritt zumeist in der Wade oder im Fuß auf; ist zwar harmlos, oft aber sehr schmerzhaft.

Hitzekrämpfe
Krämpfe durch Überanstrengung bei Hitze; sie sind Folge eines Flüssigkeits oder Elektrolytmangels oder überhitzten Körpers.

Muskelermüdung
Zustand, bei dem nach übermäßiger Anstrengung die Leistungsfähigkeit nachlässt.

Rippenprellung
Eine Zerrung oder ein Riss der Interkostalmuskeln, der dünnen Muskelschichten zwischen den einzelnen Rippen.

Distorsion
Verrenkung oder Verdrehung eines Gelenks, eventuell mit Bänderriß.

Seitenstechen
Schmerz in der Rumpfseite; bezieht sich auf Magenkrämpfe während dem Sport.

Verstauchung
Überdehnung oder Überbeanspruchung eines Muskels, eventuell mit Riss des Muskels oder der betreffenden Sehne.

Muskelschmerz
Schmerz, verursacht beispielsweise durch eine Prellung, Überbeanspruchung bis hin zu einer Verstauchung.

Schienbeinmuskel-Überlastungssyndrom
Schmerz entlang des Schienbeins durch Überanstrengung der Muskeln und Sehnen.

Muskelspasmus
Schmerzhafter unwillkürlicher Krampf in der Wadenmuskulatur.

Die Moral von der Geschichte ist, dass Sie ein neues Bewegungsprogramm äußerst langsam beginnen sollten. Sie brauchen nur eine Sekunde, um sich für mehr körperliche Bewegung zu entscheiden. Ihre Muskeln benötigen aber ausreichend Zeit, um sich auf Ihren neuen Entschluss einzustellen.

Sobald Sie etwas zum ersten Mal tun, muss Ihr Körper sich anpassen. Eine ungewohnte Belastung und Herausforderung der Muskeln kann Schmerzen hervorrufen.

Das soll aber nicht heißen, dass Sie sich vor der sportlichem Betätigung drücken sollen. Schmerzen können Sie aber vorbeugen, wenn Sie wissen, wie Ihre Muskeln konstruiert sind und wie sie funktionieren. Richten Sie Ihr Übungsprogramm dementsprechend aus.

Warum tut es weh?

Immer wenn einer Ihrer Muskeln aktiv wird und mehr Sauerstoff benötigt, um die Bewegung auszuführen, weiten sich die Blutgefäße im Muskel, damit er besser durchblutet wird. Wenn Sie Ihre Muskeln bei einem Fitnesstraining ordentlich antreiben, muss das Herz-Kreislaufsystem dies irgendwie kompensieren, um den Sauerstoff zu liefern, den die Muskelfasern benötigen. Hierzu verengt es einige Blutgefäße in der Haut und den inneren Organen und veranlasst das Herz, schneller und kräftiger zu schlagen, damit eine größere Blutmenge zirkulieren kann. Die aktiven Muskeln produzieren mehr Kohlendioxid, was wiederum die sensitiven Chemorezeptorzellen im Gehirn stimuliert, die die Atmung kontrollieren. Die Atmung wird tiefer und rascher, dadurch wird das unerwünschte Kohlendioxid aus dem Blut gespült und eine größere Menge Sauerstoff absorbiert.

Während besonders intensiver körperlicher Betätigung kann es passieren, dass der Kreislauf die Muskeln nicht ausreichend mit Sauerstoff versorgt. Dies führt zu „ischämischen" Schmerzen in den betroffenen Muskeln – ein Beispiel dafür sind die Bauchschmerzen, die Sie bekommen, wenn Sie Ihre Bauchübungen öfter als gewohnt absolvieren. Ischämische Schmerzen verschwinden, wenn Sie mit der Übung aufhören oder die Intensität verringern.

Wenn nicht genügend Sauerstoff vorhanden ist, holen sich die Muskeln die benötigte Energie aus dem Glyko-

Schlagkräftige Begegnungen

Ein Bluterguss (Hämatom) entsteht, wenn durch einen Schlag auf den Körper kleine Blutgefäße unter der Haut platzen und das Blut in das umgebende Gewebe sickert. Der betroffene Bereich entzündet sich und die weißen Blutkörperchen vermehren sich.

Blutergüsse beginnen gewöhnlich mit einem bläulichroten Fleck. Später, wenn das Blut teilweise abgebaut ist, wandelt sich die Farbe von gelblichgrün in braun. Bei einem Bluterguss sehen Sie Blut und andere Gewebeflüssigkeiten durch die Haut. Je dünner Ihre Haut also ist, desto deutlicher ist ein Hämatom zu sehen. Mit zunehmendem Alter werden unsere Blutgefäße empfindlicher und die Tendenz zu Blutergüssen steigt. Passen Sie also auf, ein älterer Herr möchte nicht so aussehen wie der Junge auf dem Bild.

▲ *Wenn der Boxer im Gesicht getroffen wird, bildet sich ein großer Bluterguß.*

gen auf andere Weise, anaerob, also ohne den Gebrauch von Sauerstoff. Als Nebenprodukt entsteht Milchsäure und alles, was nicht im Blut abtransportiert wird, reichert sich in den Muskeln an. Lagern sich Stoffwechselprodukte wie die Milchsäure im Muskel ab, entstehen Schmerzen.

Schmerzen nach körperlicher Aktivität können sich auch durch den eigentlichen Prozess der Muskelstärkung und des Muskelaufbaus entwickeln, die während des Trainings erfolgen. Muskeln sind dafür da, gedehnt zu werden, haben aber ihre Grenzen. Dehnen Sie einen Muskel stärker als er es gewohnt ist, bekommen Sie eine Überdehnung, und wenn Sie den Muskel weiter überdehnen, kommt es zu einem Muskelriss. Die schlimmsten Risse erfolgen plötzlich und heftig, der Schmerz tritt gewöhnlich sofort ein und ist auf den betroffenen Bereich beschränkt. Bei Überdehnungen tritt der Schmerz erst einige Stunden später auf und ist nicht so deutlich abgegrenzt.

Könnten Sie sich einen Ihrer Muskeln unter dem Mikroskop ansehen während er sich überdehnt, würden Sie sehen, dass die einzelnen Fasern tatsächlich allmählich auseinander gezogen werden. Ist der Schaden an den Fasern schwer, schwellen die Muskeln an oder verhärten sich. Wiederholtes und mäßiges Überdehnen hingegen ist günstig. Muskeln haben eine enorme Fähigkeit, sich nach einer Verletzung zu regenerieren und erholen sich in den Stunden und Tagen nach einer Überdehnung von selbst wieder. sie sind sogar etwas größer und leistungsfähiger geworden. Durch regelmäßiges Training werden die Muskeln kräftiger und größer.

Die Größenzunahme ist aber weitgehend von der Länge Ihrer Muskeln, gemessen von Sehne zu Sehne, begrenzt. Je länger der Muskel, desto ausgeprägter die mögliche Größenzunahme.

Schmerzen vorbeugen

Die beste Möglichkeit der Vorbeugung von Muskelschmerzen nach dem Sport ist ein regelmäßiges Trainingsprogramm. Kontinuierlich geforderte Muskeln sind belastbarer und verursachen weniger Schmerzen als ungeübte.

Aufwärmen

Wenn Sie gleich mit voller Kraft in ein anstrengendes Trainingsprogramm einsteigen, ohne Ihren Muskeln die Gelegenheit zu geben, sich darauf einzustellen, haben Sie die besten Aussichten, Schmerzen zu bekommen. Das Aufwärmen ist eine entscheidende Phase. Die Durchblutung der Muskeln wird gesteigert, so dass sich die Muskeln auf die Herausforderungen, die Sie ihnen stellen möchten, besser einstellen können.

Dies gilt für jede Art körperlicher Aktivität. Wie das Aufwärmen aussehen kann, wird auf den Seiten 86 und 87 genau besprochen.

Bedenken Sie, dass das Schlüsselwort „warm“ heißt. Das Körpergewebe ist um so dehnbarer je wärmer es ist, daher ist auch die Schwelle, ab der es sich gereizt fühlt, höher.

Abkühlen

Sie sollten Ihr Körpertraining nicht abrupt beenden und vor dem Fernseher niedersinken, sondern die Muskeln allmählich aus der aktiven Phase führen.

In Frage kommt eine Abkühlphase mit weniger intensiven Übungen, sozusagen als Reinigungsphase. Durch Aktivität auf niedriger Stufe bleibt der Muskel besser durchblutet, was dazu beiträgt, dass einige schädliche Stoffwechselprodukte ausgespült werden. Eine allmähliche Verlangsamung ermöglicht es den Muskeln auch, wirksamer zu ihrer normalen Elastizität zurückzukehren, ohne dass eine Muskelstarre eintritt.

Sie brauchen Ihre Muskeln nicht sehr lange abzukühlen, um einen positiven Effekt zu erzielen. Ein fünf oder zehnminütiger Spaziergang oder ein kurzes Ausklingen des Trainings reicht aus. Die Abkühlungsphase soll nicht zu intensiv sein. Wenn Sie beispielsweise Gewichte gehoben haben, ist eine Runde auf dem Trainingsrad angebracht.

Trinken, Trinken, Trinken

Muskeln bestehen hauptsächlich aus Wasser, daher benötigen Sie vor, nach und während einem anstrengenden Fitnesstraining sehr viel davon. Es ist wichtig, die Muskeln während des Trainings mit ausreichend Wasser zu versorgen, weil Austrocknung die Hauptursache für Krämpfe ist. Bedenken Sie auch, dass Koffein und Alkohol den Flüssigkeitsverlust durch vermehrten Harndrang fördern.

Antioxidanzien

Zum Schutz der Muskeln empfehlen einige Fachleute, Antioxidanzien wie Vitamin C, Vitamin E und BetaCarotin (eine Vorstufe von Vitamin A) einzunehmen. Diese Wirkstoffe schützen die Muskeln vor Schäden, indem sie Substanzen bekämpfen, die unter der Bezeichnung Freie Radikale bekannt sind. Ein Nachweis darüber, ob diese Vitamine nun tatsächlich eine Schutzwirkung haben, steht noch aus, eine ganze Reihe von Bodybuildern verwendet sie aber.

Geschmeidigkeit durch Dehnung

Die erhöhte Flexibilität, die man durch regelmäßige Dehnübungen erreicht, kann dazu beitragen, das Muskelgewebe geschmeidig und verletzungsfrei zu halten. Vergessen Sie nicht, dass Dehn- und Streckübungen niemals ein Ersatz für das Aufwärmen sind. Sie sollten sich vor den Dehnübungen immer ausreichend aufwärmen.

Was ist eine Rippenprellung?

Sie haben vielleicht schon einmal gehört, wie Rugby oder Footballspieler stolz erklären, sie hätten beim letzten Spiel Rippenprellungen erlitten. Was genau verbirgt sich hinter diesem Nachweis männlicher Ehre?

Der Begriff „Rippenprellung" kann sich tatsächlich auf drei verschiedene Verletzungen beziehen.

Erstens können die Rippen, im Gegensatz zu den anderen Knochen, durch direkten Kontakt geprellt werden. Zweitens können die Zwischenrippenmuskeln gezerrt werden oder reißen. Drittens beschreibt der Begriff ein abgetrenntes oder geprelltes Gelenk zwischen den Rippen und dem Brustbein.

▲ *Ein Crosscheck, bei dem ein Spieler in einen anderen kracht, der an der Bande steht, ist eine verbreitete Ursache für Rippenprellungen.*

Da schmerzende Muskeln nicht angenehm sind, empfehlen Sportmediziner sogar, Dehn- und Streckübungen nach, nicht vor dem Fitnesstraining zu machen. Dann sind die Muskeln nämlich aufgewärmt und Sie erzielen einen größeren Nutzen aus den Dehnungen.

Gehen Sie nur bis zu dem Punkt, an dem es anfängt, unangenehm zu werden und nicht weiter.

Allmählich steigern

Sie sollten nach Möglichkeit nicht zu ehrgeizig sein, weder zu Beginn eines neuen Trainingsprogramms noch mitten drin. Wenn Sie sich übernehmen, werden Sie unweigerlich Muskelschmerzen bekommen.

Wenn Sie einmal ungewohnt lange oder bisher ungeübte Muskelgruppen trainieren, können Muskelschmerzen auftreten.

Das Geheimnis liegt darin, Änderungen langsam und allmählich einzuführen. Lassen Sie sich also Zeit, egal wie begierig Sie darauf sind, fitter zu werden.

Behandlung von Prellungen und Blutergüssen

Einigen Experten zufolge heilt ein Hämatom schneller, wenn es mit Vitamin K-Salbe behandelt wird. Vitamin K ist ein Regulator der Blutgerinnung, und obgleich die Forschung festgestellt hat, dass es tatsächlich Blutergüsse verringern kann, ist nicht genau bekannt, warum das so ist. Wenn Sie mehr auf Althergebrachtes schwören, garnieren Sie die verletzte Stelle mit rohem Rindfleisch. Das enthält viel Vitamin K und die Kälte mildert die Schwellung.

Ansonsten können Sie den Bluterguss mit Arnikasalbe einreiben. Arnika besitzt entzündungshemmende Eigenschaften. Sie erhalten geeignete Präparate in der Apotheke.

Gelenkschmerzen, Taubheit und Kribbeln

Haben Sie schon einmal ein Foto von den nackten Füßen eines Balletttänzers gesehen? Das ist nicht gerade ein schöner Anblick. Die Gelenke von Tänzerfüßen sind einer solchen Anstrengung ausgesetzt, dass Arthritis ihr unausweichliches Schicksal darstellt.

Hätten Sie's gewusst?

Ihr Kiefer, der sich dank des Kiefergelenks und der damit verbundenen Muskeln bewegen kann, ist in der Lage, einem Druck von etwa 96 kg standzuhalten.

Die Aufgaben der Gelenke

Gelenke verbinden Knochen. Es gibt unterschiedliche Gelenktypen. Die Aufgabe der festen Gelenke ist es, Knochen zusammenzuhalten, wie beispielsweise im Schädel, dessen Knochen in der Kindheit zusammenwachsen und unbeweglich werden. Zu den beweglichen Gelenken gehört das Kugelgelenk, das die Rotation auf einer Ebene ermöglicht. Dann gibt es noch das Scharniergelenk, wie im Knie und Ellbogen, das vor und zurück schwingt, auch hier wieder auf einer Ebene. Die einzelnen Gelenke in der Wirbelsäule haben zwar eine sehr begrenzte Beweglichkeit, da aber viele davon in einer Reihe angeordnet sind, ist der Rücken doch recht flexibel.

Die Kugelpfannengelenke in Hüfte und Schulter sind die vielseitigsten Gelenkarten. Sie werden teilweise von großen Muskeln zusammengehalten, die die Kraft für die Ausführung vieler verschiedener Bewegungen liefern, dabei aber stabil bleiben und Bewegungen in verschiedene Richtungen ermöglichen. Die Gelenke verfügen auch über kraftvolle Sehnen, die den Muskel mit dem Knochen verbinden sowie über kräftige Bänder, die einen Knochen mit dem nächsten verbinden.

Bewegliche Gelenke sind komplizierte Strukturen, die aus verschiedenen Arten und Mengen von Bändern, Muskeln und Knorpel bestehen. Knorpel ist ein kräftiges elastisches Gewebe, das die Knochenenden bedeckt, die sich sonst reiben würden. Außerdem gibt es spezialisierte Membrane und Flüssigkeiten, die jedes Gelenk schmieren und Schutz vor Überbelastung bieten.

Symptom-Schlüssel

Verstauchungen
Gelenkschwellung, häufig Muskelkrämpfe und manchmal Bluterguss. Verstauchungen betreffen hauptsächlich Knöchel und Handgelenk.

Tendinitis
Eine Entzündung der Sehnen verursacht Empfindlichkeit und eine Einschränkung der Beweglichkeit. Betrifft Schultern, Finger und Knie.

Knorpelschaden
Führt zu eingeschränkter Bewegungsfähigkeit. Betroffen sind die Knie.

Bursitis
Eine Schleimbeutelentzündung verursacht eine seröse, d.h. mit Flüssigkeit gefüllte Schwellung. Betroffen sind Knie, Ellenbogen, Hüfte und Schulter.

Beschwerden im Kiefergelenk
Zähneknirschen kann zu Kieferschmerzen führen, die in Kopf, Gesicht, Ohr, Hals oder Schulter ausstrahlen. Ein knackendes oder klickendes Geräusch im Kiefergelenk tritt häufig beim Öffnen oder Schließen des Mundes auf; es besteht die Gefahr einer Kiefersperre.

Arthritis
Osteoarthritis: Morgendliche Steifheit mit dumpfen bis unerträglichen Schmerzen. Die Schmerzen strahlen oft aus. Manchmal mit Schwellung verbunden.
Rheumatoide Arthritis: Die betroffenen schmerzenden Gelenke können sich röten, anschwellen und bei Berührung warm anfühlen. Leichtes Fieber, Appetit- und Gewichtsverlust, trockener Mund oder trockene Augen können ebenfalls auftreten. Betroffen sein können Hände, Füße, Handgelenke, Knie, Ellenbogen, Schulter und Hüfte. Ebenfalls morgendliche Steifheit.
Gicht: Plötzliche starke Gelenkschmerzen, gewöhnlich in der großen Zehe, im Handgelenk oder in den Knien. Rötung und Schwellung um das betroffene Gelenk und manchmal Fieber.

Die Gelenke gesund halten

Die Gesunderhaltung der Gelenke ist vorwiegend eine Frage angemessener körperlicher Aktivität, einiger Vorsichtsmaßnahmen und der Einhaltung eines vernünftigen Körpergewichts. Durch Übergewicht wird zusätzlicher Druck auf die Gelenke ausgeübt. Körperliche Aktivität, die Ihre Muskeln stärkt, vermindert die Belastung der Gelenke. Treiben Sie daher nicht zu viel Sport, der die Gelenke stark beansprucht. Versuchen Sie es mit Schwimmen, Radfahren, einem Rudergerät oder ähnlichen Fitnessgeräten, bei denen die Gelenke weniger leiden.

Häufiges Dehnen der Gelenke hält sie locker und gesund. Bereiten Sie sich vor dem Fitnesstraining oder Sport richtig vor. Wenn die Gelenke bei einer Aktivität schmerzen , wechseln Sie auf eine andere, die sie weniger belastet. Trinken Sie sechs bis acht Gläser Wasser am Tag, um Bänder und Gelenke feucht zu erhalten.

Gelenkerkrankungen

Die Gelenke leiden mit der Zeit stark unter der normalen Abnutzung. Es gibt aber auch spezifische Probleme, die an einzelnen Gelenkteilen auftreten können. .

Verstauchungen

Ein verbreitetes Problem ist die Verstauchung, eine Dehnung oder der Riss eines Bandes. Im Prinzip kann jedes Band im Körper verstauchen, üblicherweise betroffen sind aber die Bänder in den Knöcheln, Knien und Fingern, da diese dem größten Stress ausgesetzt sind.

Tendinitis

Ein weiteres relativ verbreitetes Problem ist Tendinitis, die Schädigung oder der Riss einer Sehne, die Muskeln und Knochen verbindet. Gewöhnlich ist sie das Ergebnis einer Verletzung oder Überbeanspruchung. Sie entwickelt sich meist in Schultern, Knöcheln und Ellenbogen.

Was geschieht, wenn ein Gelenk überlastet wird?

Wenn Ihre Gelenke gesund sind, können Sie deren volle Beweglichkeit nutzen, ohne Schmerzen zu empfinden. Der Knorpel am Ende jedes Knochens wirkt wie ein dickes Polster, so dass die Knochen nicht aneinander reiben. Das gesamte Gelenk ist umschlossen von einer Membran, der sogenannten Gelenkinnenhaut oder Membrana synovialis, die ein dickes Schmiermittel enthält, die Synovialflüssigkeit.

Ist ein Gelenk nicht gesund, schwillt es an, wird empfindlich und steif. Die Beweglichkeit ist drastisch reduziert und jede Bewegung ist schmerzhaft.

Bei rheumatoider Arthritis findet die Entzündung in der Synovialmembran statt. Schwillt sie an, stört und schädigt sie Knorpel und Knochen. Schließlich kommt es zu einem Zusammenbruch des Knorpels und die Enden der Gelenkknochen reiben gegeneinander.

Gicht, eine Form der Arthritis, befällt zehnmal mehr Männer als Frauen. Die Ursache ist eine Anhäufung von Harnsäurekristallen, einem Nebenprodukt der Verdauung, im Gelenkraum und den benachbarten Geweben. Das Ergebnis ist eine Entzündung mit intensiven Schmerzen.

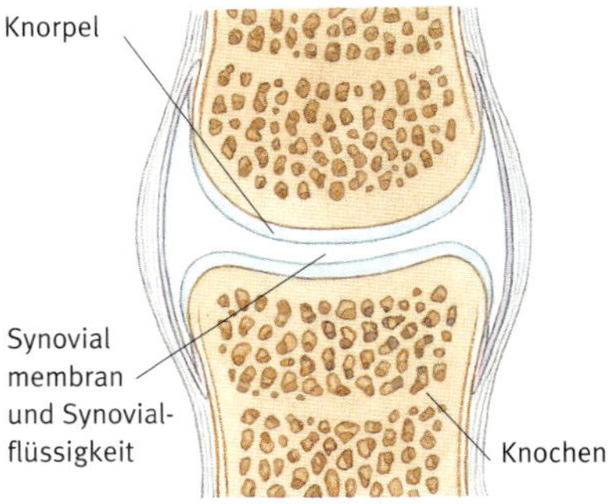

▲ *Ein Gelenk besteht aus Knochen, Knorpel und Synovialmembran.*

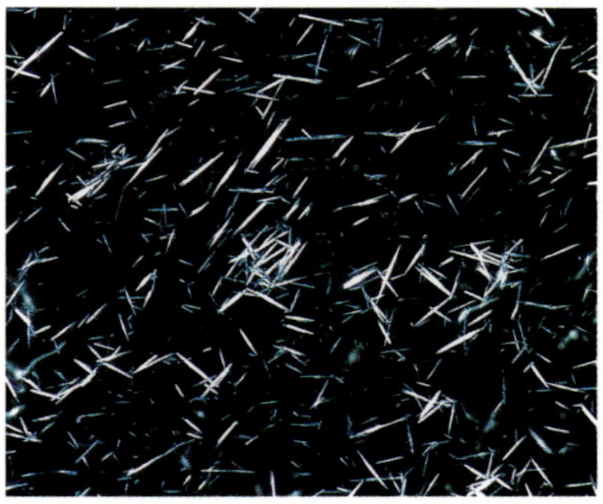

▲ *Harnsäurekristalle, hier unter dem Mikroskop – sind die Ursache für Gicht.*

Beschwerden im Kiefergelenk

Betroffen ist das Schläfenbein/Unterkiefergelenk, das den Unterkieferknochen mit Knochen auf beiden Kopfseiten verbindet und es dem Kiefer ermöglicht, sich zu öffnen, zu schließen, nach vorne, nach hinten und von einer Seite auf die andere zu bewegen. Wenn die Kiefer aufeinandergepresst werden, beispielsweise bei einem Autounfall oder sich der Zustand des Gelenks allmählich verschlechtert aufgrund von Kiefermahlen, ungesunder Haltung oder auch stressbedingtem Zähneknirschen, entwickelt sich eine Kiefergelenkerkrankung. Dabei beginnen die Gelenke zu knacken, zu quietschen und zu mahlen und durch Kopf, Hals und Schultern schießt ein starker Schmerz.

Was ist Arthritis?

Mit dem Begriff „Arthritis“ bezeichnet man über 100 leichte bis sehr starke Beschwerden. Man kennt noch nicht die genauen Ursachen, aber einige Risikofaktoren.
Mit zunehmendem Alter wächst das Risiko einer Ostearthritis. Wenn Sie über 40 sind, haben Sie vielleicht schon Symptome, besonders wenn Sie körperlich tätig sind. Das gehört aber zum normalen Prozess des Alterns und betrifft Frauen und Männer gleichermaßen. Rheumatoide Arthritis befällt dagegen meist Männer im Alter zwischen 20 und 40 Jahren, Frauen nicht so oft.

Gicht betrifft Männer häufiger als Frauen und zwar vor allem Männer mittleren Alters, die hauptsächlich im Sitzen arbeiten. Gefährdet ist besonders, wer zu viel isst, übergewichtig ist und einen zu hohen Blutdruck hat.

Bei den meisten Formen der Arthritiserkrankungen sind Übergewicht, ein Mangel an körperlicher Bewegung und Gelenkverletzungen in der Jugend besondere Risikofaktoren. Zudem scheint auch die erbliche Veranlagung eine Rolle zu spielen.

Bursitis

Bei einer Bursitis entzünden sich Schleimbeutel, das sind die Beutel zwischen den Sehnen und Gelenken, die eine Gleitflüssigkeit enthalten

Natürlich heilen

Erst seit Kurzem weiß man über die körpereigenen COX-1- und COX-2-Enzyme (Cyclo-Oxigenase), die einerseits das Gleichgewicht im Verdauungsbereich regeln und andererseits Entzündungen wie Arthritis auslösen können. Neueste Erkenntnis: Nur das erst 1991 entdeckte COX-2 ist für entzündliche Vorgänge verantwortlich. Das COX-1-Enzym hingegen sollte nicht blockiert werden, was allerdings geschieht, wenn man gegen den entzündlichen Schmerz ASS-Präparate wie Aspirin einsetzt. Die Bedeutung von Präparaten mit COX-2-Hemmern für die Therapie von Arthritis, aber auch zur Vorsorge gegen Alzheimer und Krebs, beginnt die Wissenschaft gerade erst zu erfassen. Mittlerweile gibt es synthetisch hergestellte COX-2-Hemmer. Ein Einsatz solcher Präparate gilt als riskant, weil sie das labile COX-2-Gleichgewicht im gesamten Körper stören. Wissenschaftler empfehlen Naturprodukte, so die pflanzlichen COX-2-Hemmer des US-Herstellers New Chapter Inc. mit Zutaten aus Bio-Anbau: „Zingiforce®“ (u.a. aus Ingwer und Rosmarin), Zyflamend®“ (u.a. aus Grüntee und der chinesischen Huzhangwurzel) und „Zyflamend PM®“ (u.a. aus Gelbwurzextrakt, Helmkraut und Ingwer) reduzieren nicht nur Entzündungen, sondern sind 40mal bessere Freie-Radikalen-Fänger als das hoch gerühmte Vitamin E. Sie werden von der niederländischen Firma Apia International B.V. (www.apia.com) vertrieben. Kontaktadresse: Apia International B.V. Info-Service, Postfach 12 01 51, 30671 Hannover, Tel.: 01805 - 510555, Fax: 01805 - 048504.

und es den Sehnen ermöglichen, um die beweglichen Gelenkteile zu gleiten. Normalerweise ähneln die Schleimbeutel leeren Plastikbeuteln; wenn sie aber stets zu stark belastet werden, entzünden sie sich und füllen sich mit Flüssigkeit . Bursitis tritt meist in Knien, Ellenbogen, Hüften und Schultern auf und geht oft mit einem Anfall von Tendinitis einher.

Beschädigung der Knorpel

Durch ständigen Druck auf einen Gelenkknorpel blättert das normalerweise geschmeidige und marmorartige Gewebe an manchen Stellen ab, was zu quälenden Schmerzen führt.

Das Knorpelgewebe kann übrigens auch durch Verletzungen beim Überdrehen des Gelenks geschädigt werden.

Arthritis

Arthritis ist die Gelenkerkrankung, die den Patienten am meisten einschränkt. Das Krankheitsbild umfasst eine Sammlung von über 100 verschiedenen Zuständen einschließlich Gicht, rheumatoider Arthritis und der am meisten verbreiteten Osteoarthritis, die zu Schwellung, Schmerzen und Beweglichkeitsverlust in den Gelenken führen kann. Osteoarthritis entwickelt sich aufgrund einer Auflösung des Knorpels und ist die Arthritisform, die am engsten mit dem Altern zusammenhängt. Rheumatoide Arthritis ist potentiell besonders ernst und behindernd. Man weiß inzwischen, dass es sich dabei um eine Erkrankung des Immunsystems handelt, auch wenn die Ärzte sich über die Ursache noch nicht im Klaren sind.

Gicht ist eine der wenigen Arthritisformen, die Männer stärker betrifft als Frauen. Es handelt sich dabei um eine Stoffwechselstörung, bei der Harnsäure in einem Gelenk kristallisiert. Zwar verursacht die Ernährung alleine keine Gicht, ein Anfall kann aber durch den Genuss von Speisen mit hohem Puringehalt (Innereien)

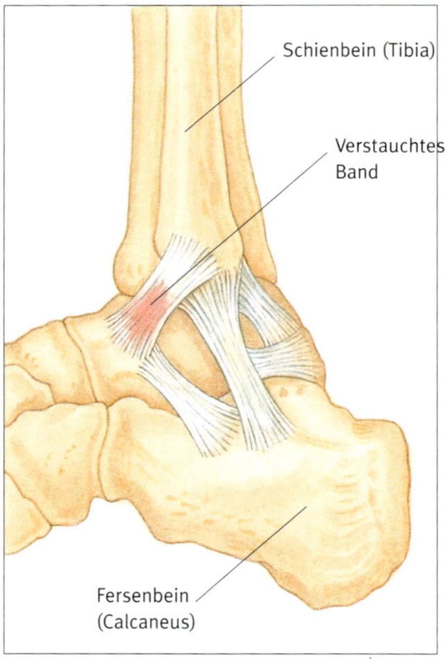

▲ *Eine Verstauchung ist die Dehnung oder der Riss eines Bandes, das die Knochen zusammenhält.*

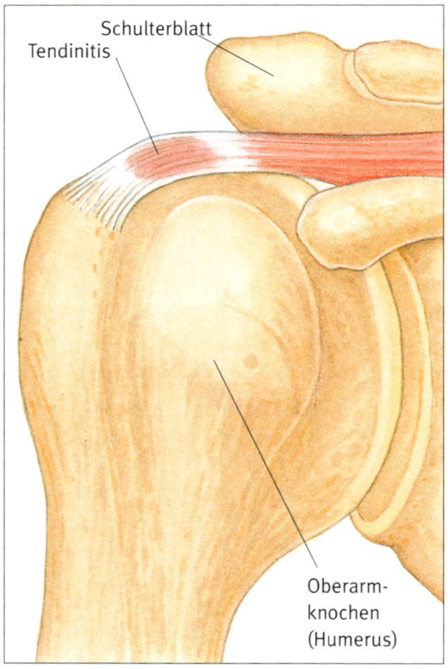

▲ *Tennisspieler leiden oft an einer Tendinitis in der Schulter. Dabei wird eine Sehne beschädigt oder sie reißt.*

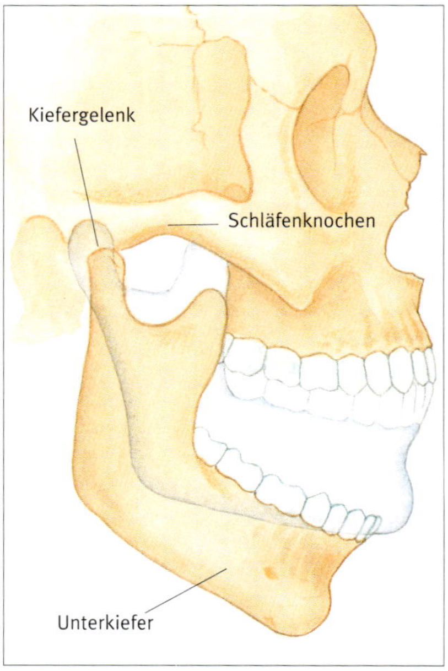

▲ *Die Kiefergelenke machen den Kiefer beweglich. Zähneknirschen oder Abnutzung schaden dem Kiefergelenk.*

Gelenkprobleme behandeln

Verstauchungen
Leichte Verstauchungen sollten mit Eis behandelt werden. Legen Sie eine Eispackung mehrmals täglich für 15 Minuten auf den betroffenen Bereich. Nach Möglichkeit lagern Sie diesen Bereich während der Eisanwendung höher als das Herz. Belasten Sie die verstauchte Stelle ein oder zwei Tage lang überhaupt nicht. Schwere Verstauchungen, mit starken Schmerzen und Schwellungen gehören in ärztliche Behandlung.

Sehnenentzündung (Tendinitis) und Schleimbeutelentzündung (Bursitis)
Zunächst Eisanwendung wie bei Verstauchungen. Nach einigen Tagen lassen sich die Schmerzen mit feuchter Wärme lindern. Sie können dafür eine Hitzepackung oder ein Handtuch verwenden, das Sie in heißes Wasser eingetaucht und ausgewrungen haben. Entzündungshemmende Medikamente wie Aspirin und Ibuprofen lindern die Schmerzen, indem sie die Entzündung und Schwellung verringern. Hier gilt wie bei Verstauchungen, den betroffenen Bereich zu schonen. Beginnen Sie mit sehr vorsichtigen Übungen, wenn eine Besserung eingetreten ist.

Beschädigtes Knorpelgewebe
Knorpel heilt nicht von selbst, gehen Sie daher zum Arzt, der Sie vielleicht zu einem orthopädischen Chirurgen schickt.

Beschwerden im Kiefergelenk
Nehmen Sie ein entzündungshemmendes Mittel ein, massieren Sie die Muskeln um die Kiefergelenke und wenden Sie Warm- und Kaltpackungen an. Kehren die Beschwerden zurück, sollten Sie Ihren Arzt aufsuchen.

Arthritis
Ärzte behandeln Arthritis mit einer Kombination aus Antiphlogistika und Physiotherapie und empfehlen einen geänderten Lebensstil.

Zur Schmerzlinderung bei Osteoarthritis, rheumatoider Arthritis und Gicht können Sie ein entzündungshemmendes Schmerzmittel einnehmen.
Meiden Sie aber Aspirin, wenn Sie unter Gicht leiden. Warmbäder, sowie Warm- und Kaltpackungen auf das schmerzende oder steife Gelenk können ebenso helfen wie eine rezeptfrei erhältliche Salbe oder Lotion, die den Wirkstoff Capsaicin enthält.

oder Alkohol ausgelöst werden. Purine sind Stoffe, die im Blut in Harnsäure umgewandelt werden.

Taubheit und Kribbeln

Wie jeder Sportler weiß, kann eine Gelenkverletzung große Schmerzen und gelegentlich auch Taubheitsgefühl und Kribbeln verursachen. Diese Symptome treten bei Problemen in den sensorischen Nerven auf.

Wird der Nerv behindert, beispielsweise in ein Gelenk gedrückt oder eingeklemmt, kann die Botschaft aus dem angegriffenen Körperbereich das Gehirn nicht erreichen, was zu einer Gefühllosigkeit führt.

Beim Kribbeln, im Volksmund auch „Ameisenlaufen“ genannt, tritt die Gefühllosigkeit nur partiell auf, weil die Botschaft des Nervs nicht vollständig sondern nur zum Teil blockiert wird.

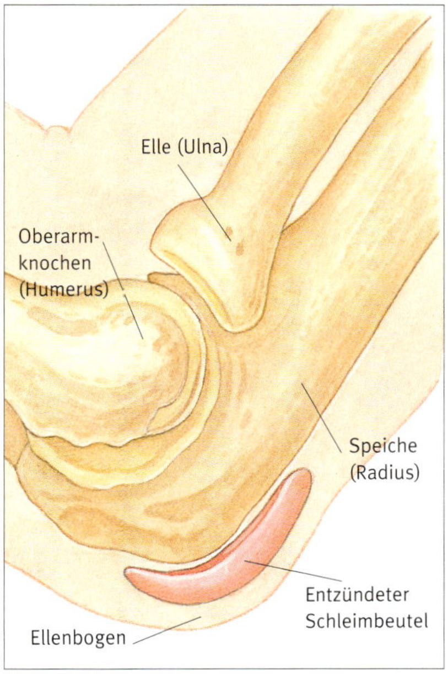

▲ Durch ständigen Druck entzündet sich der Schleimbeutel an der Spitze des Ellenbogengelenks.

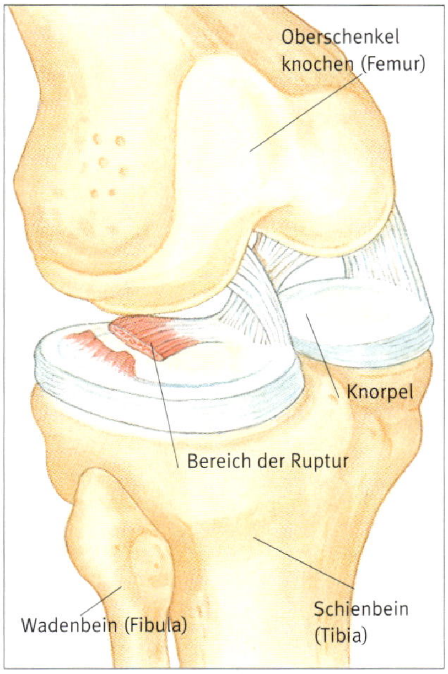

▲ Der Knorpel in diesem Kniegelenk ist durch einen Drehstoß gerissen – beispielsweise bei einem Rugby-Angriff.

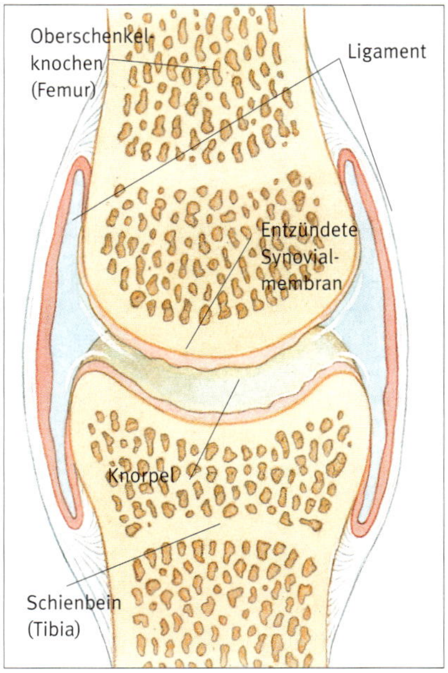

▲ Rheumatoide Arthritis beginnt in der Synovialmembran und greift auf Knorpel und Knochen über.

Rückenschmerzen

Rückenschmerzen gehören zu den häufigsten Beschwerden. Praktisch jeder leidet irgendwann einmal darunter. Neben Halsschmerzen und Erkältungen sind Rückenschmerzen der mit Abstand am häufigsten behandelte Zustand. Die gute Nachricht: Gewöhnlich ist die Behandlung erfolgreich.

Hätten Sie's gewusst?

Über die Hälfte aller Deutschen leidet an Rückenschmerzen.

Gerade sitzen

Unsere Mütter wollten uns als Kindern eine gute Haltung beibringen. Für sie war eine gute Haltung aber weniger eine Frage der Gesundheit als die eines guten Charakters. Mit den Befehlen „Sitz gerade" und „Halte dich nicht so krumm" schienen sie sagen zu wollen, dass die Gebeugten es nicht weit im Leben bringen. Damit war unsere Mutter auf dem richtigen Weg, weil sie uns veranlasste, über unseren Rücken nachzudenken und zu begreifen, wie wichtig dieser für unser allgemeines Wohlbefinden ist.

Rückenschmerzen sind kein neues Phänomen. Wir wissen mit Sicherheit, dass die Menschheit seit Jahrhunderten damit zu tun hat, und es erscheint nicht verwunderlich, dass sie gelegentlich ein unvermeidlicher Teil des Lebens sind, seit die Menschen begannen, aufrecht zu gehen. Neun von zehn Personen mit Kreuzschmerzen – der häufigsten Form – sind innerhalb eines Monats wieder beschwerdefrei. Von der chronischen Form sind nur etwa fünf Prozent der Patienten mit Rückenschmerzen betroffen.

Ein schmerzender Rücken kann nicht entzücken

Lange Zeit war Bettruhe die Standardbehandlung bei Rückenschmerzen, außerdem muskelentspannende Mittel, starke Schmerzmittel und sogar Operationen. Inzwischen glauben aber viele Mediziner, dass man den Zustand damit manchmal verschlimmern kann. Natürlich werden die genannten Therapien immer noch eingesetzt, es besteht aber die Tendenz, diese Art der Heilbehandlung auf die schweren und chronischen Fälle zu beschränken.

Wenn Sie die Ursachen kennen, schalten Sie diese ab. Führen Sie anschließend die folgenden Behandlungen durch:

- Nehmen Sie ein Schmerzmittel wie Aspirin, Paracetamol oder Ibuprofen.
- Ruhen Sie sich aus, aber nicht zu lange. Wenn der Rücken schmerzt, sollten Sie es eine Zeit lang ruhiger angehen lassen. Aber wie lange ist „eine Zeit lang"? Eine Studie zeigt, dass mehr als vier Tage Bettruhe die Genesung verzögern können, weil die Muskeln dadurch unnötig geschwächt werden.
- Kühlen. Eis ist ein guter Entzündungshemmer. Wickeln Sie Eiswürfel oder einen Beutel Tiefkühlgemüse in ein Handtuch und kühlen Sie damit die schmerzende Stelle. Eisanwendungen zweimal täglich für 15 bis 20 Minuten lösen Verkrampfungen und können den Schmerz lindern.
- Wärmen. Wärmepackungen lindern den Schmerz. Wärme hat aber nicht die entzündungshemmenden Eigenschaften von Eis.
- Körperliche Aktivität. Nach einer gewissen Ruhezeit sollten Sie sich vorsichtig sportlich betätigen, um den gesamten Körper in Bewegung zu halten. So werden die Muskeln nicht steif.

Immer diese Knochen

Zur Vorbeugung von Rückenschmerzen ist es hilfreich, zu verstehen, wie das komplizierte Wirbelsäulensystem funktioniert und wodurch es in Unordnung geraten kann.

Die Wirbelsäule besteht aus einer Reihe ringähnlicher Knochen, den Wirbeln. Insgesamt sind 33 übereinandergestapelt; 24 sind durch Gelenke, die übrigen fest miteinander verbunden. Das Rückenmark, die Schnellstraße der Nerven, befindet sich in dem kleinen Tunnel, der von den Wirbeln gebildet wird. Impulse aus dem Gehirn gelangen über die 31 Paar Hauptnerven, die vom Rückenmark abzweigen, zu den entferntesten Körperstellen. Derselbe Weg wird auch für Botschaften benützt, die von entfernten Stellen wie den Zehen oder Fingern zum Gehirn geschickt werden.

Eingeschoben zwischen den Wirbeln befinden sich kleine Stoßdämpfer aus widerstandsfähigen Fasern und Knorpel mit einem weichen Kern. Sie heißen Bandscheiben oder Zwischenwirbelscheiben und sollen verhindern, dass die Wirbel aneinanderreiben und das Rückgrat vor Stößen schützen.

Bandscheiben und Wirbel zusammen schützen das Rückenmark und sorgen für einen Großteil der Flexibilität. Um das Rückgrat zu stützen, ist der Rücken auch von einem komplizierten System aus Muskeln, Sehnen und Bändern überzogen.

Symptom-Schlüssel

Die Wirbelsäule, die in der Mitte des Rückens verläuft, ist in fünf verschiedene Regionen unterteilt. Zuerst in den Hals-/Nackenbereich, dann den Brustbereich im mittleren Rücken, die Lendenregion, die etwa dem Kreuz entspricht. Am unteren Ende der Wirbelsäule befinden sich Kreuzbein und Steißbein.

Schmerzen können in jedem dieser Bereiche auftreten, Probleme im Lendenbereich sind aber am verbreitetsten. Die Lendenregion scheint am häufigsten betroffen zu sein, weil sie in der Körpermitte liegt und wie eine Art Angelpunkt wirkt.

Die meisten Rückenschmerzen sind die Folge von Muskelzerrungen. Nur in einem von 200 Fällen liegt eine ernste Ursache wie ein Tumor oder eine Infektion der Wirbelsäule vor. Hier eine Aufstellung einiger Ursachen für Rückenschmerzen mit den Symptomen.

Arthritis
Häufig eher ein gleichbleibender als stechender Schmerz, begleitet von Steifheit des Rückens, die eventuell bis hinunter in den Gesäß und Oberschenkelbereich reicht. Der Schmerz kann an jeder Stelle des Rückgrats auftreten.

Osteoporose
Knochen werden spröde und können brechen. Der Rücken kann schmerzen und die Haltung wird rundschultrig, gebückt oder bucklig. Es kann auch passieren, dass die Körpergröße abnimmt, obgleich das gewöhnlich erst nach dem 70. Lebensjahr eintritt. Osteoporose ist keine reine Frauenkrankheit; bei Männern hängt sie v.a. mit einer Abnahme des Testosteronspiegels zusammen.

Bandscheibenschäden
Drückt eine geschädigte Bandscheibe auf einen Nerv, treten – häufig im Lendenbereich – starke Schmerzen auf, die sich bei Husten, Heben, Drehen oder Bücken verschlimmern. Verläuft der Schmerz vom Kreuz durch das Gesäß bis zu den Füßen, kann auch der Ischiasnerv mit betroffen sein. In schweren Fällen kommt es zu einem Verlust der Blasen oder Darmkontrolle.

Wirbelsäulenversteifung
Eine seltene Form der entzündlichen Arthritis, die gewöhnlich Männer unter 40 betrifft. Die Symptome sind Kreuzschmerzen, die entweder in Abständen oder häufig auftreten, morgendliche Steifheit auf der Rückseite der Hüften; Steifheit im Rippenbereich, Brust oder Nackenschmerzen. Gewichtsabnahme, Fieber, Augenschmerzen, Erschöpfung.

Rückenmarktumor
Der Schmerz ist anhaltend, kann in jedem Bereich der Wirbelsäule auftreten und ist nachts häufig besonders stark. Oft kommt es auch zu Taubheitsgefühl, Kribbeln und Muskelschwäche, die sich allmählich verschlechtert. In einigen Fällen erleidet der Betroffene den Verlust der Blasen oder Darmkontrolle.

Zerrung oder Verstauchung
Schmerzen, Steifheit und periodisch heftiger Schmerz bei einer falschen Bewegung. Der Schmerz sitzt häufig im Lendenbereich. Kann entweder nach einer Verletzung oder körperlichen Anstrengung plötzlich auftreten oder sich allmählich entwickeln.

Spinalstenose
Der Schmerz in Rücken und Beinen kann anfangs leicht sein, verschlimmert sich aber häufig beim Gehen und bessert sich beim Sitzen. Auch Taubheitsgefühl und Kribbeln können auftreten.

Jeder Teil des Wirbelsäulensystems kann Rückenschmerzen verursachen. Die Bandscheiben können austrocknen und brechen, die Muskeln verkrampfen, Sehnen sich entzünden, Bänder verstauchen, Wirbel splittern und Nerven gequetscht oder gedrückt werden. Auch wenn Sie viel über Bandscheibenbrüche hören, den so genannten Bandscheibenvorfall, sind diese doch nur für einen geringen Prozentsatz der Rückenschmerzen verantwortlich. Hauptursache für Schmerzen ist eine Muskelzerrung, die häufig durch einen schlecht ausgerüsteten Arbeitsplatz entsteht. Es ist aber oft schwierig, die verantwortliche Quelle festzustellen.

Alternative Rückenbehandlungen

Für Rückenschmerzen gibt es eine Reihe exotischer Behandlungen. Einige dieser Techniken sind noch recht neu, während andere seit Urzeiten gebräuchlich sind.

Da gibt es die Akupressur, ähnlich der Akupunktur, nur werden anstelle von Nadeln dabei die Finger benützt. Durch Druck auf spezielle Punkte auf der Knierückseite werden angeblich Energiewege in den Rücken frei, durch die der Schmerz entweichen kann. Bei der Aromatherapie soll ein Massageöl aus blauer Kamille Rückenschmerzen lindern. Bei der Safttherapie wird täglich zwischen den Mahlzeiten ein Glas frischer Grapefruitsaft getrunken. Es gibt noch eine Reihe anderer Alternativbehandlungen. Viele Menschen empfinden Osteopathie, Chiropraktik und die Alexandertechnik als hilfreich. Obgleich es keine wissenschaftlichen Beweise für die Wirksamkeit dieser Methoden gibt, haben viele Ärzte keine Einwände, insbesondere wenn konventionelle Behandlungen versagen.

Falls Sie es also mit Alternativmethoden probieren möchten, empfiehlt sich eine Kombination. Jeder seriöse Heilkundige der Alternativmedizin überweist Sie an die Schulmedizin zurück, wenn dies notwendig ist.

Den idealen Einstieg in die Alternativmedizin bekommen Sie durch eine Empfehlung Ihres Arztes. Seien Sie misstrauisch, wenn ein Heilpraktiker es ablehnt, die Behandlung mit Ihrem Hausarzt zu besprechen.

Sorgen Sie für Ihren Rücken

Wie schon in anderem Zusammenhang erwähnt, trifft die folgende Aussage auch hier zu: Der erste Schritt, den Rücken in Form zu halten, ist eine gute körperliche Verfassung.

Dreißig Minuten Bewegung an der frischen Luft dreimal wöchentlich, insbesondere Rücken schonende Tätigkeiten wie Spazierengehen, Schwimmen, Radfahren, halten die Rückenmuskulatur, die Bänder und Gelenke kräftig und flexibel und auch das Herz-Kreislaufsystem bleibt dabei in Form. Vergessen Sie jedoch nie, sich zuvor zehn Minuten aufzuwärmen. Etwa fünf Minuten Spazierengehen reichen aus, sofern Sie dabei leicht ins Schwitzen kommen.

Sie sollten auch den Muskeln besondere Aufmerksamkeit schenken, die das Rückgrat stützen. Die wichtigsten befinden sich in Bauch und Gesäß. Je kräftiger diese Muskeln sind, desto mehr Stress können Sie dem Rücken bei Drehbewegungen abnehmen.

Nachfolgend finden Sie einige Tipps, die Ihnen den Weg zum Arzt ersparen können:

- Rauchen Sie nicht. Die medizinische Forschung hat einen eindeutigen Zusammenhang zwischen Rauchen und Rückenschmerzen festgestellt. Niemand weiß genau, warum das so ist, es gibt aber zwei mögliche Verbindungen. Erstens wird die Wirbelsäule möglicherweise nicht ausreichend durchblutet, wenn Sie rauchen. Zweitens verstärkt das häufige Husten den Druck auf die Bandscheiben.
- Vergessen Sie Ihre Dehn- und Streckübungen nicht. Flexibilität in bestimmten Muskelgruppen kann schützend wirken. Falls Sie der Meinung sind, dass Ihre Beweglichkeit zu wünschen übrig lässt, können Sie sich der wachsenden Zahl von Männern anschließen, die Yoga betreiben. Sie werden erstaunt sein, wie weit Sie sich nach nur wenigen Wochen dehnen können.
- Sitzen Sie gerade. Beherzigen Sie Mamas Rat und machen Sie keinen krummen Rücken. Dies ist besonders wichtig, wenn Sie eine vorwiegend sitzende Tätigkeit ausüben. Schlechte Haltung, besonders am Arbeitsplatz, ist nichts Ungewöhnliches. Wenn Sie sich jedoch gerade halten, haben Ihre Muskeln weniger Arbeit damit, den Rücken zu halten.
- Sparen Sie sich Ärger, indem Sie richtig heben. Falsches Heben schwerer Gegenstände ist ein wahrer Rückenkiller. Der sicherste Weg, dem Rücken zu schaden, ist Drehen und Beugen während des Hebens. Sie sollten schwere Sachen nah am Körper und mit gebeugten Knien heben.

Dieselben Vorsichtsmaßnahmen gelten auch für's Fitnesstraining. Sorgen Sie dafür, dass Sie beim Gewichtheben die richtige Technik anwenden.

- Werden Sie überflüssige Pfunde los. Eine schwere Speckschicht, besonders am Bauch, tut dem Rücken gar nicht gut.

Besser zum Arzt

Als allgemeine Regel gilt: Ein Gang zum Hausarzt – oder zumindest ein Anruf – ist erforderlich, wenn ein neu aufgetretener Rückenschmerz so stark ist, dass Sie Ihre normale Tätigkeit nicht ausüben können. Sie sollten auch dann einen Arzt aufsuchen, wenn bereits bestehende Schmerzen sich verschlimmern, ohne dass dies mit einer neuen oder veränderten körperlichen Aktivität zusammenzuhängen scheint.

Ihr Arzt verschreibt Ihnen vielleicht ein Antiphlogistikum oder ein Schmerzmittel. Zusätzlich sollte er für Sie ein individuell abgestimmtes Gymnastikprogramm ausarbeiten oder Sie auf notwendige Änderungen Ihrer Arbeitsweise hinweisen. Als Alternative dazu kann der Arzt Ihnen auch empfehlen, einen Physiotherapeuten aufzusuchen.

Sie müssen sofort zum Arzt gehen, wenn die Rückenschmerzen mit einem Verlust der Blasen oder Darmkontrolle verbunden sind; wenn Sie ein Schwächegefühl empfinden oder unter Taubheitsgefühl und Kribbeln leiden.

So können Sie Ihren Rücken schützen

Heben

Wenn Sie etwas Schweres heben müssen, beugen Sie immer die Knie, halten Sie den Rücken möglichst aufrecht und überlassen Sie die Arbeit Ihren Beinmuskeln. Denken Sie an diese Technik auch, wenn Sie die Last wieder abstellen. Männer, die sich in der Taille beugen, wenn sie etwas Schweres aufheben oder absetzen, belasten die empfindlichen Muskeln im Kreuz sehr stark. Dadurch verschaffen sie Osteopathen und Physiotherapeuten eine Menge Arbeit.

✗

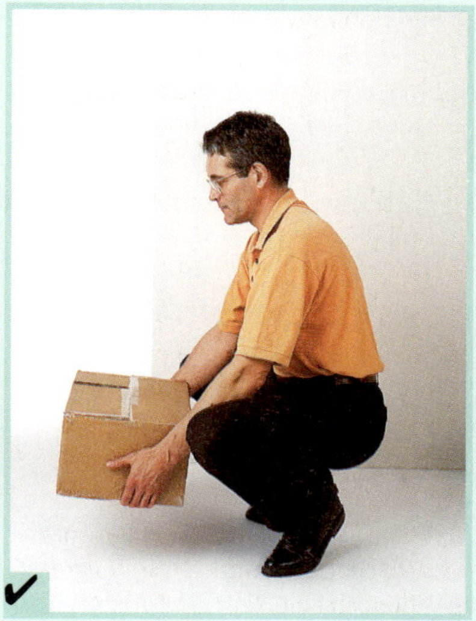

✓

Tragen

Sie haben eine schwere Kiste richtig gehoben, ohne sich in der Taille zu beugen und tragen diese nun durch's Zimmer. Um den Rücken zu schützen, sollten Sie die Kiste möglichst nah am Körper tragen. Auch wenn Sie sie nur wenig vom Körper weghalten, nimmt die Belastung für die Muskulatur im unteren Rücken drastisch zu. Drehen Sie Ihren Oberkörper möglichst nicht, während Sie etwas Schweres tragen.

✗

✓

Schlafen

Eines der wenigen Dinge, die Sie im Schlaf tun können ist, den Rücken zu schützen. Beim Schlafen in Bauchlage wird das Hohlkreuz verstärkt und der Nacken gedreht. Die beste Schlafposition ist auf dem Rücken oder auf der Seite. Eine harte Matratze ist wichtig, um das Gewicht des Körpers zu tragen und die Wirbelsäule gerade zu halten, egal ob Sie in Rücken oder Seitenlage schlafen. Wenn Sie auf der Seite schlafen, hilft ein Kissen in der richtigen Höhe, die Wirbelsäule gerade zu halten.

Sitzen

Ideal ist eine bequeme aufrechte Haltung. Setzen Sie sich auf dem Stuhl soweit zurück, dass sich das Gesäß am Treffpunkt von Sitz und Rückenlehne befindet und stellen Sie die Füße flach auf den Boden. Armlehnen sind günstig, weil sie die Belastung für die untere Wirbelsäule mindern. Falls Sie auf einem Stuhl mit gerader Lehne sitzen, sollten Sie das Kreuz eventuell mit einem Kissen abstützen. Falls Sie am Computer arbeiten, stellen Sie Ihren Stuhl so, dass Sie gerade auf den Bildschirm schauen können, ohne den Nacken drehen oder beugen zu müssen.

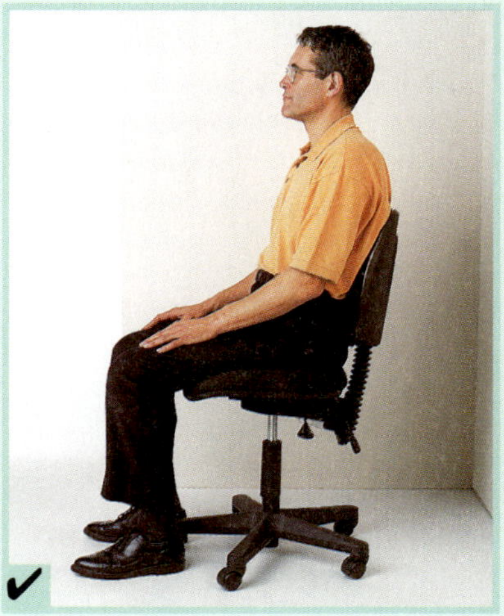

✓

Sportverletzungen

Auf den Spielfeldern geht es oft zu wie auf einem Schlachtfeld. Die Mannschaften „kämpfen", die Spieler „schlagen sich" um den Ball und die Trainer entwerfen ihre Strategien. Natürlich ist der Sport kein Krieg, aber in einer Hinsicht sind beide vergleichbar: Im Sport wie im Krieg gibt es viele Verletzte.

Probleme vermeiden

Obwohl beim Sport häufig Verletzungen passieren, kann man vielen Gefahren vorbeugen. Beachten Sie dazu die folgenden fünfFaktoren: Muskelkraft, Beweglichkeit durch Dehn- und Streckübungen, angemessene Routine, Ausrüstung und mentale Wachsamkeit.

MUSKELKRAFT

Sorgen Sie dafür, dass die Muskeln, die Sie bei Ihrer Sportart besonders belasten, kräftig sind. Eine der besten Möglichkeiten, das zu erreichen, ist Gewichtheben, auch wenn Ihre eigentliche Sportart Golf, Radfahren, Joggen, Tennis oder etwas anderes ist, das Sie nicht unbedingt mit Gewichtheben in Verbindung bringen. Ein Krafttraining ist auf jeden Fall wichtig, um Verletzungen vorzubeugen.

Das Ziel ist es, jeder einzelnen Muskelgruppe, die Sie bei Ihrer Sportart einsetzen werden, eine gute Ausgangskraft zu verleihen. Sie sollten die so genannte „integrierte" Kraft anstreben, die Sie beispielsweise durch Beindrücken erreichen. Dabei werden alle Beinmuskeln beansprucht, die Sie auch beim Gehen, Joggen oder Springen brauchen.

Erreichen lässt sich dieses Ziel bereits mit drei Runden Fitnesstraining pro Woche in gemäßigtem Tempo, mit der passenden Menge an Gewicht, einer guten Technik, der passenden Zahl Wiederholungen und einem Tag Pause zwischen den Trainingstagen.

Weitere Einzelheiten zum Krafttraining finden Sie auf Seite 92 unter „Übungen zum Krafttraining".

Ist Ihr Körper durch das Gewichtheben gekräftigt, werden Ihre Muskeln, Sehnen, Bänder, Gelenke und Knochen die Auswirkungen körperlicher Aktivität weit weniger spüren.

Durch Gewichtheben können Sie zudem einem allmählichen Verlust der Knochenmasse, der so genannten Osteoporose und den oft damit einhergehenden Brüchen vorbeugen.

DEHN- UND STRECKÜBUNGEN

Angemessene Dehn- und Streckübungen sind äußerst wichtig, um die Muskeln und Gelenke so beweglich wie möglich zu erhalten. Die Kraft, die Sie durch das Gewichtheben erlangen, sorgt zusammen mit der Beweglichkeit durch Dehn- und Streckübungen dafür, dass Sie sich leichter und effizienter bewegen, wodurch sich das Verletzungsrisiko verringert und Schmerzen nach dem Training weniger oder gar nicht mehr auftreten.

Verletzungen vorbeugen

1 Wärmen Sie sich gut auf.

2 Dehnen Sie Ihre Muskeln danach, bevor Sie das eigentliche Training beginnen.

3 Tragen Sie passende Sportschuhe.

4 Tragen Sie wetterfeste Kleidung und entsprechende Schutzausrüstung.

5 Beginnen Sie Ihr Training langsam.

6 Erlernen Sie die richtige Technik und wenden Sie diese auch an.

7 Hören Sie sofort auf, wenn Sie sich schwindlig fühlen, stark kurzatmig werden, Schmerzen bekommen oder Sie in kalten Schweiß ausbrechen.

8 Kühlen Sie sich nach dem Training oder Sport allmählich ab.

9 Machen Sie wieder Dehnübungen.

10 Achten Sie auf Ihren Körper und Ihre Umgebung.

Krämpfe bekämpfen

Muskelkrämpfe sind unwillkürliche Muskelkontraktionen: Die Muskelfasern ziehen sich zusammen und erstarren in dieser Position, was starke Schmerzen auslöst.

Krämpfe können jeden Muskel befallen, zumeist sind Wade und Fuß betroffen. Zu Krämpfen kann es während des Trainings, wegen des Flüsssigkeitsmangels oder der mangelnden Beweglichkeit, kommen. Sie treten auch im Schlaf auf. Hier ist ein plötzliches Anziehen der Zehen die Ursache.

Die wichtigste Vorbeugung gegen Krämpfe ist, viel Wasser zu trinken. Sorgen Sie auch für eine angemessene Muskeldehnung. Bei angespannten Muskeln genügt eine Kleinigkeit, um einen Krampf auszulösen.

Die Gefahr nächtlicher Krämpfe können Sie auch verringern, indem Sie sich nicht zu fest in Ihr Bettzeug wickeln, auf der Seite schlafen und versuchen, die Zehen nicht abzuknicken.Bei einem Krampf hilft gewöhnlich Dehnen und Massieren.

Symptom-Schlüssel

Sportverletzungen können praktisch in jedem Körperteil vorkommen, jeder Sport scheint aber seine spezifischen Problembereiche zu haben. Beim Joggen betreffen die meisten Verletzungen die Beine, Knöchel, Knie und Füße. Zu den weiteren Sportarten, die für Beinverletzungen anfällig sind, gehören Aerobic, Tennis, Ski, Basketball, Rugby und Fußball. Verletzungen an Händen und Fingern treten, verbreitet bei Handball, Volleyball und Basketball auf. Tennis trägt viel zu den Armverletzungen bei – denken Sie zum Beispiel an den „Tennisarm". Die nachfolgende Aufstellung liefert einen kurzen Überblick über die Symptome und Ursachen der zehn häufigsten Sportverletzungen.

Verstauchter Rücken
Schmerzen, Schwellung und Bluterguss, verursacht durch den Riss oder eine Überdehnung eines Muskels oder einer Sehne. Wird häufig ausgelöst durch falsche Dehn und Streckübungen und schwache Bauchmuskeln.

Verstauchte Leiste
Schmerzen, Schwellung und Bluterguss in der Leiste. Ursache ist ein Riss oder eine Überdehnung eines Muskels oder einer Sehne. Tritt oft bei plötzlichen seitlichen Bewegungen beim Joggen und Skating auf.

Verstauchtes Knie
Schmerzen, Schwellung und Bluterguss im Knie, verursacht durch einen Riss oder eine Überdehnung eines Muskels oder einer Sehne. Passiert oft beim Joggen, Radfahren und Schwimmen.

Achillessehnenentzündung
Schmerzen und Empfindlichkeit in der Ferse. Ursache ist eine Entzündung der Achillessehne. Entsteht durch Überbeanspruchung, ungenügendes Aufwärmen oder Dehnen und Schuhe mit unzureichender Stützung des Fußgewölbes oder fehlende Fersenpolsterung.

Geschwollene Füße
Die Bezeichnung nennt gleichzeitig das Symptom. Häufige Ursache ist Joggen oder eine andere fußintensive körperliche Aktivität in Schuhen, die abgetragen sind oder den Fuß nicht genügend stützen.

Schulterzerrung
Schmerzen, Schwellung und Bluterguss im Schulterbereich. Ursache ist ein Riss oder eine Überdehnung eines Muskels oder einer Sehne, tritt häufig bei allen Schläger-Sportarten, Golf und Schwimmen auf.

Tendinitis im Ellenbogen
Schmerzen und Empfindlichkeit im Ellenbogen. Ursache ist eine durch Überlastung entzündete Sehne. Ungenügendes Aufwärmen und mangelnde Dehnübungen können aber ebenfalls zu dem Problem beitragen.

Zerrung des zweiköpfigen Oberschenkelmuskels
Schmerzen und Schwellung im Oberschenkelmuskel, der zwischen Knie und Gesäß verläuft. Verursacht durch ungenügende Dehn und Streckübungen oder mangelndes Aufwärmen.

SchienbeinmuskelÜberlastungssyndrom
Schmerzen und Schwellung vorne oder an der Seite des Unterschenkels, verursacht durch eine Entzündung des Knochens, der Sehne oder des Muskels in der Wade. Bei Belastung verstärken sich die Schmerzen. Häufig das Ergebnis von Jogging auf hartem Boden.

Knöchelverstauchung
Schmerzen, Schwellung und eventuell Bluterguss im Knöchel. Die medizinische Ursache ist ein Riss oder eine Überdehnung des Bandes. Jogging und SchlägerSportarten sind die üblichen Ursachen.

Im Gegensatz zum Gewichtheben können Sie Dehn- und Streckübungen jeden Tag durchführen, um Ihren Bewegungsradius zu optimieren. Wenn Sie vor dem Training Ihre Dehn- und Streckübungen machen möchten, wärmen Sie sich vorher immer auf. Sie sollten einen kalten Muskel nicht dehnen.

Bei den Dehn- und Streckübungen sollten Sie alle wichtigen Gelenke arbeiten lassen – die Muskelverbindungen im Körper, die vom Nacken über die Schultern, Ellenbogen, Handgelenke, den Taillenbereich hinunter in den unteren Rücken, die Hüften, Knie und Knöchel reichen. Führen Sie die Dehnung langsam aus, bis Sie eine gesunde Spannung empfinden und halten Sie diese Dehnung dann 30 Sekunden. Vermeiden Sie ruckar-

Ein erstklassiges Erste-Hilfe-Set

Die nachfolgend aufgeführten Artikel wurden vom Roten Kreuz empfohlen und eignen sich für alle Eventualitäten von einem Schnitt beim Rasieren bis zu Sportverletzungen. Lagern Sie die Artikel in einer gut verschlossenen Plastikdose außerhalb der Reichweite von Kindern. Wenn Sie Erste Hilfe leisten müssen, treffen Sie Vorkehrungen, damit der Patient anschließend sobald wie möglich zu einem Arzt kommt. Vergessen Sie auch nicht, dass ein Erste-Hilfe-Kasten kein Ersatz für einen Erste-Hilfe-Kurs ist.

- Klebepflaster (in verschiedenen Größen)
- Klebeband (Mikropore hypoallergen)
- Antibiotische Salbe
- Antiseptische Tücher (alkoholfrei)
- Calamina-Lotion/Antihistamin-Salbe
- Kerze und Streichhölzer
- Kleingeld (für ein Münztelefon) oder eine Telefonkarte
- Chemische Kaltpackungen
- Wattestäbchen
- Desinfektionsseife
- Einmalhandschuhe
- Elastische Binden (7,5 cm)
- Telefonnummern der Notdienste
- Gazetupfer (steril verpackt)
- Pappbecher
- Papier und Stift
- Plastiktüten (gut für Eispackungen)
- Gesichtsschutz für Wiederbelebung
- Sicherheitsnadeln
- Schere (mit abgerundeten Spitzen)
- Decke
- Sterile Augenlotion
- Steriles Verbandmaterial (Medium/Größe acht, Large/Größe neun, Extra-large/Größe drei
- Steriles nicht haftendes Verbandmaterial (Melolin, 10 x 10 cm)
- Thermometer
- Taschenlampe mit Ersatzbatterien
- Dreiecktuch
- Sterile nichthaftende Kompressen
- Pinzette
- Wundverschluss (Steristrips)

tige oder kräftige Bewegungen. Weitere Einzelheiten und ein vollständiges Programm mit Dehn- und Streckübungen finden Sie auf Seite 98 unter „Übungen zur Verbesserung der Beweglichkeit".

Die richtige Übung

Beginnen Sie ein Trainingsprogramm immer mit dem Aufwärmen, egal welche Sportart oder Aktivität Sie ausüben. Aufgewärmte Muskeln sind viel weniger reißgefährdet. Zusätzlich nehmen aufgewärmte Muskeln den Sauerstoff wirksamer auf und schützen daher vor Erschöpfung.

Leichtes Training wie Spazierengehen oder Radfahren für fünf oder zehn Minuten fördert die Durchblutung der Muskeln und macht sie wärmer und flexibler. Einzelheiten können Sie auf Seite 86 unter "Aufwärmen" nachlesen. Sobald Sie sich richtig aufgewärmt haben, können Sie mit der eigentlichen Aktivität beginnen. Erlernen Sie eine flüssige Technik und vermeiden Sie kurze, abgehackte Bewegungen, die eine unnötige Abnutzung des Körpers, besonders der Gelenke und Bindegewebe verursachen.

Wenn Sie mit einer neuen Sportart beginnen und nicht sicher sind, wie diese ausgeübt wird, informieren Sie sich, bevor Sie sich hineinstürzen. So schützen Sie sich nicht nur vor Verletzungen, sondern werden langfristig auch leistungsfähiger sein.

Nachdem Sie Ihr Training beendet haben, kühlen Sie sich mit leichten, vorsichtigen Bewegungen ab, damit der Körper langsam auf ein entspanntes und stabiles Leistungsniveau zurückkehren kann. Zum Abschluss sollten Sie nochmal einige Dehnübungen machen, um zu verhindern, dass die Muskeln angespannt bleiben und schmerzen. Wählen Sie dieselben Dehnübungen wie vor dem Training, diesmal aber nur kurz und berücksichtigen Sie dabei besonders die Körperteile, die während des Trainings am stärksten beansprucht wurden.

Ausrüstung

Verwenden Sie nur die richtige Ausrüstung. Sie spielt bei der Vorbeugung von Verletzungen eine wichtige Rolle. Sie sollten beispielsweise beim Radfahren einen guten Helm tragen. Wenn Sie vor dem Start überprüfen, ob die Gänge sich leicht schalten lassen und die Bremsen in Ordnung sind, spart Ihnen das manchen Ärger. Eine weitere Empfehlung ist das Tragen einer Sicherheitsbrille aus Kunststoff, wie sie bei manchen Sportarten mit hohem Risiko von Augenverletzungen getragen wird, etwa Squash, Badminton, Schlagball und Hockey.

Auch die Kleidung sollte dem Wetter und der Sportart angepasst sein. Bei warmem, feuchtem Wetter sollten Sie lockere, leichte und helle Kleidung und eine Kopfbedeckung tragen. Bei Kälte empfiehlt es sich, die Haut weitgehend zu bedecken und mehrere Schichten übereinander zu tragen. Kleidung aus Polypropylen, die den Schweiß aufsaugt und rasches Auskühlen verhindert, bildet die erste Schicht auf der Haut. Die äußere Schicht sollte gegen Wind schützen und beim Joggen und Skilanglauf mit Entlüftungsöffnungen versehen sein. Eine Kopfbedeckung verhindert den Wärmeverlust über den Kopf und Faust oder Fingerhandschuhe halten die Hände warm.

Richtiges Schuhwerk ist zur Gesunderhaltung der Füße während des Trainings sehr wichtig. Merken Sie sich: Sparen Sie nie am Schuh!

Sie brauchen jedoch keine modischen Schuhe mit irgendwelchem Schnickschnack wie einem „pumpup"-Effekt.

Achten Sie vor allem auf eine gute Stoßdämpfung und Fußstütze, das sind die beiden Dinge, die am besten vor Verletzungen schützen.

Beim Joggen brauchen Sie Schuhe mit guter Stoßdämpfung und starkem Profil.

Wenn Sie Volleyball, Basketball oder einen anderen Sport ausüben, bei dem Sie häufig stoppen und gleich wieder loslaufen müssen, sollten die Schuhe eine gute Stoßdämpfung, aber auch eine gute Fußstütze bieten. Knöchelhohe Schuhe stützen den Knöchel.

Die Schuhe sollten auch unbedingt gut sitzen. Achten Sie darauf, dass die Zehen vorne etwa einen Daumen breit Platz haben, dass der Fußballen an der breitesten Stelle des Schuhs sitzt und dass die Ferse genau passt und Sie nicht in der Bewegung herausrutschen. Probieren Sie im Laden also möglichst viele Modelle an.

Wenn Sie die Sportschuhe häufig tragen, sollten Sie regelmäßig neue anschaffen – einige Fachleute empfehlen, stark geforderte Schuhe alle vier Monate zu ersetzen.

Die Schuhe mögen nach dieser Zeit zwar immernoch gut aussehen, das wichtige stoßdämpfende Material im Innenleben des Schuhs ist aber meist abgenutzt.

Wachsamkeit

Seien Sie während jeder körperlichen Aktivität geistig bei der Sache. Das mag fast selbstverständlich klingen, aber Verletzungen treten meist dann auf, wenn Sie am wenigsten damit rechnen oder einen Moment unaufmerksam waren.

Achten Sie auf Ihre Umgebung und eventuelle Mitspieler, um potenzielle Gefahren zu meiden. Hören Sie auch auf die Signale Ihres Körpers. Vielleicht will er Sie warnen, weil er erschöpft und überanstrengt ist.

Geistige Wachsamkeit bietet gleich zwei Vorteile: Sie vemeiden selbstverschuldete, unnötige Verletzungen und verbessern Ihre Leistung erheblich.

Die besten Behandlungen von Sportverletzungen

Denken Sie an die Buchstabenkombination REDE: Ruhe, Eis, Druck und Erhöhung.

Bindegewebsverletzungen
Nach jeder Sportverletzung des Bindegewebes sollten Sie während der beiden ersten Tage die Formel REDE anwenden. Vermeiden Sie unnötige Bewegungen (das ist der Teil „Ruhe" dieser Formel) und legen Sie alle drei Stunden für zehn Minuten eine Eispackung auf den verletzten Bereich. Üben Sie Druck auf den Bereich aus, indem Sie eine elastische Binde anlegen, die auch ein Stück ober- und unterhalb des verletzten Bereichs abdeckt. Wickeln Sie die Binde aber nicht so fest, dass die Durchblutung gestört wird. Schließlich legen Sie den verletzten Bereich hoch – nach Möglichkeit höher als das Herz.

Frakturen
Jede Art der Knochenfraktur – der klassische „Knochenbruch" oder die mikroskopisch kleinen Brüche, die als Marschfrakturen bekannt sind – gehören in ärztliche Behandlung. Wenn Sie eindeutig eine Fraktur erlitten haben oder wenn Beschwerden, die Sie für die Symptome einer Bindegewebsverletzung halten, nach 48-stündiger Behandlung mit REDE nicht verschwinden, gehen Sie zum Arzt.

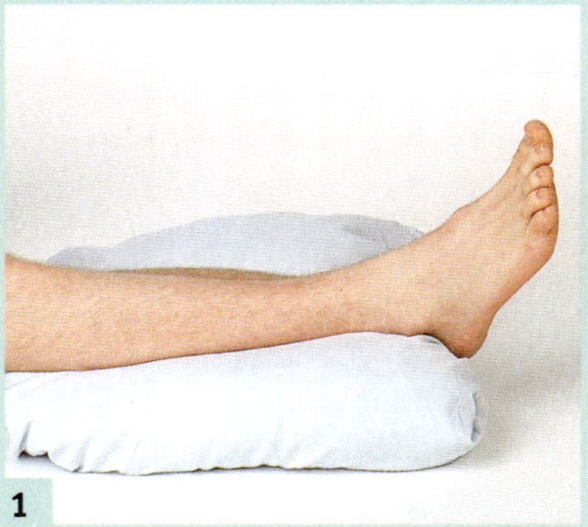

▲ *Entfernen Sie die Kleidung und lagern Sie das verletzte Bein auf einem weichen Kissen. Halten Sie das Bein ruhig.*

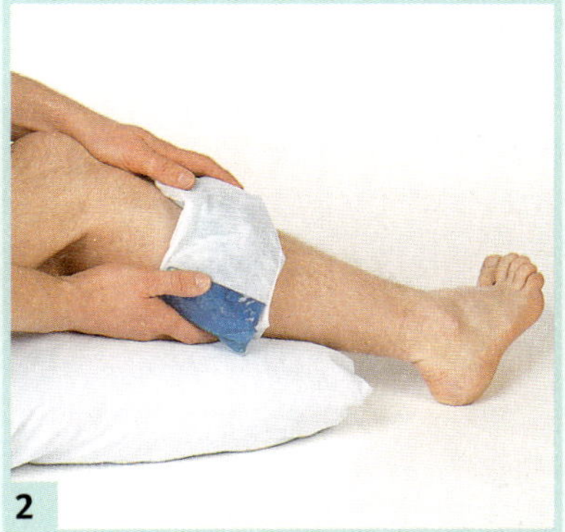

▲ *Etwa alle drei Stunden legen Sie für zehn Minuten eine Eispackung, eingehüllt in ein Handtuch, auf den verletzten Bereich.*

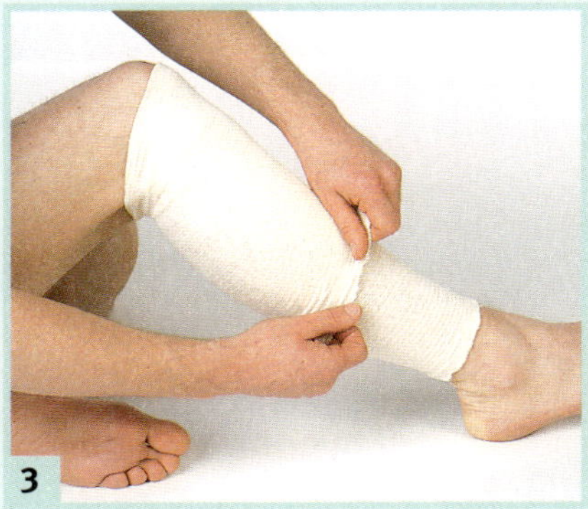

▲ *Legen Sie eine elastische Binde an, die auch den Bereich über und unter der Verletzung abdeckt.*

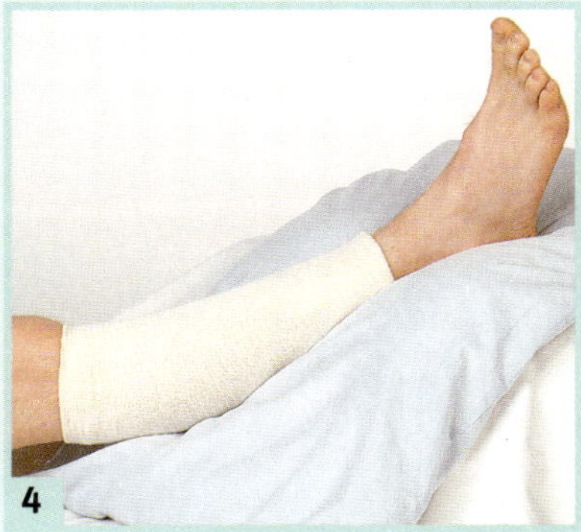

▲ *Lagern Sie das Bein hoch, um die Schwellung zu verringern. Der verletzte Bereich sollte höher als das Herz liegen.*

50 48 46 44 42 40 38 36 34 32 30 28
CAPACITY 350 LBS.
300 250
150
50 0

Kritische Erkrankungen

Geistig fit ins Alter

Hören Sie auf zu rauchen, treiben Sie regelmäßig Sport, ernähren Sie sich gesund, lassen Sie sich nicht stressen und trinken Sie nicht zu viel. Befolgen Sie diese Anleitung, so werden Sie nicht nur länger, sondern auch besser leben.

„Ich glaube, dass der Kampf gegen den Tod, der unbedingte und selbstbestimmte Lebenswille die treibende Kraft für das Leben und die Tätigkeiten aller herausragenden Männer ist."

Hermann Hesse, Dichter und Autor

Fit und gesund? Kein Problem!

Wenn Frauen zusammensitzen und über Männer sprechen, wird häufig darüber gelacht, dass Männer lieber stundenlang ziellos herumfahren, als anzuhalten und nach dem Weg zu fragen.

Wir müssen zugeben, dass mehr als ein Körnchen Wahrheit in dieser Beschreibung liegt. Männer ziehen es vor, selbst für sich zu sorgen. Sie sind stolz auf ihre Unabhängigkeit und möchten sie erhalten.

Auch Männer sind sterblich

Die Weltgesundheitsorganisation führt Statistiken über die Todesursachen der Menschen in aller Welt. Forscher nutzen diese Erkenntnis, um vorbeugende Gesundheitsstrategien zu entwickeln.
Nachfolgend sind die zehn „Topp-Todesursachen" von Männern in den Industrienationen aufgelistet:

1. Herzinfarkt
2. Schlaganfall
3. Lungen-, Luftröhren- und Bronchialkrebs
4. Emphysem und chronische Bronchitis
5. Lungenentzündung
6. Verkehrsunfälle
7. Suizid
8. Magenkrebs
9. Dickdarm- und Rektumkrebs
10. Leberzirrhose

Wenn es um unsere Gesundheit geht, ist das in vielerlei Hinsicht gut. Jeder Mann, der selbst für sich sorgen möchte – und die Tatsache, dass Sie diese Zeilen lesen, zeigt, dass auch Sie dazu gehören – kann das Risiko, jung zu sterben, wesentlich verringern.

Ein gesundes Leben beruht hauptsächlich auf folgenden Faktoren:

- Einer vernünftig zusammengestellten Ernährung
- Regelmäßiger körperlicher Betätigung
- Der Vermeidung von Stress
- Einem mäßigen Alkoholkonsum
- Dem Verzicht auf das Rauchen

Anders gesagt, Ihre Gesundheit unterliegt weitgehend Ihrer Kontrolle und das entspricht genau dem Wunsch der meisten Männer. Nur ein Element dieser von Männern so geliebten Unabhängigkeit arbeitet gegen ihre Gesundheit: Männer haben die Tendenz, die Hilfe eines Arztes nicht so häufig und nicht so rasch in Anspruch zu nehmen, wie dies nötig wäre.

Ein Grund dafür ist wohl unser männliches Selbstbild, das uns verbietet, Schwächen oder gar Schmerzen zuzugeben. Lieber beißen wir die Zähne fest zusammen, versuchen ein verkrampftes Lächeln und sagen uns: „Was mich nicht umbringt, macht mich nur härter". Dieser Leitspruch gilt vielleicht, wenn man einen sportlichen Wettkampf gewinnen möchte, aber nicht, um gesund und fit zu bleiben.

Bloss nicht zum Arzt?

Die Tatsache, dass Männer seltener einen Arzt aufsuchen als Frauen, könnte zweie Gründe haben. Erstens halten Männer sich gerne für unbesiegbar – Sie meinen, es sei ein Zeichen von Schwäche, wenn sie zum Arzt gehen.

Der andere Faktor, der Männer vom Arzt fernhält, ist ganz einfach Angst. Besonders ältere Männer sind es nicht gewöhnt, regelmäßig einen Arzt aufzusuchen. Daher ist ein Besuch in der Arztpraxis mit Besorgnis und Angst verbunden und ein solch unangenehmes Erlebnis möchte man so weit wie möglich vermeiden.

Flucht nach vorne

Der Besuch bei einem Arzt ist aber weder ein Zeichen von Schwäche, noch sollte er mit Furcht verbunden sein. In der folgenden Tabelle steht häufig der Rat, ungewöhnliche Beobachtungen mit einem Arzt zu besprechen.

Betrachten Sie es unter diesem Gesichtspunkt: Ihr Auto würden Sie auch nicht jahrelang ohne Inspektion fahren lassen. Jeder kleinste Kratzer und jedes Stottern des Motors ist ein Anlass, die Werkstatt aufzusuchen. Wenn Sie Ihrem Körper denselben Respekt und Sorgfalt entgegenbringen, wird auch er Sie dorthin bringen, wo Sie hin möchten: Gesund und geistig fit ins hohe Alter..

Lachen Sie der Krankheit ins Gesicht

Problembereich	Krankheit	Risikofaktoren	Vorbeugende Maßnahmen
Herz- Kreislaufsystem	Herzattacke, Schlaganfall, Angina pectoris, Impotenz	Ein Mann zu sein; hoher Blutdruck, Diabetes oder hoher Cholesterinspiegel; Übergewicht; Alter; Lebensstil (besonders Rauchen, schlechte Ernährung und zu wenig Bewegung); genetische Veranlagung	• Rauchen aufhören; fettarme und ballaststoffreiche Ernährung mit viel Obst und Gemüse; Gewicht reduzieren; weniger Salz verwenden; nicht mehr als ein oder zwei Gläser Alkohol pro Tag; regelmäßige Bewegung; Stress reduzieren; eventuell Aspirin einnehmen (dies aber zuvor mit dem Arzt absprechen)
Atmungssystem	Chronische Bronchitis, Lungenkrebs, Emphysem, Lungenentzündung	Männer haben ein höheres Risiko als Frauen; Alter; Lebensstil (insbesondere Rauchen); Leben in einer Stadt; genetische Veranlagung	• Rauchen aufhören; Luftverschmutzung meiden, einschließlich passives Rauchen; Kontakt mit Personen meiden, die erkältet sind oder Grippe haben; regelmäßige Bewegung; viel Obst und Gemüse essen; Stress vermeiden. • Besprechen Sie sich mit Ihrem Arzt, wenn Sie chronischen Husten haben, ständig Atemprobleme haben oder Blut spucken.
Verdauungstrakt	Magen-, Dickdarm- und Rektumkrebs	Alter; Lebensstil (insbesondere fettreiche, ballaststoffarme Ernährung); genetische Veranlagung; Darmentzündung.	• Essen Sie eine fettarme, ballaststoffreiche Kost; vermeiden Sie salzige, geräucherte oder marinierte Speisen; trinken Sie mäßig Alkohol; bewegen Sie sich regelmäßig.
Prostata	Vergrößerung der Prostata, Prostatakrebs, Prostatitis	Alter; Lebensstil (insbesondere fettreiche Ernährung mit viel dunklem Fleisch); genetische Veranlagung	• Vorbeugende Maßnahmen gegen eine Prostatavergrößerung sind nicht bekannt. Das Risiko für Prostatakrebs können Sie eventuell verringern, wenn Sie sich regelmäßig bewegen und eine fettarme, ballaststoffreiche Kost essen mit viel Obst und Gemüse (als besonders günstig gelten rote Tomaten und Sojaprodukte wie Tofu). Koffein und Alkohol einschränken.
Mentale, emotionale Fitness	Depressionen, Suizid und Autounfälle.	Stress; Alkoholmissbrauch; Risikoliebende Persönlichkeit; irrationales Denken; Ignorieren emotionaler Probleme.	• Machen Sie sich Stress bewusst und gehen Sie vernünftig damit um; trinken Sie mäßig; folgen Sie Ihrem gesunden Menschenverstand; lernen Sie rationales Denken; geben Sie zu, wenn emotional etwas nicht stimmt und versuchen Sie, vernünftig damit umzugehen.

Erkrankungen des Atemsystems

Unsere Lungen versorgen jede einzelne Körperzelle mit dem Sauerstoff, den sie zum Leben und Funktionieren benötigt. Wie aber soll unser Organismus trotz zunehmender Luftverschmutzung – angefangen von den Abgasen über den Zigarettenrauch – gesund bleiben?

Atmen Sie befreit?

Wir atmen etwa alle fünf Sekunden ein, also rund 17 000 mal pro Tag und unsere Lungen tragen den eingeatmeten Sauerstoff in unser Inneres.

In der heutigen Welt zahlen wir dafür aber einen hohen Preis: Eine Reihe von Verschmutzungen – viele vom Menschen selbst verursacht – werden zusammen mit dem lebensspendenden Sauerstoff eingeatmet. Genug, um die Luft anhalten zu wollen.

Gesunde Lunge

Sie bleiben gesund, wenn Sie gut für Ihre Lungen sorgen. Tiefes Atmen, regelmäßige Bewegung an der frischen Luft und das Vermeiden starker Verschmutzungen (einschließlich Zigarettenrauch) helfen da viel.

Tief durchatmen

Die meisten von uns atmen flach, wodurch weniger frische Luft in den Körper gebracht und auch weniger verbrauchte Luft abgegeben wird. Dadurch müssen unsere Lungen stärker arbeiten als sie idealerweise sollten und die Belastung nimmt zu.

Physiologen und Yoga-Lehrer empfehlen regelmäßige Atemübungen, wobei Sie mit Hilfe des kräftigen Muskels im oberen Bauchbereich, dem Zwerchfell atmen sollten, statt diese Arbeit den schwächeren Brustmuskeln zu überlassen.

Bewegung an der frischen Luft

Wie ein Sportphysiologe erklärte, bringt Bewegung an der frischen Luft den Lungen selbst nicht so viel, denn

Test: Habe ich ein hohes Risiko?

- Für Raucher: Ihr Risiko, an Lungenkrebs zu sterben, steigt um das 22-fache, und an Bronchitis oder Emphysem zu sterben um das zehnfache.
- Stadtbewohner: Das Leben in einer Stadt mit starker Luftverschmutzung und hohen Konzentrationen an Staub, Schimmel, tierischen Hinterlassenschaften und anderen allergenen Substanzen erhöht das Risiko für Lungenerkrankungen, speziell Asthma. Auch Stress spielt eine Rolle. Stadtbewohner sind auch mehr Erkältungs und Grippeviren ausgesetzt, die zu Bronchitis und Lungenentzündung führen.
- Passivraucher: Ein Nichtraucher, der mit einem Raucher zusammenlebt, hat ein um 30 Prozent höheres Risiko für Lungenkrebs als ein wirklicher Nichtraucher.
- Ältere Männer: Im Alter büßen die Lungen etwas von ihrer natürlichen Elastizität ein und die Anfälligkeit für eine Lungenerkrankung steigt.
- Vererbung: In einigen Fällen spielt bei Lungenerkrankungen auch Ver-

Was geschieht beim Atmen?

Die eingeatmete Luft wird in der Nase, der Kehle, der Luftröhre und den Bronchien gefiltert. Die Lungen sind beim Ein- und Ausatmen von den Brustmuskeln und der Kontraktion des Zwerchfells abhängig.

Die Bronchien verzweigen sich in kleinere Luftwege, die Bronchiolen. Diese enden in winzigen Luftsäckchen, den Alveolen. Der Sauerstoff tritt durch die Wände der Alveolen und wird von den umliegenden Kapillargefäßen resorbiert. Dort bindet sich der Sauerstoff an die Hämoglobinmoleküle im Blut. Sauerstoffreiches Blut wird zum Herzen transportiert und von dort durch den Körper gepumpt.

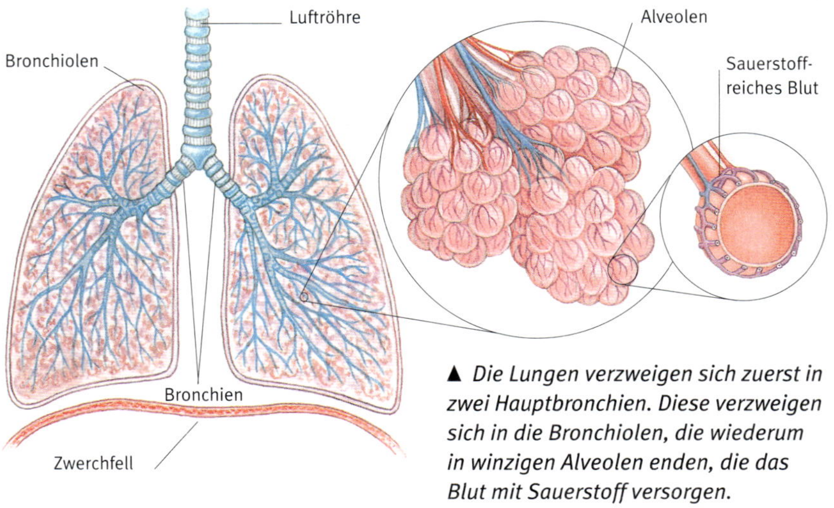

▲ *Die Lungen verzweigen sich zuerst in zwei Hauptbronchien. Diese verzweigen sich in die Bronchiolen, die wiederum in winzigen Alveolen enden, die das Blut mit Sauerstoff versorgen.*

Die Kosten des Rauchens

Zigaretten oder Zigarrenrauch enthält Teer, der aus über 4 000 Chemikalien besteht. Mindestens 43 davon verursachen Krebs. Ein weiterer Inhaltsstoff von Zigarettenrauch ist Kohlenmonoxid, ein toxisches Gas, das die Sauerstoffmenge reduziert, die die Lungen dem Blut zur Verfügung stellen. Raucher haben zehnmal mehr Kohlenmonoxid im Blut als Nichtraucher.

Die Chemikalien im Zigaretten und Zigarrenrauch reizen die Bronchien, dadurch entsteht eine chronische Bronchitis, die auch als „Raucherhusten" bekannt ist. Diese chemischen Stoffe hemmen das Immunsystem der Lungen, so dass Sie anfälliger für Lungenerkrankungen wie etwa Lungenentzündung werden.

Die Luftwege der Lungen sind mit feinen Fasern, sogenanntem Flimmerepithel ausgekleidet. Normalerweise bewegt sich das Flimmerepithel rhythmisch, um schädliches Material aus der Lunge zu entfernen. Durch Rauchen wird dieses Epithel aber zerstört. Dadurch sind die Lungen weniger gut in der Lage, sich der Gifte einschließlich der krebserregenden Stoffe im Tabakrauch zu entledigen. Rauchen zerstört allmählich auch die Elastizität der Alveolen, der winzigen Luftsäcke, die den Sauerstoff aus den Lungen ins Blut weitergeben. Schließlich können diese sogar reißen (Emphysem).

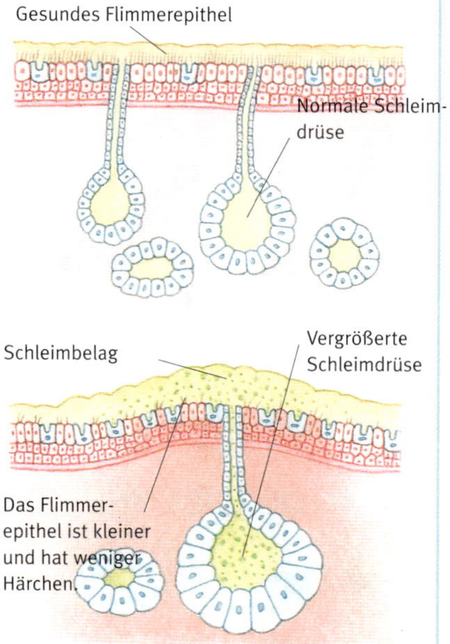

► *Ein gesunder Luftweg (oben) hat viel Flimmerepithel, das die Lungen sauber hält. Eine Raucherlunge (unten) hat wenig Flimmerepithel und viel Schleim.*

sie haben eine sehr viel größere Atemkapazität, als wir je im Leben brauchen werden. Diese Art der körperlichen Aktivität erhöht aber die Effizienz des Netzwerks aus Muskeln, die die Lungen ein- und ausatmen lassen.

Durch Bewegung an der frischen Luft kann Ihr Körper den Sauerstoff, den die Lungen bei jedem Atemzug aufnehmen, auch sehr viel wirkungsvoller verarbeiten.

Schadstoffe meiden

Im Freien atmen Sie jeden Tag eine krankmachende Kombination aus Kohlenmonoxid, Blei, Ozon und Nitrogendioxid ein; im Haus atmen Sie dafür unter anderem Pollen, Hausstaubmilben, Viren, Radon (eine natürliche Form eines radioaktiven Gases, das aus dem Boden in die Häuser dringen kann), Formaldehyd, Passivrauch und Asbest ein.

Zum Schutz Ihrer Lungen müssen Sie daher Schadstoffe so weit wie möglich meiden. Das bedeutet:

- Rauchen Sie nicht.
- Achten Sie auf Meldungen bezüglich der Luftverschmutzung und strengen Sie sich an Tagen mit hohen Luftverschmutzungswerten im Freien nicht an.
- Absolvieren Sie Ihr Bewegungsprogramm früh am Morgen oder am späten Abend, wenn die Ozonwerte und die Luftverschmutzung am geringsten sind.
- Sorgen Sie für eine gute Durchlüftung von Wohnung und Büro.

Lüften ist von großer Bedeutung. Viren, Bakterien, Pilze und Schimmel können in Luftkanälen, Klimaanlagen, Luftbefeuchtern und Teppichen hervoragend gedeihen. Ebenso können Klebstoffe in Möbeln, Passivrauchen, Reinigungsmittel, Luftverbesserer und die Chemikalien von Kopiergeräten und Farben die Luftqualität mindern.

Lungenerkrankungen

Ärzte empfehlen keine regelmäßigen Routineuntersuchungen der Lunge, sie raten aber, einen Arzt aufzusuchen, wenn sich die Symptome einer Lungenerkrankung zeigen. Dazu gehören chronischer Husten, Blutaushusten, extreme Kurzatmigkeit ohne ersichtlichen Grund oder jeder anhaltende Brustschmerz.

Der Arzt führt eine körperliche Untersuchung durch und hört sich Ihre Atemgeräusche durch ein Stethoskop an. Es kann auch ein Atemtest mit einem sogenannten Spirometer durchgeführt werden. Dieser misst Ihre Lungenkapazität anhand der Stärke, mit der Sie in eine Röhre blasen können.

Ein weiteres diagnostisches Hilfsmittel ist eine Röntgenaufnahme der Brust. Je nach Ergebnis wird der Arzt Bluttests, eine Analyse des Auswurfs (Sputum) und weitere Untersuchungen vornehmen.

Auf den folgenden Seiten finden Sie eine Übersicht über die häufigsten Lungenerkrankungen.

Einzelheiten zu Asthma und Lungenkrebs finden Sie auf den Seiten 190 bzw. 245.

Emphysem

In den Lungen gibt es Millionen von Luftsäckchen, die Alveolen. Sauerstoffmoleküle aus der eingeatmeten Luft werden durch die Wände der Alveolen in das Blut in den Kapillargefäßen der Umgebung abgegeben. Ein Emphysem tritt auf, wenn die Alveolen ihre Elastizität verlieren, überdehnen

Das sollten Sie bedenken

- An chronischen Lungenerkrankungen wie Emphysem, Asthma und chronischer Bronchitis sterben pro Jahr weltweit fast drei Millionen Menschen.

- Die Weltgesundheitsorganisation berichtet, dass weltweit etwa 135 Millionen Menschen an Asthma leiden. Für das Jahr 2025 wird erwartet, dass diese Zahl auf fast 300 Millionen steigen wird, hauptsächlich wegen der alternden Gesamtbevölkerung und weil die Menschen in den Entwicklungsländern den Lebensstil ihrer Nachbarn in den Industrieländern übernehmen werden.

Ungarn hält den traurigen Rekord der höchsten Lungenkrebsrate der Welt. Statistiken zeigen, dass dort 81 von 100.000 Menschen an dieser Krankheit sterben.

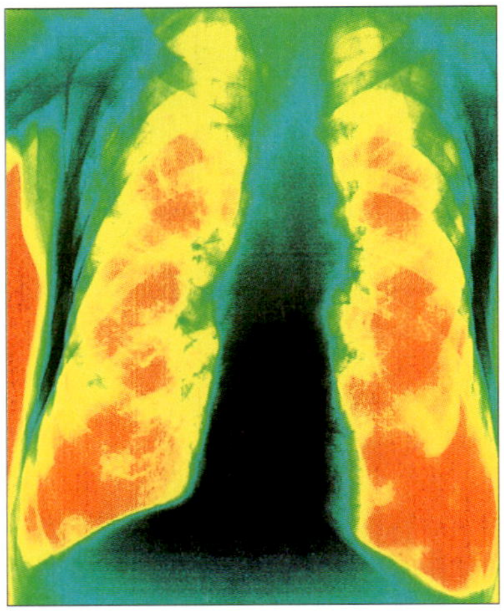

▲ *Die Rotfärbung auf dieser Röntgenaufnahme einer Lunge zeigt ein Emphysem.*

und reißen. Diese Rupturen, die gewöhnlich durch Rauchen verursacht werden, sind unheilbar. Denken Sie daran, wenn Sie sich die nächste Zigarette anzünden!

Wenn sehr viele Alveolen geschädigt sind, haben Sie das Gefühl ersticken zu müssen, was mit großer Wahrscheinlichkeit irgendwann auch tatsächlich eintreten wird.

Rippenfellentzündung (Pleuritis)

Jede Lunge ist in einen Beutel gehüllt, das sogenannte Rippenfell (Pleura). Es verhindert , dass die Lunge an den Rippen reibt. Das Rippenfell besteht aus zwei Gewebeschichten, die durch eine Flüssigkeit voneinander getrennt sind. Manchmal können Infektionen in der Lunge, beispielsweise eine Lungenentzündung dazu führen, dass sich entweder die Pleura oder die Pleuraflüssigkeit entzündet. Dadurch wird das Atmen oder das Bewegen des Oberkörpers sehr schmerzhaft.

Bronchitis

Die Bronchien sind die großen Röhren in der Lunge. Werden die Bronchien gereizt, verdicken sie sich, dadurch kann weniger Luft durchströmen und das Atmen wird schwieriger. Dies verschlimmert sich noch durch den Schleim, den die Lungen produzieren, um das gereizte Bronchialgewebe zu lindern. Menschen, die an Bronchitis leiden, husten viel, um den Schleim aus den gereizten Bronchien abzuhusten.

Viele Menschen bekommen eine Bronchitis im Rahmen einer starken Erkältung oder Grippe. Ernster ist das Problem, wenn die Bronchitis chronisch wird. Chronische Bronchitis wird medizinisch definiert als das Vorhandensein eines schleimproduzierenden Hustens an den meisten Tagen des Monats, drei Monaten des Jahres, zwei Jahre in Folge. Auch der „Raucherhusten" gehört zur chronischen Bronchitis.

Heute höre ich mit dem Rauchen auf!

Sie möchten mit dem Rauchen aufhören? Gute Idee. Bedenken Sie aber, dass Nikotin eine Droge ist. Hier sind einige Tipps, wie man am besten davon loskommt.

- Machen Sie einen Radikalentzug. Viele Ärzte glauben, der beste Weg sei es, schlagartig aufzuhören.

- Bereiten Sie sich gut vor. Schreiben Sie auf, zu welchen Tageszeiten Sie am meisten rauchen, unter welchen Umständen Sie rauchen und warum. Schaffen Sie in diesen Situationen Abhilfe. Notieren Sie sich auch die wichtigsten Gründe, warum Sie mit dem Rauchen aufhören möchten. Motivation ist ein Schlüsselfaktor, der dazu beiträgt, den Entschluss durchzuhalten.

- Entledigen Sie sich zu Hause und im Büro aller Utensilien, die mit dem Rauchen in Verbindung stehen, einschließlich Aschenbechern, Feuerzeugen und angebrochenen Zigarettenpackungen. Bringen Sie Ihre Kleidung in die Reinigung, um den Tabakgeruch los zu werden und lassen Sie sich beim Zahnarzt die Nikotinflecken entfernen.

- Suchen Sie sich einen Leidensgenossen. Hören Sie zusammen mit jemand anderem auf oder schließen Sie sich einer Selbsthilfegruppe an.

- Versuchen Sie es mit einem Nikotinpflaster, um den Nikotinentzug besser zu überstehen. Alternativ dazu gibt es auch Nikotinkaugummi oder Medikamente zum Einnehmen.

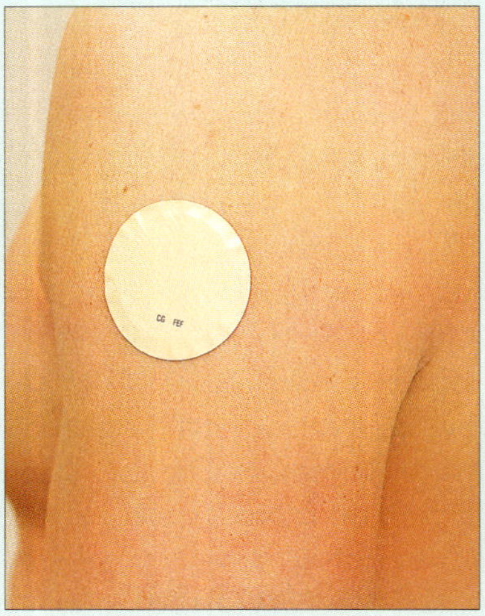

▲ *Ein Nikotinpflaster, das auf der Haut haftet, bereitet den Raucher auf ein Leben ohne Zigaretten vor.*

Gefahren für die Gesundheit Ihrer Lunge

Ob Sie's glauben oder nicht, Sie atmen jedes Jahr mindestens 6 Millionen mal ein und aus. Das ergibt eine Menge Arbeit für Ihre Lungen. wenn Sie aber gut für sie sorgen, sind sie dieser Aufgabe bestens gewachsen. Wir verfügen über eine riesige Lungenkapazität, die sich der Aufgabe widmet, dem Körper Sauerstoff zuzuführen. Wenn Sie tiefes Atmen erlernen, können Sie Ihrem Körper helfen, den Sauerstoff effizienter zu verarbeiten. Der wirkliche Schlüssel zum Erhalt der maximalen Lungenkapazität ist aber, die Lunge nicht durch Krankheit und Verschmutzung zu schädigen.
Die nachstehende Tabelle gibt Ihnen eine Übersicht über die sechs häufigsten Lungenerkrankungen.

Krankheit	Symptome	Ursachen	Behandlung
Asthma	Atemnot, Engegefühl in der Brust, trockener Husten, Keuchen. Die Symptome zeigen sich periodisch in Asthmaanfällen.	Erkältungen, Allergien (Pollen, Hausstaubmilben, Schimmel, Haustiere, Lebensmittel etc.), Stress.	Die Allergene meiden; Arzneimittel (häufig zur Inhalation in einem Bronchiodilatator).
Bronchitis	Anhaltender Husten, Schleim.	Rauchen, Erkältungen.	Rauchen aufhören; Luftverschmutzungen meiden; Antibiotika; Grippeimpfung.
Emphysem	Kurzatmigkeit; Husten.	Rauchen, Luftverschmutzung, genetische Veranlagung.	Ein Emphysem schädigt die Lungen irreversibel. Die Behandlung mit Arzneien und Sauerstoff lindert die Symptome und soll vorbeugen (Rauchen aufhören).
Lungenkrebs	Chronischer Husten, Blutspucken, Keuchen, Schmerzen in der Brust.	Rauchen. In selteneren Fällen Kontakt mit Radongas oder krebsfördernde Stoffen wie Asbest.	Operation; Bestrahlung; Chemotherapie.
Rippenfellentzündung	Schmerzhaftes Atmen, Schmerzen in der Brust.	Sie ist ein Symptom anderer Lungenerkrankungen wie Lungenentzündung.	Behandlung der eigentlichen Ursache; Flüssigkeitsdrainage.
Lungenentzündung	Unterschiedliche Symptome einschließlich Schüttelfrost, Fieberschauer, Schmerzen in der Brust, Husten (manchmal heftig), Atemnot, Schleim, Muskelschmerzen, Schwäche.	Bakterielle Infekte oder Virusinfektion, ein geschwächtes Immunsystem beschleunigt die Krankheit.	Antibiotika (bei bakterieller Lungenentzündung); Ruhe.

Lungenentzündung (Pneumonie)

Bei einer Lungenentzündung entzünden sich die mikroskopisch kleinen Säckchen in der Lunge (die Alveolen) und produzieren eine Flüssigkeit, die es dem Sauerstoff erschwert, ins Blut zu gelangen. Die Infektion kann sich auf einen Teil der Lunge beschränken oder die gesamte Lunge betreffen.

Lungenentzündung ist eine häufige Komplikation einer Erkältung oder Grippe, daher empfehlen viele Ärzte eine Grippeimpfung.

Diese sollten insbesondere ältere Menschen und Patienten mit chronischen Krankheiten zur Vorbeugung einer Lungenentzündung vornehmen lassen.

Gegen die häufigste bakterielle Lungenentzündung können sich Patienten mit höherem Risiko impfen lassen. Sprechen Sie mit Ihrem Arzt darüber, ob Sie eventuell zu einer Risikogruppe gehören. In diesem Fall sollten Sie sich impfen lassen, das kann Ihnen eine Menge Ärger ersparen.

Koronare Herzkrankheit

Seit Alters her hat das menschliche Herz in vielen Kulturen eine geradezu mystische Bedeutung. Die Priester der Mayas und Azteken boten ihren Göttern sogar noch schlagende Herzen als Opfer dar. Mehr als jedes andere Organ repräsentiert das Herz das Kernstück der Lebenskraft.

Ihr wichtigster Muskel

Das Herz ist eine kräftige muskuläre Pumpe, die wenig größer als eine geballte Faust ist. Tag für Tag schlägt sie, das heißt sie dehnt sich aus und zieht sich zusammen, ungefähr 100000 mal, wobei sie etwa 7 500 Liter Blut durch das Kreislaufsystem pumpt. Im Ruhezustand dauert ein Kreislauf durch den Körper nur etwa eine Minute.

Jeder Herzschlag wird durch einen elektrischen Impuls aus einem Bündel von Nervenzellen, dem so genannten Sinusknoten, in der rechten oberen Herzkammer ausgelöst. Wenn Sie 70 Jahre alt werden, hat Ihr Herz über drei Milliarden mal geschlagen. Da das Blut Nährstoffe und Sauerstoff in alle Körpergewebe vom Gehirn bis zur kleinen Zehe transportiert, ist es wichtig, den Blutfluss in Gang zu halten. Das Blut verlässt das Herz durch die Arterien und kommt ohne Sauerstoff und Nährstoffe durch die Venen zurück. Das Herz schlägt bei körperlicher Aktivität schneller, um die Zellen mit dem vermehrt benötigten Sauerstoff zu versorgen.

Wie bei einem hydraulischen System wird das Blut mittels Druck durch den Körper gepumpt. Die Arterien dehnen sich und ziehen sich zusammen, wenn das Blut vom Herzen durch sie hindurch gepumpt wird.

So bleibt Ihr Herz gesund

Bei der Gesunderhaltung des Herzens muss man vor allem berücksichtigen, dass es sich dabei um einen Muskel handelt. Wie jeder Muskel benötigt er Training, um in Form zu bleiben. Wie andere Muskeln auch, braucht das Herz eine ständige Zufuhr von Nährstoffen und Sauerstoff, um die beste Leistung zu bringen.

Das Herz versorgt sich durch eine Reihe von Koronararterien auf seiner Oberfläche selbst mit Blut. Eine Blockierung dieser für das Herz lebenswichtigen Arterien ist die häufigste Ursache für eine Herzkrankheit.

Dabei häufen sich die Fettablagerungen von Cholesterin und andere Abfälle an und verhärten in den Arterienwänden. Der Blutfluss wird behindert und das Herz erhält weniger Sauerstoff und Nährstoffe. Schließlich werden die Arterien vollständig blockiert und es kommt zu einem Herzanfall.

Die Anhäufung von Fettablagerungen in den Arterien führt noch zu einer Reihe weiterer Herzprobleme, die später genauer besprochen werden.

Für wen besteht ein Risiko?

- Raucher
- Menschen mit hohem Cholesterinspiegel
- Menschen mit hohem Blutdruck.
- Menschen, die sich wenig bewegen
- Männer vom Beginn des Erwachsenenalters bis in die mittleren Jahre: Herzattacken sind bei ihnen wahrscheinlicher als bei Frauen derselben Altersgruppe
- Ältere Menschen: Studien belegen, dass etwa vier von fünf Menschen, die an einer Herzattacke sterben, mindestens 65 Jahre alt sind
- Patienten mit Herzerkrankungen in der familiären Vorgeschichte
- Übergewichtige
- Diabetiker
- Menschen, die mehr als zwei Gläser Bier oder Wein pro Tag trinken
- Stark gestresste Menschen

Checkup für das Herz

Wenn Ihr Arzt sich Sorgen um Ihr Herz macht, wird er zuerst eine vollständige persönliche und familiäre Vorgeschichte aufnehmen. Herzerkrankungen sind oft erblich bedingt. Als nächstes wird er eine komplette Untersuchung Ihres Herzens, des Blutdrucks und der Brust vornehmen einschließlich einer Bestimmung des Cholesterinspiegels und eines Glukosetests.

Ihr Arzt wird auch ein EKG (Elektrokardiogramm) erstellen lassen. EKGs zeigen, in welchem Rhythmus das Herz schlägt und können feststellen, ob Sie schon einmal einen Herzanfall hatten.

Wenn Sie bei körperlicher Anstrengung Schmerzen in der Brust bekommen, wird Ihr Arzt Sie wahrscheinlich zu einem Belastungstest überweisen. Hierbei wird, während Sie auf einem Laufband laufen, eine kontinuierliche Aufzeichnung Ihrer Herzstromkurve durchgeführt. Sie zeigt, wie gut Ihr Herzmuskel unter Stress arbeitet.

Eine dritte Testmethode ist ein Echokardiogramm. Dabei handelt es sich um eine Ultraschalluntersuchung Ihres Herzens, bei der sich zeigt, wie die Herzklappen arbeiten und wie gut das Blut durch die Herzkammern fließt.

So arbeitet das Herz

Das Herz ist ein hohler Muskelbeutel, der bei den meisten Erwachsenen zwischen 198 und 226 g wiegt. Es ist umhüllt von einem Sack aus widerstandsfähigem Gewebe (dem Perikard), der das Herz an seinem Platz hält und davor schützt, gegen die Lungen oder die Brustwände zu stoßen.

Das Herz ist unterteilt in vier Kammern: zwei Vorhöfe oben und zwei Kammern oder Ventrikel unten. Das verbrauchte Blut kehrt aus dem Körper in den rechten Vorhof zurück. Von dort wird es in die rechte Kammer gepumpt, dann weiter durch die Lungenarterie in die Lungen. Dort wird es wieder mit Sauerstoff versorgt und kehrt dann über die Lungenvene in den linken Vorhof zurück. Schließlich fließt es in den linken Ventrikel und durch die Aorta, wo ein neuer Kreislauf beginnt. Einbahn-Klappen sorgen dafür, dass das Blut von Kammer zu Kammer gelangt, ohne rückwärts zu fließen. Mit einem Stethoskop hört der Arzt auf das Geräusch der Klappen.

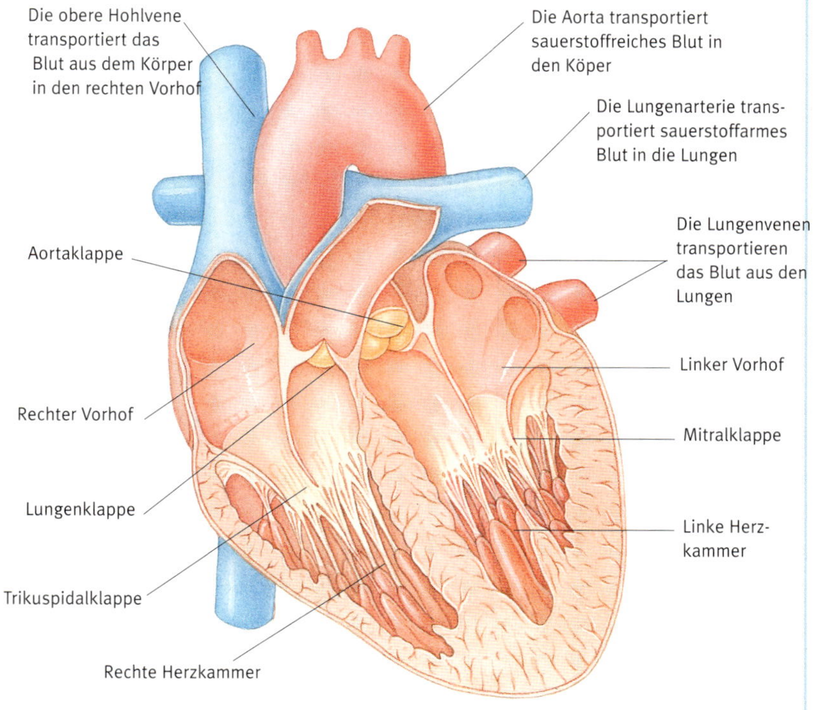

Der Kreislauf

Das Blut zirkuliert durch den Körper durch ein immer kleiner werdendes Netzwerk von Arterien und Venen, das den Ästen eines Baumes ähnelt. Dadurch werden alle Zellen des Körpers ständig mit Sauerstoff und Nährstoffen versorgt und Kohlendioxid und andere Abfallprodukte werden abtransportiert. Sauerstoffreiches Blut wird von der linken Herzseite durch die Aorta weiter in den Körper geleitet. Sauerstoffarmes Blut gelangt durch die Venen zurück in die rechte Herzseite.
Arterien und Venen sind über ein komplexes Kapillarsystem miteinander verbunden. Diese winzigen Blutgefäße haben äußerst dünne Wände, durch die Sauerstoff und andere Nährstoffe leicht in die Gewebe abgegeben werden und Kohlendioxid und andere Abfallprodukte in Gegenrichtung in das Blut aufgenommen werden können.

► *Das Blut wird durch Arterien und Venen durch den Körper transportiert. Aus der linken Herzseite wird sauerstoffreiches Blut durch die Arterien (rot) zu den Geweben gepumpt. Sauerstoffarmes Blut kehrt in den Venen (blau) zurück.*

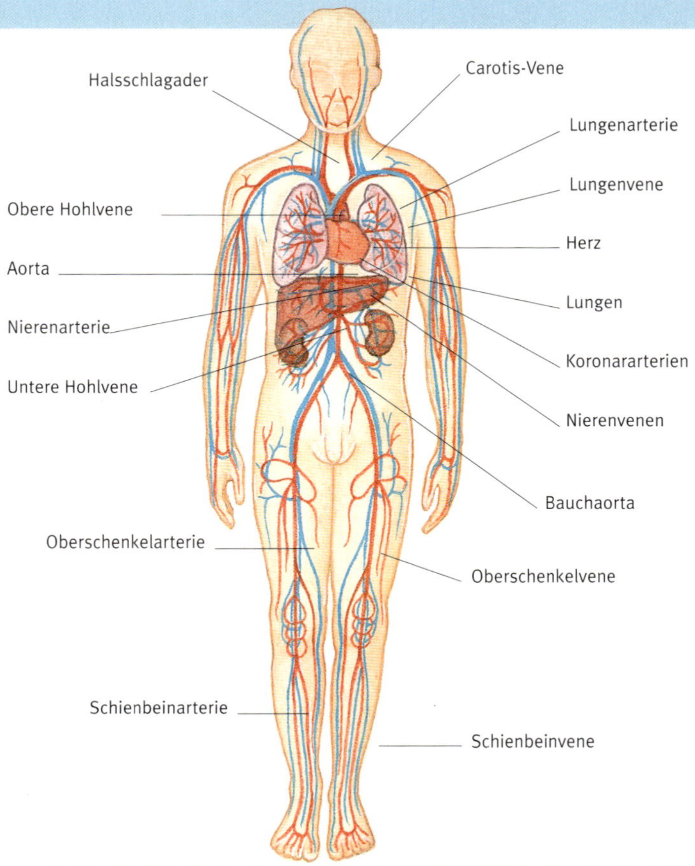

STOFF ZUM NACHDENKEN

Mit der koronaren Herzkrankheit ist nicht zu spaßen. Wir möchten Ihnen keine Angst einjagen, aber die folgenden Statistiken sollten Sie zum Nachdenken anregen.

- Koronare Herzkrankheit ist weltweit die führende Todesursache. Sie ist für etwa 7,2 Millionen Todesfälle pro Jahr verantwortlich. N och sehr viel mehr Menschen sind durch die Krankheit gesundheitlich eingeschränkt.
- Verschiedene Formen der koronaren Herzkrankheit sind für etwa die Hälfte aller Todesfälle in den Industrieländern verantwortlich, gegenüber einem Viertel der Todesfälle in den Entwicklungsländern.
- An Herzanfällen, Schlaganfall und weiteren Kreislauferkrankungen sterben insgesamt über 15 Millionen Menschen pro Jahr oder anders ausgedrückt: sie sind für 30 Prozent aller Todesfälle weltweit verantwortlich.
- An koronarer Herzkrankheit sterben fast doppelt so viele Männer wie an allen Arten von Krebs.
- Ihr Risiko, an koronarer Herzkrankheit zu sterben, ist sieben mal höher als bei einem Unfall ums Leben zu kommen.

Störungen abwenden

Manche Menschen haben eine höhere genetische Veranlagung zur Entwicklung einer koronaren Herzkrankheit als andere Menschen, schlechte Angewohnheiten sind aber eine weit größere Gefahr.

Eine Studie stellte fest, dass Männer, die rauchen und einen hohen Cholesterinspiegel haben, ein doppelt so hohes Risiko für eine Herzattacke haben als andere. Kommt noch Bluthochdruck dazu, steigt das Risiko auf das Dreifache.

Glücklicherweise sind die Grundregeln für die Gesunderhaltung des Herzens einfach und daher leicht zu befolgen: Halten Sie die Fettaufnahme gering, indem Sie sich fettarm ernähren, Übergewicht vermeiden, sich genügend bewegen. Falls Sie Raucher sind, hören Sie mit dem Rauchen auf.

Schneller als alles andere führen gesättigte Fettsäuren zu verstopften Arterien. Fleisch, gebratene Speisen und Vollmilchprodukte enthalten sehr viel davon. Eigelb und Innereien wie Leber und Nieren lassen den Cholesterinspiegel ebenfalls in die Höhe schnellen. Streichen Sie solche Speisen von Ihrem Speiseplan und konzentrieren Sie sich stattdessen auf gesunde Sachen: Obst, Gemüse und Vollkorn.

Mehrere Studien haben festgestellt, dass selbst leichte körperliche Bewegung wie Spazierengehen oder Gartenarbeit den Kreislauf fit halten, vorausgesetzt, sie werden mindestens fünfmal pro Woche ausgeübt. Sportfachleute werden Ihnen bestätigen, dass Regelmäßigkeit der Schlüs-

Wenn eine gesunde Arterie krank wird

Hier erfahren Sie, wie Kardiologen das Verstopfen einer Arterie erklären:

1 Ein hoher Cholesterinspiegel, hoher Blutdruck oder Rauchen beschädigt die schützende Auskleidung der Arterienwand.

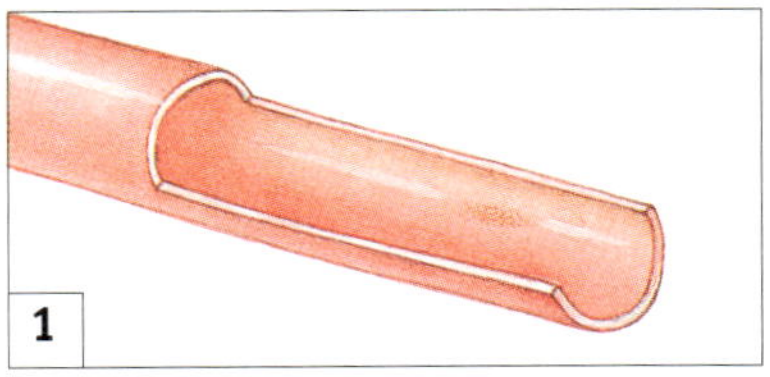

2 Ein Belag aus Fetten, Cholesterin und anderen Substanzen sammelt sich an der schadhaften Stelle der Arterienwand an. Die Bildung dieses Belages (Plaque) wird durch einen hohen Cholesterinspiegel und durch Rauchen beschleunigt.

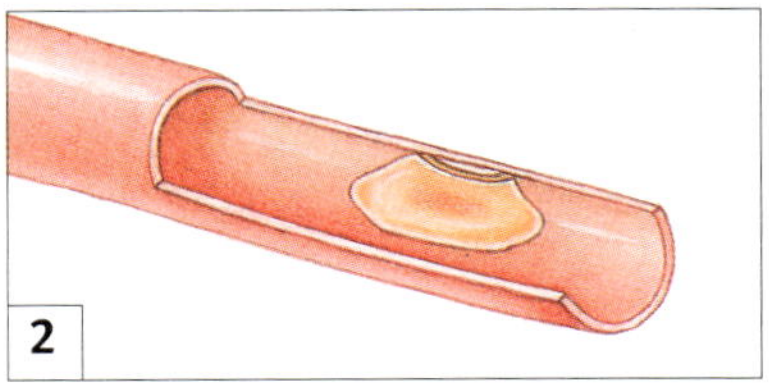

3 Weitere Fette lagern sich an und vergrößern die Ablagerung. Plaque besteht aus einem Fettkern, der von einer fibrösen Kappe bedeckt ist.

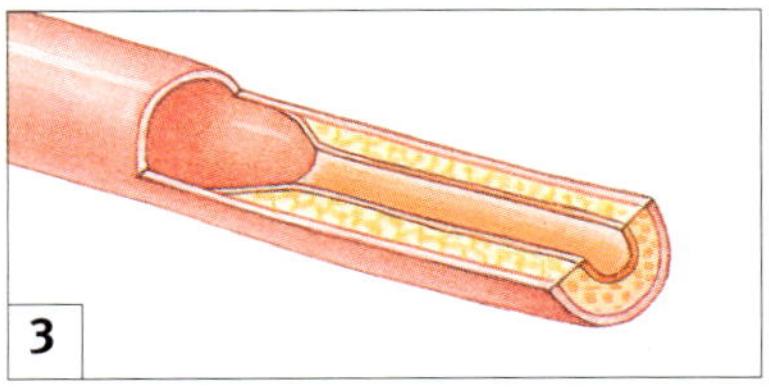

4 Die Plaque verursacht eine Verdickung und Verhärtung der Arterienauskleidung, bis der Blutfluss eingeschränkt wird. Die verhärtete Arterie bricht auch leicht, wodurch sich gefährliche Blutklümpchen bilden.

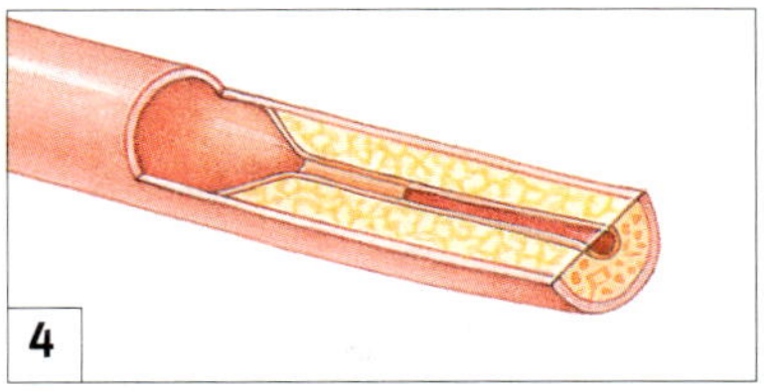

Sparsam salzen

Einigen von uns kann es nicht salzig genug sein. Popcorn, Chips, Steak ... wir lieben alles kräftig gesalzen. Unserem Blutdruck erweisen wir damit aber wahrscheinlich keinen Gefallen.

Salz besteht zu 40 Prozent aus Natrium und dieses kann den Blutdruck erhöhen, indem es Flüssigkeit in das Kreislaufsystem zieht. Ärzte empfehlen, die Natriumaufnahme auf 2.400 mg pro Tag zu beschränken, viele Menschen nehmen aber mindestens doppelt so viel zu sich.

Salz gelangt nicht nur über den Salzstreuer in unser Essen. Viele Fertiggerichte und auch rezeptfrei erhältliche Medikamente wie Antacida enthalten verstecktes Salz.

Diese Fälle müssen behandelt werden

Bereits vor einem Herzinfarkt gibt es Warnsignale. In den folgenden Fällen sollten Sie Ihr Herz untersuchen lassen:

- Nach jeglicher Art von Anstrengung empfinden Sie ein Unwohlsein im Brustbereich.

- Dieses reicht von einem Druckgefühl bis zu einem Brennen oder einer Beklemmung. Es kann auch in die Arme ausstrahlen – gewöhnlich in den linken Arm, möglicherweise aber auch in beide – oder in den Halsbereich.

- Sie sind nach körperlicher Aktivität kurzatmig, ein Warnzeichen dafür, dass das Herz den Sauerstoff nicht effizient durch den Körper pumpt.

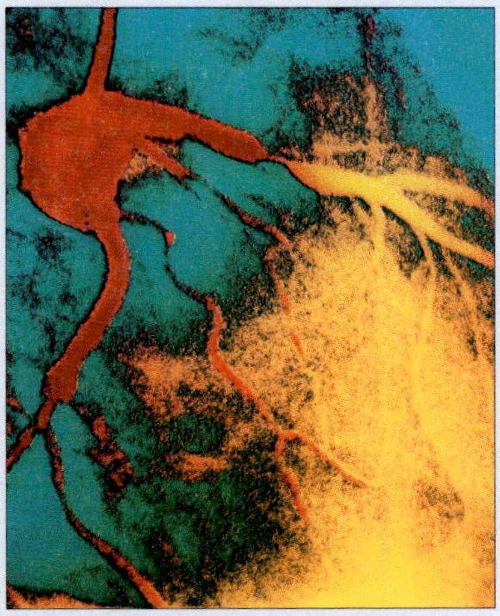

▲ *Dieses Angiogramm zeigt eine Verengung der linken Koronararterie (wo der rote Bereich in Gelb übergeht).*

sel zum Erfolg ist. Es ist genau wie bei den Tabletten, die Ihnen der Arzt verschreibt: Sie wirken nur bei regelmäßiger Einnahme.

Sie müssen auch nicht stundenlang trainieren. Leichte bis mäßige körperliche Aktivität 20 bis 30 Minuten pro Tag an fünf Tagen in der Woche sind ausreichend. Bei anstrengendem Training absolvieren.

Herzanfälle

Die meisten Männer, die schon einmal einen Herzinfarkt hatten, beschreiben diese Herzattacke als eine Art Unwohlsein und weniger als Schmerz. Viele Herzanfälle werden auch tatsächlich falsch interpretiert, beispielsweise als leichtes Unwohlsein, Verdauungsstörung oder Grippe. Eine Studie stellte fest, dass die meisten Opfer eines Herzanfalls erst fünf bis sechs Stunden nach dem Infarkt in ein Krankenhaus kommen, gewöhnlich weil sie nicht merken (oder nicht merken wollen), was geschehen ist.

Herzspezialisten zufolge sind die typischen Symptome einer Herzattacke ein Brennen, sowie Schwere, Druck oder Engegefühl in der Brustmitte, gewöhnlich hinter dem Brustbein.

In einigen Fällen breiten sich diese Empfindungen in beide Arme aus, besonders ins Handgelenk und in den Nacken, Kiefer oder Rücken. Es können alle oder einige dieser Stellen betroffen sein. Schwitzen, Übelkeit oder Kurzatmigkeit können ebenfalls auftreten.

Das Unwohlsein kann mehrere Stunden anhalten, daher wird ein Herzanfall leicht als etwas weniger Ernstes wie beispielsweise schweres Sodbrennen interpretiert.

Was ist zu tun, wenn Sie glauben einen Herzanfall zu haben? Gehen Sie unverzüglich in ein Krankenhaus. Bei einem Herzanfall zählt jede Minute. Was genau passiert während eines

Einige Fakten zum Thema Cholesterin

Cholesterin ist eine weiche, fettähnliche Substanz, mit deren Hilfe die Leber an der Bildung von Zellmembranen und Hormonen mitwirkt. Ein Teil des Cholesterins im Körper wird von der Leber selbst produziert, der andere Teil wird mit der Nahrung aufgenommen. Eine Ernährung, die reich an Cholesterin und gesättigten Fettsäuren ist, führt zu einem Übermaß dieses Stoffs im Blut.

Überflüssiges Cholesterin lagert sich an den Arterienwänden ab. Das behindert oder verstopft den Blutstrom zu den wichtigsten Organen. Schlaganfall und Herzinfarkt sind die Folge. Personen, in deren Familie koronare Herzkrankheiten aufgetreten sind, sollten ihren Cholesterinspiegel regelmäßig kontrollieren lassen.

Meist reicht die Kontrolle des Gesamtcholesterinspiegels, es kann aber auch ein vollständiges Profil erstellt werden, um festzustellen, wie viel „gutes" Cholesterin (HDL) Sie gegenüber „schlechtem" Cholesterin (LDL) haben.

Ein Gesamtcholesterinspiegel unter 5,5 Millimol pro Liter (mmol/l) gilt als „wünschenswert". Werte zwischen 5,5 und 6,5 Millimol pro Liter gelten als „grenzwertig hoch". Das bedeutet, dass das Risiko für einen Herzanfall schon doppelt so hoch ist wie bei Männern im wünschenswerten Bereich. Werte über 6,5 Millimol pro Liter erfordern eine wesentliche Änderung des Lebensstils und vielleicht die Einnahme cholesterinsenkender Medikamente.

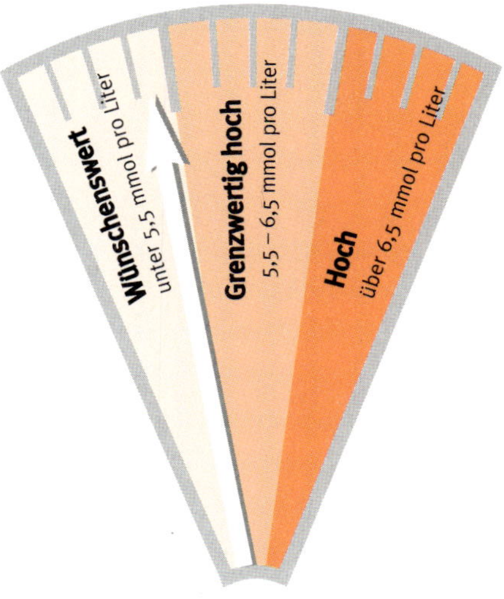

▲ *Ein Cholesterinspiegel von 5,5 Millimol pro Liter oder weniger ist wünschenswert.*

Pulsschlag und Alter

Im Verlauf unseres Lebens reduziert unser Herzschlag allmählich sein Tempo. Bei älteren Menschen kann er wieder leicht ansteigen. Der Grund dafür ist, dass der natürliche Schrittmacher des Herzens – ein Zellhaufen, der sogenannte Sinusknoten – zunehmend mildere Impulse aussendet.

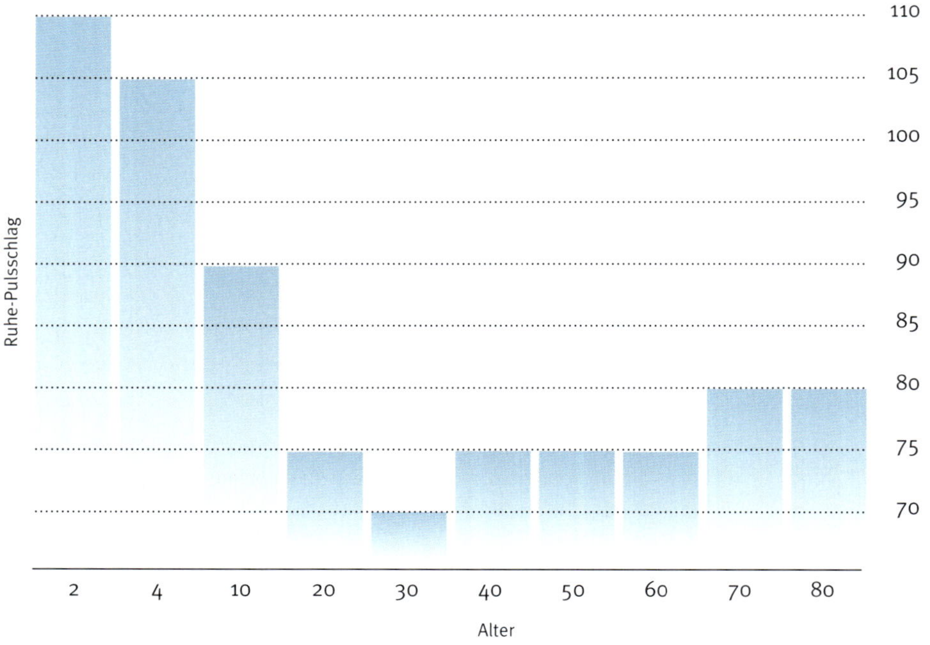

► *Die Graphik zeigt, wie der Ruhe-Pulsschlag mit zunehmendem Alter langsamer wird. Die Ursache? Der Schrittmacher des Herzens reduziert allmählich sein Tempo.*

Herzanfalls? Eine überwältigende Mehrheit der Anfälle – etwa 85 Prozent – erfolgt, wenn eine Arterie im Herzen, die bereits durch Cholesterinablagerungen verengt ist, durch einen Blutklumpen völlig verstopft wird. Der von dieser Arterie versorgte Herzbereich beginnt abzusterben. Der Herzschlag verkrampft und es kann zum Herzstillstand kommen. Im Krankenhaus werden umgehend Medikamente verabreicht, die den Blutklumpen auflösen.

Das Herz stärken

Im Hinblick auf die Gefahr einer Herzattacke gibt es keinen besseren Rat als den alten Ausspruch: Vorbeugen ist besser als Heilen. Die bei weitem beste Möglichkeit, das Risiko eines Herzanfalls zu verringern, ist das Vermeiden verengter Arterien und anderer Formen von Herzkrankheiten. Sie können dies erreichen, indem Sie die in Ihrer Macht stehenden Risikofaktoren kontrollieren. Das bedeutet hauptsächlich, dass Sie sich auf eine fettarme Ernährung umstellen, sich regelmäßig bewegen und das Rauchen aufgeben sollten.

Gefahren durch Stress

Eine Reihe umfangreicher Studien hat gezeigt, dass Stress, Ärger und Angstzustände den Weg für Herzanfälle bereiten können. Inzwischen gilt es als allgemein anerkannt, dass jeder derunter einer großen Belastung leidet. Die folgenden Empfehlungen

Den Blutdruck verstehen

Wissen Sie, was die Zahlen beim Blutdruckmessen bedeuten? Die obere Zahl, der so genannte systolische Blutdruck, repräsentiert den Blutdruck, wenn das Herz schlägt. Die untere Zahl, der diastolischer Blutdruck, repräsentiert den Blutdruck zwischen zwei Schlägen, wenn das Herz gerade Pause macht.

Wenn der systolische Blutdruck zu hoch ist, muss Ihr Herz zu schwer arbeiten. Ist der diastolische Blutdruck zu hoch, bekommen die Arterien nicht die nötige Pause.
In beiden Fällen kann der erhöhte Wert ein Hinweis auf verstopfte Arterien sein.

Ein Blutdruck unter 140 zu 90 gilt bei Erwachsenen als normal.

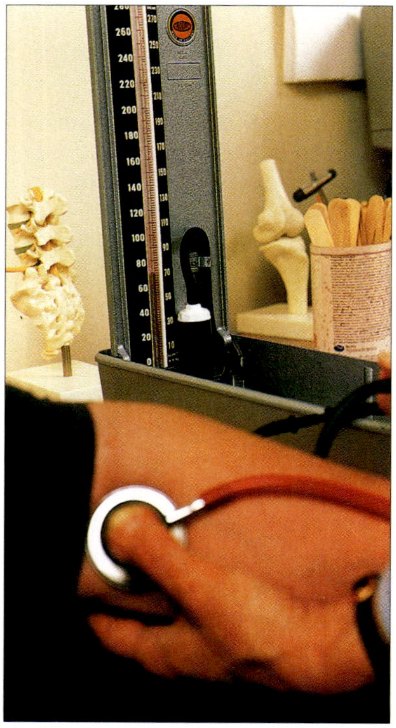

► *Zum Blutdruckmessen benützt Ihr Arzt einen so genannten Sphygmomanometer.*

Gefahren für die Gesundheit Ihres Herzens

In der Medizin gibt es eine ganze Reihe von verwirrenden Bezeichnungen für Herzerkrankungen.
Da wäre die Atherosklerose (allgemein für eine Verhärtung der Arterien), Angina pectoris, Hypertonie (auch bekannt als Bluthochdruck) und die koronare Herzkrankheit. Es gibt aber eine Möglichkeit, diese Terminologie zu vereinfachen:

Merken Sie sich, dass Atherosklerose eintritt, wenn Cholesterin und andere Substanzen sich an den Innenwänden der Arterien im Körper ablagern. Wenn es sich dabei um die Arterien handelt, die das Herz mit Blut versorgen, haben Sie eine koronare Herzkrankheit. Diese äußerst sich auf verschiedene Arten, die in der folgenden Tabelle beschrieben werden.

Krankheit	Symptome	Ursachen	Behandlung
Angina pectoris	Brustschmerzen bei körperlicher Tätigkeit oder Stress.	Koronare Herzkrankheit.	Medikamente oder Operation.
Arrhythmie	Flatterndes Gefühl in der Brust oder im Hals. In schwereren Fällen Erschöpfung, Schwindel, Bewusstlosigkeit, Tod.	Fehlzündungen des elektrischen Systems des Herzens, häufig verursacht durch zunehmendes Alter, hohen Blutdruck oder Atherosklerose.	Medikamente. In schwereren Fällen Einsetzen eines Herzschrittmachers, Anwendung nichtoperativr Techniken.
Herzstillstand	Plötzliches, abruptes Ende der Herzfunktion, das rasch zum Tod führt.	Unterscheidet sich von einem Herzanfall dadurch, dass der Herzmuskel typischerweise nicht durch eine mangelhafte Blutversorgung abstirbt, sondern plötzlich zu schlagen aufhört, gewöhnlich wegen einer Unterbrechung der elektrischen Signale, die den Schlag steuern (Arrhythmie).	Herz-Lungen-Wiederbelebung; Reanimation innerhalb von Minuten durch medizinisches Personal.
Herzanfall	Schweregefühl, Brennen oder Druck in der Brustmitte, breitet sich manchmal in beide Arme und in Hals oder Rücken aus. Schwitzen, Übelkeit oder Kurzatmigkeit können ebenfalls auftreten.	Blockade der Koronararterien durch Atherosklerose.	Herz-Lungen-Wiederbelebung; sofortige Notfallbehandlung; Medikamente zum Auflösen der Blutklümpchen.
Bluthochdruck	Erbliche Faktoren, Übergewicht, übermäßiger Alkoholkonsum.	Gewöhnlich unbekannt. Atherosklerose trägt dazu bei. Selten aufgrund einer Nierenkrankheit.	Medikamente, oft helfen geringerer Salzverbrauch und weniger Alkohol, Bewegung und Gewichtsabnahme.

helfen Ihnen dabei mit dem Stress in Ihrem Leben besser fertig zu werden:

- Erlernen Sie eine Entspannungstechnik.
- Meditieren Sie.
- Machen Sie Yoga oder T'ai chi.
- Suchen Sie sich ein Hobby, bei dem Sie entspannen können und das Ihnen Freude macht.
- Suchen Sie eine Beratungsstelle auf.
- Machen Sie regelmäßig Urlaub.
- Fragen Sie Ihren Arzt nach Medikamenten (nur in schweren Fällen).

Lernen Sie auch auf die positiven Seiten des Lebens zu schauen und vergessen Sie das Lachen nicht. Gönnen Sie sich hin und wieder eine Pause von allen Sorgen und Problemen des Alltags.
Wenn Ihnen Ihr Herz am Herzen liegt, dann leben Sie nicht nur entspannter und gesünder, Sie verlängern damit auch ganz nebenbei Ihr Leben, und das ist schließlich viel wert, oder nicht!

Denken Sie also an Ihre Ernährung, Ihre Fitness, Ihre Entspannung und an die regelmäßige Kontrolle durch den Arzt, besonders wenn in Ihrer Familie Herzerkrankungen aufgetreten sind.

Schlaganfall

Der Name sagt alles: Kurz, heftig, kraftvoll und zerstörerisch ähnelt der Schlaganfall einem Blitzschlag. Aber genau wie Herzattacken können viele Schlaganfälle durch eine gesunde Lebensweise verhindert werden. Auch hier gilt: Je schneller sie behandelt werden, desto besser.

Eine Explosion im Gehirn

So wie ein Herzinfarkt eine Unterbrechung der Blutversorgung des Herzens ist, wird ein Schlaganfall meist durch eine Unterbrechung der Blutversorgung im Gehirn ausgelöst.

Das betroffene Gehirngewebe beginnt abzusterben und eine oder mehrere Funktionen verschiedener Körperteile, die von den abgestorbenen Gehirnzellen kontrolliert werden, verschlechtert sich.

Zu den verheerenden Folgen gehören die Schwächung einer Körperhälfte, Lähmung, Sprachverlust und manchmal sogar Tod. Erstaunlicherweise haben Schlaganfall-Opfer häufig kaum eine Vorstellung davon, was mit ihnen passiert.

Aus diesem Grund sind sie auf die Hilfe der Menschen in ihrer Umgebung angewiesen. Diese müssen für eine Notfallbehandlung sorgen. Freunde und Familienmitglieder spielen auch eine wesentliche Rolle dabei, Schlaganfallpatienten bei einer Rehabilitation zu unterstützen.

Leider ist in etwa 40 Prozent aller Schlaganfälle eine Rehabilitation nicht mehr möglich. Schlaganfälle gehören vor allem bei den Männern zu den Haupttodesursachen.

Ein Problem alter Männer?

Ärzte berichten, dass etwa zwei Drittel der Schlaganfallpatienten älter als 65 ist. Anders ausgedrückt bedeutet das, dass ein Drittel der Schlaganfall-

Für wen besteht ein Risiko?

- Für Menschen, die schon einen Herzanfall, einen Schlaganfall oder eine transitorisch ischämische Attacke hatten.
- Für Menschen mit hohem Blutdruck, hohem Cholesterinspiegel, einer Verhärtung der Arterien oder Diabetes; für Raucher, Menschen mit wenig körperlicher Bewegung, Übergewichtige oder starke Trinker.
- Für ältere Menschen: Zwei Drittel der Schlaganfallopfer sind 65 oder älter.
- Für Männer: Die Wahrscheinlichkeit für einen Schlaganfall ist bei ihnen 30% höher als bei Frauen.
- Für Menschen, die schon einmal Kammerflimmern hatten (eine Form des unregelmäßigen Herzschlags), weil sie zu mehr Blutklümpchen im Körper neigen.
- Für Menschen mit hoher Anzahl roter Blutkörperchen: Je dicker das Blut, desto leichter verklumpt es.
- Menschen mit Schlaganfall in der familiären Vorgeschichte.

Der böse kleine Bruder des Schlaganfalls

Manchmal kündigt sich ein Schlaganfall durch einen Mini-Schlaganfall an.

Diese Anfälle heißen transitorisch ischämische Attacken oder TIA. Dabei wird eine Arterie, die Blut ins Gehirn transportiert, nur kurzzeitig blockiert. Viele TIA dauern wenige Minuten oder Stunden. Halten sie länger als 24 Stunden an, gelten sie als Schlaganfall.

Die Symptome der TIA sind weitgehend dieselben wie bei einem Schlaganfall. Dazu gehören Schwäche oder Gefühlsverlust auf einer Körperseite; Sehprobleme; Probleme beim Sprechen oder Verstehen; Gleichgewichtsverlust. Der große Unterschied besteht darin, dass TIA keine bleibende Schädigung des Gehirns verursacht.

Leider verstehen viele Menschen das Verschwinden der Symptome nach einer TIA als Signal dafür, dass alles wieder in Ordnung ist. Wenn Sie eine TIA hatten, ist Ihr Risiko für einen Schlaganfall zehnmal höher als bei jemandem ohne TIA. Der Schlaganfall kann innerhalb einer Woche oder einige Jahre später eintreten. Lassen Sie sich also sofort behandeln. Studien zeigen, dass Medikamente das Risiko senken können.

► *Transiente ischämische Attacken treten auf, wenn eine Arterie zum Gehirn momentan blockiert wird (oben). Das Blutklümpchen wird rasch aufgelöst und der normale Blutfluss funktioniert wieder (unten).*

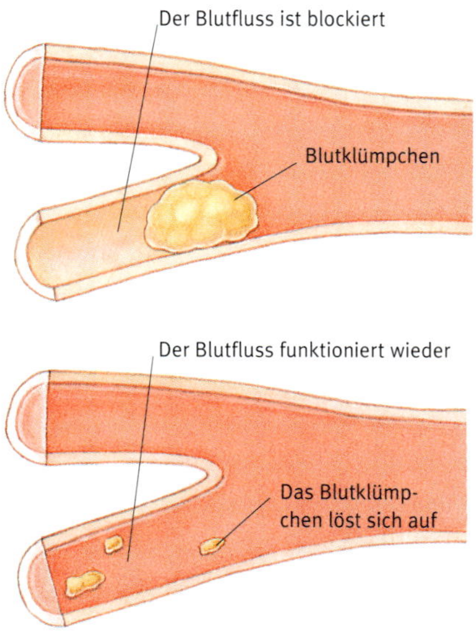

Wie kommt es zum Schlaganfall?

Blockaden

Die Mehrzahl der Schlaganfälle wird verursacht, wenn ein Blutklümpchen – eine Arterie oder Vene blockiert, die das Gehirn mit Blut versorgt. Im einen Fall lagert sich das Blutklümpchen an der Gefäßwand an; im anderen Fall wird das Blutklümpchen in das Blutgefäß geschwemmt. Das Ergebnis ist dasselbe: Der Teil des Gehirns, der von dieser Arterie oder Vene versorgt wird, beginnt abzusterben, wodurch die Körperfunktionen beeinträchtigt werden, die dieser kontrolliert.

Rupturen

Die zweite Ursache für Schlaganfall ist das Anschwellen und Reißen einer Arterie oder Vene im Gehirn. Diese hämorrhagischen Schlaganfälle können durch hohen Blutdruck verursacht werden oder durch eine Schwachstelle in der Wand eines Blutgefäßes. Ein solcher Schwachpunkt kann sich zu einem Aneurysma entwickeln. Manche Menschen werden mit einem Aneurysma geboren, es kann aber auch durch eine Verhärtung der Arterien (Atherosklerose) oder hohen Blutdruck entstehen. Hämorrhagische Schlaganfälle sind nicht nur deswegen gefährlich, weil ein Teil der Blutversorgung des Gehirns verloren geht, sondern auch, weil sich das Blut aus dem gerissenen Gefäß in die engen Gebiete der Schädelhöhle ergießt. Dadurch kann ein Druck entstehen, der die Gehirnfunktionen beeinträchtigt (ein Teil des Gehirns wird wortwörtlich zerquetscht). Zum Glück erlangen die Opfer von hämorrhagischen Schlaganfällen oft alle Körperfunktionen wieder, weil das verletzte Gehirngewebe sich erholt.

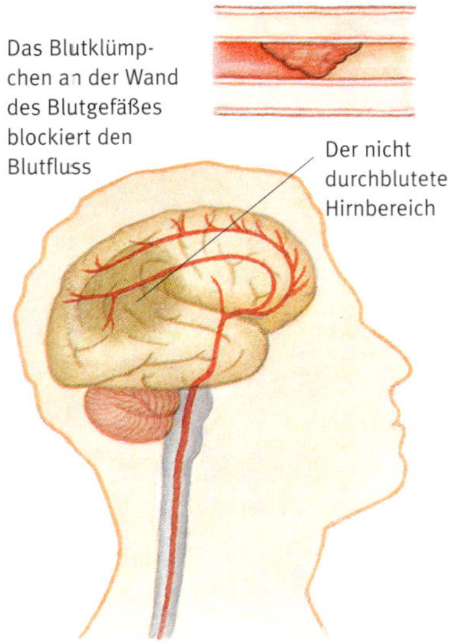

▲ *Die Blockade entsteht auch durch die Ansammlung von Gerinnseln an der Gefäßwand. Somit wird der von diesem Blutgefäß versorgte Gehirnbereich nicht durchblutet und stirbt ab.*

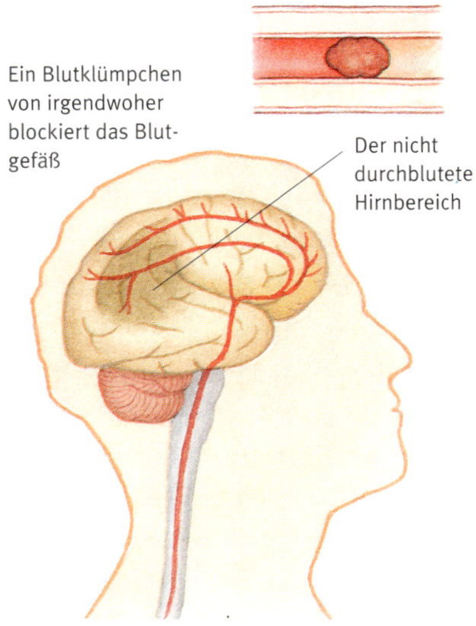

▲ *Ein Blutgefäß zum Gehirn kann von einem Blutklümpchen blockiert werden. Die Blutversorgung dieses Gehirnteils wird unterbrochen und das hat möglicherweise fatale Folgen.*

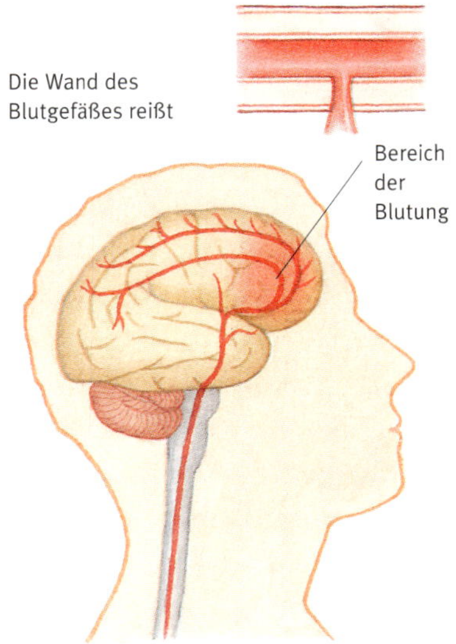

▲ *Ein hämorrhagischer Schlaganfall tritt ein, wenn die Wand eines Blutgefäßes reißt. Dies führt zu einer weiträumigen Blutung im oder über das Gehirn, die Druck auf das Gehirn ausübt.*

patienten jünger als 65 ist. An dieser Erkrankung sterben jährlich weltweit etwa 4,6 Millionen Menschen.

Neurologen zufolge haben Schlaganfälle bei jungen Menschen dieselben Ursachen wie bei älteren Menschen: Blockaden in den Arterien oder Venen, die das Gehirn mit Blut versorgen.

Auch wenn eine ungesunde Lebensweise sich erst allmählich auf die Gesundheit auswirkt, können Sie daran bereits in jüngeren Jahren"schlagartig" sterben.

Schlaganfälle durch geplatzte Arterien oder Venen im Gehirn überwiegen sogar bei jüngeren Menschen im Vergleich zu Älteren.

Das liegt daran, dass die Schwäche der Blutgefäßwände, die derartige Rupturen verursacht, auch angeboren sein kann. Allerdings ist der Schlaganfalltyp, der durch einen angeborenen Defekt entsteht, relativ selten. Trotzdem kann es bestimmt nicht schaden, dem Hausarzt von entsprechenden Fällen in der Familie zu berichten.

Symptome

- Schwäche
- Taubheitsgefühl im Gesicht, den Armen oder Beinen, insbesondere auf einer Körperseite
- Sehstörungen oder Verlust des Sehvermögens, oft auf einem Auge
- Schwindel oder Gleichgewichtsverlust
- Schwierigkeiten beim Sprechen und Verstehen einfacher Aussagen
- Starke Kopfschmerzen

Prostata-Probleme

So klein dieses Körperteil ist, kann die Prostata eine Menge Ärger bereiten – manche Männer wünschen sich vielleicht, sie könnten das Ding los werden. Aber so hat eben jeder seine spezifischen Probleme – Frauen haben zwar keine Prostata, aber dafür müssen Sie sich mit ihrer Periode plagen.

Für wen besteht ein Risiko?

Prostatakarzinom

- Männer über 50 (bei ihnen besteht auch ein erhöhtes Risiko für eine Prostatavergrößerung): über 80 Prozent aller Prostatakarzinome werden bei Männern über 65 diagnostiziert.
- Männer, die in Nordamerika und Nordwesteuropa leben (wahrscheinlich aufgrund der Ernährung): In Asien, Mittelamerika und Südamerika ist die Krankheit selten.
- Männer, die viel dunkles Fleisch essen.
- Afro-Amerikaner: bei ihnen liegen die Prostatakarzinomraten höher als bei Weißen.
- Männer, in deren Familiengeschichte Prostatakarzinom vorkommt.

Diese dumme Drüse

Die Prostatadrüse hat etwa die Größe einer Walnuss. Ein Großteil des Ärgers, den sie bereiten kann, hängt mit ihrer Lage zusammen. Sie befindet sich zwischen Blase und Penis und schlingt sich um die Harnröhre, durch die der Urin ausgeschieden wird.

Diese Nähe zum Harntrakt bedeutet, dass die Harnröhre gequetscht wird, wenn die Prostata (aus noch unbekannten Gründen) zu wachsen beginnt, was im mittleren Alter häufig vorkommt, so dass viele Männer häufiger Harndrang verspüren und Beschwerden beim Wasserlassen haben.

Unter funktionellem Gesichtspunkt ist die Lage der Prostata im Leistenbereich durchaus sinnvoll, da es ihr Hauptzweck ist, der Fortpflanzung zu dienen.

Es ist Aufgabe der Prostata, die Flüssigkeit herzustellen, die etwa 30 Prozent der milchigen Samenflüssigkeit bei einer Ejakulation ausmacht.

Wenn Sie erregt sind, wandert Sperma aus den Hoden aufwärts durch den Samenleiter, das so genannte Vas deferens. Das Vas deferens trifft auf die Harnröhre in Höhe der Prostatadrüse, wo das Sperma sich mit der Flüssigkeit der Prostata vermischt. Im Moment des Orgasmus schießen beide heraus.

Man nimmt an, dass das Sekret der Prostata die Samenzellen auf ihrem Weg durch die weibliche Scheide aktiviert und sie vor dem sauren Milieu, das dort vorherrscht, schützt.

Die Prostata zählt übrigens auch zu den erogenen Zonen des Mannes: Wenn sie gerade dabei ist, Samenflüssigkeit zu produzieren, empfindet er ein angenehmes Gefühl. Also ist diese Drüse doch nicht so dumm!

Lage der Prostata

Die Prostata umgibt die Harnröhre, durch welche der Urin aus der Blase durch den Penis läuft. Daher können sich Probleme beim Urinieren entwickeln, wenn die Prostata im mittleren Alter zu wachsen beginnt, was bei den meisten Männern geschieht. Achten Sie in der Zeichnung darauf, wie das Vas deferens einen Bogen nach oben beschreibt, um Sperma von den Hoden zu transportieren, so dass es sich mit der Flüssigkeit mischen kann, die von der Prostata hergestellt wird.

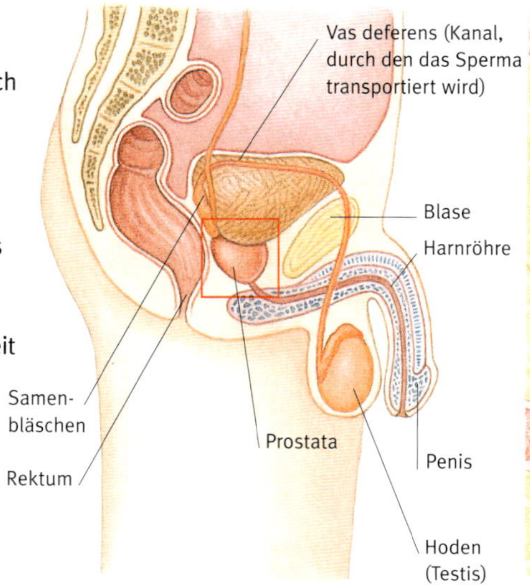

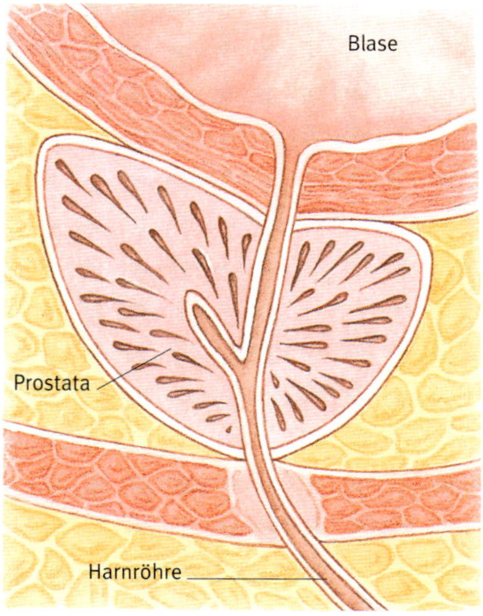

► *Die Prostata sitzt unter der Blase vor dem Rektum. Ihre Aufgabe ist es, Flüssigkeit in den Samen abzugeben.*

Prostatavergrößerung, was ist das?

Die Prostata kann bei Männern mittleren Alters bis zur Größe einer Orange anwachsen. So entsteht ein Druck auf die Harnröhre, die sich verengt. Der Zustand ist unter der Bezeichnung benigne Prostatahyperplasie bekannt, abgekürzt BPH. Die Schwere dieser Störung kann sehr unterschiedlich sein. Auch die Behandlungsmethoden sind verschieden, viele Ärzte empfehlen aber, eine BPH anfangs nach dem Motto „aufmerksames Abwarten" zu behandeln. Außer regelmäßigen Kontrolluntersuchungen braucht man vorerst nichts tun. Bei manchen Männern verschlechtern sich die Probleme beim Urinieren nicht wesentlich, gelegentlich werden sie sogar wieder besser.

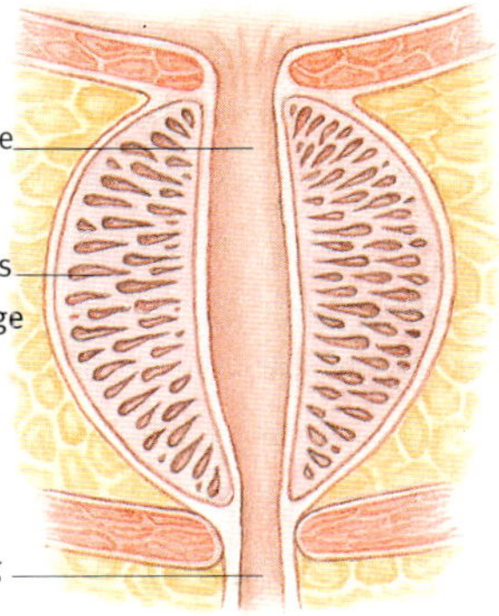

▲ *Dieser Querschnitt zeigt eine gesunde Prostata. Beachten Sie, wie weit die Harnröhre ist, die Urin und Sperma aus dem Penis transportiert.*

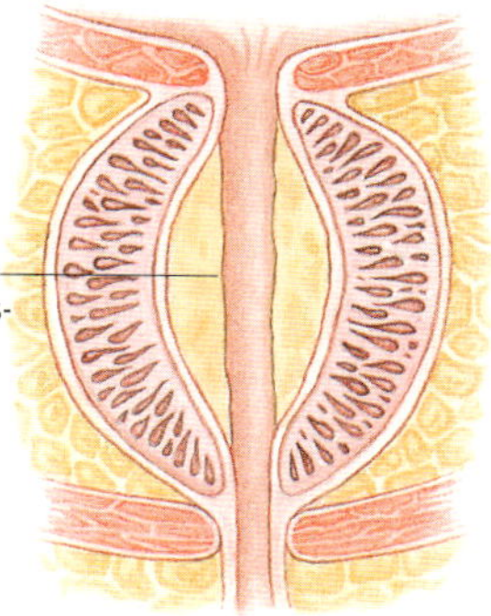

▲ *Die Prostata beginnt zu wachsen, es entsteht eine benigne Prostatahypertrophie (BPH), bei der die Harnröhre zusammengedrückt wird.*

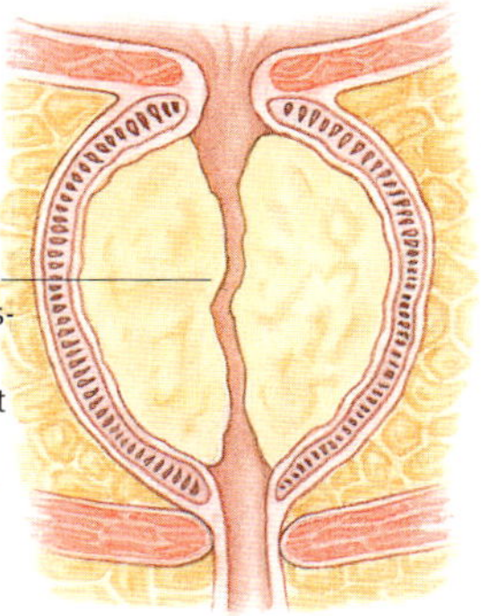

▲ *Eine BPH kann so schwer werden, dass nur noch ein kleiner Teil der Harnröhre frei bleibt. Dadurch entstehen Probleme beim Urinieren.*

Problemen vorbeugen

Die Prostata bedarf bis ins mittlere Alter im Grunde keiner Pflege, Sie können aber ein paar Dinge tun, um sie in bester Form zu erhalten.

Selbsthilfe

Die Prostata ist einem Druck von vielen Seiten ausgesetzt. Da es sich um eine empfindliche Drüse handelt, kann das sehr stören. Sie können in dreierlei Weise dazu beitragen, Druck von Ihrer Prostata fern zu halten: Urinieren Sie regelmäßig, sitzen Sie nicht zu lange auf einem Fleck und – dies ist sicher die beliebteste Möglichkeit – haben Sie regelmäßig Sex.

In Form bleiben

Die Forschung zeigt, dass Männer in guter körperlicher Verfassung weniger Probleme mit der Prostata haben. Unser Rat zur Vorbeugung von Herzproblemen gilt auch für die Gesundheit der Prostata:

Sorgen Sie an fünf Tagen der Woche für leichte bis mäßige körperliche Betätigung von jeweils 20 bis 30 Minuten.

Gesunde Ernährung

Ihre Prostata funktioniert am besten, wenn Sie sich fettarm und cholesterinarm ernähren. Auch Vitamin A, C und E tun ihr gut.

Sie werden ausreichend mit diesen Vitaminen versorgt, wenn Sie viel frisches Obst und Gemüse essen.

Besonders wertvoll sind grüne Gemüsesorten wie Spinat, Grünkohl und Brokkoli.

Auch Zink ist gut für die Prostata. In Austern, Soja, Nüssen, Weizenkeimen, Kleie, Eiern, Kürbiskernen, Hühnchen, Erbsen und Linsen ist viel davon enthalten.

Probleme mit der Prostata

Zwei Dinge können mit zunehmendem Alter bei Männern mit der Prostata geschehen. Zum einen besteht die Möglichkeit, dassich die Prostata vergrößert, zum anderen, dass sich Prostatakrebs entwickelt.

Vergrößerte Prostata

Niemand weiß warum, aber sobald Männer ins mittlere Alter kommen, beginnt ihre Prostata zu wachsen. Dies könnte durch eine Hormon-

Das sollten Sie bedenken

- In einigen westlichen Ländern sind etwa 12 Prozent aller Männer vom Prostatakarzinom betroffen. Bei etwa 50 Prozent ist die Prostata vergrössert. Ab einem Alter von 85 Jahren steigt das Risiko auf 85 Prozent.
- Jährlich sterben weltweit etwa 193 000 Männer an Prostatakrebs. Von diesen jährlichen Todesfällen traten nur 1 000 bei Männern unter 45 Jahren und nur 13 000 bei Männern unter 60 Jahren auf. Nach dem 60. Lebensjahr klettert die Zahl auf 179 000.
- Da in Asien immer mehr Menschen die fettreiche Ernährung des Westens übernehmen, wird geschätzt, dass im Jahr 2 000 die Zahl der Todesfälle durch Prostatakarzinom weltweit auf etwa 253 000 ansteigen wird.

Prostatakarzinom: Vorbeugung und Behandlung

Die Ursachen für Prostatakarzinom sind nicht mit Sicherheit bekannt. Mehrere größere Studien lassen jedoch vermuten, dass eine fett- und cholesterinarme Ernährung zur Vorbeugung beitragen kann. Forscher empfehlen insbesondere, mehr rote Tomaten und Sojaprodukte (Tofu, Sojamehl, Sojamilch) und weniger dunkles Fleisch zu essen. In einigen Studien wurde auch festgestellt, dass die Vitamine A, E und D dazu beitragen, das Wachstum von Prostatatumoren zu hemmen. Auch regelmäßige Bewegung ist zu empfehlen.

Besprechen Sie mit Ihrem Arzt, ob Sie sich regelmäßig untersuchen lassen sollten. Er wird einen Bluttest machen und die Prostata abtasten, wenn Sie spezifische Symptome aufweisen oder in Ihrer Familiengeschichte Prostatakrebs vorkommt.

Durch die wachsende Zahl von Männern, die auf Prostatakarzinome untersucht werden, können Ärzte die Krankheit bereits bei jüngeren Männern erkennen und so die Heilungschancen verbessern.

Da die meisten Prostatatumore langsam wachsen, verzichten viele ältere Männer auf eine Operation, teilweise auch deswegen, weil diese zu Impotenz führen kann.

Inzwischen gibt es eine neue „sanfte" Operationsmethode der Prostata, bei der die Potenz erhalten werden kann. Diese Technik ist aber bei 40 und 50-Jährigen wirksamer als bei Männern ab 60 Jahren.

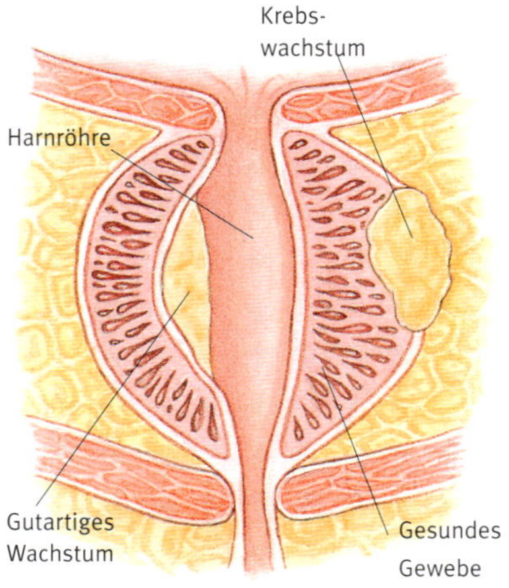

► *Ein Querschnitt durch die Prostata zeigt Krebswachstum und zusätzlich einen Bereich mit gutartigem Wachstum, was manchmal vorkommt.*

änderung ausgelöst werden. Ärzte nennen diesen Zustand eine benigne Prostatahyperplasie oder abgekürzt BPH.

Studien zeigen, dass weniger als 5 Prozent der Männer unter 40 Jahren eine BPH haben. Diese Zahl steigt bei Männern ab 60 auf etwa 50 Prozent und ab dem Alter von 85 Jahren erreicht sie 90 Prozent.

Es kann sein, dass Sie eine BPH haben und gar nichts davon merken. Häufig jedoch beginnt eine vergrößerte Prostata auf die Harnröhre zu drücken, wodurch Probleme beim Urinieren entstehen. Dazu gehört, dass Sie das Gefühl haben, ständig pinkeln zu müssen (es ist nicht ungewöhnlich, wenn Sie nachts drei- oder viermal auf die Toilette gehen müssen); das Gefühl, die Blase nicht vollständig entleert zu haben; das Gefühl, dass Sie beim Urinieren drücken müssen; das Gefühl, pinkeln zu müssen aber nicht zu können und am Ende des Urinierens ein Weitertröpfeln.

Die meisten Männer gewöhnen sich einfach an ihre BPH und gehen ein oder zweimal pro Jahr zum Arzt, um die Sache im Auge zu behalten.

Andere nehmen Medikamente ein, die die Prostata chemisch schrumpfen lassen. Wenn die Unannehmlichkeiten zu groß werden, lautet die Option gewöhnlich Operation – konventionell, mit Laser, Mikrowellen oder Ultraschall.

Wie der Name schon sagt, ist die BPH ein gutartiger Zustand. Es handelt sich dabei nicht um Krebs und führt auch nicht zu Krebs. Sie können die Belästigungen reduzieren, indem Sie den Harndrang speziell nachts verringern, indem Sie nach 19 Uhr keine Flüssigkeiten mehr zu sich nehmen, besonders keinen Kaffee und keinen Alkohol. Beide Getränke neigen dazu, den Harntrakt zu reizen. Dies gilt ebenfalls für stark gewürzte Speisen und Hustenmedikamente. Fragen Sie Ihren Arzt nach eventuellen Nebenwirkungen solcher Mittel

Prostatakarzinom

Zunächst wollen wir Ihnen eine gute Nachricht mitteilen, die Sie sicherlich beruhigen wird:

Die meisten Männer, die Prostatakrebs bekommen, überleben diese Krankheit. Wenn das Karzinom frühzeitig erkannt wird, bevor es auf andere Teile des Körpers übergreifen kann, betragen die Überlebenschancen des Betroffenen fast 100 Prozent.

Ein weiterer Grund zum Optimismus ist, dass die meisten Prostatatumore extrem langsam wachsen, tatsächlich so langsam, dass viele Männer Jahrzehnte lang ein Prostatakarzinom haben, ohne es überhaupt zu wissen. Unter Urologen kursiert der Ausspruch, dass mehr Männer sterben, die Prostatakrebs haben, ohne es zu wissen, als Männer tatsächlich an einem Prostatakarzinom sterben.

Die hohe Wahrscheinlichkeit, dass Männer an etwas anderem als an Prostatakrebs sterben, veranlasst manche Ärzte zu der Überzeugung, dass regelmäßige Vorsorgeuntersuchungen gar nicht nötig sind. Diese sollten nur bei entsprechenden Symptomen statt finden.

Andere Ärzte sind da ganz anderer Meinung. Sie empfehlen regelmäßige Untersuchungen für jeden Mann.

Die beste Empfehlung lautet wahrscheinlich, jeder Mann soll die Notwendigkeit eines Test mit seinem Hausarzt ausführlich besprechen und daraufhin seine eigene Entscheidung treffen.

Gefahren für die Gesundheit Ihrer Prostata

Die Prostata ist in vielerlei Hinsicht ein merkwürdiges Organ. Es ist einerseits das einzige, das im Erwachsenenalter noch wächst und zeigt andererseits eine beunruhigende Neigung, ein Karzinom zu entwickeln. In beiden Fällen weiß niemand, warum das so ist.

Die gute Nachricht ist, dass die medizinische Forschung und die Ärzte der Prostata und ihrer Erkrankung weltweit viel Aufmerksamkeit schenken . Dies wird durch die Tatsache deutlich, dass in vielen Industrieländern die Prostataoperation einer der häufigsten medizinischen Eingriffe ist.

Krankheit	Symptome	Ursachen	Behandlung
Prostatahypertrophie bzw. hyperplasie	Probleme beim Urinieren	Das Wachstum der Prostata im mittleren Alter übt Druck auf die Harnröhre aus.	Medikamente; Operation. Viele Männer entscheiden sich gegen jede Behandlung.
Prostatakarzinom	Im frühen Stadium keine. Schließlich können sich Probleme beim Urinieren entwickeln: Das ständige Gefühl, urinieren zu müssen; das Gefühl, die Blase nicht völlig entleert zu haben; das Gefühl, beim Urinieren drücken zu müssen; nach dem Urinieren Nachtröpfeln. Fortgeschrittene Fälle können zu Impotenz führen; Blut im Urin; geschwollene Lymphdrüsen in der Leistengegend; Schmerzen im Becken, der Wirbelsäule, den Hüften oder Rippen.	Unbekannt. Eventuell genetische und ernährungsbedingte Faktoren. Durch das Tumorwachstum wird die Harnröhre eingeengt.	Abhängig vom Alter des Patienten und dem Stadium der Erkrankung. Operation oder Bestrahlung, wenn der Krebs als lebensbedrohlich eingestuft wird; medikamentöse Therapie, falls Metastasen vorhanden sind.
Prostata infektionen	Fieber; starke Schmerzen im Unterbauch und in der Leiste; Schüttelfrost; Ausfluss aus dem Penis; schmerzhaftes und häufiges Urinieren.	Häufig unbekannt. Bakterielle und Virusinfektionen; Entzündung des Harntrakts; sexuell übertragene Krankheit; Stress.	Bei bakteriellen Infektionen Antibiotika; bei nichtbakteriellen Entzündungen warme Bäder und Ibuprofen.

Eine Prostata-Untersuchung ist nicht gerade ein Vergnügen. Der Weg zur Prostata führt durch das Rektum. Der Arzt dringt mit dem behandschuhten Zeigefinger dorthin vor und fühlt, ob irgendwelche Schwellungen vorhanden sind, die auf einen Tumor hindeuten könnten.

Zusätzlich zu dieser Untersuchung kann der Arzt einen Bluttest auf PSA (Prostataspezifisches Antigen) empfehlen, der anzeigt, ob für Sie ein Risiko besteht.

So unangenehm die Vorsorgeuntersuchung auch sein mag, sie ist der Erkrankung sicher vorzuziehen! Wenn Sie sich bisher die Kontrolle stets gespart haben, dann auf zum Arzt!

Krebs

Krebs ist beängstigend, aber die Diagnose ist heute nicht mehr einem Todesurteil gleichzusetzen, wie es früher der Fall war. In der Regel kann er geheilt werden, wenn er früh genug entdeckt wird. Noch erfreulicher ist die Nachricht, dass man vielen Krebsarten vorbeugen kann.

Vorbeugen und heilen

Es gibt über 100 verschiedene Krebsarten. Sie alle haben eines gemeinsam: Abtrünnige Zellen setzen sich über die natürlichen Kontrollmechanismen des Körpers hinweg und beginnen, unkontrolliert zu wuchern. Anschließend verteilen sich die Krebszellen im Körper und arbeiten sich in gesundes Gewebe vor, blockieren Durchgänge wie beispielsweise Venen, zerfressen Knochen und zerstören Nerven.

Bei der Krebsvorbeugung geht es im Wesentlichen darum, den Kontakt mit bekannten krebserregenden Substanzen zu meiden, eine gesunde Lebensweise zu pflegen und regelmäßige ärztliche Kontrollen in Anspruch zu nehmen, um jede Krebsart bereits im Frühstadium zu erkennen. Spezielle Tipps zur aktiven Krebsvorsorge finden Sie in den jeweiligen Kästchen in diesem Kapitel.

Wie entsteht Krebs?

Für die Entstehung von Krebs gibt es viele verschiedene Ursachen. Die beiden grundlegenden Faktoren sind genetisch und umweltbedingt; beide können auch gleichzeitig auftreten.

Einige Menschen erben eine Veranlagung für bestimmte Krebstypen, die familiär gehäuft aufzutreten scheinen. In diese Kategorie gehören Dickdarm und Magenkrebs.

Umweltfaktoren sind bei einer Reihe von Krebsarten signifikant. Wir können zum Beispiel ständig einer krebsverursachenden Substanz (einem Karzinogen) ausgesetzt sein. Tabak oder der direkte Kontakt mit hohen

Für wen besteht ein Risiko?

- Für Raucher: Rauchen ist auch eine der Hauptursachen für Speiseröhren-, Mund-, Kehlkopf-, Bauchspeicheldrüsen- und Blasenkrebs.
- Für Menschen, die sich schlecht ernähren: Studien zeigen, dass Männer, die viel Fett und wenig frisches Gemüse essen, ein größeres Risiko haben, Dickdarmkrebs und ein Prostatakarzinom zu entwickeln.
- Für starke Trinker: Bei ihnen besteht ein erhöhtes Risiko für Leber-, Mund-, Rachen-, Speiseröhren- und Kehlkopfkrebs.
- Für Sonnenanbeter, vor allem für hellhäutige Menschen, besteht das Risiko von Hautkrebs.
- Bei Menschen mit Krebs in der familiären Vorgeschichte.
- Bei Menschen, die bestimmten industriellen oder chemischen Substanzen ausgesetzt waren: Zu diesen Karzinogenen gehört Asbest, Arsen, Benzol, Vinylchlorid und PCB.
- Menschen, die Radon ausgesetzt waren, einem natürlichen radioaktiven Gas, das aus dem Boden in die Häuser eindringt.

Das sollten Sie bedenken

- Die Weltgesundheitsorganisation sagt voraus, dass sich während der kommenden 25 Jahre die Zahl der registrierten Krebsfälle in den meisten Ländern verdoppeln wird.
- Annähernd eine Million Männer erkranken pro Jahr an Lungenkrebs. In den meisten Ländern der Welt besteht überdies eine steigende Tendenz. In einigen Nationen, in denen nicht mehr so viel geraucht wird wie in früherer Zeit, beispielsweise in den USA, Großbritannien und Finnland – beginnt die Rate der Lungenkrebserkrankungen zu fallen.
- Lungen-, Dickdarm- und Prostatakrebs stehen bei Männern weltweit an erster Stelle.
- Die Häufigkeit von Magenkrebs bei Männern ist in den meisten Industrieländern während der vergangenen 30 Jahre zurückgegangen. Epidemiologen schreiben diesen Rückgang der besseren Ernährung mit frischem Obst und Gemüse und weniger eingemachten, gepökelten und konservierten Speisen zu.

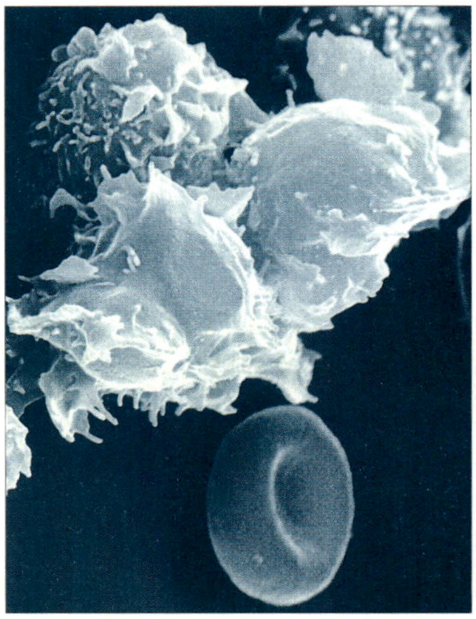

► *Das Mikroskop zeigt Leukämie. Oben ist eine krebskranke Blutzelle zu sehen, unten eine gesunde.*

> **„In den letzten 20 Jahren hat es enorme Fortschritte in unserem Verständnis der Krebserkrankungen und ihrer Behandlungsmöglichkeiten gegeben. Krebsarten, die fast immer tödlich verliefen, wie beispielsweise das Hodenkarzinom, sind heute praktisch vollständig heilbar.“**
>
> **Dr. Hilary Thomas und Prof. Karol Sikova** ***in Krebs: Ein positiver Ansatz***

Dosen radioaktiven Niederschlags ist ein weiteres.

Ein Fachmann schätzte, Änderungen im Lebensstil der Menschen könnten die Krebshäufigkeit um etwa 70 Prozent verringern. Es ist nicht alleine damit getan, das Rauchen aufzugeben, vielmehr ist eine insgesamt gesündere Lebensweise erforderlich.

Forscher schenken der Rolle der Ernährung und Fitness bei der Entwicklung einer Krebserkrankung viel Aufmerksamkeit.

Besonders die Ernährung scheint wichtig zu sein. Man weiß beispielsweise, dass eine Ernährung, die viel Fett und wenig Ballaststoffe enthält, das Risiko für Dickdarmkrebs erhöht. Andere Studien fanden heraus, dass bei Menschen, die nur wenig Obst und Gemüse essen, die Lungenkrebsrate doppelt so hoch ist wie bei Menschen, die viel Obst und Gemüse zu sich nehmen.

Eine weitere Tatsache ist, dass gesunde Ernährung weniger Fett enthält, denn das zählt zu den mutmaßlichen Risikofaktoren für Lungenkrebs.

Die bekannten Karzinogene

Über die Hälfte aller Krebsfälle können dem Kontakt mit karzinogenen Substanzen angelastet werden.

Das wahrscheinlich bekannteste Karzinogen ist Tabakrauch. Einige weitere Karzinogene sind radioaktive Strahlung, Radon (ein natürlich vorkommendes radioaktives Gas, das aus dem Boden aufsteigt), ultraviolette Strahlung im Sonnenlicht, Alkohol und chemische und industrielle Substanzen wie Asbest, Arsen, Vinylchlorid, PCB und Benzol.

Die Wahrscheinlichkeit, Krebs zu entwickeln, steigt proportional mit der Dauer und Intensität des Kontakts mit dem Karzinogen an.

Ein Raucher, der 40 Jahre lang pro Tag zwei Päckchen filterlose Zigaretten raucht, hat ein größeres Risiko als ein Raucher, der zehn Jahre lang täglich ein halbes Päcken Filterzigaretten raucht. Der besze Tipp ist immer noch: Gar nicht rauchen!

Verdächtige Stoffe

Es gibt eine lange Liste von Faktoren, von denen Fachleute glauben, dass sie zur Krebsentstehung beitragen, deren Verbindung aber noch nicht nachgewiesen werden konnte. In diese Kategorie gehört zum Beispiel die Luftverschmutzung.

Warnsignale für Krebs

Krebs sendet viele Warnsignale und Symptome aus. Erkennen Sie bei sich eines der nachfolgend genannten Symptome, sollten Sie nicht gleich in Panik geraten. Sie können auch auf ein anderes Problem hinweisen. Sie sollten jedoch einen Arzt aufsuchen.

Gutartig oder bösartig?

Ein Tumor ist das anormale Wachstum von Gewebe. Es gibt bösartige (kanzeröse) und gutartige Tumore.

Wenn einzelne Krebszellen zu wachsen beginnen, bilden sie Tumore, die außer Kontrolle geraten und schließlich das umliegende gesunde Gewebe abtöten. Zuletzt bilden die Krebszellen Metastasen: Sie wandern im Blutstrom oder Lymphsystem in andere Körperteile und bilden auch dort Tumore. Gutartige Tumore, die kein Wanderpotential haben, sind nicht kanzerös.

Das Hauptziel der Krebserkennung ist es, Tumore auszuschalten bevor sie metastasieren. Die Wachstums- und Metastasierungsrate von Krebs ist unterschiedlich, wobei die meisten Krebsarten Jahre brauchen, um sich auszubreiten.

Zwar ist es wichtig, auf Warnsignale zu achten, die auf Krebs hindeuten könnten, die Wahrheit ist aber, dass Krebssymptome gewöhnlich ein Zeichen dafür sind, dass die Krankheit sich bereits in einem fortgeschrittenen Stadium befindet. Das ist einer der Gründe, warum die Einhaltung eines gesunden Lebensstils und das Meiden bekannter Karzinogene bei weitem das beste ist.

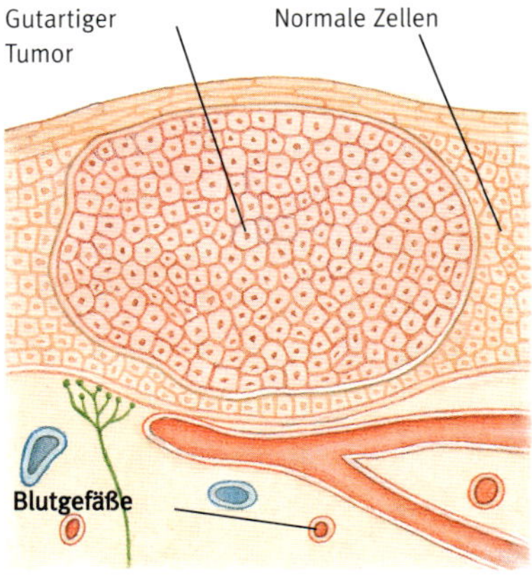

▲ *Ein gutartiger Tumor wächst im Körpergewebe (hier in der Haut), ohne auf den übrigen Körper überzugreifen.*

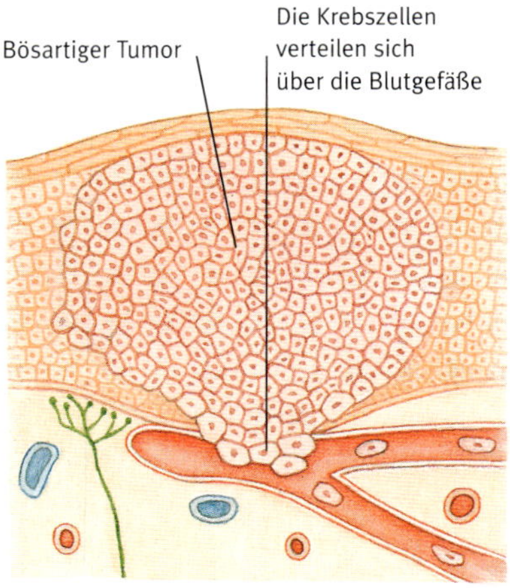

▲ *Ein bösartiger Tumor wächst nicht abgegrenzt, sondern wandert über das Blut in andere Körperteile.*

Ärzte im Kampf gegen den Krebs

Die Behandlung hängt vom jeweiligen Krebstyp ab, dem Stadium der Erkrankung, von der Aggressivität der Zellen und den persönlichen Merkmalen des Patienten. Ein langsam wachsendes Prostatakarzinom eines alten Mannes mit koronarer Herzkrankheit muss nicht unbedingt behandelt werden, während ein jüngerer Mann sich einer Behandlung unterziehen wird.
Die Hauptbehandlungsmethoden von Krebs sind Operationen mit dem Ziel, den Tumor aus dem Körper zu entfernen; Bestrahlung mit hochkonzentrierten Strahlen, die den Tumor töten sollen; Chemotherapie, wobei der Patient hochwirksame Krebsmedikamente einnimmt, die die Zellteilung des Tumors stoppen sollen. Operation und Bestrahlung werden zur Behandlung lokaler Tumore eingesetzt, die noch nicht auf andere Körperbereiche übergegriffen haben. Mit einer Chemotherapie werden Krebszellen angegriffen, die sich bereits über Blut oder Lymphsystem verbreitet haben.
Einige Fachleute glauben, dass eine neuere Behandlungsmethode, die so genannte Immuntherapie, eine zunehmend wichtige Waffe im Kampf gegen den Krebs werden wird.
Dieser Methode liegt die Idee zugrunde, das körpereigene Immunsystem bei der Bekämpfung bösartiger Zellen durch die Injektion von bestimmten Antikrebs-Impfstoffen zu unterstützen.

▲ *Dieses Bestrahlungsgerät sieht bedrohlich aus, kann Ihnen aber helfen.*

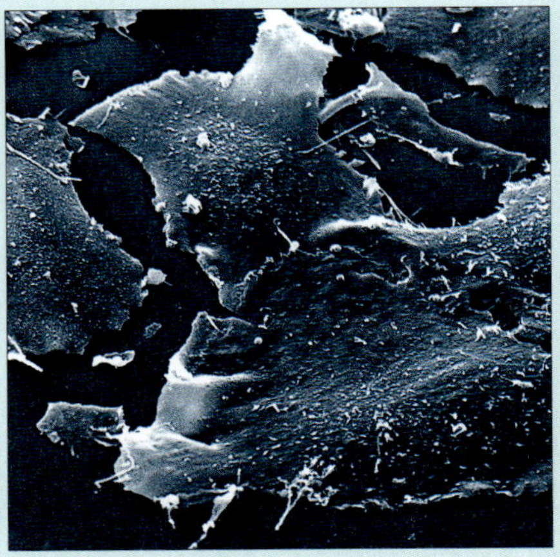

▲ *So sieht eine menschliche Zelle nach einer Krebsbehandlung aus.*

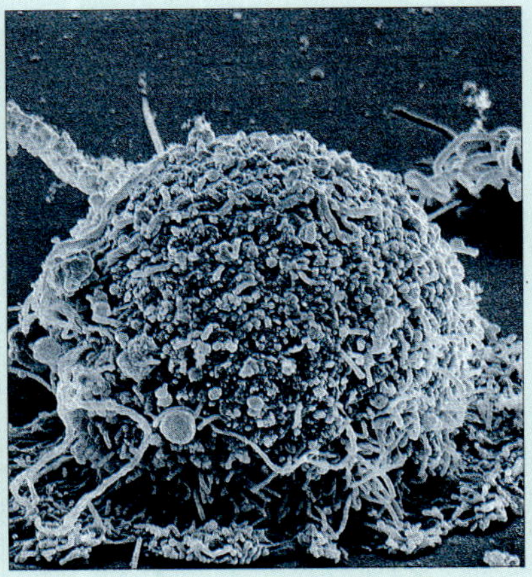

▲ *Die Krebszellen sind Ziel aller Behandlungsstrategien.*

- Jede Änderung Ihrer üblichen Darm- und Blasenentleerung könnte auf Dickdarm-, Blasen- oder Prostatakrebs hinweisen.
- Eine wunde Stelle, die nicht heilen will, könnte durch Mund- oder Hautkrebs verursacht werden. Jede offensichtliche Änderung eines Muttermals oder einer Warze könnte ein Anzeichen für Hautkrebs sein.
- Ungewöhnliche Blutung oder ungewöhnlicher Ausfluss. Blut im Urin könnte auf Blasen- oder Nierenkrebs hindeuten. Blut im Stuhl könnte ein Zeichen für Dickdarmkrebs sein. Blutspucken könnte auf Lungenkrebs hindeuten.
- Eine Verdickung am Körper, einschließlich der Hoden.
- Anhaltende Verdauungsstörungen oder Probleme beim Schlucken von Nahrung und/oder Flüssigkeit könnte auf Magen-, Speiseröhren- oder Rachenkrebs hinweisen.
- Chronische Heiserkeit oder Husten, ist ein Warnsignal für Lungenkrebs.
- Anhaltendes leichtes Fieber.
- Ständige bleiche Hautfarbe.
- Ungewöhnliche Müdigkeit.
- Neigung zu Blutergüssen.
- Anhaltende Kopfschmerzen.
- Appetitverlust oder Gewichtsabnahme aus unerfindlichen Gründen.
- Schmerzen ohne ersichtlichen Grund.

„Der Krebs wird uns immer begleiten. Die beste Strategie bleibt die Prävention und diese hängt von der Unversehrtheit des Selbstheilungssystems ab."

Dr. med. Andrew Weil
Autor von „Spontanheilung"

Der Alptraum jedes Mannes

Einige Onkologen vertreten die Ansicht, ein Peniskarzinom sei ein Zustand, der gewöhnlich bei unbeschnittenen Männern vorkommt. Daher trete die Krankheit in Ländern, in denen die Beschneidung nicht gebräuchlich ist, häufiger auf als in Ländern, in denen sie praktiziert wird.

Ein Peniskarzinom hängt auch mit chronischen Infektionen, schlechter Hygiene oder Geschlechtskrankheiten zusammen. Zu den Symptomen gehören Ausschlag, Beulen, Furunkel und alle weiteren Auffälligkeiten am Penis. Obgleich diese Symptome auch eine Reihe anderer Erkrankungen anzeigen können, sollten Sie zum Arzt gehen, wenn Sie irgendetwas Ungewöhnliches entdecken.

Lungenkrebs

Symptome

Achten Sie auf anhaltenden Husten und auf Blut im Schleim. Chronische Bronchitis, Schmerzen in der Brust und Atemlosigkeit können ebenfalls Warnzeichen für Lungenkrebs sein.

Behandlung

Operation; Bestrahlung; Chemotherapie.

Ursachen

Zigarettenrauch ist mit Abstand die Hauptursache für Lungenkrebs. Leichte Raucher haben ein zehnfach höheres Risiko für Lungenkrebs als Nichtraucher; starke Raucher sind 25 Mal anfälliger für die Krankheit. Passivrauchen wird ebenfalls als Risikofaktor gewertet. Zu den weiteren, selteneren Ursachen für Lungenkrebs gehört längerer Kontakt mit chemischen oder industriellen Substanzen wie Arsen, Radon und Asbest.

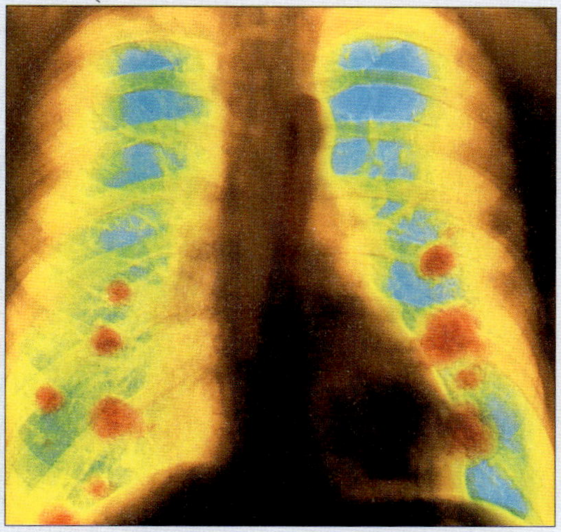

► *Die roten Flecken auf dieser Röntgenaufnahme einer männlichen Lunge sind kanzeröse Bereiche.*

Vorbeugung

- Rauchen Sie nicht. An Lungenkrebs sterben weltweit mehr Männer als an jedem anderen Krebs, bei 85 Prozent aller Krebsfälle bei Männern ist Nikotin im Spiel.
- Ernähren Sie sich gut. Zwar gibt es noch keinen Beweis dafür, einige Forschungsergebnisse scheinen aber zu zeigen, dass Betakarotin, das im Körper in Vitamin A umgewandelt wird, Lungenkrebs vorbeugen kann. Es gibt auch Hinweise, dass Selen und die Vitamine C und E die Lungen vor Krebs schützen. Die beste Möglichkeit, sich den Schutz zu verschaffen, den die Vitamine liefern, sind fünf bis neun Obst- und Gemüseportionen pro Tag; die Wirksamkeit von Tabletten zur Vitaminergänzung wurde bisher nicht bestätigt.
- Trinken Sie nur in Maßen. Starke Trinker sind anfälliger für Lungenkrebs.
- Meiden Sie Umweltschadstoffe.

Dickdarmkrebs

Symptome

Jede Änderung Ihres üblichen Stuhlgangs, die länger als eine Woche anhält, könnte ein Warnsignal für Dickdarmkrebs sein. Blut im Stuhl ist ein noch ernsterer Hinweis und sollte mit dem Arzt besprochen werden. Achten Sie auch auf Schwellungen oder Schmerzen im unteren Bauchbereich und auf unerklärliche Gewichtsabnahme.

Behandlung

Operation; Bestrahlung; Chemotherapie.

Ursachen

Dickdarmkrebs kann sich aus Polypen im Dickdarm entwickeln. Auch erbliche Faktoren spielen eine Rolle. Wenn einer Ihrer nächsten Verwandten an Dickdarmkrebs leidet, besteht bei Ihnen ein erhöhtes Risiko. Ein weiterer Risikofaktor ist eine Dickdarmentzündung.

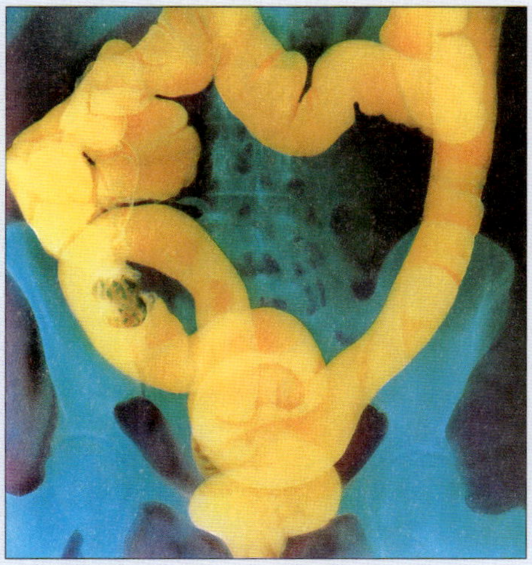

► *Der kleine grünliche Bereich auf dieser Röntgenaufnahme eines Dickdarms ist Krebs.*

Vorbeugung

- Beachten Sie Ihre Krankengeschichte. Wenn Sie selbst oder jemand in Ihrer Familie an Dickdarmkrebs oder Dickdarmentzündung leidet, ist erhöhte Wachsamkeit gegenüber Dickdarmkrebs geboten.
- Wenn in Ihrer Familie Dickdarmkrebs vorkommt, besprechen Sie mit Ihrem Arzt, ob Sie sich untersuchen lassen sollten und wie regelmäßig eventuelle Tests durchgeführt werden sollten. Zu dem üblichen Test gehört die Untersuchung mikroskopischer Blutspuren im Stuhl. Ihr Arzt kann auch andere Tests empfehlen (rektale Untersuchung, Proktoskopie, Kolonoskopie), vor allem bei Verdacht auf Polypen.
- Essen Sie Ballaststoffe, also Vollkornprodukte, Hülsenfrüchte, Obst und Gemüse.

Prostatakarzinom

Im allgemeinen ist das Prostatakarzinom im frühen Stadium symptomfrei, nach einiger Zeit entwickeln sich aber Probleme beim Urinieren und das ständige Gefühl, urinieren zu müssen, beim Urinieren drücken zu müssen, nicht Urinieren zu können und anschließendes Weitertröpfeln. Weitere Einzelheiten zum Prostatakarzinom erfahren Sie auf den Seiten 240 bis 241 .

Magenkrebs

Symptome

Magenkrebs ist bis zu einem fortgeschritteneren Stadium gewöhnlich symptomfrei. Zu den Warnzeichen gehören unbestimmte Beschwerden im Bauch, gewöhnlich oberhalb des Na-bels, Völlegefühl im Oberbauch bis unter die Rippen bereits nach kleinen Mahlzeiten, Sodbrennen, Verdauungsstörungen, Übelkeit, Erbrechen, Anschwellen des Bauches. Diese Symptome können alle auch weniger ernste Erkrankungen anzeigen.

Behandlung

Operation; Bestrahlung; Chemotherapie.

► *Die Röntgenaufnahme zeigt den vom Krebs betroffenen Bereich des Magens.*

Ursachen

Die genauen Ursachen für Magenkrebs sind nicht bekannt. Zu den Risikofaktoren gehört eine Ernährung, die reich ist an Geräuchertem, gepökeltem Fisch und Fleisch, mariniertem Gemüse und Stärke. Rauchen und Alkoholmissbrauch erhöhen ebenfalls das Risiko für Magenkrebs. Menschen, in deren familiärer Vorgeschichte Magenkrebs vorkommt, haben ein größeres Risiko daran zu erkranken.

Vorbeugung

- Ernähren Sie sich gesund. Frisches Obst und Gemüse, das die Vitamine A und C enthält, scheint das Risiko für Magenkrebs zu senken. Es wird auch empfohlen, reichlich Brot, Getreide, Nudeln, Reis und Bohnen zu essen.

- Menschen, die sich mit viel Geräuchertem, gepökeltem Fisch und Fleisch, mariniertem Gemüse und stärkereichen Speisen ernähren, haben ein höheres Risiko für Magenkrebs.

- Meiden Sie Rauchen und Alkohol.

- Männer haben ein doppelt so hohes Risiko wie Frauen, an Magenkrebs zu erkranken. Zu den weiteren Veranlagungen, auf die Sie als Mann achten sollten, gehört Magenkrebs in der familiären Vorgeschichte und (aus bisher unverständlichen Gründen) die Blutgruppe A.

Leberkrebs

Symptome

Gewichts- und Appetitverlust zusammen mit Schmerzen und Schwellungen im Oberbauch. Gelbsucht und Anämie können ebenfalls auftreten. Ein Bluttest kann erhöhte Enzymwerte nachweisen, die auf das Vorhandensein eines Lebertumors hinweisen.

Behandlung

Operation; Chemotherapie; Lebertransplantation.

Ursachen

Leberkrebs ist selten und tritt häufig sekundär bei einem bösartigen Tumor an einer anderen Stelle im Körper auf. Die beiden Hauptursachen für primären Leberkrebs sind Zirrhose durch Alkoholismus (in Industrieländern häufiger) und eine Infektion mit einem chronischen Hepatitisvirus (in Afrika und Asien häufiger). In einigen Ländern enthält die Nahrung Schimmel und Pilze (beispielsweise den Aflatoxinpilz in Erdnüssen), die Leberkrebs verursachen können.

► *Diese CT-Aufnahme zeigt die Leber (gelb gefärbt), durchsetzt von dunklem, kanzerösem Gewebe.*

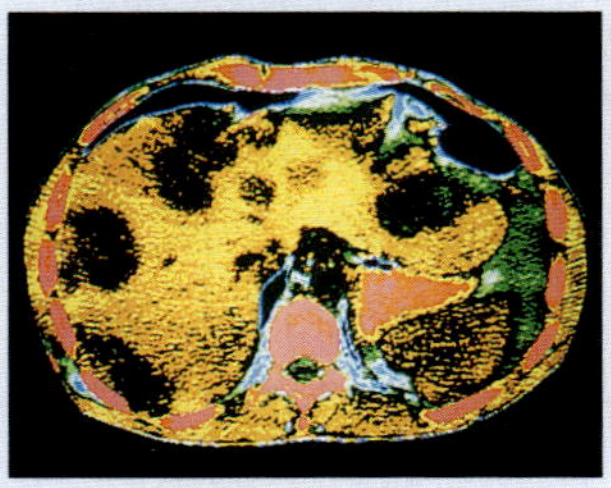

Vorbeugung

- Die Mehrheit von Leberkrebsfällen in aller Welt, etwa 83%, werden einer Hepatitis-B-Infektion zugeschrieben. Deren naher Verwandter, die Hepatitis C, hat sich ebenfalls als Risikofaktor für Leberkrebs erwiesen. Gegen Hepatitis B gibt es eine Impfung, die jeder mit seinem Arzt besprechen sollte, der erhöhten Risiken ausgesetzt ist (Drogenabhängige, die sich intravenös spritzen und Menschen, die unsicheren Sex praktizieren). Gegen Hepatitis C gibt es bisher noch keine Impfung.

- Trinken Sie nur wenig Alkohol. Die meisten Lebertumore im Westen hängen mit Zirrhose zusammen, die durch starkes Trinken verursacht wird.

Hodenkrebs

Symptome

Das deutlichste Zeichen ist ein kleiner, harter Knoten an einem Hoden, etwa von der Größe einer Erbse. Zu den weiteren Symptomen gehören Schmerzen oder eine Schwellung des Hodensacks. Diese Symptome können aber auch auf eine weniger ernste Erkrankung hindeuten, beispielsweise auf eine bakterielle Infektion oder Zysten.

Behandlung

Operative Entfernung des betroffenen Hodens. Wenn der andere Hoden gesund ist, wird die Fruchtbarkeit gewöhnlich nicht eingeschränkt.

Ursachen

Die genaue Ursache ist unbekannt. Hodenkrebs betrifft vor allem Männer im Alter zwischen 15 und 39 Jahren. Möglicherweise wird er durch die hormonellen Veränderungen der Pubertät ausgelöst. Männer mit Hodenhochstand haben ein größeres Risiko, besonders, wenn das in der Kindheit nicht operativ korrigiert wurde. Männer, in deren familiärer Vorgeschichte die Krankheit auftaucht, sind ebenfalls anfälliger.

► *Untersuchen Sie Ihre Hoden einmal im Monat. Achten Sie auf Verhärtungen, Knoten oder Schwellungen – das sind Symptome eines Tumors.*

Vorbeugung

- Bei rechtzeitiger Entdeckung hat Hodenkrebs eine Heilungsrate von etwa 90 Prozent. Um auf frühe Warnzeichen zu achten, sind keine besonderen Tests erforderlich. Untersuchen Sie sich einmal pro Monat selbst, am besten nach einem warmen Bad oder einer Dusche, weil die Wärme den Hodensack entspannt, so dass das Ertasten einfacher wird. Stellen Sie sich nach Möglichkeit vor einen Spiegel. Untersuchen Sie jeden Hoden mit beiden Händen, rollen Sie ihn dazu vorsichtig zwischen Daumen und Fingern. Achten Sie auf Knoten, Schwellung oder Verhärtung. Keine Panik, nicht alle derartigen Veränderungen deuten auf Krebs. Sie sollten es aber vom Arzt abklären lassen.

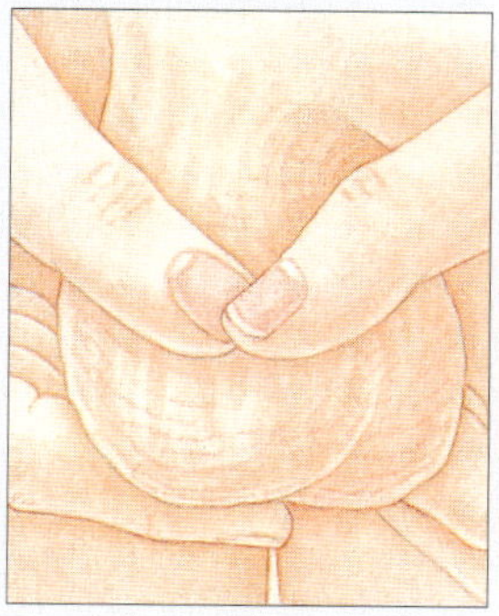

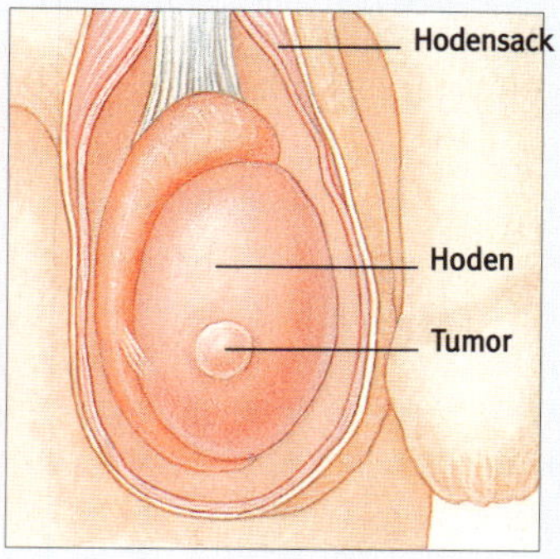

Hautkrebs

Die drei Haupttypen von Hautkrebs

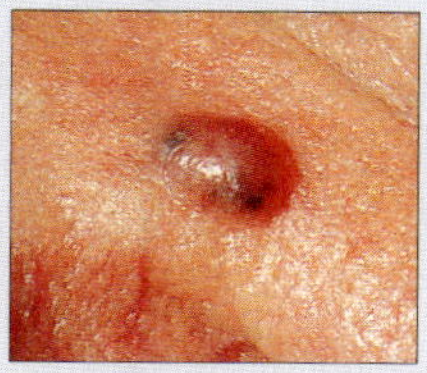

▲ *Basalzellkarzinom*

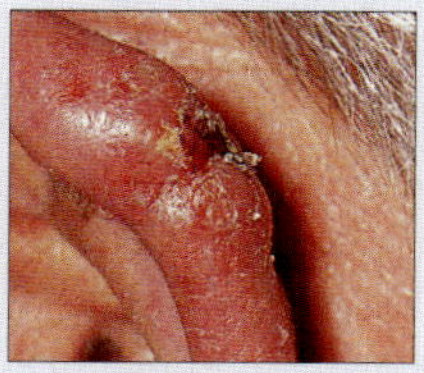

▲ *Squamöses Karzinom*

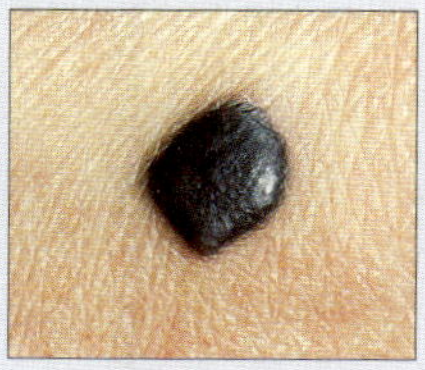

▲ *Malignes Melanom*

Symptom

Alle Hautveränderungen, insbesondere Änderungen der Größe, Farbe oder Form eines Muttermals oder sonstiger dunkler Flecken und Auswüchse sind Warnsignale. Zu solchen Veränderungen können Schuppigkeit der Haut, Aussickerungen, Blutungen, Juckreiz, Empfindlichkeit oder Schmerzen gehören.

Behandlung

Operation; Bestrahlung; Kryochirurgie (Gewebszerstörung durch Kälte), Elektrodesikkation (Gewebszerstörung durch Hitze); Lasertherapie. In seltenen, fortgeschrittenen Fällen können Chemotherapie oder Krebsimpfstoffe (Immuntherapie) eingesetzt werden.

Ursachen

Ultraviolette Strahlung einschließlich Sonnenlicht kann Hautkrebs verursachen, insbesondere bei Hellhäutigen. Zu den weiteren Risikofaktoren gehören Hautkrebs in der familiären Vorgeschichte und längerer Kontakt mit Substanzen wie Steinkohlenteer, Pech, Kreosot und Arsen.

► *Sorgen Sie für angemessenen Sonnenschutz, wenn Sie in die Sonne gehen möchten.*

Vorbeugung

- Schützen Sie sich vor der Sonne. Die beste Möglichkeit zur Vorbeugung gegen Hautkrebs ist das Vermeiden von Sonnenbrand, d.h. der Gebrauch von Sonnenschutzmitteln und das Tragen von schützender Kleidung. Weitere Einzelheiten hierzu finden Sie auf Seite 7.

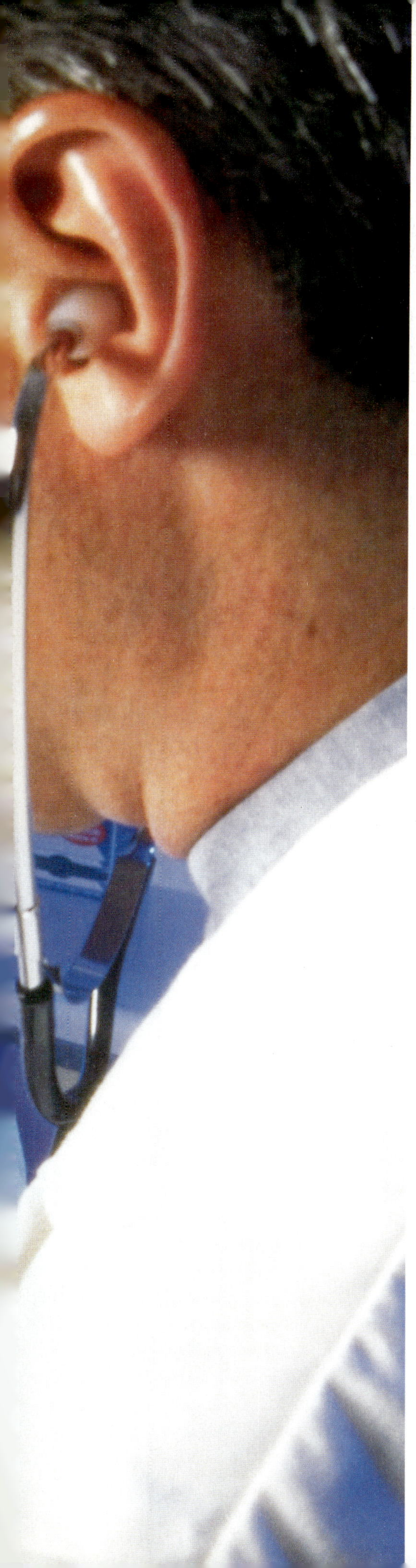

Hilfe vom Fachmann

Wenn Sie ärztliche Hilfe benötigen

Es gehört zum Mann-Sein, mit allem selbst fertig werden zu wollen – Schmerzen, Erschöpfung, Ängste, Kopfschmerzen und Muskelschmerzen zu ignorieren. Nur: Wenn wir aber auf Dauer gesund bleiben möchten, müssen wir wohl oder übel unsere Grenzen zugeben und hin und wieder Hilfe suchen.

Hätten Sie's gewusst?

Nach Schätzungen der Weltgesundheitsorganisation leiden weltweit mehr als 200 Millionen Menschen an Depressionen – aber nur jeder dritte Betroffene wird frichtig behandelt.

Achten Sie auf sich

Viele Männer gehen zwischen ihrem 20. und 40. Lebensjahr nie zum Arzt. Wenn wir in den Zwanzigern sind gehen wir nicht, weil wir uns für unbesiegbar und unverletzlich halten. In den Dreißigern sind wir mit Arbeit und Familie zu sehr beschäftigt und in den Vierzigern bleibt alles beim Alten.

Die Statistiken belegen dies. Eine Studie fand heraus, dass amerikanische Männer pro Jahr 135 Mal seltener zum Arzt gehen als Frauen und dass 30 Prozent der befragten Männer über ein Jahr lang nicht beim Arzt waren. Ähnlich ist die Situation auch bei uns. Viele Männer betrachten einen Arztbesuch als letzten Ausweg. Wenn sie dann endlich gehen, behindern sie oft eine optimale Behandlung, indem Sie die Fragen des Arztes nicht ausreichend beantworten und zu wenig über ihren Gesundheitszustand preisgeben.

Männer sterben im Durchschnitt sieben Jahre früher als Frauen. Die Todesrate durch koronare Herzkrankheit ist bei Männern doppelt so hoch wie bei Frauen. Auch die Sterberate durch andere Ursachen einschließlich Unfällen, Suizid, Mord und Erkrankungen in Zusammenhang mit Alkohol liegt bei Männern höher.

Warum Männer den Gang zum Arzt scheuen

• Schwäche zuzugeben gilt als unmännlich. Ein Mann neigt dazu, es als Zeichen der Schwachheit zu betrachten, wenn er einem gesundheitlichen Problem besondere Aufmerksamkeit schenkt und legt daher keinen Wert auf eine Behandlung. Schließlich hat er als Kind oft genug zu hören bekommen „Nimm es wie ein Mann". Dies könnte das Ergebnis der männlichen Erziehung sein. Eine Frau wird

Diese Beschwerden sollten Sie auf keinen Fall ignorieren

Schmerzen in der Brust
Die Symptome von Herzproblemen können von einem Druckschmerz, der mehrere Minuten anhält, bis zu unbestimmten Missempfindungen in der Brust reichen. Überlassen Sie es lieber Ihrem Arzt festzustellen, ob es sich nur um einfaches Sodbrennen handelt.

Ausgeprägte Kurzatmigkeit
Es ist normal, aus der Puste zu kommen, wenn man die Treppen hochrennt. Wenn Sie aber ohne ersichtlichen Grund nach Luft schnappen müssen, sollten Sie dringend ärztliche Hilfe in Anspruch nehmen.

Blutungen unbekannter Ursache
Wenn Sie Blut entdecken, wo es nicht hingehört, beispielsweise im Urin oder Stuhl, ist dies stets ein Warnzeichen. Rektale Blutungen sind immer ein Grund, rasch zum Arzt zu gehen.

Schwindelzustände
Sie brauchen sich keine Sorgen machen, wenn Sie etwas unsicher auf den Beinen sind, nachdem Sie zu schnell von der Couch aufgesprungen sind, weil das Telefon läutete. Schwindel kann aber manchmal auch das Symptom einer Erkrankung sein. Dazu gehören ernste Zustände wie Schlaganfall, so dass Sie sofort zum Arzt gehen sollten, wenn der Schwindel stark ist oder regelmäßig auftritt.

Impotenz
Falls Sie anhaltend Probleme damit haben, eine Erektion zu bekommen oder diese aufrecht zu erhalten, ist dies Grund genug, einen Arzt um Rat zu fragen. Hinzu kommt aber auch, dass Erektionsstörungen oft ein Indikator für Diabetes oder Herz-Kreislauf-Erkrankungen sind, die beide tödlich verlaufen können.

Übermäßiger Durst, häufiges Urinieren
Symptome wie übermäßiger Durst und häufiges Urinieren, insbesondere wenn sie zusammen mit Erschöpfung oder Gewichtsverlust auftreten, sind Warnzeichen dafür, dass Sie möglicherweise an Diabetes leiden. Gehen Sie möglichst schnell zum Arzt.

Schlechte Wundheilung
Wenn eine Schnittverletzung ungewöhnlich lange nicht heilen will, könnte das daran liegen, dass Ihr Immunsystem nicht in Ordnung ist. Lassen Sie sich einen Termin beim Arzt geben, der einen Bluttest durchführen wird.

Schleichende Krankheit
Auch normalerweise einfach zu behandelnde Erkältungskrankheiten oder leichtes Fieber gehören in ärztliche Behandlung, wenn sie sich nach drei oder vier Tagen nicht bessern.

Die zehn häufigsten Gründe, warum Männer zum Arzt gehen

- Anhaltender Husten
- Probleme beim Urinieren oder Erektionsstörungen
- Beziehungsprobleme
- Halsprobleme
- Rückenschmerzen, Ohrenschmerzen, Fieber oder Hautausschlag*
- Sehstörungen
- Schnupfen oder Kniesymptome*
- Magenschmerzen, Kopfschmerzen oder Bluthochdruck*
- Depressionen

*Gleiche Anzahl Arztbesuche wegen dieser Beschwerden

mit sehr viel größerer Wahrscheinlichkeit zum Arzt gehen, einfach weil sie sich unwohl fühlt und wissen will, was mit ihr los ist.

• Diese Lektion haben wir leider nicht gelernt. Einem Mann ist es nicht vertraut, viel über seinen Körper nachzudenken, daher neigt er dazu, Körpersignale so lange zu ignorieren, bis die Symptome weit fortgeschritten sind. Frauen hören ständig, dass sie einmal pro Monat eine Selbstuntersuchung ihrer Brüste durchführen sollen und machen das dann auch.

• Wir kennen uns nicht so gut in der Medizin aus. Krebsvorsorge, Empfängnisverhütung, Brustuntersuchungen, Schwangerschaft und Geburt – Frauen sind den Umgang mit Ärzten gewöhnt. Männer nicht. Das medizinische und wirtschaftliche System scheint das widerzuspiegeln.

• Wir wollen die Kontrolle behalten. Unser erster Instinkt sagt uns, dass wir selbst damit klar kommen sollten. Wenn wir Probleme beim Urinieren haben, werden wir vielleicht denken „Das wird vergehen, wenn ich weniger Kaffee trinke". Daher versuchen wir erst alles mögliche, bevor wir uns einen Termin beim Arzt geben lassen.

• Wir sind verlegen. Viele Männer sprechen nur ungern über Probleme, besonders wenn es um Impotenz, Prostataprobleme, Darmbeschwerden oder das Urinieren geht. Wir sind zimperlich, wenn ein Arzt sich mit den unteren Bereichen unseres Körpers befasst.

• Wir haben Angst. Die ersten Erfahrungen mit der medikamentösen Behandlung einer chronischen Erkrankung können eine beunruhigende Zeit einläuten.

Ändern Sie Ihre Einstellung

Geben Sie Ihren Widerstand gegen eine medizinische Behandlung auf. Ein Arzt ist mehr als jemand, der für Sie sorgt, wenn es Ihnen nicht gut geht. Durch die Präventivmedizin kann er vor allem dafür sorgen, dass Sie gesund bleiben. Betrachten Sie Ihren Arzt als Ihren Trainer, der Sie durch das Spiel des Lebens leitet. Er ist ein ausgebildeter Fachmann, der weiß, wie Sie am besten gesund bleiben.

Sie beide sollten eine Art Partnerschaft bilden mit dem Ziel, Sie bis ins hohe Alter aktiv und produktiv zu erhalten.

Warum eine Familienanamnese so wichtig ist

Wenn in Ihrer familiären Krankengeschichte ein medizinisches Problem vorhanden ist, sollten Sie es Ihrem Arzt mitteilen. Dies hilft dem Arzt bei der Entscheidung, welche Arten von Tests man Ihnen gegebenenfalls anbieten sollte und wie oft Sie untersucht werden sollten.

Hypertonie (hoher Blutdruck)
Sie können einen hohen Blutdruck haben ohne es zu merken, weil er keine Symptome auslöst. Bei sehr hohem Blutdruck können Sie einen Schlaganfall erleiden. Es ist wichtig, dass Ihr Blutdruck mindestens alle zwei Jahre gemessen wird, wenn es in Ihrer Familie Hypertonie oder Schlaganfall gegeben hat.

Koronare Herzkrankheit
Wenn in Ihrer Familie koronare Herzkrankheiten vorkommen, sollten Sie mit dem Rauchen aufhören und regelmäßig Ihren Cholesterinspiegel untersuchen lassen. Falls dieser hoch ist, wird der Arzt Ihnen eine besondere Ernährung empfehlen. Falls das nichts nützt, müssen Sie Tabletten einnehmen.

Diabetes
Ein Glukosetest bei nüchternem Magen oder ein Urintest können zeigen, ob Sie dabei sind, Diabetes zu entwickeln.

Dickdarmkrebs
Wenn jemand aus Ihrem engsten Familienkreis Dickdarmkrebs hatte, wird Ihr Arzt Ihnen eine Kolonoskopie vorschlagen. Diese Untersuchung ist zwar nicht sehr angenehm, es ist aber besser, Veränderungen oder Polypen im Darm frühzeitig festzustellen, als später größere Probleme zu riskieren. Wenn Sie bereits eine Dickdarmentzündung mit Geschwüren hatten, ist es noch wichtiger, dass Sie Ihren gesamten Darm untersuchen lassen.

Prostatakarzinom
Viele Männer entwickeln eine Form des Prostatakarzinoms, ohne es zu bemerken. Wenn Ihr Vater eines hatte, sollten Sie die Sache mit Ihrem Arzt besprechen, denn es gibt eine Reihe von Tests – einschließlich einer rektalen Untersuchung und einem Bluttest die zeigen können, ob Sie ebenfalls ein Kandidat dafür sein könnten.

Chronisches Glaukom (Grüner Star)
Diese Krankheit ist ebenfalls familiär verbreitet und kann bei einer Routineuntersuchung vom Augenarzt leicht festgestellt werden.

Hoher Cholesterinspiegel
Lassen Sie Ihren Cholesterinspiegel prüfen, wenn es in Ihrer Familie entsprechende Probleme gibt. Der Arzt wird Ihnen sagen, ob Sie weiterhin kontrolliert werden müssen.

Gehör
Wenn Schwierigkeiten beim Hören auftreten, sind Tests nötig.

Gehen Sie zum Allgemeinarzt

Besonders nach einem Umzug ist es wichtig, dass Sie sich vor Ort einen neuen Allgemeinmediziner suchen.

Es ist bekannt, dass Männer an solche Dinge in den seltensten Fällen denken. Sie sollten aber nicht bis zu einem Notfall warten, sich einen Hausarzt zu suchen.

Wenn Sie zum ersten Mal Ihren neuen Arzt aufsuchen, wird er einen allgemeinen Checkup durchführen, zu dem ein Urintest gehört. Der Arzt notiert Ihre Größe, Ihr Gewicht, den Blutdruck und Ihre medizinische Vorgeschichte. Sie sollten mit ihm alle medizinischen Probleme in Ihrer Familie besprechen.

Sprechen Sie sich aus

Es mag selbstverständlich klingen, aber es ist äußerst wichtig, dass Sie sich aussprechen, wenn Sie beim Arzt sind.

Forscher haben festgestellt, dass Männer sich während eines Arztbesuchs sehr viel passiver verhalten als Frauen und folglich aus diesem Be-

Alternative Therapien

Erinnern Sie sich noch an die Zeit, als man nur zwischen zwei Ärzten wählen konnte? Heute sehen wir uns einer Reihe von Fachärzten auf allen möglichen Gebieten gegenüber.

Während akute Zustände, insbesondere Notfälle oder schwere Krankheiten mit der konventionellen Schulmedizin am wirksamsten behandelt werden, ist diese oft weniger erfolgreich, wenn es um chronische Zustände wie Arthritis oder Migräne geht. Hier kommen die alternativen Therapien ins Spiel, die zunehmend an Wichtigkeit gewinnen.
Seien Sie bei der Wahl einer alternativen Therapie und eines Heilkundigen vorsichtig und benützen Sie Ihren gesunden Menschenverstand.
Überprüfen Sie die Referenzen eines Heilkundigen immer bei dessen Berufsverband und geben Sie eine konventionelle Behandlung nie zugunsten einer alternativen Behandlung auf.

Akupunktur
Bei der Akupunktur, die seit mindestens 5000 Jahren in der traditionellen chinesischen Medizin angewendet wird, sticht ein Heilkundiger an speziellen Stellen des Körpers sehr dünne Nadeln direkt unter die Haut. Die Theorie, die hinter dieser Behandlung steckt, besagt, dass diese Punkte mit den „Energiewegen" des Körpers oder chi zusammenfallen, die entlang 14 unsichtbarer und miteinander verbundener Kanäle verlaufen.
Akupunktur kann für eine Vielzahl von gesundheitlichen Problemen eingesetzt werden, in den westlichen Kulturen ist sie aber primär in der Schmerzbehandlung und zur Erleichterung beim Entzug von Drogenmissbrauch verbreitet.

Osteopathie
Zusammen mit der Chiropraktik ist die Osteopathie eine beliebte alternative Behandlung für eine Reihe von Problemen mit Muskeln und Gelenken. Der Osteopath manipuliert Wirbelsäule und Gelenke, um das Nervensystem des Körpers und die natürlichen Abwehrmechanismen zu beeinflussen. Diese Behandlung wird am häufigsten bei Rückenproblemen und Kopfschmerzen eingesetzt.

Homöopathie
Der griechische Physiker Hippokrates entdeckte als erster, dass große Mengen bestimmter natürlicher Substanzen bei gesunden Menschen ähnliche Symptome wie bestimmte Krankheiten auslösen können, während kleinere Dosen derselben Substanzen diese Symptome bessern können. Im 18. Jh. entwickelte der deutsche Arzt Samuel Hahnemann auf dieser Grundlage einen therapeutischen Ansatz, bei dem extrem kleine Mengen von Substanzen aus Pflanzen, Mineralien und Tieren verwendet werden, um die Widerstandskräfte des Körpers gegen eine Krankheit zu fördern und Beschwerden zu lindern.

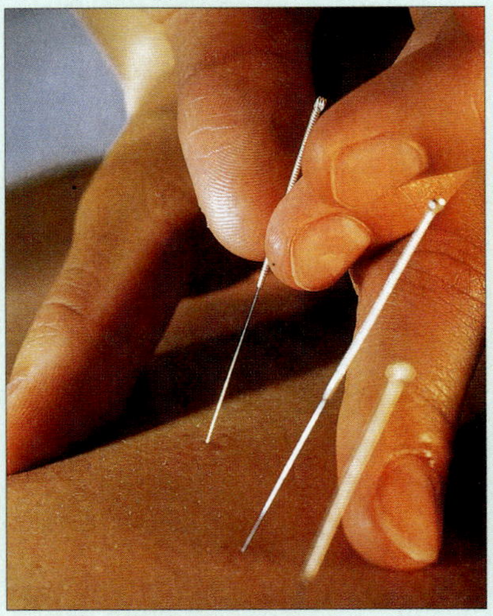

▲ *Akupunkturnadeln sollen die Energiewege Chi stimulieren, wenn sie in die Haut eingeführt werden.*

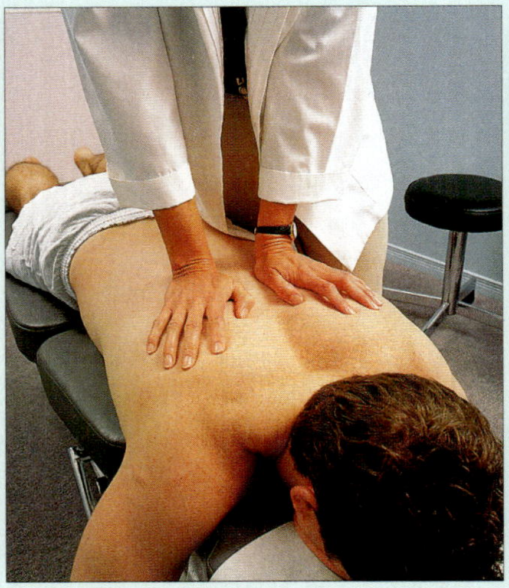

▲ *Osteopathen lindern Schmerzen durch geschicktes Manipulieren der Wirbelsäule und Gelenke.*

▲ *Homöopathische Präparate enthalten winzige Mengen pflanzlicher und anderer Heilmittel.*

Zehn verbreitete Ursachen für eine stationäre Behandlung

1. Gefäßoperationen
2. Schmerzen in der Brust
3. Bauchschmerzen oder Blutungen
4. Operationen der Skelettmuskulatur
5. Hernien und Venenerkrankungen
6. Probleme beim Urinieren und Harnretention
7. Unfälle und Brüche
8. Infektionen
9. Atemwegserkrankungen
10. Haut- und Gewebeoperationen

such weniger Nutzen für Ihre Gesundheit ziehen.

Patienten, die mit ihrem Arzt effektiver kommunizieren, haben eine bessere Heilungschance.

Es hat sich auch gezeigt, dass Männer regelrecht mundfaul sind, wenn es darum geht, mit dem Arzt über Einzelheiten ihres Sexuallebens zu sprechen. Die sexuelle Funktion des Körpers ist aber ein Barometer Ihres allgemeinen Gesundheitszustandes, daher ist es wichtig, dass Sie über alle Änderungen oder Probleme sprechen, die Sie festgestellt haben. Warten Sie bitte nicht darauf, dass der Arzt die Sprache darauf bringt. Es wäre zwar wunderbar, wenn die Ärzte von selbst entsprechende Fragen stellen würden, tatsächlich tun es aber die wenigsten.

Gibt es Probleme?

Wenn Sie ein gesundheitliches Problem haben, gibt es vier grundsätzliche Möglichkeiten. Sie können die Symptome ignorieren und warten, dass sie von selbst wieder verschwinden; wenn es etwas ernster ist, können Sie versuchen, sich selbst zu behandeln, also beispielsweise eine Schnittverletzung verbinden oder ein Schmerzmittel einnehmen; Sie können einen Arzt anrufen oder sich schnell in die Notaufnahme des nächstgelegenen Krankenhauses begeben.

Augen zu und durch

Einige Symptome sind so leicht, dass Sie sie mit wenigen Ausnahmen und wenn Sie ansonsten gesund sind, getrost vergessen können. Das „Abwarten“ ermöglicht dem Körper, ohne Einmischung von außen, seine Selbstheilungskräfte zu aktivieren. Es gibt allerdings einige Symptome, die unbedingt sofort von einem Arzt untersucht werden sollten („Diese Beschwerden sollten Sie auf keinen Fall ignorieren“ auf Seite 250 hilft Ihnen weiter).

Nehmen Sie zwei Aspirin...

Bei einigen Symptomen, selbst wenn sie leicht sind, müssen Sie aktiv werden, um die Beschwerden zu lindern. Schlucken Sie ein Schmerzmittel oder gönnen Sie sich ein bisschen Ruhe und Erholung.

Während die Symptombehandlung gewöhnlich nur vorübergehende Erleichterung verschafft, sollten Sie, wenn möglich, auch die Ursache herausfinden und diese angehen. Wenn Sie beispielsweise jedesmal Antacida einnehmen müssen, nachdem Sie mehr als drei Tassen Kaffee getrunken haben, sollten Sie vielleicht besser Ihren Kaffeekonsum einschränken.

Die meisten kleineren Beschwerden können auf diese einfache Art behoben werden. Die Liste der Symptome, die Sie selbst problemlos behandeln können, ist zwar lang, sie alle erfordern aber unbedingt den fachmännischen Rat eines Arztes, falls sie längere Zeit anhalten oder sich sogar verstärken.

Lernen Sie, auf die Signale Ihres Körpers genau zu achten und handeln Sie entsprechend.

Wann muss man zum Arzt?

Wenn leichte Erkrankungen nicht von selbst oder mit etwas Nachhilfe besser werden, ist es an der Zeit, einen Arzt anzurufen. Woher wissen Sie aber, wann der Zeitpunkt gekommen ist? Die Antwort ist ganz einfach: Wenn neue und schwere Symptome hinzu kommen oder ein anhaltendes Symptom nicht vergehen will.

Mit anderen Worten: Nehmen Sie Aspirin oder Paracetamol, wenn Sie gewöhnliche Kopfschmerzen haben. Wenn die Kopfschmerzen aber so stark sind, wie Sie das noch nie zuvor erlebt haben, sollten Sie sofort ärztliche Hilfe in Anspruch nehmen. Auch wenn weniger starke Kopfschmerzen tagelang anhalten, sollten Sie zum Arzt gehen.

Schreiben Sie Ihre Symptome auf und überwachen Sie sie. Seien Sie möglichst objektiv und widerstehen Sie dem Drang, die Dinge herunterzuspielen oder auch zu übertreiben. Die Aufzeichnungen können für den Arzt ein nützliches Hilfsmittel bei der Diagnose sein.

Ignorieren Sie schwere Symptome wie Kurzatmigkeit, Schwindel, starke Schmerzen oder unerklärliche Blutungen nicht. Wenn die Beschwerden Sie daran hindern, Ihre alltäglichen Aufgaben zu erfüllen, müssen Sie zum Arzt gehen.

Ein Notfall

Wenn ein Symptom auftritt, das Sie plötzlich behindert oder auf eine lebensbedrohliche Situation wie einen Herzanfall hindeutet, begeben Sie sich schnellstens in die Notaufnahme eines Krankenhauses oder rufen Sie einen Krankenwagen. Wenn Sie intensive Schmerzen in der Brust haben oder kurzatmig sind, vergeuden Sie keine wertvollen Minuten, um abzuwarten, ob diese Probleme wieder vergehen. Bei einem Notfall ist die Zeit ein wichtiger und vor allem lebensrettender Faktor.

Allgemeinärzte und Fachärzte

Die Wahl eines Arztes ist eine der wichtigsten Entscheidungen für Ihre Gesundheit, die Sie treffen können. Es ist wichtig, dass Sie den richtigen Arzt finden, mit dem Sie gut reden können. Wenn Sie eine langfristige Beziehung zu einem Arzt aufbauen, kann diese Ihnen dabei helfen, länger und besser zu leben.

> **„Eine 1994 durchgeführte Umfrage ergab, dass 40% der Männer erst zum Arzt gehen, wenn ihre Partnerin ihnen das nahelegt. Acht von zehn Männern gaben freimütig zu, mit einem Arztbesuch zu lange zu warten."**
>
> Dr. Ian Banks

Auf Wiedersehen Herr Doktor

Häufig unterhalten sich die Leute über die richtige Wahl eines Arztes, meist aber entscheiden sie sich dann für eine vollständig ausgerüstete Praxisgemeinschaft, am besten gleich für ein Ärztezentrum, wo weitere Fachkräfte wie Krankengymnasten, Therapeuten, Beratungsstellen etc. tätig sind. Sollte Ihnen der erste Arzt nicht zusagen, lassen Sie sich das nächste Mal bei seinem Kollegen einen Termin geben. So werden Sie herausfinden, welchem der Ärzte Sie am meisten vertrauen.

Ausbildung und Qualifikationen

Wie ein Arzt selbst sagte, gibt es enorme Unterschiede bei der Qualität niedergelassener Ärzte. Diese ist jedoch für den Erfolg der Behandlung entscheidend. Wenn Sie einem Arzt blind vertrauen, ist es, als würden Sie Russisches Roulette spielen. Falls Sie Wert auf eine gleichbleibend gute medizinische Versorgung legen, sollten Sie zuerst einmal Ihren Arzt unter die Lupe nehmen. Der erste Schritt besteht darin, dass Sie sich seine Ausbildung und Qualifikationen ansehen.
Jeder Arzt durchläuft eine gründliche Ausbildung, zu der ein fünfjähriges Universitätsstudium und mindestens vier Ausbildungsjahre zum Facharzt sowie ein praktisches Jahr im Krankenhaus gehören.

Fachärzte

All jene Ärzte, die sich im Krankenhausbereich spezialisieren möchten wie beispielsweise Chirurgen, durchlaufen eine noch längere Ausbildung mit entsprechenden Prüfungen. Danach können sie sich entweder niederlassen oder in der Klinik arbeiten. Wenn Ihr Allgemeinarzt Sie an einen Facharzt überweist, können Sie entweder zu einem niedergelassenen Facharzt gehen oder in ein entsprechendes Krankenhaus.

Zudem werden Sie im Lauf der Zeit vielleicht mit weiteren der im Folgenden genannten Fachärzte Bekanntschaft schließen, deren Spezialgebiet kurz erläutert wird:

Radiologen: Sie führen Röntgenuntersuchungen sowie Computertomographien durch und werten die Ergebnisse aus;

Psychiater: Sie befassen sich mit den Problemen der geistigen Gesundheit;

Hämatologen: Das sind Fachleute in Sachen Blut;

Neurologen: Sie sind auf das Nervensystem spezialisiert;

Checkliste, um einen guten Arzt zu finden

Die folgende Liste gibt Ihnen Anhaltspunkte dafür, auf was Sie achten sollten, wenn Sie zum ersten Mal zu einem Arzt gehen. Wenn Sie feststellen, dass Sie die meisten dieser Fragen mit „Nein" beantworten, sollten Sie überlegen, sich einen anderen Arzt zu suchen.

- Empfinden Sie seine Art als angenehm?
- Schaut der Arzt von seinem Schreibtisch auf, wenn Sie hereinkommen und hält er Blickkontakt mit Ihnen, während Sie mit ihm sprechen?
- Hört er Ihnen zu?
- Haben Sie das Gefühl, Fragen stellen zu können?
- Gibt der Arzt Ihnen die Möglichkeit, selbst Entscheidungen zu treffen und verschiedene Möglichkeiten zu diskutieren?
- Kann der Arzt Dinge gut und verständlich erklären?
- Erklärt er Ihnen, wie in seiner Praxis gearbeitet wird und gibt Ihnen eventuell einen Praxisleitfaden mit?
- Ist der Arzt mit der Verschreibung von Medikamenten sparsam und klärt Sie sorgfältig über mögliche Nebenwirkungen auf?
- Berät der Arzt Sie über eine gesunde Lebensweise und bietet er an, Ihren Blutdruck und Ihr Gewicht zu überwachen?
- Untersucht er Sie gründlich, bevor er verschiedene Tests anordnet?
- Wenn Ihr Arzt etwas nicht sofort beantworten kann, bietet er Ihnen dann an, weitere Informationen zu beschaffen und setzt er das in die Tat um?

So stellt der Arzt die Diagnose

Die Ärzte erlernen das Muster an der Uni: Gespräch, Untersuchung, Diagnose. Denken Sie bei Ihrem nächsten Termin daran.

Der Arzt hört sich Ihre Beschreibung der Symptome an. Daraus ergibt sich ein Gespräch, bei dem der Arzt weitere Fragen stellt, um genaueres über Ihre Beschwerden zu erfahren. Je nach Krankheit wird er sich nach Ihrer medizinischen Vorgeschichte erkundigen.

Währenddessen stellt der Arzt eine grobe Vordiagnose. Es folgt eine Untersuchung, die sich auf Ihre Aussagen stützt. Dabei werden einige Möglichkeiten ausgeschlossen, die der Arzt in Betracht gezogen hatte. Falls er weitere Informationen benötigt, wird er Labortests, eine Röntgenuntersuchung oder Bluttests anordnen.

Beim Gespräch und der Untersuchung sammelt der Arzt eine Menge Informationen, die für die richtige Diagnose entscheidend sind. Da beides zeitaufwendig ist, gehen manche Ärzte sehr rasch vor und nehmen es bei der Untersuchung nicht sehr genau. Ob ein Gespräch unzureichend ist, merken Sie, wenn der Arzt vorwiegend Fragen stellt, auf die Sie nur mit „Ja“ oder „Nein“ antworten können, medizinische Fachbegriffe verwendet, die Sie nicht verstehen oder in Eile und zerstreut wirkt.

► *Nachdem der Arzt seinen Patienten angehört hat, beginnt er mit der körperlichen Untersuchung*

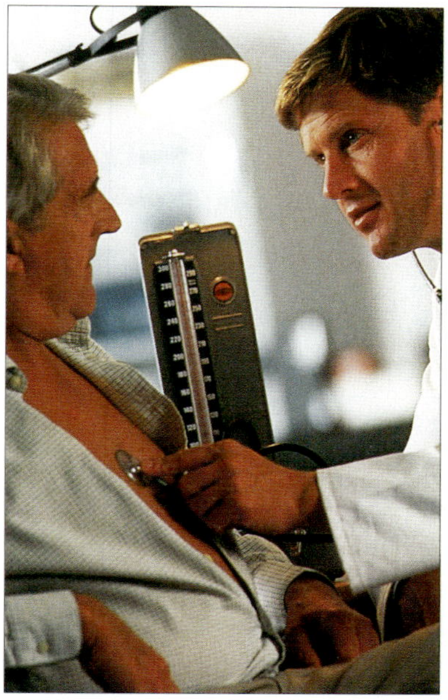

Dermatologen: Das sind die Hautspezialisten. Viele Fachärzte erkennen Sie übrigens an der Endung „ologe“! Bedenken Sie, dass Sie jederzeit eine zweite Meinung einholen können, wenn Sie von einer Diagnose nicht überzeugt sind.

Praxisgemeinschaften

Mehr und mehr Ärzte gewährleisten einen RundumdieUhrService, indem Sie sich zu Gemeinschaften zusammenschließen, die alle in einer bestimmten Region tätig sind. Wenn Sie außerhalb der Sprechstunden bei Ihrem Arzt anrufen, werden Sie daher vielleicht nicht ihn selbst, sondern einen seiner Kollegen am Apparat haben. Dank dieser Arbeitsteilung ist jeder einzelne Arzt weniger belastet, aber dennoch ist die medizinische Versorgung der Patienten umfangreich gesichert. Auf lange Sicht kann das der Beziehung zu Ihrem Arzt nur nützen.

Den richtigen Arzt finden

Wenn ein Arzt eine hohe wissenschaftliche Reputation oder einen gesellschaftliche Ruf hat, sind das aber nicht unbedingt Dinge, die für Sie wichtig sind. Sie wissen deshalb noch nicht, ob Sie und der Arzt gut zusammenpassen. Sie sollten einen Arzt finden, der Ihnen sympathisch ist. Bei einer Partnerschaft sollten beide sich wohl fühlen.

Lassen Sie sich mit Ihrem zukünftigen Arzt ein persönliches Gespräch vermitteln. Fragen Sie, ob er ein paar Minuten Zeit für Sie hat. Ein paar gut überlegte Fragen liefern Ihnen einige Informationen über den Arbeitsstil und die Persönlichkeit des Arztes.

Hören Sie auf Ihr Gefühl, um zu beurteilen, ob Sie und der Arzt zusammenpassen. Zudem sollten Sie aber auch auf zwei besondere Dinge während des Gesprächs achten: die Fähigkeit des Arztes, sich klar und verständlich auszudrücken und seine Bereitschaft, Sie als Partner und nicht wie ein unmündiges Kind zu behandeln.

Während des Gesprächs könnten Sie folgende Fragen stellen:

- Bis zu welchem Grad sollten Ihrer Meinung nach die Patienten über die Art Ihrer Erkrankung und Behandlung informiert werden?
- Was für ein Vorsorgeprogramm empfehlen Sie für einen Mann meines Alters?
- Wie denken Sie darüber, den Patienten in Entscheidungen einzubeziehen?

Holen Sie auch andere Meinungen ein. Fragen Sie Ihre Freunde, was sie an ihren Ärzten mögen und was nicht.

Sie verdienen eine Erklärung

Heutzutage wird das Verhältnis zwischen Arzt und Patient als Partnerschaft betrachtet. Der Arzt ist gesetzlich dazu verpflichtet, Sie als Patienten über die Wahlmöglichkeiten zu informieren, bevor Tests durchgeführt oder eine Behandlung begonnen wird.

Sie können von Ihrem Arzt erwarten, dass er Sie über Ihren Zustand in gut verständlichen Worten aufklärt, einschließlich der Ursachen und Behandlungen sowie der Risiken und des Zwecks jedes einzelnen Schritts.

Der Arzt sollte auch Behandlungsalternativen mit den dazugehörigen Risiken und Vorteilen erwähnen, bis hin zu der Alternative, vorerst gar nichts zu unternehmen und abzuwarten.

Vorsorgeuntersuchungen

Eine Reihe schwerwiegender Krankheiten, angefangen bei hohem Blutdruck bis zu verschiedenen Krebsformen, kann Ihren Körper schädigen, bevor sich irgendwelche Symptome zeigen. In diesen Fällen sollen Vorsorgeuntersuchungen greifen, bevor Probleme entstehen.

> **„Vorsorgeuntersuchungen lohnen sich, wenn die Ergebnisse behandelbar sind und eine frühzeitige Behandlung Ihre Lebenserwartung und Lebensqualität verbessert."**
>
> Timothy B. McCall
> *Prüfen Sie Ihren Arzt*

Lassen Sie sich durchchecken

Welche Vorsorgeuntersuchungen Sie brauchen, hängt von Ihrem Alter und verschiedenen Risikofaktoren sowie von der Philosophie Ihres Arztes ab. Es gibt keine Übereinstimmung unter den Medizinern, welche Tests nötig sind, ab welchem Alter die Männer sich untersuchen lassen sollten und wie oft. Besprechen Sie mit Ihrem Arzt, was für Sie am besten ist.

Falls in Ihrer familiären Vorgeschichte bestimmte Erkrankungen aufgetreten sind, lesen Sie auf S. 251 unter „Warum eine Familienanamnese so wichtig ist" nach.

Die familiäre Vorgeschichte ist ein wichtiger Faktor bei der Entscheidung, wann welche Untersuchungen empfehlenswert sind.

Reine Routine...

Irgendwann, ungefähr ab dem 20. oder 30. Lebensjahr, sollten Sie vom Arzt Ihren Urin, Ihr Gewicht und den Blutdruck kontrollieren lassen. Bluthochdruck verursacht keine Symptome, daher sollte man ihn mit zunehmendem Alter regelmäßig prüfen lassen. Unbehandelter Bluthochdruck kann zu Herzanfällen oder Nierenversagen führen. Normaler Blutdruck liegt unter 140 zu 90.

Die Urinanalyse liefert Informationen über Ihren allgemeinen Gesundheitszustand, getestet wird auf Diabetes, Nierenfunktion, Nierensteine, Infektionen der Harnwege, Funktion von Leber und Gallenblase und so weiter.

Selbstuntersuchung

Zu einer regelmäßigen Selbstuntersuchung sollte eine Untersuchung der Hoden, der Haut, des Mundes und der Brust gehören. Zur Untersuchung der Hoden stellen Sie sich vor einen Spiegel. Rollen Sie mit beiden Händen die Hoden vorsichtig zwischen Daumen und Fingern. Achten Sie dabei auf Knoten, Schwellungen oder Verhärtungen, auf alles Ungewöhnliche. Der beste Zeitpunkt für diese Untersuchung ist nach einem warmen Bad oder einer warmen Dusche. Durch die Wärme entspannt sich der Hodensack, so dass Sie die Hoden besser greifen können. Falls Sie etwas finden, besprechen Sie es mit Ihrem Arzt. Haben Sie aber keine Angst: nicht alle Veränderungen bedeuten Krebs.

Untersuchen Sie regelmäßig Ihre Haut auf Flecken, die asymmetrisch sind, unregelmäßige Ränder, verschiedene Farben oder einen größeren Durchmesser aufweisen als das Radiergummiende eines Bleistifts. Bei der Munduntersuchung fahren Sie mit der Zunge im Mund innen und außen an den Zähnen entlang. Achten Sie auf Höcker. Die Brustuntersuchung wird ähnlich wie bei Frauen durchgeführt. Fühlen Sie nach Kno-

Bluttests: Das wird untersucht

Bei jedem Herzschlag tritt das Blut mit allen Körperorganen in Kontakt, liefert ihnen Nährstoffe und nimmt die Abfallprodukte mit. Diese Zusammenarbeit bedeutet, dass die meisten Krankheiten und Störungen in irgendeiner Weise auch das Blut betreffen, was erklärt, warum es Ärzte so häufig untersuchen.

Gesamtblutbild
Dies ist die Grunduntersuchung, bei der die Anzahl und das Aussehen der verschiedenen Zellen und Bestandteile des Blutes untersucht werden, wieviel Sauerstoff sie transportieren können und wie wirksam sie Krankheiten bekämpfen.

Glukose-Blutspiegel
Erhöhte Werte dieses einfachen Zuckers, der Hauptenergiequelle des Körpers, können auf Diabetes hinweisen.

Bilirubin
Ein hoher Spiegel dieses Pigments, das freigesetzt wird, wenn alte Blutzellen zerstört werden, kann auf eine Lebererkrankung oder Anämie hindeuten.

Kalium
Hohe Werte können auf ein Nierenversagen hinweisen.

Natrium
Übermäßige Mengen im Blut können durch Dehydratation oder Stauungsherzinsuffizienz verursacht werden.

Chlorid
Niedrige Werte können eine Infektion, einen Darmverschluss oder Diabetes anzeigen.

Leberenzyme
Hohe Werte zeigen einen Leberschaden.

So zeigen Bilder das menschliche Innenleben

Manchmal ist zur Diagnose einer Krankheit mehr als ein Bluttest erforderlich. Ärzten steht dafür eine Reihe ausgefeilter Techniken zur Verfügung, mit denen sie in Ihren Körper schauen können.

Röntgenuntersuchung
Da Röntgenstrahlen kürzere Wellenlängen als Licht haben, können sie durch den Körper dringen und ein fotografisches Bild liefern. Sie werden hauptsächlich verwendet, um Veränderungen der harten Gewebe wie Knochen und Zähne zu diagnostizieren. Manchmal setzen die Ärzte auch ein Kontrastmittel ein, um Blutgefäße und innere Organe darzustellen.

Ultraschall
Ein Ultraschallgerät verwendet HochfrequenzSchallwellen zur Darstellung innerer Organe. Die Schallwellen brechen sich an Geweben unterschiedlicher Dichte und erstellen so ein Bild der inneren Organe. Am bekanntesten ist das während der Schwangerschaft. Bei Männern wird Ultraschall vor allem zur Darstellung von Herz, Nieren, Leber und Hoden eingesetzt.

Computertomographie (CT)
Bei der Computertomographie wird eine Reihe von Röntgenstrahlen aus einer Quelle verwendet, die um den Patienten rotiert. Diese Röntgenstrahlen werden per Computer analysiert und ergeben ein deutliches Querschnittsbild des Körpergewebes einschließlich Knochen und Organen. Mittels CT kann manTumore entdecken, die nur einen Millimeter groß sind.

Kernspin-, bzw. Magnetresonanztomographie (MRT)
Dabei liegt der Patient umgeben von riesigen Elektromagneten. Er wird den Stößen starker Magnetfelder und Radiowellen ausgesetzt. Dadurch senden die Atome im Körper des Patienten Radiosignale aus, die vom Computer analysiert und zu einem Bild zusammengesetzt werden, das eine „Scheibe" des Körpers darstellt. Sie nützt zur detaillierten Darstellung von Gehirn und Rückenmak sowie des Herzmuskels nach einem Herzanfall.

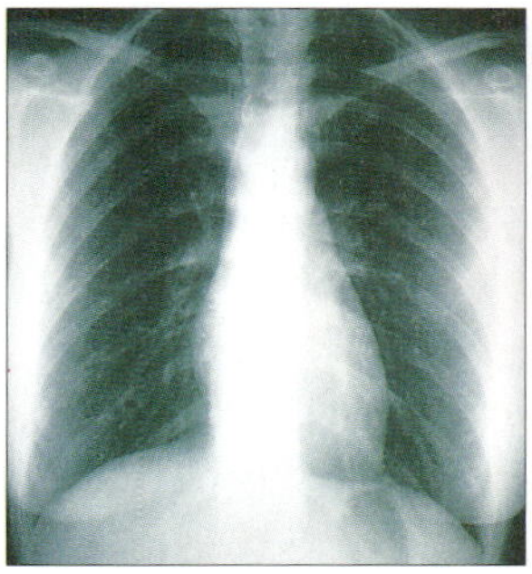

▲ *Eine Röntgenaufnahme ist der üblichste aller Tests.*

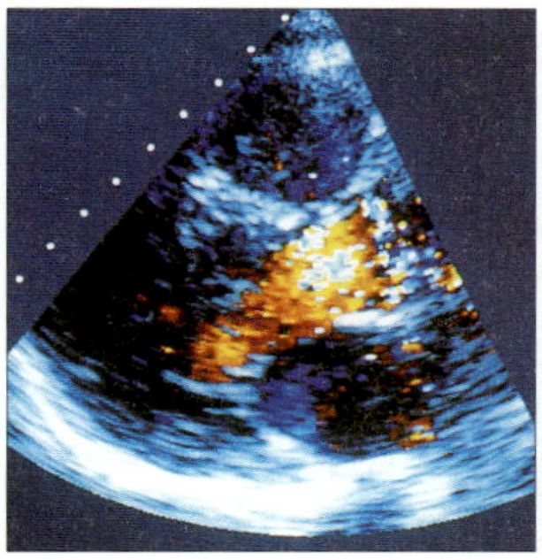

▲ *Ultraschalluntersuchung mit Hochfrequenz-Schallwellen.*

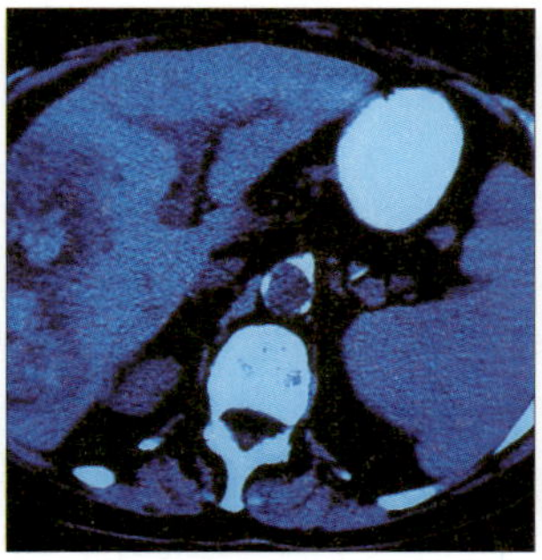

▲ *Querschnitt des Körpers durch Computertomographie.*

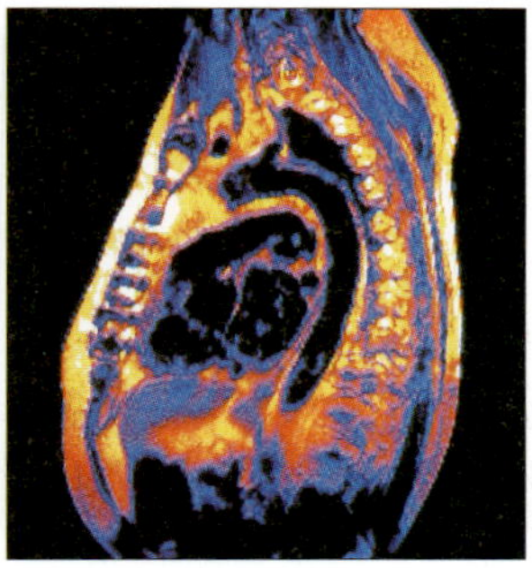

▲ *Schichtbild des Brustkorbs durch MRT.*

ten, denn Brustkrebs verläuft bei Männern häufiger tödlich, weil er meist später entdeckt wird.

Elektrokardiogramm

Wenn Sie nach körperlicher Anstrengung Schmerzen in der Brust bekommen oder kurzatmig werden, wird Ihr Arzt vielleicht ein EKG machen.

Dabei registrieren Elektroden, die an den Handgelenken, Knöcheln und der Brust angebracht werden, die elektrische Aktivität des Herzens. Anomale Ergebnisse können eine koronare Herzkrankheit anzeigen.

Bei einem Grund-EKG, das im Liegen durchgeführt wird, zeigt sich die elektrische Aktivität des Herzens im Ruhezustand. Dieses Ergebnis dient bei späteren EKGs als Standardvergleichswert.

Ein Belastungs-EKG zeigt, ob das Herz bei körperlicher Aktivität normal funktioniert.

Untersuchung der Prostata

Keiner von uns lässt die Untersuchung der Prostata gerne über sich ergehen. Aber was sein muss, muss sein: Der Arzt führt einen Finger in das Rektum ein, um (unter anderem) zu untersuchen, ob eine Prostataschwellung, ein frühes Zeichen für ein Prostatakarzinom, sowie Rektumkrebs vorliegt. Die Fachleute sind sich nicht einig darüber, ab welchem Alter diese Untersuchungen durchgeführt werden sollten. Sprechen Sie darüber mit Ihrem Arzt.

PSA-Vorsorge

Ein Bluttest auf PSA kann bei älteren Männern durchgeführt werden, in deren Familie ein Prostatakarzinom vorgekommen ist sowie bei Männern mit entsprechenden Symptomen.

Bei dieser Untersuchung wird die Menge des Prostataspezifischen Antigens im Blut gemessen. Leider sind die PSA-Tests alles andere als genau, so dass Sie sich zusätzlich einer rektalen Untersuchung unterziehen müssen. Wenn erhöhte Werte festgestellt werden, bedeutet das aber nicht, dass Sie zwangsläufig Krebs haben. Es kann auch eine Infektion vorliegen oder einfach eine Prostatahypertrophie. Ihr Arzt wird in diesen Fällen weitere Untersuchungen durchführen, um die genauen Ursachen abzuklären.

Medikamentöse Behandlungen

Es gibt heute eine schwindelerregende Anzahl von Arzneimitteln: etwa 8000 Präparate stehen zur Verfügung und alle zwei oder drei Wochen wird ein neues Arzneimittel zugelassen. Millionen Menschen profitieren davon. Doch es sind wirksame Chemikalien, die einen sorgfältigen Umgang erfordern.

Hätten Sie's gewusst?

Von den 100 am häufigsten verschriebenen Medikamenten enthält etwa die Hälfte mindestens einen Inhaltsstoff, der zusammen mit Alkohol schlecht reagiert.

Nehmen Sie Ihre Medizin – mit Verstand

Medikamente werden entweder genommen, um eine Krankheit zu heilen oder um ein Symptom zu behandeln. In jedem Fall sollten Medikamente sparsam verordnet und die möglichen Nebenwirkungen besprochen werden. Wenn Ihnen der Arzt das nächste Mal ein Medikament verschreibt, fragen Sie sich Folgendes: Wissen Sie beim Verlassen der Praxis genau, warum Sie speziell dieses Medikament bekommen? Oder warum Sie überhaupt ein Medikament einnehmen sollen? Oder welches Risiko für Nebenwirkungen besteht?

Wenn Sie das nächste Mal ein Rezept bekommen, sorgen Sie dafür, dass Sie genau darüber Bescheid wissen. Wenn Sie sich dafür entscheiden, das Medikament einzunehmen, befolgen Sie immer die Anweisungen. Fragen Sie Ihren Arzt auch, ob Sie irgendwelche Nahrungs- oder Genussmittel während der Behandlung meiden sollten.

So arbeiten Arzneimittel

Alle Medikamente treten in eine Wechselwirkung mit Ihrem Körper, um einen beabsichtigten Effekt zu erzielen. Das geschieht vor allem auf drei Arten: Die Reaktion der Körperzellen wird verändert, eindringende Krankheitserreger werden zerstört oder es entsteht eine chemische Reaktion.

Viele der häufigsten verschriebenen Medikamente gegen koronare Herzkrankheit, Geschwüre, Allergien und Glaukom wirken entweder auf oder in den Körperzellen. So wie ein Finger in einen Handschuh passt, haben die Medikamente physikalische und chemische Eigenschaften, die zu einem Rezeptor auf bestimmten Körperzellen passen. Je nachdem, wie das Arzneimittel in den Rezeptor passt, wird die Zelle entweder zu einer bestimm-

So funktionieren Medikamente

Wenn Sie eine Tablette schlucken, setzen Sie in Ihrem Körper einen komplexen chemischen Prozess in Gang. Normalerweise benötigt ein oral eingenommenes Mittel etwa eine Stunde, bis es resorbiert wird und an seinem Zielort angekommen ist.

Mit Hilfe eines Schluck Wassers und einiger Muskelkontraktionen wandert die Tablette die Speiseröhre hinunter in den Magen.

Die Magensäuren beginnen, die Tablette in ihre Moleküle zu zerlegen. Einige Tabletten sind mit einem speziellen Überzug versehen, der dem Angriff der Magensäure widersteht. Solche Mittel setzen ihre Reise durch den Verdauungstrakt bis in den Darm fort.

Die Moleküle treten in die Blutgefäße in der Nähe des Magens und Darms über und wandern in die Leber, wo sie weiter zersetzt werden.

Von der Leber wird das Medikament durch das Blut im Körper verteilt.

Ein winziger Prozentsatz der Droge erreicht ihr Ziel.

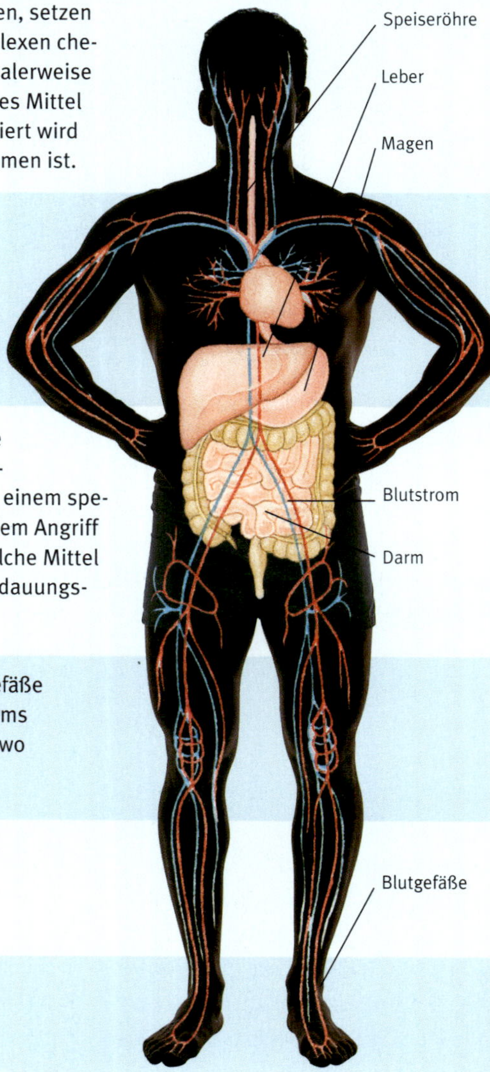

Zehn häufig verschriebene Medikamente

Informierte Patienten wissen, was sie ihrem Körper zuführen – und zumuten. Die Tabelle führt häufig verschriebene Medikamente sowohl mit ihrem Marken als auch mit dem Wirkstoffnamen auf. Sie gibt ferner den Grund der Einnahme sowie in der letzten Spalte die Nebenwirkungen an, die bei einem Prozent der Anwender auftraten.

Markenname	Wirkstoffname	Grund der Einnahme	Unerwünschte Wirkungen/Nebenwirkungen
Adalat	Nifedipin	Calciumantagonist zur Behandlung von Angina pectoris und hohem Blutdruck.	Husten, Schwindel, Kopfschmerzen, Sodbrennen, niedriger Blutdruck, Gesichtsrötung, Herzklopfen, Muskelkrämpfe, Schwäche, Übelkeit, Nervosität, Beinschwellungen, Halsschmerzen.
Amoxicillin	Amoxicillin	Antibiotische Behandlung von HNO-Infektionen, Infektionen der unteren Atemwege, des Urogenitalapparats.	Durchfall, Übelkeit, Erbrechen. Allergische Reaktion auf Penicillin möglich.
Tenormin	Atenolol	Bluthochdruck (Gegenanzeigen: Asthma).	Müdigkeit, Impotenz, Albträume, Kopfschmerzen.
Xanef	Enalapril	Behandlung von Bluthochdruck und Herzinsuffizienz.	Erschöpfung, Kopfschmerzen, Schwindel, weniger häufig Durchfall, Übelkeit, Impotenz, Ohrgeräusche, Husten, Hautausschlag.
Lanitop	Metildigoxin	Behadlung von Herzinsuffizienz und Normalisierung der Herzfrequenz.	Veränderung des Herzschlags, Kopfschmerzen, Schwindel, Sehstörungen, Magenschmerzen, Schwäche, Appetitmangel.
Omeprazol	Omeprazol	Gegen Zwölffingerdarm und Magengeschwüre, zur Unterdrückung der Magensäuresekretion bei Reflux	Bauchschmerzen, Verstopfung, Durchfall, Blähungen, Übelkeit, Erbrechen, Kopfschmerzen.
Marcumar	Phenprocoumon	Bei unregelmäßigem Herzschlag. Zur Vorbeugung von Blutgerinnselbildung; Vermeidung von Todesfällen durch wiederholte Herz- und Schlaganfälle.	Blutungen.
Fluctin	Fluoxetin-hydrochlorid	Antidepressivum zur Behandlung von Depressionen und zwanghaften Störungen.	Hautausschlag, Erschöpfung, Schwitzen, Magen-Darm Beschwerden, die kognitive und motorische Leistungsfähigkeit kann eingeschränkt werden.
Zantic	Ranitidin	Behandlung von Zwölffingerdarm und Magengeschwüren.	Kopfschmerzen, Verstopfung, Durchfall, Übelkeit, Erbrechen; in seltenen Fällen Impotenz.
Zocor	Simvastatin	Wirkstoff zur Senkung des Cholesterinspiegels und der Neutralfette (Triglyceride).	Bauchschmerzen, Verstopfung, Durchfall, Blähungen, Übelkeit, Kopfschmerzen.

ten Reaktion stimuliert oder chemische Substanzen werden blockiert.

Eine zweite Gruppe von Medikamenten zerstört die Krankheitskeime im Körper. Penicillin heilt beispielsweise eine Infektion, indem die Bakterien daran gehindert werden, eine neue Zellwand zu bilden, so dass sie platzen und absterben. Andere Antibiotika zeigen ähnliche Ergebnisse, indem sie die Zellwand der Bakterien daran hindern, sich in der Vermehrungsphase zu teilen, so dass eine Vermehrung unmöglich ist.

Die dritte Wirkungsweise von Medikamenten ist eine Beeinflussung chemischer Substanzen, die entweder über die Arznei in den Körper eindringen oder den Organismus anregen diese chemischen Stoffe zu produzieren.

Nebenwirkungen

Medikamente sind wirksame chemische Substanzen und können zusätzlich zu den beabsichtigten Effekten Nebenwirkungen verursachen – bekannte unerwünschte Reaktionen. Das liegt daran, dass ein Medikament nach der Einnahme im gesamten Körper verteilt wird (nicht nur im Zielbereich) und dass nicht alle Menschen genau gleich auf dieselbe Dosierung ein und desselben Medikaments reagieren.

Potentielle Nebenwirkungen sind auch nicht auf ein paar wenige, hochwirksame Chemotherapeutika beschränkt. Es gibt kein Arzneimittel, das nicht auch einige Nebenwirkungen hätte. Es kommt nur darauf an, wie schwer diese sind und wie oft sie auftreten.

Zu den häufigsten gehören Übelkeit, Mundtrockenheit, Appetitverlust, Verstopfung, Benommenheit, Libidoverlust, Schlaflosigkeit, Kopfschmerzen, Schwindel, Depressionen und Blutungen. Patienten, die an einer Leber- oder Nierenerkrankung leiden, haben bei der Einnahme von Arzneimitteln ein erhöhtes Nebenwirkungsrisiko, weil das Arzneimittel toxische Blutspiegel erreichen kann, wenn es in Nieren und Leber nicht ausreichend zersetzt und entsprechend ausgeschieden wird.

Die meisten Nebenwirkungen hängen mit der Arzneimittelmenge zusammen, die Sie pro Dosis erhalten und die im Körper zirkuliert.

Die Dosis definieren

Die richtige Dosis ist diejenige, bei der ein Medikament stark genug konzentriert ist, um wirksam zu sein, aber möglichst wenig Nebenwirkungen verursacht. Einige Medikamente sind schwierig zu dosieren, ohne größere Nebenwirkungen zu verursachen als andere.

Faktoren wie Alter, Gewicht, allgemeiner Gesundheitszustand und sogar der emotionale Status können die Dosierung und damit die Tendenz zur Entstehung von Nebenwirkungen beeinflussen.

Lohnt sich das Risiko?

Viele Patienten beschweren sich darüber, dass Ihr Arzt ihnen nichts über die Risiken im Zusammenhang mit der Medikamenteneinnahme gesagt hat. Wenn der Arzt von sich aus nichts sagt, fragen Sie nach. Nur so können Sie die Vorteile gegen die Risiken abwägen.

Einige Nebenwirkungen können durch den Zeitpunkt und die Art der Einnahme verringert oder vermieden werden. Nehmen Sie ein Medikament, von dem Sie schläfrig werden, also besser nicht ein, wenn Sie anschließend Autofahren müssen. Verursacht ein Medikament bei Ihnen Verstopfung, essen Sie mehr Ballaststoffe und trinken Sie mehr Wasser.

Den Arzt fragen!

Studien zeigen, dass viele Ärzte ihren Patienten nicht alles über die Medikamente erzählen, die sie ihnen verschreiben. Sie sollten Ihrem Arzt folgende Fragen stellen, wenn er das nächste Mal zum Rezeptblock greift:

- In welche Dosis und wie oft soll ich das Mittel einnehmen?
- Zu welcher Tageszeit sollte ich das Medikament am besten nehmen?
- Soll ich bestimmte Speisen meiden?
- Wie reagiert es auf Alkohol?
- Was soll ich tun, wenn ich die Einnahme einmal vergesse?
- Soll ich das Medikament während der Mahlzeit oder auf leeren Magen nehmen?
- Besteht die Möglichkeit einer Wechselwirkung mit irgendeinem rezeptfrei erhältlichen oder verschreibungspflichtigen Mittel, das ich zur Zeit einnehme?
- Welche Nebenwirkungen können auftreten und wie soll ich mich verhalten, wenn ich eine davon beobachte?
- Welches sind die Markennamen und die Wirkstoffnamen der verschriebenen Medikamente?
- Gibt es ein billigeres Arzneimittel, das genauso wirkt?
- Gibt es irgendwelche alternative Behandlungsmöglichkeiten, die mir helfen könnten und bei denen ich keine Medikamente einnehmen müsste?

Oder Sie fragen Ihren Apotheker.

Hätten Sie's gewusst?

Studien zeigen, dass 75% der Arztbesuche zur Verschreibung mindestens eines Medikaments führen.

Auf alles gefasst sein?

Unerwünschte Reaktionen treten im Gegensatz zu den bekannten Nebenwirkungen eines Präparates unerwartet auf. Während die Nebenwirkungen eines Medikaments während der Testphase bekannt werden, sind unerwünschte Reaktionen nicht ersichtlich.

Selbst unter den besten Bedingungen kann das richtige Medikament, das bei der zutreffenden Indikation in der optimalen Dosis verschrieben wurde, bei einem Patienten unerwartete Reaktionen auslösen.

Im allgemeinen hängt eine unerwünschte Reaktion von der bestimmten Körperchemie des Patienten ab. Ihr Risiko für eine unerwünschte Reaktion ist höher, wenn Sie Allergiker sind oder bereits früher einmal eine unerwünschte Reaktion auf ein Medikament hatten.

Diese Reaktionen können von leichtem Hautausschlag über Verdauungsstörungen und Verstopfung bis zu psychotischen Episoden, Blutunverträglichkeit und im schlimmsten Fall Koma oder Tod reichen. Manchmal treten unerwünschte Reaktionen auf, wenn die Medikation im Blut toxische Mengen erreicht. Sie können durch eine einfache Dosisanpassung behoben werden.

Häufiger jedoch treten unerwünschte Reaktionen als Ergebnis von Wechselwirkungen des Medikaments mit bestimmten Lebensmitteln oder Alkohol auf.

Allergische Reaktionen

Während die meisten unerwünschten Reaktionen eine gewisse Zeit brauchen, bis sie in Ihrem Körper entstehen, treten allergische Reaktionen meist sofort auf.

Allergische Reaktionen benötigen rasche ärztliche Hilfe. Bei Verdacht auf eine allergische Reaktion sollte man umgehend zum Arzt gehen und wenn besonders ernste Symptome auftreten, sollten Sie sich sofort in die nächste Notaufnahme begeben.

- Unbehagen
- Husten, Keuchen oder ein beengendes Gefühl in der Brust
- Atemprobleme oder Zuschwellen der Kehle
- Unruhe oder Bewusstlosigkeit
- Rascher Puls, niedriger Blutdruck, Ohnmacht oder Schock
- Gesichtsrötung, Juckreiz, Schwellung oder Hautausschlag
- Bauchschmerzen, Übelkeit, Erbrechen oder Durchfall.

Huch ... vergessen!

Was tun Sie, wenn Sie einmal eine Einnahme vergessen haben? Im Idealfall haben Sie Ihren Arzt danach gefragt. Haben Sie das versäumt, gibt es in solchen Fällen allgemeine Regeln. Bei den meisten Medikamenten sollten Sie eine ausgelassene Dosis einnehmen, sobald Sie es merken, es sei denn, die neue Einnahme ist gleich wieder fällig. In diesem Fall lassen Sie sie einfach aus. In Zweifelsfällen fragen Sie Ihren Arzt oder Apotheker.

Medikamente und Essen

Bestimmte Lebensmittel und Medikamente können sich gegenseitig so beeinflussen, dass die Behandlung durcheinander gerät; einige Wechselwirkungen sind sogar gefährlich.
Besprechen Sie mit Ihrem Arzt, ob Sie auf Ihre Lieblingsspeisen eine Zeit lang verzichten müssen.

- Milchprodukte beeinflussen die Wirksamkeit mancher Antibiotika und Abführmitel, die mit einem Überzug versehen sind und sich im unteren Darm auflösen sollen.
- Softdrinks und Zitrussäfte sollten nicht zusammen mit Antibiotika genommen werden, da sie deren Resorption und Wirksamkeit beeinflussen.
- Lakritze kann bei bestimmten Patienten, die Entwässerungsmittel nehmen, zur Entwicklung gefährlich niedriger Kaliumspiegel führen und bei Patienten, die Digoxin einnehmen, Herzrhythmusstörungen verursachen.
- Orangensaft kann dazu führen, dass der Körper Aluminium resorbiert, wenn er zusammen mit aluminiumhaltigen Antacida getrunken wird.
- Ballaststoffreiche Lebensmittel können mit der Resorption bestimmter Medikamente in Wechselwirkung treten. Zu diesen Arzneimitteln gehören das Herzmedikament Digoxin, das Schilddrüsenhormon Thyroxin und bestimmte Antidepressiva.

Das beste Heilmittel finden

Das beste Heilmittel ist vielleicht gar kein Arzneimittel, sondern eine geänderte Lebensweise. Ein hoher Cholesterinspiegel und Bluthochdruck sind zwei Beispiele für gesundheitliche Probleme, die durch eine Ernährungsumstellung und regelmäßige körperliche Betätigung besonders gut behandelbar sind.

Selbst wenn Sie eine Zeit lang Medikamente einnehmen müssen, können Sie an einen Punkt kommen, wo Sie Ihren Lebensstil geändert haben und auf Medikamente künftig weitgehend verzichten dürfen. Besprechen Sie das aber immer mit Ihrem Arzt, setzen Sie die Ihnen verschriebenen Medikamente nie auf eigene Faust ohne Rücksprache mit dem Mediziner ab.

Wenn es keine andere Wahl gibt und Sie ein Medikament einnehmen müssen, bedenken Sie, dass es ein ausgewogenes Verhältnis von Wirksamkeit und Nebenwirkungen haben sollte.

Gelegentlich bedeutet das, dass Ihnen der Arzt nicht das wirksamste Medikament verschreibt. Das Risiko von Nebenwirkungen wäre bei einem effektiveren Mittel eventuell größer als der Nutzen.

Sind Generika okay?

Die meisten Medikamente haben einen Wirkstoffnamen und einen Markennamen. Sie kennen vielleicht nur den Markennamen, Ihr Arzt sollte aber im Rezept den Wirkstoffnamen aufschreiben.

In einigen Fällen gibt es eine ganze Reihe von Markenpräparaten mit ein und demselben Wirkstoff, von denen jedes genau dieselbe chemische Zusammensetzung und Wirkungsweise inklusive der Nebenwirkungen hat.

Gewöhnlich gibt Ihnen der Apotheker die Marke, die er gerade auf Lager hat, solange es mit dem Mittel übereinstimmt, das auf dem Rezept steht.

Verschiedene Marken sehen vielleicht anders aus oder haben eine andere Verpackung, solange aber der Wirkstoff dem auf dem Rezept angegebenen entspricht, bekommen Sie genau denselben Inhalt. Generika, die nicht unter einem eingetragenen Warenzeichen im Handel sind, sind häufig günstiger.

Zögern Sie also nicht, Ihren Arzt oder Apotheker nach einer preiswerteren Alternative zu fragen, wenn er Ihnen diese nicht auf Anhieb geben will.

Vorbereitungen auf eine Operation

Niemand begibt sich gerne unters Messer. Eine Operation ist nicht nur erschreckend, sondern vermittelt auch das Gefühl, die Kontrolle über den eigenen Körper zu verlieren. Lassen Sie sich nicht unterkriegen! Der Erfolg jeder Operation hängt stark von der körperlichen und geistigen Vorbereitung ab.

Die Risiken kennen

Wir möchten Ihnen keine Angst einjagen, aber jede Operation – egal wie geringfügig sie scheinen mag – birgt gewisse Risiken. Haben Sie keine Angst, den Chirurgen zu fragen, wie häufig Komplikationen auftreten. Ein kompetenter Chirurg wird Ihnen gerne Auskunft darüber geben.

Stellen Sie fest, was genau passieren könnte, wenn Sie sich nicht operieren lassen. Hält der Chirurg die Operation für fakultativ, notwendig, wesentlich oder für einen Notfall? Diese Kategorien zeigen Ihnen in etwa den Grad der Dringlichkeit.

Fakultative Eingriffe einschließlich vieler Arten kosmetischer Operationen sind für Ihre Gesundheit nicht notwendig. Im Falle notwendiger Operationen besteht ein eindeutiges medizinisches Problem; gewöhnlich ist die Angelegenheit aber nicht sehr dringend.

Hingegen müssen wesentliche Eingriffe in den meisten Fällen rasch durchgeführt werden, bevor sich der Zustand des Patienten verschlechtert. Die Behandlung jedes unmittelbar lebensbedrohlichen Zustandes zählt zu den Notoperationen.

Haben Sie gut zugehört?

Wenn Sie mit dem Chirurgen die Vorgänge während und nach der Operation besprechen, sollten Sie gut zuhören. Ihr Chirurg kann Ihnen eine Menge an Informationen und Ratschlägen erteilen. Wenn Sie aber nicht genau zuhören und nicht alles wirklich verstehen, verschlechtern sich unter Umständen die Chancen für eine rasche Erholung.

Haben Sie einen Ausdruck nicht verstanden, lassen Sie ihn sich erklären. Es empfiehlt sich, Notizblock und Stift mitzubringen. In manchen Fällen ist selbst die kleinste Einzelheit wichtig.

Wenn eine Operation ansteht

Der Chirurg wird Ihnen eine Menge Ratschläge erteilen, einer davon wird sicher lauten, vor der Operation kein Aspirin oder ein anderes nichtsteroidales Antirheumatikum einzunehmen. Diese Arzneimittel beeinflussen die Blutgerinnung. Auch die folgenden verbreiteten Nahrungsergänzungen sollten Sie weglassen:

- Vitamin E
- Lebertran
- Knoblauch
- Weißdornsaft
- Selen

Falls Sie ein Gespräch mit kritischem Ergebnis vor sich haben, nehmen Sie sich eine Begleitperson zur Unterstützung mit.

Bereiten Sie sich vor

Eine gewisse Selbstvorbereitung ist wichtig, um die Risiken einer Operation zu verringern und eine rasche Erholung zu fördern.
Der mentale Teil wird später behandelt, zuerst geht es um die körperlichen Faktoren, die Sie mit Ihrem Arzt besprechen sollten – was Sie es-

Psychische Fitness

Sie können den Heilungsprozess fördern, das Komplikationsrisiko verringern und Sie werden weniger Schmerzen und Angst bei der Operation haben, wenn Sie sich psychisch gut darauf vorbereiten.

- Informiern und bemühen Sie sich, das Operationsverfahren zu verstehen, um sich weniger hilflos zu fühlen.
- Arbeiten Sie mit Visualisierung, um Ängste zu bezwingen und sich mentale Kräfte zu erschließen. In der Nacht vor der Operation stellen Sie sich vor, dass Sie im Operationssaal liegen und friedlich schlafen. Stellen Sie sich einen geschickten Chirurgen vor, der seine Arbeit erfolgreich durchführt. Versetzen Sie sich in Ihrer Vorstellung anschließend in die Aufwachstation und stellen sich den Moment vor, wo Sie wieder zu sich kommen. Geben Sie den Schmerzen eine bildliche Form, Größe, Farbe und Beschaffenheit. Verwandeln Sie diese dann in eine Flüssigkeit, die Sie aus sich herausfließen lassen.

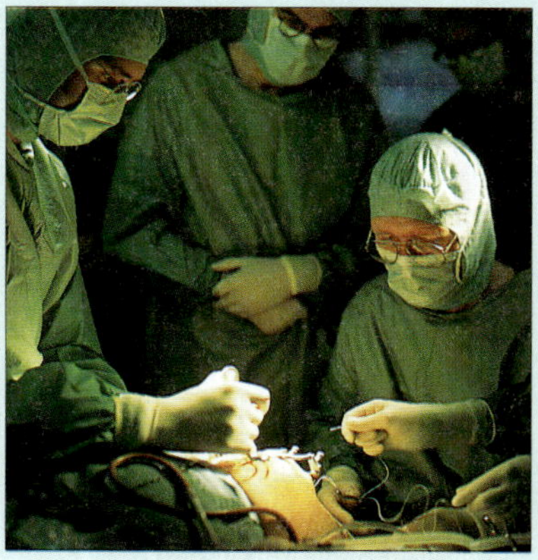

Hätten Sie 's gewusst?

Die am häufigsten notwendige Notoperation erfolgt bei akuter Blinddarmentzündung.

sen und trinken können, Ihre Fitness, ob Sie rauchen usw.

Die Ärzte werden Ihnen auch eine Liste mit Verhaltensregeln vor dem Tag X geben.

Essen und trinken verboten?

An erster Stelle auf der Liste werden wahrscheinlich Verbote bezüglich Essen und Trinken stehen, die vor der Operation ab Mitternacht gelten. Das ist wegen möglicher lebensbedrohlicher Komplikationen unter der Narkose so wichtig.

Die seit langem gültige Regel, dass der Patient „nüchtern" sein muss, sollte verhindern, dass während der Operation Mageninhalt austritt, in die Luftröhre gelangt und zum Ersticken des Patienten führt oder eine Lungenentzündung auslöst.

Inzwischen hat man aber festgestellt, dass Patienten bis zwei Stunden vor der Operation reine Flüssigkeiten wie Wasser, Apfelsaft oder schwarzen Kaffee ohne Gefahr zu sich nehmen können.

Je nach Art der Operation kann der Chirurg die „Nüchtern-Regel" noch weiter fassen, fragen Sie ihn aber auf jeden Fall vorher.

Fitness

Gute körperliche Fitness ist für einen Mann angesichts einer bevorstehenden Operation eindeutig von Vorteil. Zumindest sollten Sie in der Lage sein, in flottem Tempo problemlos ungefähr 1,5 km zu gehen oder einige Treppen zu steigen, ohne übermässig kurzatmig zu werden.

Der operierende Arzt wird vielleicht von Ihnen wissen wollen, wie belastungsfähig und fit Sie sind und Ihnen entsprechende Fragen stellen.

Ernährung

Der komplexe Heilungsprozess, der zur Infektionsbekämpfung, Gewebeerneuerung und Flüssigkeitsergänzung statt findet, erfordert eine sehr reichliche Zufuhr an Nährstoffen. Fehlen dem Organismus diese, dann verzögert sich die Heilung entsprechend.

Rauchen

Die Ärzte müssen wissen, ob Sie Raucher sind. Bei Rauchern besteht eine sechs Mal höhere Wahrscheinlichkeit von Brustkomplikationen nach der Operation als bei Nichtrauchern. Auch die Wundheilung ist bei Rauchern verlangsamt, weil das Blut über weniger Sauerstoff verfügt.

Der Blick durchs Schlüsselloch

Die meisten auch noch so kleinen Operationen sind zu einem gewissen Grad traumatisierend. Bei der großen Bauchchirurgie ist ein langer Schnitt erforderlich, was mit einer längeren Heilungsdauer verbunden ist. Zudem besteht dabei ein hohes Infektionsrisiko. Technische Fortschritte haben zu weniger eingreifenden Techniken geführt, die man in einigen Fällen der „offenen" Chirurgie vorzieht.

Die Schlüsselloch-Chirurgie oder Laparoskopie gibt es erst seit etwa zehn Jahren. Zuerst wird eine Allgemeinanästhesie verabreicht, anschließend wird der Bauch mit Kohlendioxid aufgeblasen, um Raum für die chirurgischen Instrumente zu schaffen. Der Chirurg setzt ein paar kleine Schnitte an spezifischen Stellen und führt durch einen dieser Schnitte ein Endoskop ein, eine Röhre von etwa 12 mm Durchmesser. Diese enthält eine Miniaturvideokamera, so dass man die Bauchhöhle auf einem Monitor sehen kann. Die übrigen Schnitte dienen der Einführung von Instrumenten, die der Chirurg außerhalb des Körpers bedient, so dass die gesamte Operation ohne einen langen Schnitt durchgeführt werden kann.

Einige Operationen, bei denen früher ein mehrtägiger Krankenhausaufenthalt erforderlich war, können heute ambulant durchgeführt werden.

Manche Operationen werden aber am besten noch immer konventionell durchgeführt, da bei der laparoskopischen Alternative eine höhere Komplikationsrate besteht.

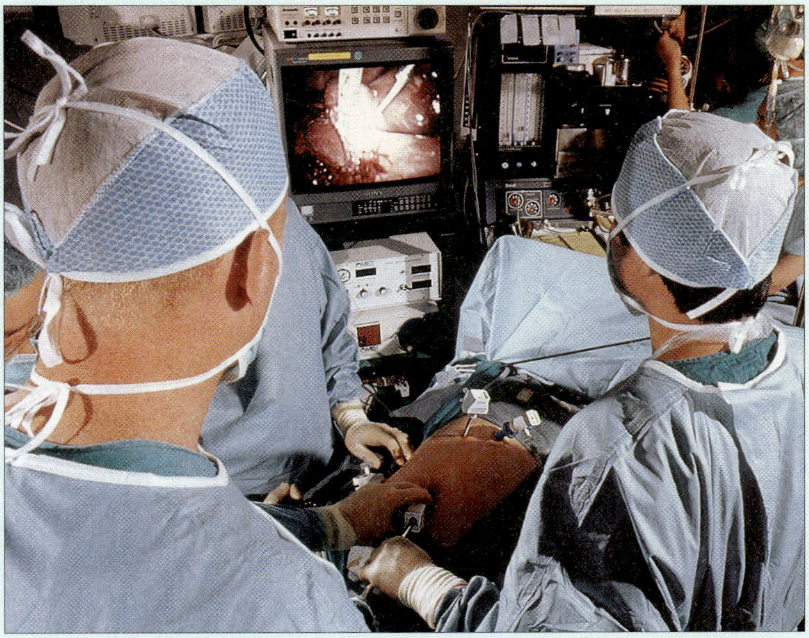

▲ *Ein Videomonitor dient während der Durchführung einer Bauchoperation mittels Endoskop als Orientierung. Nur ein kleiner „Schlüsselloch-Schnitt" ist erforderlich.*

Fragen Sie den Chirurgen

Mesitens sind es keine Notfälle, die operiert werden, so dass Sie also Zeit für einige Fragen an den Chirurgen haben und sich gut informiert für oder gegen die Operation entscheiden können.

- Können Sie mir in einfachen Worten das chirurgische Verfahren erklären?
- Ist die Operation wirklich nötig und was passiert, wenn ich sie nicht durchführen lasse?
- Welche Risiken und möglichen Komplikationen bestehen und wie groß ist die Wahrscheinlichkeit dafür?
- Was sind die Vorteile und wie lange werden sie vorhalten?
- Gibt es irgendwelche Alternativen?
- Wie oft haben Sie diese Operation schon durchgeführt?
- Können Sie mir Männer nennen, die diese Operation bereits hinter sich haben und mit denen ich sprechen könnte?
- Welche Art der Narkose werde ich benötigen?
- Wie lange wird es dauern, bis ich wieder gesund bin?
- Was wird die Operation kosten?

► *Ihre Fragen und seine Antworten darauf sind äußerst wichtig, damit Sie sich gut informiert entscheiden können.*

ALKOHOL

Wenn Sie pro Tag mehr als ein oder zwei Gläser trinken, benötigen Sie möglicherweise eine höhere Dosis bei der Narkose, daher wird man Sie wahrscheinlich fragen, wie viel Sie trinken. Schwindeln Sie nicht. Nur wenn Sie ehrlich sind, kann sich der Anästhesist darauf einstellen, wie Ihr Körper reagieren wird.

Die mentale Ebene

Unterschätzen Sie nicht, wie sehr Ihr Geist den Erfolg der Operation und den Heilungsprozess beeinflussen kann. Studien zeigen, dass Patienten, die aktiv mit der Operation umgehen und ein Verständnis dafür entwickeln, was mit ihnen passieren wird, Ängste und Stress abbauen können und wahrscheinlich weniger Komplikationen bekommen werden. Patienten, die sich hilflos zurücklehnen und über ihren Zustand lamentieren, neigen zu einem längeren Krankenhausaufenthalt und erleiden mehr Rückfälle.

Bitten Sie Ihren Chirurgen um eine genaue Schilderung der Operation. Auch wenn Sie das anfangs erschrecken mag, werden Sie schließlich ein beruhigendes Gefühl der Kontrolle empfinden. Einzelheiten lesen Sie bitte unter „Psychische Fitness“ auf Seite 262.

Wie geht‘s weiter?

Die Erholungszeit hängt von der Art der Operation und Ihrem allgemeinen Gesundheitszustand ab: Der Chirurg wird Ihnen sicher einige Angaben dazu machen können.

Sie sollten sich vor der Operation darüber informieren, welche Art der Versorgung, Hilfsmittel und sonstiger Hilfe Sie benötigen werden, wenn Sie nach Hause kommen.

Fragen Sie, wann Sie wieder arbeitsfähig sein werden und wann Sie wieder regelmäßig Gymnastik oder Sport treiben dürfen.

Um Komplikationen zu vermeiden, wird man Sie ermuntern, bald aufzustehen, normalerweise innerhalb von 24 Stunden nach der Operation. Das verhindert die Bildung lebensbedrohlicher Blutgerinnsel. So wird auch verbreiteten Komplikationen der Atemwege vorgebeugt.

Die meisten Patienten sind bereits auf dem Weg der Besserung, sobald sie erst einmal zu Hause sind, Rückfälle treten jedoch immer wieder einmal auf. Gehen Sie dann unbedingt sofort zum Arzt, jedes Zögern kann die Probleme verschlimmern.

Eine zweite Meinung einholen

Ihr Arzt hat Sie wegen eines speziellen Problems vielleicht zu einem Facharzt überwiesen. Falls Sie sich nach dem Gespräch mit dem Spezialisten nicht sicher sind, welche Behandlungsmethode optimal ist oder ob eine Operation wirklich der beste Weg ist, besprechen Sie das mit Ihrem Arzt. Die meisten Situationen sind nicht einfach schwarz oder weiß. Wenn Sie noch immer unsicher sind oder eine weitere Meinung hören möchten, können Sie darum bitten.

Am besten bitten Sie Ihren Arzt, einen anderen Spezialisten zu nennen, der in diesem Fachbereich tätig ist, aber mit einem anderen Krankenhaus zusammenarbeitet. (Checken Sie zuvor die Kostenübernahme Ihrer Krankenversicherung!)

Eine Alternative wäre, den Arzt um die Adresse eines anderen Patienten zu bitten, der ein ähnliches Problem hatte und mit dem Sie sich darüber unterhalten könnten.

Auf dem Weg der Besserung

Niemand ist gerne krank. Ob Sie eine große Operation am offenen Herzen hinter sich haben oder eine schwere Erkältung loswerden möchten, Ihr Ziel ist eine rasche Genesung. Alles, was Sie ihrem Körper und auch Ihrem Geist Gutes tun, hat einen großen Einfluss auf die völlige Genesung und Fitness.

Hätten Sie's gewusst?

Russische Forscher haben festgestellt, dass Patienten, die nach einer Gallenblasenoperation 200 bis 250 mg Vitamin C als Nahrungsergänzung erhielten, ein oder zwei Tage früher aus dem Krankenhaus entlassen werden konnten, als Patienten die nur das Vitamin C aus der Nahrung bekamen.

Gute Besserung!

Bei einer Grippe fühlen Sie sich wahrscheinlich, als hätten Sie mehrmals den Schleudergang in der Waschmaschine hinter sich gebracht: Ihnen ist schwindlig, Sie sind wacklig auf den Beinen und alles schmerzt, als hätten Sie einen Boxkampf hinter sich.

Nach einer Operation spüren Sie als erstes beim Aufwachen aus der Narkose eine Kanüle im Arm oder sogar „unten" einen Blasenkatheter. In beiden Fällen wünschen Sie sich, rasch gesund zu werden und keinen Rückfall zu erleiden.

Die altbekannten Ratschläge für eine rasche Genesung gelten auch heute noch: Ausruhen, gut essen, viel trinken und die verschriebenen Medikamente einnehmen. Wenn Sie diese Verhaltensregeln befolgen, werden die Selbstheilungskräfte Ihres Körpers bald mithelfen und Sie sind schnell wieder gesund.

Ruhe und Bewegung

Es ist keine Frage, dass Ihr Körper während der Rekonvaleszenz mehr Ruhe benötigt. Die Frage ist nur, wie viel Ruhe ist genug? Wenn Sie Ihre normale Aktivität zu schnell wieder aufnehmen, risikieren Sie einen Rückfall. Bleiben Sie hingegen zu lange im Bett, riskieren Sie Komplikationen aufgrund der Untätigkeit, also beispielsweise die Bildung von Blutgerinnseln oder eine Lungenentzündung.

Am besten achten Sie auf die Zeichen Ihres Körpers. Sobald es Ihnen möglich ist, sollten Sie jeden Tag mehrmals aufstehen und kurz herumgehen. Untersuchungen zeigen, dass Patienten, die schneller wieder aktiv werden, sich auch schneller wieder erholen und sehr viel früher aus dem Krankenhaus entlassen werden. Sie sollten Ihre Ausdauer über einen gewissen Zeitraum allmählich steigern. Leichte Bewegung wie Spazierengehen erhöht die Herzfrequenz, kurbelt den Kreislauf an und fördert die Heilung.

Übertreiben Sie aber nichts. Hören Sie auf Ihren Körper. Wenn Sie Schmerzen bekommen oder übermäßig erschöpft sind, ist das ein Signal dafür, dass Sie vielleicht zu viel von sich verlangen.

Gesund essen

Eine gesunde Ernährung liefert dem Körper die Bausteine, die er zu seinem Wohlbefinden benötigt. Die folgenden Vorschläge helfen Ihnen, sich in dieser Situation optimal zu versorgen:

- Essen Sie häufiger, aber dafür leichte Speisen. Nach normalen Portionen fühlen Sie sich vielleicht unwohl, insbesondere, wenn Sie eine Operation hinter sich haben. Nehmen Sie fünf oder sechs kleine Mahlzeiten pro Tag

Zehn Tipps für eine rasche Genesung

Nachfolgend finden Sie eine Reihe von Maßnahmen, die ein Mediziner für die Genesungsphase empfiehlt, damit Sie so schnell wie möglich wieder ganz gesund werden.

1 Befolgen Sie die Anweisungen Ihres Arztes!

2 Ernähren Sie sich gesund.

3 Sie sollten sechs bis acht Gläser Wasser trinken. Verdoppeln Sie diese Menge.

4 Gönnen Sie sich Ruhe.

5 Nehmen Sie alle Medikamente entsprechend der Verordnung ein.

6 Stehen Sie so bald wie möglich auf und gehen Sie herum.

7 Nehmen Sie Schmerzmittel und wenden Sie Entspannungstechniken an, um die Schmerzen möglichst gering zu halten.

8 Hören Sie Musik, die Sie entspannt.

9 Meiden Sie Stress.

10 Glauben Sie an sich selbst.

„Musik liegt in der Luft ..."

Füher setzten die Ärzte Musik zum Trost ihrer Patienten und zur Verlangsamung des Herzschlags ein. Entspannende Musik kann Stress abbauen, Depressionen bessern und sogar Schmerzen unter Kontrolle halten.

Der richtige Umgang mit Rückfällen

Ärzten zufolge können Sie selbst dann einen Rückfall erleiden, wenn Sie eigentlich gute Fortschritte machen. Ein Rückfall ist mehr als ein körperlicher Rückschlag; er ist ein psychischer Schlag, der manchmal Depressionen und sogar Verzweiflung auslösen kann. Fragen Sie sich, warum es soweit gekommen ist. Haben Sie durch irgendetwas zu dem Rückfall beigetragen? Waren Sie zu schnell wieder aktiv? Haben Sie vergessen, die Medikamente weisungsgemäß einzunehmen? Die folgenden Faktoren helfen Ihnen bei der Bewältigung dieser schwierigen Phase:

- Machen Sie sich klar, dass Rückschläge normal sind und Sie trotzdem auf dem Weg der Besserung sind.
- Gehen Sie etwaige Probleme Schritt für Schritt an und lassen Sie sich nicht davon überwältigen.
- Suchen Sie sich eine geliebte Schulter zum Anlehnen.
- Hören Sie sich beruhigende Kassetten mit Meeres- oder Nachtgeräuschen an oder schauen Sie sich ein entspannendes Video an.
- Beschäftigen Sie sich. Machen Sie ein Puzzle, schreiben Sie einen Brief oder lesen Sie ein gutes Buch.
- Machen Sie Ihre gesundheitliche Situation nicht zum Mittelpunkt der Welt.

► *Sollten Sie einen Rückfall erleiden, scheuen Sie sich nicht, um Hilfe zu bitten.*

zu sich. Einige leicht verdauliche Speisen sind zum Beispiel angereicherte Obst/Proteindrinks, Vollkorntoast, Pudding mit Vanillesoße, Joghurt, Obst und Hühnerbrühe, die übrigens auch gegen eine verstopfte Nase bei einer banalen Erkältung hilft.

- Essen Sie reichlich Ballaststoffe. Nach einer Operation oder während einer Krankheit ist der Darm oft träge. Sobald im Krankenhaus Ihr Darm wieder funktioniert, ist ein wichtiger Schritt erreicht. Erhalten Sie sich diesen Zustand nach der Entlassung, indem Sie ausreichend Ballaststoffe zu sich nehmen.

Viel Trinken

Sorgen Sie für eine reichliche Flüssigkeitsaufnahme. Normalerweise benötigen Sie 1,5 Liter pro Tag. Während einer Krankheit können Sie diese Menge nach Rücksprache mit dem Arzt auf mindestens zwei Liter erhöhen, da der Körper z. B. gegen eine Infektion ankämpft, insbesondere bei entzündlichem Blutandrang. Dadurch werden Viren aus der Halsschleimhaut in den Magen geschwemmt, wo sie von den Verdauungssäften zerstört werden. Es ist auch wichtig, mehr zu trinken, wenn Sie mehr Ballaststoffe essen.

Auf den Arzt hören

Falls der Arzt Ihnen Medikamente verschrieben hat, müssen diese unbedingt nach Anweisung eingenommen werden, insbesondere wenn es sich dabei um spezielle Antibiotika gegen mögliche bakterielle Infektionen handelt.

Fitness-Training während der Rekonvaleszenz

Wenn Sie eine längere Rekonvaleszenz-Phase vor sich haben, brauchen Sie nicht bis zur völligen Genesung zu warten, um Ihre Muskeln zu dehnen und zu kräftigen. Folgende Übungen werden empfohlen, um die Durchblutung zu verbessern und den Heilungsprozess zu fördern, während Sie noch Bettruhe einhalten müssen. Sie benötigen dafür einen Expander.

Aber Vorsicht: Falls Sie sich gerade von einer Operation erholen, fragen Sie zuerst Ihren Arzt, bevor Sie mit den Übungen anfangen. Hören Sie mit den Übungen auf, wenn Sie Schmerzen bekommen!

Übung 1

Befestigen Sie den Expander am Kopfende des Bettes. Nehmen Sie in jede Hand ein Ende des Seils und strecken Sie die Arme so zur Seite, dass die Hände auf gleicher Höhe mit den Schultern sind. Während Sie bis vier zählen, drücken Sie die Arme ausgestreckt nach vorne. Zählen Sie wieder bis vier und führen Sie die Arme zur Seite zurück. Acht Mal wiederholen.

Übung 2

Befestigen Sie den Expander am Fußende des Bettes. Halten Sie beide Enden mit nach oben zeigenden Händen und legen Sie die Arme in den Schoß. Ohne die Oberarme zu bewegen ziehen Sie die Hände vorsichtig zur Brust und zählen dabei bis vier. Zählen Sie wieder langsam bis vier und legen Sie die Hände wieder im Schoß ab. Wiederholen Sie diese Übung zur Stärkung von Bizeps, Trizeps und Bauchmuskeln acht mal.

> **„In den letzten 20 Jahren ist das Bewusstsein für Fitness gewaltig gestiegen... Ein trainierter Körper kann Ihre wertvollste Ausrüstung für das urbane Überleben sein."**
> John Wiseman
> *City Survival. Das Handbuch zur Selbstverteidigung*

Hätten Sie's gewusst?

Studien zeigen, dass es Patienten mit starkem religiösen Glauben nach einer Operation körperlich und seelisch besser geht als Atheisten.

Normalerweise werden Antibiotika für die Dauer von sieben bis zehn Tagen eingenommen. Nach ein oder zwei Tagen jedoch werden Sie sich schon besser fühlen.

Zu diesem Zeitpunkt würden Sie vielleicht gerne mit der Einnahme des Arzneimittels aufhören. Um jedoch alle Bakterien wirksam abzutöten, die in Ihrem Körper lauern, müssen Sie die Behandlung vollständig durchführen.

Hören Sie mit der Einnahme zu früh auf und die Infektion tritt wieder auf, kann es schwieriger sein, die Bakterien zu töten.

Wenn Sie Schmerzen haben, versuchen Sie nicht, gute Miene zum bösen Spiel zu machen: Fragen Sie Ihren Arzt nach Schmerzmitteln. Eine Schmerzbekämpfung ist nicht nur wichtig, damit Sie sich besser fühlen, sondern auch, weil der Körper besser genesen kann, wenn er relativ schmerzfrei ist.

Schmerzen lassen sich auch durch eine Reihe anderer Methoden ohne Medikamente beheben. Dazu zählen Visualisierung, Biofeedback und Entspannungstechniken.

Die Selbstheilungskräfte

Ein gestresster und ängstlicher Kopf kann eine negative Auswirkung auf den Körper und den Prozess der Genesung haben. Andererseits kann der Körper auch von einem ruhigen und entspannten Geist profitieren, Schmerzen und Ängste können sich bessern und die Heilung kann beschleunigt werden.

„Jeder von uns trägt in sich mehr Heilungskräfte als die meisten Arzneimittel zusammen."

Dr. Robin A.J. Youngson
Autor von The Surgery Book

Immer mehr Ärzte erkennen die enorme Macht des Geistes über den Körper. In verschiedenen medizinischen Studien hat sich gezeigt, dass Musiktherapie, Entspannungstechniken, Visualisierung und sogar Gebete die Heilung beschleunigen können. Zusätzlich zu der Ruhe, die Ihr Arzt Ihnen verordnet hat, sollten Sie sich also darauf konzentrieren, die Fähigkeiten Ihres Körpers zur Selbstheilung anzuregen.

Nahrungsergänzungen zur Beschleunigung der Heilung

Vitaminergänzungen sind kein Ersatz für eine gute Ernährung, der Nährstoffbedarf des Körpers steigt aber während einer Krankheit kräftig an. Forschungsergebnisse besagen, dass zusätzliche Mengen bestimmter Vitamine und Mineralstoffe den Heilungsprozess beschleunigen und das Immunsystem ankurbeln können. Die Zusatzdosierungen gelten nur kurzfristig, sobald Sie also Ihren Normalzustand wieder erreicht haben, hören Sie mit der Einnahme auf und verlassen sich hinsichtlich der Versorgung mit allen benötigten Nährstoffen auf Ihre Ernährung (wenn Sie sich gesund ernähren) . Bevor Sie irgendwelche Zusätze einnehmen, besprechen Sie sich bitte mit Ihrem Arzt.

Nährstoff	Normaler Tagesbedarf	Tägliche Zusatzdosis	Heilwirkung	Vorsicht
Vitamin A	1 mg	1 mg	Zusätzliche Dosen verbessern die Wundheilung. Auch Sehnenverletzungen, Knochenfrakturen und Darmerkrankungen heilen besser, die Entwicklung einer HIV-Infektion wird verlangsamt.	Vitamin A kann in hohen Dosen toxisch wirken, wenn es über einen längeren Zeitraum hinweg eingenommen wird.
Vitamin C	60 mg	500–2000 mg	Zusätzliche Dosen können die Heilung beschleunigen. Da Vitamin C vom Körper rasch ausgeschieden wird, sollten hohe Dosen in Teildosen von 250–500mg über den Tag verteilt eingenommen werden.	Dosen über 1.200 mg pro Tag können bei einigen Menschen zu Durchfall führen; hohe Dosen können auch die Ergebnisse medizinischer Tests verfälschen.
Zink	15 mg	7 mg	Zink, das für die Produktion von Kollagen benötigt wird, dem Bindegewebe, das für die Narbenheilung sorgt, beschleunigt die Gewebereparatur. Nehmen Sie nach einer Operation Zinkzitrat.	Dosen über 15 mg pro Tag können toxisch wirken.

Register

C

D

E

F

G

H

I,J

K

L

M

N

O

P

Q

R

S

Sch

St

T

U

V

W

Z

Danksagung

Die Herausgeber bedanken sich bei allen folgenden Personen für die Unterstützung bei der Herstellung dieses Buches:
Ged Allen, Hughton Campbell, Jack Croft, Guy Croton, Debbi Finlow, Kelly Garrett, Kenneth A. Goldberg, M.D., Ian Hinde, Ruth Hope, James Hoskins, Tanja Lipinski-Cole, Marc Raymond, John Round, Simon Spalding, and Alexa Stace; Angela Hampton, Bob Gerheart, and Rose Benedick at Rodale Images; Julie Dinsdale, Brandon Boll, and all at the Science Photo Library; Bodyactive at Charing Cross Concourse, London WC2; The Metropolitan Health & Fitness Club; Sports Division at Selfridges, London W1, and Bauer in-line skates.

In unseren Dank einschließen möchten wir die folgenden Personen, die uns mit wertvollem Rat zur Seite standen:
John Alpert, M.D., Tom Baechle, Ed.D., Jennifer Barefoot, Joseph P. Bark, M.D., Robert Birch, Ph.D., Brian Blakley, M.D., Joel D. Block, Ph.D., Otis W. Brawley, M.D., Thomas Brott, M.D., Michael Burnhill, M.D., Lisa Capaldini, M.D., Teresa Carter, William Castelli, M.D., Michael Castleman, Richard A. Cazen, M.D., Dennis A. Chernekoff, Ph.D., Lawrence Cheskin, M.D., Louis J. Dell'Italia, M.D., William M. Dorfman, D.D.S., John J. Duncan, Ph.D., Renee Durslag, Norman H. Edelman, M.D., Paul Ellner, M.D., Wendy Fader, Ph.D., Larry Feldman, Ph.D., Lorraine Fitzpatrick, M.D., Gerald F. Fletcher, M.D., Patti Garcia, Francisco Gavili, Edwin M. Greenberg, Ph.D., Jonathan Hall, M.D., Stephen Hargarten, M.D., Elena Hart, Robert O. Hawkins Jr., Ph.D., Thomas Helm, M.D., Gerald Hoke, M.D., Richard Honaker, M.D., Jay T. Kearney, Ph.D., Barbara Keesling, Ph.D., Edward R. Laskowski, M.D., Jerome Z. Litt, M.D., Margaret Lytton, M.D., Timothy B. McCall, M.D., LaMar McGinnis, M.D., James B. Maas, Ph.D., John Marler, M.D., Joseph Marzouk, M.D., Bernard Mehl, R.Ph., D.P.S., Alan Mikesky, Ph.D., Alfred Munzer, M.D., Wes Myers, Ph.D., Liz Neporent, Victor Newcomer, M.D., Gina Ogden, Ph.D., Timothy Perper, Ph.D., Joel Press, M.D., Paul Ridker, M.D., Madelynn Rigopoulos, Ph.D., Timothy Roehrs, Ph.D., Arvey Rogers, M.D., Barbara Sanders, Ph.D., P.T., Sandra Scantling, Psy.D., Jonathan Scharf, D.M.D., Linda Schneider, Ph.D., Christine Semmler, M.D., Alan Siegel, Ph.D., Morton H. Shaevitz, Ph.D., Janet Sobel, Bryant A. Stamford, Ph.D., Michael Stevenson, Ph.D., Kate Thomsen, M.D., M.P.H., Jan Turley, Art Ulene, M.D., Steven Victor, M.D., Aaron Vinik, M.D., Ph.D., Marilyn Volker, Ed.D., John Walsh, Ph.D., Louanne Cole Weston, Ph.D., Glenn Wilson, Susan Wright, Bernie Zilbergeld, Ph.D.

Bildnachweis

AKG, London/Berlin, SMPK, Gemäldegalerie 12; Allsport/Stu Forster 108, /Doug Pensinger 209, /Ben Radford 247 rechts, /Pascal Rondeau 77 links, 109; Biophoto Associates 242, 244 Mitte, 244 rechts; Anthony Blake Photo Library/Gerrit Buntrock 55 unten links, /Maximilian Stock Ltd 55 oben Mitte links, 55 unten Mitte links, 55 Mitte oben rechts 1, 55 Mitte oben rechts 2, 55 Mitte oben rechts 3, 55 unten Mitte rechts, 55 unten rechts, /Rosenfeld Images 55 oben links, /J Obenps 55 oben rechts; Corbis UK Ltd 4 unten, /Owen Franken 26 unten links, /Matt Mendelsohn 27 oben, /Pacha 28 unten rechts; Gold's Gym Heimtrainingsgeräte zur Verfügung gestellt von CSA Fitness Ltd Tel.: 01926 622405 für Händler 82 oben rechts; Mary Evans Picture Library 140 oben; Frank Lane Picture Agency/Chris Mattison 177 unten; Angela Hampton 38 links, 38 rechts; Robert Harding Picture Library/Photoworld 1993 16, /Sharpshooters 76 rechts; Hulton Getty Picture Collection 171 oben; Image Bank/Barros & Barros 264, /Romilly Lockyer 255, /Butch Martin 169, /Yellow Dog Productions 208; Kobal Collection 11, 13 unten, 28 oben links, 140 unten, /Columbia, 1965 68, /Columbia/TriStar Motion Picture Companies. Photo: Melinda Sue Gordon 28 oben rechts, /MGM 22, 126, /1995 New Line 28 unten links, /Paramount 9 oben; Medical Illustration Group 194, 201, /Imperial College School of Medicine 182 Mitte; Ocobenus Publishing Group Ltd/Steve Gorton vii, 9, 14, 20, 21, 24, 33, 36 oben, 40, 41, 48, 56, 73 oben links, 73 oben rechts, 73 unten links, 73 unten rechts, 82 oben links, 82 unten, 83, 85, 86 links, 86 Mitte, 86 rechts, 87 links, 87 rechts, 93 oben links, 93 oben rechts, 93 unten links, 93 unten rechts, 94 oben links, 94 oben rechts, 94 unten links, 94 unten rechts, 95 oben links, 95 oben rechts, 95 unten links, 95 unten rechts, 96 oben links, 96 oben rechts, 96 Mitte, 96 unten links, 96 unten rechts, 97 oben links, 97 oben rechts, 97 unten links, 97 unten Mitte, 97 unten rechts, 98 links, 98 Mitte links, 98 Mitte rechts, 98 rechts, 99 oben, 99 unten, 100 oben, 100 Mitte links, 100 Mitte rechts, 100 unten links, 100 unten rechts, 101 oben, 101 Mitte links, 101 Mitte rechts, 101 unten links, 101 unten rechts, 102 oben links, 102 oben rechts, 102 Mitte, 102 unten, 103 oben links, 103 oben Mitte, 103 oben rechts, 103 unten links, 103 unten rechts, 104 oben links, 104 oben rechts, 104 unten links, 104 unten rechts, 105 oben, 105 Mitte links, 105 Mitte, 105 Mitte rechts, 105 unten links, 105 unten rechts, 111 oben links, 111 oben rechts, 111 unten links, 111 unten rechts, 112 oben links, 112 oben rechts, 112 unten links, 112 unten rechts, 113 oben, 113 Mitte, 113 unten links, 113 unten rechts, 114 oben, 114 Mitte links, 114 Mitte rechts, 114 unten, 115 oben links, 115 oben rechts, 115 unten links, 115 unten rechts, 116 oben, 116 unten links, 116 unten rechts, 118, 119 links, 119 Mitte, 119 rechts, 120 oben, 120 Mitte, 120 unten, 121 oben, 121 Mitte oben, 121 Mitte unten, 121 unten, 122 links, 122 rechts, 123 oben links, 123 oben rechts, 123 unten links, 123 unten Mitte, 123 unten rechts, 167, 172, 175, 177, 190, 192, 193, 198 Mitte, 200, 207, 215, 217 oben links, 217 oben rechts, 217 Mitte links, 217 Mitte rechts, 217 unten, 219, 221 oben links, 221 oben rechts, 221 unten links, 221 unten rechts, 228 unten, 258; Nicholas Ogden 34; Rex Features/Nils Jorgensen 42, /Sipa Press/Roussier 15 unten; Rodale Images 1 oben, 4 oben, 32, 46-47, 79 Mitte links, 90 links, 129, 133, 163 Mitte unten, 222-223, /Tim De Frisco i, 77 rechts, 84 links, 91 links, /T L Gettings 183, /John P Hamel ii, iv-v, vi unten, 1 Mitte unten, 23, 30, 43, 57, 70-71, 72, 76 links, 77 Mitte, 85 unten, 90 Mitte, 90 rechts, 91 Mitte, 91 rechts, 107, 130, 163 oben, 199, 248-249, /Ed Landrock 79 Mitte rechts, 80, 205, /Mitch Mandel vi oben, 2-3, 15 oben, 62, 84 rechts, 149, 162, 164–165, /Ron Modra 124–125, 135, /Margaret Skrovanek viii, 1 Mitte oben, 7, 127, 131, 136–137, 159, 163 Mitte oben, 163 unten, /Kurt Wilson 1 unten, 18, 26 oben, 31, 45 oben, 60, 67, 173; Science Photo Library 182 links, 196, 245 unten, /Biology Media 8, /Chris Bjornberg 198 rechts, /BSIP, LECA 244 links, /BSIP, Chassenet 55 Mitte unten rechts, /Scott Camazine 228 oben, /CDC 188, /Department of Nuclear Medicine, Charing Cross Hospital 171 unten rechts, 171 unten links, /CNRI 245 oben, 257 rechts, /John Smith/ Custom Medical Stock Photo 257 links, /Schleichkorn/Custom Medical Stock Photo 257 Mitte links, /Martin Dohrn/Royal College of Surgeons 189, /John Durham 211, /Eye of Science 185 links, 185 rechts, /GCa/CNRI 246 unten, /John Greim 179, / Dr P Marazzi 247 oben links, 247 Mitte links, /Maximilian Stock Ltd 262, /Matt Meadows/ Peter Arnold Inc 257 Mitte rechts, /Ouellette & Theroux, Publiphoto Diffusion 252 Mitte, /David Parker 55 Mitte unten links, /Salisbury District Hospital 246 oben, /Science Pictures Ltd 147, /Simon Fraser 233, /James Stevenson 182 rechts, 247 unten links, /St Bartholomew's Hospital 202, /Andrew Syred 27 unten, /Geoff Tompkinson 263, /Jonathan Watts 186, /Hattie Young 252 rechts; Tony Stone Images/ Al Bello 79 rechts, /Stewart Cohen 177 oben, /Ben Edwards 234, /Jerry Gay 13 oben, /Zigy Kaluzny 252 links, /David Madison 79 links, /Bill Roberts 37; The Stock Market Photo Agency Inc 266, /R Duchaine 26 unten rechts; Dr Tim Watson, Guy's Dental Hospital, London 36 unten.
Diagramm S. 62: Mit freundlicher Genehmigung von JH Wilmore, 1986, *Sensible Fitness* (Champaign, IL: Human Kinetics), 30; Diagramm S. 88 entnommen aus *Towards Better Coaching: the art and science of sports coaching*, ed Frank S Pyke, vom Informationsdienst der Regierung Australiens, 1984; Abdruck mit freundlicher Genehmigung.